本书由中国香港青松观赞助出版

青松观文库
道教学译丛（之二十三）
DAOIST STUDIES IN TRANSLATION SERIES
主编　朱越利

海外中国道教
文学研究译文选（上）

吴光正　李松　主编

北京联合出版公司
Beijing United Publishing Co.,Ltd.

《道教学译丛》学术委员（以姓氏笔画为序）

丁　煌	[日]土屋昌明	[日]大形彻	[日]山下一夫
[日]山田俊	马西沙	[美]王　岗	王宗昱
戈国龙	尹志华	[英]巴瑞特（Timothy Hugh Barrett）	
[美]孔丽维（Livia Kohn）		吕锡琛	吕鹏志
[法]华　澜（Alain Arrault）		[美]刘　迅	刘仲宇
刘固盛	[美]祁泰履（Terry Kleeman）		孙亦平
李　刚	李丰楙	李远国	李志鸿
[韩]李奉镐	何建明	张广保	张泽洪
张思齐	张崇富	陈　霞	
[法]范　华（Patrice Fava）		[德]欧福克（Volker Olles）	
[韩]郑在书	郑素春	赵卫东	胡孚琛
[美]柏　夷（Stephen R. Bokenkamp）		姜守诚	
[法]高万桑（Vincent Goossaert）		郭　武	[日]酒井规史
容志毅	黄海德	萧进铭	萧登福
萧霁虹	龚鹏程	[德]常志静（Florian C. Reiter）	
[韩]崔珍晳	[美]康　豹（Paul R. Katz）		章伟文
盖建民	[日]森由利亚	程乐松	曾传辉
游子安	强　昱	詹石窗	[日]横手裕
樊光春	黎志添	[法]戴文琛（Vincent Durand-Dastès）	
[法]戴思博（Catherine Despeux）			

《道教学译丛》编委会

名誉主编 黄健荣
名誉副主编（以姓氏笔画为序）
　　　　　　陈冠璋　林国柱　周和来　郑康勤　赵球大　赵淑仪
　　　　　　莫小贤　萧炳强
主　　编 朱越利
执行主编 汪桂平
编　　委（以姓氏笔画为序）
　　　　　　王皓月　刘雄峰　吴　真　邱凤侠　宋学立　张雪松
　　　　　　林巧薇　金　勋　胡　锐　秦国帅　韩吉绍　谢　群
本书责任编委 吴光正

总　序

16世纪，欧洲传教士对中国感兴趣，到中国收集资料，这些人被称为"实践型汉学家"。他们无意中发现了中国的道教，将之称为"老君的宗派"或"道士的宗派"。大约到了19世纪，欧洲和亚洲有学者开始以学术的眼光关注道教。这些人多属于"学院型汉学家"。大家一般认为法国和日本"学院型汉学家"的道教研究开始得最早，韩国、德国、英国、荷兰、俄国等国也不晚。

20世纪以来，又有更多国家的学者加入道教研究的行列，为国际道教学注入了活力。道教学早就走向了世界，并且在相当长的时期里由外国学者唱主角。

外国道教学者研究道教学的动因不尽相同。有的出于对中国文化的仰慕或好奇，有的外籍华人学者是因为割不断心中的祖国情结或文化认同，有的是出于学术、谋职的需要，或受到他人的指点或影响。不管怎么说，外国学者研究中国文化，中国人欢迎。他们的优秀成果，已成为世界道教学的宝贵财富。

这里需要解释一下，我所称呼的道教学者，既包括专攻或主攻道教学的学者，也包括仅仅兼攻道教学的学者。国外研究道教者，多为汉学家，专业分工比较宽。其中兼攻道教学的学者所占比例更大。

毋庸讳言，早期也有另一些外国道教学者，曾服务于他们国家对中国实施文化利用和文化占有的国家目的。这样的意图理所当然地遭到历史的唾弃。还有些学者，信奉西方中心主义，或自认为是优等民族，高人一等。这些表现只能表明他们自己的思想水平不高，具有历史的局限性，令人遗憾。尽管怀着不光彩的动机，或妄自尊大，但上述两种人中的许多人，由于是真正的学者，严格遵循学术规则，学风严谨，所以他们撰写的一些道教学著作表现出纯学术性，仍为学术做出了贡献。他们中的一些学者，1978年以后到中国做学术访问时，有人曾真诚地当面向中国学者表示深切的忏悔，有人已经克服了自身的历史局限性，持平等、友好的态度。我亲眼见到，特别赞赏。

一二百年来，一些国家的汉学界形成了道教学师承，学术薪火代代相传。他们几乎百分之百地懂汉文。有的人曾经客居宫观，体验道士生活。有的人索性当一段时间的道士，学习科仪。他们不仅能够熟练地运用西方近现代的研究方法，有人还精通中国传统的文献、训诂、考据之学。有的人甚至亲身实践道教修炼。他们认识到道教对中国文化的深刻影响，作出"不了解道教就不了解中国"的结论。他们辛勤耕耘，硕果累累。许多经典之作，可以传世。许多外国杰出的道教学者，举世闻名。如今，国外一些研究所和大学，道教图书的收藏规模令人叹为观止。有的国家成立了道教学术团体，创办了道教学杂志，定期开展道教学术活动。国外的道教学早已形成相当的规模。

外国道教学者做了大量基础性的和开拓性的研究工作。外国道教学者收集、考证、梳理道经，不遗余力。他们跋山涉水，进行田野考察，记录了大量珍贵资料。他们综合分析各种文献，追溯道教的历史，尽可能使其面貌清晰。他们广泛研究道教与社会各个方面的密切关系，创造了一系列术语。他们力求精确地解释重要的概念，有时发生争论。他们积累了宝贵的治学经验，形成了自身的学术规范。我国学者从外国道教学成果中，获益匪浅。外国道教学者是我们"厉害的竞赛对手"，使我们时时不敢松懈。

外国道教学者研究道教时，文化传统的差异是一个无法回避的问题。比如，有时我们容易理解的事，外国学者却隔着一层窗户纸。有时外国学者站在山外看庐山，会在我们司空见惯、不以为意之处大有发现。再比如，有的外国学者将道经的形成年代估计得较迟，有的外国学者断言"道教没有教义"。出现这些现象或结论的深层次原因，恐怕要从文化传统的差异去寻找。外国学者进行跨文化的道教学研究，为我们提供了新思路和新的理论方法视角，提供了根本性的比较和真正的参照系，可以帮助我们的研究避免封闭和僵化。这对我们是极大的帮助。外国学者站在自己的文化立场上研究"他人"，不可避免地会出现一些误解和误读，这客观上对我们的研究起到提醒和启发的作用。

1978年，道教学正式纳入我国国家研究计划。自那一年以来，我国道教学发展迅猛。现在是中外道教学者"携手同台唱大戏"。但学术研究无止境，我们不能满足。我们今天进行道教学探究，不仅要高高地站在我国学术前辈的肩膀上，而且要高高地站在外国学术成果的高峰上。我们要经常对照参照系，还要对这个参照系进行研究。

当今我国研究道教的年轻学者，普遍精通一两门外语，精通三门者就少了。精通四门或更多种外语的，很罕见。现在大家说到外国道教学，都能列出长长的学者名单和书目、篇目，但把各语种的主要成果都浏览过来的人几乎没有，这就需要翻译。各国道教学的重要著作，翻译到中国来的，还不多。大家分头将各国饱含心血、充满睿智的道教学著作翻译出版，将是一件多么大的好事啊！这些译本可供我国道教学者参考自不必说，其他学科的学者也会从中受益，各宫观也将欢迎。本丛书就是做这件大好事的。

在中国，宗教学研究是冷门，道教学研究是冷门中的冷门。所以，研究道教"费力不讨好"。道教学在外国也是冷门。近年来，略有些热，终究还是冷的。外国大学攻读道教学的学生，毕业后很难找到对口的工作，就是证明。一二百年来，外国道教学者坐冷板凳的也不少，也大都在寂寞中皓首穷经。人们常把教师比喻为"两头点燃的蜡烛"，歌颂他们"照亮了别人，燃尽了自己"。这些甘于寂寞的外国道教学者，默默地为人类积累知识，何尝不是蜡烛！我们翻译他们的著作，是对他们学术贡献的认可，表达着我们的学术敬意。

1978年以来，中外道教学者的学术交流开始频繁起来，相互结下深厚的学术友谊。岁月不饶人。25年来，前辈道教学者，大多已进入耄耋高龄，有的已经驾鹤西归。许多外国道教学者，初识时还是满头青春秀发，或乌黑发亮，或金色、褐色、红色，像火焰，像云霞，现在都已经晨霜点点，甚至雪满山巅了。每念及此，感慨万分。但中外学者相互取长补短，切磋琢磨，其乐无穷，也使我们感到无限欣慰。我们同外国道教学者，当然是散多聚少。但学术交谈是超越时空的。我更多的时间是在阅读和书写中同他们进行心灵交谈。我感到他们一直从我的书架上注视着我写作，有时似乎就坐在对面赐教于我。我们中国道教学者，不仅拥有一批国内同行，还有不少国外高朋经常同我们进行学术对话，经常传来友谊，我们怎能不感到精神上的富有？翻译这些朋友们的著作将之出版，也是对他们的友谊的回报。这种回报纯粹是学者式的。

朱越利

2003年8月24日

目 录

总 序
　朱越利 ·· 1

海外中国道教文学研究述评（代序）
　吴光正、李松 ··· 01

道教诗歌与求仙
　［美］柯睿（Paul W. Kroll）著／左丹丹译，吴光正校 ··········· 1

女神、帝王与祖师
　——作为合法王权及不朽赐予者的西王母
　［美］柯素芝（Suzanne E. Cahill）著／陈星宇译 ················ 48

老子前史
　——他在灵宝经中作为女性的前生
　［美］柏夷（Stephen R. Bokenkamp）著／陈星宇、孙齐译 ······· 74

诗歌体《老君变化无极经》论要
　［荷兰］杜鼎克（A. Dudink）著／
　　王杨、高文强译，吴光正校 ······································· 100

庄子与骷髅
　　［荷兰］伊维德（Wilt L. Idema）著／左丹丹译，吴光正校……210

骷髅歌
　　［法］皮卡尔（François Picard）著／杨铖译……263

身体·小风景·宇宙
　　——中国文学中的道教因素
　　［日］赤井益久著／侯利萌译……291

谢灵运文学世界中的道教背景
　　［日］北岛大悟著／裴亮译……314

唐代诗人与道教
　　——以李白为中心
　　［日］土屋昌明著／裴亮译……328

李白与唐代道教
　　——复古和现代之间
　　［日］砂山稔著／侯利萌译……358

吴筠《览古诗》及其对隐逸的阐释
　　［比利时］麦约翰（Jan A. M. De Meyer）著／
　　白金杰译，吴光正校……382

止于虚空中的明月
　　——朝镜子中的道教与文人理想
　　［美］柯素芝（Suzanne E. Cahill）著／
　　卢澄译，李松校……418

道教思想与文学
　　——从"碧落"一词说开去
　　[美]柏夷（Stephen R. Bokenkamp）著 /
　　舒萌之译，吴群涛校⋯⋯⋯⋯⋯⋯⋯⋯⋯⋯⋯⋯⋯⋯⋯⋯⋯⋯445

联句及其联通的信仰
　　——唐代著名道士吴筠社会交往情况研究
　　[比利时]麦约翰（Jan A. M. De Meyer）著 /
　　李松译，王建平校⋯⋯⋯⋯⋯⋯⋯⋯⋯⋯⋯⋯⋯⋯⋯⋯⋯⋯467

《女冠子》
　　——关于女道士神性之爱的词作
　　[美]薛爱华（Edward H. Schafer）著 / 王一帆译⋯⋯⋯⋯⋯⋯⋯504

海外中国道教文学研究述评(代序)[1]

吴光正、李松[2]

海外学界对中国道教文学的翻译和研究已经有百年的历史了,但是取得突破性进展还是近30来年的事情。20世纪50年代,海外学术界还在使用西方的宗教观坚持认为中国没有宗教,直到70年代,才有学者认为中国存在自身的宗教。[3]这样一种学术理念影响到学者对中国宗教文学的理解,他们一直认为中国文学缺乏"宗教启发性问题"[4],80年代美国一部权威

---

[1] 本文为国家社科基金重大招标项目"中国宗教文学史"(项目编号:15ZDB069)、教育部社科基金项目"百年中国宗教文学研究史论"(项目编号:12YJA751064)阶段性成果。

[2] 作者简介:吴光正,武汉大学二级教授,武汉大学文学院博士生导师,武汉大学中国宗教文学与宗教文献研究中心主任,武汉大学中国传统文化研究中心研究员,主要从事道教文学、佛教文学、元明清文学、古代文学与图像研究;李松,武汉大学文学院教授,主要从事文艺学和现当代文艺思潮研究。

[3] Maurice Freedman, "On the Sociological Study of Chinese Religion", In *Religion and Ritual in Chinese Society*, edited by Arthur P. Wolf Stanford: Stanford University Press, 1974, pp.19-41.

[4] 如1959年出版《楚辞》英译本、1964年开始英译《红楼梦》的戴维·霍克斯就指出:"如果我们检讨我们文学与中国文学难以并置而论的发展过程,我们会发现其中最显著的不同,是缺乏'宗教启发性'的问题……(转下页)

中国文学作品选依然认为中国文学缺乏超越性。[1]随着海外学者对中国宗教研究的深入，他们一方面批评界限分明的学术分工阻碍了学术界对道教文学的观照，另一方面又批评西方的宗教观、文学观无法发现中国宗教文学的特质，开始关注中国道教文学自身的发展传统，中国道教文学研究由此走向深入，以致西方近年出版的两部中国文学史——《哥伦比亚中国文学史》《剑桥中国文学史》均拿出相当篇幅论述中国道教文学。[2]反观国内，百年来生产的400多部《中国文学史》，没有一部关注过道教文学。他山之石可以攻玉，我们有必要将海外的学术成果介绍给国内学术界，以推进中国道教文学研究和中国文学史书写进程。由于海外中国道教文学研究涉及的语种和国家太多，海外相关学者又无一专门治中国道教文学者，笔者无力全面综述此一发展进程，只能就笔者能看到、能看懂的相关论著加以评，重点聚焦于研究思路和研究视野，期望能对中国学者有所启迪。挂一漏万，在所难免。[3]

（接上页）常人泛论中国文学，或因此而涉及中国社会时，多用'世俗性'一词加以描述。" David Hawkes, "Literature", in *the Legacy of China*, ed. Raymond Dawson, Oxford: Clarendon Press, 1964, pp.86-87.

[1] 如沃森在《哥伦比亚中国诗词选·导言》中指出："大体而言，中国诗词表现出来的传统态度，大多出之以不凡的人本精神与常识感，鲜少触及超自然的层面，遑论敢在幻想与修辞上沉迷于放纵的遨游。" *The Columbia Book of Chinese Poetry: From Early Times to the Thirteenth Century*, trans. and ed. Burton Watson, New York: Columbia University Press, 1984, p.3.

[2] Victor H. Mair, Edited, *The Columbia History of Chinese Literature*, Columbia University Press, 2001; Kang-i Sun Chang, Stephen Owen, Edited, *The Cambridge History of Chinese Literature*, Cambridge University Press, 2010.

[3] 读者欲了解此一领域的详细情形，请参阅《百年中国佛道文学研究（转下页）

一、先秦两汉宗教祭祀与文本生成研究

正如道教起源要追溯到先秦两汉宗教祭祀，道教文学的起源也同样需要追溯到先秦两汉的文本。在这个领域，海外学术界关注的是先秦两汉宗教祭祀与文本的内在关联性。在他们看来，任何文学乃至任何文本的产生均要追溯到先秦两汉的宗教祭祀和宗教仪式。在这一点上，学者们似乎一致认同文艺的宗教起源说，韦利和藤野岩友的楚辞研究、葛兰言的诗经研究、张光直和艾兰的商周神话研究、柯马丁的仪式与文本研究、巫鸿的图像与神话研究，均体现了这一特色。

关于古代宗教与神话的研究，早期的学者们用西方神话理论加以观察时认为中国没有神话故事，马伯乐等人都将其归因于文人学士的理性思索和对神话中无理性特征的抑制。如马伯乐用远古文献和人类学田野调查文献相结合的办法，分析了太阳神话、洪水神话、重黎绝地天通神话，认为尧舜及其臣子的历史记载都是上古创世神话被历史化的结果，他称之为历史即神话论。[1]但也有学者如葛兰言受神话是祭祀延伸出来的理论

(接上页)史论》(吴光正著，中国社会科学出版社，2021年)、《中国宗教文学研究述评》(吴光正主编，佛光文化事业有限公司，2025年)、《欧美学者论中国道教文学》(吴光正、陈伟强主编，山东大学出版社，待出版)、《日本学者论中国道教文学》(吴光正、土屋昌明主编，待出版)。本文的写作要感谢所有支持、参与以上四书编撰的学者。

[1] Henri Maspero, "Légendes mythologiques dans le Chou king", *Journal Asiatique* 204 (1924), pp.11-100. 冯沅君译：《书经中的神话》，载马伯乐著，佟晓笛、盛丰等译：《马伯乐汉学论著选译》，中华书局，2014年。

的影响，试图重建与古代神话传说相关的祭祀仪式和舞蹈。[1]

中国古代宗教与神话的研究在考古学的伟大成就的推动下获得了突破性进展，这些进展让学界重新界定中国神话、艺术的概念与内涵。张光直认为中国古代的文字和神话都是宗教祭祀的产物，古代中国的艺术与神话和政治有着不解之缘。他认为："中国文明的起源，其关键是政治威权的兴起与发展。而政治权力的取得，主要依靠道德、宗教、垄断稀有资源等手段，其中最重要的是对天地人神沟通手段的独占。中国古代文明有一个重要观念：把世界分为截然分离的两个层次，如天与地，人与神，生者与死者。上天和祖先是知识和权力的源泉。天地之间的沟通，必须以特定的人物和工具为中介，这就是巫师和巫术。统治者只要掌握了这二者，以及附属于他们的艺术、文字等物事，就占有了与上天和祖先的交流沟通，也就取得了政治的权威。"[2]围绕着这一学术理念，张光直发表了一系列论文讨论神话和青铜纹饰的宗教功能和政治功能。[3]

---

[1] Marcel Granet, *Danses et légendes de la Chine ancienne*, Paris: Presses Universitaires de France, 1959.

[2] K. C. Chang, *Art, Myth, and Ritual: The Path to Political Authority in Ancient China*, Cambridge: Harvard University Press, 1983；郭净："译者的话"，载张光直：《美术、神话与祭祀》，辽宁教育出版社，2002年。

[3] 张光直：《中国远古时代仪式生活的若干资料》，《"中央研究院"民族学研究所集刊》第9辑，1960年；《商周神话之分类》，《"中央研究院"民族学研究所集刊》第14辑，1962年；《商周神话与美术中所见人与动物关系之演变》，《"中央研究院"民族学研究所集刊》第16辑，1963年；《商周青铜器上的动物纹样》，《考古与文物》1981年第2期；《中国古代艺术与政治——续论商周青铜器上的动物纹样》，《新亚学术季刊》1983年第4期；《仰韶文化的巫觋资料》，《"中央研究院"历史语言研究所集刊》第64辑，1994年。

艾兰认为十日神话是商代宗教的核心，商人起源神话、卜辞先公先王干支标志、扶桑与若木神话、一月十旬制度、羲和与帝俊神话，都与这密切相关。扶桑十日神话是商代信仰，到周代被一个太阳的信仰所取代，这就是所谓的后羿射日神话。商人灭亡后，扶桑神话的原型流传到周边地区，在中原地区则演变为商人起源神话而残留下来。在这个分析的基础上，艾兰认为，商代以前的历史，从黄帝到建立夏王朝的传说都可以看作商代神话在后来的系统化结果和演变形式。艾兰由此得出如下结论：中国宗教的动力是祖先崇拜，用"超自然的故事"来界定中国神话并不合适，"神话最重要的特点是突破自然界的限制，对人间现实、常识逻辑的冲破是神圣化的标志，它不是偶然，而是必然的"。商代祭祀礼器的目的"只有一个，就是供奉神灵进食，出于这一点，它们的装饰是用神灵世界的语言，通过它，活人跟死人的界限就可以穿越了，用它献上的祭品就被神灵接收了。这些纹饰的含义不在于这个世界，它表明生死之界的穿越"。[1]

杨晓能以中国古代青铜礼器上的三种视觉媒体为基点来探讨古代中国社会、政治、宗教与文化。在他看来，"青铜器器表纹饰以图案化的形式展示当时共享的宗教观和宇宙观，传播

---

[1] Sarah Allan, *The Shape of the Turtle: Myth, Art, and Cosmos in Early China*, Albany: State University of New York Press, 1991.《艾兰文集·龟之谜——商代神话、祭祀、艺术和宇宙观研究》，汪涛译，商务印书馆，2010年，第163、208页。

以兽面纹为代表的包罗万象的众神动物崇拜，致力于宣传王朝宗教，为王朝统治的合法性和凝聚力服务，其职责不仅肩负装饰的功能，又承担传播青铜器时代早期宗教信仰和政治教化的责任。图形文字的主体是制作（和首次使用）青铜礼器时具体祭礼的记录，还有所信奉的神灵、作器者的族徽或徽识、作器时的占卜记录、其他专用名词诸如某一特定群体和事项的名称等。图像铭文是历代所崇拜的动物形远祖和动物神灵的象征，是跨越时空文化氏族的超级载体，或为那些代表性和影响力介于纹饰与图形文字之间的远祖神灵的一种特殊表现形式，目的是怀念远祖追记远古动物神灵崇拜，同时兼顾特殊铭文的功能。它们全服务于祖先和动物崇拜，但方式和侧重点不同"。[1]他认为，早期中国的宗教文化在商王朝时发展到顶点，其特征是神权和泛神主义（上帝、神圣化的先祖及所有神灵）。周王朝建立后，强调每一族或每一群体都有他们自己的祖先神，而这种自家的祖先神与世俗的血亲网络系统（分封制和宗法制）的建立，其功用是相辅相成的。

近些年来，以柯马丁为代表的一批学者致力于探索先秦两汉文本和宗教仪式之间的关系。如柯马丁考察了"文"的发展史，认为"文"的概念经历了从仪式符号向经学文本的过渡，"儒"的身份也经历了从指导礼仪实践的专家到研习经典文献

---

[1] 杨晓能：《另一种古史——青铜器纹饰、图形文字与图像铭文的解读》，生活·读书·新知三联书店，2008年，第382页。

的学者的演变。[1]他主编的《秦始皇石刻——早期中国的文本与仪式》一书由他、戴梅可（Michael Nylan）、鲍则岳（William Boltz）、罗泰（Lothar von Falkenhausen）、根茨（Joachim Gentz）、史嘉柏（David Schaberg）、齐思敏（Mark Csikszentmihalyi）七人撰写，采取通论和个案分析相结合的方式对先秦两汉文本与宗教仪式之间的关系进行了考察。柯马丁在序言中指出，先秦两汉文本的创作与流传符合仪式性结构，礼仪的实践同时也具备文本性特质；他还指出，五经都是仪式性的文本：《诗经》《尚书》有大量的仪式描述，《仪礼》是理想的礼仪准则，《易经》是仪式中所用的占卜手册，《春秋》则通过仪式将消息传递给祖先的魂灵。[2]再如柯马丁将秦始皇石刻铭文所运用的表达模式纳入周代（多为东周末年）的文学传统之中加以分析，认为这些石刻铭文是精致的礼仪文本和文学文本，是周代宗庙祭祀传统和巡狩传统的延续，这表明秦始皇将周代的知识系统和知识传承人纳入了国家系统，所谓的"焚书坑儒"需要重新认识。在柯马丁看来，汉代作者出于意识形态需要对秦始皇做了过多的妖魔化处理。为了分析这些石刻，柯马丁对周代铭文和诗歌做了研究。他指出，颂诗与铭文文本"在宗庙祭祀中各有其特定的位置，并借助不同的媒介传递给神灵。颂诗通过演唱，铭文

---

[1] Martin Kern, "Ritual, Text, and the Formation of the Canon: Historical Transitions of wen in Early China", *T'oung Pao*, 87.1-3（2001）: 43-91.
[2] Martin Kern, ed., *Text and Ritual in Early China*, Seattle and London: University of Washington Press, 2005.

则通过声音（如钟磬）、馨香（如礼器里盛的酒食）将其呈至所祭奉的对象之前"。[1]柯马丁对中国早期文学研究的代表性论文已经翻译成中文出版，读者可以参看。[2]

韦利和藤野岩友等一批学者的楚辞研究均聚焦于其巫术信仰。韦利翻译了《九歌》，认为《九歌》表现了中国古代的巫术文化。[3]其弟子戴维·霍克斯翻译了《楚辞》全书[4]，其《神女之探寻》一文将《楚辞》分为三大类：一类是《九歌》，是对原始宗教仪式的改写；一类是哀怨之诗，表达了诗人的悲伤、愤恨和抱怨；一类是巡游之诗，是诗人的想象与神游。在他看来，《楚辞》展现了"巫觋追寻女神"过程的中国文学想象力，代表着由早期宗教、口头文学所组成的崭新的、世俗的文学传统。[5] Gopal Sukhu 的《巫与异端——〈离骚〉新解》对《离骚》中出现的巫觋形象展开细读，对其象征性与隐喻性做了深入研究。[6]藤野岩友亦视《楚辞》为巫系文学，并从巫者掌管

---

[1] 柯马丁：《秦始皇石刻——早期中国的文本与仪式》，上海古籍出版社，2018年，第83页。
[2] 柯马丁著，郭西安编，《表演与阐释——早期中国诗学研究》，生活·读书·新知三联书店，2023年。
[3] Arthur Waley, *The Nine Songs: A Study of Shamanism in Ancient China*, London: Allen & Unwin, 1955.
[4] David Hawkes, *The Songs of the Souths: An Ancient Chinese Anthology of Poems by Qu Yuan and Other Poets*, Harmondsworth: Penguin, 1985.
[5] David Hawkes, "The Quest of the Goddess", *Asia Major* n.s. 13（1967）: 71-94. In *Studies in Chinese Literary Genres*, Cyril Birch, ed., Berkeley: University of California Press, 1974.
[6] Gopal Sukhu, *The Shaman and the Heresiarch: A New Interpretation of the Li sao*, Albany: State University of New York Press, 2012.

的占卜、祝辞、神歌、神舞、神剧、招魂歌中寻求《楚辞》的起源。他指出："采用这样的方法来研究楚辞，可以归纳出以下五个系列文学：（1）问卜文学（来源于问卜辞，采取设问形式）；（2）祝辞文学（来源于祈祷，采取自序形式）；（3）占卜文学（由并用的问卜辞和占断辞构成，为问答形式，也有不经占卜而由神人直接对话构成的形式）；（4）神舞剧文学（神前歌舞剧的歌曲）；（5）招魂文学（招生人魂之歌）。这五个系列的文学都是出自巫觋系统的宗教文学。"[1]他指出，这五类文学均属口头文学的范畴，其代表作分别是《天问》《离骚》和《九章》《卜居》和《渔父》《九歌》《招魂》和《大招》。

葛兰言致力于描述中国宗教史中最古老的事实，认为《诗经》的"风"起源于宗教祭祀，并试图通过风诗去复原远古的宗教祭祀图景。他指出，《诗经》"风"诗表达了乡野主题、乡村爱情和山水之歌，是古代农民共同体在春秋举行的季节性节庆过程中青年男女在竞赛时相互挑战、轮流演唱的产物。"传统的权威性、节庆的庄严性、仪式的重要性和参加者的数量，所有这些共同体赋予神圣的狂欢一种非同寻常的情感力量。""他们在日常生活的贫乏语言中找不到合适的表达办法，要想真实地表达这些庄严的感情，就必然需要一种庄严的语言，即诗歌的语言。"[2]他还指出，透过《诗经》可以看到地方性的祭

---

[1] 藤野岩友：《巫系文学论》，韩基国译，重庆出版社，2005年，第491页。
[2] 葛兰言：《古代中国的节庆与歌谣》，赵丙祥、张宏明译，赵丙祥校，广西师范大学出版社，2005年，第184页。

礼、季节性的共同体祭礼以及对神圣地的盛大祭礼,这些祭礼有着认同或区别地方性部落与性别性团体的社会功能,它调整了社会生活的过程。夏含夷研究"颂"诗时亦持类似观点,认为《诗经·周颂》中的早期诗篇是直接在仪式中吟唱、表演的祷文(liturgical prayer),后期的篇章则是仪式结束之后对仪式过程的描述(description),这一变迁导致了诗篇书写与仪式实践的分离,为专门化、个人化的诗歌创作提供了可能。[1]

周策纵指出,古巫以玉事神,巫之名称即由玉字转变而成,是中国医药的创始者;古巫与古代求生祭高禖有关,又常以歌辞乐舞娱神与人,巫师之巫术对中国古代诗歌文学艺术浪漫传统的起源与发扬厥功至伟:陈、齐、郑、卫的《国风》之所以多含美艳的情诗,楚国文化之所以能产生恣肆的乐舞和敏感而富于形象力的辞赋,《九歌》湘灵、《离骚》驾龙、宋玉《高唐赋》《神女赋》《登徒子好色赋》《招魂》《九辩》诸作,都与巫的高禖活动有关;古代所谓六诗或六义——赋比兴风雅颂实际上是六种诗体,可能与古巫有过密切关系。[2]具体来说,"'风'字最初实象'指风标'或'相风鸟'之形意,后来乃发展有四方风、八风、风土、风俗之意,又与性、生命相关

---

[1] Edward Shaughnessy, *Before Confucius*: *Studies in the Creation of the Chinese Classics*, Albany: State University of New York Press, 1997. 中译本参见夏含夷:《孔子之前——中国经典诞生的研究》,黄圣松、杨济襄、周博群等译,中国台北万卷楼图书股份有限公司,2013 年。
[2] 周策纵:《古巫医与"六诗"考——中国浪漫文学探源》,上海古籍出版社,2009 年,第 171 页。

联，因此有风化、风情、风流、风月等观念的产生。风体诗多为土风、风谣与情歌，或和婚姻有关，名实相符。凡巫风盛行的地方，也多半产生许多这后一类的风情诗。""'兴'字原象四手持一长方形的承盘。兴字亦作𢍲。礼书中此字原来表示陈器物，而往往伴以乐舞或歌辞。古人于喜丧庆祝典礼中常陈列器物为纪念某事或某人，或以为和乐。有时亦有祝贺庆吊之辞，如诔即为其一种。今本《诗经·颂》诗里还保存有原是兴体的诗，如酌、般、桓、武诸诗之类，《国风》里容或亦有些渗入。殷墟卜辞中透露，兴祭可能与祀生育有关。又其后因陈器物而作颂祝诔赞之习惯，乃引申有作诗缘物起兴的方式。""古时赋舞，往往和颁赐物品相涉，也可能和巫医之登高山、高禖有关系。'登高能赋，可以为大夫'的登高当由此而来，大夫则可能有巫医的意义。宋玉的《高唐赋》《神女赋》《登徒子好色赋》实际受了这一传统的影响。后世的登高赋诗和山水诗、登临诗、游仙诗的发展也可能受此助益。""比本有匹配之意，《易经》有比卦，可看出巫能育虫蛇作蛊毒。比与辩同义，辩诗可能有两人或数人对白或对唱，如成相、方相等相声的表演，故必善于言辞。辩乃古变字，从宋玉的《九辩》里还可以见到其变异的主题。我认为后世的啭变、变相、变文，大抵由佛教人士以格义的方式，采用此中国传统比（辩）诗体的名词，而应用于新发展的体制。""雅诗之名，原用'疋'字，义为腿足，当指舞蹈时多用足。后改用义为乌鸦的'雅'字。周代人认其祖先有赤乌受命的祥瑞，可能以此表示官话雅言。而且这种士大夫和庙堂饮宴应酬的诗乐,本来也就较重视严肃形式,故发展出雅正典雅之义。而且因这些历史关系,后来特别强调了以政治伦理社会和历史说诗的作风。""颂字所从之'公'实为古'瓮'(甕)字,'页'本象人形。所以'颂'原指人持或对容量器而歌舞,以庆祝祈祷事物的丰富,并感谢或祈求天恩祖德。故《诗经》中的'颂'诗都含此种意义。""扣缶、击瓮、鼓盆,以至于作'颂',实际上乃是把容量器用来当乐器用。"[1]

正如古代宗教在春秋战国开始实现"哲学的突破",古代宗教文学也开始挣脱远古宗教祭祀和宗教仪式而走向突破。海外汉学家的研究对这一突破路径也做了仔细研究,探索了先秦宗教文学发展、突破的几个方面。一是继续在通俗宗教中发展。侯思孟就指出,5世纪的神弦歌是俗教中应用的一组特殊诗歌。第一首诗请神降临,恰是仪式开始所用的诗;其后6个题目11首诗属于不同的神,其中三神来自南京,后面三题6首属于流行的民歌,与前面12首诗没有关系,其宗教意义不明。"这些歌的最大价值,是证明了我们知之甚少的通俗宗教的存在。"[2]二是演变为个人化的世俗文学。如顾彬认为中国诗歌起源于宗教,但到了三曹尤其是曹植手上实现了从宗教仪式

---

[1] 周策纵:《古巫医与"六诗"考——中国浪漫文学探源》,上海古籍出版社,2009年,第172—173页。
[2] 侯思孟:《神弦歌——中国5世纪的通俗宗教诗歌》,乐黛云、陈珏、龚刚编选:《欧洲中国古典文学研究名家十年文选》,江苏人民出版社,1998年,第82页。

到艺术的飞跃。"在他的作品和人格中不仅预示着中国诗歌创作从宗教仪式向语言艺术、从歌颂统治者向（一个新的阶层）自我表达、从诗行的统一向诗的统一的逐渐过渡，而且也预示了从歌唱向写作、从听到读、从纯粹的声音向有条件的思想性的逐步过渡。这时第一次出现了一个虽然依旧保持模糊但却可以被感觉到的抒情的我，一个将情感世界的关联——这是新生事物——主要当作诗意的终结来热爱的我。"但作者也同时指出，"从宗教仪式向艺术的过渡中，宗教成分并未完全丢失，而是获得了一种新的重要意义——在一种以个人及其所属阶层为标准的诗歌创作的范围内，宗教成分第一次具备了一种个人的特征，就是说，它可以但未必作为诗歌的一部分，对于个人获得其内心的平静来说，它可以但未必总是重要的。"[1]三是在后世文学中置换变形。如桀溺就《陌上桑》和法国诗人马卡布律的牧羊诗进行溯源考察，网罗关于桑园的祭祀和传说史料，认为《陌上桑》描写的桑园并非仅仅是春季劳动场所，而是古代节庆时青年男女幽会和庆祝婚礼的圣地；《诗经》中有大量反映这种古代春祭活动的情歌，但是这些情歌的桑园主题后来在道德家的禁锢下产生了变异，即经历歌颂、诋毁、乔装和道德化阶段后，原先放荡不羁的采桑女变成了儒家道德典

---

[1] 顾彬：《从宗教仪式到艺术——曹植和五言诗》，余常译自《中国诗史》（慕尼黑 K. G. 绍尔出版社，2002 年）第二章"中世纪（一）——宫廷与艺术"第一节，载阎纯德主编《汉学研究》第十五集，学苑出版社，2013 年，第 358、359 页。

范,终于有了被公开接受的模式——《陌上桑》。他最后指出:"'罗敷'一诗承担了、也概括了一个悠长的过去,以及一个最有原始想象和基本冲突的领域。桑树和桑园在引发礼仪风习、神话传说或者道德思辨的繁荣间,展现了一幅中国文化初始阶段的画图。《陌上桑》继承了这一遗产,并或多或少地表现出其矛盾之处。可以说,它既集中了一切传统的成果,同时作为新诗体的样板,又是一个新的起点。"[1]当然,最重要的发展和突破,便是道教文学的诞生。海外汉学家对道教文学投注了极大的兴趣,这是下文要综述的主要内容。

二、道教经典的文学研究

海外学术界对汉魏两晋南北朝道经的出色研究让学者们关注到道经的文学成就,或者说关注到文学尤其是诗歌在道教实践中的突出地位和卓越贡献。

学者们或对道经生成中的文学要素展开分析,进而揭示道经生成、传播的文化语境。柏夷对早期道教神灵塑造和经典诞生神话的关注就属于这类研究,且具有方法论意义。他对《六度集经》、支谦《菩萨本愿经》、圣坚《太子须达拏经》以及灵宝经《智慧定志通微经》中的佛本生情节进行了辨析,试图对佛教"影响"道教的研究模式质疑。他认为,灵宝经对道教神祇前世的描写借鉴了佛本生故事,但是佛教版本生故事凸显了

---

[1] 桀溺:《牧女与蚕娘》,载钱林森编《法国汉学家论中国文学——古典诗词》,外语教学与研究出版社,2007年,第313页。

布施者与家庭成员之间的矛盾即宗教奉献与社会责任之间的矛盾，而道教版本生故事则凸显了家庭成员合作共谋宗教奉献，柏夷将这一考验情节中的情感呈现称为"感情校准"。这表明，所有的译者都是针对其预期的受众来进行创作的，佛本生故事中凡是符合家庭情感关怀的情节可能都是译者添加的。[1]他与小林正美对话，认为关注老子和《道德经》的灵宝经文应当是道教天师的作品，这些经文关注道在仪式中的实践，并影响了它们如何描述老子，即老子在他还没有被称呼为"老子"的前世中，在成为灵宝想象故事中的五方神之西方的皇老君之前，作为女性经历了转世，由此可断定灵宝经的书写都是在重塑天师信仰。[2]他还指出，成书于3世纪末或4世纪初的《灵宝五符经序》有一则游历洞天的故事，是陶潜所著《桃花源记》的灵感来源。在此基础上他还对这类故事乃至所谓的志怪小说研究方法提出了质疑，认为"我们对于六朝时文人可能已准备相信什么并将其作为事实而记录下来，实际上所知甚少。简而言之，在我们决定志怪小说中何者为真实何者为想象之前，仍有一个庞大的文学知识库等待我们去研究，即圣人传记、地理书、神话故事及其相关文献"[3]。此外，李福对灵宝道经《五

---

[1] 柏夷：《佛教须达拏太子本生故事与其道教版本》，载柏夷《道教研究论集》，孙齐、田禾、谢一峰、林欣仪译，秦国帅、魏美英、纪赟、谢世维校，中西书局，2015年。

[2] Stephen Bokenkamp, "The Prehistory of Laozi: His Prior Career as a Woman in the Lingbao Scriptures", *Cahiers d'Extrême-Asie* 14（2004）: 403-421.

[3] Stephen Bokenkamp, "The Peach Flower Font and the Grotto Passage", *Journal of the American Oriental Society* 106, 1（1986）, pp.65-77.

称符》进行了深入研究，着力说明了早期道教仪式中的时间控制，也谈到汉朝政权合法性的神话建构。[1]

　　学者们或将道经当作文学经典展开分析，进而揭示文学书写对宗教实践的重要意义以及这批道教经典在文学史上的地位。吴鲁强和特利·戴维斯认为《周易参同契》最显著的特色便是精致的文风及隐语的创制。[2]柏夷认为杨羲是中国文学史上的创新者之一，他的语言隐晦、凝练、朦胧而含蓄。[3]神塚淑子认为《真诰》和《上清经》在文学史上的地位引人注目。她指出，《上清经》的大部分最初仅确定了经名，是后来根据《魏夫人内传》这一类"内传"所记载的经名目录加以再创作的，而"内传"类的故事性及文体特征对上清经产生了影响。通过对《皇天上清金阙帝君灵书紫文上经》《上清后圣道君列纪》《洞真太上神虎玉经》《上清金真玉光八景飞经》思想内容和文体特征的考察，她认为，来自"内传"类的神秘、幻想的故事性内容和说明道术、科仪等程序的实用性部分，都是以不同的文体写成的，其中故事性内容多使用五言诗和骈文等修辞文体，这与上清派道教的主体是江南士族密切相关。[4]陈伟强

---

[1] Gil Raz, "Time Manipulation in Early Daoist Ritual: The East Well Chart and the Eight Archivists", *Asia Major* 18（2005）, pp. 27-65.

[2] Wu Lu-ch'iang and Tenney L. Davis, "An Ancient Chinese Treatise on Alchemy Entitled Ts'an T'ung Ch'i", *Isis* 18（1932）, pp.210-289.

[3] Stephen Bokenkamp, *Early Taoist Scriptures*, Berkeley: University of California Press, 1997, pp.277-278.

[4] 神塚淑子：「六朝道經の形成とその文體——上清經の場合」,『東洋文化研究所紀要』第百二十九册, 頁53-118。

的系列论文则旨在透过存思修炼来分析上清道经意象，揭示其宗教内涵与文学境界，进而思考道经书写与文学书写的内在关联。其《早期道教诗歌中的"玉华"意象与玄境之游》一文指出，"玉华"一词在早期文献中指玉造之花，是戴于马首的饰物。它在道教文献中有玉女之名、耳旁的头发、额门头发、修炼成果等含义，这些含义在道士的修炼活动中扮演着不同角色，并对玄境之游这个文学和宗教的主题做出了重要贡献。作者在文中强调，玄游在文学文本和道教文本之间呈现着一个重要的差异，即两者各自体现不同的双重世界观，文学作品中的玄游在尘世上空的想象世界发生，道教关于冥想的文学作品一方面旨在保存人身内的神，另一方面和培养神通视野的文学理论有相同之处。[1]作者尝试从文献学和文学角度研读上清经典《上清高圣太上大道君洞真金元八景玉箓》，认为该经虽以"箓"为体，但主要描写太上大道君的生平和功德，在行文上体现了上清经以意象飞翔为主的艺术手段。作者结合上清派存思理论审视《玉箓》的诵读与文学的交叉关系，从而确认此经和上清经系作品的文学性，是道教修炼的重要手段之一。这篇文章的成功之处在于作者对道教存思活动和道教隐语的深入体悟，认为这些道经体现的上清诗学使得上清道经具有"意象飞

---

[1] Tim Chan, "'Jade Flower' and the Motif of Mystic Excursion in Early Religious Daoist Poetry". Alan K. L. Chan and Yuet-Keung Lo, eds., *Interpretation and Literature in Early Medieval China*, Albany: State University of New York Press, pp.165-187.

翔"的特质，这表明造经的道徒在其撰写上清经文时极度注重文学技巧。[1] 在另外一篇文章中，陈伟强干脆以《意象飞翔：〈上清大洞真经〉所述之存思修炼》名篇。他首先从《上清大洞真经三十九章》的文献考辨入手，揭示文本结构和文体特征，然后追溯存思的历史，探讨该经图像与文字的表意特点和关系，审视形象思维活动在修炼中的运作情况和特色。透过作者的分析，我们可以知道，所谓的存思是一种意念集中的冥想，修炼者通过观看图像、阅读文字以及诵经、念咒、烧香、扣齿、咽津等声音语言和仪式动作，精思冥想，将神灵召回体内，引入神光，照彻脏腑，以保健康，达至长生，整个精思冥想的过程本质上就是在思维活动中将神灵及其活动的世界视觉化从而构建一个形象的世界。《大洞真经》所述由形象思维活动建构的世界包括大小宇宙两个图景，既有天宫神明的遨游，也有神明进入人体内的进程及其在体内的飞翔，其主要描写对象有三：神明活动、天宫景象、降魔伏妖。由于上清派特定的宗教规定和存思需要高强度的情感，修炼者在存思中要调动所有感觉器官来开展思维活动，因而使得《大洞真经》开辟了无限深广的艺术境界，其时空之跨越、色彩之绚烂、动态之奔腾、静态之清穆、事项之姿采，均对《离骚》《远游》有所超越。作者用"意象飞翔"来描述这种艺术境界，可谓神

---

[1] Tim Chan, "The Quest of Lord of the Great Dao: Textual and Literary Exegeses of a Shangqing 'Register'（HY 1378）", *Tang Studies* 26（2008）: 143-173.

来之笔。[1]此外，康若柏通过《皇天上清金阙帝君灵书紫文上经》的内容、修辞以及存、祝、书符等宗教活动的扮演特质的分析，指出上清经典之修炼方法的中心意旨可视为一种想象式的角色扮演活动——一种在现时实地进行的表演模式。[2]

还有一批学者就道教经典中的各类文体尤其是诗歌的宗教功能和文学成就进行了深度剖析。柯睿（Paul Kroll）译注了灵宝经尤其是上清经《真诰》中的大部分诗歌，并进行了深入研究。他在《道教诗歌与求仙》一文中对道教早期诗歌如《远游》、天师道七言诗和四言诗、上清派七言诗和五言诗进行了评点，既强调这些诗歌在诗歌发展史上的独特地位，更揭示了这些诗歌在道教实践即沟通人神中的核心地位和独特魅力。就诗歌史来说，《远游》是最早的一首基于（可识别的）道教主题的长篇诗歌，是六朝与唐朝游仙诗的鼻祖；七言诗的出现要归功于早期天师道，曹植的七言诗可能就受到天师道的影响；道教的咒语诗表明四言诗依旧是魏到西晋，甚至东晋初两三个世纪最重要的诗体；《真诰》诗歌所体现的炉火纯青的文学技巧正是此书最动人、最引人注目的特征，以《真诰》为代表的道教诗歌具有个性化，甚至私人化的特点，和西方宗教诗歌的虔诚性不太相同，因此用西方的宗教诗歌理论是无法解释这些诗

---

[1] 陈伟强：《意象飞翔——〈上清大洞真经〉所述之存思修炼》，载《中国文化研究所学报》2011年7月第53期。
[2] 康若柏：《上清经的表演性质》，载陈伟强主编《道教修炼与科仪的文学体验》，凤凰出版社，2018年。

歌的。就道教实践来说，《远游》是《楚辞》诗歌背后的萨满神歌、祈祷与后世道教游仙叙述的重要连接点，这首诗中独特的用语已被中古早期道士用来描述重要的修炼实践；真人们对杨羲的降诰是中古道教全新且具深远意义的转折点，标志着"北方"天师教理与"南方"（即吴越之地）本土玄学的合流，这些降诰的文学技巧是为了将这位东晋王朝中文学造诣颇高，且老于世故的士子引入迷狂的境地，因此完美地将内心的愉悦与诗词的技巧结合起来；四言咒语诗具有很强的节奏性，反复念诵能够使人达到入迷的效果，是在特定修行中可以不断重复念诵的仪式语言，与诗歌——甚至是真人所作的——相比更富有严格意义上的宗教性。[1]柯睿还在《中古道教诗歌中的天光》一文中分析了《真诰》仙真降诰诗歌对天光的描写，认为上清派对彼岸世界的探索开启了人们对天界更为广泛的探索，开拓了中国诗歌的表现视域和符号体系。[2]柯睿还对《真诰》中的真人仙曲进行了研究。[3]比如，他勾勒了紫微夫人向杨羲展示

---

[1] Paul W. Kroll, "Taoist Verse and the Quest of the Divine", John Lagerwey and Lü Pengzhi, eds., *Early Chinese Religion*, *Part 2*: *The Period of Division*（*220–589 AD*）, Leiden: Brill, 2010, pp. 963-996.

[2] Paul W. Kroll, "The Light of Heaven in Medieval Taoist Verse", *Journal of Chinese Religions* 27（1999）: 1-12.

[3] Paul W. Kroll, "Seduction Songs of One of the Perfected", in *Religions of China in Practice*, pp.180-187, ed. Donald S. Lopez, Princeton: Princeton University Press, 1997; Paul W. Kroll, "The Divine Songs of the Lady of Purple Tenuity, Studies in Early Medieval Chinese Literature and Cultural History: in Honor of Richard B. Mather & Donald Holzman", ed. Kroll & David R. Knechtges, Provo: T'ang Studies Society, 2003, pp.149-211.

的以诗歌形式抒写的生涯,对这位美丽脱俗的诗人所用的众多非同一般、我们所不熟悉的术语进行了准确阐释。他在文中强调,在上清派和灵宝派诰语形成之后的三四百年,道教历史与中国的文学、社会、政治的发展已然紧密地交织在一起。许多重要的、具有启示性的经典为了迎合受众的偏好,都是用诗歌的形式写成,这也开创了中国宗教史上一个极具影响力的新时代。因此,这些道教文学作品的重要性非同寻常。杜鼎克对诗歌体《老君变化无极经》进行了介绍和分析,他按韵部将该经逐节逐段加以翻译,并还原到历史语境中加以探讨,认为该经的叙事主体包括老君的显灵和作者的逃亡经历、现实苦闷和宗教诉求,推定该经作者为王羲之(303—361),该经创作时间应该在357年后不久。[1]除了诗歌外,还有学者对早期道经的仪式文体做了研究。傅飞岚(Franciscus Verellen)认为《赤松子章历》是一本关于祈祷的书,该书全方位地呈现了中古时期中国社会的宗教仪式、物质条件以及宗教信仰。他还细致分析了《赤松子章历》所反映的天师道教科仪规范,即上章仪式的本质特征及上章文献的结构性特征,并对天师传统中拯救与赎罪的关系进行了探讨。[2]柏夷反对本尼迪克特用耻感和罪感来

---

[1] A. Dudink, "The Poem Laojun bianhua wuji jing: Introduction, Summary, Text and Translation", in *Linked Faiths: Essays on Chinese Religions and Traditional Culture in Honour of Kristofer,* Edited by Jan A. M. De Meyer and Peter M. Engelfriet, *Schipper*. Brill, 2000.

[2] Franciscus Verellen, "The Heavenly Master Liturgical Agenda according to Chisong zi's Petition Almanac", *Cahiers d' Extrême-Asie* 14(2004):291-344.

区分东西文化，认为中古道教灵宝经中的忏悔文同时存在就社会期待而言的"耻"和就个体之错而言的"罪"。他指出，忏悔仪式提供公开表达羞耻感的场合，促成了群体的凝聚性与共同行动；同时，忏悔仪式也唤醒个人的罪恶感，并对这些只有透过个体改善才能缓和的罪恶感提出适当的引导对应之道。[1]

一些学者还对早期道经中的通灵书写展开了分析。吉川忠夫对上清派道士周子良生平、冥通过程、冥通记录和编撰情形进行了详细的分析和阐释，尤其长于结合《真诰》来分析《周氏冥通记》所涉神灵世界，对于了解上清派的宗教实践具有重要意义。[2] T. C. 拉塞尔对《周氏冥通记》的分析旨在说明宗教启示和神话之间的特殊而又复杂的关系。作者从幻想与神启、神交的开始、神启与现实生活、约定与怀疑、仙箓等层面分析了周子良的通灵记录，认为《周氏冥通记》"辩证处理了神灵的精神领域的高贵、纯洁的需求与周子良所生活的黑暗的、阴沉的充满死亡的物质世界之间的冲突与矛盾"，"这一冥通（个人）剧，实际上就是一个同自己的社会环境抗争着的、一个努力要不仅在这样的社会环境中而且是在更大范围内的整个宇宙中谋求自身位置的年轻人的矛盾和恐惧心理的反映。"作者进

---

[1] 柏夷：《早期灵宝经中的定型忏悔文》，张显华译，载李丰楙、廖肇亨主编：《沉沦、忏悔与救度——中国文化的忏悔书写论集》，"中央研究院"中国文哲研究所，2013年。
[2] 吉川忠夫：《梦的记录——〈周氏冥通记〉》，载吉川忠夫《中国古代中国人的梦与死》，东京：平凡社，1985年；又载麦谷邦夫、吉川忠夫编《〈周氏冥通记〉研究（译注篇）》，刘雄峰译，齐鲁书社，2010年。

一步指出，"包括周子良在内的茅山道士的神交血统的地位和作用，就在于他们以自发的文学作品的形式，开发和利用这种创造和表达的潜能。或许，很少有人在阅读《真诰》后不对杨羲等神灵的鲜明的文学形象留下深刻印象。虽然，造访周子良的那些神灵在这方面缺乏天赋，但周子良的贡献（我们再次假定是无意识的）就是他的冥通体验的记录成了非常个性化的表现工具。他的神灵启示允许他去述说一个追求神仙的年轻人的精神拼搏过程。"[1]

海外中国道经文学性研究的深入是建立在道经研究和道经研究方法反思的基础上的。司马虚、贺碧来、柏夷等人对六朝隋唐道经的研究，施舟人、傅飞岚组织编撰《道藏通考》[2]，京都大学人文科学研究所于20世纪80—90年代组织"六朝道教研究"读书班[3]，对于推动欧美、日本中国道经的文学性研究和中国道教诗歌研究厥功至伟。如，司马虚对茅山宗降授的历史背景（江南士族接受天师道）、茅山宗降经的传播特征（降授的

---

[1] T. C. Russell, "Revelation and Narrative in the Zhoushi Mingtongji", *Early Medieval China*, Volume 1（1994）: 3459; T. C. 拉塞尔著，刘雄峰译，《〈周氏冥通记〉中的神启和故事》，载麦谷邦夫、吉川忠夫编《〈周氏冥通记〉研究（译注篇）》，刘雄峰译，齐鲁书社，2010年，第303、304页。

[2] Kristofer Schipper, Franciscus Verellen, ed., *The Taoist Canon: A Historical Companion to the Daozang*, Chicago: University of Chicago Press, 2005.

[3] 先后完成《中國古道教史研究》（同朋舍，1992年）、《六朝道教の研究》（春秋社，1998年）、《〈真誥〉研究（譯注篇）》《〈周氏冥通記〉研究（譯注篇）》。其中的两部书已经翻译成中文：吉川忠夫、麦谷邦夫编：《〈真诰〉校注》，朱越利译，中国社会科学出版社，2006年；麦谷邦夫、吉川忠夫编，《〈周氏冥通记〉研究（译注篇）》，刘雄峰译，齐鲁书社，2010年。

垄断与精神拯救事业)以及降经研究、整理者的真实面目(被装饰为隐士的高道)进行了深入辨析,澄清了上清派发展历程中的重要节点。我们由此可知,茅山宗的降授从一些精彩而私人化的"情景碎片"逐渐演变成一个稳定的宗教组织的权威文献,并在社群和国家的精神生活中发挥重要作用。[1]再如,贺碧来(Isabelle Robinet)对上清派的存思与神游做了分析。[2]她认为,存思修行发生于一个"精神得以呈现、肉体得以神圣化"的图像世界,其目标在于建立一种对身体的全新认识(即陶弘景所谓的"身神"、内丹派所谓的"阳神"),修行者通过存思不仅能成为自身机体的中心和主宰,而且能在根本上获得与宇宙完全相同的本质和结构。她利用上清派文献详细分析了道教徒在修行中对世界遥远尽头和天界尤其是日月以及北斗所进行的存思,并认为这些存思活动有着诸如折返与退藏、折返与重复、反转、编织与覆叠、开启与关闭、到来与前往、分解与融合等共同的主题与结构。学术反思如上文提到的柏夷诸文,此外如祁泰履对白牧之与白妙子《〈论语〉辨》、小林正美《六朝道教史研究》的考据学研究方法进行的反思也颇具参考价值。[3]他指出,小林正美的主要创新是建立道家学说关键概念的发展轮廓,

---

[1] Michel Strickmann, "The Mao Shan Revelations: Taoism and the Aristocracy, T'oung Pao", Vol. 63(1977): pp.1-64.
[2] Isabelle Robinet, "Visualization and Ecstatic Flight in Shangqing Taoism". in *Taoist Meditation and Longevity Techniques, ed. Livia Kohn*. Ann Arbor: Center for Chinese Studies, University of Michigan,(1989): pp.157-190.
[3] Terry F. Kleeman, "Reconstructing China's Religious Past: Textual Criticism and Intellectual History". *Journal of Chinese Religions* 32(2004): 29-45.

然后运用这些概念的呈现与否，判定经文的存有散佚；白牧之对《论语》的研究采用了一种全新的方法，采用各种考据方法说明《论语》不是一个单独的文本，而是由一系列不同年代的文本汇聚形成，其中只含有小部分可以追溯到孔子的时代，其他大部分是接下来的两世纪中继承者添加的内容。在祁泰履看来，他们的研究方法为中国宗教研究打开了新视野，但也存在着很多缺陷。这类研究对于推进学术界对道教经典的认识厥功至伟，对道教文学的研究具有重要的启发意义。

三、道教诗歌研究

在海外道经研究和海外汉学语文学传统的推动下，道教徒的诗歌创作和文人的道教诗歌创作研究取得了突破性进展。为了叙述的方便，我们还是按照朝代展开相关综述。

先来谈汉魏六朝道教诗歌研究。在此一研究领域，海外学术界一般都会溯源到《远游》，并就这一时期的代表性诗人和代表性题材展开分析。戴维·霍克斯认为《远游》的作者可能是公元前1世纪30年代聚集在淮南王刘安门下的一位门客，刘安主持汇编了《淮南子》以及一些诗歌的早期版本，这些诗歌后来被王逸收集汇编成《楚辞》。[1] 柯睿认为《远游》中

---

[1] David Hawkes, *The Songs of the South: An Ancient Chinese Anthology of Poems by Qu Yuan and Other Poets*. Harmondsworth: Penguin, 1985, p. 191. 霍克斯在他的早期译文中提出的观点代表了一个转变，认为《远游》的作者写这首诗是对司马相如《大人赋》的模仿；详参 David Hawkes, *Chu' Tz'u: the Songs of the South: An Ancient Chinese Anthology*, Boston: Beacon Press, 1962, pp. 81。

关涉到的道教自我修行的观念其实应该是在屈原后的时代才形成的,《远游》诗人可以被认作不同于巫师的道教徒,但其作者目前无法确认。这首诗歌是现存最早的以道教为主题进行创作的诗歌,"或许可实际上被看作六朝以及唐代游仙诗("roaming to transcendence")的鼻祖,因而它是《楚辞》诗歌背后的萨满神歌、祈祷与后世道教游仙叙述的重要连接点。这种游历过程中全方位的探求、令人着迷的远游,是中古时期道教思想中"存思"的核心活动之一,也是道教思想在这一领域开花结果的表现。他在论文中分析了《远游》的用韵和内涵,并对《远游》做了英译和注释。[1] 关于游仙诗,侯思孟和宇文所安的研究代表了两种解读策略。侯思孟等人力图揭示游仙诗作者与道教之间的内在关联。其《曹植与神仙》一文致力于解读曹植诗文对于神仙的矛盾态度。他结合曹植的政治命运来解读曹植早、晚期关于神仙的诗文,认为"虽然曹植在青年时代对道教和求仙术士抱有恶感,但是因为他成年时过着接近软禁的生活,对获得某种成就又产生了失望,所以使这个纯粹的儒家弟子在他的生活中要从儒家之外来寻找精神的满足。神仙的神话在当时的艺术和宗教中无所不在,为他提供了一条道路,使他可以得到实际生活未能给予他的想象的自由"[2],由此确认

---

[1] Paul W. Kroll, "On 'Far-Roaming'", *Journal of the American Oriental Society* 116, 4(1996), pp.653-669.
[2] Donald Holzman. "Ts'ao Chih and the Immortals", *Asia Major* 1, no. 1(1998): 15-57;侯思孟:《曹植与神仙》,载《法国汉学》第四辑,中华书局,1999年,第217页。

曹植游仙诗除了表达自己对命运的隐喻性抱怨外，确实渴望着某种不朽之追求。他还认为，阮籍拜访孙登，阮籍首先被表现成一位传统学者，随即又被表现成一位道家啸者，追求长生的道家思想确实在他的生活和作品中起了重要作用。阮籍那些描写神仙的诗歌，有的具有鲜明的讽喻色彩，有的描述了神仙因长生而享受到的永恒的快乐，有的表达了对能否长生的怀疑和寻找替代长生办法的努力。[1]此外，侯思孟还对嵇康的求道与诗歌创作做了勾勒。[2]陈伟强《阮籍、嵇康寻"仙"考论》一文利用各种资料考订出阮籍曾两度拜访孙登，其后嵇康亦曾从游孙登三年，后又从王烈入山学仙，阮籍、嵇康的思想行为受孙登、王烈的影响很深。[3]郭璞的游仙诗赋，则有大平幸代做了分析。[4]宇文所安讨论汉代游仙诗时指出："我感兴趣的不是这些主题的思想背景或社会历史背景，而是它们在一个诗学话语中的构成方式。""游仙主题具有目的论性质，它的目的是

---

[1] 侯思孟：《论阮籍二题》，载钱林森编《法国汉学家论中国文学——古典诗词》，外语教学与研究出版社，2007年。钱林森译自Donald Holzman. "Poetry and Politics: The Life and Works of Juan Chi", chapter 8/9, Cambridge University Press, 1976.

[2] Donald Holzman, "La Vie et la Pensée de Hi K'ang"（223-262 ap. J. C.），Leiden: Brill, 1957; Donald Holzman, "La poésie de Ji Kang", *Journal Asiatique* 268 （1980）107-177；陈文芬：《寻找中国诗歌中的美——访汉学家侯思孟教授》，中国香港《国学新视野》，2011年，第10—13页。

[3] Tim Chan, "Ruan Ji's and Xi Kang's Visits to Two 'Immortals' ". *Monumeta Serica*, 44（1996）：141-165.陈伟强关于阮籍的详细研究，可参见陈伟强：《纵浪大化：汉晋文学的终末书写》，孙尚勇、左丹丹、孙文歌、陈厚译，中华书局，2023年。

[4] 大平幸代：郭璞「遊仙詩」の孤立，『東方学』101（2001）：59-74.

得仙(或得仙的否定形式,即求仙的失败或求仙的徒劳)。但是有一些基本的变量,把话题组织成两个互有重叠的次主题。第一个次主题以获得仙丹为焦点,也有少数强调获取道术或真秘。第二个次主题的核心是古老的周游天庭。"[1]在这一理念的指引下,他对汉代三曹游仙诗和乐府游仙诗一一做了分析。

关于山水诗,一些学者也认为道教的影响起了关键性的作用。戴密微认为中国文学发现山岳并从中汲取艺术力量比西方足足早了一千五百多年,道家道教的传统让山岳成了一块净土,即一个与尘世明确划定界限的天堂。他还进一步指出,佛教"在4—5世纪中国文学和艺术的变革中,仅仅是产生新流派的催化剂,此外没有起过其他作用。人们熟悉其种种特点的近代禅学,那时只不过处于萌芽阶段。如果说'禅那大师'给我们留下了不少令人赞叹的山水诗,那当在六朝之后很久的唐朝,尤其是宋朝。谢灵运时代的山水诗依旧恪守古典的主题与方法"。[2]日本学者对道教与谢灵运的研究似乎印证了戴密微的看法。北岛大悟认为谢灵运不仅受到佛教、玄学而且也受到道教的影响,他以谢灵运出生传说和早年寄住道观这一事实为切入点,探讨谢灵运家族与钱塘天师道道士杜明师(文献中提到的杜

---

[1] 宇文所安:《中国早期古典诗歌的生成》,胡秋蕾、王宇根、田晓菲译,田晓菲校,生活·读书·新知三联书店,2012年,第161、163页。

[2] Paul Demiéville, "La montagne dans l'art littéraire chino is", *France-Asie* 183 (1965) 7-32, 1965;保尔·戴密微:《中国文学艺术中的山岳》,载钱林森编《法国汉学家论中国文学——古典诗词》,外语教学与研究出版社,2007年,第263页。

昊、杜昺、杜炅应为一人）的密切关系，进而认为这一道教经历影响了谢灵运的宗教关注和文学创作。[1]在此基础上，他仔细分析了道教思维对谢灵运文学创作的影响。[2]堂薗淑子则聚焦有待、无待一类玄学话语将谢灵运诗作和《真诰》做了比较分析。[3]

另外，还有学者从宏观上考察道教对六朝文学的影响。如赤井益久批评日本中国文学研究界没有同步吸收宗教研究和历史研究成果，认为探究中国文学中的道教因素时要反复思考道教对文学本身具备的特定内容，即语言、修辞和表达、样式等的投射，同时还要通过考察道教与文学的关系去发现中国文学自身的特质。他分别以"长啸""叩齿"和"步虚""飞翔"在诗歌中的呈现为例，考察诗人如何通过感官捕捉、感知周身的世界，并以处世观之隐逸观为主线，分析隐逸场所的空间意义，探明山岳、园林以及作为宗教性空间的"静室""精庐"与"山斋""郡斋""读书斋"等的关系。他指出，啸作为一个固定用语，指代中国文学所思考的一种理想境界，即对自然的一体感和对永恒生命的感知，步虚飞翔成了中国文学一个重要的母题，"壶中天地"这一理念对于以意境—交融为大主题的中国文学具有重大启示。他最后总结道："中国文学由于与道教的

---

[1] 北島大悟：謝靈運における道教の背景,『筑波中国文化論叢』第 23 号（2003）：97-110.
[2] 北島大悟：謝靈運にみる道教的思惟の受容,『日本中国学会報』57（2005）：33-47.
[3] 堂薗淑子：謝靈運の文学と『真誥』——「有待」「無待」の語を中心に,『日本中国学会報』68（2016），3-17.

遇合而变得丰富起来，其特色可以归纳为以下几点：一、开始设想'长生不死'的神仙世界，构想超越现实的世界。二、在领悟宇宙、自然之际，能够用身体去感性地把握。三、成为自然观、处世观之格局发生变化的契机。"[1]

在唐代道教诗歌研究领域，薛爱华无疑是一个开拓性的人物。他先后著有《神女——唐代文学中的龙女与雨女》[2]《步虚——唐代对星空的探讨》[3]《唐代的茅山》[4]《时间之海上的幻景——曹唐的道教诗歌》[5]四部著作以及一系列论文[6]，被认为"破译了曾给中国中古诗歌带来丰富意象和隐喻的道教玄义"。[7]这些论著透过唐代诗歌、唐代小说来分析唐代的道教

---

[1] 赤井益久：身体・小風景・宇宙——中國文學に見える道教的なものについて，『筑波中国文化論叢』23（2003）：1-25.
[2] Edward H. Schafer, *The Divine Woman: Dragon Ladies and Rain Maidens in T'ang Literature*, San Francisco: North Point Press, 1978.
[3] Edward H. Schafer, *Pacing the Void: T'ang Approaches to the Stars*, Berkeley: University of California Press, 1977.
[4] Edward H. Schafer, *Mao Shan in T'ang Times*, Boulder: Society for the Study of Chinese Religions, 1980.
[5] Edward H. Schafer, *Mirages on the Sea of Time: The Taoist Poetry of Ts'ao T'ang*. Berkeley: University of California Press, 1985.
[6] Edward H. Schafer, "Mineral Imagery in the Paradise Poems of Kuan-hsiu, Asia Major", Vol.10（1963），73-102; "Empyreal Powers and Chthonian Edens: Two Notes on T'ang Taoist Literature", *Journal of American Oriental Society* 106（1986），667-678; "Li Po's Star Power", *Bulletin of the Society for the Study of Chinese Religions* 6（1978），5-15; "Wu Yun's 'Cantos on Pacing the Void'", *Harvard Journal of Asiatic Studies* 41（1981），377-415; "The Jade Woman of Greatest Mystery", *History of Religions* 17, 3-4（1978），387-398; "Three Divine Women of South China", *Chinese Literature: Essays, Articles, Reviews*, Vol.1（Jan., 1979），pp.31-42.
[7] 索安：《西方道教研究编年史》，吕鹏志、陈平等译，中华书局，（转下页）

想象和道教意蕴，把诗歌当作思想史、文化史的史料来处理。诚如他在研究茅山的宗教地理和历史地理时指出："唐代诗歌作为一种史料是多么重要……无论其诗歌的质量如何。"[1]《唐代的茅山》共7章，包括绪论、区域地理、地表与动植物、建筑、世俗生活与产业、精神生活、余论。"精神生活"一章考察了茅山之神性及其文学表现，茅山道士、茅山探访者、茅山隐居者的内在风神，茅山的道教科仪；"余论"一章依据《茅山志》《新唐书》《全唐诗》《唐诗纪事》对吴筠等茅山道士以及顾况、顾非熊、许浑、张贲、皮日休、陆龟蒙等文士的生平事迹、交游情况、茅山诗作进行了详细考论。《步虚——唐代对星空的探讨》是从唐代文人和道士对星空的认识着手，关注星空体系背后的心理和文化依据。该书共13章，包括绪论、唐代的天文学者、宇宙生成学、天空、星辰、唐代占星学、星辰的化身、太阳、月亮、行星、星辰崇拜、游仙思想与诗歌创作、星空意象杂说。其中"游仙思想与诗歌创作"一章详细研究了唐代道教的步虚科仪和唐代游仙诗的想象星空之旅。再如他的《神女：唐代文学中的龙女与雨女》分为"女人、仙女与龙""中古时代之江河神女崇拜""唐诗中之江河神女""李贺诗中的神女显现""唐传奇中之龙女与江河神女"五章，聚焦李贺、李群玉等诗人的诗歌和唐代民间传说、传奇故事，阐释

（接上页）2001年，第84页。
[1] 索安：《西方道教研究编年史》，吕鹏志、陈平等译，中华书局，2001年，第84页。

龙女、蛇女在不同时代不同版本不同文献语境中的发展和变异，"旨在通过唐代文学的片段，揭示神话、宗教、象征以及浪漫想象诸端彼此之间的纠结。很显然，即使最隐微的诗篇，或者最平顺的故事，也会混合神话与历史、传说与事实、虔诚的希望和理性的信念。这么做的时候，它表达了人们对于古代神仙世界所普遍持有的看法"。[1] 即使是对曹唐诗歌的研究，他关注的也不是这些诗歌的文学属性，而是这些诗歌背后的道教意蕴，并试图改变学术界对道教、道教文学的偏见和漠视。该书包括导言、曹唐及其游仙诗、海上仙乡：道教的想象世界三部分。"曹唐及其游仙诗"一章在考辨曹唐生平与创作、曹唐游仙诗所涉人物的基础上重点对曹唐诗歌的人神遇合母题进行研究，揭示了曹唐游仙诗所反映的"时间与变化"主题，是对人事乃至仙事脆弱、衰朽的哀叹。"海上仙乡：道教的想象世界"一章利用曹唐大小游仙诗以及相关的唐人涉道诗对蓬莱、壶天、玉妃与海服（海装）（Jade Consorts and Pelagic Costumes）、海市蜃楼（Clam Castles and Fata Morgana）、麻姑（Miss Hemp）、扶桑（Fu-sang）、青童与方诸宫（Blue Lad and the Fang-chu Palace）等仙境名物进行了考证和研究。他的最大研究特色是运用西方语文学的汉学传统解读词汇尤其是名物背后的道教意蕴。如他发现《女冠子》词存在大量的套语，这些套语关乎女冠举行科仪的坛场、动作、穿戴、发式、情态等。

---

[1] 薛爱华：《神女——唐代文学中的龙女与雨女》，程章灿译，叶蕾蕾校，生活·读书·新知三联书店，2014年，第202页。

他在深入解读这些词汇的道教意蕴后指出："《女冠子》词重要的主题不是世间恋人的分离——这些显然是道教徒假扮的，而是女道士对于嫁给仙人或与'上清'仙界的悟道者神秘媾合的渴望。"[1]薛爱华曾指出："一个语文学家对名称感兴趣——物的名称，抽象概念的名称，制度的名称，对这些字词在文学之流中的生命感兴趣，对它们在人类的理性、想象和情感生活中起到的作用感兴趣。"[2]了解了这一点，我们就会明白薛爱华何以会在分析道教诗歌时紧扣相关词汇不厌其烦地加以铺陈。他的学生柯睿在唐代道教诗歌的研究上也取得了突出成就，《中古道教与李白诗歌论文集》一书就是这一成就的体现。[3]此外，他还发表了一系列论文。[4]日本方面，也有一批学者关注唐代文学尤其是唐代诗歌中的道教意蕴。游佐昇《道教和文学》一文分六朝唐代的文学与道教、中国小说与道教、敦煌俗文学与道教、近代的俗文学与道教四节对道教文学进行了纵向梳理，揭示了中国道教文学在文体、题材等方面的诸多面向。作者也坦言，相比于佛教文学，道教文学这个概念也难以确

---

[1] Edward H. Schafer, "The Capeline Cantos: Verses on the Divine Loves of Taoist Priestesses", *Asiatische Studien* 32/1（1978）：5-65.
[2] 田晓菲：《关于北美中国中古文学研究之现状的总结与反思》，载张海惠主编《北美中国学——研究概述与文献资源》，中华书局，2010年，第604页。
[3] Paul W. Kroll, *Studies in Medieval Taoism and the Poetry of Li Po*, Aldershot, England: Ashgate, 2009. 见柯睿：《李白与中古宗教文学研究》，白照杰译，齐鲁书社，2017年。
[4] Paul W. Kroll, "Li Po's Purple Haze", *Taoist Resources* 7.2（1997）：21-37; Paul W. Kroll, "Lexical Landscapes and Textual Mountains in the High T'ang", *T'oung Pao* 84（1998）：62-101.

定。从这个角度来说,游佐昇对道教文学的梳理代表了1990年左右日本道教文学研究的前沿水平。[1]

在唐代道教诗歌研究领域,一批海外学者关注唐代著名诗人与道教的内在关联。李白、李商隐、吴筠等著名诗人成为研究热点。关于李白,柯睿、柏夷等人的研究值得重视。如柯睿认为亚洲和西方的学者几乎都故意忽视或者可悲地错译了李白在其诗中所使用的道教意象和措辞,因此他细致分析李白诗歌中的一组道教词汇(锦囊、紫霞篇、鸣天鼓、流霞、天关、金阙、玉京)、受箓诗、登太白山诗,认为道家天庭和经文的迷人魅力以明显而又变幻的力度闪耀于李白的诗歌中。[2]再如,他考察了李白六首《游泰山》诗的道教思想,并进一步指出,准确理解这些诗需要读者恢复这些诗整体上的宗教架构,而要恢复此一架构,不仅要对道教有通盘认识,还要对符咒、打坐和仙山圣地有深刻体认。[3]柯睿统计李白诗歌颜色用词时发现李白对紫色特别偏爱,指出紫霞是太阳精华的凝练物,乃道教修炼中的重要食物。他对李白诗歌中的紫霞、紫烟进行了剖析,认为紫霞、紫烟象征着那些超越世俗、超越俗世生命的存在区域,李白将宇宙的全部和整体的光辉视为紫色,有点类似

---

[1] 福景顺康、山崎宏、木村英一、酒井忠夫监修:《道教》第2卷,上海古籍出版社,1992年。

[2] Paul W. Kroll, "Li Po's Transcendent Diction", *Journal of the American Oriental Society*, 101.1(1986). 又见保罗·W. 克罗尔:《李白的道教词汇》,倪豪士编选:《美国学者论唐代文学》,上海古籍出版社,1994年。

[3] Paul W. Kroll, "Verses from on High: The Ascent of T'ai Shan", *T'oung Pao* 69(1983): 223-260.

于西方基督教世界诗人对白色象征意蕴的理解和运用。[1]柯睿还翻译了李白的《大鹏赋》,从注释中可以看出,他运用了大量道教知识来翻译该赋中的词句,这表明柯睿是将《大鹏赋》当作道教文学作品解读和翻译的。[2]柏夷用大量上清、灵宝经文解析李白多达十首描写黄山或与黄山有关的诗歌,认为黄山是李白想要炼制自己丹药的处所,并在诗中频频召唤友人归隐黄山炼丹,最后丹成并中毒身亡。他在文章中强调,《草创大还丹赠柳官迪》《宿虾湖》《古风》对于确定李白何时炼丹十分重要。[3]土屋昌明《唐代诗人与道教——以李白为中心》一文强调道教诗歌研究要关注道教发展的多样性和个别性,即在厘清与道教相关文学作品之个体背景的同时将其放置在唐代社会与道教界的整体发展状况之中进行读解。他认为,与李白等诗人交往的焦炼师应该是同一人,即茅山派道士司马承祯之高足、备受玉真公主尊崇的焦真静(即焦静真);李白是经由焦炼师或元丹丘认识玉真公主,玉真公主进而推荐李白参加科举考试、进入翰林院,李白诗歌所本之上清经典的冥想道法由此

---

[1] Paul W. Kroll, "Li Po's Purple Haze", *Taoist Resources* 7.2(1997):21-37. 又载柯睿:《李白与中古宗教文学研究》,白照杰译,齐鲁书社,2017年。

[2] Paul W. Kroll, "Li Po's Rhapsody on the Great P'eng-Bird", *Journal of Chinese Religions* 12(1984):1-17. 又载柯睿:《李白与中古宗教文学研究》,白照杰译,齐鲁书社,2017年。

[3] Stephen R. Bokenkamp, "Li Bai, Huangshan, and Alchemy", *Tang Studies* 25(2007):1-27. 中文译文见柏夷:《李白、黄山与炼丹术》,载柏夷《道教研究论集》,孙齐、田禾、谢一峰、林欣仪译,秦国帅、魏美英、纪赟、谢世维校,中西书局,2015年。

可以比较具体地得以阐明。在此基础上，作者指出，判明唐诗中道士身份后还有必要梳理道士道法之特征和门派之立场及其对诗人的影响，进而思考这些因素是否有可能成为文学史划时代变革的诱因之一；作者还指出，道教研究界需要向佛教研究界学习，开展道观的具体位置、宗教功能、教众的交际网络的研究，这有利于我们了解道观和道士们的生存状况、诗人的宗教背景以及二者之间的互动。[1]他指出，李白深受古上清经影响，其道教背景与司马承祯的弟子、唐玄宗妹妹玉真公主的师傅——女道士焦真静有关，这一背景可以解决关于李白入长安的问题。[2]他还指出，李白探求洞天、倡导神仙实践冥想的思想渊源为司马承祯的洞天思想，即五岳名山之洞天有神仙栖息、于洞天冥想上清经法可获得神仙指教。[3]砂山稔《李白与唐代道教——复古和现代之间》一文认为李白对永恒的生的希求突出表现在对道教的青睐上，他倡导清真复古，和唐代当时风行一时的重玄派没有任何关系，而是欣赏能够长生不死的具有神秘实践性的道教，所以他亲近以李含光为代表的茅山宗道士。[4]在这个领域，值得一提的还有金秀雄《中国神仙诗的研究》，该书围绕屈原、曹植、嵇康、郭璞、谢灵运、鲍照、

---

[1] 土屋昌明：唐代の詩人と道教——李白を中心に，『筑波中国文化論叢』23（2003）：27-53.
[2] 土屋昌明：《李白之创作与道士及上清经》，《四川大学学报》2006 年第 5 期。
[3] 土屋昌明：《李白与司马承祯之洞天思想》，陈伟强主编：《道教修炼与科仪的文学体验》，凤凰出版社，2018 年。
[4] 砂山稔：李白と唐代の道教，『赤壁と碧城：唐宋の文人と道教』，東京：汲古書院，2016 年 11 月。

谢朓、萧衍、沈约、张正见、王绩、卢照邻、王勃的创作梳理神仙诗从屈原到初唐的发展轨迹后,并重点从山岳、鸟类意象探讨了李白的神仙诗。[1]

关于李商隐,深泽一幸等人的研究颇有参考价值。深泽一幸认为,晚唐五代保持了本来原型的真本《真诰》被隐藏起来,似乎不大为众人所见,代而替之的是经过修改的故事以《真诰》之名流传于世,而这影响到诗人对《真诰》的体悟。他指出,韦应物、白居易、李贺乃至顾况、曹唐、秦系这样与道教关系密切的诗人在咏叹、引用真诰事典时有隔膜之感,而李商隐理解的《真诰》世界有茅君和许掾两个中心,其相关诗作尤其是《戊辰会静中出贻同志二十韵》对《真诰》的理解广博而深入,不仅有贴近原本的鲜活生动之感,而且就像从他心中已经形成的形象里自然而然地流露出来,这与李商隐到道观修炼并阅读到原本《真诰》密切相关。[2]他还考释李商隐为从叔李褒代书之公文以及李商隐写给李褒的书信,发现两人之间以茅山道教为媒介的交流极为浓厚,从而认定李商隐之向道与李褒的引导密切相关。[3]此外,加固理一郎还从道教存思修炼的

---

[1] 金秀雄:『中国神仙詩の研究』,汲古書院,2008年1月。
[2] 深泽一幸:《李商隐与〈真诰〉》,《诗海捞月——唐代宗教文学论集》,王兰、蒋寅译,中华书局,2014年。
[3] 深澤一幸:李商隠を茅山に導きし者——従叔李褒,麥谷邦夫編『三教交渉論叢』京都:京都大学人文科学研究所,(2005):587-621. 深泽一幸:《引导李商隐到茅山的人物——从叔李褒》,《诗海捞月——唐代宗教文学论集》,王兰、蒋寅译,中华书局,2014年。

角度观照李商隐的诗歌。[1]

关于吴筠其人其作，日本和荷兰学者有重要贡献。神塚淑子和麦谷邦夫对其生平事迹和思想做了考辨。[2]麦谷邦夫广搜文献尤其是从道经、文集、地方碑刻等资料中搜罗出《宗玄先生文集》未收诗文近20种，采用年谱式的手法考证吴筠的道教师承、嵩山活动、长安期间与玄宗对答的道教义理思想。在此基础上，麦谷邦夫又撰成《吴筠的生平、思想与文学》一文。[3]在该文中，作者主要以被视为吴筠最早期作品的诗、其在长安担任翰林供奉时期及在庐山躲避兵乱时期所作的诗以及步虚词作为考察对象，指出其步虚词刻意驱除了陆修静步虚词中的佛教影响，并多次流露出自身的想法和意识。麦约翰批评体现儒家价值观的正统史学文献对道士生平的记载不仅简陋而且漏洞百出，转而希望借助诗歌、轶事和方志等材料来复原道士的生平。他通过两首联句（尤其是《中元日鲍端公宅遇吴天师联句》）及其关联的历史语境的深入分析："看到了吴筠作为道士、医者以及地位尊崇的社会人物的一面。作为颜真卿、严维、鲍防等名人高官的座上宾和文友，他与江南的豪门望族例如谢家建立了友好的宗教上的联系，并让他们的家庭成

---

[1] 加固理一郎：李商隐の诗歌と道教：存思内観を描いた诗,『文京大学国文』42（2013）：1-10.
[2] 神塚淑子：呉筠の生涯と思想,『東方宗教』第54期；麦谷邦夫：呉筠事跡考,『東方学報』85（2010）：243-270.
[3] 麦谷邦夫：《吴筠的生平、思想与文学》，载陈伟强主编《道教修炼与科仪的文学体验》，凤凰出版社，2018年。

员例如王氏终身信道。"这表明大历期间是吴筠声望最高的时期,吴筠不仅仅像传统认为的那样只是一个好隐居、好诗歌的道士。[1]此外,麦约翰翻译了吴筠的《览古诗》,对其隐逸思想进行了解读,认为其"反映归隐的文章和这系列特殊的《览古》诗,主要表达了他对两方面的关注:对于仕宦和本国政治文化的态度,以及在生理与精神上更高水准的追求"。这表明,全身远害、入世不如隐逸正是吴筠的情操和志趣所在。[2]

关于道教步虚词,施舟人[3]、薛爱华、[4]深泽一幸[5]、柏夷[6]等海外学者投注了巨大热情。施舟人认为步虚至少在东晋后期已经被熟知和践行,并对灵宝步虚之内容和实践做了辨析,提醒人们关注唱诵、存思、舞蹈等步虚要素。薛爱华对吴筠的十首步虚词做了翻译和释读,在分析其语言和意象的基础上确认

---

[1] Jan A. M. De Meyer: *Linked Verse and Linked Faiths: An Inquiry into the Social Circle of an Eminent Tang Dynasty Taoist Master*, in *Linked Faiths: Essays on Chinese Religions and Traditional Culture in Honour of Kristofer Schipper*. edited by Jan A. M. De Meyer and Peter M. Engelfriet, Leiden: Brill, 2000, pp.148-183.

[2] Jan A.M.De Meyer: "A Daoist Master's Justification of Reclusion: Wu Yun's Poems on Investigating the Past", *San Jiao Wen xian*, no.2(1998): pp.11-40.

[3] Kristofer Schipper, "A Study of Buxu: Taoist Liturgical Hymn and Dance", in *Studies of Taoist Rituals and Music of Today*, eds. Pen-yeh Tsao and Daniel O. L. Law, Hong Kong: The Chinese Music Archive, Music Department, CUHK, and Society of Ethnomusicological Research in Hong Kong, 1989, pp.110-20.

[4] Edward H. Schafer, "Wu Yun's 'Cantos on Pacing the Void' ", *Harvard Journal of Asiatic Studies* 41(1981), pp.377-415.

[5] 深澤一幸:「步虛詞考」,吉川忠夫編『中国古道教史研究』,京都:同朋舎,1992, pp.363-416.

[6] 柏夷:《灵宝经"步虚章"研究》,罗争鸣译,《古典文献研究》第21辑上卷,2018年11月。

吴筠作品的独特性，即其步虚词与道场和宇宙炼丹过程关联不那么密切，它更个人化、更让人神迷。此文的贡献在于对词语的准确释读和翻译。如果说施舟人关注仪式本身、薛爱华关注词语本身，那么深泽一幸则更关注文学本身，他的《步虚词考》一文对道教文学史上的步虚词做了深入的分析。如他认为，陆修静《步虚词》的内容特征、押韵特征与《真诰》收录的众真诰授之诗密切相关，两者有着共同的古老来源。柏夷在史料记载的基础上重构、再现斋坛步虚仪式场景，对"步虚章"的起源和影响进行了探究。他指出，灵宝经步虚章是一种道教科仪颂歌，这种颂歌既是宗教表达，也是文学作品，其源头可以上溯至4世纪末。他从上清经、灵宝经中寻找步虚文献，紧扣巡游虚空描述步虚过程、科仪斋官、飞升目的地玉京山的特点以及佛道对于步虚科仪的交叉影响，指出步虚章是以主持科仪的法师为视角展开叙事，其主题包括描述斋仪陈设、飞升、逍遥玄都、与道合一四个连续性主题，具有五言、长短不一的十节、十个不同的韵部、以飞行星空为主要内容、用叙述性诗句描述飞升过程等五个特征。他认为，后世乐府诗中的步虚词无论风格还是题材均被调适以适应世俗诗歌的迫切要求：庾信步虚词直接延续步虚章，但诗句有标准化倾向、放弃天国、强调炼养以确保占有仙界之位等特点，标志着步虚词的世俗化；唐代吴筠能够把步虚作品中的仙真角色送入真正的步虚之旅，但已经高度个人化了。除了吴筠外，唐代其余步虚词作者的书写在各自诗作的首数、每首句数、每句长短、是否合律等方面已经和道教步虚词大异其趣，作者本人在步虚仪式中的参与视角已经发生了重大转变，即从法师本人作为密切的参与者到作为旁观者的转变，所有这一切均表明，唐代乐府诗题下的步虚词仅仅是游仙诗下的一个次类，其早期步虚章的文体特征已经荡然无存。

通过对唐代诗歌的深入考察，海外学者们发现道教对唐代社会和唐代文学的渗透无所不在。薛爱华弟子柯素芝叙述了唐朝铜镜的道教意象与主题的多样性，并将理想的道教实践者与文人的精英理想联系起来，认为我们以宋代儒家的理念来观照唐朝是对唐朝的误解。[1]柯睿也试图通过唐诗去了解唐代道士司马承祯，他对唐玄宗以及一大批诗人咏叹司马承祯的诗作一一加以分析，揭示这个道士和唐代宫廷和诗坛的密切关系。[2]陈伟强探讨了误入桃源故事在唐代诗词中的意蕴，认为该故事在唐代出现新的理解：一是如刘禹锡的政治讽刺诗那样借助这一典故表达政治寄托，一是成为士子风流生活的喻象，故事中的女子被仙化，成为女冠和风月女子的喻体，催生了众多诗词名篇。[3]日本学术界较早高举"茅山派（上清派）"的

---

[1] Suzanne Cahill, "The Moon Stopping in the Void: Daoism and the Literati Ideal in Mirrors of the Tang Dynasty（618-907）", *Bulletin of the Cleveland Museum of Art*, Claudia Brown, ed., *special volume on First International Conference on Chinese Mirrors*, 2007.

[2] Paul Kroll, "Szu-ma Ch'eng-chen in Tang Verse", *Society for the Study of Chinese Religions Bulletin* 6（1978）, pp.16-30.

[3] Tim Chan, "A Tale of Two Worlds: The Late Tang Poetic Presentation of The Romance of the Peach Blossom Font", *T'oung Pao* 94（2008）: 209-245.

术语来解读唐代诗歌的是森濑寿三。[1]深泽一幸通过考释杜甫《望岳》(泰山、华山、衡山)诗、三大礼赋和《前殿中侍御史柳公紫微仙阁画太一天尊图文》等作品的用词意蕴来说明杜甫对道教世界的兴趣,认为杜甫对道教体系的理解非常深刻、非常独特,凌驾于同时代诗人之上。[2]而砂山稔《赤壁と碧城:唐宋の文人と道教》一书对王维、杜甫、沈佺期、宋之问、李白、柳宗元、韩愈、李商隐与道教关系的揭示有力地表明道教对唐代诗歌的影响无所不在。[3]

与上述关注道教实践与唐诗创作的研究路径不同,唐诗研究权威宇文所安的兴趣点则在于道教给唐代诗歌创作所给予的灵感。他在《晚唐——9世纪中叶的中国诗歌(827—860)》之第九章"道教:曹唐的例子"尽管揭示了曹唐诗歌对道教意象的运用,但他自己则认为"也许理解曹唐与其道教诗的关系的最好方式,是撇开信仰的问题,将他的道教看成既是一种话语,也是一种专门的学问"。在他看来,曹唐的"小游仙诗描绘神仙世界,展示了丰富的技术性知识;大游仙诗涉及神仙故事,但是这些故事大多已传入普通文化之中"。[4]他认为:"李

---

[1] 森濑寿三:李贺诗的道教的侧面,『日本中国学会报』第28辑,『唐诗新攷』,関西大学出版部,1998.
[2] 深泽一幸:《杜甫与道教》,《诗海捞月——唐代宗教文学论集》,王兰、蒋寅译,中华书局,2014年。
[3] 砂山稔:『赤壁と碧城——唐宋の文人と道教』,東京,汲古書院,2016年11月。
[4] 宇文所安:《晚唐——9世纪中叶的中国诗歌(827—860)》,贾晋华、钱彦译,生活·读书·新知三联书店,2014年,第312、316页。

白并不关心道教的宇宙观，也不醉心炼养服食的道家仙术。他只是利用仙人道术等概念来进行玄想和释放灵感。"[1]这和柯睿的观点迥然相反。这让柏夷开始思考该如何解读唐诗中的道教意象，其《道教思想与文学——从"碧落"一词说开去》一文，通过对灵宝经词汇"碧落"一词原意的解读及其在唐诗中的借用提出了自己的看法："若作者诗中某道教词汇被认定为概念借用或复合借用，则可推断作者已通过某种渠道对道教有所了解，但我们不能据此认定作者是'道教徒'（姑且不论'道教徒'在中古时期的含义）。反言之，若作者诗中的道教借用词只属于形式借用或只为增添文采，就不能断定作者对道教一无所知。"[2]

宋元明清一直到近现代的道教诗歌研究相对沉寂，但不乏力作。砂山稔的《赤壁と碧城——唐宋の文人と道教》一书是这方面的力作。该书分为上下两部，上部分论唐宋文人、文学与道教的关系，下部涉及欧阳修、曾巩、王安石、苏洵、苏轼、苏辙、苏过、苏符、苏籀等著名作家。[3]法国内丹学者胡素馨试图通过苏轼的养生修炼来观察宋代文人圈中的道教信仰。她认为，以苏轼为代表的宋代士大夫有着丰富的道教修炼

---

[1] Stephen Owen, *The Great Age of Chinese Poetry: The High Tang*, New Haven: Yale University Press, 1981, pp.140.
[2] Stephen Bokenkamp, "Taoism and Literature: the 'Pi-lo' Question", *Taoist Resources*, 3.1（1991）: 57-72.
[3] 砂山稔：『赤壁と碧城——唐宋の文人と道教』，東京，汲古書院，2016 年 11 月。

实践并得到了翔实记录，这些记录可以帮助我们考察他们对于道教的态度。就苏轼来说，他有儒道释的素养和实践，熟悉养生诀、胎息法、养生说、龙虎铅汞说等养生技术和理论，对金丹尤其是朱砂的功效也深信不疑。他对道教有强烈的求知欲与好奇心，经常慷慨分享自己炼丹及养生的心得，但没有足够的恒心，金丹炼好后亦不敢服用。[1]蜂屋邦夫利用王重阳和全真七子诗词别集研究全真宗师的生涯和教说，试图尽可能地接近他们的宗教精神本身。作者指出，由于这些诗词充满了内丹学的隐语和比喻，所以需要研究者尽可能努力去理解隐藏在文意背后的秘而不宣的修行方法和他们自己的心情。[2]高万桑分析了全真教留下的十五首"五更"组词，认为这些词作记录了全真道士在众多冥思之夜为长生不老所付出的努力，试图引导读者"认识到抒情诗词的传统，并自我追问苦行实践与诗词体裁之间的关系"。在他看来，五更词记录了全真道士夜晚战睡魔苦修的主题和方法，但这类词作的持续创造并不构成一个体系，只是为全真道士将独一无二、无法言说的因素融入集体经验中提供了一种方法。[3]大木康梳理了明清戏曲、小说、诗歌

---

[1] Baldrian-Hussein Farzeen, "Alchemy and Self-Cultivation in Literary Circles of the Northern Song Dynasty: Su Shi（1037-1101）and his Techniques of Survival", *Cahier d'Extrême-Asie* 9（1997），pp.15-53.

[2] 蜂屋邦夫：《金代道教研究——王重阳与马丹阳》，钦伟刚译，中国社会科学出版社，2007年；蜂屋邦夫：《金元时期的道教——七真研究》，金铁成等译，齐鲁书社，2014年。

[3] Vincent Goossaert, "Poèmes taoïstes des cinq veilles", *Ètudes Chinoises* XIX 1-2, 2000, pp.249-270.

中的道教、神仙思想，在综述相关研究成果的基础上指出明清时期的道教文学作品其直接的宗教性意识薄弱，但道教、神仙思想渗透到各个文学领域；他还分别以皇帝、士大夫、民众为对象，考察道教、神仙思想在社会上的传播，并思考其对文学的影响，发现道教影响下的高雅生活理念和庭园思想在明清社会和文学中颇为风行。[1]

关于明代道教与文坛的互动，王岗和王安做出了重要贡献。很久以前，柳存仁教授曾强调，明代是中国道教发展的高峰，道教对社会的渗透前所未有，道教炼养是当时士大夫的公共知识。最近的研究证明了他的看法。王安主要研究昙阳子信仰与王世贞文学集团之间的宗教互动。[2]作者以王世贞所撰《昙阳大师传》为核心材料，分析昙阳子存思修炼以至羽化成仙的过程和昙阳子崇拜得以形成的原因。从这个个案研究可以看出，晚明的神仙崇拜是一个儒道释杂糅、精英文化与民间文化互动密切的宗教行为。[3]王岗研究明代道教时发现，明代藩王的文学创作中，王府属官和方外与他们有密切交流，以道教为主题的书写格外耀眼，且在数量上要比其他文人高。许多藩王组织文社，讨论诗歌创作，撰写游仙诗和步虚词，出版道家

---

[1] 大木康：明清文学における道教・神仙思想に関する覚え書き，『筑波中国文化論叢』23（2003）：55-85.
[2] Ann Waltner, *The World of a Late Ming Mystic*: *T'anYang-tzu and Her Followers*, Berkeley: University of California Press, 2000.
[3] Ann Waltner, *T'an-yang-tzu and Wang Shih-chen*: *Visionary and Bureaucrat in the Late Ming*, *Late Imperial China* 8，1（1987 June），pp.105-133.

作品集；许多藩王沉迷丹道，频繁参与道教实践，甚至以道士自居，编撰、刊刻了大量道书。他们创作、刊刻道教典籍的主要目标读者是皇帝和其他亲属，包括他们的后代和其他藩王。有时出于道教信仰，他们会将这些典籍送给道观。[1]他还指出，藩王们修炼内丹时喜欢从事内丹著作的编撰和刊刻，甚至喜欢采用诗赋的方式吟咏内丹。[2]王岗的上述研究是建立在他多年访求明代藩王著述的基础之上，扎实而厚重。他还指出，全真教能在上清派基地茅山建立乾元观开创法脉与王世贞集团的文学支援密切相关：以王世贞为核心的江南文学集团的40多位文人为茅山撰写了80多篇诗文碑记，这些作品作为象征性资本对乾元观的发展至关重要。[3]

刘迅则对清代和民国时期的道教文学做了深入探讨。他通过对晚清江南官僚、诗人陈文述诗歌、序跋、回忆文章等材料尤其是《西泠仙咏》的梳理探讨了晚清士人的道教信仰和宗教实践。[4]他指出，修仙的愿望推进了陈文述与梁溪画家女道士王清微、杭州金盖山道士闵一得等人的交往，也促使他研习道经进行内丹修炼，并与妾室管筠一道沉迷扶鸾。他还指出，陈

---

[1] Richard G. Wang, *The Ming Prince and Daoism: Institutional Patronage of an Elite*, New York: Oxford University Press, 2012.
[2] 王岗：《明代藩王与内丹修炼》，秦国帅译，《全真道研究》第五辑，齐鲁书社，2016年。
[3] 王岗：《明代江南士绅精英与茅山全真道的兴起》，刘大彬编，江永年增补，王岗点校：《茅山志》，上海古籍出版社，2016年。
[4] Xun Liu, "An Intoning Immortal at the West Lake: Chen Wenshu and His Daoist Pursuits in Late Qing Jiangnan", *Cahiers d'Extrême-Asie* 25（2016）: 77-111.

文述领导了一个由诗人、艺术家组成的以女性为主体的社交圈,其中包括陈文述的七大道教女弟子,陈文述对道教的体认深深影响了这个团体。他以《自然好学斋诗钞》为分析文本,探讨晚清江南女诗人汪端的道教追求和文学创作。他指出,汪端婚后活跃于其家族内部的文学交游网络中,并经常参与经典背诵、治疗仪式、冥想和扶乩等宗教活动,诗人高启被地方神祠尤其是江南地区的精英阶层的乩坛团体奉为天神和汪端的个人崇拜及其信仰活动直接有关。他还指出,汪端创作的诗歌记录、反映了她的宗教经验与宗教追求,这些经验和追求被她参与的社会文学圈的其他精英女性分享,这些诗歌因此成了建立和维持文学宗教团体或友谊的一种重要方式。[1]他对南阳玄妙观方丈张宗璿、姚霭云的艺文活动进行分析后指出:"从清末至民国初年,玄妙观的全真高道们,一直是南阳诗歌、书法、古琴、清修、园林等各种艺术的主要眷顾者。他们参与地方官员和文人之间的诗歌交流,向公众展示和推广书法,保护古琴并向文人和官员演奏经典曲谱,为自己和公众修建并维护道观园林、公共园林。"[2]他还对发表在20世纪30、40年代专为追求内丹修炼而创办的《扬善半月刊》和《仙道月报》上的五篇丹道旅行诗进行了分析,试图通过诗歌分析彰显这一时期丹道

---

[1] Xun Liu, *Of Poems*, "Gods, and Spirit-Writing Altars: The Daoist Beliefs and Practice of Wang Duan(1793–1839)", *Late Imperial China* 36, 2(2015):23-81.
[2] 刘迅:《诗、书、琴、园——清末南阳全真道主领的精英艺术》,秦国帅译,《全真道研究》第12辑,齐鲁书社,2015年。

修炼的历史面貌和新的发展轨迹。他认为这些旅行诗透露了四个方面的信息：旅行依然是20世纪早期与内丹修炼关系密切且不可缺少的组成部分，旅行诗反映了内丹修炼及其相关旅行的社会和个人生活，修炼者开创性地号召用团结的力量来满足"法、侣、财、地"四个修炼根本条件，旅行可以作为修行的隐喻和一种知识论范式用来思考整个内丹修炼过程。[1]

王燕宁曾参加过祁泰履和柏夷教授主持的"道教文献与历史"暑期学者班，对清代道教诗歌颇为关注。如她曾就清代女作家的道教书写发表过两篇长文：一篇论文对骆绮兰、顾太清、凌祉媛和高凤阁四位女诗人撰写的以"女游仙"为题的诗歌进行了深入研究[2]，另一篇论文对女作家钱希的写作和扶乩信仰做了分析[3]。通过前者的分析，她指出：女游仙诗很可能是在女性文学空前繁荣的明清时期由清代女诗人首创的。这类诗歌的崛起体现了女作家在男性传统中艰难探寻她们自己声音的历程以及日益高涨的女性意识。女诗人们通过重塑仙界来突破人间内外有别的性别空间的桎梏，而她们的文学创作则在中国文学史上赢得一席之地。通过后者的分析，她指出：扶

---

[1] Xun Liu, "In Search of Immortality: A Study of Travels in Early 20th Century Neidan Poems", *Taoist Resources*, No. 17（1997）.

[2] Wang Yanning, "Roaming as a Female Transcendent." In Wang, *Reverie and Reality*: *Poetry on Travel by Late Imperial Chinese Women*, 31-65. Lanham: Lexington Books, 2014.

[3] Wang Yanning, "Gendering the Planchette: Female Writer Qian Xi's（1872–1930）Spiritual World". *Journal of Chinese Literature and Culture* 4，1（2017）：160-179.

乩在建构钱希文学想象和提升钱希创作产量方面扮演着意义非凡的角色；在满足其情感需要、凸显其才女的身份、展示其独特存在价值方面，钱希利用扶乩刺激文学创作的书写策略非常重要。清代的厉鹗曾写过多达300首的游仙诗，王燕宁撰文分析了厉氏游仙诗中关于梦的典故。[1]她指出，厉鹗游仙诗中的梦幻典故是一种修辞策略，其中隐含着厉鹗对于自身身份的多重思考。厉鹗通过游仙诗展示了他的复杂思想，他时而遵循儒家传统寻求政治荣誉，时而选择其他传统尤其是道教文化以追求个人的不朽，时而远离政治而寻求个人的浪漫情感，用多种手法塑造一个在人间和天上皆被认可的才子形象。

四、道教说唱与道教戏曲研究

海外学术界还就道教说唱、宗教仪式与戏剧创作、道教实践与戏剧内涵等议题展开分析，在清理宗教实践与说唱文学、戏剧文学互动关系的基础上，揭示说唱文学、戏剧文学的发展演变。

道教说唱是道教宣教的重要手段，学者们关注的焦点是道情。游佐昇《唐代社会与道教》一书分为敦煌道教、蜀地道教、成都道教三部分，每部分由若干专题论文组成。其中第一部分讨论变文与道教、叶净能诗、道教唱导、道教俗讲，是

---

[1] Wang Yanning. "The Dream of the 'Talented Man': Dream Allusions in Qing Poet Li E's（1692–1752）Youxian Poetry", *Extrême-Orient, Extrême-Occident* 42（2018）: 129-152.

道教说唱研究的代表作。[1]日本学者泽田瑞穗视道家的步虚词为道情的先声[2],小野四平则认为道情起源于南宋,以韵散交错的方式展开故事,并对山行大学图书馆藏《新编增补评林庄子叹骷髅南北词》进行了分析。[3]美国学者韩南发现中国台湾"中央图书馆"藏有一部明代的道情作品《云门传》,讲述李清入洞寻仙、后因思家返回人间成为著名儿科医生的故事。这个道情作品大概成书于1550—1627年,其原型为唐代故事,其发展形态便是冯梦龙改编的《李道人独步云门》。这部作品的发现不仅为学术界提供了一个鲜活的道情故事,还揭示了白话文学从唱本到小说的发展轨迹。[4]伊维德梳理了《新编增补评林庄子叹骷髅》《韩湘子九度文公道情》的发展演变史,强调全真教的宗教理念和宗教实践对这两个故事的形塑具有重要意义。他在书中翻译了17世纪分别由杜蕙、丁耀亢、王应遴撰写的庄子叹骷髅故事和19世纪或更晚的三首篇幅较短的唱词,并在导论中梳理了庄子叹骷髅故事自《庄子》到辞赋、诗歌、道情、戏曲和现代小说的演变,认为庄子遇骷髅故事在金元明的突然出现和繁盛,与王重阳——12世纪全真教创教者的传

---

[1] 遊佐昇:『唐代社会と道教』,東方書店,2015年3月。
[2] 澤田瑞穗:關於道情,『中國文學月報』第44號;澤田瑞穗:『佛教と中國文學』,株式會社圖書刊行會,昭和五十年(1975)。
[3] 小野四平:《中国近代白话短篇小说研究》,施小炜、邵毅平、吴天锡、张兵译,上海古籍出版社,1997年。
[4] Patric Hanan, "The Yün-men Chuan: from Chantefable to Short Story", *Bulletin of the School of Oriental and African Studies* 36, 2(1973).中译文由苏正隆翻译,载《中外文学》1975年第4卷第5期。

教活动密不可分，早期的全真宗师们通常在其诗歌中描写自己遇骷髅的场景，之后的全真教徒则又重新开始复述庄子遇骷髅、叹骷髅的故事，从而推动了该故事的传播和演变。[1]在另外一篇文章中，伊维德还分析了南宋画家李嵩《骷髅幻戏图》，清理了中国文化中的相关主题和母题，并指出："庄子遇骷髅这个传说之所以在公元17世纪的道情中广泛流传，可能与全真教大肆宣讲骷髅的重要作用有关。"[2]咏叹骷髅的传统在近现代以来的宗教仪式中仍然很盛行。皮卡尔听到中国台湾道士表演的《骷髅歌》后，从跨教别文体的角度分析了《骷髅歌》在道教仪式、佛教仪式中的运行机制和音乐特质，揭示了骷髅主题从印度到东亚的流变。[3]伊维德还重点介绍了韩湘子度化叔父韩愈的两部道情。这两部道情一是仅存日本东京大学东洋文化研究所图书馆的《韩湘子十二度文公蓝关记》，这部道情可能出自16世纪或更早，采用散体片段与七言诗段交替的形式叙事，是小说《韩湘子全传》的源材料之一。另一部道情便是《新编韩湘子九度文公道情》，仅存19世纪以降的本子，叙事采用散、韵交替，且多使用《耍孩儿》曲牌，可能出自清初。伊维德还指出，晚宋以来的戏曲形式影响了这个传说的内容：

---

[1] Wilt L. Idema, *The Resurrected Skeleton: From Zhuangzi to Lu Xun*, New York: Columbia University Press, 2014.
[2] 伊维德：《绘画和舞台中的髑髅与骷髅》，张广保编：《多重视野下的西方全真教研究》，宋学立译，齐鲁书社，2013年，第588页。
[3] François Picard, "Le Chant du squelette（Kulou ge）", *Journal Asiatique* 292-1/2, 2004, pp.381-412.

韩湘子与韩愈蓝关相会情节变成韩愈皈依韩湘子情节最早出现在杂剧如《韩湘子三度韩退之》中,南戏如《韩湘子九度文公升仙记》(适合在祈雨仪式上搬演)还首先在叙事中增加了韩愈夫人和湘子之妻这两个角色,这和杂剧的三段度脱模式、南戏的男女角色设计有关,而这些情节在《新编韩湘子九度文公道情》中得到了强化。[1]

宗教仪式与戏剧创作研究涉及中国戏曲生成研究。较早从宗教仪式角度研究中国戏剧生成的学者是英国学者龙彼得。他于1976年3月10日在巴黎作演讲时列举大量田野调查资料和历史文献中的仪式和戏剧信息,论证中国戏剧起源于宗教仪典。[2] 在这个领域做出杰出成就的则是田仲一成。他受希腊戏剧、日本戏剧发生研究的启发,认为中国的祭祀戏剧是古代农村社祭仪式在中晚唐以后丧失其宗教巫术性而转化为演出活动即文艺的过程中产生的,转化的关键在于宋代农村市场圈的发达导致分散的"社会"活动朝着以核心集市的寺庙为中心的新兴"社会"发展,原来祭祀农业神的春秋祭祀被迎神赛会活动即神诞庆祝和超幽建醮所取代。具体转化情形可分为三个

---

[1] Wilt L. Idema, "Narrative daoqing, the legend of Han Xiangzi, and the good life in the Han Xiangzi jiudu Wengong daoqing quanben", *Daoism: Religion, History and Society* 8(2016):89-146;伊维德:《说唱道情、韩湘子传说以及〈新编韩湘子九度文公道情全本〉》,《道教研究学报——宗教、历史与社会》2016年12月第8期。

[2] Piet van der Loon, "Les origines rituelles du théâtre chinois", *Journal Asiatique* 215(1977):141-168. 龙彼得:《中国戏剧源于宗教仪典考》,王秋桂、苏友贞译,《中外文学》1979年第7卷第12期。

类型：社祭中的竞赛活动在宋代新兴"社会"里转变为武技表演、巡游活动并衍生出舞狮舞龙等杂技文艺，神诞祭礼转变为参军戏和院本（爨体）等庆贺戏，超度幽鬼的建醮祭礼在南宋后转变为悲剧——镇魂剧，即镇抚武将英灵的悲剧和镇抚冤魂的审判剧。他还认为，中国祭祀禳灾祈福型的阴阳二元结构决定中国祭祀戏剧无法产生彻底的悲剧。他还批评王国维将戏剧定义为"以歌舞演故事"完全忽略了戏剧背后的祭祀因素，即死而复活这一祭祀因素。田仲一成的这些结论建立在大量田野调查和文本分析的基础上。一方面，他用田野调查所得和文献记载的祭祀材料进行互动分析；另一方面，又将分析结果和残留下来的戏剧史料和经典戏剧文本如《关张双赴西蜀梦》《承明殿霍光鬼谏》《地藏王证东窗事犯》《昊天塔孟良盗骨》《窦娥冤》等进行比对分析，其思路和结论对研究中国戏剧发生学和戏剧本质有重要参考价值。[1]

以《中国祭祀戏剧研究》（1981）为起点，他先后出版有《中国的宗族与戏剧》（1985）、《中国乡村祭祀研究——地方戏的环境》（1985）、《中国巫类戏剧研究》（1993）、《中国演剧史》（1998）、《明清的戏曲：江南宗族社会的表象》（2000）、《中国地方戏曲研究——元明南戏向东南沿海地区的传播》（2006）等一系列著作深化和延展其理论体系。

《中国的宗族与戏剧》是《中国祭祀戏剧研究》的续编。该

---

[1] 田仲一成：《中国祭祀戏剧研究》，布和译，北京大学出版社，2008年。

书紧扣构成中国地域社会的地缘集团、血缘集团来分析其中的祭祀组织、祭祀礼仪、祭祀歌谣和祭祀戏剧，以及它们如何被大地主宗族的支配权力所制约所影响。通过一系列田野调查和个案分析，作者指出：农村的祭祀戏剧是一种社会制度，具备社会性功能，其社会性功能的存在与否决定其存活与消亡；祭祀戏剧的社会功能与其说是娱乐还不如说是通过娱乐来强化和维系农村的社会组织；祭祀组织的性质直接规定了祭祀戏剧的性质，祭祀戏剧反映了华南农村社会的宗族观念。[1]

《古典南戏研究——乡村、宗族、市场之中的剧本变异》以《琵琶记》、四大南戏和南戏化的《西厢记》为对象分析明清时期各地方剧本的文本流传、变异与社会性质。他认为南戏虽然有一部分戏剧在城市剧场表演，但大部分是在乡村祭祀环境中演出，因此需要从农村内部的祭祀礼仪来研究戏剧表演。在这一理念支配下，他提出了三大戏剧概念：乡村戏剧是在中国农村的基层单位——社——上成立的祭祀戏剧，其历史悠久，具有宋元以来的传统，又是向神灵恳求丰收及太平奉上的供戏，可以看作农村生产活动不可或缺的一部分；宗族戏剧是在宗族富裕家庭"冠婚葬祭"生活习俗上成立的祭祀戏剧，也含有向神恳求保佑的宗教性因素，但具有一部分士商彼此联谊交流的世俗因素，这类戏剧在明代中期以后的江南地区发达起来；市场戏剧是几个乡村或几个宗族联合起来的祭祀戏剧，大

---

[1] 田仲一成：《中国的宗族与戏剧》，钱杭、任余白译，上海古籍出版社，1992年，第3—4页。

约在以有名的市场庙宇为中心的广域地方社会上成立。在以市场为核心的广域之中，士农工商各阶层都参与而合作，其中含有向神灵祈求五谷丰收、商贾隆盛、工匠发达、加官进禄等各阶层投射的多元因素。但组织中出钱最多的是商人，所以综合起来说，商人的影响力是最大的，因此叫作市场戏剧。其组织形式模仿乡村戏剧，因此可以说是乡村戏剧的扩大形态或其延伸。[1]

《明清的戏曲——江南宗族社会的表象》一书把重点放在明清以来的江南戏曲（特别是传奇）如何表现这一地区特有的宗族社会理念这个问题上，简要考察了明清江南的演剧空间及其产生的戏曲作品的性质。他指出："在相当于中国戏剧史初期阶段的元杂剧中，以中国北方为中心，英雄悲剧、烈妇悲剧这两者是并存的，而在随后的明代江南戏剧的阶段，英雄悲剧却完全销声匿迹，只有烈妇悲剧独擅胜场，盛极一时。"[2]他认为，形成这种局面的关键是支配戏剧的社会背景的地域差别和时代差别，即小姓杂居村落和大姓村落的差别。

《中国演剧史》译成中文时命名为《中国戏剧史》，是对《中国祭祀戏剧研究》《中国的宗族与戏剧》《中国乡村祭祀研究——地方戏的环境》《中国巫类戏剧研究》的理论总结。该

---

[1] 田仲一成：《古典南戏研究——乡村、宗族、市场之中的剧本变异》，吴真校，中国社会科学出版社，2012年，第29—30页。
[2] 田仲一成：《明清的戏曲——江南宗族社会的表象》，云贵彬、王文勋译，北京广播学院出版社，2004年。

书是按照王国维《宋元戏曲考》(1907)的思路来写的，但王国维突出了倡优因素，田仲一成则凸显了巫觋因素，对只关注宫廷和城市戏剧研究的学术传统、对王国维以来的戏剧形成综合说进行了深入反思；与此同时，该书也揭示了宗教戏剧逐渐世俗化的历史进程。[1]

此外，还有的学者观察佛教戏剧如何在道教仪式中被运用。如施舟人对中国礼拜仪式中的目连戏及其派生物做过调查，其中用到的资料大部分是有关道教炼度仪式的。他指出，道教目连戏的仪式内容可能与佛教的极为相似，尤其是丧葬仪式，佛、道传统几乎已经彻底同化。[2]

道教实践与戏剧内涵研究涉及多个方面。有的学者关注戏剧中的进香仪式。如伊维德逐一分析张国宾的《汗衫记》、古杭书会写的《小孙屠》、郑廷玉的《看钱奴》以及《焚儿救母》四部杂剧中的泰山进香情节，指出戏剧重点关注了香客个体进香的动机和香客在东岳庙逗留时或者归途上的感情，认为这些戏剧没有给我们提供这些特殊民众进香的心理活动情况，但是确实反映了社会上所接受的个体宗教信仰形式，这说明13—14世纪的戏剧和宗教仪式、信仰关系紧密而多元。[3]有的学

---

[1] 田仲一成：《中国戏剧史》，布和译，吴真校译，北京大学出版社，2011年。
[2] Kristofer Schipper, "Mu-lien Plays in Taoist Liturgical Context", in *Ritual Opera, Operatic Ritual: "Mu-lien Rescues His Mother" in Chinese Popular Culture*, ed. David Johnson, Berkeley: University of California, 1989, pp.126-154.
[3] Wilt Idema, "The Pilgrimage to Taishan in the Dramatic Literature of the Thirteenth and Fourteenth Centuries", *Chinese Literature*: *Essays, Articles, Reviews* 19 (1997) : 23-57.

者关注戏剧中的扶乩仪式。如蔡九迪认为，扶乩文化与士大夫文化的融合成为明清时期最为显著的特征，尤侗的生平和创作对于扶乩和戏剧表演之间复杂关系的研究大有裨益。她指出，尤侗通过诗歌、传记、书信、笔记以及自传记载了自己的扶乩活动，其中有两次是在仕途和政治转折点上通过扶乩来了解皇帝和好友、妻子在彼岸世界的状况，这种扶乩经历对其"花史传"（1643）和半自传性传奇《钧天乐》（1657）的创作产生了重要影响。[1]

但更多的学者聚焦于道教的度脱主题和内丹修炼。杨富森考察八仙史料后指出，元代戏剧最早对八仙进行介绍和讨论，但剧作家对八仙的认识有分歧，八仙之间的差异也很大，吕洞宾在八仙中有很突出的地位。[2]霍克斯指出，元代杂剧中的大多数杂剧都可以称为全真戏，其主题是一成不变的，即救度皈依，其角色经常为钟吕八仙、王重阳、马丹阳而不是丘处机，这表明元代的剧作家很好地利用了全真教度化弟子的各种故事，并将其作为自己作品的题材。[3]余孝玲认为马致远的神仙

---

[1] Judith T. Zeitlin, "Spirit Writing and Performance in the Work of You Tong 尤侗（1618-1704）", *T'oung Pao* Second Series, Vol. 84, Fasc. 1/3（1998），pp.102-135.

[2] Richard F.S.Yang, "A Study of the Origin of the Legend of the Eight Immortals", *Oriens Extremus* 5, 1（1958），pp.1-22. 杨富森：《八仙传说探源》，董晓玲译，吴光正校，吴光正主编：《八仙文化与八仙文学的现代阐释》，黑龙江人民出版社，2006年。

[3] David Hawkes, "Quanzhen Plays and Quanzhen Masters", *Bulletin de l'École Française d'Extrême-Orient* 69（1981）：153-170. 霍克斯：《全真戏与全真宗师》，张广保编：《多重视野下的西方全真教研究》，宋学立译，齐鲁书社，2013年。

道化剧不仅没有如刘大杰、郑振铎所认为的那样脱离现实，反而是忠实地反映了当时道教运动的盛行。她认为，马致远剧作的主题是劝化和度脱，其戏剧张力来自度脱者和被度脱者对于彼此信念的执着，其情节链反映了全真教的传承谱系和丹道理念，且表现出和禅宗理念折中的倾向；她还认为，马致远杂剧的另一主题是退隐，其情节体现了现实的无奈和道家的人生观。[1]此外，中鉢雅量对元代度脱剧的内涵[2]、赵晓寰对元杂剧中的道姑形象[3]、秋冈英行对兰茂《性天风月通玄记》的内丹修炼做了考察[4]。赵晓寰以《鸳鸯被》《望江亭》《女真观》《竹坞听琴》这四部媒婆剧和思凡剧为考察对象，认为它们和"才子佳人"剧在设置、情节、人物中有非常多的相似之处，这些作品塑造的过失道姑在道和俗之间向往世俗生活和追寻自我，女性欲望和不守戒律的主题也使她们不同于元杂剧里那些主要关注宗教救赎和教化的典型道化剧。伊维德认为明代皇室成员周宪王朱有燉是15世纪最重要的剧作家，晚年对道教颇感兴趣，比较崇信张伯端的内丹南宗。他在《朱有燉的杂剧》第三章"新旧典礼"、第四章"庆祝"中对相关剧作一一进行分析，

---

[1] Yu Shiao-ling, "Taoist Themes in Yuan Drama（with Emphasis on the Plays of Ma Chih-yuan）", *Journal of Chinese Philosophy* 15, 2（1988）：123-149.
[2] 中鉢雅量：『中國の祭祀と文藝』，創文社，1989年。
[3] Zhao Xiaohuan, "Love, Lust, and Loss in the Daoist Nunnery as Presented in Yuan Drama", *T'oung Pao* 100, 1-3（2014）：80-119.
[4] 秋岡英行：内丹劇初探—蘭茂『性天風月通玄記』，麥谷邦夫編『三教交渉論叢』，京都：京都大学人文科学研究所，（2005）：685-705.

介绍了其中的道教内涵。[1]他指出，超度剧的特别作用就是在庆寿时做喜庆演出，不过，超度剧来自葬礼仪式，其内容为表演死亡及复活即引导死者的灵魂去到天国，其礼仪起源可追溯到汉末有组织的道教出现之时。"到了元朝，道教的超度剧已从引导死者走向永生改变为在人活着时祈求长寿。因此，这种戏只能在庆寿时演，而不能在别的场合演……朱有燉在写超度剧时，一开始完全遵循过去的传统。后来，他认识到传统的超度剧在内容和功用上有冲突，于是他就离开传统的故事情节，以发挥超度剧的功用。实际上，他在最后几个超度剧中，又回到了过去的传统布局，只是比较柔和弱化而已。"[2]

五、道教神话与道教小说研究

道教神话与道教小说研究主要围绕道教神仙、丹道修炼、道教科仪、道教法术而展开，海外学者视这些神话和小说的产生为一种宗教实践的记录，从而对学术界关于神话、小说的性质乃至研究方法造成了冲击。

早期道经中蕴含的道教神话是学者们的兴趣所在。其中的代表性著作为吉瑞德的《早期道教的混沌神话及其象征意

---

[1] Wilt L. Idema, *The Dramatic Oeuvre of Chu Yu-tun*（1379—1439）, Leiden: E. J. Brill, 1985.
[2] 伊维德：《朱有燉的杂剧》，张惠英译，北京大学出版社，2009年，第70页。

义》。[1]他对《老子》《庄子》《列子》《淮南子》等典籍中的混沌神话及其象征意蕴展开了详细分析,认为混沌神话反映了中国的宇宙论思想,是道教秩序的体现。

道教神仙研究主要集中于老子、西王母和吕洞宾。关于老子的神话建构,索安和孔丽维做了精彩研究。[2]常志静则对《老子八十一化图》展开文学与图像学研究。[3]鲁惟一通过对西王母这一神话人物的研究去检验各类和长生不老神话人物有关的神话主题,该书的最大特点是将图像资料与历史学、考古学研究方法相结合。[4]柯素芝的专书梳理了先唐文学和艺术中西王母的形象。[5]她在一篇文章中利用杜光庭的女神传记、历史著作、道教经典文本、唐代诗歌分析西王母与王权的关系,认为许多故事中西王母的到访和馈赠是为了确认西王母授予中国帝王权力与象征,以利于其实现统治,不过随着道教自主意识的发展,道教祖师开始干涉统治者的力量和王权,西王母教导祖师,并向其传达象征性的指示,道教祖师于是进一步

---

[1] 吉瑞德:《早期道教的混沌神话及其象征意义》,蔡觉敏译,齐鲁书社,2017年。

[2] Anna Seidel, *La Divinisation de Lao Tseu dans le Taoïsme des Han*, Publications de L'EFEO, Paris, 1969, p.71. Livia Kohn, *God of the Dao: Lord Lao in History and Myth*, Ann Arbor: Center for Chinese Studies, University of Michigan, 1998, pp.208-209.

[3] Florian C.Reiter ed., *Leben und Wirken Lao-Tzu's in Schrift und Bild. Lao-chün pa-shih-i-hua t'u-shuo*, Würzburg: Königshausen und Neumann, 1990.

[4] Michael Loewe, *Ways to Paradise: The Chinese Quest for Immortality*, London: George Allen and Unwin, 1979.

[5] Suzanne Cahill, *Transcendence & Divine Passion: The Queen Mother of the West in Medieval China*, Stanford: Stanford University Press, 1993.

转化为死亡的征服者与乐土的统治者。[1]小南一郎探讨西王母作为神的性格与七月七日男神、女神相会传说的密切关联以及神话的置换变形。在小南一郎看来，七夕礼仪牵连着牛郎、织女和西王母三位神灵，织女的工作和西王母的玉胜都带有宇宙论的意义。"西王母本来只是一个神，它居于大地中心的宇宙山（世界树）顶上，以绝对的权力赋予整个宇宙以秩序。而赋予秩序一事，就由它的织机行动来象征，西王母可以说是织出世界秩序的神。因此，正是织机部件的胜就戴到了它的头上。"而乞巧的本意是"希望织女本身不失去其机织技巧的、使这个世界不陷于混乱的具有宇宙意义的行事""到后汉时，牵牛、织女已经分别代表曾由西王母一人所统合的男女二要素了"。他还进一步指出，牛郎织女相会的古老传统可追溯至地上的渡河相会即《诗经·溱洧》所载春祭仪式。[2]关于西王母的更多海外研究论文，还可参阅《西王母文化研究集成·外文论文卷》一书，该书共收欧美、日本学者论西王母的论文14篇。[3]

吕洞宾的神话传说研究也是海外道教文学研究的关注点。

---

[1] Suzanne Cahill, *The Goddess, The Emperor, and the Adept: The Queen Mother of the West as Bestower of Legitimacy and Immortality*, in Elisabeth Benard and Beverly Moon, eds., *Goddesses Who Rule*, New York: Oxford University Press, 2000, pp.196-214.
[2] 小南一郎：《西王母与七夕文化传承》，《中国的神话传说与古小说》，孙昌武译，中华书局，2006年，第125、127页。
[3] 迟文杰、陆志红主编：《西王母文化研究集成·外文论文卷》，广西师范大学出版社，2009年。

弗雷泽·巴列德安·侯赛因认为：早期传说中的吕洞宾具有内丹专家、书法家兼诗人、炼丹术士、医生、驱妖者、占卜者、商人、手艺人甚至佛教徒等身份；北宋对吕洞宾的祭祀是由商人和小贩或其他人群沿着水路从一地传到另一地的，但故事的传播主体应该是道教徒或相关人群；北宋时期出现的吕洞宾及其师傅钟离权的丹道文献给道教徒的冥想术带来了彻底的革命，吕洞宾因而在此后成为道教教派宗师；吕洞宾在文化阶层受欢迎的原因有三：一是宋初皇帝对道教采取保护政策，一是新王朝建构合法统治的需要，一是城市经济的繁荣。[1]洪怡莎以《夷坚志》《妙通纪》为中心对南宋时期的吕洞宾信仰进行分析，认为偏爱吕洞宾信仰的地点越来越集中在江南一带，主要以居家祀奉、通灵信仰、祠祭的方式展开，这种信仰形式与其所涉阶层主要为民众和道士阶层密切相关。但随着自立的民间祠庙的增多以及道士的支持，仙人被更重要的宗教建筑群道观、佛寺尤其是天庆观所接受，这大大有利于全真教在元廷获得成功。[2]森由利亚将《纯阳吕真人文集》所收"吕真人本传"和《纯阳帝君神化妙通纪》前十化做比较，分析其异同，认为

---

[1] Farzeen Baldrian-Hussein, "Lü Tung-Pin in Northern Song Literature", in *Cahiers d'Extrême-Asie* 2（1986），pp.133-169. 弗雷泽·巴列德安·侯赛因：《北宋文献中的吕洞宾》，李丽娟、吴光正译，赵琳校，吴光正主编：《八仙文化与八仙文学的现代阐释——20世纪国际八仙论丛》，黑龙江人民出版社，2006年。

[2] Isabelle Ang, "Le culte de Lü Dongbin sous les Song du Sud", *Journal Asiatique* 285（2），1997, pp.473-507. 洪怡莎：《南宋时期的吕洞宾研究》，《法国汉学》第七辑，中华书局，2002年。

《妙通纪》赋予钟吕传道以全真教道统继承的意义。正因为如此,《妙通纪》的普及程度不如《纯阳吕真人文集》,后者因为不具教派色彩而在民间得以广泛信仰和流传。[1]结合全真教开展吕洞宾神话研究的是康豹的《多面相的神仙——永乐宫的吕洞宾信仰》一书。[2]该书梳理了吕洞宾的信仰史和永乐宫的兴建史,重点分析了永乐宫的碑文和壁画,揭示了全真教对吕洞宾信仰的贡献。尽管作者的目的在于探索中国宗教地理的文化多样性,但全书对吕洞宾多元形象的分析和把握颇为到位。遵循这一思路,康豹后来还撰文指出,《飞剑记》作者邓志谟对道教学和内丹术有浓厚兴趣,由此激发了他对吕洞宾崇拜的兴趣,并将吕洞宾置于苦修情境中;而《东游记》等小说和此前小说的差异,是吕洞宾与白牡丹的性描写非常露骨,这表明《东游记》有明显的娱乐性。[3]

关于文昌帝君、张三丰的信仰和神话也引起了学者的注意。如,祁泰履便对文昌帝君信仰史、《文昌帝君化书》的产生及其对后世信仰实践的影响做了研究。[4]索安较早对张三丰

---

[1] 森由利亚:《关于〈纯阳帝君神化妙通纪〉所表现的全真教特征》,吴光正主编:《八仙文化与八仙文学的现代阐释——20世纪国际八仙论丛》,黑龙江人民出版社,2006年。
[2] 康豹:《多面相的神仙——永乐宫的吕洞宾信仰》,吴光正、刘玮译,齐鲁书社,2010年。
[3] 康豹:《明代文学中的吕洞宾形象》,董晓玲译,吴光正校,吴光正主编:《八仙文化与八仙文学的现代阐释——20世纪国际八仙论丛》,黑龙江人民出版社,2006年。
[4] Terry Kleeman, *A God's Own Tale— The Book of Transformation of Wenchang, the divine Lord of Zitong*, Albany: State University of New York Press, 1994.

开展研究[1],而用专书展开张三丰研究的是黄兆汉[2]。黄兆汉试图采用历史考辨的方式对张三丰史料和创作的真伪进行辨析,对于厘清其人其作具有重要参考价值。

关于道教仙传,海外学术界做了不少翻译工作。如欧洲学者康德谟对《列仙传》的翻译[3],英国学者韦利对《长春真人西游记》的翻译[4],美国学者柯素芝对《墉城集仙录》的翻译和研究[5],康儒博对《神仙传》的翻译[6]。关于道教仙传的研究,学者们则习惯从道教实践与神话建构的角度来立论,这些研究集中在几部重要的道教传记上。施舟人译注了《汉武帝内传》,其导言对《汉武帝内传》的道教理念做了细致分析。[7]泽田瑞穗对道

---

[1] Anna Seidel, "Chang San-feng: A Taoist Immortal of the Ming Dynasty", in Wm. T. de Bary, ed., *Self and Society in Ming Thought*. New York: Columbia University Press, 1970.

[2] 黄兆汉:《明代道士张三丰考》,中国台湾学生书局,1988年。

[3] Kaltenmark Macime, *Le Lie-sien tchouan, traduit et annoté*. Peking: Université de Paris, Le Centre d'Études sinologiques de Pékin, 1953.

[4] Arthur Waley, *The Travels of an Alchemist*: *The Journey of the Taoist Ch'ang-ch'un from China to the Hindukush at the Summons of Chingiz Khan, Recorded by His Disciple Li Chih-ch'ang*, George Routledge & Sons, Ltd. Broadway House, Carter Lane, London, 1979.

[5] Suzanne Cahill, *Divine Traces of the Daoist Sisterhood*: *Record of the Assembled Transcendents of the Fortified Walled City by Du Guangting*, Boston: Three Pines Press, 2006.

[6] Robert Ford Campany, *To Live as Long as Heaven and Earth*: A Translation and study of *Ge Hong's Traditions of the Divine Transcendents*, Berkeley: University of California, 2002.

[7] K. M. Schipper, "L'empereur Wou des Han dans La Légende Taoiste", *Bulletin de l'École Française d' Extrême-Orient*, 1965, Paris.

教传记的研究也比较早。[1]小南一郎结合中古宗教史料尤其是宗教故事和道经对《汉武帝内传》所载传说的来历和性质进行分析，进而阐述其形成特质。他指出，西王母七月七日率诸女降临凡间向汉武帝授经是祖灵归还和未婚而夭的神女降迹人间的宗教神话遗迹再现，而这些神女降迹故事是以集月神和大地母神之长生、生殖、死亡特性的西王母为中心而发展出来的故事群，是巫觋人神交接仪式的艺术文化。他还指出，《汉武帝内传》人神交接技法和场景在上清派的经典中有类似的记载，《汉武帝内传》中与群神共食的厨会场景则是天师道三会日行厨共食礼仪的反映；遁甲孤虚和内视等具有知识阶层观念的强烈咒术倾向的六甲灵飞等十二事，结合到在江南圣山信仰里独立发展起来的《五岳真形图》的传承中，构成了《汉武帝内传》的基础。他还指出，《汉武帝内传》所载药品和玉女名称承袭了《道迹经》和《真迹经》的内容，而与改造这两部经典的《真诰》有别，这说明构成《汉武帝内传》内容的正是陶弘景等人的道教所不重视的，《汉武帝内传》对汉武帝的批判显示《汉武帝内传》作者不满东晋以后上清派抛弃民众要素并与君权调和的做法，是以对抗上清派的意味被编集起来的。这一分析的理论背景是艺术活动起源于宗教祭祀仪式即宗教祭祀剧和祭祀传说这一理论。[2]

---

[1] 澤田瑞穗：「神仙説話の研究」，澤田瑞穗『仏教と中国文学』，国書刊行会，1975年，第327—357頁。
[2] 小南一郎：《〈汉武帝内传〉的形成》，《中国的神话传说与古小说》，孙昌武译，中华书局，2006年。

《神仙传》也是西方学界的关注焦点。康儒博在《与天地同寿》中指出,各式各样的形象归因于葛洪的创作(至少对于他的一生来说),但是其中大多数应为公元4世纪的材料。[1]裴凝则确认《神仙传》作者是葛洪,认为葛洪之前并不存在一部同名的《神仙传》,《抱朴子》和《神仙传》存在互补关系,葛洪之后《神仙传》曾经重编的说法需要检讨。他还考察唐宋文献对《神仙传》的征引和近代版本,认为《神仙传》的原始内容无法从现存文献的基础上复原,但却能对初唐时期的状况下一合理结论,并证明明代及其后的版本是不可靠的。[2]小南一郎指出,葛洪《神仙传》的思想基础是祖灵祭祀,并以刘安、汉武帝升仙故事分析这一思想基础在巫觋、方士手中的变迁发展;他还认为《神仙传》发展出了一种新神仙思想,即神仙术不再是远古特选英雄的专利,而是任何人均可享有的技术,这种神仙思想有着把绝对者下降到人的水平的倾向,从而在中国文艺中保留了持久的影响。[3]小南一郎还认为,《西京杂记》的诸多内容是在与宫廷艺人有关的专业传说者之间形成的,其讲述故事的方式与方士小说家所使用的技法有密切关联,即以事件经历者或经历事件后死而复生者的口吻讲故事。作者最后推论指出:

---

[1] Robert Ford Campany, *To Live as Long as Heaven and Earth*: A Translation and Study of *Ge Hong's Traditions of the Divine Transcendents*, Berkeley: University of California, 2002.

[2] 裴凝(Benjamin Penny):《〈神仙传〉的作者与版本考》,卞东波译,《古典文献研究》第十辑,凤凰出版社,2007年。

[3] 小南一郎:《〈神仙传〉——新神仙思想》,《中国的神话传说与古小说》,孙昌武译,中华书局,2006年。

《西京杂记》与葛洪集团的诸作品一样，应认为是与葛氏道的后裔有关联并是在南北朝时期于江南编纂的。"[1]土屋昌明则将《神仙传》和《历世真仙体道通鉴》做了比较研究。[2]

海外学术界对金元道教传记的研究旨在强调全真教通过传记书写来建构宗教认同。如，高万桑强调："在早期全真教团中最具权威的并不是那些基本的文献，而是全真祖师和宗师们的言与行……全真宗师的事迹、语录和诗文也成为全真道士们进行研习评注并在自己修道实践中加以参考的文献。"[3]马颂仁讨论了全真教创立者的生平和仙传，指出全真道士"撰写历史的方法使我们意识到，全真史家并不是想写历史本身，而是想借此宣扬救度生命的教义、阐发宗教的理想、弘扬教团的辉煌。出于这种目的，他们自然就会对全真教的历史有所取舍和抽象。因此，为了阐明他们所要宣扬的上述理念，全真史家就采用了那些在他们看来最具说服力的材料。王重阳遇仙、马丹阳倡导的对王重阳的崇拜、王玉阳提出的七真理论以及众多带有仙传色彩的七真传记全都是出于传教的目的。这就是全真道士对待历史的关键"。[4]康豹梳理了史志经《玄风庆会图》的编

---

[1] 小南一郎：《〈西京杂记〉的传承者》，《中国的神话传说与古小说》，孙昌武译，中华书局，2006年，第181页。
[2] 土屋昌明：『歴世真仙体道通鑑』と『神仙伝』，『国学院雑誌』第97卷第11号，1996年。
[3] 高万桑：《教团的创建——13世纪全真教的集体认同》，张广保编：《多重视野下的西方全真教研究》，宋学立译，齐鲁书社，2013年，第25页。
[4] 马颂仁：《全真教的创立——仙传与历史》，张广保编：《多重视野下的西方全真教研究》，宋学立译，齐鲁书社，2013年，第79页。

撰、出版、重刊进程，以翔实的材料说明全真道士写作传记的目的是创造或强化宗教认同。[1]此外，景安宁有《圣徒吕洞宾画传》一文，专门研究永乐宫的吕洞宾画传。[2]

不少论文还对仙传中的特有主题进行分析。如，傅飞岚对《神仙感遇传》的感遇主题进行了分析。[3]他认为，"感遇"就是道教徒受点化的契机和最终成仙的手段，虔诚寻求仙人的努力成了道门中人精神之旅的隐喻，而通过感遇获得仙人直接降授的期望则产生了一种自生的虔诚文学。此外，他还从"神、圣、仙""圣地与博物志""蜀的天命"三个层面翻译、分析蜀国宫廷道士杜光庭创作的《录异记》，认为杜光庭献给朝廷的这部书在关键的时刻强化了这个地区的社群意识，为前蜀王朝及王室取得神圣地位、建立王朝提供了应有的凭据。[4]柏夷整理仙传、诗歌和道经中的文献，揭示了菖蒲在中国文学及宗教中的传说及象征意义。他指出，菖蒲是由北斗七星中第五颗玉衡星所散落而来的，它不仅是人类政治生活的干预者，而且能够让修道者长生不老，因而成了仙境圣地的标志，不过它在道

---

[1] 康豹：《撰写历史，创造认同——以〈玄风庆会图〉为例》，张广保编：《多重视野下的西方全真教研究》，宋学立译，齐鲁书社，2013年。

[2] Jing Anning, *A Pictorial Hagiography of Lü Dongbin*. 以《吕洞宾与永乐宫纯阳殿壁画》为名收入傅飞岚、林富士主编《遗迹崇拜与圣者崇拜》，中国台北允晨文化实业股份有限公司，2000年。

[3] F. Verellen, "Encounter as revelation: A Taoist hagiographie theme in medieval China", *Bulletin de l' École Française d'Extrême-Orient* 85，1998.

[4] Franciscus Verellen. "Shu as a hallowed land: Du Guangting's Record of Marvels", *Cahiers d'Extrême-Asie* 10，1998, pp.213-254.

教修炼的药物体系中排名并不高。[1] 此外,侯思孟对王子乔碑所做的研究亦值得重视。[2]

关于中国的狐精传说,西方学术界已经贡献了三部专著,即陈德鸿的《狐狸和鬼魂中的话语——纪昀和18世纪文人讲故事》[3]、韩瑞亚的《异类——狐狸和封建中国的晚期叙事》[4]及康笑菲的《狐狸崇拜——权力、性别和封建晚期及现代中国的民间宗教》[5]。这三部论著均在讨论文人对狐精传说的不同策略,也涉及其中的道教内涵。如康笑菲从社会史的角度研究中华帝国晚期华北地区狐精崇拜故事的财富和两性观念。她指出,凡女更有可能与狐精保持性关系以换取家族财富,男性家长默许狐精与年青的女性家庭成员发生"不正当"性关系,实际上是选择了积累钱财而非选择名誉;而狐女被男性特别是文人广泛描述成热情的恋人和体贴的妻子,其诉求只限于在男权社会中获得一个从属性的角色,其超自然能力限制在世俗男性权威的界限之内。这表明,这类传说和崇拜力证了一种动物如

---

[1] Stephen R. Bokenkamp, "The Herb Calamus and the Transcendent Han Zhong in Taoist Literature", *Studies in Chinese Religions* 1.4(2015).
[2] Donald Holzman, "The Wang Ziqiao Stele, Rocznik Orientalistyczny(Warsaw)", 47, 2(1991), pp.77-83.
[3] Leo Tak-hung Chan, *The Discourse on Foxes and Ghosts: Ji Yun and Eighteenth-Century Literati Storytelling*, Honolulu: University of Hawai'i Press, 1998.
[4] Rania Huntington, *Alien Kind: Foxes and Late Imperial Chinese Narrative*, Cambridge, Mass.: Harvard University Asia Center, 2003. 中译本:《异类——狐狸与中华帝国晚期的叙事》,籍萌萌译,中西书局,2019年。
[5] Kang Xiaofei, *The Cult of the Fox: Power, Gender, and Popular Religion in Late Imperial and Modern China*, New York: Columbia University Press, 2005.

何获得表达人们对世界的认识及其在社会中所处的位置的象征意义。[1]

在海外道教仙传和志怪小说研究领域，有一种研究趋势值得重视。从杜德桥的《广异记》研究开始[2]，西方学术界往往习惯将志怪和仙传作为宗教实践的历史记录加以看待，其研究方法往往是历史学、社会学、宗教学而非文学。如杜德桥对于我们习称为志怪小说的那批材料采取了历史学的研究维度，在穷尽相关材料的基础上揭示文本的历史内涵。他集纳唐代安抚北周忠臣尉迟迥魂灵的官方文献和民间文献，发现这些文献存在不同的叙述声音，得出如下启示：中国宗教的历史性的大变动，往往伴随着一个复杂的无规律可循的过程，而不是一个简单的规律的过程。我们需要对现存的文件进行仔细的、严格的阅读，它们会慷慨地给予我们更丰富的认识。[3]再如，他将《柳毅传》置于《三卫》《蓝勃庐山龙池》《汝阴人》等同类故事中加以分析，得出如下结论：人龙之间由对峙而归于姻亲，伦

---

[1] Kang Xiaofei, "Spirits, Sex, and Wealth: Fox Lore and Fox Worship in Late Imperial China. In Dave Aftandilian", ed., *What Are the Animals to Us? Approaches from Science, Religion, Folklore, Literature, and Art*, Tennessee: University of Tennessee Press, 2006, pp.21-35.

[2] Glen Dudbridge, *Religious Experience and Lay Society in T'ang China: A Reading of Tai Fu's Kuang-i chi*, Cambridge: Cambridge University Press, 1995. 中译本：《神秘体验与唐代世俗社会——戴孚〈广异记〉解读》，杨为刚、查屏球译，吴晨审校，江苏人民出版社，2022年。

[3] 杜德桥：《尉迟迥在安阳——一个8世纪的神话与崇拜》(*Yü-ch'ih Chiung at An-yang: an Eighth-Century Cult and Its Myths*)，乐黛云、陈珏、龚刚主编：《欧洲中国古典文学研究名家十年文选》，江苏人民出版社，1998年。

理价值由冲突而达于统一，传统故事层层叠加累积，最后以一个悖论式的综合将它们统于一体。[1]在分析明清小说时，他也采取了同样的路径。如，他利用小说《醒世姻缘传》分析朝山进香的宗教组织、财务运作与后勤保障、朝山进香过程以及个人进香动机与家庭之间的紧张关系，并认为作者公开或隐含的态度贯穿于整个情节，因此，"进香、婚姻、社会反叛、伤风败俗、凌辱权威等主题都摆出了它们最激进最令人难忘的姿态"。这部小说"研究了一个女人因为下定决心去进香而引发的家庭内部矛盾，进香途中结伴的情况，微妙的社会等级差异"，作者的叙事态度让"颠倒"成了整个小说的主要基调。[2]

康儒博翻译《神仙传》的同时[3]，完成《述异》[4]和《成仙》[5]二书，他在二书中继承杜德桥的理念，强调这些作品反

---

[1] 杜德桥:《〈柳毅传〉及其类同故事》(*The Tale of Liu Yi and Its Analogues*)，乐黛云、陈珏、龚刚主编:《欧洲中国古典文学研究名家十年文选》，江苏人民出版社，1998年。

[2] 杜德桥:《17世纪小说中的一次进香之旅——泰山与〈醒世因缘传〉》(*A Pilgrimage in Seventeenth-century Fiction: T'ai-shan and the Hsing-shih Yin-yüan ch-uan*)，乐黛云、陈珏、龚刚主编:《欧洲中国古典文学研究名家十年文选》，江苏人民出版社，1998年，第304、305页。他还将《醒世姻缘传》的相关回目（第68、69回）翻译成了英文。与进香相关的研究，参见韩书瑞、于君方编:《进香——中国历史上的朝圣之地》，孔祥文、孙昉译，九州出版社，2023年。

[3] Robert Ford Campany, *To Live as Long as Heaven and Earth: A Translation and Study of Ge Hong's Traditions of Divine Transcendents*, Berkeley: University of California Press, 2002.

[4] Robert Ford Campany, *Strange Writing: Anomaly Accounts in Early Medieval China*, Albany: State University of New York Press, 1996.

[5] Robert Ford Campany, *Making Transcendents: Ascetics and Social Memory in Early Medieval China*, Honolulu: University of Hawai'i Press, 2009. 中译本参见康儒博:《修仙——古代中国的修行与社会记忆》，顾漩译，江苏人民（转下页）

映了中古时期道教实践的真面相，志怪故事和神仙传记因而是一种记录文学，用小说（以虚构为特征）这一概念研究这些作品是有问题的。他认为，这种做法将文本和世界做了剥离，导致我们对仙传与当时听众、社会、文化、宗教关系的误解。他在《述异：中古早期的异事记录》中指出，异事记录即我们所说的志怪小说应该看作宇宙观的映象和宗教说服的媒介，述异是古代史官采集传统的延续，代表中央对异常的掌控和驯服。他所说的宇宙观是指"一种以推广、改善、巩固或挑战一个信仰体系和世界观（或意识形态）为目的的、有关异常的话语的创造、发展和说服用途"。[1]在《成仙：中古早期的苦行者与社会记忆》一书中，康儒博认为成仙是一种社会性事件，社群和集体记忆是决定性因素，仙传故事参与并展现了社会群体的集体记忆，成仙是社会宗教生活的重要组成部分。该书重在阐述神仙的社会基础，因而尝试描述修仙以及神仙本身的实现所需要的社会、叙事、文本的特点。该书的具体章节围绕神仙或修道者的角色、神仙或修道者如何实现其角色而展开。关于前者，康氏借用了文化箱的理论对神仙或修道者的特点进行了总结，认为这些特点对于界定神仙或修道者具有重要意义；关于后者，康氏从神仙秘术的社会效应、仙传语言的展示效果、修仙者和社群的互动、修仙者与家庭和皇权的张力、仙传的劝

（接上页）出版社，2019年。

[1] Robert Ford Campany, *Strange Writing: Anomaly Accounts in Early Medieval China*, Albany: State University of New York Press, 1996.

说功能等层面展开分析,认为中古时期的神仙或修道者并非如人们所认为的那样是一群神秘、隐匿、与世隔绝的人物,而是通过治病救人、预测未来、述异志怪等方式与社会互动,从而确认自己的神仙或修道角色,换句话说,成仙意味着被其他人构成的社群视为仙。他的研究显示,神仙是一种社会建构,仙传是一种关于说服的宗教文学文本。康儒博在论文中讨论到修仙者的自述文本。[1]他指出,仙传文本的研究必须将"仙人"拉回到阅读仙传的历史时空中才能得出科学的结论。在他看来,修行者的自我叙述以及自我确认是一种向社会展示"成仙"以建构文化记忆的社会活动,修行者创造了一个听众们渴望达到的神仙境界,也创造了对于他们自己的崇拜,因此这些"成仙"的故事支撑了整个世界。他的这些研究,是西方社会学和圣徒传研究在中国早期宗教传记书写、神异叙事研究中的回响,对于反思学界将这些书写当作"小说"来研究的路径具有一定冲击力。他的《论宗教的确切含义》一文指出:中国中古的"宗教"论述有实体化的趋势,但程度不及西方;这些论述关注的是人们以崇敬之心参与事件的实践行为而不是将"宗教"实体本身看作行为主体,如中国文本中的"道"关注的是"行"道之人,而非"道"本身的发展历史和趋势,不同的

---

[1] Robert Ford Campany, "Narrative in the Self-Presentation of Transcendence-Seekers". *Interpretation and Literature in Early Medieval China*, ed. Alan K. L. Chan and Yuet-Keung Lo, Albany: State University of New York Press, 2010, pp.133-164.

"道"可以使用统一标准衡量，甚至互相阐释，这不同于西方界限分明且系统、统一的"宗教"概念；这些隐喻内涵十分丰富，同一隐喻可以承担不同的含义；因而在释读与研究这些文献时，我们应该警惕西方宗教术语本身所隐含的价值标准，寻找更适合中国宗教的话语表达。在他看来，西方的任何一种"宗教"意味着它与其他宗教有着鲜明的界限与区分，但这种界限在中国概念中是缺乏的。[1]这些观念支配了他对中国早期佛道传记书写、神异叙事的研究，这样的理论探索是对学界套用西方宗教学概念研究中国宗教的深刻反思，值得我们重视。

关于明清"神魔小说"研究，则存在着两种研究路径：一种是纯文学的研究路径。这一路径主要体现在对《西游记》的研究上。代表性人物有柳存仁、杜德桥、浦安迪、余国藩和中野美代子等人。他们试图解读《西游记》人物、情节中所蕴含的丹道意义，进而揭示其作为寓言的各种文学表现手法。

从事《西游记》本事、版本研究的几位学者都不约而同地意识到了《西游记》中的宗教意蕴尤其是道教寓言。杜德桥《〈西游记〉源流考》对从玄奘取经到小说的衍化过程进行了考证，尤其聚焦于孙悟空的出身及其与三藏的关系，认为今本《西游记》形成之前，确实有人所共知的几近定本存在，其成书过程中含有不少道教成分。[2]杜德桥还质疑吴承恩的著作权，

---

[1] Robert Ford Campany, "On the Very Idea of Religions, History of Religions", Vol. 42, No. 4（2003）, pp.287-319.
[2] Glen Dudbridge, *The Hsi-yu Chi*: *A study of Antecedents to the Sixteenth*（转下页）

认为 1592 年版世德堂本才是最近于任何原本《西游记》的本子，朱本、杨本"清楚地表明粗心的抄录和改动"的省略与不连贯处，是百回本的节写本，杨本改写朱本，朱本也有可能出自杨本，陈光蕊故事无论就结构及戏剧性来讲，与整部小说风格并不谐和，因此应该出自朱鼎臣，其编成之年应在 1662年左右。[1]柳存仁认为朱本是吴本的直接蓝本，朱本压缩改写本——杨本也是吴本的蓝本。[2]柳存仁从分析《西游记》虞集序与道教的关系入手，进而认为充斥于《西游记》中的道教韵文大部分来自道教尤其是全真教的诗词别集，提出了《西游记》是否存在一个全真教本子这样的学术命题。他通过对小说中诗词、叙述文字、情节及全真教教义的阐释确认全真本《西游记》存在的可信度，认为真正撰写这个假定的全真本《西游记》的人，他的生存和活跃的时代，也许要比丘处机迟个五六十年到一百年。[3]而太田辰夫则认为虞集序为真，《西游记》在元朝确实经过道士修订。[4]矶部彰对《西游记》资料和版本

（接上页）*Century Chinese Novel*, Cambridge: Cambridge University Press, 1970.

[1] 杜德桥：《〈西游记〉祖本考的再商榷》，《新亚学报》1964 年，第 6 卷第 2 期第 499 页；Glen Dudbridge, "The Hundred-chapter Hsi-yu Chi and Its Early Versions", *Asia Major* n. s. XIV（1964）: 141-191.

[2] Liu Ts'un-yan, the prototypes of "monkey（Hsi-yu chi）", T'oung Pao, Vol.5, Livr.1，1964, pp.55-71.

[3] 柳存仁：《全真道与道教小说〈西游记〉》，《明报》1985 年第 233—237 期。

[4] 太田辰夫：『西遊證道書』考，『神戶外大論叢』第 21 卷第 5 号，昭和四十五年（1970）。亦可参见：西游记の研究，太田辰夫，东京：研文出版社，1984 年；中译本参见太田辰夫：《西游记研究》，王言译，复旦大学出版社，2017 年。

的整理和研究也有助于学界探讨《西游记》的道教因缘。[1]

余国藩在翻译《西游记》的基础上对《西游记》的道教寓言展开了精彩的分析。其初译本历时13年，2004年余国藩又辞去教职，花7年时间进行修订。[2]这个译本，较之韦利的节译本[3]，是个全译笺注本，被西方学术界誉为内化翻译的典范。西方学术界据此认为余国藩不仅是一位伟大的文学翻译家，而且是以其儒雅和语言亲和力将文化翻译人格化的典范。[4]余国藩的《西游记》修订本，无论是导论、笺注还是宗教语汇的翻译上均颇见功力，他甚至在前贤研究的基础上找出22条出自道教文献的韵文。他指出，《西游记》不仅有佛教寓意而且更有道教寓意，是内化旅行（interior journey）的寓言。他在《西游记》全译本导论中指出，该书第十回《西江月》化用秦少游《满庭芳》，而《淮安府志》谓吴承恩"有秦少游之风"，这表明吴承恩是最可能的作者；在漫长的发展过程中，取经一直是说者或编纂者的中心主题，《西游记》里的韵文和叙述者共同

---

[1] 礒部彰：『西遊記』資料の研究，仙台：東北大学出版会，2007年；礒部彰：『西遊記』受容史の研究，多賀出版，1995年；礒部彰：『西遊記』形成史の研究，創文社，1993年。

[2] Anthony C. Yu ed. and trans., *The Journey to the west*, 4Vols. Chicago: University of Chicago Press, 1977-1983. Anthony C. Yu ed. and trans., *the Monkey and the Monk: A revised Abridgment of the Journey to the west*, Chicago and London: University of Chicago Press, 2006. Anthony C. Yu revised. ed., *The Journey to the west*, Chicago: University of Chicago Press, 2012.

[3] Arthur Waley trans, *Monkey*, London: John Day, 1942. Repr. New York: Grove Press, 1958.

[4] 相关介绍，参见王岗：《余国藩（1938—2015）先生的学术成就与学术理念》，《世界宗教研究》，2015年第4期。

担负起说故事的重大责任，作者在各回目、叙事写景与究明故事含义的韵散文中，大量使用来自《道藏》的道教语汇，使得西行的漫漫旅途也煞似修行的朝圣寓言。他最后指出："和尚、道士和秀才对《西游记》的了解，也许比胡适之博士更透彻，更深刻！"[1] 余国藩还撰写了一系列研究《西游记》道教内涵的论文。他指出，小说中大量涉及唐僧出身的情节。"即使不能显示陈光蕊故事确属百回本不可或缺的一环，也能够指出故事自有意义。""百回本的作者一定非常熟悉元明戏曲搬演的玄奘早岁的故事，而且这位作者还故意把江流儿出生与遇难等传说以高明的技巧编织进他的小说中。"而今天所见的陈光蕊故事一回，很可能是朱鼎臣的手笔，清代编者再予以润色。第九回是全书唯一一回欠缺诗作的单元，这让人怀疑该回的可靠性，但该回的插入倒算和谐。在他看来，第九回攸关全书结构。[2] 他认为朝圣应该包含圣地的概念、参与的形式和旅行的回报三个要素，并以此为基点比较研究《神曲》和《西游记》的朝圣，从充满冒险的旅行传奇、寓意佛教业报（karma）和解脱的故事以及内外修行的寓言故事来解读《西游记》。他指出，《神曲》和《西游记》不仅奇迹般将玄想和朝圣的故事熔

---

[1] 余国藩：《源流、版本、史诗与寓言——英译本〈西游记〉导论》，余国藩：《〈红楼梦〉〈西游记〉与其他》，李奭学编译，生活·读书·新知三联书店，2006年，第314页。

[2] Anthony C. Yu, "Narrative Structure and the Problem of Chapter Nine in the 'Hsi-yu Chi' ", *Journal of Asian Studies* 34（1975）: 295-311. 余国藩：《〈西游记〉的叙事结构与第九回的问题》，余国藩：《〈红楼梦〉〈西游记〉与其他》，李奭学编译，生活·读书·新知三联书店，2006年，第314页。

于一炉，更制造出引人入胜的文体，《神曲》和《西游记》的读者都可谓幸运。[1]他还反思西方学术界关于中国文学缺乏宗教性的观点，梳理学术研究成果，认为唐宋笔记和汉唐诗歌并未缺乏"宗教启发性"，在此基础上，分析《西游记》的"玄道"，认为："《西游记》中有违史实的地方，一向被公认是中国宗教史上最为辉煌的一章，而这个事实，正是作者赖以架设其虚构情节，使作品深具复杂的宗教意义的所在。这种宗教意义，乃由小说中直指儒释道三教的经典所形成的各种典故与象征组成。三教并陈，又大量撷取所需教义，也是《西游记》能够鹄立于中国小说史的原因。""把金丹的玄理衍化成一部有趣易读的小说之际，《西游记》的作者确乎可以归入第一流的天才之列。"[2]

浦安迪、戴斯博、中野美代子等学者的《西游记》研究也凸显了《西游记》的道教内涵。浦安迪认为《西游记》与《红楼梦》中穿织于人生万象流变的寓意，在很大程度上借用了所谓的阴阳五行的宇宙观来加以表现。《西游记》"除了很多评点家点出的心猿意马及大乘佛教超度的术语外，作者还很多次运用阴阳与五行的宇宙观、卦象知识以及道家修炼的专门术语，尤

---

[1] Anthony C. Yu, "Two Literary Examples of Religious Pilgrimage: The 'Commedia' and 'The Journey to the West'", *History of Religions*, Vol. 22, No. 3（1983）: 202-230.
[2] 余国藩：《宗教与中国文学——论〈西游记〉的"玄道"》，余国藩：《〈红楼梦〉〈西游记〉与其他》，李奭学编译，北京：生活·读书·新知三联书店，2006年，第366、383页。

其还有很多隐喻借自炼丹术……对求仙得道过程的隐喻尽管以释道术语的含义为主，但考虑到作者所处时代的折中主义潮流，决不能排除其中也有来自新儒家思想的重要内容。无论如何，只有当这些孤立的人物形象连接成叙事世界的结构图式时，对哲学术语的引用才是呈现寓意的层次"。[1]内丹专家戴斯博也对《西游记》中的内丹法做了诠释。[2]詹妮弗·欧德斯通——莫尔利用西方内丹学研究成果对《西游记》"车迟国"情节进行研读，认为"车迟国"的故事混合了丹道概念和早期版本如《朴通事谚解》所载西游故事的意象，不仅是道教小周天功法中河车载物过脊柱的寓言，而且强调了兼修身心的重要性。他指出，阐释《西游记》和小说中的取经经历时，最重要的方法是从道教视角考虑身心修炼的并重。[3]中野美代子从道教与炼丹术的角度分析了《西游记》人物、数字、情节背后所隐含的宗教内涵，解释其象征性表达艺术。其观点可圈可点。如她从《西游记》的插诗入手，指出："铅汞即为坎离、即为男女、即为龙虎，其象征意义随着隐语范畴的扩展而无限增

---

[1] 浦安迪：《〈西游记〉与〈红楼梦〉中的寓意》，《浦安迪自选集》，刘倩等译，北京：生活·读书·新知三联书店，2011年，第196页。浦安迪对《西游记》的研究还可参见浦安迪《明代小说四大奇书》，沈亨寿译，生活·读书·新知三联书店，2006年。

[2] Despeux Catherine, "Les lectures alchimiques du Hsi-yu-chi", In *Religion und Philosophie in Ostasien: in honour of Hans Steininger*, G. Naundorf, K. H. Pohl, H. H. Schmidt, eds., Würzburg: Königshausen und Neumann, 1985, pp.61-72.

[3] Jennifer Oldstone-Moore, "Alchemy and Journey to the West: The Cart-Slow Kingdom Episode", *Journal of Chinese Religions* 26（1998）: 51-66.

幅。尤其是作为男女的铅汞，脱离了炼丹术中本来的即物性，而与房中的性爱技巧结合在一起，使此后的炼丹术经典更具韬晦性特点。""在炼丹术深奥的名目之下展现了一种驾驭隐语的色情世界，并且被原封不动地搬入《西游记》之中。""《西游记》中随处可见的这类关于炼丹术的诗，是在《西游记》故事已经达到成熟阶段之后才有意加入的。"她还分析了取经队伍的丹道隐喻："首先把孙悟空喻为金，并依此把猪八戒配属于水。然后进行理论处理，把孙悟空和猪八戒再分别配属于火和木。最后又通过一番理论处理，从孙悟空和猪八戒之间金火和水木的对立出发，把沙悟净配属于二土、刀圭和黄婆。""《西游记》除了是一部围绕孙悟空而展开的成长史之外，还是一个充满了对人物事件进行解释的解释史的世界。正是在这个世界里，隐藏着至今尚未解开的道教隐秘学的趣味。""大概是在16世纪的明末之后，有人注意到了孙悟空具备的金的属性，并试图运用五行和炼丹术的象征意义加以解释。我们不清楚他是一个人还是很多人。总之，这种解释是以诗词的形式插入了已经完成的故事中，并且，有时也可能像接枝一样续写了已经形成了的诗词。新诗词的插入反过来又促使人们整理和重编了故事。"[1]

除了关注《西游记》的道教内涵外，海外学者对其他神魔小说的道教内涵亦有所关注。柳存仁在他的专著中再次论证

---

[1] 中野美代子：《西游记的秘密（外二种）》，王秀文等译，中华书局，2002年，第67、86、95、103、104、105页。

《封神演义》的作者是道士陆西星。[1]他指出，根据仅见于舒载阳刻本卷二所署的"钟山逸叟许仲琳编辑"字样来确定《封神演义》著作权是不行的，《封神演义》的作者必定是道教出身同时又能够融贯佛教尤其是密宗和儒家生活的人，作者的线索可从《传奇汇考》《曲海总目提要》"顺天时"条提到的元朝道士陆长庚和《兴化县志》《扬州府志》《宗子相集》提到的明代道士陆西星展开来，作者的线索还可以从《武王伐纣平话》尤其是明万历刊陈眉公批点《列国志传》的成熟承袭中展开来，作者的线索还可从《封神演义》的情节描写中推导出来，而道士陆西星既具备宏博佛教知识又倾向三教合一、三教同源的个性造就了《封神演义》的内容和情节特征。柳先生根据《封神演义》提到的职官、地理、时事、称谓以及陆西星生平断定《封神演义》成书于明嘉靖年间，陆西星《南华真经副墨》和《封神演义》之间居然有几十处相同的特点，柏鉴、鸿钧道人的命名来自《庄子·德冲符》《南华真经副墨》卷六，而陆西星字长庚也是《封神演义》中独多用"庚"命名的缘由。后来，他在一篇文章中对自己当年的研究做了回顾。本来他的《佛道教影响中国小说考》分两卷，第一卷研究《封神演义》，第二卷研究《西游记》。第二卷拟研究《西游记》的版本演变、故事演变和作者吴承恩。只是由于研究兴趣的转移，只完成了第一卷。第一卷有个副标题《〈封神演义〉的作者》。他指出："拙

---

[1] Ts'un-yan Liu, "Buddhist and Taoist Influences on Chinese Novels", Vol. 1, Otto Harrassowitz, Wiesbaden, 1962.

著是企图研究这部小说的作者,一层层地推究下去,旁涉佛教的密宗和道教的杂籍,以及自平话以迄明代各白话小说的发展,加上我所发现的明刻本《封神演义》这部小说上面的一些文字证据,因而确定它的作者、作者的生平历史、作者与佛道教的关系这些问题的。"[1] 康儒博通过《西游记》和《封神演义》来研究中国的宗教伦理。他发现,两部作品中都有妖魔的修炼阻碍了宇宙发展的内容:《西游记》的妖魔之所以为妖魔并非它们本性邪恶,而是因为没有正确处理修炼与宇宙进化的关系;《封神演义》的魔道人物将对忠诚的过度关注和偏狭理解标榜为自我修行,结果导致个人过度膨胀,超出了宇宙演变的合理边界,扰乱了宇宙演变本来顺利的进程。不过,这些妖魔的阻挠行动对宇宙的发展和降魔"英雄"的修行是必不可少的,妖魔最终也被纳入宇宙模式之中。[2] 余文章通过分析《平妖传》的妖术和超自然主题,试图辨析该书的文本演变。他指出,历史上王则叛乱有着弥勒教背景,在小说中却被转换成了道教背景,二十回本女主人公胡永儿的塑造和狐精密切相关但却莫名地缺失了与狐精有关的内容,小说中大量的道教法术的运用表明《平妖传》与《醉翁谈录》所载"妖术"类说话《贝州王则》密切相关,因此四十回本是冯梦龙在二十回本基础上增

---

[1] 柳存仁:《关于〈佛道教影响中国小说考〉》,《和风堂新文集》,中国台北新文丰出版公司,1997年,第675页。
[2] Robert Ford Campany, "Cosmogony and Self-Cultivation: The Demonic and the Ethical in Two Chinese Novels", *Journal of Religious Ethics*, 14.1(Spring, 1986):81-112.

补而成的观点不成立，这两个版本可能存在一个更原始的版本。[1]小野四平对《三言》中的道教题材进行了分析，认为这些作品的神仙色彩是古已有之的神仙思想以及由其孕育的神仙说话所赋予的。[2]柯若朴翻译了杨尔曾《韩湘子全传》，并在前言中介绍了该书内容和成就，并宣称："这部小说是韩湘子文学的总结，它对其后清代文学中的韩湘子文学产生了巨大影响。"[3] Günther Endres 翻译了清代全真教小说《七真传》，并对其故事来源做了考察。[4]戴文琛对晚清出现的 5 部七真仙传"小说"做了简要介绍，就七真与祖师、女性、对手、皇权等主题做了比较研究，并尝试分析这些"小说"兴盛的宗教背景。[5]此外，王岗以"愿景"和"信仰"为明代中篇传奇小说《天缘奇遇》中的主要宗教元素，着重考察它们所表现或反映的道教意象、象征、观念和实践，认为这部小说在继承上清派以来的神人互

---

[1] Isaac Yue, "Vulpine vileness and demonic (Daoist) magic: a reconsideration of the textual history of Suppressing the Demons", *Ming Studies* 69 (2014): 46-59.
[2] 小野四平：《中国近代白话短篇小说研究》，施小炜、邵毅平、吴天锡、张兵译，上海古籍出版社，1997 年。
[3] Yang Erzeng, *The Story of Han Xiangzi: The Alchemical Adventures of a Daoist Immortal*, trans. by Philip Clart, Seattle: University of Washington Press, 2007, p.22.
[4] Günther Endres, "Die sieben Meister der Vollkommenen Verwirklichung: Der taoistiche Lehrroman Ch'i-chen chuan in Übersetzung und im Spiegel seiner Quellen", Würzburger Sino-Japonica 13, Frankfurt: Peter Lang, 1985.
[5] Vincent Durand-Dastès, "A late Qing Blossoming of the Seven Lotus: Hagiographic Novels about the Qizhen" 七真, in *Quanzhen Daoists in Chinese Society and Culture, 1500—2010*, Liu Xun & Goossaert Vincent (éds.), China Research Monographs, 70, Berkeley: Institute of East Asian Studies, University of California-Berkeley, 2013, pp.78-112.

动模式的基础上表达了放纵欲望与得道成仙这两种主题。[1]

另一种研究路径则是将这批所谓的神魔小说还原到明清时期的宗教语境中加以解读，一方面认为明清时期民间的宗教实践、道教神谱、道教科仪等催生了这批作品，另一方面又认为神魔小说反过来强化了神灵的传播和塑造。贝桂菊、蔡雾溪、二阶堂善弘、梅林宝、夏维明等人的研究均从社会学、人类学、宗教学视野彰显了明清小说的这一特性。

贝桂菊研究福建临水夫人崇拜，认为这一崇拜有三个基本特征：它体现了与闽国历史和领土的紧密联系，代表了当地巫术传统，以及这个王国这一仪式传统中女巫的神性。其论文分临水夫人崇拜、中国福建和台湾的祖殿、陈靖姑生平、闽国的巫师、崇拜的不同阶层、妇女陈靖姑与父系的儒家社会、当代崇拜景象七个层面展开论述，融历史文献与田野调查、神话传说与宗教祭祀、宗教传统与儒家传统于一体，揭示陈靖姑从女人到女神的演变过程。[2]这一研究表明，有关陈靖姑的文学文本诸如《搜神记》《闽杂记》《三十六婆姐志》《闽都别记》《临水平妖》《陈十四奇传》《夫人全本》《夫人唱词》《陈大奶脱胎传》《大奶灵经》《玉林顺懿度脱产褥真经》《三奶夫人劝世真

---

[1] Richard Wang G, "An Erotic Immortal: The Double Desire in a Ming Novella". In *Literature, Religion, and East/ West Comparison: Essays in Honor of Anthony C. Yu*, ed. Eric Ziolkowski, pp.144-161. Newark: University of Delaware Press, 2005.
[2] Brigitte Baptandier, "The Lady Linshui: How a Woman Became a Goddess", In *Unruly gods: divinity and society in China*, edited by Meir Shahar and Robert P. Weller, Honolulu: University of Hawai'i Press, 1996, pp.105-149.

经》的产生具有深厚的宗教土壤,这些文本在寺庙散发,这些故事在科仪中表演,这些作品在20世纪80年代以来的地方宗教复兴中甚至成为寺庙建设和寺庙图像的重要依据。

蔡雾溪指出,汉学家对中国普通民众生活与思想的关注促进了他们对宗教、图像、戏剧和小说的研究。《南游记》引起蔡雾溪的注意是起因于蔡氏对源于山魈崇拜的五通祭祀的研究,这一研究让蔡氏意识到《南游记》完全脱胎于五通与五显的复杂历史,因而著长文探究该小说的宗教根源。[1]作者的研究表明,华光的早期原型为无恶不作的独脚山魈,佛教试图以神通理念收编山魈,这导致山魈以"五通"的身份出现在11、12世纪以来的佛教信仰中,成为佛教的护法神和伽蓝神;不过五通神迅速脱离寺庙,在华南、中南地区受到广泛祭拜,淫人妻女却赐予被淫之家财富的行径成了五通的标签;城市经济的兴盛使得婺源地方士绅向朝廷奏请庙额和封号,婺源的五通庙从此获得官方认可,封侯封公,并以五显的名义分香江南各城市间,原来的五通祭拜则被宣布为淫祀;而道教则始终将五通和五显视为山魈,对之进行了无情打压,一批道教元帅神在对抗五通的过程中其形象和华光、五通、五显融为一体,道教神谱最后也接受了五显;五通神的各种面相共存于15、16世

---

[1] Ursula-Angelika Cedzich, "The Cult of the Wu-t' ung/ Wu-hsien in History and Fiction", In *Ritual and Scripture in Chinese Popular Religion: Five Studies*, David Johnson, ed., Berkeley: Publications of the Chinese Popular Culture Project, 1995, pp.137-218.

纪,官方和士绅对五通的打压事件不断发生,对五通的又敬又怕的心态盛行民间,民众接受的华光和五显于是进入了小说和戏剧。作者的研究还表明,五通、五显祭拜发展史上的诸多面相被修改、重组和重新诠释,以各种形式被写作者融进了《南游记》的情节和人物体系中。沈雅礼在中国台湾玄帝庙做田野调查的经验让他感觉到《北游记》可能是扶鸾神启之产物,即《北游记》的著作权为灵媒,《北游记》是一部圣书,而并非仅仅是为了娱乐而创作的小说。他指出,《北游记》叙事者有着超自然属性,叙述视角为宇宙视角,这和灵媒的神启极为相似;《北游记》等游记体小说文本存在一种宇宙结构学,是对空间等级的前因后果的散文叙述,而令宇宙结构及其象征变得通俗易懂,是牧师、巫师以及灵媒一类专业人员的责任;现存游记类鸾书依然体现《北游记》的结构和功能,依然在寺庙和宗教圣地散发;《北游记》附录的宗教仪式是证明《北游记》作者、读者宗教属性的有力证据。[1]

二阶堂善弘的《元帅神研究》使用了《道法会元》等道教文献、《三教搜神大全》等民间信仰资料以及《西游记》《封神演义》等通俗文学作品对马元帅、赵元帅、殷元帅等元帅神进行综合研究,探讨其演变过程。他认为,元帅神是自五代到宋

---

[1] Gary Seaman, "The Divine Authorship of Pei-yu chi［Journey to the North］", *Journal of Asian Studies* 45.3（1986）: 483-497. Gary Seaman, *Journey to the North*: *An Ethnohistorical Analysis and Annotated Translation of the Chinese Folk Novel Pei-yu-chi*, Berkeley and Los Angeles: University of California Press, 1987.

之间伴随着神霄派、天心派等的发展而被吸收进了道教的洪流之中，唐代密教的流入及其与中国宗教文化的碰撞导致在各种各样的信仰作用下元帅神的形成，《西游记》《封神演义》等通俗文学作品深刻地反映了发展于民间的元帅神的诸实相。[1]

梅林宝的《鬼神之军：道教、地域网络与一部明代小说的历史》紧扣"文学""宗教""社群"展开论述，其论述重心与其说是在研究《封神演义》，不如说在研究产生《封神演义》的道教实践史。全书除绪论、结论外，共五章，"小说的产生：从舞台表演、寺庙仪式到文学文本"梳理来华传教士对中国寺庙演剧的记录以及翟理斯、葛禄博各自所著《中国文学史》对《封神演义》等作品性质的判断，认为寺庙戏剧以及与此相关的《封神演义》之类的作品与宗教祭祀、宗教仪式密切相关，而现代以来的学者运用西方的文学观念研究《封神演义》"使明代通俗小说脱离了其原处的环境（如寺庙、仪式、戏剧表演和神祇）。这一远离了宗教领域的学术转变导致了对这些叙事文本的狭隘理解，即仅仅将其视作文学文本，而不是神话、神学、仪轨和社群所形成的文化集合体"[2]。"武王圣史——打败恶神的征途"分析元代的《武王伐纣平话》，指出"封神"是一种仪式，即道教法师收服厉鬼一类暴力精魂并使之成为道教将帅的仪式，《封神演义》是对"封神"的展现，因此白话小说与

---

[1] 二阶堂善弘:《元帅神研究》，刘雄峰译，齐鲁书社，2014年。
[2] Mark Meulenbeld, *Demonic Warfare: Daoism, Territorial Networks, and the History of a Ming Novel*, Honolulu: University of Hawai'i Press, 2015.

仪式、社群密切相关。"元代鬼神之军：雷法、邪神与地方军事组织"主要探讨元代雷法的发展，认为东岳、城隍、社令等神灵体系与地方军事组织之间存在关联，道教驱邪仪式与共享网络密切相关。"明代鬼神之军：皇帝与他的道教勇士"主要论述明代的雷法，探讨明代帝王如何重用从张正常到刘渊然、周思得等一批道士确立玄天上帝信仰、建立厉坛安抚孤魂野鬼、确定雷部将帅组合并渗透到道教仪式之中等道教实践。"明代小说的内在秩序：神灵和神灵世界的等级制度"分析了东岳、武成王、哪吒、匡阜真人等神祇，认为《封神演义》是对明代江南神灵世界的反映。他引用道书《道法会元》《法海遗珠》《上清灵宝济度大成金书》清理元明道教雷法的发展、雷法的炼度科仪和神部配置尤其元帅神的配置据以分析《封神演义》，认为《封神演义》中的人物直接取自地方社会用以对抗邪神的神祇系统，断定《封神演义》中的战神神谱出现于明初。在他看来，道教仪轨、道教祭典上所歌唱的内容为《封神演义》的逻辑架构提供了基础，《封神演义》则利用周朝神圣而正统的历史将道教的祭祀结构体系化，为仪轨提供注解，在其与祠庙网络之间建立紧密联系。[1]田仲一成进一步指出，安慰英灵的宗教活动首先由佛教的水陆道场承担，但进入南宋以来，以安慰孤魂为目的的道教系统的黄箓斋或九幽斋更为流

---

[1] Mark Meulenbeld, *Demonic Warfare: Daoism, Territorial Networks and the History of a Ming Novel*, Honolulu: University of Hawai'i Press, 2015.

行，这类道教镇魂仪式是《封神演义》相关情节的基础。[1]他首先注意到江西、湖南、四川等地搬演《目连救母》之前会搬演《封神演义》，并认为这是出于镇魂之考虑；他认为小说中的封神台、封神仪式是道教以安抚孤魂为目的的斋醮真相。

早在1952年，贺登崧就认识到神魔小说在神灵传播上的作用。他在一篇文章中指出，小说《北游记》对传播真武崇拜颇为关键。[2]夏维明认同这一观点，指出白话小说在神祇的跨时空传播上具有重要作用。[3]他指出，白话小说在神祇崇拜传播中所扮演的角色对于神祇的社会特征具有重要启示：他们表现了与社会主流思想完全相反的一种景象，女性、武士和离经叛道之神均在很重要的方面公然反抗社会精英的儒家理念，这些神灵颠覆了明清时期占支配地位的儒家精神；他还指出，白话小说在神祇传播中扮演的角色对中国小说研究也有启示：将"长篇小说"（novel）这一术语运用在"小说"（xiaoshuo）体裁的长篇叙事上在某种程度上会让人误解，"长篇小说"（novel）这一术语在西方主要指以人类经历为主题的作品。当然，许多"小说"（xiaoshuo）的叙事涉及人界，但正如我们所见，许多其他作品的主题却是志怪，它们的主角是神祇，即使当他们以

---

[1] 田仲一成：《道教镇魂仪式视野下的〈封神演义〉的一个侧面》，陈伟强主编：《道教修炼与科仪的文学体验》，凤凰出版社，2018年。

[2] Willem A. Grootaers, "The Hagiography of the Chinese God Chen-wu: The Transmission of Rural Traditions in Chahar", *Folklore Studies* 11，2：139-181.

[3] Meir Shahar, "Vernacular Fiction and the Transmission of Gods' Cults in Late Imperial China", In *Unruly gods: Divinity and Society in China*, edited by Meir Shahar and Robert P. Weller., Honolulu: University of Hawai'i Press, 1996, pp.184-211.

幽默诙谐的方式被刻画时，其宗教力量也从未被置疑。而在西方，人界与神界被严格划分，在中国则是相互混杂。这正是因为大多数中国的神祇原本是人类，而同一个文学体裁"小说"可用来描写两者。

小结

　　海外中国道教文学研究表明，中国道教文学渊源于先秦两汉宗教祭祀和宗教仪式，深深地扎根于中国的现实土壤中，有着自身的精神传统和文学传统。海外汉学家们逐渐发现，这一精神传统和文学传统的研究不能完全套用西方理论，而是需要凸显中国宗教文学自身的属性，建构中国自己的宗教理论和宗教文学理论。海外中国道教文学研究表明，宗教经典研究的语文学传统和宗教社会学、人类学分析对于中国宗教文学现象和宗教文学文本研究的突破厥功至伟，这意味着中国道教文学研究绝不能仅仅采用纯文学视野或单一学科视野，而应该聚焦文本释读和宗教实践，进行跨学科研究。海外中国道教文学研究表明，道教文学研究在短暂的时间内取得突破性进展后很快就进入文学史书写领域，这对中国大陆的文学史书写无疑具有重要的启示意义。不过，我们也必须看到，海外汉学家在文献释读方面或多或少都存在着误读，在理论建构层面亦存在对文献求之过深或理论表达过于晦涩的问题，中西文化对话中的西方模式还有待转变。

道教诗歌与求仙[1]

[美]柯睿(Paul W. Kroll)著
左丹丹译,吴光正校

我们常轻易地说到"诗歌"(poetry)与"宗教"(religion),殊不知在中国上古及中古时代的语境中,"宗教"并没有对应的词汇。[2]宗教一词,原意为"宗族的教导",而现代词典所解释的"宗教"则是一个创制于19世纪的新词汇,为的是适应西方学者,尤其是传教士的观念范畴。那么,在传统中国缺乏这一定义范畴的时候,是否意味着这一现象也缺失了呢?当然不是,因为同类现象可能会以不同语义范围界定。进一步说,我们所说的"宗教"是对宇宙中存在于幽冥(unseen)之中的诸多力量与存在的一种协调与干预,因为这自然世界的全部即是由连绵不绝的气所组成。与神力沟通受制于许多方式,但语言因其多

---

[1] Paul W. Kroll. "*Daoist Verse and the Quest of the Divine*", John Lagerwey, Lü Pengzhi edited, *Early Chinese Religion: The Period of Division（220-559 AD）*, Brill, 2009.

[2] 我们可以使用"教"这个词,但此词可以适用于从政治、音乐甚至目录学的所有"教义"或"指导"。

样化的表现（如以愉悦精致的笔调写成的吟诵、歌唱之作，后者有时被信众焚烧、埋葬、吞咽以促进传达信息），通常扮演着重要的角色。在此笔者要强调的是富文学性的语言形式，尤其是诗歌及有节奏的散文，因为它们与普通的演说有很大区别。由此，我们常把诗歌与宗教放置于一个二者共生的活动场景中。

本文以早期道教诗歌史上的一些重要篇章作为研究对象并加以评点。需要指出的是，除第一节（"远游"）外，笔者所引用的其他诗歌在中国诗歌的主流叙事中是湮没无闻的，它们因深藏于密集的，而又未经标点的道经文献之中，鲜有文学研究者问津，而常被弃置于"宗教"的范畴之外；更不幸的是，由于它们属于诗歌这个文学研究者所公认的研究领域，而受到了宗教研究者的排斥，因为他们更倾向质木无文的材料。总之，当今学术界纪律严明的专业分工，阻碍了我们对中古诗歌连贯性与发展历程的重要认识。并且在不远的将来，这种情况会更严重。

一、"远游"

我们先从《远游》这首可能是道教传统中最重要的作品说起——尽管它的创作年代早于2世纪中叶正式建立，或达到某种程度上制度化的道教。[1]它是最早的一首带有实质道教

---

[1] 笔者对这首诗的评论借鉴了自己早期的一篇论文——《论〈远游〉》（On "Far Roaming"），《美国东方学会会刊》（*Journal of the American Oriental Society*）第116卷第4期，1996年，第635—669页。该文对《远游》进行了全面的研究和注释翻译。虽然戴维·霍克斯（David Hawkes）对包含《远游》在内的《楚辞》（即《楚辞：南方之歌——一个收集屈原等的作品的中国（转下页）

主题的长篇诗歌，收录于著名的楚地诗歌总集《楚辞》之中。《楚辞》由汉儒王逸编集，收录了公元前3世纪早期至公元2世纪早期的诗歌。《远游》共有178句，被公认为模仿楚国逐臣屈原（前343—前290）的《离骚》。《离骚》是《楚辞》中的第一首也是最具叙事性的作品。然而，屈原的这首作品从超越腐朽的尘世到漫游极乐的仙界，最终还是围绕着政治而陷入失落与幻灭的结局。而在作为记录奇幻经历的《远游》中，诗人在游历天界四极及诸仙属地后最终到达"泰初"（grand primordium）这个清浊判别之前的境界。因而《远游》是对回归于"无形"的赞美，这正是道教作品所希冀的主题，且这一过程是借助气的运行而攀升至宇宙。因此，《离骚》的升天方式与主题情感在《远游》中均被置换了。

尽管传统学术界认定屈原为《远游》的作者，但这显然是不可能的，更遑论将其认定为汉代辞赋家司马相如《大人赋》的早期手稿或后来的修订本了。[1] 笔者以为，《远游》的作者

（接上页）古代诗集》（*The Songs of the South: An Ancient Chinese Anthology of Poems by Qu Yuan and Other Poets*）（哈蒙兹沃思：米都塞克斯大学出版社1985年版）的翻译几成权威，但这流畅译文常常是对原始文本的意译，或者甚至其注释者的意译的翻译。就《远游》来说，霍克斯似乎没有意识到勃兴的道教研究领域。

[1] 二者虽然在语言上有相似之处，但在内容情感方面区别很大。《远游》字斟句酌，构思紧密，而《大人赋》随意掺杂各种形象描绘皇帝（即"大人"）的天界之行，显得文繁词冗，音律单调。此赋的译注可参见吴德明（Yves Hervouet）《〈史记〉卷117〈司马相如列传〉》（*Le Chapitre 117 du Che-ki (biographie de Sseu-ma Siang-jou)*），巴黎，1972年，第186—203页，无注译本则有宇文所安（Stephen Owen）《诺顿中国文学选集——初始至1911》（*An Anthology of Chinese Literature: Beginnings to 1911*），纽约，1996年，第182—184页。

可能是公元前130年淮南王刘安幕下聚集的门客之一。刘安为《淮南子》的编者，也曾编纂过一部诗歌选集，此集所收的一些作品后来被王逸收入其《楚辞》中。在缺乏新材料的条件下，我们难以知晓《远游》作者的姓名，但这对于本研究并无妨碍。文学研究专家们常将《远游》视作《离骚》的模仿作品；这个观点往往使对新奇的爱好被忽略。但是，若从道教的角度将《远游》视为对《离骚》的一种具有纠正或挑战作用的注解则更为确切。笔者非常欣赏乔治·斯坦纳（George Steiner）的一个论断："《米德马契》（*Middlemarch*）的最好注解是《贵妇画像》（*The Portrait of a Lady*），而《包法利夫人》（*Madame Bovary*）最重要和最有启发性的评论应该是《安娜·卡列尼娜》（*Anna Karenina*）。"[1] 同理推之，《远游》的内容可以说是对《离骚》最充分的解读与回应。

然而，本文的讨论重点并非在于《远游》如何响应《离骚》中"三致志焉"的失落情调[2]，而是从其中的某些主题在后期的道教诗歌中的奠基作用来观照这首作品。我们必须指出：《远游》与《离骚》《大人赋》在措辞上有相似性乃众所周知；此外，《远游》还明显地取材于《老子》《庄子》《管子》（尤其是《内业》篇）及《淮南子》。另一方面，我们还能在张衡（78—

---

[1] 参见《真实临在》（*Real Presences*），芝加哥，1989年，第14—15页。
[2]《离骚》颇有几分"衔尾蛇"式的特征，因为诗人至少三次试图冲破循环的困境，但均以失败告终。

139)《思玄赋》[1]找到《远游》中语词的回响。更有意思的是，《远游》似乎可以被视为六朝与唐朝著名游仙诗的鼻祖。[2]因而它是《楚辞》诗歌背后的萨满神歌、祈祷与后世道教步虚于星空的玄游书写的重要连接点。以各式的路线在宇宙中全景式地漫游是中古道士"存思"的重要实践，也是这个传统中的产物。当我们采取中古读者的视角去考察《远游》，往往能发现正统文学史家所忽略的一些新内容。

只有当我们从画布上后退一步，《远游》所叙述的历程才最为清晰。这样我们才能识别出一系列主题或动作转换的标志，并借此将文本划分为若干部分（原文本身并无明确划分标记）。笔者将全诗分为13个部分（数字并不重要，学者们具体的划分方法也可能有所不同），如下所示。第一部分（第1—16句）写诗人认识到世俗的污浊及不群的孤独，遂生轻举之意，但又犹豫是否成行。第二部分（第17—40句），诗人突然意识到其精神性而非物质的潜能，便开始效仿赤松子的"虚静"守一，进而沉思自身及其他"真人"弃俗飞升，甚至登仙

---

[1] 译注可参见康达维（David R. Knechtges）译《文选卷3——物色、鸟兽、志、哀伤、论文、音乐及情赋》(Selections of Refined Literature Volume Ⅲ: Rhapsodies on Natural Phenomena, Birds and Animasl, Aspirations and Feelings, Sorrowful Laments, Literature, Music, and Passions)，普林斯顿出版社，1996年，第105—139页；亦参见康达维：《道德之旅——论张衡的〈思玄赋〉》，中国香港大学出版社《香港大学冯平山图书馆金禧纪念文集》，1982年，第162—182页。
[2] 对此研究最透彻的是李丰楙《忧与游——六朝隋唐游仙诗论集》，中国台湾学生书局，1996年，另可参看颜进雄《唐代游仙诗研究》，文津出版社有限公司，1996年。

之道。第三部分（第41—50句），诗人在对岁月流逝的认识中，悲叹早已逝去的年华、自身的孤独与仕宦无成。第四部分（第51—74句），诗人决意继续前行，以王子乔为榜样，投入登仙的修行中，最终得以游历王子乔南方的精神属地，并得到了这位传奇仙真关于练气的指引。这一部分引录如下（在此及其他引文中，注释从简，完整的注释见笔者的专论）：

春秋忽其不淹兮，
Springs and autumns pass speedily, they do not tarry—
奚久留此故居。
Why should I remain in these my olden haunts?
轩辕不可攀援兮，
Xuanyuan (i. e., the Yellow Thearch) may not be caught up and held on to—
吾将从王乔而娱戏。
I shall follow, then, Wang Qiao for my pleasure and amusement;
餐六气而饮沆瀣兮，
Sup on the six pneumas and quaff the damps of coldest midnights—
漱正阳而含朝霞。[1]

---

[1] 这几行诗中包含了四种特别的行为，它们帮助诗人脱离肉体的躯壳，象征着诗人已经达到了一种崭新的、纯化的状态。最后一种行为——"含朝霞"在中古道教修炼中得到了精心的发展。

Rinse my mouth with truest sunlight and imbibe the aurora of dawn;

保神明之清澄兮，

Conserve the limpid clarity of the divine and illuminated—

精气入而粗秽除。

As essence and vitality enter in, and pollution and filth are expelled.

顺凯风以从游兮，

I comply with the triumphal (i. e., southerly) wind, to follow its roamings—

至南巢而壹息。

And arrive at Nanchao in but a single breathing.

见王子而宿之兮，

On seeing the royal scion, I sojourned there with him—

审壹气之和德。

To study the consonant power of unifying vitality.

曰道可受兮，

He said, "The Dao may be received—

不可传。

It may not be taught.

其小无内兮，

Its smallness admits of no inward—

其大无垠。

Its greatness admits of no bounds.

无滒滑而魂兮,

Let your soul not be confounded—

彼将自然。

And that shall be just as it is.

壹气孔神兮,

Unify vitality, make your spirit acute—

于中夜存。

Preserve it even in the midst of the night.

虚以待之兮,

Be empty, and so wait for what comes—

无为之先。

Let the priority be doing nothing.

庶类以成兮,

All the sorts are thus brought to completion—

此德之门。[1]

This is the gateway of power."

---

[1] 王乔的指引实在神秘,有时甚至是在似非而是的联句中表达,不禁使人联想到《老子》和《庄子》的某些段落。如果我们将王乔的话看作一篇单独的韵文(《远游》仅有两处由四言组成,这是其中一处),也许会更欣赏其中的语言技巧,如第六句(以"曰道可受兮"为首句)开头的"彼"与第 12 句开头的"此"构成了修辞与结构上的完美平衡,从而将其绝妙地分为两个部分。我们在内向诗歌作品如《恰尔德·哈罗德游记》(*Childe Harold's Pilgrimage*)中会发现这种现象,但在中国的叙事诗中却很少见到。

我们接续上文的摘要:第五部分(第75—86句),诗人抱着与王子乔会晤后的感悟与困惑,于一日之内漫游了日出日落的仙境之地,使得神气强盛奔放。第六部分(第87—100句),诗人离开了南土故乡及其形骸所拘而登霞升天,进入阊阖之门:

命天阍其开关兮,
I commanded Heaven's warder that he open the barrier—
排阊阖而望予。[1]
Pushing back the portal's folds, he gazed upon me.

诗人召来云神和雷神做向导,快速游历了几处星都,于傍晚到达微间山,眺望东方。第七部分(第101—112句),诗人屯集万乘凌霄车队,气势磅礴地拜访了东方木神句芒。接着,第八部分(第113—120句),在风伯飞廉的带领下,诗人向西拜见了西帝蓐收。第九部分(第121—132句),诗人任意指挥着彗星和北斗众星照亮前程,在诸位神话仙人的护卫下向黑暗的北极进发上升。第十部分(第133—144句),正当诗人于天界欣悦安恬地自由浮沉之际,忽然俯瞰到故乡的田园,往事不禁涌上心头,羁绊住脚步,不过他抑制住思乡之

---

[1] 诗人从而得以自由地进入天界。这里有意地与《离骚》中的相似情形进行对比,在《离骚》中,屈原被拒于阊阖,那里的阊阖不是此处的"排"阊阖,而是阍者"倚"阊阖,拒绝打开天门。

情,缓慢地继续前行。[1]第十一部分(第145—160句),诗人再次驶向南方,南帝祝融劝他调转车头,以免重复绕圈,诗人在此停留并与几位河神、湖神一同观赏一场仙乐歌舞,乐极忘形。

我们也应当驻足于此,因为这一幕在整个叙事结构中是最为精彩的部分。诗人在天界的漫游,虽然令人欢欣,但始终没有到达天界最高处。只有当他陶醉于仙乐仙舞的极乐时,才冲破所有羁绊,超越了北方黑暗的界限。宗教历史学家们不难看出诗人在迷醉于仙乐歌舞时产生的精神愉悦,是可以等同于萨满巫师的着迷恍惚。在不同的文化语境中,音乐都具有一种能将听众带离语言与理智的范畴,以呈现事物内在的神秘之境的能力。这首诗中的音乐片段也描述了神女的唯一一次露面,即洛神与湘妃。《离骚》文本不止一次地描写诗人与女性的交往,包括人间女性(即屈原的姊姊女媭)及其他的神女,而《远游》只有这么一次写诗人与神女的见面。与屈原不同的是,《远游》作者的情绪是十分欣悦的,因为这些女神对他而言并不是追求的对象,而是仙乐歌舞的共同欣赏者。诗人并未感受到沮丧失落,也未感受到交媾后的伤感(这些情感在《楚辞》的其他篇章中很常见,尤其是《九歌》中娱神的作品);相反的,我们可以看到这些女性完美且具象征意味地融入诗人个人,或者更确切地说,非个人的心灵宇宙中。若真如戴维·霍克斯

---

[1] 这里又一次有意地与《离骚》进行对比,《离骚》中的屈原在瞥见旧乡后完全被人事所束缚,无法继续天界之旅。

所言:"萨满对神女的寻求(在《离骚》及《九歌》中)注定失败。"[1]那么《远游》诗人可以被视为不同于萨满巫师的道教徒,他们崇奉更高的神明,而萨满则是服务于地区性与有社团限制的神明。只要认真审视诗作的道家底蕴,我们会发现这些问题不仅仅是文学传统的发展变化的表征。

在全诗倒数第二部分,即第十二部分(第161—168句),诗人怀着愉悦之情,冲破所有羁绊,疾行至天界之外的北极境地,最终在第十三部分(第169—178句),超越界限,进入没有时空维度的虚无境界,万物万象形成前的状态:

经营四荒兮,
Now I ranged and roamed the four wastes—
周流六漠。
Sweeping in circuit to the six silences.
上至列缺兮,
I ascended even to the rifted fissures—
降望大壑。[2]

---

[1] 戴维·霍克斯:《神女的探求》("The Quest of the Goddess"),白之(Cyril Birch)编:《中国文学文体研究》(Studies in Chinese Literary Genres),伯克利及洛杉矶:加利福尼亚大学出版社,1974年,第51页。对国际楚辞学界来说,这篇文章无疑是最发人深思的著作之一。虽然笔者并不全部赞同他的观念[如他拒绝指出《离骚》和《远游》的"叙事体"特质,这种拒绝剥夺了衡量《远游》文本宗教性(以区别于简单的巫术)的重要标准],但这并不妨碍笔者对它的推崇。事实上,本文的部分标题间接地表达了对霍氏的敬意。
[2] 这几句是本诗中又一处用到咒语式四言体的段落(还有一处是王子乔的训诫),下文将对这种文体进行具体阐释。

Descended to view the great strath.

下峥嵘而无地兮,

In the sheer steepness below, earth was no more—

上寥廓而无天。

In unending infinity above, heaven was no more.

视倏忽而无见兮,

As I beheld the flickering instant, there was nothing to be seen—

听惝恍而无闻。

Giving ear to the humming hush, there was nothing to be heard.

超无为以至清兮,

Gone beyond doing nothing, and into utmost clarity—

与泰初而为邻。

Sharing in the grand primordium, I now became its neighbor.

在此需要对"泰初"(grand primordium)这个诗人所沉浸的境界加以说明。此概念的翻译如"伟大的开端"[grand (or great) beginning]、"伟大的起源"(grand origin)甚至"伟大的先导"(grand antecedence)等都无法概括其在此段行文中的深意,因为正如前文指出:它并非词语本身所指称的"开始",而是一种先于开始、时空产生前的状态。在此意义上,我们可以说"泰初"是一种原始潜能的丰厚储存。我们可以从胚胎学借用"原基"(primordium)一词作参考,该词意为"某一器官所产生的最先能识别的、组织上未分化的状态",可以算是文中"初"的内涵的对等词。诗人在远游的最后所达到的玄奥会合即《老子》所言的"复归其根"[1],是一种包含且超越所有二元性、尼古拉斯·库萨(Nicholas of Cusa)的对立统一和相反相成——也是荣格、佛陀、庄子及歌德的观点。若我们以同义反复却真实如此的角度定义"诗歌"——颇似儒家正统观点,以为"诗歌"善道散文之所不能表达的内容,那么《远游》的作者会像华莱士·史蒂文斯(Wallace Stevens)那样将其定义为"诗是对难以言说的追寻""诗人是无形世界的布道师"。[2]这就是诗人在其远游的终点泰初中所发现的无闻无见和"至清"的境界。

上文已提及,《远游》影响了中古游仙诗创作的主流。对此我们无法加以确证,但我们更感兴趣的是,这首诗独特的用语已被中古早期道士用来描述重要的修炼实践。最著名的例子是"餐霞"。在上清派的重要经典《皇天上清金阙帝君灵书紫文上经》中,"餐霞"是指食用太阳霞光,此修行可使身洁如玉、不腐不朽,以致升天。[3]甚至连本诗的篇名也成为道士的

---

[1]《老子》第16章。
[2] 华莱士·史蒂文斯:《箴言》("Adagia"),《遗作集》(*Opus Posthumous*),1967年,纽约,1982年重印本,第173、179页。
[3]《道藏子目引得》第639号,第4—6页。柏夷(Stephen R. Bokenkamp)在他的《早期道教经典》(*Early Daoist Scripture*)(伯克利及洛杉矶,1997年)第275—372页中翻译过此经,第314—317页论述关于这种修炼方式的争议。

人格修饰语——"远游冠",它是道士在与神明交汇的法事中的一种穿戴。

二、3世纪韵律学的发展

当我们谈及道士与道经时,就会进入一个与"远游"的创作不同的时代。根据传统说法,这个时期的开端是以东汉顺帝汉安元年(142),当年太上老君——即被神化的老子——降临蜀地某山顶,传授给张道陵一部天授的法箓,足以取缔众经甚至天子之书;而太上老君亦授予其"天师"之号。在汉朝最后半个世纪兴起的道教是一个热门的研究课题。[1]随着第三代天师向曹操归顺,道教开始在3世纪早期进入中央及贵族官僚阶层,这是社会文化史上的一个重要节点。

这一节点在中国诗学史上可能也有一定的意义。文学史研究者惯常将曹丕(187—226;魏文帝,220—226年在位)著名的两首《燕歌行》视为七言诗的成熟标志,尽管此诗句句押韵(而不是其他诗歌较通行的偶句押韵形式)。七言诗的起源,稍晚于成熟的五言诗,却沉寂了数百年也没有正式发展起来。但在3世纪早期天师教的文本中有许多七言诗歌,尤其是《正一法文天师教戒科经》[2]中共31句的《天师教》。由此,我们

---

[1] 对此最全面和最实用的研究成果是索安(Anna Seidel)的《道的新约——老子和汉末道教权的产生》("Das neue Testament des Tao: Lao tzu und die Entstehung der taoistischen Religion am Ende der Han-Zeit"),《时代》(*Saeculum*),1978年第29期,第147—172页。

[2] 该经部分内容可能来自传为寇谦之(活跃于425—448)所作的《云(转下页)

可以大胆推测曹丕是受到了天师教团中七言体的影响。因为在建安二十年（215），曹丕跟随其父曹操从蜀地将张鲁及其虔诚的教众迁至京城。此外，曹操的另一个儿子曹宇，是曹丕同父异母的兄弟，他与张鲁之女结为连理，为曹家提供了一个了解天师修行（及诗法？）——是除了监察其潜在的叛乱行为外的便捷管道。

七言诗在《黄庭经》——早期道教的奠基经典之一中得到了最为极致的发挥。《黄庭经》由两部分构成：《外经》，共99句，可能起源于3世纪中叶或末叶；《内经》的篇幅更长，共36章，435句，可能作于4世纪中叶。[1]二者都强调存思、养护身中百神以达到气脉调和、羽化登仙。[2]其他例子如3世纪

（接上页）中音诵新科之诫》，但此经结尾（22—23页）的这些诗句和另一组11首诗，均为三句五言的形式，且句句押韵，似乎是3世纪的作品。相关研究可参见施舟人在施舟人（Kristofer M.Schipper）、傅飞岚（Franciscus Verellen）编3卷本《道藏通考》（The Daoist Canon: a Historical Companion to the Daozang）(芝加哥，2004年) 第120—122页中的论述。

[1] 根据其经文的韵律特点来看，这些时间推论应该是可靠的。参见虞万里《〈黄庭经〉用韵时代新考》，《榆枋斋学术论集》，江苏古籍出版社，2002年，第551—580页。

[2] 关于《黄庭经》的研究，可参见霍曼（Rolf Homann）：《〈黄庭经〉中的养生修炼之要理》（Die wichtigsten Körpergottheiten im Huang-t'ing ching），格平根（Göppingen），1971年；施舟人：《〈黄庭经〉通考——内经和外经》（Concordance du Houang-t'ing king: Nei-king et Wai-king），巴黎，1975年，第1—11页；贺碧来（Isabelle Robinet）：《道教的冥想》（Méditation taoïste），巴黎，1979年，第89—145页。柯睿：《身神与内视——〈黄庭经〉解析》（Body Gods and Inner Vision: the Scripture of the Yellow Court），唐·洛佩兹（Donald Lopez）编：《实践中的中国宗教》（Religions of China in Practice），普林斯顿，1996年，第149—155页。

中叶的《女青鬼律》[1]在四句四言引文后，共有146句七言无题诗；而4世纪中叶的《老君变化无极经》中甚至有369句七言诗。[2]反观世俗"文学"发展，直到7世纪即初唐时期，七言诗（通常是偶句押韵）才成为比较常见的形式。

三、《真诰》中的上清诗歌

比起3世纪早期天师道向北传播更为重要的事件，就是在364—370年西晋官员杨羲作为灵媒所接受的一系列天启文字。来自上清之境的仙真数次于夜半降真杨羲，上清之地此前无人知晓，其居民为"真人"，是比早期道教的"仙"更为高级的仙真，存在于尘世之外。[3]这些男女真人以各"式"信息或独自或成群地降真于杨羲及他的家主（patrons）、亲友。他们指导杨羲谨慎地写下这些诰语，因为真人是不会屈尊于尘世著

---

[1]《道藏子目引得》第789号，卷5，第1—4页。
[2] 关于此经的翻译与研究可参见杜鼎克（Ad Dudink）:《〈老君变化无极经〉介绍、概要、文本及翻译》("The Poem Laojun bianhua wuji jing: Introduction, Summary, Text and Translation"），麦约翰（Jan A. M. De Meyer）、安国风（Peter M. Engelfriet）编:《连接的信仰——中国宗教与传统文化暨施舟人纪念论集》(*Linked Faiths: Essays on Chinese Religions and Traditional Culture in Honor of Kristofer Schipper*），莱顿，2000年，第53—147页。
[3] "真人"一词实际上源于《庄子》，当然在本文的《远游》节选中也出现过；从出现在上清经中起它获得了意义的独特性。笔者认为威廉·布莱克（William Blake）在1809年的论述可视为"真人"的西方版本:"灵魂及幻视并不像现代哲学所描述的那么虚无缥缈、难以捉摸，它们有序的组织、精巧的连接，超出了所有物质及自然所能塑造的……灵魂是有组织的生命。"杰弗里·凯恩斯（Geoffrey Keynes）编:《布莱克作品全集》(*Blake: Complete Writings, with Variant Readings*），伦敦，1969年，第576、577页（从"叙录，第4节"开始）。

述的。真人们对杨羲的降诰是中古道教全新且具深远意义的转折点，标志着"北方"天师教理与"南方"（即吴越之地）本土教义的合流。他们强调存思守真即将体内脏腑之神与众星之神合一的修炼方法。必须注意：这些经典并非人类的创造，而是仙真对世人的降诰。

这些诰语开始在南方士族阶层逐渐流行开来，形成了一部内容丰富的文集。[1]自杨羲通灵起50年后，他的原稿被著名的学者兼道士陶弘景（456—536）重新收集（其间已散落各地）。陶弘景在整理的同时加以评注，并附上一篇交代其传播过程的叙文，成了流传至今的《真诰》。尽管它并不是一部严格意义上的经，但它在上清众经中处于核心地位，而且在约25年前司马虚（Michel Strickmann）对其做出充分深刻的研究后，吸引了学术界更多的目光。[2]

由于《真诰》所记录的仙真诰语中包含了中古道教诗歌中

---

[1] 对此最透彻的研究是贺碧来的奠基之作《道教历史中的上清神启》（*La révélation du Shangqing dans l'histoire du taoïsme*）（2卷本）（巴黎，1984年），该书将这些启示放于当时的社会、宗教及文学背景中考察，并对所有与之相关的文本进行概要和扩充。

[2] 司马虚较有影响的著作是《茅山神启——道教与贵族》("The Mao Shan Revelations: Taoism and the Aristocracy"），《通报》（*T'oung Pao*）1977年第63期，第1—64页，以及其论文《茅山的道教——降经编年史》（*Le Taoïsme du Mao Chan: Chronique d'une révélation*）。其后的所有相关论著就不一一罗列了，但必须特别提到柏夷的《真诰》("Declarations of the Perfected"），载《实践中的中国宗教》（*Religions of China in Practice*），第166—179页。京都大学人文科学研究所"六朝道教研究"课题共同研究班曾将《真诰》全文注释翻译成日文。另外值得一提的是，一部关于《真诰》的会议论文集，即吉川忠夫（Yoshikawa Tadao）所编的《六朝道教研究》（东京，1998年）。

最华丽的篇章，这里有必要介绍其相关背景。这些真人都是热情洋溢的诗人，他们将自己的思想与指示通过精美优雅的诗歌做信手拈来的表达。《真诰》诗歌所体现的炉火纯青的文学技巧正是此书最动人、最引人注目的特征。实际上，这些文学技巧的目的是将这位东晋王朝中文学造诣颇高且老于世故的士子引入迷狂的境地。书中约有80首诗歌最先被保存下来（在最初搜集整理之时），它们一些位于该书的第四卷，一些散落他处。从当时的社会环境来说，文学尤其是赋诗能力备受重视，而这些诗歌——大部分是东晋诗人所热衷的七言体——完美地将内心的愉悦与诗词的技巧结合起来。如果细加审视，我们甚至可以发现这20多位男女仙真所降诰给杨羲的诗歌具有十分个性化的语言风格与独特的语言技巧。

尽管有学者怀疑《真诰》是杨羲个人的造作，但他们必须接受杨羲是当时最真实的通灵诗人这一事实。若我们以现代的怀疑论去否认天启的真实性与可能性，那我们就破坏了其原本的沟通框架，所得的仅为一点点似是而非的优越感。试想，历史上的缪斯女神也曾对赫西奥德（Hesiod）唱道："神圣神明的种族永生不灭。"更有意思的一个对比是，尽管《诗篇》（*Psalms*）中的某些奇异性使得学者们认为是摩西（Moses）、所罗门（Solomon）、以斯拉人伊桑（Ethan）及其他不知名者创作了某部分内容，但保守主义者认定戴维（David）造作了《诗篇》。奥古斯汀（Augustine）坚信《诗篇》是圣灵（the Holy Ghost）的启示，这种说法与第一种观点类似，由此戴维的作用实际上是微不足道的。在新教徒看来，戴维之所以成为《诗篇》的塑造者，是由其所处的历史背景所致：有感于其国的衰落，戴维乃设想一个更好的国度。[1]同样的，杨羲及其家主所处士族的社会历史背景也对我们正确地理解《真诰》至关重要。但本文所强调的，并不是凡人的能动力量，而是探讨这些诗歌的本意，以及其在中国诗歌史上的重要角色。

关于这一问题，我们可能惊讶地发现，根据大部分学者的意见，这些诗歌中一些"爱情诗"在其他地方是找不到的。因为它们大都是女仙所作，目的是引诱杨羲及其家主们去往天界的极乐之地，包括与上天所选的玉女联姻。与《楚辞》"九歌"中萨满巫师通过语言的魔力达到与山河女神的结合相比，这无疑是一种逆转。上清女真在诗歌中所使用的隐喻、象征手法后来被唐代诗人所继承，如将神仙诗歌的形式挪用到描绘俗世妓女的美艳，这是很值得深入探讨的话题。

笔者曾对两位最多产的女性真人的作品加以评点[2]，同时

---

[1] 列瓦斯琪（Barbara Kiefer Lewalski）：《新教诗学与17世纪抒情诗》（*Protestant Poetics and the Seventeenth-Century Religious Lyrics*），普林斯顿，1979年，第232页。这部煌煌大作中有许多与该主题相关的材料可供参照。同样重要的还有阿兰·米歇尔（Alain Michel）的《歌曲与乐章——拉丁语基督教赞美诗中的文化与美》（*In hymnis et canticis: culture et beauté dans l' hymnique chrétienne latine*）（鲁汶，1976年），尤其是前两部分。

[2]《一位真人的魅歌》("Seduction Songs of One of the Perfected")，《实践中的中国宗教》，第180—187页；以及《紫微夫人的仙歌》("The Divine Songs of the Lady of Purple Tenuity")，柯睿和康达维编《中国中古前期文学与文化史研究》（*Studies in Early Medieval Chinese Literature and Culture History*），博尔德，2003年，第149—212页。

探讨诗中所描绘的天界有何具体特征[1]。在此，我们将通过一两个例子品味其风格。尽管理解诗歌的语言并不是什么难事，但相关词语的确切含义深藏于种种名称、隐语之后，只有深谙上清经法与修炼之人才能体会其中奥妙。下面这首是紫微夫人[2]于升平八年（364）八月二十九日降诰杨羲的诗歌。它主要是为杨羲的家主长史许谧（303—373）而作的，目的是鼓舞和吸引其对仙真的向往。和《真诰》中的许多诗一样，这首诗从描绘漫游天界的愉悦开始，继而转向我们的世俗层面：

高兴希林虚，
Rising high, in the void of the Rarefied Grove,
遐游无员方。
Remotely I roam to tracts outside round or square.
萧条象数外，
Wild wastes, beyond both image and number,
有无自冥同。
Where presence and absence share freely in the deep.
亹亹德韵和，
Smoothly, sweetly, the noblest harmonies accord,

---

[1]《中古道教诗歌中的天光》("The Light of Heaven in Medieval Taoist Verse")，《中国宗教学刊》(*Journal of Chinese Religions*) 1999 年第 27 期，第 1—12 页。
[2] 她是西王母的第 24 女，姓王，名青娥，字愈音，是降真于杨羲的众仙中最美丽的女仙之一。她的星宫位于紫微星的左翼，紫微垣是由 15 颗星构成的两条星带，环卫着天空中心的北极星和北斗七星。

飘飘步太空。

As wafting, drifting, I pace the grand emptiness.

盘桓任波浪,

Then havering, wavering, I yield to waves and whitecaps,

振铃散风中。

My trembling grelots strewing their notes upon the wind.

内映七道观,

If a view of the sevenfold Dao is reflected within,

可以得兼忘。

You shall be able to forget all, impartially.

何必反复酬,

Why must one repeatedly urge you on,

待此世文通。

Before you'll understand the language of this world?

玄心自宜悟,

Mindful of mysteries, one should come to one's senses;

嘿耳必高踪。[1]

Harking to silence, be sure to make tracks on high.

希林是一处位于黎明照亮的东海上的上清圣域[2]，其"虚

---

[1]《道藏子目引得》第 1010 号,《真诰》第 16—17 页。
[2] "希"的字面含义还可以理解为"不可闻的、无言的、细微不可感的"，如《老子》第 14 章的定义，但既然我们经常在希林中听到乐声，那最好还是不要拘泥于它的字面意思。

空""荒芜"的特征似乎是一种悖论——其实这是包含万有的空,就好比看似幽冥的夜空点缀着微微的星光。[1]紫微夫人漫游于天地的方圆之外,到达了这创始之外(或之前)的看似荒凉的境地,在这里"有""无"交汇融合,就像宇宙气体与未形成之物那样。[2]但这"太空"[3]中,居然还有仙乐传来。与上清仙真的其他诗歌相比,紫微夫人让除了和谐的韵律外的一切都化为虚空,因而这首诗的开头六句所强调的是至高境界中对矛盾的否定。第七句中,夫人在这多变的环境中徘徊"任波浪",振动的铃铛所发出的零碎声响成为对仙乐模糊的回音。和其他仙真诗歌一样,紫微夫人紧接着对求真者给出了忠告。她催促许谧将北斗七星("七道")引入体内照亮身心,[4]以达到"兼忘"(借用《庄子》中的词语[5])现世。最后她对许谧不断要求解疑而感到些许困扰,从而告诫他若能保持"玄心"[6]("玄"即感官所觉察不到的事物),倾听无声之声,就能开悟得道,高踪星空。

---

[1] 柯睿:《李白的紫烟》("Li Po's Purple Haze"),《道教资料》(*Taoist Resources*) 1997年第7卷第2号,第37页。这类语词的使用,前文的"希"以及下文"太空"的"空",被归入"矛盾字源"这一题类。
[2] 关于创生过程中"象"与"数"的关联性,可参阅杨伯峻编《春秋左传注》(北京,1983年),第365页(僖公十五年)。
[3] 这个语词指形空但充满实质的天域,远不止其字面意思所指(如同"虚")。
[4] 对于北斗七星以及上清派步罡踏斗(伴随古老的禹步)的实践(一些经书中详细记录了这种仪式)的重要性,如今已是众所周知,无须再评论。其简介可参看贺碧来《道教的冥想》,第289—314页。
[5] 参见郭庆藩(1844—1896)编《庄子集释》,中华书局,1989年,卷14,第498—499页。
[6] 关于此处的"玄"的用法,参见柯睿《李白的紫烟》,第36页。

升平九年（365）十一月十七日夜紫微夫人又作诗曰（具体是为谁所作已不得而知）：

左把玉华盖，
Grasping with left hand a canopy from Jade Flower,
飞景蹑七元。
Fly off on sky-lights, to tread the seven primes.
三辰焕紫晖，
As the three chronograms sparkle in purple radiance,
竦眄抚明真。
Lift your gaze to touch the luminous Perfected.
变踊期须臾，
Shift your steps, that the meeting will be soon;
四面皆已神。
Everywhere you look— divinities are already there!
灵发无涯际，
That the numina may come forth from their shoreless bounds,
勤思上清文。
Keep your mind intent on the texts of Highest Clarity.
何事坐横途，
For what purpose should one remain on a contrary route,
令尔感不专。
Letting your sympathies not be wholly devoted?

阴廊失去机，
Wordlessly now, discard and lose contrivances,
不觉年岁分。[1]
And be unaware of the apportioning of years and twelve months!

"玉华"是收藏上清经簿的天宫。[2]第二句中的"七元"代指北斗七星，在此我们又遇见了漫游列星的情景，漫游所采用的步伐是有限定的，包含周期的跳跃（第五句的第一个词"变踊"字面义为"变换你的跳跃"）。若能见到"无所视"之境，神明将会从无涯天际出现在你的身边。若你能专心于这些修行，如道经所载的行北斗之步和抛却心机，就能忘却万物的区别与时间的流逝。

除了这些明显是杨羲等人为提高修行所作的诗歌外，《真

---

[1]《真诰》卷3，第10页。
[2] 参见《道藏子目引得》第1130号，《无上秘要》卷22，第8页；劳格文（John Lagerwey）:《〈无上秘要〉——6世纪的道教类书》(*Wu-shang Pi-yao: somme taoïste du VIe siècle*)（巴黎，1981年），第10页；以及《洞真上清青要紫书金根众经》(《道藏子目引得》第1304号），卷2，第12页。柯睿:《打开天界之门》("Spreading Open the Barrier of Heaven")，《亚洲研究》(*Asiatische Studien*)第60卷1985年第1期，第22—39页，此文研究和翻译了一部关于升登玉华仙界的经文。玉华宫位于青童（"蔚蓝色的少年"或者"青色少年"）的地界，青童是西王母所应配的古神东王公的上清化形象。他是上清派中降经最活跃的男真之一，前文诗歌中提及的"希林"也属其仙域。有关青童本身、他的领域以及他降诰杨羲的一些诗歌研究，参阅柯睿:《青童之宫》("In the Halls of the Azure Lad")，《美国东方学会会刊》(*Journal of the American Oriental Society*) 1985年第105期，第75—94页。

诰》中还有一些仙真之间的唱和。这些作品常充满轻快欢乐的语调,如云林宫右英夫人于升平八年(364)十月四日夜围绕着"有待"作了一首六句诗。"有待"始见于《庄子》第一篇(《逍遥游》),对于列子喜悦地御风而行十五日,文中评曰:"此虽免乎行,犹有所待者也。"[1]紫微夫人随之和诗,宣扬"无待"的妙处。[2]其他的八位真人也参与唱和,围绕"有待"与"无待"这一议题共作诗九首。这种和诗风潮在西晋贵族圈中也很风行。有时和诗之人会特别针对前面的某一首诗,或从语词上或从意象上下功夫,以试图超越它。北元内玄道君之女昭灵夫人是第四位唱和者,她掌管东海仙岛上的方丈台,其和诗曰:

> 纵酒览群惠,
> Indulging in wine, I observe this benevolent group,
> 倏忽四周落。
> And in the merest flash make a circuit of the four depths.
> 不觉所以然,
> I am unconscious of the means by which it is so,
> 实非有待游。
> But truly this is not a rambling "with reliance".
> 相遇皆欢乐,

---

[1]《真诰》卷3,第2页;《庄子集释》卷1,第17页。
[2] 这两首诗的译文,参见柯睿《紫微夫人的仙歌》,第172—174页。

When we meet, we are always pleased and delighted;
不遇亦不忧。
Yet if we are unmet, neither are we saddened.
纵影玄空中,
Releasing our shadows into the mysterium of space,
两会自然畴。[1]
Both likelihoods are equally just so.

这些酬唱变得愈加热烈和充满哲理,直到西王母第四女南极紫元夫人王林作两首十二行诗以总结其旨而结束。以下是紫元夫人于此夜的最后两首诗中的第二首诗。和大多数真人诗歌一样,本诗也是以在富丽堂皇的龙辇中漫游天际为开端:

命驾玉锦轮,
Commanding an equipage with wheels of jade and damask,
舞辔仰徘徊。
I shake out the reins, going upward, round and about;
朝游朱火宫,
In the dawn rambling to the palace of vermilion fire,
夕宴夜光池。
At dusk I revel by the pool of night-shining light.
浮景清霞杪,

---

[1]《真诰》卷3,第3页。

I drift the phosphors by the nib of auroras in purity,

八龙正参差。

My eight dragons just now disparately displayed.

我作无待游,

I have contrived this ramble "without reliance",

有待辄见随。

But "with reliance" always follows in due course.

高会佳人寝,

At our lofty gathering in the Seemly One's night chamber,

二待互是非。

The "two reliances" are mutually "right" and "wrong".

有无非有定,

"With" and "without" possess no fixity;

待待各自归。[1]

Each "reliance" takes its own way home.

第三、第四句中所提到的朱火宫、夜光池是众仙真常去之处。第五句中的"景"是夫人龙车所发出的光芒,衬托出其品格超拔。[2]第九句中的"佳人"指杨羲,其寝宫正是众仙真所

---

[1]《真诰》卷3,第4—5页。
[2] 重点参考薛爱华(Edward H. Schafer):《九天神权与冥府伊甸园——唐代道教文学二题》("Empyreal Powers and Chthonian Edens: Two Notes on T'ang Taoist Literature"),《美国东方学会会刊》1986年第106期,第672—676页。

聚集之地。[1] 紫元夫人在此总结道，不论是争论有待、无待还是推崇有、无并没有实际意义，诗中最后两句点出了有待与无待的偶然性。这些观点鲜明的诗作从某种意义上说，典型地代表了当时士人关于玄学的论争。但仙真们的论争无疑处在一个更高的等次，一方面他们的地位更高，另一方面他们所作的是诗歌而非散文。

除此之外，还有许多这样的作诗游戏，如右英夫人有一首144字的回文诗，以12×12的网格式排列（这首由杨羲所录的诗作显得更为重要，因为它并不仅能视作口头文学而被欣赏），如拆字为文的离合诗。此外，仙真们还经常就自己的宴会赋诗，下面这首诗是紫微夫人在东华宫中和同僚宴饮后与青君私会的场景：

宴酣东华内，
Elated with revelry, within Eastern Florescence—
陈钧千百声。
As a thousand hundred voices perform melodiously.
青君呼我起，
The Azure Lord then calls upon me to rise,
折腰希林庭。
Bowing at the waist, in the court of Rarefied Grove.

---

[1] "佳人"最初用来指美丽的女性，但南北朝时常常男女通用。此处暗指杨羲是对真人有吸引力的"佳人"。

羽帔扇翠晖,
My plumed cloak fans the halcyon-blue radiance;
玉佩何铿零。
His pendants of jade—how they tinkle and chime!
俱指高晨寝,
We direct our way to the ease-chamber of the lofty dawn,
相期象中冥。[1]
For a tryst in the unseen realms amidst the stars.

这些关于仙真私人生活的描写是很可爱的,它们在正统的中国诗歌史上极少被注意到。

四、四言咒语

神圣诗歌虽然在《真诰》中最为集中,但它们也大量存在于上清派的其他文集以及其后出现的灵宝经系中。上清、灵宝诸神及其修行者显然对这种文体十分娴熟。我们回顾众经之祖《大洞真经》,全文以诗体写成,在上清派道士的眼中,它的地位甚至高于《黄庭经》。《大洞真经》的主要内容依然是存思、想象、调控及养护体内众神,其核心部分由四言诗及七言诗组成。这些体裁形式决定了该经的语言特征与使用功效,但学术界甚少有人关注。[2]

---

[1]《真诰》卷3,第5—6页。
[2] 关于《大洞真经》的研究,参见贺碧来《道教的冥想》第151—182页;贺碧来:《大洞真经》——上清经文中的真实性与地位》("Le Ta-tung chen-(转下页)

在此必须指出的是，这种交替押韵的四言体通常是道教修行中咒语的组成形式。这些咒语广泛地散播于上清各经，内容较为简练，长度在8—20句，能达到使人入迷的效果，如果诵咒之人没有进入这种迷狂，就要不断念诵。为了实现咒语的使用效果，就必须采用这种富于节奏且押韵的形式，从某种意义上可以说是一种巫术。咒语通常与描述特定肢体动作的平淡语言结合在一起，它们是在特定修行中可以不断重复念诵的仪式语言，与诗歌——甚至是真人所作的——相比而言，更富有严格意义上的宗教性质。以下引述《真诰》中有关躯体健康的一首咒语。在此之前，我们需要了解一些背景知识：面部的"山源"是真人所在之府，它位于人体鼻唇沟的中点，游动的鬼魄喜欢沿此路径，通过鼻子侵入人体，所以人们应当多加照料守护山源的身神。山源之地与天真、华庭之神密切相关。两眉之下为"华庭"，乃彻视之"津梁"，两眉之间的天真之地，为引灵之上房。升平八年（364）七月三十一日夜，紫微夫人降诰杨羲，告知他这些身神的所在及养护的方法：每当日出、正午、日落之时，修行者需咽液三九二十七过，接着用手快速且轻柔地连续按压"华庭"二十七下，可致灵彻视，杜遏万邪自山源入侵之道。夫人接着念诵了一首辅助修行的十句咒语：

（接上页）ching:son authenticité at sa place dans les textes du Shang-ch'ing ching"），司马虚编《密宗和道教研究——纪念石泰安专号》(*Tantric and Taoist Studies in Honour of R. A. Stein*) 第2册，布鲁塞尔，1983年，第394—433页；以及麦谷邦夫（Mugitani Kunio）：《关于〈大洞真经〉第三十九章》，吉川忠夫编：《中国古道教史研究》，京都：同朋舍，1992年，第176—216页。

开通天庭,

Let a passage be opened to the heavenly court,

使我长生。

To bring about the lengthening of my life,

彻视万里,

To see everything clear for a myriad leagues,

魂魄返婴。

As hun-and po-souls return to infancy.

灭鬼却魔,

Let ghosts be destroyed, demons rejected,

来致千灵。

That I come to reach a thousand years,

上升太上,

Upward ascending to the Most High,

与日合并。

To be of one kind with the sun itself.

得补真人,

Let me add to the number of the Perfected,

列象玄名。[1]

A mystic name in the ranks of the stars.

这首咒语除了字面意思,更多的是一种秘传的教旨。"天

---

[1]《真诰》卷9,第10页。

庭"是脑神泥丸中"九门"顶层的第一处，位于两眉中点之后。保护好自"山源"以上，即鼻子到两眼中点直至泥丸的通道畅通可防止邪气侵入，这点对修行之人至关重要。

学界一般认为中古时期，四言体已经成为一种陈腐的甚至垂死的诗歌形式。然而实际上它在魏到西晋，甚至东晋初两三个世纪期间依然是最重要的诗歌体式。[1]对于4世纪头几十年中南迁那批士人，四言诗体在他们心中仍是诗歌的主流，而真人们所喜爱的五言诗，象征着生于南方的东晋士族所采用的五言体逐渐占据了主导地位。随着五言诗使用范围的扩大，四言诗自晋朝以后越来越集中应用在碑铭或需要乐府的宫廷祭祀之中。这种诗体常因充满了隐喻而显得拖沓繁重，但在道教咒语（四言体一直是咒语的首要形式）中则是轻快而生动的。在此，我们又可以看到，宗教史上的某些结论可以纠正及填补我们对中古诗歌史的认识。

五、魏华存的降诰诗歌

大部分降诰于杨羲的真人都是先天神圣与不死的仙真，但仍有一些仙真是凡胎出身，最终通过修行脱离尘秽之身进入上清之境，这类真人中对杨羲最为重要的要数魏华存，她在升仙30年后成了杨羲的导师。讨论诗歌在魏华存漫长修真过程中的作用之前，有必要先对其生平加以概述。

---

[1] 不过如果要认识这一点，就必须首先抛弃文学史家所持的进化史观，即五言诗体早在3世纪就已横扫文坛。

魏华存生于魏嘉平四年（252），乃西晋司徒魏舒[1]之女。范邈，这位同样有过世俗人生的上清仙真（约在公元2世纪），为魏华存所作的传记记载了她的生平经历及登仙轶事。这篇传记的原文已不得而知，但它被大量现存的中古藏内外文献所引用和提及。[2] 这些引文概括了夫人的生平：魏华存幼年好道，静默恭谨，《庄子》《老子》、儒家五经、《春秋》三传、百子之书等，无不浏览，但她偏爱神仙之术，体味真玄之理，欲求冲举之道。夫人曾想辟静室独居，但父母不许。24岁时她嫁与中级官员刘文为妻，生下刘璞、刘瑕二子。等到刘文迁为修武（在洛阳以北70里）令，两个儿子刚开始仕途生涯时，魏夫人又生起了神仙之心，于是隔离宇室，辟寝斋居，谨修道法。三个月后（《茅山志》提供了一个更精确的时间：289年二月二十四日）的一晚，四位仙真一起降于她的斋室。

---

[1] 他在正史中的传记是在《晋书》（北京，1974年）卷41，第1185—1188页。
[2] 如颜真卿（709—785）所题的碑铭，据说大量袭用了范邈所作的传记；参见《晋紫虚元君领上真司命南岳夫人魏夫人仙坛碑铭》，《全唐文》（中国台北重印本，1979年）；薛爱华也研究并翻译了与魏华存有关的一些碑刻，参见《8世纪临川魏华存祠的修复》("The restoration of the shrine of Wei Hua-ts'un at Lin-ch'uan in the eighth century")，《东方文化》（*Journal of Oriental Studies*）1977年第15期，第124—137页；亦参见《茅山志》，《道藏子目引得》第304号，卷10，第4—6页；《云笈七签》，《道藏子目引得》第1026号，卷4，第6—10页；《历世真仙体道通鉴》，《道藏子目引得》第298号，卷3，第7—9页；《仙苑编珠》，《道藏子目引得》第596号，卷2，第4页；《清微仙谱》，《道藏子目引得》第171号，第7页；《三洞群仙录》，《道藏子目引得》第1238号，卷5，第13页，卷18，第2页；《岘泉集》，《道藏子目引得》第1300号，卷4，第7页；《太平广记》，中国台北，1976年，卷58，第121—123页；《太平御览》，中国台北，1968年，卷661，第6页。

这四位真人分别是青童君、太极真人安度明、小有洞天仙人清虚真人王褒、扶桑碧阿旸谷神王景林真人。他们为魏华存指点迷津，授以诸经，鼓舞其修行的志向，并允诺只要照此修炼就能与他们在上清重聚。这些降诰的诗歌是我们应该研究的对象，不过让我们先来完成对魏华存的介绍。这是她第一次接受降真，之后的日夜里又有其他的仙真数次降临，而她的家人并不知情。一年后，丈夫刘文去世。随着西晋王朝的衰落，时局开始动荡不安。魏夫人乐善好施，救济贫饥，后来得到真人兆示，得知中原将发生大乱，便携二子渡江南下，一路都有神灵护佑。

在魏华存83岁时（334），王褒及青童赐予她两枚灵药，七日后又有一飚车来迎她。于是魏华存得道上升；而世俗中认识她的人以为她已死去，这才标志着她仙真生活的开始。她的魂魄径自来到阳洛山——四位仙真于289年所允诺的相聚之地，也是约300年前王褒成仙之地。青童、安度明及王褒迎接魏华存加入众真的行列，接着又命她斋戒五百日，念诵《大洞真经》。后来，张道陵赐给她护身符，其他的47位仙真也授之要道。早已不在俗世的魏华存在此地背诵真经，勤修大道达16年之久，修得容颜面如少女，最终于350年白日升天，得列众仙之位，封为"紫虚元君领上真司命南岳夫人"，治南方道教仙山霍山。[1]但在赴任前，魏华存被派遣到王褒位于王屋

---

[1] 并非衡山（帝国构想中的南岳）。

山中的小有洞天进行最后两个月的修行。在这段时间,又有诸位仙真前来相聚,共享歌乐之乐。修行完成后,魏夫人才赴霍山就职。大约15年后,魏夫人才亲自降真于杨羲,成为他最重要的导师。

现在让我们再次回到魏华存于289年首次接受降真的一幕。此事改变了她的一生,并孕生了真人以诗传道的做法。真人们并没有对魏华存进行教理的解答,也未以散文体的形式布教,因为教理并非最重要,更重要的是个人修行的体验。同是有过俗世经历的王褒,向魏华存叙述了自己接受天书的经过,接着念诵一首四言长诗,宣告自己奉太帝敕令授予她上清真经(包括《大洞真经》)共31卷,以及把经书授予未被授权的人的后果("有泄我书,族及一门,身为下鬼")。除此之外,扶桑真人又授以《黄庭经》。降真的高潮是四位真人所作的五言诗,它们收录于6世纪道教类书《无上秘要》[1]和11世纪的《云笈七签》[2]之中[荒唐的是,这些作品几乎一字不易地出现在唐代诗人孟郊(751—814)的文集中]。[3]这些诗作都由14

---

[1]《道藏子目引得》第1130号,卷20,第11—13页。
[2]《道藏子目引得》第1126号,卷96,第10—11页。
[3] 孟郊共有9首题为《列仙文》的诗。我们只能认为是因为孟郊或其他编辑者将这些诗作摘录到诗集中,才引起了诸多误解。参见华忱之校《孟东野诗集》(北京,1959年;重印本,1984年),卷9,第169—170页;韩泉欣校《孟郊集校注》(杭州,1995年),卷9,第384—390页,本书提到了任半塘将孟郊视为《列仙文》作者的一些奇怪论断;《全唐诗》卷380,第4264—4265页也收录了这些诗作。唐诗学者似乎从未注意到《无上秘要》早在6世纪晚期就已经将它们收录其中。

句组成,第一首为安度明所作,他在玉女宋联涓"九气之璈"的伴奏下唱道:[1]

丹明焕上清,
A cinnabar brightness sparkles in Highest Clarity,
八风鼓太霞。
As the eight winds drum upon the grand aurora.
回我神霄辇,
I turn my chaise in the divine empyrean,
遂造玉岭阿。
To reach in due course the banks of the Jade Pass.
呦嗟天地外,
As soon as said— then, beyond heaven and earth,
九围皆吾家。
The nine environs are all home to me!
上采日中精,
Higher up, culling the essence from within the sun;
下饮黄月华。
Lower down, I imbibe yellow flowerings of the moon.
灵观空无中,
Numinous belvederes lie amidst the nullity of the void,

---

[1] 施舟人:《汉武帝内传研究》(*L'empereur Wou des Han dans la légende taoïste: Han wou-ti nei-tchouan*),巴黎,1965年,第74页,注3。

鹏路无间邪。
Where the road of the peng-bird is without deflection or break!

顾见魏贤安，
Looking back, I've caught sight of Wei Xian'an:

浊气伤尔和。
The world's muddy qi will do harm to your balance.

勤研玄中思，
So contemplate dearly your longings for the mysticrealm,

道成更相过。
And in the Dao's fulfillment we shall meet again.

解说如次：第 11 句中的贤安是魏华存之字，第 2 句中的"八风"是来自各方之风，它们鼓动着东方逐渐漫开的朝霞。[1] 玉岭是玉清天的边缘，居于此地的仙真从未屈尊下降下界。和众真一样，安度明可以在眨眼或咄嗟之间任意遨游。"九围"指天上的九块地域，和人间的九州岛对应。太阳之"精"在上清经文中是真人可餐之"霞"（上文已提到过），月亮之"华"是月中流出的琼酿。[2] 仙宫就藏在这看似虚空的世界，真人们

---

[1] 关于"太霞"的研究，参见薛爱华：《太霞》("The Grand Aurora")，《中国科学》(Chinese Science) 1983 年第 6 卷，第 21—32 页，以及《宇宙的象喻：太空诗歌》("Cosmic Metaphors: the Poetry of Space")，《薛爱华汉学论集》(Schafer Sinological Papers) 第 5 篇，第 12—13 页。

[2] 关于服食的技术，参见柏夷《早期道教经典》，第 318—322 页。

在这里以《庄子》所述的鹏鸟之态飞行翱翔。但因为魏华存的缘故,安度明俯视下界,并允诺她只有远离尘世的浊气,潜心修道,二人才能再会。

青童君接着在东华玉女烟景珠"西盈之钟"的伴奏下唱道:

太霞扇晨晖,
As the grand aurora fans a divine radiance,
九炁无常形。
The nine pneumas have no fixed contours.
玄辔飞霄外,
With mystic reins, I fly beyond the empyrean;
八景乘高清。
By eight sky-lights, mounting to lofty clarity.
手把玉皇袂,
I take in hand the sleeve-cuff of the Jade Thearch,
携我晨中生。
Where the two of us live in the realm of the dawn!
盼观七曜房,
Swing a glance over the seats of the seven glisteners—
朗朗亦冥冥。
Brilliant in their brilliance, yet so darkly dark.
超哉魏氏子,

Gone beyond is she！— this child of the Wei clan，
有心复有情。
Possessed of heart，and possessed of what is genuine.
玄挺自嘉会，
Mystic elicitations have yielded this favorable gathering；
金书东华名。
And your name is written in gold in Eastern Florescence.
贤安密所研，
If Xian'an can hold close what she contemplates，
相期旸洛汫。
A rendezvous will be had at Yangluo for purifying.

青童通常与东方联系在一起，在此诗中青童的路线也是从东方开始。在东方黎明的霞光中，九气游动没有常形。青童的座驾散发着照耀八方的天光或"景"（"景"也对应着人体的几个部位）。[1]在玉皇（也属于东方）的陪伴下，他高飞于天际。在黑暗的天空中，有日、月及五颗肉眼可见的星辰（"七曜房"）闪闪发亮。他赞扬了魏华存对凡俗命运的超越，四位真人嘉会于此正是有感于她的"玄挺"，即她所有的修炼行为

---

[1] 关于"八景"的研究，应特别关注马伯乐（Henri Maspero）：《古代道教中的养生法》("Les procedes de 'nourir le principe vital' dans la religion taoïste ancienne")，《亚洲杂志》（Journal Asiatique）1937 年第 229 期，第 177—252 页，第 353—430 页，第 429—430 页；康德谟（Max Kaltenmark）：《景与八景》("Ching" yü "to-ching"），《福井博士颂寿纪念——东洋文化论集》（Fukui hakase shōju kinen: Tōyō bunka ronshū），东京，1969 年，第 1147—1154 页。

都是基于玄心的鼓舞。"东华",如前所述,位于青童君掌管的东海仙境,存有著录众仙之名的仙籍[1],而魏夫人的名字早已记录于此,预示其仙籍。青童最后提到了他们再会之地——阳洛山,这是当年王褒得道之地(因此王褒被视为魏华存之师)[2],魏夫人将在此褪去尘世的污秽而成仙。

接着扶桑君在神林玉女贾屈廷排箫的奏乐下,赋诗一首。他的诗歌袭用了前面两首的形式:

晨启太帝堂,
Dawn discloses the halls of the Grand Thearch,
超越鲍瓜水。
As I move past and above the waters by the Gourd-star.
碧海飞翠波,
The cyan sea sets flying waves of brightest blue,
连岑亦岳峙。
Like connected crags, like alpestrine crests!
浮轮云涛际,
I let the wheels glide at the edge of the cloudy surf,
九龙同辔起。
While the nine dragons rise on their reins together.
虎旗郁霞津,

---

[1] 柯睿:《青童之宫》,第85页。
[2] 参见《云笈七签》卷106,第3页中的王褒传。此山大概位于北方,它与裴君玄仁、清灵真人也有关联,参见《云笈七签》卷205,第7页。

Tiger banners cluster by the auroral fords,

灵风幡然理。

Set in fluttering order by the numinous winds.

华存久乐道,

Huacun has persistently delighted in the Dao,

遂致高神拟。

Winning through to emulation of the high divinities.

拔徙三缘外,

She is removed, drawn away, beyond the three conditions,

感会乃方始。

And our sympathetic gathering just now is begun.

相期阳洛宫,

Rendezvous will be made in the palace of Yangluo,

道成携魏子。

And in the Dao's fulfillment I'll take in hand this child of Wei.

扶桑君跨越鲍瓜星群[即由五颗星组成的飞燕草星（Delphinium）]，穿越银河之水（即"天河"）。将银河的波涛比作山岳的峰岭实在别出心裁，下文对其车驾的描绘也很生动。魏华存所达到的境界为拔出"三缘"，在此出现这一带有佛教意味的词语无疑耐人寻味。"三缘"即致使人陷入轮回的三种基本业力，也称为"三毒"或"三杂染"。[1]尽管我们通常

---

[1] 在此感谢康儒博（Robert F. Campany）的建议。此处的"三缘"可能（转下页）

认为佛教在灵宝经系中起着重要作用,但上清派的文本也不时见到一些佛教词汇和概念。从魏夫人传记内容的时代来看,这种说法不无可能。

王褒继扶桑君后唱道:

驾歘控清虚,
Harnessing a gale, I rein in at Clear Barrens,
徘徊西华馆。
Round and about to the hostel of Western Florescence.
琼轮既晨秒,
As rose-gem wheels run past the nib of dawn,
虎旐逐烟散。
Tiger banners trail scatterings of haze.
慧风振丹旌,
A favoring wind stirs the cinnabar pennons,
明烛朗八焕。
And luminous torches light the eight dazzlers.
解襟墉房里,
With my collar opened in the Castellated Chamber,
神铃鸣倩璨。

(接上页)不是净土宗中的"三缘"——即(1)亲缘,众生起行,口常称佛名,佛即闻之,身常礼敬佛,佛即见之,心常念佛佛即知之;(2)近缘,众生愿见佛,佛即应念而现至目前也;(3)增上缘,众生称念佛,则念念除多劫之罪,命终之时,佛圣众皆来迎,不为诸邪业所系。

Divine grelots sound their tinkling glitterance.

栖景若林柯,

I rest on sky-lights as though on sylvan boughs,

九弦玄中弹。

As music of nine chords is struck within the mysticrealm.

遗我积世忧,

Let fall from "me" the sorrows of ages accumulated,

释此千年叹。

And let go those sighings of a thousand years.

怡盼无极已,

Contentedly turn your view to the interminate and endless—

终夜复待旦。

All through the night, even down to the morning.

如上文所述,"清虚"指的是王屋山中王褒居住的洞天。"西华"似乎是与青童君的"东华"对应的名称,应该处于西王母境内,因为第7句提到的"墉房"位于昆仑山遥远的西部山脉,即西王母所在之地。御风而行的王褒发出耀眼的光芒("八焕"是前面"八景"的另一种说法),他从"晨抄"一直飞向遥远的西方。在末句,他劝诫魏华存遗弃这千年的悲叹,转向无极的仙真世界。

为了体现王褒作为魏华存导师的重要作用,这次盛会以王褒的另一首长达20句(比其他的仙真都长)的诗歌作为结尾。

我们暂且略去全文,仅选取最后两句——和其他真人诗歌的结尾一样,都是希望魏华存有朝一日能被列入仙籍:

灵期自有时,
Our numinous rendezvous will come at its own time—
携袂乃俱骋。
Sleeve-cuffs paired, we'll then race together!

魏华存羽化成仙所经历的多重阶段,让笔者回忆起新柏拉图主义关于心灵,或者三个本体的相关论述——它们是对柏拉图主义三位一体理论的改造。魏夫人自幼年起就持之以恒地追求精神超越肉体的决心,让笔者想起了波菲利(Porphyry)概括普罗提诺(Plotinus)时的名言:"他似乎以存在于这肉体中而感到羞耻。"[1]细致地比较二者的异同未免行之过远,但我想如果他们二人有机会相遇,一定会有很多共同语言。

结语

在上文中,笔者试图强调诗歌在早期中古道教(包括比较正式的层面)中的核心地位。学界对此所做的研究仅仅流于表面,在此我们可以做一些归纳性的探讨。

---

[1] 然而我们必须明白躯体对于道教徒来说也是必不可少的,尤其是当身体达到纯化超脱境界(抛弃世俗之身)之时。西方经典中能与之相比照的应当是曼留斯(Manlius Theodorus)在4世纪末写给自己修女妹妹的一首诗:"她凡人的心没有丝毫凡人的念,她永远爱着的是那天堂之路。"彼特·布朗(Peter Brown):《奥古斯汀》(*Augustine of Hippo*),伯克利,1967年,第92页。

道教诗歌与求仙

　　一般来说，道教经典中的诗歌[1]，具有个性化，甚至私人化的特点。相当一部分的诗歌——在真正意义上是作于某特定场合的（不包括咒语，因为它们可以被任何对修行有疑问的人重复地念诵与演练。但即使是咒语，也是指向具体的、实时的修炼，而不是通用的或抽象的理论）。同时，这些诗歌虽是高度个人化的，但并不是，也不可能是完全与自身相关的。它们的"情节"是由主体的现实经历——尤其是精神现实——在作诗之人身上的反映。[2]这不仅包括个人修行、仪式行为，还包括自公元前2世纪开始的远游诗传统所形成的互文本网络。然而，在同时代或更早些的其他中国诗歌中常见的一个现象——即援引先例或引述权威著作，并不是中古道教诗歌的重要特征。这些诗歌自身构成并依靠一个不同的权威系统。不过从修辞上讲，这些诗歌所强调的美并非得自从前，而是展望将来。

　　我们在此还要做另一种区分。和大多数西方宗教诗歌相比，道教诗歌是不虔诚的。塞缪尔·约翰逊（Samuel Johnson）

---

[1] 而不是《道藏》之外以道教为主题或对象的诗歌。
[2] 我的这种观点以及这两句话中的一些用语受益于帕特里克·迪尔（Patrick S. Diehl）《中世纪欧洲的宗教抒情诗——诗的艺术》（*The Medieval European Religious Lyric: an Ars Poetica*）（伯克利，1985年），第29页，尽管迪尔所论述的对象与道教诗歌几乎没有任何相似之处。海伦·加德纳（Helen Gardner）《宗教与文学》（牛津，1983年）第135页说道："不论（作为宗教徒的诗人）是否成功地用语言及意象表达他所接受的天启，或者他对这种天启的响应，他始终要求读者，至少在阅读过程中来接受这种不再是个人化的真理与价值，以此来检验这种背离传统的表达方式——即并不是诗歌本身创造出来的，而它的存在是理所当然的。"

对"以诗歌表达虔诚"(poetical devotion)(在他的《瓦勒传》中)的轻视决定了 200 多年间西方文学批评对宗教诗歌的态度——因为诗歌中通常的、内在的愉悦必然被宗教情感所抑制。甚至连艾略特(T. S. Eliot)也仅能称宗教诗歌为"小诗歌"("a variety of *minor* poetry")。[1] 不管我们对此评价如何 [如果列举两位的话,我一定不会承认赫伯特(George Herbert)或沃恩(Henry Vaughan)的作品是"小诗歌"],这些理论对于中国的道教诗歌并不适用,因为它们是没有宗教情感的。事实上,后者应该是直接与中国文化本身处于同一脉络的诗歌。中国的道教诗歌仅仅是一种创造解释性的范畴或区分的趋向,这些范畴或区分在以前并不存在也并不板滞,而这种趋向使得道教诗歌模糊含混。举一个具有启发的例子:18 世纪的《佩文韵府》是一部给文人作诗提供辞藻、典故的工具书,通常被举子及学者们视为权威。书中有几十首(如果不是上百首的话——笔者并没有做过统计)选自《真诰》,书中并没有简单地表示这些诗作来自《真诰》,而是对它们的作者做了清楚的交代。这个做法正好反映了《真诰》所代表的神仙诗歌已经成为大量文学经典的一部分,它们是清代学者所熟知的,或者是应该熟知的。

笔者认为一个自觉的人所应具有的基本特征是对回忆及创造的不懈追求。在过去与未来的河流中,我们一直站在流逝着的现在上,但我们寻求着能将自己固定下来的语言或形象。

---

[1] T. S. 艾略特(T. S. Eliot):《宗教与文学》(*Religion and Literature*),《古典与现代散文》(*Essays Ancient and Modern*),伦敦,1934 年,第 96 页。

哈罗德·布鲁姆(Harold Bloom)曾说："回忆不仅是诗歌创作的准则模式，也是灵感的主要来源。"[1]灵感(或者，换句话说——激情)有多种表现，它引导着我们永远前行。它也许会带我们重返伊甸之园，或未创始的一体；它也许会送我们到太空或仙真那里。中古道教诗歌——这种身体、文学、精神与想象的契合——正是回忆的表现形式之一。本文所探讨的作品，用华莱士·史蒂文斯(Wallace Stevens)的诗句来总结最为贴切：

然而回忆与激情，以及在此基础上
But memory and passion, and with these
对天界的体悟，将会是无上的快乐，
The understanding of heaven, would be bliss,
如果真要说什么是极乐的话。[2]
If anything would be bliss.

---

[1] 布鲁姆(Bloom):《神圣真理的毁灭——〈圣经〉至当代的诗歌与信仰》(*Ruin the Sacred Truths: Poetry and Belief from the Bible to the Present*)，剑桥、麻省，1989年，第129页。
[2] 摘自《林顿·斯特来彻也升入天堂》("Lytton Strachey, also, enters into heaven")，《遗作集》，第38页。

女神、帝王与祖师
—— 作为合法王权及不朽赐予者的西王母[1]

[美]柯素芝（Suzanne E. Cahill）著
陈星宇译

本文考察了中国道教神祇西王母与中国统治者的关系。作者考察了中国的中古时代，彼时西王母有关的仪式高度发展，西王母信仰也广泛传播，留下了丰富的资源。作者认为，西王母与古代政权的合法化有关。许多故事显示，西王母授予中国帝王权力与象征，以利于其实现统治。更进一步，作者认为，通过道教的宗教文本，祖师们干涉了统治者的力量与王权。西王母教导祖师，并向其传达象征性的指示，道教祖师进一步转化为死亡的征服者与乐土的统治者。

---

[1] Suzanne Cahill, *The Goddess, The Emperor, and the Adept*: *The Queen Mother of the West as Bestower of Legitimacy and Immortality*, in Elisabeth Benard and Beverly Moon, eds., *Goddesses Who Rule*, New York: Oxford University Press, 2000, pp.196-214.

一、西王母

西王母是古代中国一位女神,其信仰源流不明。她的名字解释了她的一些重要特征:皇家,女性,与西方有关。她名字中的"西"字指涉西方。西方在古代中国与死亡相关联,属于精神的世界,有猛虎出没,凡此种种。西王母可能是具有最长的完整的历史的中国神祇,其源头可远溯到公元前15世纪,彼时的甲骨文上就记录了血牲献与"西王母"。直到今日中国台湾,仍以瑶池金母之名指示扶鸾者,以向信徒传授乩语。

从公元前15世纪到整个中国古代,西王母的女神形象发生了许多变形。可能最初是一位皇家先人,之后被认为是"阴"的最终体现:黑暗,女性力量。最早提到西王母的清楚的文献是属于自然神秘主义和自我修养的《庄子》,这部书有一个名义上的作者。这些文献可以上溯至公元前3世纪,不久就被道教徒奉为经典,认为其中有着关于道教信仰和实践的巨大资源。《庄子》的作者将西王母放在"大宗师"一篇中,即所谓得道或者得法者(与其并列的还有日、月和黄帝)。道被描述为不可见但又迫在眉睫,生于天地之前,又比天地更为长久,宽广超越宇宙,文中说:"西王母得之,坐乎少广,莫知其始,莫知其终。"[1]庄子已经将其与传授、葆有道法相联系,也与不朽相联系。

---

[1]《庄子引得》,北京:哈佛燕京学社,1947年。

公元2世纪，西王母成为在道教、中国本土高级信仰、皇权合法性等方面都非常重要的一个形象。其图像与宗教角色在唐代得到充分发展。关于西王母的早期文学与宗教文献数不胜数，也常见于壁画艺术，在题词、铭文中也常常涉及。远古与中古的文本与图像呈现、展现了这样一位女神：她以力量支持或者摧毁帝王。她掌控着通往不朽的入口，能与灵魂领域交流，并且时常拜访中国帝王。本文将在唐代文献的语境下检视西王母与中国帝王的关系。

1. 唐朝（618—907）

唐代持续约300年，至今回顾，中国人依然感到骄傲。彼时中国统治辽阔疆域，掌控无尽财富及大量的多种族的人口。都城长安拥有超过100万的居民，是当时世界上最大的城市。丝绸之路连接中国与西域，利于交易珍奇货物，传播新奇观念。科学技术得到极大发展，发明了印刷术。唐代被认为是中国诗歌的黄金时代，达到了人人写诗的地步，也涌现了许多优秀诗人。在时代之初，中国文化是扩张且自信的。来自异域的影响聚集于都城。当时最大的宗教是佛教与道教，佛教发源于印度，道教则是中国本土高级宗教，西王母成为道教最重要的女神。

2. 关于女神的文本描写

本文的讨论从检视描述西王母的两段文字开始，两段文字时间上有早晚，但都保存于《道藏》中。时间上早一些的文献取自《山海经》。《山海经》是一部方志著作，尽管写成于唐代几个世纪之前,在唐代甚为有名,用以强调其具有巫术特点的一些特质。巫觋是一个社会团体中被神选中、与神同在、为神代言之人。在古代中国,巫觋是包括了天神和灵官在内的神祇。《山海经》体例类似游记和民族志,依次讲述一个旅行者在环游世界的过程或见到的景象。

> 又西三百五十里,曰玉山,是西王母所居也。西王母其状如人,豹尾虎齿而善啸,蓬发戴胜,是司天之厉及五残。[1]

这些少量的描写大约可追溯到公元前4世纪,它将西王母与神山、西方乐土、玉(不朽的象征)相联系。她的奇怪而骇人的形态、半人半兽的捕食者形象,类似于早期中国巫觋的服装造型。善啸的特征揭示对呼吸的控制,以及召唤灵的能力,这些也是巫觋的特征。蓬发是苦行者与巫觋的特征。戴胜之"胜"很可能类似织布机的破轮,以显示她运行世界的力量。西王母掌控星辰,提醒我们将巫觋与其升天访神的功能相联系。

大约1000年之后,道教大师杜光庭(850—933)在《墉城集仙录》中将西王母描述为一位庄严优雅的女士,驾一辆绘满吉祥神兽的战车。

> 王母乘紫云之辇,驾九色斑麟,带天真之策,佩金刚灵玺,黄锦之服,文彩明鲜,金光奕奕,腰分景之剑,结飞云大

---

[1] 袁珂:《山海经校注》,上海古籍出版社,1979年,第2卷,第19页。

绶，头上大华髻，戴太真晨缨之冠，蹑方琼凤文之履，可年二十许，天姿晻蔼，灵颜绝世，真灵人也。[1]

与"豹尾虎齿"形象截然不同，这是一种皇家贵妇的形象，但二者同样都在描述的时候将其与西方联系，其在西方具有神灵的力量，并且可以为中国统治者所用。

3. 女神图像

西王母图像的存在贯穿公元前2世纪到当代中国的各个时期。其图像在汉代（前206—220）经常出现，在不反光的骨镜上、画像砖上、画像石上都可以看到。最为著名的一幅西王母图像是发现于中国西南部[2]四川省（见图1）的画像陶砖。陶砖上，女神穿着中国长袍，坐于以龙虎托举、象征阴阳的王座之上，梳高髻，以"胜"作为发饰，代表其创造性的力量。女神如常而坐，面向前方。她的侍者体现了她的另外一些力量。兔执状似伞菇的不死药，代表西王母赐予长生不死的力量，居于日中的三足乌与居于月中的蟾蜍反映了她对天体的控制力量，以及一种宇宙转换力。人形侍者可能是小神或者崇拜者。配合整个画面，女神的面容流露出《山海经》中所形容的凶狠。在这块四川陶砖上，女神已经具有一种杜光庭在几个世纪之后刻画的严整的衣着和庄严气度。汉代西王母像是具有权势和帝王气的。其力量源于道教和皇权合法的概念。

---

[1] 杜光庭：《墉城集仙录》卷1，《正统道藏》第18册，中国台北艺文出版社影印版，1976年，第169页。

[2] 原文southeast，实际应是西南部。——译者注

图1 四川墓葬中一块陶砖残片，其年代可追溯至东汉（公元前1世纪）。图像显示西王母头顶戴胜，坐于龙虎宝座之上，并被超自然的侍者环绕。侍者中包括九尾狐、三足乌、月中之兔与蟾蜍。（来源：Suzanne E. Cahill）

4. 中古中国道教

唐代帝王宗室热衷道教，并给予其支持。到唐代时，道教已经有了几个世纪的历史，经历了许多演变。道教信仰者的基本目标是个人的长生。这需要通过伦理行为、个人修养、宗教实践来实现。道教宗派的划分以其所信奉的有效的超越之术为依据。在唐代，道教存在两大宗派，二者都可追溯至六朝时代（222—589），且二者都贡献了重要的道教经典。其中，上清派为皇室与文人所喜好，它强调诸如修炼内丹、存思诸神、禁欲、炼制不老药等。灵宝派则强调集体崇拜与社团仪式。在唐代中期，西王母更多出现在上清派文献里。在包括杜光庭在内的上清派大师的领导下，两派有所混合，形成了一种持续的综合性实践。

5. 合法化皇权之术

从有早期文本记录的时候开始，中国统治者就纠缠于合法化问题。《书经》中包括了同类理论的首次描述：天命。在这样的思想下，天，周朝（前1122—前256）的最高神祇基于才能与品德选择了一个人来治理中国。朝代因血统而延续，因品德而存续。当失德的时候，天就会撤销其选择，导致朝代倾覆。天子的概念常常被孔子及其弟子宣说。不过此概念仍然早于孔子时代产生，在更早的文字记录中被屡屡发现；其应当是先秦时代的普遍世界观念的一部分，而不仅仅是一家之说。

天子的概念很明确，困难的地方在于精确地认定何时何人应当受命与何时朝代失序。经过几个世纪，发展出了不同的判断合法性的办法。辨认拥有天授之位的统治者可能会基于其功绩、基于自然现象显示的预兆，或者基于对象征物的拥有，如印玺、器物、地图等。天授的君权可能吸引善神下世，在战场上施以援手，授予特殊的技艺，或者给予神奇的礼物。西王母正是这样一位由帝王塑造的神灵，其到访印证了统治者权力的合法性。

二、西王母与中国统治者

在此我们将以时间顺序检视西王母与统治者的关系,首先将从传说中黄帝的皇家机构开始。随着我们的考察,西王母会和许多统治者一起出现,届时我们将详细分析其在合法化皇权中所扮演的角色。我们的历史立足点选择唐朝。主要文献资料来源于杜光庭的女神传记、朝代历史、道教经典文本,以及唐代诗人所作的诗歌。

1. 黄帝

在传说的领域,西王母开始与中国帝王黄帝发生联系。黄帝是中国第一位帝王,也是第一位转变为不朽的人物。通常认为他生活于公元前2697—前2597年。杜光庭在西王母的传记中,一开始就写了西王母与黄帝的会面,以显示其重要性。西王母救助黄帝于战场之中,之后就助其统摄世界:

> 昔黄帝讨蚩尤之暴,威所未禁,而蚩尤幻化多方,征风召雨,吹烟喷雾,师众大迷,帝归息太山之阿,昏然忧寐,王母遣使披玄狐之裘,以符授帝曰:"太一在前,得之者胜,战则克矣。"符广三寸,长一尺,青莹如玉,丹血为文。佩符既毕,王母乃命一妇人人首鸟身谓帝曰:"我九天玄女也,授帝以三宫五意阴阳之略,太一遁甲六壬步斗之术,阴符之机,灵宝五符五胜之文。"遂克蚩尤于中冀,剪神农之后,诛榆冈于版泉,而天下大定,都于上谷之涿鹿。又数年,王母遣使白虎之神,

乘白虎集帝之庭，授以地图。[1]

　　这是一则道教视角下的宇宙神话，关于一场世界之初秩序与混乱的战争。文中的地点全部坐落于华夏文明发源地黄河平原。蚩尤与黄帝争夺宇宙的统治权，在这场战争之后成为战争之神。道教神祇以法术和法器帮助黄帝。九天玄女本是远古财富女神与性爱女神，在这里她成了黄帝的老师，而九天玄女的教导又来自她的老师西王母，西王母排列在神祇血统的最前端。她是黄帝夺取战争胜利的力量的终极源头。法器通过西王母授予，代表来自上天的对黄帝的权力的支持，之后西王母给予黄帝的地图代表对中国地域的控制权。黄帝作为华夏文明盖世英雄和帝王统治机构的缔造者的姿态通过西王母的礼物得以定型。

　　唐诗强调黄帝在道教技能上的成功实践，譬如炼金术，这帮助黄帝成为第一位不朽者。唐代道教诗人李白（701—762）在《飞龙引》中写道：

黄帝铸鼎于荆山，炼丹砂。

　　题名飞龙歌是承天意旨的意思。鼎是青铜所制的庆典用容器，在祖先祭祀典礼奉献食物的时候使用。这一套铸于荆山、现收藏于河南的神器，成为王朝权力合法的象征，而为后代统

---

[1] 杜光庭：《墉城集仙录》卷1，《正统道藏》第18册，中国台北艺文出版社影印版，1976年，第168—169页。

治者所追求。并不追求君权天授的统治者,如秦始皇,也并没有去寻访这些容器。依靠长生不老的灵药,黄帝得以骑龙登天,并带走了他的许多妻妾[1],如李白诗歌里描述的:

遨游青天中,其乐不可言。[2]

李白以同样题目命名的第二首诗提到了弓和轩辕留下的剑,用以表示他被神圣光环笼罩的军事上的英勇。黄帝和其眷属[3]在进到道教的天堂之后向西王母庄严致敬。通过道教传记和唐代诗歌,女神赋予黄帝力量与长生,使其成为一位原始文化中的英雄。同时,西王母也给予黄帝君权天授的标志。

2. 舜

再来看史前传说中的舜帝,他存在的历史大约是公元前2255—前2205年。作为儒家学者认为的具有可敬美德的典范,舜帝从西王母那里得到了赋予其统治时空的权力的标志物。标志物包括地图、玉管和历书,俱是中国帝王合法性的象征。在杜光庭的描述中,女神的使者赠舜以白玉环和疆域图。收到这些礼物之后,舜扩展了黄帝时的疆域。接着西王母又赠舜以皇琯,令吹之以和八风[4]。皇琯代表舜对季节与历法

---

[1] 诗云:"丹砂成黄金,骑龙飞上太清家。云愁海思令人嗟,宫中彩女颜如花。"并无带走眷属之意。——译者注
[2]《全唐诗》,中国台北复兴出版社,1967年,第924页。
[3] 诗中指"玉女"。——译者注
[4] 杜光庭:《墉城集仙录》卷1,《正统道藏》第18册,中国台北艺文出版社影印版,1976年,第169页。

的控制权。印制历法是中国帝王的特权,以显示其遍布宇宙的力量。孔子强调舜的美德,以证其承天应命,道教文本则强调西王母的赠予,以说明其有权掌管时空。道教徒们认为,他们的神祇有责任回应舜的美德,并为其成为统治者的典范提供良机。

在唐代诗人关于西王母对舜仪式性拜访的描写表明,西王母的礼物可作为人类与神灵世界交流的例子,所赠送的礼物也是神灵对受命的统治者合法性的确认的标志。鲍溶认为西王母的乐园在昆仑山。

西母持地图,东来献虞舜。[1]

丁泽提到西王母的礼物有白玉环和凤历[2],诗人隐射了一场女神和帝王之间的爱恋,其中包括教导与感官感受。在简短的会面之后二人必然分开。这样的主题在后来西王母与帝王之间的关系中显得更为突出。

3. 大禹

大禹是传说中中国第一个王朝——夏朝的创立者。学者们常怀疑夏朝的真实性,但最近的考古发现为其存在提供了一些可能性证据。大禹的政权时间通常认为始于公元前2205年到公元前2197年之间。其他许多文明中也有类似传说,禹帝是将中原从宇宙的混乱中拯救出来的英雄。他依据洪水的流向

---

[1]《全唐诗》,中国台北复兴出版社,1967年,第2929页。
[2]《全唐诗》,中国台北复兴出版社,1967年,第1698页。

疏通水道，并引导它们从高处流向耕地，四时五谷得以有序迁流与生长。孔子指出："微禹，吾其鱼乎！"[1]公元前3世纪孔子追随者写就的治国经典《荀子》一书，其思想和论辩体例直到唐代仍为人所重，其中第27章这样写道："禹学于西王母国。"[2]《荀子》将禹与远古帝王圣人并列，战国（前403—前221）时代的思想者，如荀子，提到禹的时候将其视作德行与有效统治的例子、承天命者、其时代统治者的典范。将西王母描述为禹的老师，便赋予了她无穷的力量，因为在中国人的思维里，老师理所当然地在资历和智慧上都要超越弟子。她授予禹以合法性，或者说统治的权力，以及统治的必要技能。

4. 周穆王

穆王（统治年代在公元前1001—前946年）是女神与凡间统治者交往的故事中的主角，其中最为人所知的故事又带悲剧色彩。周朝（前1122—前256）在其后的时代留下了巨大的声望。这一长寿而强大的朝代拥有"五经"，五经是儒家和道教的发端，也是之后被视作中国社会框架的中心集权机构的源头。其后人们将周朝历史作为封建制度与宗亲系统的资源来回溯。周朝领土被一位天授的皇帝，以种族与世袭贵族制度所统治，这在以后的时代，包括唐代，都被视作理想的统治模式。

穆王是周朝的伟大统治者之一。他与西王母见过几次面，其中重要的事件是他对承天应命的证明，以及他对长生不老的

---

[1] 出自《左传·昭公元年》。——译者注
[2]《荀子引得》，北京：哈佛燕京学社，1947年。

追求。有一些文献描述穆王由御者驾驶八匹著名的骏马,驰骋至其疆域之西。他在神奇的昆仑山见到了女神,杜光庭对此的描写是:

> 遂宾于西王母,觞于瑶池之上,西王母为王谣,王和之,其辞哀焉。乃观日之所入,一日行万里,王乃叹曰:"予一人不盈于德,后世其追数吾过乎?"又云王持白圭重锦,以为王母寿,歌白云之谣,刻石纪迹于弇山之上而还。[1]

故事分为五个部分:帝王的探险之旅、乐园相会、交谈的盛宴、诗歌唱和、最后永久的别离。英武的穆王游历一周,回到自己的国土,证明了其对广阔领土的控制和对探险的追求。在乐园中,穆王与西王母有一场恋爱事件。怀着对长生之术的希望,穆王赠予西王母国家最珍贵的宝物。但是一切都归于虚无,穆王必须回归凡人的世界。

唐诗非常偏好这个故事。这个故事包含一个伟大悲剧的所有要素。一位不能放弃自己人间欢愉与职责的皇帝,将一位愿望中的女神留在乐土,也放弃了对长生的所有期盼。诗人们强调穆王人格中悲剧性的一面。一位寻求不朽与神圣激情的统治者,但是又为其武力、欲望、野心所累,注定不能得偿所愿。例如,李群玉就说"穆满恣逸志"[2]。诗歌描写八骏、瑶池、宴

---

[1] 杜光庭:《墉城集仙录》卷1,《正统道藏》第18册,中国台北艺文出版社影印版,1976年,第169页。
[2]《全唐诗》,中国台北复兴出版社,1967年,第3438页。

饮，更多地还描写穆王与西王母的相会，这几乎成为一个神圣的单元。

基于统治者天授的权力，西王母召唤了穆王；她视其为天命的合法持有者。但是她希望的更多：她希望跨越人神的界限，邀请穆王为她的伴侣。他们最终的分别，让彼此神伤，回应了早期诗歌中巫觋与女神相遇之后又分离的情形。在李商隐（813？—858）的一首绝句中，西王母站立于窗户之前遥想：

八骏日行三万里，穆王何事不重来？[1]

故事中的双方都是易感的，但是神圣者只有一方。标志着朝代合法性的礼物，换来了一场口头的诗歌交流。八匹骏马和对领土的巡视揭示了穆王已经拥有了天赋君权，这些又是他能够见到西王母的前置条件。穆王希望从西王母那里得到更多东西：长生的秘密。女神与帝王之间的关系类似道教导师们与信徒之间的关系。他向她致敬，就像曹唐一首诗歌里写到的侍臣。穆王请求接受更为重要的秘密传授，西王母应允了。在穆王事件中，信徒们并未从中获益，而是要像其他任何凡人一样死去。

5. 秦始皇

秦始皇（统治时期公元前221—前210年），秦朝第一位皇帝，以其杰出的军事策略统一了战国，又以优秀的外交才能

---

[1]《全唐诗》，中国台北复兴出版社，1967年，第3252页。

控制中国历史上最为辽阔的疆域。秦始皇因遗留至今的两件宏大的公众工程而闻名。在其号令下,工人们沿着中国北部边疆,在已经存在城墙的地区,一路修筑了3000公里的万里长城。秦始皇又建造了真人大小的兵马俑,排列于深坑之中,以护卫其陵墓,这些兵马俑于1970年在西安被发现。但是尽管如此,历史与传说等批评他在作为皇帝和作为不死的追求者两方面,都是一个失败者。他的残暴与无度,浪费了精力和物力去做无谓的追求。秦始皇的统治随其死去而结束:他并没有获得上天授命和建立起一个朝代的权力。他曾有机会拜见西王母,追求伟大,但这个机会却被他浪费了。对后人来说,秦始皇的故事像一个警示。他死了,不能再说什么。9世纪的诗人庄南杰写道:

英风一去更无言,白骨沉埋暮山碧。[1]

6. 汉武帝

有一个故事在情绪和悲剧性上与周代穆王和西王母的故事相似,这就是汉武帝的故事(前140—前87)。汉代同周代一样,后人在回顾的时候都满怀骄傲,并生起家国之思。彼时中国统一且富足,帝王统治着辽阔疆域上的多种民族。沿着丝绸之路,贸易、旅行和军事扩张都十分活跃,让中华民族得以和外界交流。汉武帝,尽管有争议,是最伟大的汉代君主,他是

---

[1]《全唐诗》,中国台北复兴出版社,1967年,第2836页。

一位征服者、机构创立者与宗教领袖。传说告诉我们,在公元前110年,在汉武帝统治的巅峰时期,西王母曾经在七夕之夜拜访过他。七夕是牛郎星和织女星的节日,也是凡俗的男性与神灵的女性相会的夜晚。西王母和汉武帝相会的故事在之后的时间中变得流行,留下了一些具有长度和细节的文献。依赖这些文献,杜光庭重建了他对于七夕之夜事件的视角。以下是杜光庭的部分叙述:

汉孝武皇帝刘彻好长生之道,以元封元年(按:公元前110年)登嵩高之岳,筑寻真之台,斋戒精思,四月戊辰王母使墉城玉女王子登来语帝曰:"闻子欲轻四海之禄,迳万乘之贵,以求长生真道乎,勤哉!七月七日,吾当暂来也。"帝问东方朔,审其神应,乃清斋百日,焚香宫中。

夜二唱之后,白云起于西南,郁郁而至,径趣宫庭,渐近则云霞九色,箫鼓震空,龙凤人马之众,乘麟驾鹿之卫,科车天马,霓旗羽幢,千乘万骑,光耀宫阙,天仙从官森罗亿众,皆长丈余。

既至,从官不知所在。王母乘紫云之辇,驾九色斑麟,带天真之策,佩金刚灵玺,黄锦之服,文彩明鲜,金光奕奕,腰分景之剑,结飞云大绶,头上大华髻,戴太真晨缨之冠,蹑方琼凤文之履,可年二十许,天姿掩蔼,灵颜绝世,真灵人也。下车扶侍二女,登床东向而坐,帝拜跪,问寒温,立侍良久,呼帝使坐。设以天厨,芳华百果,紫芝萎蕊,纷若瑱螺,精珍异常，非世所有，帝不能名也。又命侍女取桃，玉盘盛七枚，大如鸭子，四以与帝，母自食其三。帝食桃，辄收其核，母问何为，曰："欲种之耳。"母曰："此桃三千岁一实，中土地薄，种之不生，如何？"

于是王母命侍女王子登弹八琅之璈，董双成吹云和之笙，石公子击昆庭之玉，许飞琼鼓震灵之簧，婉凌华拊吾陵之石，范成君扣洞阴之磬，段安香作九天之钧，法婴歌玄灵之曲，众声激朗，灵音骇空。

歌毕，帝下席，叩头以问长生之道，王母曰："汝能贱荣乐，卑宫室，耽虚味道，自复佳尔，然汝情恣体欲，淫乱过甚，杀伐非法。奢侈恣其性者，裂身之车也；淫者，破身之斧也。杀者，响对。奢者，心烂。积欲则神陨，聚淫则命断。以子蕞尔之身，而宅灭形之贼，盈尺之材，乃攻之者百刃，欲以此解脱三尸，全身永久，难可得也。有似无翅之莺，愿鼓天池，朝生之菌而乐春秋者哉！若能荡此众乱，拨秽易意，保神气于绛府，闭淫宫而不开，静奢侈于寂室，爱众生而不危，守慈务施，炼气惜精，有若斯之事，岂无仿佛耶？若不尔者，譬犹抱石而济长河耳。"帝跪受王母之戒曰："彻不才，沉沦流俗，承祎先业，遂羁世累，刑政乖谬，罪积丘山，今日之后，请事斯语矣。"王母曰："夫养性之道，理身之要，汝固知矣，但在勤行不息也。我师元始天王昔于严霄之台授我要言曰：'欲长生者，先外其身取诸身，坚守三一保灵根。玄谷华醴灌沉珍，溉长清精入天门。金室宛转在中关，青白分明适泥丸。

养液闭精具身神，三宫备卫存绛宫。黄庭戊己无流源，彻通五脏十二纶。吐纳六府魂魄欣，却此百疾辟热寒，保精留命永长存。'此所谓呼吸太和，保守自然，真要道者也。凡人为之皆必长生，亦可役使鬼神，游戏五岳，但不得飞空腾虚而已。汝能为之，足以度世也。夫学仙者未有不由此而始也。至若太上灵药、上帝奇物、地下阴生、重云妙草，皆神仙之药也。得上品者，后天而老，乃太上之所服，非中仙之所宝。其中品者有得服之，后天而逝，乃天真之所服，非下仙之所逮。其次药有九丹金液、紫华虹英、太清九转、五云之浆、玄霜绛雪、腾跃三黄、东瀛白香、玄洲飞生、八石千芝、威喜九光、西流石胆、东沧青钱、高丘余粮、积石琼田、太虚还丹、盛以金兰、长光绛草、云童飞干，有得服之，白日升天，此飞仙之所服，非地仙之所闻。其下药有松柏之膏、山姜、沉精、菊花、泽泻、枸杞、茯苓、菖蒲、门冬、巨胜、黄精、灵飞、赤板、桃胶、木英、升麻、续断、葳蕤、黄连，如此下药，略举其端，草类繁多，名数有千，子得服之，可以延年，虽不能长享无期，上升青天，亦可以身生光泽，还返童颜，役使群鬼，得为地仙。求道之者，要先凭此阶，渐而能致远胜也。若能呼吸御精，保固神气，精不脱则永久，气长存则不死，不用药石之费，又无营索之劳，取之于身耳，百姓日用而不知，此故为上品之道，自然之要也。且夫人之一身，天付之以神，地付之以形，道付之以气，气存则生，气去则死。万物草木亦皆如之。身以道为本，岂可不养神固气以全尔形也？形神俱全，上圣所贵,形灭神逝,岂不痛哉!一失此身,万劫不复,子其宝焉。我之所言,乃我师元始天王所授之词也。"即敕玉女李庆孙书出之以付于帝:"汝善修之焉。"

王母命驾将去,帝下席叩头请留,王母即命侍女召上元夫人同降帝宫。良久,上元夫人至,复坐,设天厨。久之,王母命夫人出八会之书、五岳真形、五帝六甲灵飞之符凡十二事,云:"此书天上四万劫一传,若在人间,四十年可授有道之士。"王母乃命侍女宋灵宾开云锦之囊,取一册以授帝,王母执书起立,手以付帝,王母咒曰:"天高地卑,五岳镇形。元津激气,大泽玄精。天回九道,六和长平。太上八会,飞天之成。真仙节信,由兹通灵。泄坠灭府,宝归长龄。彻其慎之,敢告刘生。"祝毕,帝拜受。王母曰:"夫始学道受符者,宜别祭川岳诸真灵,洁斋而佩之焉。四十年后,若将传付汝之所有,董仲君、李少君可授之尔。况为帝王,可勤祭川岳以安国家,投简真灵以佑黎庶也。"

言讫,与上元夫人命车言去,从官玄集,将欲登天,因笑指方朔曰:"此我邻家小儿,性多滑稽,曾三来偷桃矣。昔为太上仙官,因沉湎玉酒,失部御之和,谪佐于汝,非流俗之夫也。"

其后武帝不能用王母之戒,为酒色惑,杀伐不休,征辽东,击朝鲜,通西南夷,筑台榭,兴土木,海内愁怨,自此失道。幸回中,临东海。三祠王母,不复降焉。所受之书,置于柏梁台上,为天火所焚。李少君解形而去,东方朔飞舃不还,巫蛊事起，帝愈悔恨，元始二年崩于五柞宫，葬于茂陵。[1]

西王母在汉武帝证明自己有资格之后，拜访了皇宫，参与宴会，并给予汉武帝特别教导，之后就离开了。但是汉武帝却没有遵从西王母的教导，所以不可避免地走向了死亡。根据杜光庭的说法，汉武帝是西王母最为特殊的一个失败案例。作为一位中国历史上的英雄和成功的统治者的榜样，汉武帝却没有能够恰当平衡宗教与政治，因此也没有能够成为道教祖师。传统上意味着他取得了天授之命的标志——军事胜利、充盈的后宫、奢侈的殿堂花费——在道家看来正是损坏其不朽性的悲剧因素。

女神与汉帝的故事，因其浪漫与悲剧深深吸引了中古中国人。在一百余首唐诗中，诗人们反复吟唱这个故事，侧重点也有所不同。道教诗人曹唐将那一晚的故事浓缩成两段，着重描绘了宴会前后人物的情感。在第一首诗中，汉武帝紧张地等待西王母降临：

昆仑凝想最高峰，王母来乘五色龙。[2]

第二首诗中，曹唐描述了西王母的离去以及皇帝独自在宫中的孤独：

---

[1] 杜光庭:《墉城集仙录》卷1,《正统道藏》第18册, 中国台北艺文出版社影印版, 1976年, 第169—171页。
[2]《全唐诗》, 中国台北复兴出版社, 1967年, 第3872页。

秋风袅袅月朗朗，玉女清歌一夜阑。[1]

曹唐将叙述重点放在神圣的山上，呼应了道教圣徒的形象，并且运用了一些形象化的细节如五色龙，最后伴随着仪式音乐的仪式行为预示着这次会面最后将被遗弃的结局。

李颀在其长诗《王母歌》中叙述了这个故事。他的描述接近杜光庭，但他用梨代替了杜光庭诗中不朽的桃子：

武皇斋戒承华殿，端拱须臾王母见。霓旌照耀麒麟车，羽盖淋漓孔雀扇。手指交梨遣帝食，可以长生临宇县。头上复戴九星冠，总领玉童坐南面。欲闻要言今告汝，帝乃焚香请此语。若能炼魄去三尸，后当见我天皇所。顾谓侍女董双成，酒阑可奏云和笙。红霞白日俨不动，七龙五凤纷相迎。惜哉志骄神不悦，叹息马蹄与车辙。复道歌钟杳将暮，深宫桃李花成雪。为看青玉五枝灯，蟠螭吐火光欲绝。[2]

诗中西王母穿着道教衣冠，赠予汉武帝象征不朽的梨，并授予其超脱之术，但因武帝迷恋其帝王之位，乐于扩张领土，发动战争，引得道教诸神不悦，最后招致抛弃。西王母帮助黄帝击退混乱的力量，现在希望其继承者成为一位能够自我修炼的和平主义者。她的想法最终作废，因为武帝具有人民的英雄领袖这样一个世俗角色，接下来将示范另外一个道教代表人物

---

[1]《全唐诗》，中国台北复兴出版社，1967年，第3827页。
[2]《全唐诗》，中国台北复兴出版社，1967年，第750页。

的例子。

7. 茅盈

一些长寿的人可以与西王母会面，这一点成为唐代民众的常识。下面的故事有关茅盈，或称茅君。茅君并非是一位帝王，而是道教祖师。在汉代时，茅氏三兄弟居住在南方，茅盈是其中最年长者。公元前1世纪，西王母拜访茅盈。神祇们赐予其书文，授命其为权力超绝的天官。西王母又令魏华存为其配偶与老师，展开性别转换之秘术修炼，此后的上清派热衷于推动这项秘技。杜光庭的故事，以汉武帝与西王母之事为一种模式，在这样的模式中，作为对其修炼的回应，西王母带着堂皇侍从降临于武帝的时空。这种开放的场景为后面的描写不断提供空间。

天皇大帝遣绣衣使者冷广子期赐盈神玺玉章，太微帝君遣三天左官御史管修条赐盈八龙锦舆、紫羽华衣，太上大道君遣协晨大夫石叔门赐盈金虎真符、流金之铃，金阙圣君命太极真人使正一上玄玉郎王忠、鲍丘等赐盈以四节燕胎、流明神芝。四使者授讫，使盈食芝、佩玺、服衣、正冠、带符、握铃而立，四使者告盈曰："食四节隐芝者位为真卿，食金阙玉芝者位为司命，食流明金英者位为司禄，食长曜双飞者位为真伯，食夜光洞草者总主左右御史之任。子尽食之矣，寿齐天地，位居司命上真东岳上卿，统吴越之神仙，总江左之山源矣。"言毕，使者俱去。五帝君各以方面车服降于其庭，传太帝之命，赐盈紫玉之版、黄金刻书、九锡之文，拜盈为东岳上卿、司命真君、太元真人。事毕俱去。

王母及盈师西城王君为盈设天厨酣宴，歌玄灵之曲。宴罢，王母携王君及盈省顾盈之二弟，各授道要。王母命上元夫人授茅固、茅衷《太霄隐书》《丹景道精》等四部宝经，王母执《太霄隐书》，命侍女张灵子执交信之盟，以授于盈、固与衷。事讫，西王母升天而去。

其后紫虚元君魏华存夫人清斋于阳洛之山、隐元之台，西王母与金阙圣君降于台中，乘八景舆同诣清虚上宫，传《玉清隐书》四卷，以授华存，是时三元夫人冯双礼珠、紫阳左仙公石路成、太极高仙伯延盖公子、西城真人王方平、太虚真人南岳赤松子、桐柏真人王子乔等三十余真，各歌太极阳歌阴歌之曲。王母为之歌曰："驾我八景舆，欻然入玉清。龙旌拂霄上，虎旗摄朱兵。逍遥玄津际，万流无暂停。哀此去留会，劫尽天地倾。当寻无中景，不死亦不生。体彼自然道，寂观合大冥。南岳挺真干，玉映辉颖精。有任靡其事，虚心自受灵。嘉会绛河曲，相与乐未央。"王母歌毕，三元夫人答歌亦竟，王母及三元夫人、紫阳左仙公、太极仙伯、清虚王君，及携南岳魏华存，同去东南行，俱诣天台、霍山，过句曲之金坛，宴太元茅真人于华阳洞天，留华存于霍山洞宫玉宇之下，众真皆从王母升还龟台矣。[1]

---

[1] 杜光庭：《墉城集仙录》卷1，《正统道藏》18册，中国台北艺文出版社影印版，1976年，第171页。

唐代诗人鲍溶，这位常常描写道教事件的诗人就描写了这个故事的一些场景。在他的诗歌《会仙歌》中，他从不朽的观察者的角度描写了茅盈的受命。和杜光庭相似，鲍溶强调场景中的仪式特征和宝物、文书的交换。其中一联是这样的：

礼容尽若君臣事，愿言小仙艺姓名。[1]

在杜光庭的《金母元君传》中，茅君与西王母的相会是其中最后的一个故事，也是叙述的高潮。茅盈的故事总结了西王母所教授的不朽之方。同时，茅盈的故事将本属于帝王的天授的权力转移到了道教祖师身上。故事中的宝物数量甚至有所增加。杜光庭想要说明，宗教实践可以引致与神灵接触，这在永恒和荣耀上都是超过帝王权力的。在唐代末期描写帝王在其朝代遭受流放，就类似说君权天授被帝王之家放弃。杜光庭建立了一种新的道教祖师形象，他们通过得法的形式达到不朽，并成为神官。

结语

道藏文本和唐代文学帮助我们了解西王母授命于传说中的统治者，如黄帝、舜，也通过赠予象征他们拥有天命的物品授予他们统治的力量。经典文本对神灵与王者的关系加以安排，这可以追溯到古代中国的大多数有关祖先崇拜和巫术的实践活

---

[1]《全唐诗》，中国台北复兴出版社，1967年，第2918页。

动，在那些实践活动中，神祇作为创造者、导师、调和者、不朽之赐予者的角色得到了突出强调。神灵的保护能力以神奇的宝物来展现，同时展现的还有代表西王母武力的天兵天将，他们在西王母的号令下从天而降，协助值得协助且有能力的上古帝王，这些帝王开创了华夏文明的范式。世界由西王母掌控，而被赐予他人，她可能会向一位有品德的君主赠予地图，或者玉管。西王母连接起统治者、继承者和神明。她将文明和不朽作为礼物来赐予我们，正是这些礼物令我们成其为人，对初期的统治者和文明的英雄来说，他们也为自身赢得了益处。

在中古道教文本和唐代诗歌中，历史上的帝王，如周穆王、汉武帝，他们见到了西王母，向她表达崇敬之意，并接受有象征意义的物品和秘密传授。女神定义他们的政权是合法的：他们收到了天命，得以延续祖先留下的丰功伟绩。但是，有一些东西迷失了。不论是财富、权势，还是辉煌的功业，道教文本和唐诗都告诉我们，那些帝王有着致命的缺陷，这些缺陷妨碍了他们得到终极无价的奖励：不朽。他们在体现宗教职责方面的失败导致了死亡。道教文本以自身的方式重新阐释了皇权合法性之象征。

道教经典文本和唐代诗人作品解释，在上清派信仰文本形成并发展的六朝时代，在遭遇神灵和皇家权力方面，一种变化发生了。道教对传统上的王权标志做了增添。诗歌接受并且再现了这种增添。因为这种变化，作为西王母和汉武帝关系的对比的道教祖师，尽管缺少财富或者皇家血统，但他践行宗教实践的虔诚，令他拥有成为帝王的资格。祖师成为接受神圣礼物的人，也是最后的胜利者。富贵且强大的黄帝成了失败者。西王母的形象从帝王的缔造者转变为仙人的缔造者。对于祖师，她给予了比中国帝王更多的祝福。

  中古时期道教对王者先决条件的重置和对神灵资源的重设，其革命性犹如在其几个世纪以前，孔子对"君子"这个词的重新定义，君子不再指统治者的后代，而是"有才德的有资格进行统治的人"。道教这一变化带来震撼性的信息，帝王的力量对每一位虔诚的道教实践者来说，都是开放的。相应地，女神西王母也将其过去生动地用于合法化实际的中国统治者的能力交付了出来。

老子前史
——他在灵宝经中作为女性的前生[1]

[美]柏夷(Stephen R. Bokenkamp)著
陈星宇、孙齐译

5世纪初出现在中国南方的早期灵宝经，见证了道教的重大进展。至为重要的是，它们是第一批将佛教元素广泛纳入自身体系的道教经典。关于"重生"（rebirth）的重要理念，在早期灵宝经中俯拾皆是；除此之外，在灵宝宇宙论、救世论（soteriology）、经典观、教团架构、仪式实践中，也都能见到

---

[1] 本文初稿本见柏夷Stephen R. Bokenkamp,《老子的救赎——灵宝经、葛玄序、公元496年姚伯多碑中的圣人形象》("The Salvation of Laozi: Images of the Sage in the Lingbao Scriptures, the Ge Xuan Preface, and the Yao Boduo Stele of 496 C. E."), 载李焯然、陈万成编:《道苑缤纷录》, 中国香港商务印书馆, 2002年, 第287—314页。关于灵宝经的介绍, 可以参见拙作《灵宝经溯源》("Sources of the Lingbao Scriptures"), 载司马虚（Michel Strickmann）编《密宗和道教研究——纪念石泰安专号》卷2, 布鲁塞尔: 比利时高等汉学院（Institue Belge des Hautes Études Chinoises）, 1983年, 第461—478页; 以及《早期道教经典》, 伯克利: 加利福尼亚大学出版社, 1997年, 第8—10页、372—404页。关于灵宝经的介绍, 可以看拙撰《灵宝经溯源》载司马虚编《密宗与道教研究——纪念石泰安专号》, 1983年, 第461—478页及《早期道教经典》, 第8—10页、372—404页。

佛教灵感元素的变型。众所周知，灵宝经对道教仪式的结构也有着深远的影响。在这些迷人经典尚待研究的诸多层面中，老子在灵宝经中的形象，或许会被认为不那么重要。乍看起来，老子似乎并不是最高等级的灵宝神灵中的一员，因为根据灵宝经从佛教中学来的"劫期"（kalpa-cycles）理念，所有那些神灵都发源于此前的世界体系之中。

虽然如此，基于至少三个原因，老子在灵宝经中的形象值得做更为深入的考察：首先，根据一个广泛流布的传说，神格化的老子是天师道传统中首要的降示神灵，而吟诵一种特殊版本的《道德经》也是天师道教徒修行实践的一部分。因为灵宝经试图改革天师道实践，因此我们希望去了解天师道的主神在这一新的体制中遭际如何。其次，作为最早受灵宝经启发的宗教奉献活动（devotionalism）的实物遗存，立于公元496年的姚伯多造像碑将老子作为主龛神像，其冗长的碑文也部分地题献给它。[1] 不过灵宝经的最高神灵并非老子，而是元始天尊，因而我们希望了解姚氏家族在何处为他们的纪念碑寻得了理

---

[1] 此碑为北地郡（今陕西耀县）的贵族姚伯多所立，他自称是羌族后秦政权（384—417）建立者的后裔。拓片及录文见张燕、赵超编：《北朝佛道造像碑精选》，天津古籍出版社，1996年，第9—38页、125—126页；阿部贤次（Stanley K. Abe）:《山西北魏道教拓片》("Northern Wei Daoist Sculpture from Shanxi Province"），远亚笔记（*Cahiers d'Extrême-Asia*）第9册，1996年，第69—84页。最近，阿部贤次撰文对此碑的时代重新做了判断，见其《普通图像》（*Ordinary Images*），芝加哥：芝加哥大学出版社，第281—287页。其中344页注37所引即本文。关于此碑的全文翻译，见谢世维（Shu-wei Hsieh）:《图像与供养——姚伯多造像碑研究》("Image and Devotion: A Study of the Yao Boduo Stele"），硕士论文，印第安纳大学，2002年。

据。[1]最后,小林正美关于道教的起源问题提出了一个颇具影响的理论,但其立论在某种程度上取决于某一类灵宝经对老子的尊崇,然而另一类却并非如此。[2]

最后一点需要做些解释。小林正美认为,作为宗教的道教发端于5世纪中叶,此时"道教"一词作为一种整体宗教的指称开始成立,以与"佛教"及"儒教"相抗衡。康若柏(Robert Campany)曾考察过西方及中国文化中提及宗教时所使用的不同隐喻,根据这篇富有洞见的文章,我们或许在一开始就会反对小林正美对于当时中国人称呼他们宗教的惯用方式并没有

---

[1] 我早先对这一问题的思考,见柏夷,《姚伯多造像碑——早期灵宝经中"道—佛主义"的证据》,("The Yao Boduo Stele as Evidence for the Dao-Buddhism of the Early Lingbao Scriptures"),远亚笔记第9册,1996年,第55—68页。在其中我指出,造像碑铭文中的一些独特的专有名词证明灵宝经是碑文作者的灵感来源。但这并不必然地证明北魏的作者属于阿部贤次所谓的"与灵宝传统有关的""灵宝派"[《北魏道教拓片》("Northern Wei Daoist Sculpture")第73页],或者如我文章的法文摘要所说的此碑代表了"灵宝派的碑刻"[(une) statuaire religieuse Lingbao]。相反,我在那篇文章中所想去阐明的,其实是姚伯多碑展示出其作者对某些灵宝经和核心教义的知识。至于他如何规范其家族的宗教实践,实未可知。

[2] 小林正美(Kobayashi)在《六朝道教史研究》(Rikucho dokyoshi kenkyū)[东京:创文社(Sōbunsha),1990年]中对其理论做了阐述。该书中译本见李庆译:《六朝道教史研究》,四川人民出版社,2000年。小林正美关于道教形成的理论的英文概述,英文概述,见其《道教的形成及其结构》["The Establishement of the Taoist Religion(Tao-chiao) and Its Structure"],亚洲学报(Acta Asiatica)1995年第68期,第19—36页。小林正美关于灵宝经的研究取径,也成为山田利明(Yamada Toshiaki)《灵宝派》("The Lingbao School")[载孔丽维(Livia Kohn)编《道教手册》(Daoism Handbook),莱顿:博睿出版社,2000年,第225—255页]一文的基础,随着《六朝道教史研究》的中译本开始影响中国学者的研究。例如王宗昱:《〈道教义枢〉研究》,上海文化出版社,2001年,第137—151页等。

提出支撑性的分析。[1]我们为什么会认为是这一特定词汇,而不是其他,标志着我们所谓"宗教"(religion)或"shukyo"的出现?

小林正美的假说,还有可议之处。他提出只是到了5世纪,道教的不同支流才汇聚成一个自觉的整体,并给自己贴上"道教"的标签。对小林正美来说,在这一道教徒之间的新的集体意识中,老子扮演了决定性的角色。如其所言:

"道教"这个宗教名,原本意味着"大道"(即老子)的教说,所以这是在大道和老子(太上老君、老君)一体化神格观背景下形成的观念。……换而言之,大道和老子处于分离状态的刘宋初期之前,将大道和老子(太上老君、老君)当作同一个教主的被称为"道教"的宗教尚未处于形成的状态。……[因此]被后世称为"道教"的宗教,是始于刘宋天师道宣扬的"道教"。[2]

在其已出版的论著中,小林正美提供了关于文本断代的细节论述,这些论述会影响到其上述结论的成立,包括:1. 将老子的身份等同于"道";2. 在可能会暗示5世纪前整体道教既已存在的情况下使用"道教"一词。小林正美用作证据的这两

---

[1] 康儒博:《现代西方与中国中古早期的宗教概念》["On the Very Idea of Religions (in the Modern West and Early Medieval China)"],《宗教史》(*History of Religions*)第42卷第4期,2003年,第287—319页。
[2] 小林正美:《中国的道教》(『中国の道教』),东京:创文社,1998年,第86页。此据王皓月中译本《中国的道教》,齐鲁书社,2010年,第64页。——译者按

个术语都值得进一步讨论。在这里重要的是引导小林正美得出宏大假说的一项论据,即他发现的两部分灵宝经之间的不同。他相信这两部分分别完成于5世纪前半期与后半期[亦即"刘宋(420—429)早期"与"刘宋中期"],并证明了他认定的作为道教开端的具有分水岭意义的事件。

小林正美提及的两类灵宝经,很大程度上与陆修静的灵宝经目录中"元始旧经紫微金格目"和"葛仙公所受教戒诀要及说行业新经"[1]的区分重合。在此为行文简洁,笔者以A类和B类代称,而不使用小林正美的术语。小林正美认为A类灵宝经是5世纪初"葛氏道"基于葛巢甫作品的造经活动的创作的。B类灵宝经则出自天师道的一个尊崇葛玄的混合支派,他们与最早的道藏"三洞"的形成有关。小林正美认为,正是这个具有影响力的后期教团"天师道三洞派"首次将老子与"道"等同,并享有"道士"之名。

不过,小林正美对古灵宝经的分类与陆修静的目录并不完全一致。他将A类中的部分经典移到了B类,因为其内容与B类经典"相通者较多"。[2]应当指出的是,这些"可疑"的A类灵宝经文本,都提到了仙公或老子这两位被小林认为对"天师道三洞派"来说重要的人物,而对创作A类灵宝经的"葛氏

---

[1] 关于"受"字的读法,见小林正美:《六朝道教史研究》,第145页。对陆修静目录的深入探讨,见大渊忍尔(Ofuchi Ninji):《论古灵宝经》("On Ku Ling-pao ching"),《亚洲学报》第27期,1974年,第34—56页。
[2] 小林正美:《六朝道教史研究》,第169页。

道"来说并非如此。[1]小林正美并未直接声明这是他将这部分经典区别开来的原因,但情况看来似乎是如此。实际上,小林正美重构了B类灵宝经对老子及《道德经》的特殊崇拜,这导致他假定了所谓"天师道三洞派"。[2]

以上极为简单地概述了小林正美复杂的讨论。尽管如此,小林正美的理论对于我们如何认识形成期的道教的重要性是毋庸置疑的。于我个人而言,我应当在此承认我从小林的理论感到的吸引力,远非我自己对他处理灵宝经的取径所持的疑议所能遮蔽。我相信学术研究会随着争论和解决而进步,常常提出强有力观点的小林正美,往往就是我选定的学术上的缪斯。言归正传,请注意小林的假说与我们所欲了解的灵宝经中的老子形象很有关联。根据他的说法,老子仅在B类灵宝经中得到尊崇,而假如所谓"天师道三洞派"确实存在的话,就正好可以解释姚伯多造像碑中对老子的特殊崇拜,从而回答我在本文开篇提出的三个问题中的前两问。如果我不认同这些发现,那在一定程度上也是小林正美的研究使我重新开始考虑老子在早期灵宝经中的角色问题。

一、早期灵宝经的独特面貌

在贺碧来(Isabelle Robinet)留给学界的持久遗产中,她

---

[1] 笔者一直未能理解小林正美何以认为葛玄这一人物对"天师道三洞派"来说比"葛氏道"更为重要,即便这些"派"真的存在的话。
[2] 小林正美:《六朝道教史研究》,第172—175页。

对上清经的研究应该是最具成效的。[1]在这项庞大的工作中，她谨慎对待并清楚地意识到我们正在处理一种鲜活传统的零散遗存，对出自杨羲及其仿效者笔下的残存文本以及他们作为造作样本的一些早期经文，提供了一份总体的描述。随着时间推移，她对上清经宏大而细致的文本考察必定会面临质疑和修正，但其学术丰碑为上清经群提供了可靠的概观，也为后续研究打下了坚实基础。关于灵宝经的研究还没有达到这种学术水准。[2]事实上，这样的工作需要比贺碧来的研究更加广阔，因为最早的灵宝经不仅改编了更早的道经，还糅合了汉代谶纬文献及佛教经典。

贺碧来的先例加上这一课题的艰巨性，要求我们对有关灵宝经的一些基础性问题保留意见。我认为，其中一项就是经典作者的问题。贺碧来发现某些上清经有多名作者，且道经创作者有改写文本的倾向，有鉴于此，陆修静目录中列举的灵宝经显然未必出自同一名作者之手。同时，我们也应该认识到，在我们现有知识水平下，在我们充分理解这批经典的本质及其作者加入其创作的来源文本的运用之前，拈出部分文本并假定其作者（或教派），是不明智的。

---

[1] 贺碧来：《道教上清经的启示》，巴黎：法国远东学院（Publications de L'Ecole Française d'Extrême-Orient），1984年第137号，2卷本。
[2] 有关灵宝经最坚实的文献工作是关于敦煌遗书所见经典的研究。见大渊忍尔：《敦煌道经目录篇》(*Tonkō dōkyō mokurokuhen*)，东京：福武书店（Fukutake shoten），1978年，及前田繁树（Maeda Shigeki），《敦煌本古灵宝经与道藏本古灵宝经的差异》("Tonkōhon to dōzōhon no sai ni tsuite: ko Reihōgyo o chùshin ni shite")，《东方宗教》(*Tōbō shūkyō*)，1994年第84期，第1—19页。

针对我们自己比较平实的目标亦即考察灵宝经中的老子形象，我们不妨从整体上审视灵宝经的本质，并暂且以至少是历史上存在过的葛巢甫作为其作者。如我在别处讨论过的，这一步骤能避免让我们贸然决定一个应当搁置的问题，同时也尊重了道教自身的传统，并为当代作者提供了主动动词的单一主语（指制作灵宝经典的作者，此处的表述旨在强调其经典制作的开创性）。后一点考虑非常重要，因为如果所有关于灵宝经的书写都以被动语态进行，我们就会错误地低估灵宝经作者面对佛教时的积极角色，如同很多当代学者所称的佛教"影响了"灵宝经。[1]

首先，在接近灵宝经的时候，我们需要在脑海里牢记一个中心目标，贺碧来恰当地将之称为"有时……是相对连贯的综合，另外则是原始材料的粗糙杂烩"。[2]灵宝经的创作旨在以更高和更恒久的真理替代先前所有的宗教知识。它们自始至终都非常明确地阐述了这一特点。我们注意到，这种普世主义论说中蕴含的促人改宗的意图，在葛巢甫改写或重新阐释早期

---

[1] 关于"影响"问题的更全面讨论，见拙撰《蚕与菩提树——灵宝派取代佛教的尝试以及我们定位灵宝道教的尝试》("The Silkworm and the Bodhi Tree: The Lingbao Attempt to Replace Buddhism in China and Our Attempt to Place Lingbao Daoism"），载劳格文编《宗教与中国社会———个领域的转型》(*Religion and Chinese Society: The Transformation of a Field*），巴黎和香港：法国远东学院和中国香港大学（EFEO and University of Hong Kong），2004 年第 1 卷，第 317—339 页。
[2] 贺碧来：《道教——一门宗教的发展》(*Taoism: Growth of a Religion*），菲利斯·布鲁克斯（Phyllis Brooks）译，斯坦福：斯坦福大学出版社，1997 年，第 151 页。

经文的时候,变得越发清晰。对于这一过程,目前学者已经分别出多种文本证据,其中有经过改造的支谦、无罗叉、康僧会译的佛经,三皇文,上清经,汉代谶纬,天师道经典,以及葛洪旧藏中一些今佚的材料。[1]做这种文献辨识是一项缓慢的工作,许多早期的佛教和道教文献已经佚失,但已鉴别的部分已足以说明当葛巢甫写到灵宝经中涵括了以不完美形式在俗世流传的这些经文的最早的天界版本时,他想表达什么。葛巢甫关于灵宝神系和实践具有古老甚至是先史的第一性之断言,实际

---

[1] 这类对灵宝经挪用的证据,如康僧会(Kang Senghui)所译的神塚淑子(Kamitsuka Yoshiko):《灵宝经与初期江南佛教——以因果报应思想为中心》(「靈寶經と初期江南佛教——因果應報思想を中心に」),《东方宗教》,1998年第91期,第1—21页及即刊拙作《道教的〈本生经〉》(*The Daoist the Vessantara-Jātaka*)。[见柏夷《佛教道教翻译中的〈本生经〉》("The Vessantara-Jātaka in Buddhist and Daoist Translation"),载本杰明·彭尼(Benjamin Penny)编《历史上的道教——纪念柳存仁文集》(*Taoism in History: Essay in Honour of Professor Liu Ts'un-yan*),伦敦:劳特利奇出版社,2006年,第56—73页。——译者注]关于无罗叉,见柏夷《早期道教经典》第387—389页。关于天师道仪式经典,见王承文:《敦煌古灵宝经与晋唐道教》(中华书局,2002年),第321—447页。关于三皇文,见安保罗(Poul Andersen),《与诸神对话——早期道教中的占卜(三皇文)》["Talking to the Gods: Visionary Divination in Early Taoism (The Sanhuang Tradition)"],《道教文献》卷5,1994年第1期,第1—25页;及李福(Gil Raz),《道教仪式与宇宙——八井仪式的变迁》("Ritual and Cosmography: Transformations of the Ritual for the Eight Archivists"),硕士论文,印第安纳大学,1996年。关于葛洪所知的一部早期仪式经典,见施舟人:《灵宝科仪的展开》(「灵宝科仪の展开」),载山田利明(Yamada Toshiaki)译《日本和中国的宗教文化研究》(「日本·中国の宗教文化の研究」),东京:平河出版社,1991年,第219—232页。关于此处所列的其他类型的文献,见柏夷《灵宝经溯源》及《成仙之阶——道教经中"大地"的概念》("Stages of Transcendence:the Bhümi Concept in Taoist Scripture"),载罗伯特·E·巴斯韦尔(Robert E. Buswell)编《中国佛教伪经》(*Chinese Buddhist Apocrypha*),檀香山:夏威夷大学出版社,1990年,第119—147页。

上是据更早的文本改写而成。这一点将对我们下文中考察的灵宝经看待老子形象的不同方式，起到决定性的作用。

其次，不论经文是一次性完成还是零零碎碎的拼合，我们不应该忽视作为整体的经文的叙事结构。灵宝经描述了两个截然不同的神话性历史时刻。它们建构的叙事有时讲述了经文如何传递给我们，如A类灵宝经主要是元始天尊在太上大道君出现的场合开演的启示。更为重要的是，它们描述了许多纪元以前（主要是在"开皇劫"时）的事件和实践。相应的，这些启示又是基于在更早的劫期时出现的灵宝经典。因此，这些经文不断地指涉"旧"文。[1] 小林正美从A类移出的经典适用于此，虽然它们的叙事框架可能置于我们现在的劫期，但其主体内容则出自此前的世代（world-ages）。

---

[1] 这里所用的"旧"字确实非常古怪。我怀疑这一名词的背后是受汉代经学中"古文/今文"论争的影响。像汉代古文经学派一样，灵宝经也宣称其出自更早的载于古老稿本中的经典，但与之不同的是，这些经典并非来自人类时代的早期，而是出自另一个现已消逝的远古世界体系。因此，"古"字就不如"旧"字妥帖，因为后者隐含"古老且不再流传"的意思。经文屡屡提到"旧典""旧文"或"旧仪"，都是出现在这样的文本脉络之下，即明确表示神灵在其基础上行使职能，并希望将之纳入当前的实践之中。小林正美（《六朝道教史研究》第146—155页）用很长的篇幅讨论了什么是"旧日"以及陆修静可能如何对它做了补充。我在小林正美对北宋《云笈七签》收录的陆修静《灵宝经目序》的处理的基础上讨论这一课题（见柏夷《早期道教经典》第396页，第17篇），故在此不再赘述。实际上，我们并不清楚陆修静如何判断哪些经典仍在紫微宫中未出。陆修静描述这份目录的所用的名词与经典对经文的描绘及对劫期的设定相符，但如果A类灵宝经中存在一份关于天界经典的事先名单的话，它也没有保存下来。总之，任何涉及陆修静对灵宝经的描绘中所见"新""旧"二字用法的假说，都必须考虑到这些词汇在经典本身中是如何运用的。这一点小林正美并未做到。

同样，第二类启示（B 类灵宝经）记录了我们当下纪元的神话事件，包括直接授予仙公葛玄的口传指示及其尘世生平的细节记述。实际上，两类灵宝经据称都降授给了葛玄，并含有出自其手（或其师生之手）的注释。

在《灵宝经目序》中，陆修静本人也断言原始的经典被传给了葛玄，后者是一长串神话性的经典接受者。有趣的是，张道陵从老子那里接受经典也属于同样的性质，陆氏写道：

上皇之后，六天运行。众圣幽升，经还大罗。自兹以来，回绝元法。虽高辛招云奥之校，大禹获钟山之书。老君降真于天师，仙公授文于天台。斯皆由勋感太上，指成圣业。岂非扬芳于世，普宣一切也？[1]

这些降授中的前两次，也见于陆修静编入灵宝经藏的《灵宝五符序》[2]的开篇段落。而张道陵和葛玄的后两次降授，则是陆修静从其余早期灵宝经中摘出的。这一关于某些灵宝经被传授给第一位天师张道陵的说法，我们在整篇文章都会予以注意。在此需要指出的是，正如在这种虚构的谱系中常见的，这是这批经文的最终降示，也是这一传统的最重要之处，即在葛

---

[1] HY1026，4：4b-5a. 本文所引道藏经典，皆据翁独健编《道藏子目引得》（哈佛燕京学社引得特刊第 25 号，1925 年）中的编号，前标以缩写 HY。所引敦煌卷子，编号及行号据大渊忍尔编《敦煌道经图录篇》中的图版（东京：福武书店，1979 年），以 P 代表 Pelliot, S 代表 Stein。为行文简洁，本文所引灵宝经皆据陆修静提供的简短经名。早期灵宝经的完整目录，见柏夷《灵宝经溯源》，第 479—486 页。

[2] HY388，1：3b; l: 6a-b.

玄之后，灵宝经始能"普宣一切"。

因此，陆修静在两类文本材料之间做出的区分，并不涉及这些文本如何被我们读到，因为它们都传自葛玄之手；而是涉及它们的起源，即这些经文何时有了雏形。[1]

明确了灵宝经这两个显著特征之后，最简单的工作就是从属于我们这个劫期的B类灵宝经中分离出老子的角色，因为在这些经文中老子被以人所共知的名字称呼。我们可以发掘这些指涉，连同其他外部证据，如姚伯多造像碑、《老子河上公注》的葛玄序，以此来辨别A类灵宝经对老子的刻画方式。[2] 在后者中，这位圣人颇为费解地形象讲述了这样的故事：他并不存在于人类时间而是在先前的劫期和遥远的世界系统中；他不是一个男人，而是一位重生为神以济度其世界系统的女性。简言之，这是老子作为"佛陀"的历史。不过，在通往成为类似佛陀的道路上，老子和所有凡人一样，也依赖灵宝经的救度之力。

二、"历史时期"的老子

在B类灵宝经设置的场景中，天师道的创立者张道陵以降示葛玄的五真人中的最末一位出现（见表1）。如此前笔者

---

[1] 这一点可以明确地据现存灵宝经目看出来，目录称A类灵宝经为"元始旧经紫微金格目"，而B类仅简单地称为"新经"。也就是说，前者包含了仍藏于天宫的未出经典，而后者则全部已出。
[2] 在敦煌卷子中，葛玄的序言题为《道德经序诀》，大渊忍尔：《敦煌道经图录篇》，第509—511页。

所言灵宝经是有意做成的促人改宗的文本，张道陵被包含在此，意味着灵宝经以天师道信徒为目标，希望其转而信奉新的灵宝教义。

表 1　葛玄的神真师承	
a）徐来勒	（太极真人）
b）郁罗翘	（玄一真人）
c）光妙音	（玄一真人#2）
d）真定光	（玄一真人#3）
e）张天师	（正一真人，三天法师）

鉴于老子及其著作在天师道中的重要性，在葛玄的天界师者中只有天师张道陵的名字能够一眼辨识，不足为奇。老子本人也在 B 类灵宝经里出场教导葛玄。在《仙公请问经》中，老子鼓励葛玄说，所有的宗教实践在本质上都是一致的，他们的根本目标都是奉修善行。[1]只是，实践依然是分等级的；最高的实践他称为"大乘"，也就是灵宝济度众生的斋法。因为老子从时间的开端即以"法眼"游观世界，对于上清道教和佛教，他也有所提及。[2]不过在此最令我们感兴趣的是接下来老子和葛玄关于天师道仪式的对话：[3]

高上老子曰：……其功德重者，惟太上灵宝斋也。……

---

[1] S.1351，第 36—41 行。
[2]《敷斋戒威仪诀》，HY532，13b5-9。文中称老子为"高上大法王"，并暗示了其在此前纪元中的存在。这一点我们下文会讨论到。
[3] 在对"旨教斋"的考察方面，我从王承文的著作中获益良多，尤其是他的《敦煌道教古灵宝经研究》（博士学位论文，中山大学，1998 年，第 67—99 页）及《敦煌古灵宝经与晋唐道教》。

又有三天斋法，与灵宝相似。仙公曰：三天斋者，是三天法师天师所受法，名为《旨教经》也。抑亦其次矣。此法悉在《五称文》中，莫不毕载也。但天书弘妙，非世贤可思忆者耳，能究之，皆上仙上真之人，玄同于太上者也。[1]

这里明确暗示，天师道的"旨教斋"[2]可在A类灵宝经中的《自然五称符》[3]里找到更为原初的形式。尽管老子是我们当下劫期的神灵，在《五称符》开篇的叙事框架中，老子本人依然亲自介绍和阐释了这部经典。这是在此前的天书A类灵宝经中，唯一一处提到老子（至少以他的这个名字）的地方。由此，老子仔细解释了他展示的符文如同其他十部妙经一样，实际上起源于开辟之前的灵宝真文。[4]像是为了强调此点，《五称符》不仅如其他A类灵宝经常见的一样包含了葛玄及其老师的注释，也包含了一段来自黄帝本人的证言。[5]

老子何以出现在一部起源于更早纪元的经典，由此也得到了解释，我认为这暗示了一种重要性，即让这位曾降给天师雏

---

[1]《仙公请问经》，S.1351，第32—38行。其中称老子为"高上老子"。
[2]《自然五称文》，HY671。引文参考了更为严谨的敦煌本P.2440。
[3] 我对"旨教"一词的翻译，遵循了早期天师道经典《女青鬼律》（HY789，3：3b10）中的意思，其中天师称："吾受太上旨教，禁忌甚重。"这里所传递的教戒，类似于从宫廷之中发出的命令。天师道的《旨教经》可能是著名的"涂炭斋"的来源，因为关于这一仪式仅存的文本（另一例灵宝改写本），同样推崇"天师旨教"。参见劳格文，《〈无上秘要〉——6世纪的道教类书》，巴黎：法国远东学院，第124卷，1981年，第25页、46页及156页。
[4] HY671，1：1a-b。
[5] HY671，2：13a-b；S.2440，446-463。

形启示的神灵再次现身，以纠正误载，陈述真相。易言之，在《五称符》作成的时候，《天师旨教经》已经在流传中了，所以老子认为《五称符》是"原初"版本的声明就十分重要。尤其是如葛玄所言，张道陵所传布的文本其实是较次的版本，这就是说张道陵本身并没能完全理解经文，或者更可能的，葛玄认为张道陵的徒众未能完全理解。

道藏中有两部经典，它们一同构成了由"宿启"（HY797《正一指教斋仪》）和朝请仪式（HY789《正一指教斋清旦行道仪》）组成的旨教斋。这两部经典都高度依据了魏华存所受的天师道朝请仪式。[1] 不过，由此也能看出这些仪式文本呈现出经灵宝经传统改写的痕迹，而且在其中也提到了唐代才建立的行政机构。[2]

《旨教经》的早期引文显示这是一本仪式手册，其中包括天师道道民在一生不同阶段所受的箓，以及为治病和解过而在

---

[1] 魏华存所受朝请仪，见《登真隐诀》，HY421，3：7a ff. 对该文本的翻译和研究，见蔡雾溪（Ursula-Angelika Cedzich）：《早期文献资料所反映的天师科仪——〈登真隐诀〉卷下所载仪式资料的翻译与研究》("Das Ritual der Himmelsmeister im Spiegel früber Quellen: Übersetzung und Untersuchung des liturgischen Materials im dritten chüan des Teng-chen yin-chüeh. Dissertation"），博士论文，维尔茨堡大学，1987年。

[2] 例如，《正一指教斋仪》说威仪十二法之第二条（HY797，4A6-8），亦见引于《要修科仪戒律钞》（HY463，9：12b8-10）。同时，《正一指教斋仪》中又有"三界"一词——这是一个灵宝经中常见而此前经典未有的受佛教影响的词语。在《正一指教斋清旦行道仪》的出官部分，提到了唐代行政制度"州县乡"（HY798，2a1）。此外，后面注释中提到的一些早期引文，不见于今本《正一指教斋仪》。感谢劳格文提供关于这两部经典的信息。

相应时间用来降请的神灵。[1]虽然还需要做更多工作去重建这一仪式的早期历史，但它确实显示灵宝经的目的是以更简单的授予五方之符来替代天师道的授箓体系。

《五称符》本身是改写自其他经文的复杂拼集。该经卷上解释五符为"五行之母"，规划了所有存在。修行者，尤其是为疾病所苦者，被告知可在丝帛或者石头上刻写此五符，这样就能召唤天神，令五脏更新。这部分文本似乎即是用来取代天师道的旨教斋。

《五称符》卷下以另一种与三皇文有关的早期仪式的改写版开始，其中涉及八卦之神八史。[2]我们得知，八卦是从五行中发生出来的，而据另一段逐字挪用自支谦所译佛经的段落所言，十方及它们的佛、菩萨也是出自五符。如果你开始意识到灵宝经中有适合每个人的东西，那么离领悟其内在逻辑也就不远了。

在《五称符》中，老子为潜在的天师道改宗灵宝教条者带来了一则愉悦的消息：你们并没有浪费时间，但还有一条更好、更原初也因此更本真的道路。你们现在正在使用的经文、仪式和复杂的法箓，只是正本的苍白、不及其意的映象。

---

[1] 参见《要修科仪戒律钞》所引《旨教经》（HY463，8：2b4；8：4a2-4b8 及 9：8a10-8b5）。陆修静只是简单地说旨教斋"以清素为贵"（《洞玄灵宝五感文》，HY1268，7a8-10）。可能出自陆修静之手的注解强调这是一种对祭酒和箓生都适用的菜蔬之斋，行道期间过午不食（后一规定与《要修科仪戒律钞》所引相符）。

[2] 参见李福《道教仪式与宇宙——八井仪式的变迁》。

在现存的 B 类灵宝经中，还有一些关于老子更深入的材料，例如现在所熟知的，老子西行出关之后成了佛陀。比起提及老子本人来说，更普遍的是关于如何运用圣人著作亦即五千字版《道德经》的诀要。[1]其中有特殊含义的一段叙述了河上公（称为"真人"）与汉孝文帝之间的相遇，并宣告了灵宝神真所授的"河上真人章句"。尽管章句仅呈现了老子代表的天界真理的"一隅"，但：

夫读河上真人一章，则彻太上玉京，诸天仙人叉手称善，传声三界，魔王礼于堂中，酆都执敬，稽首于法师矣。[2]

包括小林正美在内的日本学者已经令人信服地证实，托名葛玄的《河上公序》从某种意义上说实为灵宝经文，因为它与原始灵宝经对老子及其著作的描绘极其吻合。[3]敦煌本葛玄的序言（《老子道德经序诀》）由五个部分组成，其中主要是第一部分引起了我们的注意，这一段也被附在大多数《河上公章句》版本中。这部分是对老子的描述。

如索安（Anna Seidel）所指出的，整体上葛玄的序言更关注老子的文字而不是他本人的形象，因此早前道士用来称呼神格化老君的某些互相矛盾的别称，在这里被明确地用于老子的

---

[1] 这一点是很自然的，因为后来的上清和灵宝经典并不关心天师道对老子的崇拜，而更关心早前道士使用其著作的方式。
[2]《太极隐注宝诀》，HY425，14a7-15a6。
[3] 对于葛玄序的更多讨论，见柏夷《老子的救赎》(*The Salvation of Laozi*) 第 300—307 页。

经文之上。[1]虽然如此,此序的第一部分依然用了200多字对圣人做了华丽的描绘。文中将老子描绘为一位宇宙神祇,"生乎太无之先",其经历世代的终始皆与道的运行相伴。接着,"(天地)开辟以前,复下为国师"。这样的化现超越了普通人类的认知,不计其数。此后是我们更熟悉的李母生老子的记述,此事被说成"周时,复托身李母"。[2]在此序的第三部分中,葛玄具体指明老子的诞生是在"上皇元年正月十二日丙午太岁丁卯"。[3]也即是说,他将老子在我们时代的诞生与灵宝经一系列劫期的最后一劫联系起来,而后者是我们的世界体系的开端。[4]

通过这些细节讨论,有一点逐渐清晰:葛玄序并非在谈论索安研究过的著名的"老子变化",亦即老子为远古圣王之师。相反,葛玄序反复声明老子的存在先于我们宇宙的开始,他"与大道而伦化"。这一点指引我们重新审视 A 类灵宝经,去找寻往劫中的老子。

---

[1] 索安:《汉代道教对老子的神化》(*La divinisation de Lao-tseu dans le taoïsme des Han*),巴黎:法国远东学院,1969 年,第 91 页。
[2] S.75,第 9—12 行。文中这样描述老子在先前纪元中的存在:"是教八方诸天,普宏大道,开辟以前复下为国师……周时复托身李母。"八方共计 32 天,相关"隐语"见于《度人经》和其他 A 类灵宝经(参见柏夷《早期道教经典》第 385—389 页)。在下文中我们会看到,据灵宝经的记载,老子在周代是第二次由李母所生。
[3] S.75,第 54—56 行。
[4] 关于灵宝经中这些劫期的不同类型,参见碧来:《道教的创世和前宇宙时代》("Genesis and Pre-cosmic Eras in Daoism"),《道教选集》(*A Daoist Florilegium*),第 148—153 页。

三、前世界系统中的老子

甫看之时,破碎而失真的老子形象似乎影响了灵宝最早劫期中的所有二等神灵。元始天尊麾下的神祇都有着似与神格化老子有关的名号(见表2)。首先,其中有五方"老君",每一位都在赤明纪的宇宙中有着自己的世界系统。而"太上老君"则是天师道所熟知的老子的名字。[1]那么,"太上道君",这位最常与天尊对话者,又是谁呢?他的名号也与天师道对神格化老子的称呼方式有所呼应。

我曾著文写道,太上道君是"神格化老子的化身",穆瑞明(Christine Mollier)等学者接受了这一看法,并注意到既然天师道认为老子代表了"道",因而两个名字都非常合理。[2]但是,按照这个标准,天尊之下的所有神灵看起来都是老子的化身。

---

[1] 小林正美:《六朝道教史研究》,第304—306、331页。依赖现存文献,小林正美判断"太上老君"一词最早出现于"东晋末期"。
[2] 柏夷:《灵宝经溯源》,第437页;穆瑞明(Christine Mollier):《5世纪道教的末世说——洞渊神咒经》(*Une apocalypse taoïste du Ve siècle: Le livre des Incantations Divines des Grottes Abyssales*),巴黎:汉学研究所纪要丛刊(Mémoires de l'Institut des Hautes Études Chinoises),1990年,第159页。

表2　过去劫的神系[1]
A 元始天尊
B 太上道君
C 五老帝君
a）青灵始老君，字灵威仰
b）丹灵真老君，字赤漂弩
c）元灵元老君，字含枢纽
d）皓灵皇老君，字曜魄宝，一字白招拒
e）五灵玄老君，字隐侯局

姚伯多碑碑文为老子的这些激增的镜像问题，提供了一个解决办法。如灵宝经和葛玄序一样，碑文中老子从属于伟大的经文。实际上，根据他自己的教义，碑文轻描淡写地描绘了老子在其同名经典的创作中的角色。姚伯多碑的颂文对此称："陈文五千，功不在己。"[2]我们也在葛玄序言的第一部分见到了描述老子谦逊的同样措辞："近成万物，不言我为。"[3]

不过，姚伯多碑铭文提供了一条辨认前世界系统中的老子的至关重要的线索。通篇碑文以"皇老"或者"皇老君"称呼老子。这是另外一个神格的简称，其全名即表2中西方的"皓灵皇老君"，也是此前劫期中的老子。简言之，姚伯多碑认为我们纪元的老子或李耳，是"五老"中"皓灵皇老君"的转世，它又字曜魄宝或白招拒。

---

[1] 本表所据材料来自：HY22, 31a ff.; HY23, 3a ff.; HY352, 4b ff.; HY1130, 15: la-7b 及 P.3022。这些神灵在此前天界的生涯的不同阶段亦有其他名称。

[2] 张燕：《北朝佛道造像碑精选》，第125页。另请参阅谢世维《图像与与供养——姚伯多造像碑研究》。

[3] 老子"近成万物，不言我为"，见S.75，第10行。

早期灵宝经中曾有关于这位神祇的传记,见于《本业上品》。此经未能保存在《道藏》中,但有赖于一件敦煌残本及一些早期道教类书和注疏的长段引录,其文本可以部分重建。[1]《本业上品》是一部本生故事集,记载了太上道君、五老君和一些次要神祇的前世故事。再一次,我们发现了葛巢甫作品的佛教模型,这次是康僧会所译《六度集经》(T.152),为佛陀本生故事集。[2]

在《本业上品》中,皇老君的前世故事是这样的:

在很多劫之前的卫罗大福堂世界[3],居住着一位年轻的王女,王女从其父亲那里得到一只灵凤作为礼物。王女照料灵凤,常常与之嬉戏。灵凤以两翼扇在公主面上,王女因而神奇

---

[1] 早期引用亦称此经为《本行经》。无论哪种情况,标题都是指灵宝圣徒在此前纪元中的活动。此经以太上道君和五老君的前世故事开篇。这一部分最完整的早期引文,见《无上秘要》,HY1130, 15: la-8a7;《云笈七签》,HY1026, 101: 2a-3a, 9a-15b 及敦煌本 P.3022。后者仅为本经的开篇部分。我对老子前世故事的复述是基于《无上秘要》的引文。

[2] 就此处所讲的故事而言,其灵感似出自佛陀作为孔雀王的前世故事,见《六度集经》,T.152, 3: 13a-b。另一则同样题为康僧会译的故事,与此更为接近,它讲述了一位国王让天鹅去引诱他所渴望的女人,女人最后失去了贞操并怀孕的故事。见《旧杂譬喻经》,T.206, 4: 513c-514a 及沙畹:(Édouard Chavannes),《中国〈大藏经〉五百寓言故事集》(Cinq cent contes et Apologues extraits du Tripitaka Chinois),巴黎:勒鲁(Leroux),1905—1934 年,卷 1 第 72—75 页、第 376—377 页。不同于《本行经》中的其他一些故事,在这两个例子里,佛教故事都不是完全匹配。不过从《庄子》之外,道教文献中很少见到动物故事,我们或许可以怀疑灵宝经的作者对佛教的叙事模式有所了解。

[3] "卫罗大福堂世界"意为卫罗乐土,"卫罗"是灵宝经"天文"之一例。这个名称有多种形式,《云笈七签》引作"卫罗天堂世界"(HY1026, 101: 13a2),《无上秘要》引作"卫罗大堂世界"。"天"字当为"大"字之讹。另一部早期灵宝经《灵书度命妙经》同于此处所引(HY 23, 6a4-5)。

地怀孕，其父王难以理解，愤怒地处死灵凤。王女后来生下有神性的超常女儿，起名为"皇妃"。后来，国中下了大雪，鸟兽皆饿死。充满同情心的王女虽然在其父王的幽禁之下，仍然为之祈请。于是凤凰从天而降，载王女至灵凤埋葬处。随着王女的到来，死去的灵凤从坟墓中复活。灵凤与王女一道拯救了处于饥荒之中的生灵，之后王女飞升天界，被封为南极上元君。

讲完母亲之后，故事回到了皇妃。皇妃幽禁在黑暗的后宫之中，忽然见到太阳的幻象悬在眼前，她知道这是天尊现身于王国西方之地的征兆。她从窗户望见其父灵凤重生的坟冢，却身不能至。忽然间，灵凤再次从墓中飞起，将皇妃载到天尊面前。天尊告诉她"金台王母"是她的老师，并授以《灵宝真文白帝》一篇，即《五篇真文》中的西方部分。在对经文诚恳修习后，皇妃发愿重生。后来她"寄胎于李氏之胞"，并在李树之下诞生为男身。在这一次生命中，她（现在是"他"）得号曰"皇老君"。

这则迷人的故事可阐述的地方很多。天师道认为神格化的老子居于昆仑山上，所以他可能被认为与西王母有所关联。[1]但就目前而言，我们能注意到，其母姓李和他诞生于李树下的细节，已经足以辨识出"皇老君"即当前世代的老子，因为后者著名的诞生故事与此极为接近。

我在1983年对灵宝经的考察中，曾引及顾颉刚的猜想，

---

[1] 柏夷：《早期道教经典》，第89页。

他认为道教的元始天尊取替了汉代的作为五方神主宰的太一神。[1]当时我注意到,"皇老君"在灵宝经中的字"曜魄宝",正是太一神在纬书中的秘密名号。由此,皇老君同时是太一和老子在天界的前身,这似是对被取代和被降级的神祇的一种默认设置。这样的身份设定也适用于早期天师道,他们在经文中将老子称为"一"或"真一",即"正一"中的"一",都是"道"的别称,在他们的普救主义视角中,它们都与太一同源。只不过在灵宝经中,所有这些先前天界的神灵都是"道"的化身(在此请允许我更正我此前的误解)。

这样,在 A 类灵宝经中,老子的排场其实相当宏大。虽然他仍是在前世通过功德获得地位的五位神灵之一。

他被神格化之后又遭遇降级,不过在漫长的时间中依然逍遥自在,他对天师信仰也并未产生至关重要的影响。相应的,他被神化和拔高,但在那遥远的时空之中,他不再享有在天师道信仰中那样的至高无上的重要性。

结语

如果陆修静能给我们留下关于构成早期灵宝经藏的各种经典是由谁在何时创作的线索的话,对我们当代学者来说,那将是极为便利的。

不幸的是,他并没有这样做。不过我们依然可以评估陆修

---

[1] 柏夷:《灵宝经溯源》,第 452—454 页。

静鉴定为真的灵宝经作为经群的统一性。追随整体灵宝经群中老子的模糊痕迹,可知陆修静区分的 A 类灵宝经,亦即以元始天尊为中心并显露于此前世界中的经典,与和葛玄相关的 B 类灵宝经展示了同样的中心关联。两类灵宝经都试图证明经教知识的更早渊源,无论是佛教的还是道教的,都受惠于灵宝经的"源文本"。而且两者都以不同的方式处理了神格化的老子在道教信仰中的中心性。[1]

记录了葛玄与其包括老子在内的老师之间互动的 B 类灵宝经,明确地将天师道经典描述为天界修行在我们的世界中的早期宣示,而在灵宝经中则有更为完整的呈现。A 类灵宝经则包含老子认可的一部《五称符》,是对天师道仪式文献的重写。此外,《五称符》还包含针对佛教信徒的特别信息,他们信奉的神灵同样能"在灵宝经中找到来历"。

进一步来说,灵宝法师(如果并非葛玄的话)将老子河上公注归功于自己,并如所有灵宝经一样托名葛玄为这部经典撰写了新的序言。虽然神格化的老子在天师道的信仰结构中非常重要,但这篇序言却淡化了他的角色,不过又暗示了他更早的存在。然后,我们借助葛玄的序言和姚伯多碑的铭文,得以在

---

[1] 回到本文开篇时提到的小林正美的主张,我们注意到无论是 A 类还是 B 类灵宝经,都没有将老子视为唯一的"与道合一"的最高神格。这两类经典也没有将老子与道相"区别"。相反,如其他高级灵宝神灵一样,老子的存在被描述为在一种想象的历史的不同阶段以不同的形式从"道"中起源的。通过对老子的这种描述,灵宝经重塑了天师道经典中所见的老子形象,而没有直接否定它。

A类灵宝经中辨识出关于老子前世的更多信息,最终发现他最初原来是一位女性。[1]这名小女子通过灵宝经典的救度之力,得以转生为男,并最终在灵宝神系中达到了很高的等级。

更重要的是,我们的考察清晰地展示出,在分析早期灵宝经时,我们必须认真对待其叙述结构。毕竟在先前劫期的叙述中去搜寻"老子"是徒劳的,因为他还没有被如此命名。因此诸如"B类灵宝经较A类灵宝经而言更明显地表现出对老子及其著作的崇拜"之类的陈述是没有意义的,因为根据故事线,老子和他的著作是不可能出现在A类灵宝经中的。同样的道理也适用于"大乘""天师",或其他只见于B类灵宝经中的术语,它们曾被小林正美等学者用于经典的断代。在我看来,依此路数,无异于在我们正确理解患者的生活和呼吸方式之前,用手术刀杀人。

因此,等待我们去找寻的,其实是A类和B类灵宝经典之间所发现的道教的变化。这是灵宝经群的宗教改革目标(reformationist goal)的另一层面,而不能仅仅把它当成历史事实。作为宗教史学者,我们或许确实能找到其他理由来将5世纪中期作为道教的开端,但这将是我们自己的自我发明,而非这些经典希望讲述的故事。

---

[1] 灵宝经中所见老子的前世生涯,与他在人类历史中世世出为"帝师"(这是一个女性可能永远不能占据的地位)的连续现身截然不同,或许还打算取代它们。关于这些"历史的"化现,可参索安《汉代道教对老子的神化》,第65页、第95—110页。

最后，无怪乎我们花费许久才能找到前世天界中的老子。那些为我们揭示老子存在的经典似乎并不是最为流行的灵宝经。关于这位圣人的后来的描述，也让他在早期灵宝经中铺展的先前劫期中据有一席之地，并赋予他轮番更迭的前世，但全为男性，且与灵宝经中老子与西方有关且最初仅是《五篇真文》之一的说法相比，他更为中心化了。[1]我们不能确定为何这一传说对姚氏家族如此重要，但我们可以对其为何未能在道教传统中延续下来提出大胆的猜测。根据一些传说，老子实际上是他自己的生母。这更像是关于男性神祇挪用生育力量的问题，而不只是真正的性别角色的问题。或许在观音形象的显著变化发生以前的时代，高级神祇的跨性别的转世，至少是由女身变男身的转化，并非道教徒所乐意见到的。

---

[1] 如贾善翔《犹龙传》，HY773，2：12b-13b。孔丽维：《道教之神——历史和神话中的老子》(*God of the Dao*: *Lord Lao in History and Myth*)，安娜堡（Ann Arbor）：密歇根大学中国研究中心（Center for Chinese Studies, the University of Michigan），1998年，第208—209页。

诗歌体《老君变化无极经》论要[1]

[荷兰]杜鼎克（A. Dudink）著/
王杨、高文强译，吴光正校

《老君变化无极经》(《无极经》，《道藏子目引得》第875号）是一篇369行的长诗，仅存于1445年编撰成的道教总集中(《正统道藏》)。《无极经》在明初之前无任何历史记载，而且似乎也没有任何文本甚至标题被引用。[2]

---

[1] A. Dudink, *The Poem Laojun bianhua wuji jing: Introduction, Summary, Text and Translation*, Edited by Jan A. M. De Meyer and Peter M. Engelfriet, *Linked Faiths: Essays on Chinese Religions and Traditional Culture in Honour of Kristofer Schipper*. Brill, 2000, pp.53-147. （见 https:// limo. libis. be/ primo-explore/ fulldisplay? docid=LIRIAS1813893& context=L& vid=Lirias& search_ scope=Lirias& tab=default_ tab& lang=en_ US; 或是见 Google, search: LIRIAS 1813893）。在施舟人对《道藏》文本的编号中，《无极经》是第1195号；在哈佛燕京索引中是第1187号。在涵芬楼重印版中是第875号；有关找寻现代《道藏》版本中的《无极经》的更多信息，见朱越利：《道藏分类解题》(北京，1996年），第343页；全部这些版本，见鲍菊隐 (Judith Boltz)：《道教正典现代版本注释》("Notes on modern editions of the Taoist Canon"，《东方与非洲研究学院学报》(*BSOAS*）第56册，1993年，第87—95页。

[2] 龙彼得 (Pier van der Loon)：《宋代收藏道书考——评论和索引》(*Taoist Books in the Libraries of the Song Period: a Critical Study and Index*）伦敦，1984年，第188页)。"道藏计划"术/文部微缩胶片（年代为11.12.84）中没（转下页）

100

吉冈义丰是最早关注《无极经》的学者之一，将其收录于《道教与佛教》第一卷（1959）的附录中。当时他认为这首诗在六朝末年就应该已创作完成。[1]在一篇有关六朝时期道教救世主义的文章中（1964），吉冈义丰引用了《无极经》中涉及"太平""真君""种民"等概念的八段原文，并最终得出结论，认为《无极经》可以追溯至420—480年（从东晋末年至刘宋末年）。他认为这一结论是毋庸置疑的，因为《无极经》中"化胡"的故事代表了老子"化胡"传说的早期版本。然而在一条注释中，他又承认《无极经》的创作年代可能更早，因为它提到了"建邺"，这是太康年间（280—289）对建康（后来的南京）的称呼。[2]在后来有关"化胡"传说的研究中（1973），吉冈义丰重写了《无极经》中的"化胡"故事，但这一次他没有再提"建邺"这一称呼的问题，而是将《无极经》的创作时间认定为450年左右。[3]引发他进一步研究兴趣的是《无极经》的第36—39行：

（接上页）有《无极经》；微缩胶片参见施舟人"道教史电子化数据库"（"Une bonque de donées informatisée surl'histoire du taoisme"）《中国学研究》（*Études chinoises*）1983年第1期，第48—54页。《道教古典书籍目录》（*Dôkyô tenseki mokuroku-sakuin*）（东京，1986年）中也没有提到《无极经》，这本书包含一篇敦煌道书文本及其标题的索引，第285—301页。

[1] 吉冈义丰（Yoshioka Yoshitoyo）：《道教与佛教》（*Dôkyô to Bukkyô*），第1卷（东京，1959年），第470页；《无极经》的文本见第499—502页。
[2] 吉冈义丰：《道教与佛教》，第3卷（东京，1976年），第229、220、233页。对建邺的注释，见第249页第8条注释。建邺这个名字（邑部）的官方使用时间为282年九月至313年九月（见下文）。
[3] 吉冈义丰：《道教与佛教》，第3卷，第59页；参见第58页：约450年这个年代是一个中间值：420—480或者甚至400—500。

胡儿弥伏　道气隆　当胡人归顺了，道气就会旺盛，

随时转运　西汉中　随着时间（的关键点）的循环，西汉中，

木子为姓　讳口弓　木子（李）是他的姓，口弓（弘）是他的名讳。

居在蜀郡　成都宫　他住在蜀郡成都宫。

吉冈义丰并未解释"西汉中"，他认为这四行与《洞渊神咒经》(《道藏》第335号)中5世纪部分的某些篇章相似，都说的是即将现身的"真君"李弘。在一篇有关"天师"寇谦之(d.448)的文章中(1956)，杨联陞也提到了这几行诗句（但并未解释），他试图回答起义领袖们纷纷以其名义发动起义的那个李弘究竟是谁以及寇谦之为何谴责他们。在这些人之中，杨联陞提到了西汉时期的一位李弘(《无极经》)以及东汉时期的一位李弘，后者在刘勰的《灭惑论》中出现过。[1]在关于《洞渊神咒经》中的"真君"李弘的一项研究中(1964)，大渊忍尔仅在一条注释中提到了《无极经》：刘勰说李弘是东汉时人也许是正确的，因为《无极经》中说到李弘在西汉的出现，"至少可以说是有些奇怪的"。大渊忍尔认为《无极经》对各种老子显灵故事做了一个简明的总结。《无极经》的创作年代不详，但可能上溯至六朝末年，在这种情况下，很难以此文本作为证

---

[1] 杨联陞：《〈老君音诵诫经〉校释》，《历史语言研究所集刊》第28卷，第1本，1956年，第41页（17—54页）。刘勰（约465—520）《灭惑论》云："张角、李弘，毒流汉季。"（《弘明集》卷8）

据去回答李弘首次出现是在何时这个问题。砂山稔在一篇关于李弘的文章中(1971)虽然提到了杨联陞、吉冈义丰与大渊忍尔等人的上述研究,却并未提及《无极经》。[1]

在一篇有关老子与李弘的文章中(1970),索安将《无极经》看作老子的圣人传记,创作于刘宋时期(参见吉冈义丰与大渊忍尔),是唯一认为作为老子化身的圣人"成都的李弘"生活于西汉末年的文本。然而,有关这位圣人的历史信息"既贫乏又千篇一律""不足以解释他的名字在后来的救世主义运动中的成功"。方诗铭(1979)以《无极经》为参考,认为圣人——"成都的李弘"就是"最原始"的李弘。[2]王明(1983)没有对《无极经》发表任何评论,但批判了方诗铭的解释。有关"成都的李弘"的资料相当平常,在朝廷或宗教领域亦无任何特殊之处能对之后起义领袖们假托李弘之名一事做出令人满意的解释。根据《三天内解经》(15世纪),李弘并非一个历史人物,而是老子本人的化身,起义领袖们托称的是这个李弘,而非"成都的李弘"。[3]

---

[1] 大渊忍尔(Ôfuohi Ninji):《道教史研究》(Dôkyôshi no kenkyû)[冈山(Okayama),1964年],第545页,第16章;砂山稔(Sunayama Minoru):《东洋学集刊》26,1971年,第1—21页。

[2] 索安:《早期道教救世主义论中的真君形象——老子与李弘》("The Image of the Pefect Ruler in Early Taoist Messianism: Lao-tsu and Li Hung"),《宗教历史》(History of Religions)1970年第9期,第235—326页;在《道教救世主义》(Taoist Messianism)(《守护神》1984年第31期,第161—174页)中,索安没有重复这种解释,甚至对《无极经》保持沉默。又见方诗铭:《与张角齐名的李弘是谁》,《社会科学辑刊》1979年第5期,第95—98页。

[3] 王明:《农民起义所称的李弘和弥勒》(1983年),王明:《道家和道教思想研究》(重庆,1984年),第374—376页(第372—380页)。《三天内解经》的译文(《道藏》第1205号,卷1,第1—10页),柏夷:见(转下页)

除了与李弘相关的这几行有争议外，人们对于《无极经》几乎再无其他研究。吉冈义丰的结论，这是一部老子的圣人传记，它讲述太平真君的降临，可以上溯到约450年，主要建立在八段文字（369行中的71行）的基础上，在这几段中出现了"太平""真君""种民"等词汇。[1]根据其中的两段，小林正美（1990）将《无极经》纳入刘宋时期（5世纪）天师道文本一类。[2]在中国学者最近对《道藏》全部文本的研究中，关于《无极经》的创作时间（通常没有进一步的解释）众说纷纭，从魏晋时期（3—4世纪）直到六朝后期（5—6世纪）。[3]

前面提到的学者中，有几位已经指出《无极经》是一篇天

（接上页）《早期道教经典》（伯克利，1997年），第204—224页；相关文章（F.3b），见第209—210页。

[1] 12—17、37—44、60—65、99—107、121—126、139—152、189—198、267—278行。

[2] 125—127以及192—198行；小林正美：《六朝道教史研究》（东京，1990年），第310、363、456页；《无极经》的年代，见第209页等（参见索引，第45页）及该书结尾处英文摘要（第12—36页）的第19页。没有进一步的理由，柏夷将《无极经》描述成与《老子变化经》及《老子化胡经》同样杰出的老子的圣人传记，它把老子描写为一个授予国王君权的人，他的出现是要为汉朝统治下的刘宋复辟开创一个太平年代。柏夷：《道教文学》（"Taoist Literature"），载《印第安纳中国古典文学指南》（*The Indiana Companion to Traditional Chinese Literature*），倪豪士编，布鲁明顿，1986年，第144页，第138—152页。

[3] 任继愈编：《中国道教史·魏晋时期》（上海，1990年），第64页。任继愈：《道藏提要》（1991年，修订版1995年），第943页；六朝后期。据朱越利《道藏分类解题》第343页，《无极经》不可能追溯至刘宋（吉冈义丰）。他引用243—246及260行，总结认为《无极经》的年代应该晚于后赵（319—351）。朱越利显然认为260行说的是"邺"，前燕国（352—370，接替后赵）自357年的国都，而非"建邺"。

师道文本，它与其他天师道文本一样，讲述太平真君的故事以及获救的方法。为了回答《无极经》究竟是何种类型的文本以及它可能的创作时间这两个问题，本文的重点将不再是这首诗的教义部分，而是总体内容的描述、文本批评，以及对整篇诗的初步翻译。[1]

---

[1] 出于篇幅的考虑，缺少一个评论，尽管译文常常受其他文本中对应部分的影响（对应部分中的一些例子，见表C与表D）。施舟人、贝克（B. Mansvelt Beck）、伊维德（Wilt L. Idema）等人对有些诗行的翻译提出了建议，他们在1982年和我一起研读了整篇文本。当时很多都还不清楚。项目执行期间的研究结论出来后（1981—1984，由荷兰科学研究组织 NWO 资助），很多问题才得到了解决。这方面，我非常感谢施舟人建议我去看看乐府诗与民谣。本文没有将《无极经》与这些诗歌进行比较，但这一领域中已出版的研究成果令我受益匪浅，例如，傅汉思（Hans H. Frankel）:《中国民歌〈孔雀东南飞〉里的套语语言》("The Formulaic Language of the Chinese Ballad «Southeast Fly the Peacocks»"),《历史语言研究所集刊》(Bulletin of the Institute of History and Philology) 1969 年第 39 卷，第 219—244 页；傅汉思：《乐府诗》("Yüeh-fu Poetry")，白之（Cyril Birch）编：《中国文学类型研究》(Studies in Chinese Literary Genres)，伯克利，1974 年，第 69—107 页；傅汉思：《中国口头叙事诗的特点》("Some Characteristics of Oral Narrative Poetry in China")，吴德明编：《中国历史与文学论文集——献给普实克教授》(Études d'Histoire et de Littérature chinoises offertes au Professeur Jaroslav Prusek)，巴黎，1976 年，第 97—101 页；傅汉思：《六朝乐府与歌者》("Six Dynasties Yüeh-fu and Their Singers")，《汉语教师协会期刊》(Journal of the Chinese Language Teachers Association) 1978 年第 13 期，第 192—193 页；傅汉思：《汉魏乐府作为一种高级文学形式的发展》("The Development of Han and Wei Yüeh-fu as a High Literary Genre")，林顺夫（Shuen-fu Lin）、宇文所安编：《抒情之音的活力——晚汉至唐代的士人诗歌》(The Vitality of the Lyric Voice. Shih Poetry from the Late Han to the T'ang)，普林斯顿，1986 年，第 255—286 页；安妮·比勒尔（Anne Birrell）:《汉代流行歌曲与民谣》(Popular Songs and Ballads of Han China)，伦敦，1982 年，1988 年重印。最后，我要感谢钟鸣旦（Nicolas Standaert）[鲁汶天主教大学（Catholic University of Louvain）] 让我有时间完成这篇文章。

一、《道藏》版《无极经》的版本、结构与标题

马伯乐参考《太清金液神丹经》,认为这个文本如同《道藏》中所有文本一样,都是不准确的,15世纪承担这项出版工作的宗教人士忽略了纠正印刷错误,并且很可能他们当时所持有的道教经典的手稿已经损坏了。因此有人在重印时(1524,1598)做了一些修改也就不令人惊讶了。[1] 1445年的《道藏》有480函,共5305卷或4551册。[2] 1598年的重印本中至少有不完整的两大套被保存了下来:位于东京的宫内厅书陵部的4115卷和位于巴黎的法国国家图书馆的2715册。[3] 重印本中的几篇文本与1445年版相同。[4] 窪德忠将1598年重印本中属于全真

---

[1] 马伯乐:《关于东方罗马帝国的道教》("Un texte taoïste sur l'Orient romain")(1937年),马伯乐:《中国宗教·历史杂考》(*Mélanges posthumes sur les religions et l'historiçues de la Chine*)第3卷,《历史研究》(*Etudes Historiques*),巴黎,1967年,第95—108页,尤其第101—102页。

[2] 龙彼得:《道书》(*Taoist Books*),1984年,第60页。一卷可能包含好几个标题或一个标题下的好几卷(章)。一函包括好几卷,但一册可能包含两卷。1926年重印本中每一页有20列而非25列,并且分成了1057部或卷;参见鲍菊隐《道教正典现代版本注释》第88页。

[3] 见法国国家图书馆(BNF)卡片档案。第一个数字(宫内厅),见窪德忠(Kubo Noritada):《东方宗教》(*Tôhô shûkyô*)1955年2月第7期,第72—75页,尤其第75页。东京的东洋文化研究所藏有一套159卷的本子,已经包括在宫内厅那一套中。前者表明1598年重印版只是1524年重印版的复制;见窪德忠,第74页。据朱越利《道藏总论》(中国台北,1995年),两个重印本都经过修订(第148页)。

[4] 马伯乐《关于东方罗马帝国的道教》第96页,注释1(讲到一个正德时期的《道藏》版本,1506—1521)。席文(Nathan Sivin)的《太清丹经要诀》(《云笈七签》第71卷,第1—29页)评注本中有相当数量的修订(第217—245页),但1598年重印版(宫内厅复件)文本中却没有任何修(转下页)

道的64篇文本与1445年印本进行比较后发现：14篇相同，而另外50篇有少许改动（并非所有改动都看上去有道理）。[1]

《无极经》与另外三篇文本组成了"满"这一函十卷中的第二卷。[2]这一卷包含按顺序编号的16页或块（每块25列）；《无极经》的文本位于前七块。[3]保存于东京与巴黎的1598年重印本都包含该卷。[4]3—4块（1926年重印本，ff. 3b1-5b10）与1445年印本相同。[5]其余五块（1—2，5—7）经过了修缮，因为好几个字的形状都与1445年印本不同。然而，这些修改仅限于2、5、6这三块（ff. 2a6-3a10，6a1-7a5，7a6-8a10）（译者注：7a6表示第7页上第6行，2b5表示第二页下第5行，以此类推）：

| 第二块 | 2b5* | 【官】宫 | 第六块 | 7a6* | | 平 |
| | 3a5* | 【巳】已 | | 7b3 | | 胎 |

（接上页）订（第55页，注释39）；席文：《中国炼丹术初步研究》（*Chinese Alchemg: Preliminary Stndies*）剑桥：马萨诸塞，1968年。

[1] 窪德忠：《东方宗教》1956年3月第10期，第69—81页。例如，《道藏》第243卷中24处修改中的五处，以及《道藏》第297卷中6处修改中的三处并没有正当理由。

[2] "满"是《千字文》中的第396个字。这十卷包括1926年重印版中的第875—876册；参见106页注释2。

[3] 七页（175列）：本卷索引（5列）；《无极经》的标题与文本（155列）；5列：老君变化无极经终（"《无极经》结尾），前后各有空白的两列（1926年重印版，后面有空白的七列）。下一篇文本的标题与前九列（《道藏》，1196年）。

[4] 宫内厅：7074.4139.460.1；法国国家图书馆：汉语9546，1180—1183卷（《无极经》是按"戴遂良"文本编号的《道藏》版本中的1180卷），经影印查阅。

[5] 同样相同的还有，f.8b6中"八"与"重"两个字之间不同寻常的巨大空白不见了。

				7b4	【責】	青
第五块	6a1*		立	7b6*		佯
	6a6*			7b8	【上】	工
	7a4	【过】	遏	8a2	【火】	太
	7a5*		鞭	8a2	【还】	邃

13处修改中，七处（*）或多或少属于拼写校正。[1]例如，1445年印本中的"平"（7a6）看上去像"乎"，而"鞭"（7a5）的左半部分与"歀"的左半部分相同。不算这些拼写校正，还有六处改动。有些结合上下文是非常明显的，如"胚卵"应为"胎卵"，"責黄"应为"青黄"。[2]遗憾的是，《无极经》的重印本并非评述版：在被校订的几块中，好几处错误还没改过来，试举几例，如"至"应为"生"（2a10），"正"应为"止"（3a10），"送"应为"迁"（7a1）。很难说这篇文本究竟有多少个讹误，至少有30个，但也许多于60个。[3]尽管这只占总共2583个字（369行乘以7）的很小一部分，但一个讹误就可能严重妨碍对某一行的正确理解，尤其当诗人借助诸如省略等

---

[1] 窪德忠检查的1598年重印本的64篇文本中包含好几个这样的拼写校正，例如，"官"应为"宫"（《道藏》962，3.5b9）或"巳"应为"己"（五次）。窪德忠，《东方宗教》第10期，第70、76页。在《无极经》未经修订的部分中，"巳"而不是"己"又出现了两次（91与144行）。

[2] 参见f.4a7（未修订的块）："青"而不是"責"，见表C（144行）。把"壅过"改成"壅遏"也许并不必要，见表C（283行），而"火"这个明显的讹误不应该改为"太"，很可能应改为"大"（见下文）。

[3] 表C中可见约60行的一个列表，依我之见，其中一个或多个字是讹误。好几个字很可能是字形变体（34、46、293行）。

手法来获得一个属于他正在使用的韵部中的同韵词时。例如，1598年重印本中的"上"很明显应该是"工"（7b8），这一点是我之前也没想到的（317a：士卒百上），因为下半行的意义不明确："困狼当"。最终人们发现它是"困于豺狼当路"（被独裁者压迫）的一个省略语。[1]另一个例子是"西汉中"（37b）。大渊忍尔正确地对李弘在这一时期的出现表示了怀疑，尽管他并没有声称"西"这个字是讹误。因为37—42行讲述东汉时（142）老子向张道陵显灵，所以第37行不可能讲的是西汉。很明显它说的是"汉中"，一个在天师道组织的早期历史中扮演中心角色的地区，[2]而"西"字应该是"向"的讹误（见下文）。

除了汉字的讹误，《道藏》版《无极经》的另一个无助于文本理解的特点是缺乏对这首诗的合理划分。文本被分为四部分（译者注：1a7表示第1页上第7行，2b6表示第二页下第6行，以此类推）：

行　1—54　　　（54）　　　1a7—2a9
　　55—69　　　（15）　　　2a10—2b6
　　70—343　　（274）　　　2b7—8a9
　　344—369　　（26）　　　8a10—8b10

除了看起来是尾部的最后一部分（344—369），这种划分

---

[1] 见诸桥辙次（Morohashi）《大汉和辞典》36500.20（豺狼当路）；SGZ 23.667（豺狼当道），35.922（百姓困于豺狼之吻）；cf. HS 76.3234（为百姓豺狼）。"士卒百工"，见例如 JS 46.1310；参见 46.1295（"役"而不是"工"）。
[2] 柏夷：《早期道教经典》，第34—37页。

尤其是第三部分太粗糙了。《道藏》的编者，或他们之前的编者，很明显地知道这首诗先讲老子在西方显灵（1—54），再讲老子在东方显灵（55—69），但是从第 70 行起，他们再没有进一步划分（除了尾部），把如何划分这 274 行的任务留给了读者。

最后，这首诗的标题，很可能是《道藏》的编者添加的，会令读者对诗的内容产生误解：《老君变化无极经》似乎是指"一本关于老君的无限变化的书"。很重要但却是错误的，大渊忍尔说的是《老君无极变化经》。[1]然而，现在这个标题肯定是从第一行派生出来的："老君变化无极中"。这种变化或显灵是前 35 行的主题：无极时期，一个天国的年号，是老子离开中国、前往西方（1—9）教化胡人（22—35）的时代。[2]虽然《无极经》第一部分（1—112）讲述老子的五次显灵（见下文），但《无极经》并不像它这个标题所显示的那样，它既不是有关老子无限变化的文本，也不是老子的圣人传记。《无极经》最长的一部分（113—343）叙述了作者的经历与希望，他是从这

---

[1] 大渊忍尔《道教史研究》第 545 页，注释 16；索引，第 7 页。又见唐长孺：《魏晋南北朝史论拾遗》（北京，1983 年），第 224 页：《太上无极变化经》（但是，第 210 页，他给出了正确的标题"老君变化无极经"）。
[2] "无极"，参见《三洞珠囊》卷 8 第 28 页（10a8）中的化胡故事。吉冈义丰：《道教与佛教》第 3 卷，第 55 页；贺碧来：《7 世纪以前对〈道德经〉的评注》（巴黎，1977），第 237、239—240 页；孔丽维：《笑道论——中国中古时期的佛道之争》（Laughing at the Tao: Debates among Buddhists and Taoists in Medieval China）[普林斯顿，1995 年，第 58 页，n.1（Nonultimate＝无极）]，下文简称为《笑道论》。——编辑注

个角度来对待老子之前的显灵的。从神启经书或正典经书(如《道德经》)这一意义上来说,《无极经》的作者是一名天师道信徒这一事实是不适合称它为"经"的一个原因。早期天师道传统中的重点是组织、道德与教派实践,而非书面表达或编纂。[1]总之,最好不要去翻译这个标题,而应该认为这首诗原本就没有标题或者它的标题遗失了。很明显后来的编者在诗歌第一行的基础上造出了这个标题,他们省略了"中"字,以避免使用一些道教作品标题中的"中经"二字。

二、《无极经》的文本内容

全部的369行每一行都包含七个字并且押韵。这一"柏梁体"特色也使得每段与每节都是奇数行(见表A)。[2]每行第四个字之后有一个轻微的停顿,形成了四个字和三个字的两个半行。语言是高度程式化的(见表D)。此外,这篇文本有许多重复的诗行或半行,以至于约六分之一的诗歌包含着至

---

[1] 蔡雾溪(Ursula-Angelika Cedzich):《早期文献资料所反映的天师科仪——〈登真隐诀〉卷下所载仪式资料的翻译与研究》("Das Ritual der Himmelsmeister im Spiegel früher Quellen: Übersetzung und Untersuchung des liturgischen Materials im dritten chüan des Teng-chen yin-chüeh"),博士论文,尤利乌斯·马克西米利安大学(Julius-Maximilians-Universität),维尔茨堡(Würzburg),1987年,第9—10页;参见索安的评论第199页,《远东亚洲丛刊》(*Cahiers d'Extrême-Asie*)1988年第4期,第199—204页。
[2] 在某些奇数行段落中,首行是导入行:1、36、55、70、235行。段落划分为诗节有时多少有些随意(见表A)。由于引用及《无极经》其他版本的缺失,无法确定它的完整文本是否流传下来。尽管不排除抄写者偶尔可能会漏掉一行,但不能因为诗节内是奇数行就推断一定是缺了一行。

少出现两次的短语（见表B）。然而，如果考虑到一个词的渐增反复（顶真体），如77b/78a：如"浮云"/"浮云翩翩"，或是一个相似上下文中的重复的词汇，如77："布散流行　如浮云"/112b："行如云"/256b："行如浮"，以及其他形式的重复，如6a"道里长远"/336b"道里长"；145b"选种民"/191a"选种"，那么重复的程度就相当高了。并且，诗中还有15个不同的"重叠词"，一共出现23次（如"翩翩"出现了五次），或者反复出现的语法结构，例如前半行里带有所有格"之"的结构，[1]或后半行里用来表示某事几乎不可能的那些结构："难可""谁能"或"无人"再加一个动词。[2]某些入韵字被反复使用，如"生"和"名"都出现了13次。因此，按照未经修订的文本，这首诗（2583个字）仅用了809个不同的字（包括176个入韵字）。正是这种程式化的以及重复的语言使得人们得以在好几个地方（见表C）能校正文本。而且，这种通篇之中的行或半行的重复（见表B）表明这首诗是一个整体，而不是由写作于不同年代的各部分所组成的。

（一）按韵序划分

要想理解这首诗的内容，首先就要通过韵序对它做出合理的划分。正如王珣（350—401）所言，韵的变化暗示着主

---

[1] 除了"之"作为宾语小品词，还有 AA 之 B（33次），A 之 BB（4次）。
[2] 在行末："难可"（62、76、80、93、116、320、345），"谁能"（160、187、234、362），"无人"（49、102、339）；可交换使用的："难可当"（62、320），"谁能当"（234）以及"无人当"（339）；"难可遵"（76）及"谁能遵"（187）；"无人分"（102）及"谁能分"（362）。

题的变化(移韵徙事)。[1]《无极经》中的入韵字(47 个阴声与 322 个阳声)分为 15 类(依据丁邦新的《魏晋音韵研究》,1975):[2]

阴声
(1) zhi 之 13
(2) hai[3] 哈 2
(3) you 幽 11
(4) xiao 宵 2
(6) yu 鱼 10
(9) zhi[4] 脂 8

阳声
(15) dong 冬 17
(16) dong 东 24
(17) yang 阳 76
(18) geng 耕 107
(19) zhen 真 50
(22) yuan 元 30

---

[1]《晋书》第 92 卷,第 2398 页(参见《晋阳秋》,引自《世说新语》卷 4,第 92 页的评注)。一个很好的例子是潘岳(247—300)的《西征赋》,见《世说新语》,第 271 页。

[2] 此分析以罗常培与周祖谟的《汉魏晋南北朝韵部演变研究》(北京,1958 年)以及丁邦新的《魏晋音韵研究》(中国台北,1975 年)为基础。朱荷尔(Robert A. Juhl):《从魏至初唐的诗人音韵系统鸟瞰》(*A Survey of the Rhyming of Poets from the Wei dynasty into the early T'ang*),博士论文,华盛顿大学,1972 年;朱荷尔:《汉语韵部的音韵演变——从魏到梁》("Phonological evolution of the Chinese rhymes: Wei to Liang"),《美国东方学会会刊》(*JAOS*)1974 年第 94 期,第 408—430 页。

[3] 84 和 88 行的"哈"韵出现在一个"之"序列中(84—98),依据汉(魏)标准,是规则的。晋代有些作者仍然认为某些"哈"韵字(与 84 及 88 行相同)属于"之"类,见朱荷尔(见上文,注释 35),第 107 页;丁邦新:《魏晋音韵研究》,第 58 页。

[4] 第 133—141 行,唯一的上声序列。其余所有序列都是平声韵,除了两个很可能是误抄的入韵字(见表 C,次行 73 及 89)。一个例外是"乱"(142),一个去声入韵字,这个字被使用也许是因为它跟着一个上声序列(133—141)。同样情况也适用于下一行(143):"叹"(如今是去声)既能读成去声也能读成平声(丁邦新:《魏晋音韵研究》,第 163 页;罗常培:《汉魏晋南北朝(转下页)

(10) jie[1] 皆 1　　　　（23）han 寒 13
　　　　　　　　　　　（24）qin[2] 侵 3

2、10 和 24 这几类只是交叉韵。[3] "元"（22）和 "寒"（23）

（接上页）韵部演变研究》，第 68、207 页，n.3）。入韵字 "请" 可以读成平声而不是通常的上声，见《广韵》（在罗常培与丁邦新探讨的文本中，这个字没有用作入韵字）。

[1] 入韵字 "罪"（序列 133—141 中的 135 行：脂）没有出现在丁邦新探讨的文本中（参见《魏晋音韵研究》第 103—104 页）。在汉代，它属于 "脂" 类（罗常培：《汉魏晋南北朝韵部演变研究》，第 162、281、283 页）、"贿" 部（"灰" 部的上声对应字）。魏朝时，hui 部与其他韵部一起形成了新的韵部 jie（n.10），但与 "脂" 类有很多联系（魏朝：21 个不规则序列对 17 个规则序列；晋朝：46 比 66）。

[2] "冬"/"侵"（第 24）交叉韵（40、347、349）在汉代诗歌中是一种普遍的现象（丁邦新：《魏晋音韵研究》，第 217 页）。它在《淮南子》（2 次；罗常培：《汉魏晋南北朝韵部演变研究》，第 258 页）与《易林》（9 次；罗常培：《汉魏晋南北朝韵部演变研究》，第 286 页）中也出现过，这两本书中的 "冬" 类包含 "冬" 和 "东"（罗常培：《汉魏晋南北朝韵部演变研究》，第 78、93 页）。这个交叉韵在魏晋诗歌中没有发现，张瀚的一首诗中有 "东"/"侵" 交叉韵的例子（fl. 301—302）；见丁邦新：《魏晋音韵研究》，第 120 页；逯钦立，第 738 页，2 列。

[3]《无极经》中还有以下四个交叉韵（I—IV）：（I）"阳"（第 17）序列（215—241）中的 220（中）里的 "冬"（第 15）；魏晋（丁邦新：《魏晋音韵研究》，第 213 页）与汉代诗歌中（罗常培：《汉魏晋南北朝韵部演变研究》，第 46、56 页）各有四个 "冬"/"阳" 或 "阳"/"冬" 联系的例子。（II）"冬"（第 15）序列（1—9, 344—349）中的 3（同）、5（公）、7（僮）及 346（江）里的 "东"（第 16）。这两类之间的联系是一种寻常现象（丁邦新：《魏晋音韵研究》，第 213 页：55 个不规则序列对 269 个规则序列），汉代时更为常见（33 个不规则序列对 115 个规则序列，参见丁邦新《魏晋音韵研究》，第 249 页）。（III）"阳"（第 17）序列（305—340）中的 319（城，韵部 "清"）里的 "耕"（第 18）。魏晋诗歌中有 23 个 "阳"/"耕" 联系的例子（丁邦新：《魏晋音韵研究》，第 123 页）。多数联系涉及 geng 类中的 "庚" 部，但有时也涉及 qing 部（例如，崔琦的一首诗中的 "城"，见罗常培：《汉魏晋南北朝韵部演变研究》，第 189 页：堂霜芳成；参见丁邦新《魏晋音韵研究》，第 129 页）。第 300 行中出现了另一种可能的 geng 交叉韵，如果把它连接在有 zhen/yuan-han 入韵字的 290—299 行中；这个交叉韵确实出现过，但不（转下页）

这两类在汉代形成了一个单独的类别。丁邦新(1975)将它们分为两类,承认在魏晋时期它们从理论上仍是一个单独的类别。[1]同样在《无极经》中它们也不构成不同的类别。《无极经》中的"真"(19)类与汉魏时期的相符,共分六类:"真""谆""文""欣""魂""痕"。晋代时,"文"与"欣"这两类合并为新的"文"类,"魂"与"痕"两类合并为新的"魂"类。属于这四类的入韵字在《无极经》中都出现了,但它们并不构成不同的两类,如下列所示(数字20和21指的是新的"文"及"魂"类):

70—83: 22 **20** 19 **20** 19 19 19 **20** 22 22 22 22 22 19
99—112: 23 23 22 **20 20** 20 19 **20** 19 19 19 19 **21** 20
142—154: 23 23 22 19 **20** 19 22 23 **21** 23 22 **21** 22
170—192: **20** 22 22 22 22 19 22 **20 21** 22 23 23 22 23 23
22 19 19 19 19 **20 20**
290—299: 19 19 19 22 22 **21** 22 23 22 22
350—369: 22 19 19 19 **20** 19 19 23 22 22 19 19 **20** 22 **21** 22
21 22 23 22

"真"类(19—21)与"元/寒"(22/23)类很明显是行内

(接上页)经常。(Ⅳ)"冬"序列(1—9)中9(山)里的"元"(第22);仅有的两个"冬"/yuan联系的例子出现在《易林》中(罗常培:《汉魏晋南北朝韵部演变研究》,第286页:"官凶"与"中患")。注意212、261及303行末的"荣",303属于geng韵部。

[1] 丁邦新:《魏晋音韵研究》,第221页;相对607个规则序列,han类与yuan类间联系的例子有170个(魏朝:53比135,晋朝:117比472)。

韵("真"50次,"元/寒"44次)。这样的例子在魏诗中有16个,晋朝初期诗歌中有5个[1],而在汉诗中则更是寻常现象。[2]

如果不算有交叉韵的那几行,并且把带有"真"/"元"/"寒"韵脚的序列看作只有一个"单独"韵脚的序列,那么,《无极经》中共有28个序列(见表A)。由于有几个序列非常短,这28段自然不是各有一个不同主题。[3]例如,"鱼"类出现了两次(155—162及250—251),每一次后面都跟着含有"幽"类入韵字的诗行(163—165及252—259),它们属于"幽"类下面的"尤"这一分支。尤其是这一分支经常与"鱼"类行内押韵。[4]因此,155—165行以及250—259行也可以是有一个"单独"韵脚的序列。然而,总体来看,《无极经》中韵的变化似乎都伴随着主题的变化。

(二)进一步划分:记叙与停顿的交替

初看这28个部分,会发现它们与韵序并行,并且所处理主题的范围令人费解。进一步细看会发现,除了韵与主题的变化,

---

[1] 丁邦新:《魏晋音韵研究》,第147、150、162、167页(有一个 wen/ yuan/ han 联系)。最近的两个例子出现在杨方(约280—约340)的诗歌中。相对906个规则序列,有125个 zhen/ wen/ hun yu yuan(没有 han)之间联系的例子(丁邦新:《魏晋音韵研究》,第213、221页)。参见《天师教戒科经》中的诗歌(《道藏》第789号),及后面19b—20a行(14zhen、15yuan,以及3han 行)。

[2] 罗常培:《汉魏晋南北朝韵部演变研究》,第56、200—203、208—211页(100例对458个规则序列),另外还有《易林》(罗常培:《汉魏晋南北朝韵部演变研究》,第292—296页;126比330)。

[3] 300—304/341—343行中的 geng 类前后各有一个 yang 序列(305—340),而 yang 序列中也有一个 geng 交叉韵(319)。

[4] 罗常培:《汉魏晋南北朝韵部演变研究》,第58、91页;丁邦新:《魏晋音韵研究》,第201页(29例对367个规则序列)。

还有另一种划分这首诗的方法，即记叙部分与停顿部分的交替，这些停顿以各种方式打断故事：对某方面做出评价、展望未来或回看不远的过去，或者抱怨当下。有时这样的一个停顿本身就包含着记叙或评论，以至于《无极经》的确会给人一种文本混乱的印象。[1]实际上，《无极经》是七言诗一个很好的例子，王徽之（d.388）就认为七言诗具有"昂昂若千里之驹，泛泛若水中之凫"的特征。[2]尽管有停顿，《无极经》讲述的却是一个连贯的故事，分为很明显的两部分，以老子在过去的显灵开端（1—112），以作者曾经生活的以及正在生活的年代结尾（113—343）。

1. 第一部分（1—112）：老子从前的显灵

行	韵	方向	
1—9	冬	西	上西天（西升）
10—21	耕		停顿：在华山授书（《道德经》，传于《无极经》的作者）
22—35	耕		教化胡人（化胡）
36—42	冬	中	显灵于四川，授权张道陵为天师
43—54	耕		停顿：三天师
55—69	阳	东	显灵于东海

---

[1] 任继愈：《道藏提要》，第943页。
[2] 王子猷诣谢公（320—385），《世说新语》第25卷，第45页[引自《楚辞》之《卜居》]；参见许理和（Erik Zürcher）《佛教征服中国》(*The Buddhist Conquest of China*)，莱顿（Leiden），1959年，第94页；马瑞志（Richard Mather）译，《世说新语》，明尼阿波利斯（Minneapolis），1976年，第418页；戴维·霍克斯译，《楚辞》，哈蒙兹沃思（Harmondsworth），1985年，第205页。

70—83	北	显灵于幽河
84—98	之	停顿：如何逃避即将来临的灾难
99—112	真 南	显灵于南方野蛮人中（南蛮）、第三代天师张鲁的活动

这个故事从中间开始讲述。早期关于老子的故事常常以他在原始时代的变化、他显灵为古代的帝王出谋划策、他的出生、他在西周末年离开中国的决定、他与关令尹喜的相遇，以及他在离开前将《道德经》传于尹喜为开头。[1]而《无极经》的故事始于无极时期（在西周末年周幽王统治时期）[2]，当时老子离开中国，登上昆仑山（2—9），去教化胡人（22—35）。10—21行（韵的变化）打断故事，讲述老子授书（10，山上真人授我经），即《道德经》。[3]初读这一部分会认为传书于尹喜

[1] 索安：《汉代道教对老子的神化》，巴黎，1969年；孔丽维：《老子神话》（"The Lao-tzu Myth"），孔丽维、迈克尔·拉法格（Michael LaFargue）编：《老子与〈道德经〉》（Lao-tzu and the Tao-te-ching），纽约，1998年，第41—62页。

[2] 这是对无极时期年代的解释之一，依据的是为老子离开中国化胡而采用的年表（后来的传说中，常认为是周昭王二十三年，公元前1028年；例如，《道藏》第770号，卷3，第2页）。《无极经》的作者将无极时代等同于周幽王时代（或其统治下的一个时期），这从324—326行可以推断出（见下文）。

[3] 这本书（"经"）的名字并未提到，但鉴于这个故事的上下文，它肯定指的是《道德经》。12行提到一条戒律：慎勿贪淫　没汝形，289行重复：贪淫爱色　没汝形，参见《云笈七签》卷38，第18页：贪婬好色，27条戒律中的第20条；前面一行（228）包含老子180条戒律之一（《道藏》786；见表C, 183）。《道德经》的传播伴随着一套戒律的传播；见施舟人：《敦煌抄本中的道教职位》（"Taoist 'Ordination Ranks in the Tun-huang Manuscripts"），《东亚的宗教与哲学——石泰宁格纪念文集》（Religion und Philosophie in Ostasien.: Festschrift für Hans Steininger），维尔茨堡，1985年，第127—148页，尤其第129—131、140页；孔丽维：《仪式中的〈道德经〉》（"The Tao-te-ching

这一中断十分怪异，因为故事本应接着讲老子西升。然而，道教信徒是从一位大师那里接受《道德经》的，当（叙述这一惯例时）他们是在提醒自己那第一次授书：

> 伏闻皇老以无极元年七月甲子日将欲西度函关，令尹喜好乐长生，欲从明师受一言之书。[1]

信众从一位真人（第10行）那里得到了这本书，这位真人是来自五大名山之一的一位大师。其中一座山是华山，它邻近老子传书于尹喜的关口，老子西升后所注视的就是这座山（9b，望华山）。[2]

第10行开头"山"字的渐增反复将这部分（10—21）与之前的故事联系起来，而1a行（老君变化）在22a行中的重复标志着西升/化胡故事（1—9/22—35）的连续。这前三节的分析方法表明像"韵的变化暗示着主题的变化"及"记叙与停顿的交替"这样的手法在应用时不应太严格。当故事继续（22—35），作者又使用了与之前停顿处（10—21）同样的押韵，而即使押韵不同，这处停顿也能通过渐增反复（9b/10a）与前一节（1—9）连接上。此外，这个停顿本身就包含一个记

---

in Ritual"），孔丽维与迈克尔·拉法格编：《老子与〈道德经〉》，第（转下页）（接上页）143—161页，尤其第144—147页。

[1]《无上秘要》卷37，第3页；施舟人：《道教职位》("Taoist Ordination Ranks")，第137—138页。

[2]《老子化胡经》卷10中（5世纪）老子从华山往昆仑；见第2004, 20列（逯钦立，第2248页，第12行），参见26列（逯钦立，第2248页，第15页）。

叙部分：授书（10—13），然后是对书的评论（老君之道自然并……14—21）。

简言之，这个关于老子显灵的故事有两段明显的情节（西升/化胡），它们在合适的地方（1—9/22—35）被《道德经》传于本诗作者这另一层叙事所打断。

第二次变化涉及李弘（即老君）向第一代天师显灵（36—42，"冬"韵）。第一行（36）总结前面的故事。接着文本继续（最后一列给出的是未经修订的文本）：

37 随时转运　向汉中　　西汉中
38 木子为姓　讳口弓
39 居在蜀郡　成都宫
40 赤石之城　出凌阴　　赤名之域
41 弓长合世　升天中　　建天中
42 乘三使六　万神崇

前面提到过，"西汉中"肯定是讹误。假如这首诗的创作时间接近于360年（如我所认为的），那么作者不可能用"西汉"这个词，这个词最早出现时已是将近5世纪末了。[1]因此，如同220b行（"治汉中"），37b行说的应该也是"汉中"。这一

---

[1] 依据《佩文韵府》（74.2966.1）与《中文大辞典》（35587.660），最古老的例子是：《宋书》卷23，第678页（沈约编，441—513年，488年与494或502年之间）；梁武帝（502—549年在位）的诗歌《阊阖篇》（逯钦立，第1515页）；庾信（513—581）的散文诗《小园赋》。这之前人们用"前汉"或"西京"（参见《宋书》卷94，第2301页："西汉"与"西京"两种称呼都有）这个称呼。

行紧跟着老子化胡的故事(22—35, 36),介绍了一次新的显灵。[1]许多文本讲到老子返回中国[2],但只有为数不多的几个特别提到了老子返回汉中:

> 老子于周幽王时(西周末年)离开中国,教化胡毕,还汉中,授张镇南(张鲁,第三天师)正一之法(正一盟威道)。[3]
> 幽王时,老君教胡,还当入汉中。[4]

这两处引文并非在所有方面都与《无极经》所讲述的故事相符,《无极经》没有讲述正一道授予张鲁或《太平经》授予干君,它讲述的是正一道(可从《无极经》的相关诗行中总结出

---

[1] 注意一个类似的事件顺序(胡儿弥伏　道气隆……木子为姓　讳口弓),但延伸至后来,可以在《洞渊神咒经》(《道藏》第335卷)中找到:"六夷宾伏,悉居山薮,不在中川。道法盛矣,木子弓口,当复起焉。"(卷1,第4页)
[2] 例如,《三洞珠囊》中化胡故事:卷9,第7页(还中国)与卷9,第18页(还东国);参见《老君十六变词》(5世纪末):化胡成佛还东秦(逯钦立,第2253页,第6页)。根据后来的版本,老子三次复还东夏:在孔子时代曾教导孔子;周赧王在位时期(前314—前256)传《太平经》于干君;汉安年间(142—144)在蜀郡传正一教法于张道陵;见贺碧来:《道德经》注解》,第240—241页(成玄英注解序言的译文,fl. 约650年)。孔丽维:《笑道论》,第93页(约570年)。
[3]《太上妙始经》,《道藏子目引得》第658号(约5世纪),f.7a1。
[4]《老君说一百八十戒序诀》(6世纪前半叶),引自《太上老君经律》(《道藏子目引得》第786号),f.2b5-6;参见《云笈七签》卷39第1页。下面杜光庭(850—933)《录异记》(《道藏子目引得》第590号,编于约923年)卷1第1页的一段文字也暗示老子回到汉中(尽管没有提到老子本人):"鬼谷先生(鬼谷子)随老君西化流沙,洎周末复还中国,居汉滨(即汉中)鬼谷山。"傅飞岚:《蜀——杜光庭〈录异记〉里的"圣地"》("Shu as a hallowed tand; Du Guangting's Record of Marveds"),《远东亚洲丛刊》1998年第10期,第213—254页;尤其第248页。又见下一条注释(老子返回天水)。

来)授于蜀郡的张道陵(39a),而当时老君自称为李弘(38)。正如王明所提出的(见上文),起义领袖或救世团体的领袖们所托称的是这个李弘,而非历史上的圣人"成都的李弘"。寇谦之谴责这些人,因为作为凡人,他们竟然假称自己是老君的化身李弘。传说这次显灵发生在142年的东汉,这为第37行的"西汉"为讹误这一说法又增添了新的论据。大渊忍尔曾含蓄地对"西汉"表示过怀疑,他认为李弘出现在西汉"至少可以说是有些奇怪的"(见上文)。因此第37行讲述的应该是老子回到汉中,又从汉中去蜀郡授予张道陵天师的称号。其次一个重要的问题是该用哪个字来代替"汉中"之前的"西"字:"入""向",还是别的字。[1]

对于《无极经》在这里所讲的老子向张道陵显灵一事,目前还不太清楚。吉冈义丰认为这篇文本所讲的是李弘即将出现,可能是由于《无极经》将"李弘"二字拆分开来解释("木子口弓"),就像那些宣称他即将出现的其他文本一样。[2]唐长孺引用了37—44行并指出这些诗行至少部分讲到了第一代天

---

[1] 由于"转运"(37)已经暗示"回归",替代"西"的字可能不是"还"。这个字应该表达回归的方向,例如"向"(移动至),参见《化胡歌》,第2004页:我昔离周时,西化向罽宾;逯钦立《先秦汉魏晋南北朝诗》第2249页第6栏。另一个可能是"栖"(停止):既然方向已经清楚了,那么汉中就是老子前往蜀地前的停留之地;参见《道藏子目引得》第590号(杜光庭:《道教灵验记》),卷5,第6页:印度化胡之后,老子与尹喜悄悄返回中国布道,并栖止于秦州(天水,尹喜的故乡,汉中西北)。
[2] 例如,《道藏子目引得》第322号:弓口十八子;《道藏子目引得》第335号,卷1,第5页、第10页:木子弓口;S.2122,339列:木子弓口;《道藏子目引得》第790号,卷5,第3页:木子三台。

诗歌体《老君变化无极经》论要

师："西汉时期老子被称作李弘，他生活在成都，并且显然当他在东汉时期向张道陵显灵时仍然被称作李弘"。[1]然而，除了这篇文本肯定讲的是汉中这一条论据外，考虑到这首诗的整体结构，它不大可能在六行的篇幅之内同时讲述老子在西汉以及在东汉的显灵。

两个早期的天师文本是这样讲述老子向张道陵的显灵的：

道以汉安元年（142）五月一日，于蜀郡临邛县渠停赤石城，造出正一盟威之道。[2]

汉安元年壬午岁五月一日，老君于蜀郡渠亭山石室中，与道士张道陵将诣昆仑大治新出太上。[3]

又见《张天师二十四治图》（《三洞珠囊》卷7第6页下，《云笈七签》卷28第1页下）："以其年（142）于蜀郡临邛县渠亭山赤石城中。"《玄都律文》（《道藏子目引得》第188号，f.19a，无年代）："蜀郡赤城。"

将这三篇与《无极经》的39—40行（蜀郡 成都宫 赤名之域）相比较，"赤名之域"是对"赤石之城"的明显误读。[4]遗憾的是，蜀郡（成都市周围地区）渠亭山的所在地仍然未知，赤石城的所在地自然也无从知晓了。后者常被等同于

---

[1] 唐长孺，第210—211页，没有对《无极经》的年代发表意见。
[2] 《天师教戒科经》，《道藏子目引得》第789号，f.14a-b。
[3] 《三天内解经》，《道藏子目引得》第1205号，1.5b。
[4] "域"和"城"经常被混淆，参见逯钦立453（最后一列）；唐长孺，第194页（第210页引用了《无极经》第37—44行，唐长孺将"城"误写为"域"）。

临邛县（今大邑）成都西南的鹤鸣山，该山是早期天师道二十四治中的第三治。[1]然而，《张天师二十四治图》（见上文）并未将赤石城等同于鹤鸣山，据说张道陵只是在那里学道。[2]按另一种或许晚些的传统说法，赤石城（以及老子向张道陵显灵之地）位于青城山（成都西北）南山脚下，有时也被称为"赤城"或"赤城都"。[3]然而，这可能是一种早期说法。约公元300年，天师范长生（d.318）带领千余户人家移居至青城山，这很可能不仅是出于安全方面的考虑，也有宗教原因。[4]此外，青城山上的长生观就在赤石城附近。据属于原始上清神启（364—370）的《上清后圣道君列纪》（《道藏子目引得》第

---

[1] 柏夷：《早期道教经典》，第183页n.2与第277页注释n.10（对第171与215页的注释）。参见《无上秘要》卷84，第10页；《道藏子目引得》第463号，卷1，第2页；《道藏子目引得》第615号，卷1，第1页；《道藏子目引得》第1463号，卷1，第2页，卷2，第3页。曹学佺（卒于1646年）、刘知浙编：《蜀中名胜记》（重庆，1984年），第201页（鹤鸣，没有提到老子在此向张道陵显灵）。

[2] 柏夷：《早期道教经典》，第34页（第67页n.13）。"二十四治图"不是一篇天师道文本，而是有关上清灵感，它很可能是以遗散的《道迹经》的一部分（类似于《真诰》的一本汇编，年代在4世纪末或5世纪初）。

[3] 杜光庭：《青城山记》（《全唐文》卷932, f.12）；参见《太平御览》卷44，第4—5页（另外还有：青城山的两处洞穴被称为"龙宫"）；曹学佺，第85—94页。实际上青城山与鹤鸣山彼此相连，见《张天师二十四治图》（《三洞珠囊》卷7，第8页；《云笈七签》卷28，第5页）。

[4] 祁泰履（Kleeman）：《大成——一个中国千年王国的宗教与种族》（*Great Perfection Religion and Ethnicity in a Chinese Millennial Kingdom*）（檀香山，1998年），第83—85页；傅飞岚，第249页；唐长孺：《范长生与巴氏据蜀的关系》，同上中，《魏晋南北朝史论续编》（北京，1959年，重印1978年），第159—160页（第155—162页；首次发表于《历史研究》1954年第4期，第115—121页）。

442号）记载，"后圣帝君"李讳弘元（f.1a8），将在一个壬辰年（392？）降临青城山（青城西山，f.4a3），由此开始他在四个区域（西、北、东、南）的巡视之旅，届时所有恶人都将灭绝，而善人将作为种民存活下来。[1]与那些自称李弘的起义领袖相似，"帝君"（《道藏子目引得》第442号）是李弘的一次新的显灵，也即向张道陵显灵的老君。由于人们期待这位帝君降临青城山，这座山显然是李弘第一次现身的地方。

赤石城即青城山这一说法很可能是由"成都宫"（39b）这个词来确认的。那些在解释37—39行时提及西汉末年成都圣人李弘的人们认为"成都宫"指的是成都市，也许是考虑到它曾是蜀汉（221—263）与成汉（303—347）的国都，这就能解释为何用"宫"这个字。然而，依照《三天内解经》，老子向张道陵显灵是在"石室"中，那么"宫"显然是"洞宫"，即"洞天"。[2]所以成都宫是"洞穴"或第40行所说的"凌阴"。[3]"凌阴"这个词或名字意为"冰室"（"阴"借以表示"窨"，地下

---

[1] 译文参见柏夷《早期道教经典》，第346页。
[2] "洞宫"，参见《真诰》（《道藏子目引得》第1016号），卷1，第7页；参见《无极经》230下：宫堂；335下：石座堂。这些地名的一份列表标题为："天地宫府图"；傅飞岚：《超越的内在性——道教仪式与宇宙论中的洞天》，《远东亚洲丛刊》1995年第8期，第275页。
[3] 同样南阳指的不是南阳市（65b，见表D），华阴堂（《无极经》61页b）也不是华山附近的华阴市（参见《无极经》132b）。华阴显然是昆山上一座厅堂的名字（《无极经》61页a），它被弱水环绕（参见《无极经》82b、83a）；参见张衡（78—139）《思玄赋》：乱弱水之潺湲兮，逗华阴之滀渚（《后汉书》卷59，第1923页；注解认为它指的是华山附近的华阴）。

室)[1]，但此处它特指洞穴（cf.184a，229a：凌阴之室）。尽管没有文本证实青城山下存在一个成都洞，但至少在青城山范围内有一个成都山（案山），山前有个麻姑洞（青城山下的八个洞穴之一）。有一份相当晚（约1221）的资料，《舆地纪胜》，提到过这一点，后来的方志也引用过。[2]然而，离青城山不远（白鹿山西约40公里），今天成都北彭县（从前的九陇县）白鹿山下有一个叫作"小成都"的洞穴。人们是从描述北周（557—581）领土的地理书籍《周地图说》中的一个故事知道这个洞穴的，当时的四川在北周境内：公元432年，一位猎鹿人无意中进入这个满是村庄和房屋的洞穴；当他询问这是什么地方时，有人回答"这是'小成都'"。[3]这个故事本身并非宗教传说，而且它后来的一个版本与陶潜（365—427）的《桃花源记》很相似。《桃花源记》实际建立在一个洞天之旅的故事上，而道教文本《五符序》第一部分（3世纪末或4世纪初）讲到过这个洞天。[4]类似的，白鹿山下小成都洞穴的故事很

---

[1] 颂歌154（"七月"），第八节。对于"凌"，人们还发现了"陵"（参见诸桥辙次《大汉和辞典》1669.4及41704.8）。

[2]《舆地纪胜》，卷151，第9页；又见后面一页第8页、第10页。参见《四川通志》或17世纪地理百科全书《读史方舆纪要》（卷67，第2830、2874页）。

[3] 唐长孺：《读〈桃花源记旁证〉质疑》，同上中，《魏晋南北朝史论续编》，第165—167页（第163—174页）；《太平寰宇记》，卷73；又见《道藏子目引得》第592号，第5卷，第8—9页（《云笈七签》卷112，第30页）；后者译文见鲍吾刚：《中国人的幸福观》（慕尼黑，1971年；1974年重印），第269页，一些错误比如年代（约265年）以及将"白鹿山"写成"白虎山"（成都南约150公里）。

[4] 柏夷：《桃花源与洞穴通道》("The Peach Flower Front and the Grotto Passage"），《美国东方学会会刊》1986年第106期，第65—77页。

可能是从这座山的一个道教传说中找到了灵感。在《老子变化经》中（S.2295），白鹿山是 2 世纪中叶（144、146 及 155）老子三次现身之处。[1] 这部经书源自四川的一个道教团体，该团体一方面接近于同时期的天师道团体，另一方面又与之不同，甚至还可能是其对手。[2] 根据《老子变化经》，老子第一次显灵是在公元 132 年，比他在鹔爵鸣山向张道陵显灵早十年（阳嘉元年始见成都为鹔爵鸣山）[3]，这座身份不明的山与好几个资料中记载的老子向张道陵显灵的"鹤鸣山"或"鹄鸣山"很相似。天师们的主教区阳平治位于与白鹿山很近的一座山上（约 20 里）。直到 4 世纪初，白鹿山似乎仍然是那些没有加入张鲁组织的道教徒的避难所。303 年，益州（四川）刺史罗尚镇压成汉王朝（303—347）的建立者李特未果，杀刘敞。后者隐居在白鹿山，是益州刺史（194）刘璋的曾孙，刘璋曾杀张鲁的

---

[1] 石泰安 2295，64—70 列（译文与文本：索安，《汉代道教对老子的神话》，第 68、134 页）。索安还没有鉴定清楚白鹿山的身份，只是指出在河南和湖南有叫这个名字的山（第 68 页）。由于手稿 20 世纪初才发现，当地的方志提到白鹿山时并未将其与老子显灵相联系。因为另两次显灵（132 与 148 年）发生在成都或其附近，所以白鹿山有可能在成都地区内。而且，蜀国国王最后一位后人死于白鹿山（其父，最后一位国王，于公元前 316 年秦国征服蜀国时被杀害，而他本人作为太子则设法逃脱）。《老子变化经》中所证实的救世抱负也许可以很好地解释人们为何相信老子曾在白鹿山显灵。见《华阳国志》（上海：商务印书馆，1938 年），卷 3，第 29 页；《彭县志》，卷 3，第 1041 页；参见祁泰履《大成——一个中国千年王国的宗教与种族》，第 24 页。
[2] 有关两种传统的差异，见索安《汉代道教对老子的神话》，第 73—74、79 页。
[3] 石泰安 2295，63 列；参见索安《汉代道教对老子的神话》，第 74 页。有关"城都"而非"成都"，又见 66 列（指成都市）。

弟弟与母亲；后者经常往来天师教教徒、刘璋之父刘焉家。[1]《老子变化经》虽创作于2世纪晚期，却并未提到成都的洞穴，《周地图说》中的那个故事可能包含与白鹿山下的洞穴相关的宗教传说的痕迹，故而也包含着成都周围地区两个道教团体敌对的痕迹，这两个团体的圣地彼此相邻，因此他们有时使用相同或相似的名字。

只有最后两行（41—42）讲到张道陵（弓长＝张），但没有用他的名（"陵"，通常为"道陵"），因为这是忌讳（见例如《真诰》卷8第8页下陶弘景对"张讳"的评论），就像第38行（木子为姓　讳口弓）中李弘的名字一样。然而，在第41行里，"合世"似乎并不是"陵"字的拆解。它可能是"才合世求"的省略语，"他的才能符合这个世界的需求"，即"正确的人在正确的时间"。[2]另一种可能是"合世"是"五世"的讹误；根据《三天内解经》，张道陵是汉高祖谋士张良的玄孙（卷1第8页下第8行，张良玄孙道陵）也即第五代后人。[3]少数的几个早期文本讲到了老君在洞穴中向张道陵显灵（见上文），并引领他拜访昆仑山大教区"新出太上"的故事，《三天

---

[1]《华阳国志》卷8，第112—113页；曹学佺，第74页；《彭县志》卷3，第1071页；《四川通志》卷10，第37页；祁泰履：《大成——一个中国千年王国的宗教与种族》，第76页。

[2]《抱朴子外篇》39/180/12；参见《三国志》1.2（天下将乱非合世之才不能济也）。

[3] 柏夷：《早期道教经典》，第221页；参见第158、170行。一份相当晚的资料（元代），《道藏子目引得》第296号，卷18，第1页，称张道陵为张良第八代后人（合＝八？）。

内解经》便是其中之一。《无极经》所讲的"天中"（很明显是为了符合本节中的"冬"这一韵部）与"天庭"（51，"耕"韵）类似，指的就是昆仑山。[1] 在第41行（建天中），表示"建立、成立"的"建"字似乎说不通，显然它是"升"字的讹误（升天中，cf.111b，升昆仑）。在第42行中（乘三使六　万神崇），"三"和"六"指的是前面一行中的"天"，这与《三天内解经》（第1卷第5页下）相符：张道陵成了"三天法师"以抑制从前及现在都无比邪恶的"六天"的统治。[2]

第43行的韵有变化（"耕"），主题也变成了"三天师"（张道陵、张衡与张鲁）。故事在此处被明显打断，因为老子向张鲁显灵将只在99—112行有描述。到这处停顿的结尾（43—54）作者又返回记叙部分的主题来讲述（50）张道陵如何服食"龙胎"成仙，再以一段对仙人张道陵的诗意描述来结尾（51—54）。

第三次显灵的故事（55—69，"阳"韵）实际并不包含任何叙事。开端第一行仅仅讲述老子生活在东海。然后是一段对

---

[1]《道藏子目引得》第1205号，第1卷，第5页（与张道陵将诣昆仑大治新出太上）；柏夷：《早期道教经典》，第215页；参见《无上秘要》卷100，第7—8页（《升玄经》），太上在昆仑山教区教导张道陵。"天中"，见《道藏子目引得》第592号，第1卷，第10页下1；《道藏子目引得》第880号，f.第14页下4；参见诸桥辙次《大汉和辞典》5961.230。"天庭"指昆仑，见诸桥辙次《大汉和辞典》8173.59（嵇康）。
[2] 柏夷：《早期道教经典》，第188—194页（"三天"）。在第42行中（使＝使役），"乘"很可能是"承"的讹误，参见《三洞珠囊》第7卷，第7页第2行（《云笈七签》第28卷，第2页第4行）：公元142年，张道陵与其他几人一起受命统承三天。

东海(56—58)以及所有发源自昆仑山并流入东海的河流的描写(59—61)。[1]这段描写引发了一次停顿(62—69),警告人们做好准备以防洪水,通过升入仙界(62—63)来战胜灾难(64—65)[2],结尾描写这种仙境中的欢娱(66—69)。[3]

第四次显灵的故事(70—83,"真—元—寒"韵)也同样单薄:老子去往幽河的发源地(70,吾入幽河止泉元),即北方。然后是一次布道(71—83),很明显是老君在那里主持的。这个"故事"被一处停顿(84—98,"之"韵)打断,作者在此处评论了他那个时代的灾难(87a,今世),给出逃避灾难的建议并在结尾处提到了北平无终人"田畴"(d.208)。193年,汉王朝日益衰败,田畴率领宗族里的几百人进入附近的徐无山中,成为领袖。和张鲁很相似,他统治这个团体却并未称王。他的仁政美名吸引了其他人,最终有5000多户入住徐无山。207年,他助曹操征服邻近地区,却拒绝任何奖赏,始终保持着事实上的独立。[4]由于无终与徐无山都位于幽州(北平

---

[1] 除了重复(55b=337b; 56 上 =338 上;58a=347a; 60 百川顺流,参见 319 百川之流),这段描写高度程式化,见表C(60页)及表D(58页,59页,61页)。

[2] 阴气踊跃(62)指洪水,参见《易林》(《道藏子目引得》第1475号) A, 4.24页 5(阴气等同于洪水);《易林》A, 5.31页(三河俱合,水怒踊跃);《晋书》第27卷第812页:阴气盛,故大水也。

[3] 67a 行,见 表 C; 67b 行(举乐觞)=《世说新语》第25卷第5页。南阳(65b),见上文。

[4]《三国志》第1卷第29页,第11卷第340—345页;川胜义雄(Kawakatsu Yoshio):《六朝贵族制社会研究》("L'aristocratie et la société féodale au début des Six Dynasties"),《京都大学人文科学研究所备忘录》[Zinbun. Memoires of the Research Institute for Humanistic Studies (Kyoto University)]1981年第17

周围地区及辽东与朝鲜部分地区），老子在幽河的第四次显灵似乎与此有关，尽管《无极经》并未将田畴看作老子的化身。

第五次也是最后一次显灵（99—112，"真—元—寒"韵）讲述了"龙"（孔子将老子比作龙）前往四川南蛮地区（99，龙乘浮云到南蛮）。[1]这指的是第三代天师（d.216）[2]，也称"师君"（103a）的张鲁在215年投降曹操后被任命为"镇南将军"的故事。[3]师君一出现就终结了以前的灾难。于是，太平真君现身来拯救登上昆仑山的种民。

第一部分（1—112）最后一节像开头那样做了个总结：从老子登上昆仑山（2—9）到信徒登上昆仑山（110—112），《无极经》最后一个诗节也是以昆仑山结尾的，罪人在昆仑山上获

期，第107—160页，尤其第137—138页。94页行中"口中安（转下页）（接上页）十"，即"田"指田畴（田部的"畴"字实际上与"田"同义）。葛洪（283—343）与陶潜（365—427）等人仍然十分推崇田畴（字子泰），见《抱朴子外篇》（50/204/9）及诗歌《拟古》其二（逯钦立，第1004页，第4行）。

[1]《史记》第63卷，第2140页（至于龙，吾不能知其乘风云而上天，吾今见老子，其犹龙邪）。一部名为《犹龙传》（《道藏子目引得》第774号）的老子传记。

[2]他的卒年（216、231或245），见柏夷《早期道教经典》，第150—152页。

[3]"师君"，见《后汉书》卷75，第2435页，《三国志》卷8，第263页。"镇南"（张镇南），见《后汉书》卷75，第2437页。投降曹操之后，张鲁被任命为镇南将军。在此处的上下文中，"南蛮"指的是非汉人，尤其是成都东四川地区及汉中以南地区巴郡的板楯蛮。张鲁在那一带曾很活跃；《后汉书》卷75，第2433页；祁泰履：《大成——一个中国千年王国的宗教与种族》，第74—77页；石泰安（Rolf Stein）：《关于2世纪道教的政治宗教方面的运动》（"Remarques sur les mouvements de taoïsme politico-religieux au IIe siècle ap. J.C."），《通报》1963年第50期，第1—78页，尤其24—25页。《无极经》讲得更详细一些，"江水"地区位于巴地南部，包括江州（现在的重庆），是前巴国的都城之一（祁泰履：《大成——一个中国千年王国的宗教与种族》，第35页）。

得了宽恕并从疾病与灾难中解脱出来（366—369）。

2. 第二部分（113—343）：当今时代的悲惨境况

在第一部分（1—112）里，记叙与停顿的交替有时变成两种记叙的交替：主叙事有关老子之前的显灵，而"次"叙事有关作者生活的当今时代或不远的过去，作者唯一一次提到"我"（9—10）是在第一处停顿的开头。在第二部分（113—343）里，次叙事成了主叙事：先描写老子通过显灵在世界的五极救苦救难，然后诗歌进入作者曾经生活过并仍生活在其中的悲惨时代（约300—360）。老子最后一次救世显灵发生在张鲁生活的时代（d.216），这已是过去的事了。作者只能期盼太平真君像在张鲁时代（103—104）那样再次显灵，期盼汉中（220）团体的重建，将再次聚集于成都附近的阳平治。

老子接连有序的显灵（西、中、东、北、南）与作者的旅程及往中国各个方向的逃亡形成鲜明的对比：东北部的辽东（113）、中部的洛阳（147）与长安（242）、西部的广汉（242）、南部的扬州（147）、建邺或建康（260）以及更南边（越南北部）的日南（263），最后以一次实际的或计划中的西行结束（326，西度，一个经常用来表述老子西行的词汇）。[1]在这方面这首诗的结尾也如同它的开头那样：追随老子的脚步西行，最终决定登上昆仑山（366—369, cf.6—9及110—112）。在326行，西部很明显是指四川，而那次实际的或计划中的西行

---

[1] 例如《化胡经》《三洞珠囊》卷9，第15页，第8行；T.2139：53.1266.3.5，1267.2.4）。24行提到老子离开中国时出现的一个征兆（见表C，324行）。

就在357年初之后（见下文）。

第一部分讲述了一个著名的主题（老子显灵），而篇幅更长的第二部分的线索更难跟随，因为它讲述的是一位不知名的作者的经历，而这只能从现有的文本中推理出来。和第一部分一样，这里也有记叙与停顿的交替，一种在这里不应该被严格应用的手法，因为它并不总是能与韵的变化相平行。

（1）第一次逃往南方（113—152）

这部分的故事对于具体时间并未给出任何线索。考虑到它前面一节（99—112，张鲁）与后面一节（242—249等），可以得出结论认为这首诗已进入西晋（265—316）没落时期，更具体讲是永嘉（307—312）早年。

第一节（113—132）讲述一个不幸福的孩子（从后文逻辑来看显然是《无极经》的作者）参与一次前往辽东的不成功的逃亡（113—117）。[1] 在相同的韵序中，接下来是一处"停顿"（118—130），或者可以说是有关将来如何获救的评论。结尾两行（131—132）又回到记叙[2]：逃亡的唯一可能地点在华阴

---

[1] 永嘉时期（307—312）许多北方中国人逃往辽东，参见《晋书》卷81，第2113页，第108卷，第2806页，G. 施赖伯（G. Schreiber）：前燕（285—370）王朝的历史》["The History of the Former Yen dynasty（285-370）"]，《华裔学志》（*Monumenta Serica*）第14期（1949—1955年），第374—480页，《华裔学志》1956年第15期，第1—141页，尤其第405—406、409页；郁郁（第113页：郁郁之童，参见第98页：犹豫之子）"不幸福的，不满足的"，比较"郁郁不得志"（不得意），例如《晋书》卷55，第1502页，卷92，第2381页，卷99，第2381页（《汉书》卷52，第2383页）。

[2] 记叙部分的最后一行（117，道路隔塞绝不通）在131行中被重复（路不通）。

东部地区（132，靠近华山与长安东），暗示着向西方的逃亡也没有成功。

这个故事被另一个叙事部分（133—141）打断[1]，这部分是唯一使用上声韵序的。它讲述了当时出现的两个不祥征兆（133—135，136—139）。这部分最后一个诗节（139—141）则讲述了一个吉兆：白雉（cf.《宋书》卷29，第863页）出现在"金容城"。遗憾的是，我至今未能找到任何提及这些征兆的资料。此外，它们出现或被观测到的地点也不清楚：金容城、南方、俯瞰大海的一座高山，这些地点放在这个叙述中似乎都不合适。金容城也许指的是建邺或建康，古称"金陵"。白色动物或物体的出现预示晋朝的重建，因为白色是晋朝维持统治所依靠的"五行"的颜色，因而预示它在金陵的重建。[2] 另一方面，考虑到下一处停顿所讲到的悲惨局面，此处的吉兆（除非它预期向扬州逃亡的成功）并不真的适合出现在这里。另外，第141行似乎讲的是一个从地下出来的物或人（地符）。这样一个不祥的征兆出现在307年初：洛阳步广里地陷，出现了两只鹅。有斑点的一只飞走了，白色的那只不会飞。只有董养（fl.265—311）解释这件事："今有二鹅，苍者胡象，白者

---

[1] 注意程式化的语言：135行（令人目暗，参见《道德经》卷12：令人目盲），136行（鱼藏身渊，参见《易林》,《道藏子目引得》第1475号，卷5，第36页：鱼藏深水），136行（食饵死，参见《易林》B, 卷5第33页3：鱼鳖食饵，死于网钓）。137行中，"不但"似乎是讹误；"南方"也许也是指这个帝国的最南部，即广东及越南北部（例如，见表D, 262行）。

[2] 参见《晋书》卷6，第144页，卷11，第76页，2003年。

国家之象,其可尽言乎?"[1]

　　这处停顿(133—141)之后是一个简短的评论(142—146):这场战争、屠杀(143)及逃离是由于人们道德堕落及违背"道"(老子)的指示所招致的。但还是有人经洛阳北的孟津(147)成功逃至淮扬(扬州,或更具体来讲扬州北部,沿淮海)。[2]

　　(2)"救世圣歌"(153—241)

153	人心归情还本根(韵:真)	166	百川之水归海中 (冬)
154	根深固久物自然(元)	167	海水瀿瀂志无穷(冬)
155	自然之气出虚无(鱼)	168	无穷之东有沃焦(宵)
156	鲁道荡荡合与俱(鱼)	169	沃焦所受无不消(宵)
		170	变散形身作浮云(真)
157—162:157—159> <160—162(鱼)		171	浮云翩翩还入山 (元)
163—165		(幽)172—192	(真/元)

又见表A

---

[1]《晋书》卷28,第864页;《世说新语》卷8,第36页(参见马瑞志(转下页)(接上页)译《世说新语》第222页)。"地符",见诸桥辙次《大汉和辞典》4890.411。
[2]关于淮杨(147a)没有进一步的例子。很明显"杨"是"扬"的讹误,就像255行有一个相反的错误:"扬"被写成了"杨"(见表C)。但即使是"淮扬",究竟指哪个地方还是不清楚:它是不是"惟扬"的讹误?惟扬是扬州的别名,出自《尚书》:淮海惟扬州[例如《晋书》卷15,第458页],或者它是否指扬州在淮海与长江的区域?更具体来说,是扬州北部淮南郡(参见这一段文字:凶在淮南汝南卫国,一曰凶在淮南南昌。安居香山(Yasni Kôzan)等《纬书集成》(Isho shûsei)卷6,1972年,第91页,这本书里淮扬似乎是淮南的别名。]

193—214　　　　　　（耕）

215—241　　　　　　（阳）

第152行之后有一个很长的停顿，但不是立即可见的。虽然韵部（142—154）只在第155行变化，但153—154行并不属于前面的记叙（147—152），而是与后面两行（155—156）组成一个诗节来打断这个故事：154b—155a中"自然"与153b—154a中"根"的渐增反复将153—156行连接起来。[1] 接下来六行（157—162）被"九都"（159b—160a）的渐增反复分成两个三行诗节。再接下来三行（163—165）中韵的变化使得这三行成为另一诗节。在166—171行中，韵变化了三次，166b—167a中"海"的重复、168b—169a中"沃焦"及170b—171a中"浮云"的渐增反复，使这一节形成了三个"双行体"（166—167，168—169，170—171）。同时，这些双行体构成一个诗节（c.q.两个三行诗节）：167b—168a中"无穷"的渐增反复，而170a（变散形身）中则重复169b中"灭绝"的意思（无不消）。简言之，尽管153—171行中的韵变化了五次，这些诗行却是一个整体，讲述的是同一个主题（"道"及作为一个持续与重复的凝聚与分散过程的创造），这一点可由171b行中的"还"字（153b）的重复所证实。第一节（153—156）"反映"在结尾最后两节中（344—369），这足以说明我们所面对的是一处停顿——实际上是诗中诗：

---

[1] 至于第155—156页，"无"和"鲁"属于同一韵部，但属于不同韵部，分别是"虞"，平声，和"姥"，上声（丁邦新：《魏晋音韵研究》，第76页）。

	362 混沌之气谁能分
	363 演散阴阳舒道元
153 人心归情还本根	364 养育肢体生华根
154 根深固久物自然	365 根深固久应自然
155 自然之气出虚无	366 自然之气出昆仑
156 鲁道荡荡合与俱	367 山北绝谷有温泉
	368 疗治万病除殃患
	369 犯罪之人更福原

  154/365 的行首重复了 153/364 行末的"根"字。而且，这几行几乎是相同的，这种情况也适用于 155/156（"虚无"与"昆仑"是对等词）。[1] 另外，在 154/155 及 365/366 行中都有"自然"这个词的渐增反复。换言之，这里有一个类似结尾的中断。第 171 行之后是被 175b/176a 中"万神"的渐增反复所分开的两个四行诗节（172—175，176—179）。[2] 179b/180a 中"门"的渐增反复造成了另外两个四行诗节（180—183，184—187）。它们与后面的诗行，直至第 241 行，仍然属于这处停顿，因为故事从第 242 行才又继续。这一行与停顿

---

[1] 见《想尔》（《道德经》第 10 号）：……太上老君常治昆仑或言虚无或言自然或言无名……参见柏夷《早期道教经典》，第 89 页："太上老君，他的永恒统治在昆仑山上。那有时被称为'虚无'，有时被称为'自然'，有时被称为'无名'的东西……"

[2] 175—176 行的渐增反复更加强烈，因为 175 行重复前面 174 行的"男"和"女"，而 177 行中渐增重复了 176 行的"真人"。

(153—241)之前的记叙部分(147—152)的第一行结构相同：

147　南到淮扬　经孟津
242　西到广汉　历长城

总之，成功过孟津的故事(147—152)引导作者插入了一个很长的救世圣歌(153—241)。借助浮桥(148—149，浮桥/过度万姓)过浅滩(武王曾在此打败邪恶的殷朝末代统治者纣王)象征着跨越到永生。[1]圣歌结尾处讲述了一个已获救度的字道长(235，贤人君子　字道长)的人。这个人可能指的是虞存(字道长)[2]，山阴人，会稽郡四大家族中的才俊之一(《世说新语》卷8第85页,《晋书》卷78第2062页)，其事迹主要载于《世说新语》。[3]从约335年到346年后至少六年，

[1] 关于孟津作为救赎的象征，又见《洞渊神咒经》(《道藏子目引得》第335号)，卷1第3页上9，10页上5；《九霄经》(《道藏子目引得》第1379号)，f.17页上7；《天地运度自然妙经》(《道藏子目引得》第322号)，f.4页上9；参见《正一天师告赵升口诀》(《道藏子目引得》第1273号)，f.1页下4。道观以孟津来命名，这样的例子至少有一个；见杜光庭，《道教灵验记》(《道藏子目引得》第590号)，卷1，第10页(四川)。
[2] 人们唯一所知的取这个字的另一人就是王嶷，北魏孝文帝(在位时间471—499年)时高官；见《魏书》卷33，第778页。我排除了王嶷，因为《无极经》不可能创作于约500年。而且，王嶷生活在中国北方，而虞存在东晋国都任高官，那也是《无极经》的作者最终到达的地方(260行)。这并不能保证道长就是虞存。以"道"开头的字在六朝时期相当普遍(例如《晋书》里有42人取这个字)，以至于甚至好几人，有时还是同时代人，取同样的字；例如，蔡谟(281—356)，诸葛恢(284—345)与荀阆(卒于324年)都字"道明"，因此并称"中兴三明"(即东晋初期)，见《晋书》卷77，第2042页。
[3]《世说新语》，卷3.17(第180页)，卷8.85(第469页)；参见《晋书》卷78第2062页)，卷25.48(第813页)；参见马瑞志译《世说新语》第88、232、419页。裴启：《语林》(362)，引自《世说新语》，第181页，第3条。(转下页)

他担任一个小官职，但卒年不详。[1] 如果道长确实是指虞存，那么这首救世圣歌（153—241）就是以最近（约357年前）刚获得救度的某人为例来结尾的。《真诰》中没有提到虞存的名字，但提到了几个最近（约365年前）已修炼成仙或正等待修炼成仙的人（同时担任鬼官）。[2] 另一方面，并非所有成仙的人都在神启中有记载，而且它们的原稿并不总是完整的。[3] 最后，《真诰》并非记载官员事迹或者记载安眠于地下的或已成仙的、"正在名山及五岳修道"的那些刚离世之人的命运的唯一文本（《真诰》卷14第10页上第9行）。陶弘景本人引用了

（接上页）关于王羲之写给道长（可能是虞存）的一封短信，见《法书要录》，第322页；余嘉锡：《寒食散考》，第194页，《余嘉锡论学杂著》卷1，第181—226页，北京，1963年版，1977年重印。

[1] 虞存讣告，部分引自《世说新语》卷3.17注解（第180页），由孙绰（卒于365年后）的之兄孙统（无年代）所作；两人都于307—312年逃往南方（参见马瑞志译《世说新语》第574页）。孙统死于353年以后，因为他参加了那一年著名的兰亭集会（参见逯钦立，第907页）。虞存曾担任扬州刺史何充（292—346）的治中（刺史的主要助理之一）（343—346）；参见《世说新语》，第181页。虞存的最后两任官职为卫军长史（七品）和尚书吏部郎（六品）。

[2] 参见《真诰》卷15—16中荀□（205—274，《晋书》卷39）的神启：已提到的72人中，24人已死于322—365年，死亡时间最近的卒于361年（《真诰》卷16第2页；《晋书》卷8第205页），王羲之（卒于361年，《真诰》卷16，第4页；《道藏子目引得》第167号，参见28b10；《晋书》卷80）及周抚（卒于365年，《真诰》卷15第6页；《道藏子目引得》第167号，参见27a5；《晋书》卷58）。这些人中还有会稽郡虞翁生（《真诰》卷14第9页9）及虞公生（《道藏子目引得》第167号，f.18b1；《无上秘要》83.18b1）；参见虞昭（《真诰》卷8第5页）；司马虚：《道教的茅山——一个启示纪事》（Le Taoïsme du Man chan: Chronique d'une révélation）（巴黎，1981年，第163页）及虞讳（《道藏子目引得》第167号，f.27上7）。

[3]《真诰》卷15第9页上第7—8行，第5页上第10行—5页下第1行（神启并未提到所有人）；卷16第6页上第8行，第9页下第10行（保存下来的手稿不完整）。

其他同时代的资料（不属于杨羲所受的神启）如记录郭翻死后不久所提供之信息的《郭翻灵语》。[1]因此《无极经》中提及道长（假如这个名字指的是虞存）在同时期的宗教实践中是很合适的。

（3）第二次向南逃亡（242—259，260）

救世圣歌之后（153—241）的文本讲述了一次从长安经广汉（四川）与长江（254a，水之东流）再到建邺——后来的建康——的旅程。这条线路不可能是113—152行所描述的那条线路的延续：经过几次不成功的逃亡，先是到辽东，然后到华阴西的一块区域，人们经过洛阳（华阴东）的孟津到达南方的淮扬（扬州）。根据第132行，逃亡的唯一地区是华阴东，而在第242行中，这次旅程却从华阴西的长安市开始。此外，人们已经安全抵达南方，这也是为什么后面有一首救世圣歌（153—241）。在这次长长的停顿之后，诗人很明显描写了另一次经不同路线向南方的逃亡，这暗示他之前已经返回北方。

242 西到广汉	历长城	246 父子为虎	因时营
243 长安城中	胡马鸣	247 与世浮沉	发公名
244 奋头衔勒	人民惊	248 时世浩扰	气不宁

---

[1]《真诰》卷16第2、9页（死亡时间最晚的是谢尚，卒于357年，《晋书》卷79第2071页）；参见《太平广记》321.2542—2543；郭翻，见《晋书》卷94第2446页；《真诰》卷16第1页；《郭翻别传》（《太平御览》卷555第7页）：他去世前留下遗言要与一本《道德经》共同入葬。又见《苏韶传》，引自《真诰》卷15第4、7页；卷16第4、11页（《太平御览》卷319第2528—2530页）。

245 民惊奔走　　空土城　　249 温寒不适　　在人形

第一节[1]指的是 311 年 8 月前赵国（304—329）君主刘聪的一位将军攻克长安。312 年 4 月（直到 316 年末彻底沦陷）长安被收复。当愍帝（313—316 年在位）在长安登基时，这个一片废墟的城市中（《晋书》卷 5 第 132 页）人口还不足 100 户。永嘉（307—312）之乱中，人们纷纷逃离中原，千里之内见不到烟火（《晋书》卷 109 第 2823 页），因为房屋都已损毁或荒废。311 年秋，仍居住在长安的 4000 多户家庭（306 年长安被洗劫之后）逃至长安西南约 220 公里的汉中（《晋书》卷 5 第 123 页）。诗人也许就在这些人之中，他从汉中前往位于成都北边、距汉中西南约 340 公里的广汉（242a）。另一种可能是作者本人并未经历 311 年长安被攻占这一事件，而是在长安被收复（312 年 4 月）以后才到达那里，所以他只描述了不久之前发生的事情。[2]

第二节（246—249）评论前面一节（242—245）并解释长

---

[1] "长安城"（243 页）显然是"长安"（242 页）的渐增反复。因此，"长城"并非我们今天所指的长城（The Great Wall），而是"长安城"的缩写，就像"民惊"（245 页）是"人民惊"（244 页）的缩写一样。这两处渐增反复将 242—249 序列（8 行，geng 部）的前四行连接成一个叙事诗节。其余四行组成的诗节对前一节所讲的故事进行评论，或者更好些，对这个故事的发生缘由给出解释。

[2] 311 年春至 314 年冬的汉中不属于成汉王朝领土（参见祁泰履《大成——一个中国千年王国的宗教与种族》，第 100、102、166、168 页）。无论如何，既然《无极经》的作者经过了成都附近的广汉，那么他一定穿越了成汉的领土。这在那个年代是否可能尚不清楚；参见祁泰履《大成——一个中国千年王国的宗教与种族》，第 103 页；312 年，晋朝官员一度前往长江以南的涪陵（今彭水）避难，之后在试图沿江逃亡时被抓获。

安(即西晋)沦陷的原因。第一行(246)指的是司马氏皇族间的八王之乱(300—306)。[1]据说祖逖(266—321)在313年曾说过:"晋室之乱,非上无道而下怨叛也,由宗室争权,自相鱼肉,遂使戎狄乘隙,毒流中土。"[2]第二行(247)谴责最高官员("公")"与时浮沉"以获得官职。[3]一个臭名昭著的例子就是"竹林七贤"(嵇康、阮籍等)中最年轻的成员、297年开始任司徒的王戎(234—305)。《晋书·王戎传》写道,王戎的仕途无关他的个人才能,而全在于"与时浮沉"(《晋书》卷43第1234页)。他的侄子王衍(256—311),历任司空(307)、司徒(308)及大元帅(311),十分推崇开创"玄学"或"清谈"之风的王弼(226—249)与何晏(卒于249年)。王衍成了"玄学"第三阶段也即衰退阶段(290—311)的代表人物,并被认为对西晋的没落负有直接责任。356年,刚刚再次征服(暂时的)中国北方部分地区的桓温感叹道:"遂使神州陆沉,百年

---

[1] 比较246行:父子为虎 因时营,与例如《晋书》卷101第2647页:司马骨肉相残,第2648页:司马氏父子兄弟,自相鱼肉,第2649页:司马氏父子兄弟迭相残灭。

[2]《晋书》卷62第1694页。"八王之乱"导致了西晋的灭亡,又见戴逵所作关于"竹林七贤"的文章,引自《世说新语》卷7第4页注解(参见马瑞志译《世说新语》第198—199页)。荀崧(卒于328年)并未明确责备晋朝帝王,见《晋书》卷5第125页,《资治通鉴》卷88第2791页,《太平御览》卷98第3页下1。

[3] 在另一种情形下,它又有积极意义:人通过与时浮沉来保存自己的性命(见表C,247行);戴逵(见上一条注释)甚至为王戎辩护:"王戎晦默于危乱之际,获免忧祸,既明且哲,于是在矣。"(《世说新语》卷29第3页;参见马瑞志译《世说新语》第456页)关于"公",参见《晋书》卷24第725页:最高官职,如太尉、司徒、司空为"三公"。

丘墟,王夷甫诸人不得不任其责。"(《晋书》卷98第2572页)换句话说,西晋时代的"清谈者们"应该对此负责。[1]接下来两行(248—249)讲到这种终将导致西晋没落的行为的最初后果:时代动荡(248)、瘟疫横行(249,温寒不适)。[2]永嘉年间(307—312)一般被描述为一段大混乱时期(例如《晋书》卷98第2554页第4行,天下大乱),尤其是一段饥荒、疾疫、战亡、蝗灾及官员逃亡的时期(《晋书》卷26第791页第4—7行)。就在311年洛阳沦陷前夕,关中(陕西)遭遇饥荒与瘟疫,盗贼群起(《晋书》卷37第1097页第12行)。据记载,主要的一次疾疫发生在312年(《晋书》卷5第124页),但在306年南方(即云南)已有十万人死于连年饥荒与瘟疫(《晋

---

[1] 马瑞志译:《世说新语》,第21页;参见第433页(《世说新语》26.11及对王衍的评价);马瑞志:《中国34世纪的信件及学问——〈世说新语〉文学篇》("Chinese Letters and Scholarship in the Third and Fourth Centuries: The Wen-hsüeh p'ien of the Shih-shuo hsin-yü"),《美国东方学会会刊》第84卷第4期,第348—391页,尤其第350页,1964年。关于王衍作为应为西晋灭亡负责的清谈者的代表,又见《晋书》王衍传记(卷4第1236、1238页);臧荣绪《晋书》,5世纪末(引自《世说新语》,第202页第1条;参见《晋书》卷35第1044页);卢铃(生于约300年,《晋书》卷44第1257页),"八王故事"及孙盛(约302—373年),《晋阳秋》,均引自《世说新语》卷26.11(参见马瑞志译《世说新语》第433页)。又见卞壸(281—328),引自《世说新语》卷8第54页及《晋书》卷70第1871页;虞预(活跃于300—340),319年记,引自《晋书》卷82第2147页;王羲之,引自《晋书》卷79第2074页;《世说新语》2.70(参见马瑞志译《世说新语》第63—64页);《晋书》卷75第1984—1985页中范宁(339—401)的文章;参见《世说新语》卷4.6(马瑞志译《世说新语》第95页)。又见《世说新语》,第726—727页(《世说新语》23引言)。

[2] 参见《列子》卷6:"汝温寒不节。"(杨伯峻:《列子集释》,北京,1979年,第204页)

书》卷121第3037页,《资治通鉴》卷86第2718页)。

下面一段(250—259,"鱼"/"幽"韵)将故事打断,说明一个人的行为应该怎样,而决不能如前面(246—249)所描写的那般。将有道(或一种方法)之君王或官员比作一条清澈的长河(252—253),主题则转变为一条向东流的河,所有人都渡过这条河,这样诗人又返回到了记叙:从西部的广汉(242)经由长江与众多河流到达建邺(260,南度江海 建邺城)。这场大规模的精英南迁发生在永嘉年间(307—312;JS14.408:永嘉南度 纶行建邺),尤其是311年初洛阳沦陷之后。《无极经》的作者当时可能也去了建邺:313年九月,愍帝(司马邺)登基后,"建邺"(自282年起替代"建业")改称"建康"。[1]

(4)南方的悲惨形势(260—328)

第一次更引人注目的南逃(113—152)描述完之后,紧接着是一首救世圣歌(153—241),接着在对第二次不太引人注目的南逃(242—259,260)的描述中马上出现了诗人对自己家族的没落(260—269)、对天师道组织的衰退以及对朝廷的一长串抱怨,这些都导致诗人决定到西部去(325—328,显

---

[1]《晋书》卷5第127页,卷15第463页。不过,用"建邺"而不用"建康"并不能保证所描绘的事件发生在313年九月之前,请参阅《晋书》卷86第2230页(元帝318年在建邺登基);《晋书》卷58第1575页(324年);《晋书》卷5第160页,却称"建康";另一些例子涉及非汉人统治的北朝:《晋书》卷108第2807、2812页(319—320年); 卷106第2771页(340年); 卷110第2837页(351、356年),卷116第2963页(353年)。

然指四川）。从前他的家族享有盛誉（261），而抵达建邺却意味着致命的危险，意味着流放至遥远的南方（广东西部及越南北部）——交州的日南。交州为流放罪犯或逃亡避难之地。[1] 有时也有家境贫寒的官员自愿去那里任职，尽管这在当时被视作耻辱。[2] 下一节（265—269），类似于246—249行，给出了衰退的原因：嫉妒与贪婪。唯一的补救方法就是通过信守"道"以获得美德与名声，以及保持纯洁的理想。然后太平真君就会到来（269），恢复那些能干开明之人的官职，按最初的规章来改革天师道组织（271—279），并让优秀的管理者来领导它（280—289）；当今那些未经授权的无知的祭酒和道士将被判刑和遣散（290—300）。接着（从第301行起）诗人又转向那些不正直的朝廷高官，为了满足自己的贪心，他们强迫人民服兵役和徭役，以至于他们没有足够的时间从事农业生产，而这又造成了饥荒和死亡。由于朝廷的腐败，优秀的官员都离开了，取而代之的是更多贪婪苛刻的官员。[3]

这种愤恨的控诉在诗歌即将结尾处也能看到。除了尾部

---

[1] 例如，《三国志》卷53第1248页、第1250—1251页，卷57第1321页；《晋书》卷3第59页1；参见吕思勉：《两晋南北朝史》（上海，1983年），第810—812页。262—263行程式化的语言见表D。

[2] 《晋书》卷67第1796页（温放之，交州刺史）；卷76第2000页（王舒本被任命为广州刺史，后改至别处任职）。

[3] 像319—323行一样（见下文），301—318行可能讲的是4世纪50年代，或东晋建立后这一更宽泛的时间。据记载，319年（《晋书》卷7第152页，卷26第691页）、330年（卷27第809页）、336年（《晋书》卷7第180页，卷28第840页）、354年与356年（卷27第809页）均有饥荒。

（344—369），在它之前的第 329—343 行中有一段"尾声"，因此最后几个叙事诗节出现在第 329 行之前，它们很明显讲的是《无极经》的创作时代。319—320 行（百川之流 奔石城，夜来之冲 难可当）[1]显然指的是 351 年 8 月 19 日夜进入"石城"（通常称"石头城"[2]）的滚滚洪水（"涛水"），石城是建康的港口，当时长江流经这里；好几百人溺死。[3]《晋书》认为这预兆着殷浩（306—356）与桓温（312—373）这两个对手的独裁，或预示着之后几年让人民心怀怨恨的北伐战役。[4]同样，321—323 行（火失其明 日无光，封邑齐土 国为王，齐人感叹 身摧伤）记叙了 4 世纪 50 年代的一次事件。后赵国（319—

---

[1] 至于原始文本：奔沼城（319 页），并没有"奔沼"或"沼城"的例子。"塘"代替"城"会使韵序规则，但没有出现"沼塘"，而 yang 序列中出现 geng 韵是有可能的（见 116 注释 3）。"真来"（320 页）的例子也没有出现，其实应该是"夜来"（意为"昨夜"但同时也指"夜晚时到来"），或者"时来"又或"傥来"（未料到的，未预见到的）（时来之运，《三国志》卷 21 第 616 页；时来之会；《晋书》卷 98 第 2573 页；傥来之运，《晋书》卷 75 第 1966 页）；"冲"意为"冲击，碰撞，攻击"，像"奔"一样，它的使用和水相关（见"奔冲""冲决"）。

[2] 关于"石城"而非"石头城"，见诸葛亮（181—234），引自张勃（3 世纪），《吴录》（《太平御览》卷 156）；左思（卒于 306 年），《吴都赋》，《文选》（北京，1977 年）5.16a6（卷 1，第 89 页）及注解（第 16 页下 4）；参见李吉甫（9 世纪），《元和郡县图志》（北京，1983 年）卷 25 第 596 页。

[3]《晋书》卷 8 第 197 页（七月，甲辰）；《晋书》卷 27 第 816 页（七月，甲辰夜）。同样在 371、388、392 及 403—406 年，石头城也发过这样的洪水（卷 27 第 816—817 页）。

[4]《晋书》卷 27 第 816 页。《晋书》称桓温的独裁统治始于 354 年初（卷 98 第 2571 页，《资治通鉴》卷 99 第 3138 页），当时殷浩北伐失利后被贬为庶人。早在 347 年桓温收复四川后，朝廷就开始惧怕他了；次年朝廷开始依赖殷浩来对抗桓温（卷 47 第 2045 页，《资治通鉴》卷 98 第 3038 页）。

347）灭亡后，东北局势混乱不堪，辽西鲜卑人段龛趁机南下，于350年7月占据青州（山东），自称齐王。351年1月，段龛宣布与东晋结盟，次月，东晋朝廷封段龛为齐公。显然第322行（封邑齐土 国为王）讲的就是这些事件。然而，357年1月，慕容氏建立的前燕国派军队大败段龛。[1]《晋书》认为有两种天象（321）预兆段龛的失利。356年11月9日有一次日全食，《晋书》将之与东晋将军姚襄与北方将军符生之间的战争相联系[2]，但它又是这样解释的："慕容恪攻段龛于广固，使北中郎将荀羡（东晋所派）师师次于琅玡以救之。"[3]荧惑星也预兆了段龛的失利："十一月丁丑（356年12月23日），荧惑犯太微东蕃上相星。十二年（357）十一月，齐城陷，执段龛"。[4]段龛被描述为一个残忍的统治者。广固周围地区的齐

---

[1]《晋书》卷8第197、200、201—202页；卷15第450页；卷110第2837页；《资治通鉴》卷98第3106页（12），卷100第3151页（21）、第3153页（4），第3158—3159页（14，17）；又见G.施赖伯（Schreiber）《前燕王朝的历史》（*Campaign against Tuan K'an*），第43—47页（对抗段龛的战役）。

[2]《晋书》卷12第340页（何丙郁译，《晋书·天文志》，巴黎/海牙，1996年，第158—159页）。

[3]《晋书》卷8第201页（参见卷75第1981页）。王羲之的一封短信《丧乱帖》提到了这次事件，并抱怨他在琅玡的祖坟再次遭毁；见中田侵次郎（Nakata Yujirô），《王羲之》（*Ô Gishi*）（东京，1974年），第217页；雷德侯（Lothar Ledderose）：《米芾与中国书法的古典传统》（*Mi Fu and the Classical Tradition of Chinese Calligraphy*）（普林斯顿，1979年），第13、16—17页。然而，据另一种解释，《丧乱帖》所讲的是西晋帝王的陵墓，356年8月桓温收复洛阳（暂时地）之后不久就修复了这些陵墓；参见山东临沂王羲之研究会（编）《王羲之研究》（济南，1990年），第257—276、262页；郭廉夫：《王羲之评传》（南京，1996年），第140—141、256页。

[4]《晋书》卷13第375页（何丙郁，第210页）。

人喜欢慕容恪高尚的态度与仁慈的政策,很乐意运粮供应燕军,因此他们也为慕容恪的胜利做出了贡献。[1]这就能解释为什么第323行(齐人感叹 身摧伤)中段龛战败后他们满心感激。但对《无极经》的作者而言,这次经历一定是"全部价值观的改变"(帮助"胡人"征服者、当东晋诸侯瓦解时顿觉宽慰的中国人)是一种不祥之兆,就像绵羊变成猛虎、老鼠变成恶狼(324),这个征兆出现于西周末年周幽王统治时期,当时老子离开了中国(见表C)。与老子相似,作者决定改换姓名、悄悄前往西方(326)。"名水"可能指流入四川的长江,也称"江水",作者当年就是沿着这条水路来到南方的(242,260)。西方指的是四川或益州,这是前面记叙部分的停顿中提出的,诗人在此提到了"中元之君"(217)降临汉中(220)的时间以及人们再次聚集于成都附近的阳平治(270)这一太平的时间。

在326b行中(历火行),"火"肯定是讹误。1598年的《道藏》重印版中写的是"太行"(洛阳以北的山脉)。尽管洛阳已于356年被收复(365年再度失守),但当时(357年或之后不久)是否有可能经由太行山到达西方,这值得怀疑。另一种可能——据窪德忠所言,1598年重印本中的修正并非每一个都有道理(见上文)——是要写成"大桁",建康城的大浮桥,但这就意味着一行之中要改动两个字(火行)。因此最好只考虑第326行的开头(西度),暂时不要去追究这一行剩下的几

---

[1]《资治通鉴》卷100第3151页(21)、第3158页(17);G.施赖伯:《前燕王朝的历史》,第43、45页。

个字的确切意思或原始文本。[1]第 326 行（西度名水 历……）之后的 327—328 行（深林邃谷 多毒霜，杀戮百草 叶枯黄）描写的应该是作者途经之地的景象，就像 148—152 行（过孟津）及 243—245 行（长安城失守）一样，它们回顾性地描述了途经之地的景象（147，南到淮扬 经孟津/242，西到广汉 历长城）。327—328 行很明显指的是 355 年 4 月 28 日出现的"雨淞"（地点不详），这一预兆被解释为是由于皇帝年幼，朝廷被高官掌控而造成的。[2]虽然第 328 行使人联想起寸草不生的日南（263），但作者不可能仍在日南（他应该是在约 312 年抵达建邺后不久到达那里的）。[3]此外，第 319 行（修改之后的）讲到了建康的石头城。假如作者当时仍在日南，那他"西度名水"（326）就解释不清了。

在这首诗的最后一节里（329—343），在尾部之前，诗歌

---

[1] 有学者指出，以"大桁"称呼南浮桥是 378 年建康东浮桥建成之后才开始的。某些历史文本在描述与南浮桥相关的事件时使用"大桁"这个名称"在文字之前"；《世说新语》，第 583 页第 1 条；参见《世说新语》卷 11 第 5 页（324 年，参见马瑞志译《世说新语》第 294 页）；《晋书》卷 63 第 1716 页（330 年，参见《资治通鉴》卷 94 第 2973 页）；《晋书》卷 27 第 816 页（371 年）；《资治通鉴》卷 86 第 2726 页（注解）；又见《世说新语》卷 36 第 7 页（398 年；主文本讲的是大桁，但注解讲的是东浮桥）。假如 378 年前大桁这个名字的确不存在，那么 326 行中写为大桁就不合适，因为这时离前面诗行所描述的事件（357 年击败段龛）已过了至少 20 年。
[2]《晋书》卷 8 第 200 页（陨霜），卷 29 第 876 页；参见卷 29 第 874 页（陨霜杀菽草；参见诸桥辙次《大汉和辞典》41785.7：陨＝殒"杀"）；在东晋唯一的另一次出现是在 325 年（《晋书》卷 29 第 875 页）。
[3] 自 347 年，林邑国（日南以南）不断攻击或征服日南地区，后来晋朝当局收复了日南；参见吕思勉《两晋南北朝史》，第 824 页。

到达了高潮：到达西方后，一个新的季节开始了，韩众、范蠡[1]两位神仙将辅佐一位神圣的统治者来引导人们保存自己的生命。人们将生活于名山之上的洞穴中，洞前的溪流最终将流入大海。诗人从对海水的描写渐渐转向对"空"水的描写，在"空"水中（注意第 341 行韵的变化），"赤子"出生了：人已跨入永生。这首诗开头讲述变化形体的老子、同样的虚空，以及上西天（西升），结尾讲述诗人追随老君的足迹来到西方（西度），通过赤子生于虚无（155，157）的结合这种方式获得永生。

尾部（344—369）作为一个"重奏"，其开头方式与这首诗本身（第一行导入行之后）几乎一样，使用相同的韵部（2，出处幽微 黄房宫/344，道出微妙 入玄宫），并重复了另外几行。[2]最后两节（362—369）"反映"诗歌中途那个很长的停顿的第一节（153—156）（见上文）。然而，尾部不仅仅是个重奏或总结，诗人在其中明确表达了他的创作动机或个人结论（实际上先于创作），关于这一点在诗歌中是可以找到证据的。诗中从未提到人们所期待的太平真君的降临属于种民，这是很引人注意的。尾部只讲了成为隐士及个人救赎。就这一点来说，不能肯定作者是否真的确切地知道人们期待的是什么。在任

---

[1] 这两位仙人唯一一次被相提并论似乎是在《老子中经》第 19 段（《云笈七签》卷 18 第 14 页下第 5 行）的文字当中：两肾间名大海，左有韩众，右有范蠡，中有太城子。
[2] 347 上 =58 上；356 下 =110 下，175 下；363 下 =186 下；365=154；366 上 =155 上；参见 345/76 及 346/166。

何事件中，它并不总是一直清楚的：这位圣贤或统治者，"神圣"（332），与诗人所期待的像张鲁时代（104—112）那样在西方出现的太平真君（270）是同一个人吗？[1]在汉中（220）统治的中元之君（217）又是谁？[2]另一方面，诗人引用了田畴（94）的典故（依我之见），在汉朝衰亡之际，田畴率领他的追随者隐居山间（见上文）。尾部似乎暗示太平年代还很遥远，人们唯一能做的就是自己准备好，修身养性，以便在适当的时候成为种民。尾部还包含一些诗中几乎没有出现过的内容：远离官场（348—349，350—353），隐居生活（354—355）以及服用长生不老药（356—357）。在那个很长的停顿中有关仪式的部分并没有太重要的内容（193—200），有关天师道组织恢复的内容也不太重要。然而，尾部的结束却极具天师之风：忏悔、恕罪以及医治疾病。但是，与服用长生不老药（见下文）的情形相似，诗人在这里似乎也离开了传统基础：治愈疾病只能靠忏悔自己的罪过、靠仪式，而不是靠温泉之水。[3]

---

[1] 注意最后这几节中的重复：332上=111上（张鲁时代），337下/338上=55下/56上，341下=282下（282上=106上），343上=226上（215—241序列内）。

[2] "中元之君"令人想起《想尔》中的"中贤之君"："中贤之君，志信不纯，政复扶接，能任贤良。臣弼之以道"（柏夷《早期道教经典》，第137页；饶宗颐：《老子想尔注校笺》，中国香港，1956年，第47页）。然而，理想的统治者却是"上圣之君"（l. c.）。同样《无极经》中"中元之君"在临时统治期间（217下："摄"，如同一个统治者）也受到了那些身为道教信徒的官员的辅佐（215，道门）。

[3] 这令人想起《三天内解经》中提到的一个天师道支派：清水道，直（转下页）

三、《无极经》的创作年代

260—324 行中的叙事时间跨度为从约 312 年到 357 年初。接下来的"西度"(326)可能发生在 357 年之后的几年里。然而,有几条论据表明,这首诗不可能是 357 年以后很久才写的。[1]这首诗实际是以段龛战败及齐地(山东)失守为结尾的,与西晋的沦陷形成鲜明的对比,这是一个相当微不足道的事件。山东已经收复好几年了(351—356),这件事对作者来说之所以重要是因为它发生在最近。此外,就接下来的向西迁徙而论,373—385 年以及 405—413 年间,四川地区(347 年收复)并不属于晋朝的领土。384 年山东被收复,399 年沦陷,410 年再次被收复,469 年再次沦陷。[2]因此,这次向四川迁徙(实际的或计划中的)一定早于 373 年,绝不会晚于 385 年,当时山东再次成为东晋领土,诗人不可能自己编造出段龛的故事。

另一条论据也能证明《无极经》不可能是 357 年以后很久才创作的。其他署名天师的诗歌都是由天师或天师道官员所创

(接上页)到公元 372 年它在皇族中才有信徒(柏夷《早期道教经典》,第 197、218—219 页;参见许理和《佛教征服中国》第 370 页, n.357)。

[1] "殃丁"(205 及 286)是否与丁年也即 357 年有关尚不清楚。"丁"更有可能等同于"殃"(比较 205b: 除殃丁及 368b: 除殃患)并且专门指哀悼;参见"丁难"(例如,《晋书》卷 46 第 1306 页:四海勤瘁,丁难极矣),"丁艰"。

[2] 四川:《晋书》卷 8 第 193 页;卷 9 第 225 页(373 年 11 月);卷 9 第 234 页(385 年 2 月);卷 10 第 258、264 页。山东:《晋书》卷 9 第 233、234 页;卷 10 第 251、261 页;《资治通鉴》卷 132 第 4147 页;唐长孺,第 104 页。

作来教导信众的，[1]《无极经》则截然不同，它是信徒个人创作的（可能也是出于教化目的，以教导他所认识的人）。这位不知名的作者，叙述完老子以前的变化身形后，回顾了自己从童年到约 50 年之后的生活。到 357 年，他应该将近或已经超过 60 岁了，因为这个故事大约开始于永嘉（307—312）初年，当时他正是个儿童（113 行，"童"）。作者的卒年不详，但越是把《无极经》的创作时间往 357 年以后推，就越可能得出他去世的年份。

虽然《无极经》中讲述的作者生平"事实"相当少，但对作者身份的确认将会证实人们所预计的这首诗的创作年代。除非他没有任何历史记载，否则其中一个人选可能就是王羲之（303—361）。分开来看，没有任何一个迹象能确凿地表明作者的身份，但放到一起来看，这些迹象似乎提供了一个严肃的暗示，这个暗示应该由进一步的研究来证实。一个首要的暗示是他的生活年代（303—361），这一点已经被人们提过，例如陶弘景（456—536），目前为止这个年代已取代"传统的"321—379 年而被广泛接受。[2] 另一个暗示是王羲之家族

---

[1]《天师教戒科经》（《道藏子目引得》第 789 号）中的《天师教》这首诗是一个很好的例子，ff.19b—20a（32 行，开头：今故下教作七言）。又见《女青鬼律》（《道藏子目引得》第 790 号）中的无名诗（以"道曰"开头）5.1a—4a5（4 个四音节诗行及 146 个七音节诗行）。

[2] 一份王氏族谱（1698 年版）证实了这些：303 年 8 月 10 日—361 年 6 月 28 日（泰安 2，11. VII– 升平七 5，10. V），见《王羲之研究》，第 39、40、114、123 页。

好几代都是天师道信徒,这方面最近已受到更多的关注。[1] 355年 4 月,王羲之辞官并在双亲墓前发誓永不为官。之后,他开始修炼服食术(服食),遍访名山寻找药石。[2] 虽然《无极经》的作者没有明确地这样说,但有迹象表明他曾经为官:他的家族从前的荣耀(261);对朝廷的批判(301—317,cf.95)[3]、抱怨正直的官员辞官是由于他们无法发挥自己的作用(316),以及提到隐士许由(353)。尧欲传位于许由,许由以水洗耳表示拒绝。作者宁愿做一名隐士(354),生活在山中(335,355)修炼服食术(350—357)。"西度"(326)可能指的是四川(见上文)。王羲之晚年几次表达过去四川的愿望,这从他写给周抚(d.365)——自 347 年四川被收复后任益州(四川)刺史——的信中可以得到证明。这些信中的多数可以在《十七

---

[1]《晋书》卷 80 第 2103 页;参见《王羲之评传》,第 71—74、155—156、159 页;雷德侯:《六朝书法中的道教元素》("Some Taoist elements in the calligraphy of the Six Dynasties"),《通报》1984 年第 70 期,第 246—278 页,尤其第 248—251 页;侯思孟(Donald Holzman):《论〈兰亭序〉的真实性》("On the authenticity of the 'preface' to the collection of poetry written at Orchid Pavilion"),《美国东方学会会刊》1997 年第 117 卷第 2 期,第 306—311 页。

[2]《晋书》卷 80,第 2101 页,参见第 2107 页;参见雷德侯《六朝书法中的道教元素》,第 249 页。又见《云笈七签》卷 56,第 13 页(引用许迈写给王羲之的一封信)与《道学传》(陈国符:《道藏源流考》,北京,1972 年,第 457 页)。参见另一位天师道信徒、王羲之妻弟郗愔(313—384)的传记:郗愔、王羲之与隐士许询想要超脱世俗,寄心于道家辟谷养生,修黄老之术(《晋书》卷 67 第 1802 页)。在写给周抚的一封信中,王羲之在感谢后者从四川寄来的药草时提到了郗愔(《法书要录》,第 147 页)。

[3] 参见《晋书》卷 80,第 2095 页(各从所志)及卷 80,第 2098 页(为法不一)与第 309—310、313、315 行。

帖》中找到。[1]之前提到的那些相当宽泛的暗示主要涉及王羲之的晚年，其他暗示则涉及早年，其中有几处细节无法确定。至于作者在交州日南（263）停留这一点，王羲之也曾在南方的广州与交州停留（"在南"）。[2]《世说新语》中的一则材料写道："王右军（王羲之）在南，丞相（王导）与书，每叹子侄不令，云：'虎㹠、虎犊，还其所如。'"（《世说新语》卷26第8页；马瑞志译：《世说新语》，第432页）。虎㹠和虎犊是王羲之两位堂兄弟王彭之（王彬长子）及王彪之（305—377，王彬另一子）的小字。"南"被解释为"江州"，王羲之曾任江州刺史。[3]然而，马瑞志指出所有这些对"南"的解释都指的是339年王导去世后的年代。而且，对虎㹠和虎犊的评论表明王导写这些信是在二人即将成年之时（20岁），因此是在324年（当时王彪之20岁）之前，也因此是在王羲之初任官职之前（约325年）。有关王羲之的当代研究与传记都没有提到他曾经在南方停留。但它们都指出了一个事实，王羲之很晚才初任官

---

[1] 郭廉夫：《王羲之评传》，第71页。关于《十七帖》（28封书信组成的合集）的文本，见祝嘉对包世臣（1775—1855）《艺舟双楫》（1833）的注解，《艺舟双楫疏证》（中国香港，1978年），第113—126页，尤其第121页；《法书要录》卷10，第317—322.2。后来对四川的描述常以引用这些信件来开头；例如，曹学佺，第3页；（明）何宇度：《益部谈资》（《丛书集成初编》，第3190卷），第1页。1611年左右在四川为官的曹学佺（第142页）引用了一部德阳方志，据此方志，王羲之曾欲访问秦中治（天师道二十四治中的第七治）。

[2] "在南"指交州：《三国志》卷49第1192页，卷14第57页，卷1324第5页；《晋书》卷57，第1560页，第9行，第1561行，第5页。

[3] 自340年；见《王羲之研究》，第70页；郭廉夫：《王羲之评传》，第253页；参见《世说新语》，第833页n.1。

职,原因尚不清楚。[1]一种解释是王羲之年轻时就想成为一名隐士,数年之后终于得以逃离官场。另一种解释则与最近有关其父王旷的一种观点有关,王旷曾任淮南太守,309 年后就没有关于他的任何历史记录了。[2]那一年夏天,在洛阳以北上党郡太行山脉的长平,他与手下两位将军被前赵(304—329)军队击败。两位将军皆身亡,而王旷后来为何却没有任何记载。有一种观点近来有所发展,但也受到了质疑[3],这种观点认为王旷投奔敌军了,这就是他从历史记载中消失的原因。这就可以解释为什么王羲之很晚才初任官职,他出身于当时最有影响力的家族,却又是逃兵之子。这一观点可以同王羲之在南方的停留相联系:他不仅好几年不能做官,还被流放到了南方。他留在南方的时间绝不会短:王导信中对虎豚和虎犊的评论表明,王羲之已好多年没见过他们了。他在南方的停留也可能与322 年初其叔父王敦发动的叛乱有关。[4]刘隗、王敦造反的主要目标,要求铲除整个王氏家族。这场叛乱牵涉到的人还有王羲之的兄长王籍之与周抚,两人于 325 年获赦。[5]尽管此后琅

---

[1]《王羲之研究》,第 70 页;郭廉夫:《王羲之评传》,第 24—26 页。
[2]《王羲之研究》,第 1—27 页(王汝涛的文章),尤其第 12—20 页。
[3] 郭廉夫:《王羲之评传》,第 25—26 页;参见《王羲之研究》,第 333 页。
[4]《世说新语》28.7 讲了这样一个故事,王羲之在王敦家偶然听到王敦对人说起他的谋反计划,王羲之假装睡着才逃过一死。一个相似的故事出现在《晋书》卷 76,第 2002 页,但却是关于王允之(303—342)的,这个故事与他更相符;郭廉夫:《王羲之评传》,第 197—199 页;《王羲之研究》,第 61—62 页;《世说新语》,第 856 页注释;马瑞志译:《世说新语》,第 444 页。
[5]《晋书》卷 69,第 1838 页;《世说新语》卷 33,第 6 页;《资治通鉴》卷 92,第 2899 页。参见《晋书》卷 65,第 1750 页,《资治通鉴》卷 92,(转下页)

琊王氏中仍有人担任高官，但王敦之乱（d.324）意味着王氏霸权的终结（约310—325年）。[1]《无极经》中的260—264行就可以放在这个背景下：抵达建邺（260）、从前的荣耀（261）以及后来差点被灭族（262）、流放至南方的日南（263—264）。另一个暗示有关王羲之究竟何时离开北方前往建康，这个问题至今未解决：307年还是313年？[2]还有一种传统观点认为王羲之返回北方已有一段时间了（这样的话，他应该是307年前往南方）。在《题卫夫人笔阵图后》中，王羲之讲到他年轻时渡江北游名山，又到许昌和洛阳。[3]然而，此篇题记（首次出现于7世纪末）的真伪至今仍难以确定[4]，尽管有人承认它可能包含有关王羲之书法创作方法的真实信息。[5]认为此篇题记乃伪作的一条论据是王羲之从未到过北方，这最初是由那些认为王羲之生于321年的人提出的，另一些认为王羲之生于303

（接上页）第2902页（几致覆族）；《晋书》卷98，第2564—2565页，《资治通鉴》卷93，第2927页。有关王籍之与周抚，见《晋书》卷76，第2006页，卷58，第1582页（《资治通鉴》卷93，第2930页）。

[1] 许理和：《佛教征服中国》，第86页；参见《世说新语》卷14，第15页（马瑞志译：《世说新语》，第311页）。

[2] 有关307，见《王羲之研究》，第55—59页；有关313，见《王羲之研究》，第30—34页（被郭廉夫遵循，第15—16页）；有关307—313，见《王羲之研究》，第106—108页。赞成107年的观点以王羲之父亲的行踪而非琊王氏的整体行踪为基础。

[3] 予少学卫夫人书……及渡江北游名山……又之许下……又之洛下（《法书要录》1.9；郭廉夫：《王羲之评传》，第122页）。

[4] 雷德侯：《米芾与中国书法的古典传统》，第75页；郭廉夫：《王羲之评传》，第159页。

[5] 郭廉夫：《王羲之评传》，第151、155—156页；《王羲之研究》，第199—200页。

年的人重申了这一点。[1]假如这篇题记可能包含有关王羲之书法创作方法的真实信息,那么有一个问题,为什么有关他北方之旅的信息(即使他不是真正的作者)不可能是真实的。姑且认定其真实性,这条信息本身就不完全:它没有讲述这次旅程的出发地以及返回的路线,只提到许昌和洛阳,因为他在那里见到了刻有书法名篇的石碑。这一零碎资料(年轻的王羲之渡江北游名山,又到许昌和洛阳)能部分符合《无极经》所讲的故事:作者返回北方时仍然年轻,他经过洛阳与长安之间的华山(10—11),游览长安(311年长安沦陷期间或之后不久),经广汉抵达建邺。第一次南逃(113—152)的故事很难理解(它没有讲述这次逃亡从哪里始发以及哪些地方道路阻塞),但如果将它与王羲之相联系,故事也许就清楚多了。309年夏(七月),王旷的军队在洛阳附近孟津以北几百公里处的上党郡战败。[2]《无极经》的第二部分应该从这里开始,它像第一部分一样开门见山,讲述了一系列不成功的逃亡:先到辽东(113),再到华阴以西地区(132),最后路过一处尸体遍地的地方(143)并经由孟津逃至淮扬(147)。如果华阴确实指的是淮南,那么他返回的就是他父亲(自约308年)当时或曾经

---

[1] 班宗华(Riohard M. Barnhart):《〈卫夫人笔阵图〉与早期书法文献》("Wei Fu-jen's Pichen t'u and the Early Texts on Calligraphy"),《美国中国艺术学会会刊》(*Archives of the Chinese Art Society of America*)1964年第18期,第13—25页,尤其第20页;郭廉夫:《王羲之评传》,第124页。参见《王羲之研究》,第200页;第257—258页(认为它发生于356年洛阳收复之后)。

[2] 有关细节,见《王羲之研究》,第12—15页;郭廉夫:《王羲之评传》,第25—26页。

任太守的地方。[1]所有这些都还只是推断,因为王羲之早年生活中的几处细节尚不清楚或不确定。[2]

另一个需要回答的重要问题是,人们提出的《无极经》的创作年代(357年或之后不久)是否与这篇文本中的某些观点相抵触,因为这些观点肯定属于更晚的年代。早期道教的发展及各种文本的年代鉴定与编辑历史是个复杂的问题。正如柏夷指出的,鉴于现存文本资料的缺乏,依据人们所认定的一个词或观念的首次出现来鉴定文本的年代是不可靠的。[3]本文一直关注这首诗歌的叙事而非观念,就是为了能由此确定其年代。然而,假如将这首诗的年代认定为接近于360年,那么至少好几个这样的问题需要被指出,以便使这篇文章不要以一个问题都没出现这样一种印象结尾。这首诗的第一段(2—9)可以说明这个问题,这一段以老子登上西天(西升)为序,然后讲述他教化胡人(化胡)。根据孔丽维所说,5世纪《西升经》的

---

[1]他的继任者最晚310年末上任;《王羲之研究》,第14页(《资治通鉴》卷87,第2755页)。王旷战败时,王羲之六岁(七岁),这与"童"这个词相符(《无极经》,第113行),尽管按正式用法这个词似乎用来指那些8—19岁的孩子(参见陈国符,第354页;《道藏子目引得》第463号,卷1)。

[2]其他几个暗示只有在别的暗示被严肃对待时——至少为了进一步的研究——才有一定的重要性:(1)道长(235)可能是王羲之给其写信的那个人(见上文);(2)《丧乱》这封信,它指的是不是对段龛的战役(见上文);(3)王羲之与广汉之间似乎存在某种联系(242):广汉人李意如是他的小儿子王献之(344—388)的保姆;王羲之欲访问位于广汉郡的秦中(见上文);广汉的王彬之(字道生)参加了353年的兰亭集会(他很可能与殷浩的大将王彬之是同一人,《晋书》卷8,第199页)。

[3]柏夷:《早期道教经典》,第200—201页第21行;参见第75页第88行;第397页第17行。

最后一段(第39段)明确论述了老子西升的故事,尤其是升天这个主题,而《西升经》中的这个故事在化胡传说中出现得相当晚,它与《西升经》是同时出现的。《西升经》的作者创造了这个主题,使人们的注意力从化胡传说转向真正重要的东西:成仙或升天。这一主题后来被整合进化胡故事中,这些故事有时被命名为《老子西升化胡经》。[1]《无极经》第一节(2—5)与《西升经》最后一段不是在措辞上接近,而是在主题上接近。假如孔丽维的解释是正确的,《无极经》的年代就不可能接近于360年,它肯定要晚于《西升经》。后者似乎是论述老子升天(遇见尹喜之后,化胡之前)这一主题的最早文本。例如,两个早期天师道文本《大道家令戒》(3世纪)及《三天内解经》(5世纪)中的化胡故事均没有涉及这个主题。然而,孔丽维拒绝相信一个更早的观点,这个观点认为《西升经》有两个版本。一个版本不一定叫《西升经》,它记叙老子化胡的故事,这个版本现在已遗失,但330年左右时曾被引用过。另一个版本保存至今,是一篇教导救世与升天的神秘文本。据孔丽维认为,后者将教化置于一个现有的化胡故事的框架之中,并添加了老子升天的主题。问题是,鉴于《无极经》以及人们所提出的它的创作年代(接近于360年),《西升经》是否

---

[1] 孔丽维:《道教的神秘主义哲学——西升经》(*Taoist Mystical Philosophy: The Scripture of Western Ascension*)(纽约,1991年),第4章"神话叙事框架",尤其第71—73页,第79—80页;参见孔丽维:《笑道论》,第210页(《西升经》的年代)。

可能将教化置于一个现有的西升/化胡故事的框架之中。孔丽维将《西升经》说成是一篇新的文本，它只是利用了一个现有的化胡故事。相应的，经引用得以部分保存下来的、与《西升经》有几分相似的《妙真经》被说成是尾随《西升经》而创作的，因为它引用和模仿了《西升经》。[1]另一种可能是，现存的《西升经》并不是以一个现有的化胡故事为框架，而是整篇都是对《妙真经》的扩展与改编。《西升经》的前三段紧密追随《妙真经》中的一部分，省略或改换了几个短语，同时也增添了一些新的短语。[2]《妙真（经）》两次出现在《天师教戒科

---

[1] 孔丽维：《笑道论》，第205页，提到一篇我还尚未查阅的由前田繁树所作的有关《妙真经》的文章。小林正美认为《妙真经》是《灵宝经》对《莲华经》的改编（见孔丽维：《道教的神秘主义哲学》，第34、170页），这遭到了柏夷的强烈质疑（《早期道教经典》，第184页注释）。注意，在这方面小林正美将《无极经》视作天师道对《灵宝经》的改编之一；小林正美（孔丽维译）：《东晋与刘宋时期的天师》（"The Celestial Masters under the Eastern Jin and Liu-Song Dynasties"），《道教资料》1990年第2期，第17—45、35页，。

[2] 这几段包含305个字（148+64+93）。如果不考虑序言（第一段的前54个字），其余的251个字中有45个与《无上秘要》卷100第5页上5—5页下3（共127个字）所引的《妙真经》相同，而且顺序相同。序言结尾（孔丽维：《道教的神秘主义哲学》，第323页；1.4—7，34个字）也与《妙真经》的序言结尾相仿（第5页上3—5；12个字相同）。由于《西升经》的前三段包含更详尽的版本，它们很可能建立在《妙真经》的基础上，而不是《妙真经》引用与模仿《西升经》。除了首尾两段，唯一的叙事段第四段（现存的《妙真经》引文中没有发现与其相似的部分）构成了"《西升经》框架叙事的又一个主要分歧"（孔丽维：《道教的神秘主义哲学》，第77页），而这又加深了人们关于整部《西升经》是一个先前文本（《妙真经》）的扩展的这种印象。36段中的两句话在《妙真经》中也出现了，见《无上秘要》卷100第6页上，第6行第6页上，第7行＝《道藏子目引得》第726号，第6卷第9页上，第10行，第9页上，第3行；同样《西升经》中那句古老的常被引用的话（孔丽维：《道教的神秘主义哲学》，第298页）也出现在《妙真经》中。

经》(D789)的"大道家令戒"这部分中,多数学者认为这部分可以追溯至公元255年(据另一些学者,至5世纪)。[1]在"大道家令戒"中,老子声称他创作了《妙真》以解释《道德经》。至少还有两个进一步的迹象表明,《妙真经》在3世纪就已经存在了,因此要早于《西升经》。《妙真经》中的某些句子与严遵在东汉末年创作的《道德经》注本《道德指归》中的句子惊人地相似。[2]假如后者可能不是一个真实的汉代文本,至少它在公元300年前后是广为人知的。[3]只要不排除《道德指归》利用了《妙真经》,这就表明《道德指归》在300年前就存在了。老子的两句话(老子曰)可以说明这一点,一句被嵇康引用在其《答难养生论》中,另一句被牟子引用在其《理惑论》

---

[1] 柏夷:《早期道教经典》,第184页第4行。柏夷本人(第172、175页)将"大道家令戒"中的"妙真"解释为老子的名字而不是一部经书。

[2] 参见《无上秘要》卷42第7页上10—8页上5中引用的《妙真经》与《道德指归》(《道藏子目引得》第693号,卷9第24页上第8行—25页上第7行)及《要修科仪戒律钞》(《道藏子目引得》第463号,卷12第4页)中引用的《妙真经》与《道德指归》(《道藏子目引得》第693号,第7卷第14页下第9行—16页上第5行)。又见《云笈七签》卷90第8页下第5行—9页上,第3行与第9页下第7—10行,看起来像《妙真经》的引文;居中的四处引用(9页上4—9页下6)在现存的《妙真经》引文中并未发现,但它们与《道德指归》中的句子相似(参见9页上10—9页下3与《道藏子目引得》第693号,卷8第18页下第6—7行),第18页下第8行及第19页上第10行,这意味着这四处引文也摘自《妙真经》。

[3] 艾伦·陈(Alan K.L. Chan):《道与德的本质意义——严遵与汉代初期的老学》("The Essential Meaning of the Way and Virtue: Yan Zun and 'Laozi Learning' in Early Han China"),《华裔学志》1998年第46期,第105—127页。至于《无极经》,它也许可能包含摘自《道德指归》与/或《妙真经》的引文;见表C:225行(《道德指归》与《妙真经》两者);参见表D:20a、71a、154b(《道德旨归》)与187a(《妙真经》)。

中，这两句话都取自《妙真经》(也称《老子妙真经》)。[1]鉴于这些引用，《西升经》第一段中引于330年左右、以"故其经曰"开头的那句话，很可能也取自《老子妙真经》，因为它之前的一句写道："夫尹文子(尹喜)即老子弟子也，老子即佛弟子也。"[2]由于《妙真经》的全文没有保存下来，有关它一定论述了老子升天主题的结论只能是一种推测。不管怎样，可以得出这样的结论：考虑到《西升经》全文是在一个更早的文本基础上的扩展，人们至今仍未能证实老子升天的主题是《西升经》作者所创以及这个主题不可能早于5世纪。

另一个问题由人们所提出的《无极经》的创作年代而引发，这个问题关涉到长生不老药(356—357)，尤其是龙胎(50)，张道陵成仙要归功于它。司马虚指出，没有证据表明张道陵或其直接继承人曾经修炼过炼丹术。他们主要关注的是治愈疾病。没有药物能用于这个目的，疾病只能由忏悔与祷告来治愈。然而，3世纪时，许多上层阶级的天师道信徒开始沉迷于非常流行的矿物药。严格的组织规章已被新的药物化学本

---

[1]《嵇康集校注》卷4第174页；T52.5.3.17；保罗·伯希和(Paul Pelliot)：《〈牟子理惑论〉或质疑》("Meou-tseu ou Les doutes levés")，《通报》1920年第19期，第255—433页，尤其第317页(第403页第155行)；2世纪末至3世纪初有关《理惑论》的年代众说纷纭；有关《妙真经》的这两处引文，依次见《无上秘要》7.1页下4与《要修科仪戒律钞》，《道藏子目引得》第463号，12.11页上8。马叙伦：《老子校诂》(北京，1956年)，第641页，认为这两句话属于《道德经》遗散部分。

[2]许理和《佛教征服中国》第311页(T52.7.2.3)；参见孔丽维：《道教的神秘主义哲学》，第71页。

质的思想及实践所破坏。当洛阳沦陷后天师道信徒去往江南并发现了那里繁荣的药文化时，这个渗透的进程大大加快了。南北方传统的融合由南方信徒完成，形成了上清神启（364—370）。[1]然而，贺碧来却倾向于将这些神启看作一个早已开始的进程的完结，尽管我们对这一进程了解不多。例如，上清派视张道陵为炼丹大师，完全无视天师道传统与炼丹术之间的区别甚至对立。《五符序》（《道藏子目引得》第388号）及《太清金液神丹经》（《道藏子目引得》第880号）等文本的序言被认为是张道陵所作。贺碧来认为将张道陵视作炼丹大师这种观念源于南方传统，上清派只不过将其接收过来了。[2]但是她也承认这种南北方传统的划分很可能无法反映历史现实：所谓的南方传统是从汉朝末年起才变成"南方的"，而且直到4世纪初它在北方依然存在。此外，上清神启深刻影响了玄言诗这一来自北方的传统。[3]无论将张道陵视作炼丹大师这种观念的具体来源是什么，他所传播的救赎方法首先是一种性仪式，是"气的结合"。然而，约365年向杨羲显灵的真人之中，有一位却宣称：

---

[1] 司马虚：《陶弘景的炼金术研究》，尉迟酣与索安编：《道家面面观》（纽黑文，1979年），第123—192页，尤其第167—168页。
[2] 贺碧来：《道教历史中的上清神启》（巴黎，1984年），卷1，第52—74页（上清和天师），尤其第72—74页（张道陵的案例）；又见第109—110页。
[3] 贺碧来：《上清神启》第1章，第73页；《通报》1983年第69期，第134页[第131—137页，司马虚《茅山道教》（Le taoïsme du Mao chan）评论]。这尤其适用于阮籍与嵇康的诗歌（贺碧来：《上清神启》卷1，第149、159页）。

> 黄赤之道，混气之法，是张陵受教施化，为种子之一术耳。非真人之事也。……千万之中。误有一人得之，得之远至于不死耳。张陵承此以教世人耳，陵之变举亦不行此矣。[1]

贺碧来认为这种观点实际上剥夺了张道陵自己的教义。[2]但这种技术是何时引入的还不清楚。《天师教戒科经》(《道藏子目引得》第789号)与《三天内解经》(《道藏子目引得》第1205号)都没有讲到这一点。有些学者怀疑早期的天师是否使用过这种技术，小林正美认为它只在东晋初期被采用过。柏夷的结论是，早期的天师有可能使用这种技术。[3]《真诰》没有说张道陵是因为何种技术而成仙的，但考虑到《真诰》中长生不老药的显著作用，这句话应该是暗示张道陵成仙是由于一种长生不老药。至少公元420年左右的天师寇谦之相信这一点：老君给了张道陵升天之药（登升之药，百炼之酒），人们错误地以为张道陵个人接受了房中术与黄赤之道。[4]这种技

---

[1]《真诰》卷2，第1页；司马虚：《茅山道教》，第183页；小林正美（孔丽维译）《东晋与刘宋时期的天师》，第30、31页。参见葛洪《抱朴子内篇》："俗人闻黄帝以千二百女升天，便谓黄帝单以此事致长生，而不知黄帝于荆山之下，鼎湖之上，飞九丹成，乃乘龙登天也。"
[2] 贺碧来：《上清神启》第1章，第72页。
[3] 柏夷：《早期道教经典》，第44页（参见第7页）；小林正美（孔丽维译）《东晋与刘宋时期的天师》，第28、30—31页。
[4]《道藏子目引得》第785号，f.1b9，2页上9。张鲁将它归功于"夜解"，但陶弘景无法解释这究竟是何种方法（卷4第14页下第3行，第14页下第8行；参见《真诰》卷20第10页上第10行），不过它暗示着服食一种药（《真诰》卷4第17页上1—2行5—6行）。参见贺碧来：《上清神启》第1章，第59页。

术何时被引入，它是不是一种普遍的修行，人们最开始相信张道陵因服用长生不老药成仙是在何时，这些问题还没有答案。然而，人们可以将下面《无极经》中的几行诗放入刚才引用的《真诰》中的那段文章之中，用它来进一步确定人们提出的《无极经》的创作年代，即杨羲接受神启前的十年内：

199/200	阴阳中经	事难明	时有开解	能思精
49/50	阴阳中经	无人明	唯有龙胎	师度形

人们对《阴阳中经》这本书没有更多的了解，但显然它类似于黄书——《黄书过度仪》(《道藏子目引得》第1294号)，因为195、197、198和204行与黄书中的表述接近。[1]按照《无极经》的说法，几乎没什么人理解它（199—200）[2]；49—50行甚至说无人理解它，又说张道陵仅靠服食长生不老药"龙胎"而成仙（49—50）。364—370年间向杨羲显灵的真人好几次将龙胎与其他长生不老药并提："若以刀圭奏矣，神羽翼张。"（羽翼张，cf.《无极经》52a：羽翼张开）[3]《无极经》中的句子"唯有龙胎"在别的天师道文本中没有发现，可能取自

---

[1] 见表D（包括158a，174，176a）。有关《黄书》(《道藏子目引得》第1343号)的另一个版本，见表C（45a）与表D（204，357a）。注意葛洪称这种性技术为"阴阳之术"(《抱朴子内篇》卷6第29页)，尽管它们有各种用处，却是"难解，解之又不深远"(《内篇》卷8第34页)。

[2] 参见曹植：《辩道论》："左慈修房中之术，善可以终命，然非有至情，莫能行也。"(《三国志》卷29第805页)刘京（222年）："夫交接之道至难，非上士不能行之。"(《汉武帝外传》,《道藏子目引得》第293号，f.19a7)

[3]《真诰》卷6第2页上7—8行（司马虚：《陶弘景的炼金术研究》，第155页）。

《五符序》:"白日升天,……其天仙之真,唯有龙胎金液九转之丹。"[1]现存的《五符序》文本在4世纪末传至葛巢甫手中,据其叔祖葛洪所知,他很可能没有大范围地改动文本。[2]另一个未保存下来的版本,据陶弘景所说,与现存文本有分歧,这个版本在公元350年由天师道女祭酒魏华存(251—334)的长子刘璞传给杨羲。[3]公元364年,"南岳夫人"魏华存是第一个向杨羲显灵的真人。她将张道陵传授给自己的天师道仪式的新规则亲授杨羲等人,张道陵授道给她时,她还是一位地仙(在她成为"南岳夫人"之前)。[4]和在汉中所用的旧仪式相比,现在人们必须在仪式结尾时祈祷:"焚香的使者,左右龙虎君,愿这祈祷室中突然出现山菌、金液、朱砂,愿所有超能力在香炉的火光面前混合在一起,以便让[某某](这个仪式为他而举办)能接受道气,长生成仙……"[5]魏华存传给杨

---

[1]《道藏子目引得》第388号,卷3第18页上第10行。
[2] 柏夷:《〈灵宝经〉溯源》,司马虚编:《密宗和道教研究——纪念石泰安专号》卷2(布鲁塞尔,1983年)第434—86页,尤其第450—458页。葛洪(他提到龙胎符:《抱朴子内篇》卷19第97页)"引用"了一段与前面刚翻译的一段相似的文字:"夫长生仙方,则唯有金丹。"(《抱朴子内篇》卷19第93页)卷18这部分(第92—94页)与《五符序》3.16上10—23下2相似(参见贺碧来:《上清神启》,第1章,第26—29页,尤其27第4行)。
[3]《真诰》卷20第12页;司马虚:《茅山神启——道教与贵族社会》,《通报》1977年第63期,第1—63页,尤其第58—59页;柏夷:《〈灵宝经〉溯源》,第454—455页。
[4] 蔡雾溪《早期文献资料所反映的天师科仪——〈登真隐决〉卷下所载仪式资料的翻译与研究》,第33、107—108页。
[5] 司马虚:《陶弘景的炼金术研究》,第169页。蔡雾溪表示这整段祷文是上清派道士添加的(第74、77—78、119—120页),而且不止上面翻译的句子(司马虚认为;参见贺碧来《上清神启》第1章第61页注释)。

羲的另一个文本是《剑经》，只有一些片段得以保存。它讲述了一种通过神剑与长生不老药进行"尸解"的方法。这种方法可能在上清神启之前就已经存在，后又在上清神启中得到改造与扩展。[1]在这本经书的神启序言中，仙人茅盈（他授《剑经》于魏夫人）提到了修炼尸解的仙人及他们用于尸解的长生不老药，其中就有龙胎。一个相似的片段在《真诰》中其他地方也有，但现在由魏华存传播。[2]这些片段没有提到张道陵，《无极经》仍是唯一将张道陵的长生归功于服食龙胎的文本。陶弘景所作的上清神启注解（如果不是原始的上清神启）说张道陵为《五符序》作了一篇序言；张道陵还在这篇文本中（《道藏子目引得》第388号，《葛巢甫传》）出现过，在第3卷开头（也许这就是人们所认为的他作的那篇序）。[3]葛巢甫自己所造的"五符经"（《自然五称经》，《道藏子目引得》第671号，考虑到他为古之《五符经》添加了"序"）中，张道陵扮演着重要的角色。[4]有鉴于《五符序》与张道陵之间的联系，《无极经》可能从《五符序》的更早版本中（350年传于杨羲）取用了"唯有龙胎"这个短语，在这个版本中"唯有龙胎"很明确说的是

---

[1] 贺碧来：《上清神启》第2章，第140页。
[2] 《真诰》卷147（第16—18页，序言片段），译文（第16—17页）；司马虚：《陶弘景的炼金术研究》，第131页。相似片段：《真诰》卷4第15页（司马虚译，第132页），其中未提及龙胎（陶弘景评论说这些不同版本间是有区别的）；然而，《酉阳杂俎》（9世纪）卷2第7页（《四部丛刊》版）中所引的提及龙胎的片段实际上与此片段完全相同。
[3] 贺碧来：《上清神启》第1章，第27页。
[4] 柏夷：《〈灵宝经〉溯源》，第451页。

张道陵，或者至少人们可以在此意义上解释这句话。只有上清神启（《真诰》及后来以其为基础的资料）提到龙胎，但没有提到张道陵是由于服食龙胎而成仙的，这并不能证明《无极经》的创作年代不可能接近于360年。毕竟，将这些神启看作一个早已开始的进程的完结似乎是合理的，而且众所周知，自至少350年起就存在《无极经》的另一个版本。

实际上，《无极经》可以被看作4世纪中叶前后至少是对一名北方天师道信徒来说所逐渐发生的这种变化的为数不多的证据之一：一方面，他坚守自己所接受的有助于建设秩序井然的社会与太平时代的公共生活及仪式传统；另一方面，由于现实社会与天师道组织不符合这些理想，他只能追随前人的步伐，踏上寻求个人救赎之路。

海外中国道教文学研究译文选

附录

《老君变化无极经》中英文对照

（* 表示有校勘，详见表 C）

1	老君变化 无极中	Lord Lao transformed himself during the Wuji era.
2	出处幽微 黄房宫	Imperceptible, he left and stayed in the Palace of the Yellow Chamber,
3	炼形淑淑 虚无同	his purified body, clear and luminous, the emptiness alike.
4	光景布行 八极中	Its bright radiance diffused through the Eight Extremities.
5*	真君一出 会九公	As soon as the True Lord had appeared he met the Nine Dukes.
6*	道里长远 乐无穷	The journey was long, the joy without end.
7	骖驾九龙 车马僮	Driving a team of nine dragons with a retinue of carriages and horses,
8	上登八重 玉阙中	he ascended the eight layers (of the Kun-lun) up to the Jade Portal
9	金楼之台 望华山	From the Golden Tower Terrace he gazed at Mount Hua.
10	山上真人 授我经	On the Mount a True Man transmitted me a book,
11	教我学道 身当清	teaching me that for the study of the Way one has to be pure.
12	慎勿贪淫 没汝形	Take heed lest unlawful desires destroy your body.
13	清身洁己 身长生	Purify and cleanse your body and you will live long.
14	老君之道 自然并	The Way of Lord Lao is with the Spontaneous united.
15	不求吾道 经教名	If you do not seek to have a name in the canonical teaching of My Way,
16	那得度灾 为种生	how can you overcome the calamities and belong to the elect?

17	贤者思之 解其情	My dear, think of this and understand its conditions:	
18	针入缕出 气自明	Entering like a needle, coming out like a thread, the qi will be clear by itself.	
19*	施泻有法 随时生	For [sexual] emissions there are regulations, they have to occur at the right season.	
20	秋收冬藏 入黄庭	Harvest in the autumn and store in the winter, within the Yellow Court,	
21	窈窈冥冥 气合并	where shrouded in depth and darkness the qi will unite.	
22	老君变化 易身形	Lord Lao transformed himself and changed his appearance.	
23*	居在胡中 作真经	He lived among the [western] barbarians and wrote a true scripture.	
24	胡儿反叛 无真诚	The barbarians were rebellious and without sincerity,	
25	朝降暮反 结罪名	submitted at dawn, revolted at dusk and so incurred penalty.	
26	部落强丁 至死倾	The able-bodied men of their tribes	
27	叩头来前 索求生	were in mortal peril, knocked their heads on the ground, cameforward and implored for life.	
28	老君执意 欲不听	Lord Lao kept to his point, wished not to listen.	
29	谪被赭衣 在身形	As punishment he let them wear reddish-brown garments on their bodies,	
30*	髡头剔须 为信盟	shave their heads and cut their beards as a pledge of the covenant.	
31	绝其妻娶 禁杀生	To their [way of] marriage he put an end, forbade them animal sacrifices.	
32	若能从化 过其名	If you are able to convert yourselves, your names will be transferred (to the list of the living).	
33	日中一食 读真经	Only eat at noon and read the true scripture.	
34*	不得欺绐 贪淫情	Do not be dishonest nor licentious.	
35	若有犯法 灭汝形	If you violate the laws, you will destroy your body.	
36	胡儿弭伏 道气隆	When the barbarians had submitted, the qi of the Way flourished:	
37*	随时转运 向汉中	With the juncture of time [Lord Lao] returned, moved to Hanzhong.	
38	木子为姓 讳口弓	Mu-zi (Li 李) was his surname his taboo-name Kou-gong (Hong 弘).	

39	居在蜀郡 成都宫	He lived at Shu Commandery, in the Chengdu (Grotto-) Palace.
40*	赤石之城 出凌阴	At the Red-Stone Citadel he appeared from the Cold Cavern,
41*	弓长合世 升天中	with Gong-chang (Zhang 张), the elected, he rose to the Celestial Centre(Kunlun),
42*	承三使六 万神崇	let him govern the Three and subjugate the Six (Heavens), for whom the ten thousand divinities stood in awe.
43	置列三师 有姓名	The successively installed Three Masters, whose names we know,
44	二十四治 气当成	to make complete the qi of of the twenty-four dioceses,
45*	分付券契 律令名	distributed the contracts and the names in the ordinances,'
46*	诛府伐庙 有常刑	sentenced the Excellencies, pulled down their shrines, punishing them for ever.
47	老君正法 道自明	Through the orthodox law of Lord Lao [the qi of] the Way becomes clear by itself.
48	仙官簿录 随所请	The immortal officers fill in the registers according to one's request.
49	阴阳中经 无人明	The Median Book of Yin and Yang nobody understands.
50	唯有龙胎 师度形	Only by taking [the elixir] Dragon Foetus the Master (Zhang Daoling) transcended his body.
51	白发翩翩 游天庭	His white hair flying and flowing, he roams about in the Celestial Court,
52	羽翼开张 毛衣成	his wings unfolded, his hair grown into garments,
53	五色斑斑 如列星	variegated in the five colours like the stellar constellation,
54	璇玑玉衡 正其名	of which the name is the Pan and the Handle (the Dipper).
55*	居在苍浪 至海阳	(Lord Lao) lived at Canglang, went to the South of the [Eastern] Sea.
56	海水不流 须风扬	The waters of the sea do not flow, need the wind to be stirred.
57	无有涯岸 东西相	There are no shores and coasts facing each other east and west.

58	不逆细流 故深长	Not rejecting the smallest stream, they are very deep.
59	汪汪巨海 百谷王	The vast great sea, is the king of the hundred river-valleys.
60*	百川顺流 水汤汤	The hundred rivers follow the current, the water becomes immense and vast.
61	源出昆仑 华阴堂	Their source emerges from the Kunlun's Huayin Hall.
62	阴气踊跃 难可当	The qi of Yin, leaping and prancing, are hard to withstand
63	宜预防之 过灾殃	You ought to be prepared against them, to survive the calamities.
64	得见太平 升仙房	Then you may see Grand Peace, ascend to the abode of immortals,
65	乘云驾龙 到南阳	riding the clouds and driving dragons, arrive at [the Heaven of] Southern Yang.
66	饮食行厨 布腹肠	The food and drinks from the travelling banquet spread through your belly andbowels,
67*	弹琴鼓瑟 举乐觞	you will play the lute, sound the zither,raise the goblet of joy.
68	要当解音 别宫商	You only have to understand the tones, distinguish gong and shang,
69	角征所生 同室堂	which, produced by jue and zhi, share the same dwelling.
70	吾入幽河 止泉元	I (Lord Lao) entered the Dark River, paused at its source.
71	大道坦坦 莫不闻	The Great Way is level and easy, nobody has not heard of it.
72	养士天下 皆称臣	All retainers under Heaven call themselves its subject;
73*	弟子再拜 请所闻	as disciples they bow twice asking for instruction.
74	道有微气 生活人	The Way comprises a subtle qi granting men life.
75	诚非下愚 所可陈	This truly is not something that to very stupid can be set forth.
76	道气绵绵 难可遵	The qi of the Way are tenuous, difficult to trace;
77	布散流行 如浮云	they disperse and pervade like drifting clouds;
78	浮云翩翩 还入山	drifting clouds, lightly fluttering, that return to the mountains;
79	亦无孔穴 入无间	even if there are no cavities or caves they enter where there is no space.

80	细微之事 难可言	About the minute and subtle it is difficult to speak.
81	若解微者 飞升仙	If you understand the subtle you will fly and ascend to the immortals.
82	比游五岳 弱水边	Then you will roam about on the Five Mounts, at the borders of the Weak River,
83	弱水不度 入杀人	the Weak River, that cannot be crossed and kills everyone who encroaches it.
84	有知之明 预防灾	The understanding of the wise safeguards them against calamities.
85	与世相守 乐无期	With the world they endure, their joy is without end.
86	玄命太清 谁知之	Our mysterious destiny at Taiqing [Heaven], who is aware of it?
87	今世之人 多愚痴	The people of this age, most of them are stupid and dull.
88	七九数尽 鬼贼来	The number of seven-nine has been attained, the demon-rascals are on their way.
89*	何不防闲 自修治	Why not ward them off by cultivating yourself?
90	苦言利行 不相欺	Pungent remonstrance benefits your conduct and does not deceive you.
91	与己一别 会何时	Once you are separated from yourself, do they ever meet again?
92	道俗不同 善自思	The Way and the vulgar are not alike, so consider well.
93	丘山草秽 难可治	Weeds, overgrowing like hills and mountains, are hard to eradicate.
94	口中安十 为良医	Kou-zhong-an-shi(Tian[Chou] 田畴) was a skilful physician.
95	恺悌君子 民所思	A happy and courteous gentleman is what the people long for.
96*	但当依怀 来趣之	You only have to engage yourself and hasten towards him.
97	消除恶逆 心无疑	To eliminate the evil and rebellious your heart should be without doubt.
98	犹豫之子 道不治	Irresolute people the Way does not cure.
99*	龙乘浮云 到南蛮	The Dragon riding drifting clouds arrived at the Southern Barbarians.
100	江水枯竭 人民单	The Jiang River had dried up,

		the people become few.
101	鬼贼游行 在民间	Demon-rascals roamed about among the people,
102*	败乱正气 无人分	perturbing the correct qi which nobody could sort out.
103	师君一出 诛尽群	As soon as the Lord Master (Zhang Lu) had appeared, he decapitated them all.
104	尔乃太平 见真君	Then Grand Peace prevailed, the Perfect Ruler appeared.
105	有福过度 为种人	Those with merit crossed, belonged to the elect
106	条名上白 太上君	Their names were listed and reported on high to the Most High Lord.
107	赐与符箓 护形身	He bestowes talimanlic registers [of divinities] to protect your body.
108	思如呼之 恒随人	Invoke them with attention and they will constantly accompany you.
109	敬如侍之 与相亲	Serve them with respect and they will be intimate with you.
110	真气来附 成万神	The true qi will adhere to you and turn into the ten thousand divinities (within you).
111	与天相保 升昆仑	With Heaven you will be preserved,
112	骖驾九龙 行如云	ascend to the Kunlun, riding a team of nine dragons, going like the clouds.
113	郁郁之童 至辽东	An unhappy child went to Liaodong.
114*	时欲促急 驿马通	At that time one wished to make haste, to take post-horse after post-horse,
115	千里相逐 如飞蜂	to advance over a distance of a thousand leagues, like a swarm of bees.
116	毒害之气 难可冲	But the poisoning qi were hard to attack.
117	道路隔塞 绝不通	The roads were cut off, offered no passage at all.
118	奈何此世 思九公	What else could this generation do than to long for the Nine Dukes?
119	母能养子 恩意同	To a mother able to tend her children are their merciful feelings alike:
120	无偏无党 可相从	without deflection, without partiality, they stay together.
121	灵禽辟邪 除群凶	The divine bird and the 'evil-chaser' will remove all misfortune,
122	奸臣贼子 入地冲	lewd ministers and undutiful sons be put into the veins

175

			of the earth.
123	尔乃太平	气清公	Then Grand Peace will prevail,
124	真君当出	别人容	the qi be pure and fair. The True Lord will manifest himself, his appearance different from men.
125	三五七九	内外同	The three, five, seven and nine [qi] are the same, inside and outside.
126	养生之法	气相从	Through the method of tending to life the qi will follow each other.
127	和顺上下	无灾冲	If above and beneath they harmoniously conform, no calamities are to be confronted.
128	人多不解	妄说空	Most people do not understand this and erroneously call it nonsense.
129	西事未讫	折复东	Not having finished some affair they break it off and turn to another.
130	持心犹豫	无所从	Their minds are unstable, to nothing they adhere
131	大灾奄至	路不通	Great calamities suddenly arrive, the roads offer no passage.
132	汝欲避世	华阴东	If you want to escape the troublesome times: east of Huayin.
133	游上高山	望海水	Ascending a high mountain, one gazed at the waters of the sea.
134	日出浩汗	不可视	The sun rose in a dazzling brilliance, one could not look at it."
135	令人目暗	犯过罪	It would have darkened one's eyes as punishment for transgression.
136	鱼藏深渊	贪饵死	The fish hid in deep pools, they would have died if they longed for bait.
137	南方不但	自食尾	In the South [...] they ate their own tail:
138	肝心独活	舍如死	as only liver and heart were alive, they were thrown away as if dead.
139	金容城中	有白雉	Within the city of Golden Appearance there was a white pheasant.
140	世之所希	人所视	Although rare in this world, people did see it.
141	禁地之物	不可底	Beings enclosed in the earth could not remain hidden.
142	贪淫爱色	心断乱	By coveting excess and being fond of sensuality one's mind is in great disorder.

诗歌体《老君变化无极经》论要

143	强尸纵横 令人叹		Stiff corpses lay around which makes one sigh of grief.
144*	不能责己 呼天怨		Unable to blame oneself, one cries out one's grudge to Heaven.
145	吾道清洁 选种民		Those who practice the purity of my Way will be chosen as the elect.
146	少有明解 应吾文		Few are those whose comprehension accords with my scriptures.
147*	南到淮扬 经孟津		In the South we arrived at Huaiyang after passing the Meng ford,
148	浮桥翩翩 在水巅		where the floating bridges lightly rolled on the top of the water
149	过度万姓 无留难		and let all the people cross without any inconvenience.
150	条牒姓名 诣津门		One listed their names and they went to the ford's gate.
151*	自名诈称 送司官		Those who called themselves with a false appellation, were handed over to the officials,
152	推问情实 尽其元		who investigated the facts to the very bottom.
153	人心归情 还本根		Men's mind is bent on returning going back to its very root.
154	根深固久 物自然		The deep and firm root is for [all] things the Spontaneous.
155	自然之气 出虚无		The qi of the Spontaneous proceed from the Emptiness.
156	鲁道荡荡 合与俱		The great Way, vast and wide, unite yourself with it.
157	赖得赤子 相接扶		Thanks to the Red Infant who helps you,
158	解脱罗网 六翻舒		you escape from the fowling net, the six quills unfolded;
159	唳天高飞 诣九都		soaring to Heaven and flying high, you go to the Nine Capitals.
160	九都之要 谁能舒		The essentials of the Nine Capitals, who is able to unfold them?
161	仙人王乔 处石庐		The immortal Wang Qiao dwelled in a stone cottage,
162*	师事老子 受生符		served Laozi as his teacher and received the talisman of life.
163	历观帝世 知沉浮		Successively examining the imperial houses, one knows [the causes of] their rise and decay.
164	有道君子 心不忧		The gentleman in possession of the Way his mind does not worry,

165	荡荡涤涤 如长流	cleansing and purifying like a long stream.
166	百川之水 归海中	The waters of the hundred rivers meet in the middle of the sea.
167	海水灪潏 志无穷	The waters of the sea rage and roar bending to the Wuqiong.
168	无穷之东 有沃焦	East of the Wuqiong there is the Wojiao.
169	沃焦所受 无不消	Whatever the Wojiao takes in, is all extinguished,
170	变散形身 作浮云	changing and dispersing their form into drifting clouds,
171	浮云翩翩 还入山	drifting clouds which lightly floating return into the mountains.
172	结气谷口 为甘泉	The valley-mouth where the qi solidify becomes a sweet spring.
173	事会之溟 寂无言	The dark ocean into which things return is tranquil, without words.
174	神男玉女 侍在边	Divine men and jade women attend at both sides,
175	扶助男女 成万神	assisting men and women to turn [their qi] into the ten thousand divinities.
176	万神皆生 为真人	When all the ten thousand divinities have been born, they are True Men.
177	真人已成 飞升仙	As soon as True Men have been formed they fly away ascending to the immortals,
178	游于五岳 乘紫云	roam about on the Five Marchmounts, riding purple clouds.
179	骖驾六龙 会天门	Driving a team of six dragons they flock together at the Gate of Heaven.
180	门有害气 不敢前	In front of the Gate there is a noxious qi, they do not dare to advance.
181	十往十死 初不还	Of every ten who go, ten die and do not return at all.
182	汝欲入门 依鲁班	If you want to enter the Gate, rely on Lu Ban,
183*	天下名巧 共语言	the famous genius under heaven, talk with him.
184	凌阴之室 在中丹	The Chamber of the Cold Cavern is located in the central Cinnabar [field].
185	内外相通 无留难	Inside and outside communicate with each other, without any inconvenience.
186	同气合音 舒道元	The mingling qi and uniting tones unfold the origin of

187	道之绵绵 谁能遵	The tenuity of the Way who is able to trace it?
188*	十室之邑 无忠人	In a hamlet of ten houses there is not one loyal man,
189	令吾道气 屈不伸	so the qi of my Way contract and do not expand.
190*	怨吾师鬼 咎吾臣	One blames my masters and demons, and censures my officials:
191*	周行选种 不精勤	they go around to choose the elect without being diligent,
192	太平垂至 事当分	while Grand Peace is at hand, and their task should be set:
193	条牒姓名 言太清	to enlist the names [of the adepts], to report them to [the Heaven of] Taiqing,
194	功劳行状 与集并	with the records on conduct, merit and toil, attached to them.
195	玉历之中 有生名	On the Jade Calendar are the names of the living.
196	三气当备 爱子形	To complete the three qi be careful of your body.
197	不行三五 七九生	If you do not circulate the Three and Five, Seven and Nine life-giving [qi],
198	那得过度 见太平	how can you cross [to life] and see Grand Peace?
199	阴阳中经 事难明	The Book of Yin and Yang, its text is hard to understand.
200	时有开解 能思精	At times there are people who unravel it, able to focus on its essence,
201	出阳入阴 至玄冥	from Yang to go into Yin as far as the darkest obscurity:
202	八极之内 有九城	Within the eight extremities there are the Nine Citadels.
203	九宫之内 应天经	Within the Nine Palaces one corresponds to the Celestial course.
204	三气五气 令身生	The three qi and the five qi let the body live.
205	七九去灾 除殃丁	The seven and nine remove the calamities, eliminate disaster and mourning.
206	天历运度 随时清	Heaven revolves its cycle, becomes clear according to the times.
207	三师出教 给吏兵	The Three Masters issue their orders, provide [you] with clerks and soldiers.
208	守宅将军 绕舍营	The generals who guard the grave surround the tomb

		with encampments.
209	辟斥故气 却邪精	They chase away the stale qi, drive away the harmful sprites.
210	武夷来福 在中庭	[Lord] Wuyi brings bliss within the central courtyard.
211	除灾去害 道日明	Calamities removed, disasters driven away, the Way brightens day by day.
212*	名显绝殊 世有荣	Fame shines every where, glory lasts for generations.
213	子孙昌隆 辅相卿	Children and grandchildren prosper, they assist chancellors and ministers.
214	赤车使者 在门亭	Messengers in red chariots appear at the gateway.
215*	左右侠从 道门旁	Attendants are waiting at the side of the Way's disciples,
216	通事书佐 处中央	who as interpreters and clerks reside at the centre [of power],
217	中元之君 摄纪纲	while the Lord of Median Origin attends to the government.
218	开通屈滞 到故乡	He clears away the obstacles and they arrive in their native place,
219	处所安乐 命延长	their dwellings in peace and joy, their lives prolonged.
220	历观五帝 治汉中	Successively he examines the Five Thearchs, has his seat at Hanzhong.
221	大树蓊蓊 布名张	A large luxuriant tree [alike], he spreads his name everywhere,
222	垂枝布叶 阴覆阳	its hanging leafy branches. afford shade against the sun.
223	四海来会 为柱梁	From everywhere one gathers to serve as his 'pillars and beams' (high officials),
224	劝化男女 善相将	who persuade men and women to transformation and are skilled in supporting them.
225*	栖息八极 气当王	To dwell in the eight extremities the qi have to be dominant.
226	正法天地 立纪纲	By correctly taking Heaven and earth as model, order is established.
227	乾坤所主 正阴阳	What is ruled by Qian and Kun is precisely Yin and Yang.
228	道在其中 名布行	The Way is between them and its fame proclaimed

			everywhere.
229	凌阴之室 色玄黄		The chamber of the Cold Cavern is coloured dark and yellow.
230	芝草蒙蒙 覆宫堂		Mushrooms and herbs lavishly cover its palaces and halls.
231	金楼玉阙 侠两傍		Golden towers and jade portals enclose it on both sides.
232	铜人翁仲 坐相望		The [two] copper men Wenzhong, are posted facing each other.
233	侠守公门 严如霜		They guard the main entrance, severe like the frost.
234	赤门赫赫 谁能当		The red gate, imposing, who is able to withstand it?
235	贤人君子 字道长		The wise gentleman with the courtesy name Daochang:
236	防灾除害 思元阳		to ward off calamity and eliminate harm, he contemplated Original Yang;
237	气流溢布 身华光		his qi diffused in overflowing streams, his body shone,
238	身生毛羽 飞云行		sprouted hair and wings, walked flying through the clouds.
239*	上谒老君 见中黄		Above he has an audience with Lord Lao, is received by [Lord] Zhonghuang.
240	游观南岳 宿闲房		He wanders on the Southern Peak, dwells in secluded rooms,
241	仙人王乔 共邀翔		with the immortal Wang Qiao he roams about.
242	西到广汉 历长城		Going westward we arrived at Guanghan after passing the city of Chang['an]
243	长安城中 胡马鸣		In the city of Chang'an the horses of the barbarians neighed.
244	奋头衔勒 人民惊		Shaking their head with bits in their mouths, they frightened the people,
245	民惊奔走 空土城		frightened the people, who fled away, abandoned the area and city.
246	父子为虎 因时营		Fathers and sons became tigers, fighting one another depending on the opportunity.
247*	与世浮沉 发公名		Observing the whims of the world one procured the highest fame.
248	时世浩扰 气不宁		The times were in great turmoil, the qi not at peace.

181

249	温寒不适 在人形		Warmth and cold had lost their proper regularity in people's bodies.
250	变发坐逆 罚贪夫		Calamities arise to sentence the rebellious, to punish the greedy.
251	威令世畏 法禁拘		Severe orders are what people fear, the prohibitions of the law keep them in restraint.
252	有道之士 心无忧		The worthy in possession of the Way, his mind knows no worries,
253*	荡荡涤涤 如长流		cleansing and purifying like a long stream.
254	水之东流 无息休		Eastward flows the River without ever reposing.
255*	翩翩扬舟 随风流		Lightly floating the osier boats, following wind and current.
256	橹櫂相催 行如浮		Pressed on by scull and oar they go like drifting [clouds].
257	转相过度 无稽留		The one after the other we crossed without any obstacle.
258	稽滞不去 必沉浮		If the obstacles had not been removed we would have drifted with the tide:
259*	荡子无知 益人忧		wandering sons in their innocence who increase people's grief.
260	南度江海 建邺城		Crossing rivers and lakes we went southward, to the city of Jianye.
261	故时大乐 子孙荣		In former times great joy prevailed, children and grandchildren lived in glory.
262	不承权舆 至死倾		But we did not continue as we began, arrived at mortal danger.
263	日南瘴气 草不生		The poisoning qi of Rinan (Commandery), where plants do not grow;
264	飞鸟不过 没人形		the flying birds do not cross it, one does not see people there.
265	远嫌避害 可长生		Stay away from jealousy, avoid suspicion, then you may live long;
266	与道相守 建功名		with the Way you will endure, procure merit and fame.
267	莫贪财利 色欲情		Do not long for wealth and profit, lust and passion;
268	贞洁守节 志当清		be chaste, practice moderation, your ambitions have to be pure.
269	尔乃过度 见太平		Then you will cross, see Grand Peace.

270	太平真君 复能明	The True Lord of Grand Peace will restore the capable and enlightened,
271	整理文书 应鹄鸣	revise the liturgical documents in conformity with [the revelations on] Huming.
272	二十四治 会阳平	The twenty-four dioceses will congregate at Yangping:
273	主者赍籍 户言名	the administrators present the records, the households mention [their members'] names,
274	除死着生 诣太清	the dead are erased, the living enlisted, reported to [the Heaven of] Taiqing.
275	文字教案 令分明	If the files and the records of the faithful are accurate and clear,
276*	送故迎新 给所请	one receives whatever one requests, the one thing after the other.
277	有功增录 护群生	Those with merit enlarge [the number of generals on] their register, who protect the living.
278	男官女官 有别名	Male and female officers, with their different titles,
279	聪明主者 鍊人形	as enlightened administrators will refine people's bodies.
280	若有明解 来求生	If you have a clear insight, one will come [to you] to seek life.
281	开心同化 首凝诚	When opening their minds [to the Way] and having them share its transformative influence, above all be stern and sincere.
282	条名上簿 过度生	List their names on the records to cross to life,
283*	不得壅遏 善人情	and do not obstruct the good people.
284*	主者明慎 思书经	Administrators should be mindful and prudent, consider the codified rules.
285	若有不法 结罪名	If your behaviour is unlawful, you are reputed as sinner.
286	鞭杖在身 病殃丁	whipping and lashing on your body, plagued by disaster and mourning.
287	亲民之职 心当平	The office of loving the people requires a fair mind.
288	不得㝢庆 嫉妒情	You may not be self-satisfied nor jealous.
289	贪淫爱色 没汝形	Coveting licentiousness, being fond of sensuality, will destroy your body.
290	冗散祭酒 新故民	Unauthorised libationers renovate the ancient people.

291	素性闇塞 不识真	By disposition they are dull-witted, do not grasp what is true.
292*	论说道士 诳惑人	Loquacious officers of the Way wildly delude the people:
293*	口舍漏露 俗人间	gossip [on being heterodox] disperses among the uninitiated.
294	招来祸害 三考前	Soliciting misfortune, they will be brought before the Three Investigating [Offices].
295	同属道气 不蒙恩	Belonging to the same qi of the Way they do not receive its favours.
296	不能悔咎 上呼怨	Unable to regret their transgressions they cry out their grudge toward Heaven.
297	敕吾主者 精断弹	I have summoned my administrators to accurately examine and censure them.
298	善恶异名 列状言	Good and bad differ, are classified, and reported on separate lists.
299	吾有司官 在人间	I have my investigators among the people,
300	当驱治之 至死倾	who will expel and chasten them until mortal danger.
301	上多烦欲 无忠贞	Higher authorities often demand too much, know no loyalty and integrity.
302	民困于役 不农耕	The people suffer from conscript labour, do not cultivate the fields.
303	种植失时 花无荣	Planting occurs out of season, the blossoms are without fruit.
304*	胎卵半伤 结死名	The unborn young of cattle and poultry are deformed, bound to die.
305	谷如金玉 断之粮	Cereals are expensive as gold and jade, which cuts off one's sustenance.
306*	人民相视 色青黄	People look at each other [their faces] stained with green and yellow.
307	心愁意苦 剧遭丧	Their hearts are afflicted, their thoughts distressed, soon they will meet death.
308	思乱之世 无纪纲	In an age that considers revolt, the reins for governing have been abandoned.
309	君贪臣浊 失法常	Rulers are greedy, ministers corrupt, do not adhere to the standards of the law,
310*	世俗变改 无忠良	change with the morals of the age, know no loyalty

			and goodness.
311	忠臣孝子	深隐藏	Loyal ministers and filial sons, hide themselves completely,
312	不预世事	托佯狂	do not participate in the affairs of the world, pretend to be insane.
313	奸臣贼子	志飞扬	Lewd ministers and treacherous sons, their ambitions go higher and higher.
314*	美言自陈	徕纪纲	With cunning talk they declare to effect good government.
315*	执政立权	舒中肠	Conducting the administration on their own authority, they give rein to their deepest passions.
316	群寮困顿	失义方	All officials are greatly embarrassed, do not have a standard for what is right.
317*	士卒百工	困狼当	Soldiers and conscript labourers suffer by dictators.
318	负土蹑水	啼吟行	Carrying earth they drag through the water, crying and sighing they go on.
319*	百川之流	奔石城	A stream of a hundred rivers dashed on the Stone Fortress:
320*	夜来之冲	难可当	assaults that come at night are hard to withstand.
321	火失其明	日无光	Mars lost its brightness, the sun was without radiance.
322	封邑齐土	国为王	The one enfeoffed with the territory of Qi, made himself king of that land.
323	齐人感叹	身摧伤	The people of Qi sighed with relief when he broke down.
324*	群羊为虎	鼠为狼	Sheep became tigers, mice became wolves.
325	变化姓字	易其常	Alter your name, change its permanence.
326*	西度名水	历太行 历大桁	Go westward, cross the famous river, after passing the Taihang mountains (c.q. after passing the Great Pontoon).
327*	深林邃谷	多毒霜	The deep forests and profound valleys mostly were poisoned by frost,
328	杀戮百草	叶枯黄	which eradicated the hundred plants, their leaves rotted away.
329	孟春正月	合天罡	In the first month, the beginning of spring, join the Heavenly Net,
330	回转斗枢	随朝阳	turn with the pivot of the Dipper which follows the

		rising sun,
331	养育群生 寿命长	and nourishes all the living, lengthening their lives.
332	与天相保 神圣将	With Heaven you are preserved, guided by a divine ruler.
333	韩终范蠡 相辅匡	Han Zhong and Fan Li assist him.
334*	饮食丸药 辟谷粮	Consume pills and medicines, abstain from cereals.
335	名山可处 石室堂	On famous mountains you may live in stone houses and halls.
336	前临源流 道里长	In front of them springs and streams, their courses long.
337	混沌相随 到海阳	In chaotic order they arrive at the southern part of the sea.
338	海水不流 湛如浆	The waters of the sea do not stream, are stagnate like paste.
339*	源流减灭 无人当	The springs and streams lessen themselves [in it], nobody who can stop them,
340	不甜不苦 无臭香	neither sweet nor bitter, without smell and fragrance.
341	中有赤子 过度生	Within is the Red Infant which crosses to life.
342	吾之为道 不人情	My practising of the Way is not like humans.
343	正法天地 身聪明	By correctly taking Heaven and earth as model, one will be become enlightened.
344	道出微妙 入玄宫	The Way comes out of the Subtle and Mysterious, enters the Dark Palace,
345	绵貌攸长 难可穷	is continuous and unending, hard to trace,
346	譬如百川 入海江	like the hundred torrents, flowing into the sea and rivers,
347	不逆细流 致其深	which by not rejecting the smallest stream, become deep.
348	好学之士 慕清忠	The adept, fond of the study [of the Way], his desires are pure and loyal;
349	谦卑顺下 志在心	humble and adhering to the low, his ambitions are directed to inner things.
350	不共并心 精其元	Not participating in customary endeavours, he concentrates on his Origin.
351*	道吾好生 爱善人	The Way [...] loves life, cherishes the good people.
352*	和柔抱朴 守素真	Be soft and meek, embrace simplicity, hold fast to unadorned genuineness,

353	许由洗耳 于河滨		[like] Xu You [who] washed his ears at the side of the river.
354	清洁有素 绝不群		Be pure and unadorned, do not mix with the crowd at all.
355	枕石漱流 静思真		Pillow [your head] on rocks, rinse [your mouth] with [water of mountain-] streams.
356	采取芝英 成万神		Gather mushrooms and excrescence, to turn [your qi] into the ten thousand divinities.
357	服食三微 饮神丹		Consume the three wei, drink the divine cinnabar.
358	寿命无穷 与天连		Your lives will be inexhaustible and joined with [that of] Heaven.
359	游戏无极 八重间		You will frisk about without end within the Eight Layers.
360	八重离楼 屈复伸		The lattices of the Eight Layers will bend and stretch [as you wish].
361	九重之里 窈无人		Within the Ninth Layer it is silent, without human beings.
362	混沌之气 谁能分		The qi of the Chaos, who can sort them out?
363	演散阴阳 舒道元		It diffuses Yin and Yang, unfolds the origin of the Way.
364	养育肢体 生华根		It nurtures the body, produces the flowering root.
365*	根深固久 应自然		If the root is deep and firm, it corresponds to the Spontaneous.
366	自然之气 出昆仑		The qi of the Spontaneous proceed from the Kunlun.
367*	山北绝谷 有温泉		North of that mountain in a steep valley; there is a hot spring
368	疗治万病 除殃患		which cures all diseases and removes the calamities:
369	犯罪之人 更福原		people who have committed sin, repent and merit pardon.

表 A 《老君无极变化经》结构划分表

图例说明：

△	表记叙
Ω	表停顿
＞＜	表渐增反复（2字重复）
＞＜	表渐增反复（1字重复）

章节				行数范围	页码	诗节结构	韵部	交叉韵
(1) 老子从前的五次显灵								
西升								
1.1	△		1	1—9	1a7—1a10	1.4.4＞	冬	东3,5,7 元9
		Ω	2	10—21	1a10—1b5	＜4.4.4	耕	
教化胡人								
	△		3	22—35	1b5—2a1	6.4.4	耕	
显灵于张道陵（蜀）								
1.2	△	Ω	4	36—42	2a1—2a4	1.6	冬	侵40
			5	43—54	2a4—2a9	6.6	耕	
显灵于东海								
1.3	△	Ω	6	55—69	2a10—2b6	1.6 4.4	阳	
显灵于幽河								
1.4	△		7	70—83	2b7—3a2	1.5.4.4	真	元
		Ω	8	84—98	3a2—3a8	3.3.3.3.3	之	哈84,88
显灵于南蛮、张鲁的活动								
1.5	△		9	99—112	3a8—3b4	4.4.3.3	真	元/寒
(2) 当今境况								
(2.1) 首次逃往南方								
向辽东和华阴西部逃亡失败								

续表

2.1	△ △	Ω	10	113—132	3b4—4a2	5.5.5.3.2	东	
一切（征兆）								
	△		11	133—141	4a2—4a6	3.3.3	脂	皆135
途经洛阳附近的孟津成功逃至南方								
	△	Ω	12	142—152	4a6—4b1	5.3.3	真	元/寒

2.2 停顿（89行）：救世圣歌，《黄书过度仪》

行数范围	页码	诗节结构	韵部	交叉韵
153—154	4b1	2>(1> <1)	真	元
155—162		<2，3> <3	鱼	
163—165		3	幽	
166—167		2>(1> <1)	冬	
168—169		<2 (1> <1)	宵	
170—171	—4b8	2 (1> <1)	真	元
153—171		4.3.3.3.2.2.2 或 4.3.3.3.3.3		
172—192	4b9—5a7	4> <4> <4.45	真	元/寒
193—214	5a7—5b6	3.3.3.4.4.5	耕	
215—241	5b6—6a7	3.3 4.4.3.3 1.3.3 (235—241)	阳	冬220

章节		行数范围		页码	诗节结构	韵部	交叉韵
第二次向南逃亡：从长安至广汉（四川）							
2.3	△	242—249	8	6a7—6b1	4. (1> <1 1> <1) 4	耕	
	Ω	250—259	10	6b1—6b5	2. 2.3.3	鱼 幽	
终抵南方（建康），从前的荣耀							
2.4	△ Ω	260—289	30	6b5—7a7	5 5> <5 5.5.5	耕	
不满天师道组织							
	△	290—300	11	7a7—7b2	5. 2.2.2	真 耕	元/寒 300
不满统治者，决定西迁（四川）							
2.5	△	301—328	28	7b2—8a2	4. 4.4.4.4 4.4	耕 阳	耕 319
	Ω	329—343	15	8a2—8a9	5.5.2. 3	阳 耕	

尾声				
行数范围	页码	诗节结构	韵部	交叉韵
344—349	8a10—8b2	2.2.2	冬	东 346 侵 347，349
350—69	8b2—8b10	4.4.4(2> <2) 4> <4	真	元/寒

表 B 《老君无极变化经》诗句与半行重复分析表

章节	行部（a/b 表示半行）（* 表示整行）	重复内容（><表渐增反复）	重复内容所属章节	变体字符
11—112/1—35	1a	22a	1	-
	6b	85b	1	1（韵部变化）
	7a	112a	1	-
		179a	3	1
	12*	289*	5	2
	16b	105b	1	1（韵部变化）
	18b	47b	1	1
	25b	285b	5	-
		304b	5	1
	26b	262b,300b	5	-
	27b	280b	5	1
	35a	285a	5	1
	35b	289b	5	1
36-54	44a	272a	5	-
	47b	211b	3	1
	49*	199*	3	2
55-69	55b >	337b >	5	1
	56a <	338a <	5	-
	58*	347*	（尾声）	2
	62b	320b	5	-
70-98	76*	187*	3	3
	77b >	170b >	3	1
	78* <	171* <	3	-
	81b >	177b >	3	-
	82a <	178a <	3	1
	85a	266a	5	-
99-112	104a	123a	2	-
	106a	282a	5	1

续表

	110b	175b	3	-
		356b	(尾声)	-
	111a	332a	5	-
	112a	179a	3	1
2 113-152	122a	313a	5	-
	142a	289a	5	-
	144*	296*	5	3
	146a	280a	5	1
	149b	185b	3	-
	150a	193a	3	-
3 153-241	154* >	365* >	(尾声)	2
	155a <	366a <	(尾声)	-
	161a	241a		-
	164* >	252* >	4	3
	165* <	253* <	4	-
	166a	319a	5	1
	175b	356b	(尾声)	-
	184a	229a		-
	186b	363b	(尾声)	-
	198*	269*	5	2
	226a	343a	5	-
4 242-259				
5 260-343	262b	300b	5	-
	282b	341b	5	-
	285b	304b	5	1
344-369	(尾声)			

表C 《老君无极变化经》文本校勘表

行数（页码）	原文	校勘	典据及注释
3a (1a7)	〔錬形〕淑淑	寂寂？	"淑淑"仅见于《荀子·赋篇》，其义存疑（《大汉和辞典》17634.40）；见《荀子新著》（北京，1979），430页，n3（淑淑即"清明"之意）。 相较于"錬形淑淑虚无同"，"寂寂"更契合意境（《黄庭经内景经》22.9："虚无寂寂"）。
5a (1a8)	真名〔一出〕	真君	参考103a"师君一出"与124a"真君当出"校改。
6a (1a9)	道理〔长远〕	道里	336b有"道里长"；《赤松子章历》（《道藏》615, 6.26a10）：原文作"道里长远"。陶潜《拟古》其六（逯钦立《先秦汉魏晋南北朝诗》1005）诗句中亦用"道里长远"。《昭君怨》（逯钦立《先秦汉魏晋南北朝诗》316）："道里悠远"（悠=悠长）；《汉书》57B.2577："道里辽远"（辽=辽远）。 亦见《穆天子传》3.1a："道里攸远"（《太平御览》85.3a4引作"攸远"）；他本或作"理"（理=里）；《易林》（《道藏》1475, B.1,12b2）：版本异文"道理"（另一版本作"道里"）。
9a (1b4)	施写〔有法〕	施泻	《道藏》838, 2.13b2："施泻之法"；《云笈七签》33.4a9："春夏施泻，秋冬闭藏"（注：与《无极经》20a"秋收冬藏"呼应）；张华《博物志》（7.2a13）："慎房室施写，秋冬闭藏"（此处"施写"为"施泻"通假，"写"通"泻"）
23a (1b6)	出在〔胡中〕	居在，生在？	参考39a"居在蜀郡"及《老君十六变》（逯钦立《先秦汉魏晋南北朝诗》2252-2255）中，十一处以"生在"开头，结合"变形易身"句式，"居在"更符合道教叙事传统。

续表

30a (1b8)	沐头〔剔须〕	髡头	《天师教戒科经》(《道藏》789) 13b9: "髡头剔须"为固定搭配;《化胡经》(《三洞珠囊》9.20a2) 亦用"髡头剃须……与天为信";《文史内传》(《三洞珠囊》9.20a2): "髡剔须发以为盟誓"。
34a (1b10)	〔剔不得〕欺殆	欺绐	《太平经》第38、39章(王明校注本,1960,62页注释9;67页注释38)中: "欺绐"被误写为"欺殆";《弘明集》卷13引《封法要》亦同。
37b (2a2)	西汉中	向汉中,栖汉中	见220b"治汉中","西汉中"应为讹误,详见前文。
40a (2a3)	赤名之域	赤石之城	详见前文。
41b	建天中	昇天中	详见前文。
42a (2a3)	乘三	承三?	详见前文。
45a (2a5)	分符〔券契〕	分付	由《洞真黄书》(《道藏》1343) 12b9 "分别券契"、《洞神三皇仪》(《道藏》803) 4a6 "分券契"可证,应为"分付"。
46a (2a5)	诛符〔伐庙〕	符("府"的异体字)	府(符)指"祠庙"或"邪术祭司",即冒称神祠之主的邪术巫师。"诛符伐庙"见于《道门科略》(《道藏》1127, 1b3);《伏斋威仪诀》(《道藏》532, 2b8)。见《赤松子章历》(《道藏》615, 1.20a6)作"诛符破庙";《要修科仪戒律钞》(《道藏》463, 10.10a6, 14a1) 亦同。《老子六十变辞》(2004页, 211行,逯钦立《先秦汉魏晋南北朝诗》2254): "破塔坏庙 诛道人"。"符(府)"的其他例证如《黄庭经》1.18 (马伯乐:《道教与中国宗教》,巴黎,1971年版559页,注释7);施舟人1975年的研究文献,第1页。"官符口舍"(被官府斥为邪术的行为)见于《天师教戒科经》(《道藏》789, 6b8)、《黄书过度仪》(《道藏》1294, 24b5)、《无上秘要》49.15a8。后简化为"官符",如见于《道门科略》(《道藏》1127, 9a3)。

续表

55a (2a10)	居东	居在	参考 39a"居在蜀郡"及 23a 校正，统一为"居在"句式，详见前文。
55b (2a10)	生海阳	至海阳，到海阳	《老子化胡经》"迫至东海间"（逯钦立《先秦汉魏晋南北朝诗》2248.6）及本经 337b（8a7）："到海阳"（56a-338a）可证，"生"应为"到"之误。 99b（3a9）：到南蟹 113b（3b4）：至辽东 147a（4a8）：南到…… 242a（6ax）：西到…… 这些诗行（如第 55b 行）均为新的叙事段落的起始句。
60a (2b2)	〔百川〕倾流	顺流	"百川顺流"：见于《易林》（《道藏》1475）A.3，43a7；《新语·道基》（参见《大汉和辞典》43349.159 对该篇章的释义。）
67a (2b5)	〔弹琴〕鼓弦	鼓瑟	《晋书》13.713、《史记》69.2257 均用"鼓瑟弹琴"，音韵更协。 参见嵇康"琴瑟在御，谁与鼓弹"（逯钦立《先秦汉魏晋南北朝诗》483.11）。 参见《大汉和辞典》48330.54
73b (2b8)	请所问	闻	平声"闻"与后文"陈"押韵更合，参见 75 行"诚非下愚所可陈"。
89b (3a5)	自修理	修治	平声"治"与 93、98 行押韵一致；《黄庭经外景经》1.17b"当修治"可证，两种传本皆作"修理"（施舟人，1975 年，第 1 页）。
96a	披怀	依怀	依《田畴传》（《无极经》94a）、《三国志》11.343.2，用"依怀"更合文意。
99a (3a9)	龙变〔浮云〕	龙乘	早期铜镜铭文（高本汉《镜铭研究》）、曹丕《折杨柳行》（逯钦立《先秦汉魏晋南北朝诗》394.2）、及《道藏》1123.f.23b 均用"乘浮云"语。《史记》63.2140 亦有："至于龙，吾不能知其乘风云而上天，吾今日见老子，其犹龙耶"之语。

续表

102a (3a10)	聊乱止气	败乱正气	"聊"字右侧印作"卯"（异体或讹误）。《老子化胡经》（S.6963，1.63，303）；原文主题涉及"鬼神"（参考《无极经》101a："败乱正法"）。"乱正气"用例：见《玄都律文》（《道藏》188，5a9）；《化胡经十二节》（《云笈七签》39.16b9）；《道藏》532，15a2。
114a (3b5)	〔时欲〕从急	促急	文献无"从急"例；《天师告赵升口诀》（《道藏》1273）3a2"上期急促熵"可证"促急"应为正确语。
119a (3b7)	毋能养子	母	"如母之养子"（见河上公注《道德经》第一章"万物之母"）。据久保继信（1956年，第71页）及《道藏》（955，1.1b7），将"毋"（wú）校正为"母"（mǔ）。
144a (4a7)	〔不能〕清己	责己	关于第144行（"不能责己，呼怨天"，参第196行"不能悔过，上呼怨"），见《道德指归》（《道藏》693，8.5a9）："不求与己，怨命尤天"；陶潜《怨诗》（逯钦立《先秦汉魏晋南北朝诗》976）："在己何怨天"；《老子化胡经》（P.2004，183行，逯钦立《先秦汉魏晋南北朝诗》2254.2）："但勤自责，莫怨天"；《太上黄老君哀歌》（逯钦立《先秦汉魏晋南北朝诗》2252.4，123行）："呼天……不能自怨责"；《后汉书》86.2843："含怨呼天"。关于"责己"用例如下：《道德经》第79章："有德司契，无德司彻"；《论语》14.37："躬自厚而薄责于人"；《孟子》2.B，13.1："反求诸己"；《天师教戒科经》（《道藏》789，2b1,17b3）；《赤松子章历》（《道藏》615，2.31b2）。
147a (4a8)	淮扬	惟扬？	详见前文。

续表

151a (4a10)	宜名〔诈称〕	自名	《道门科略》（《道藏》1127）f.3b 及《无极经》（273 行）强调"正名"；关于"诈称"，结合《天师教戒科经》（《道藏》789）8b1、《抱朴子》（内篇）14/63/17 及《晋书》59.1603 来看，用"自名"更妥。
162b (4b5)	合生符	受生符	对照第 162 行"师事老子合生符"与《云笈七签》（110.2b）中的"师老子受太玄阳生符"，第 162 行"合生符"为"合"与"生"连用，《云笈七签》中"受太玄阳生符"未直接使用"合"字。"合…符"结构通常不与"生"搭配，而多与"天"连用，如：曹植《孟冬篇》（逯钦立《先秦汉魏晋南北朝诗》430.11）："永世合天符"。
173b (4b9)	家无言	无言	"家"为"寂"之形误（《大汉和辞典》），同类型误写（"家"误作"寂"）还有：《老子铭》（《全后汉文》62.3b13，813 页）、《隶释》3.2b8（北京 1984 年版，36 页）。再如敦煌写本《想尔注》（S.6825，378 行）："家寂"（"寂"为前文"家"之校正）；亦可参见饶宗颐之研究（第 34 页）。 至于此行的"寂无言"，可对照道安（310-385）《道地经序》："寂寥无言"（汤用彤《汉魏两晋南北朝佛教史》1983 年版，176 页）。"家无为"或为"寂无为"之误，如嵇康诗（逯钦立《先秦汉魏晋南北朝诗》489.8）对照曹植诗"寂无为"（逯钦立《先秦汉魏晋南北朝诗》450.11）。
183b (5a3)	吾语言	共语言	见于《天师教戒科经》（《道藏》789）20a6，对应诗歌《天师教》第 27b 行；参见《要修科仪戒律钞》（《道藏》463，5.18b9）及《云笈七签》（10.15a8=《道藏》1438，15a10）。

续表

188b (5a5)	无中人	无忠人	此处"十室之邑 无忠人"可参见《论语》5.27："十室之邑，有忠信"，故修正为"无忠人"。
190a (5a6)	怒〔吾师鬼咎吾臣〕	怨	由《泥精古律》(《道藏》790) 1.1b5"勿怨道咎师"、《道门科略》(《道藏》1127)"怨道咎师"(4b1)"怨道咎神"(9b7)及可证，"怒"为"怨"之误。至于"师"字，可参见《道藏》1205，1.6a7："鬼不饮食，师不受钱"。
191a (5a6)	呼行〔选种〕	周行	以《天师教戒科经》(《道藏》789) 20b6"周行八极，按行民间，选索种民"、《无上秘要》(《道藏》1273, 2a6)"仙官周行……以补种民，大期将尽（参见《无极经》192a"太平垂至"）"、《无上秘要》9.4b2 (《道藏》22, 2.17b10)"周行天下……搜择种人"及《道藏》1284，11b3"流行搜选种民"为典据。
212a (5b5)	〔名显〕远殊	绝殊	《及就篇》第16页，注释25："名显绝殊"，无"远殊"用例。"绝殊"见《大汉和辞典》27407.85。
215a (5b6)	〔左右〕使从	侠从	见《赤松子章历》(《道藏》615) 6.25a10"侠从左右"；《黄庭经外景经》1.10，1.28：应为"侠"而非"使"（施舟人，1975年，第1页）。
225a (5b10)	接息八木	栖息八极	"栖息八极"见《要修科仪戒律钞》(《道藏》463), 12.4a8 所引《妙真经》，同见《道德指归》(《道藏》693) 7.15a4。
239b (6a6)	山中黄	见中黄	见《五符序》(《道藏》388) 3.17b6（同《抱朴子》〔内篇〕18/93/1）"遇中央黄老君"、《抱朴子内篇》13/57/21 及《道藏》1438（同《云笈七签》10.10b3）。亦见《紫阳真人内传》(《道藏》303)"登嵩高山【入洞门】遇中央黄老君"。

续表

247a (6a9)	观世〔浮沉〕	与世	文献中无"观世浮沉"用例,"与世浮沉"见于以下典籍:《史记》124.3182:"舆世浮沉,而取荣名",参照《无极经》(1.247b)"发公名";《晋书·王戎传》43.1234;《世说新语笺疏》(马瑟,1975年,249页)9.3。 "随世浮沉":见敦煌写本《老子变化经》(S.2295,39行)及《三天内解经》(《道藏》1205,1.3b5)。
248a (6a10)	浩扰	浩攘?	典籍中无"浩扰"用例,仅有"浩攘""扰攘"(《道藏》789,1a8,《晋书》56.1540)之语,参见《太平经》346.5"天下扰扰"及《道藏》f.15b3"天下之扰扰"。
253b (6b2)	处长流	如长流	同165b(4b6)之"如长流",乃重复句式,253a亦与165a同。
255a (6b3)	〔翩翩〕扬舟	杨舟	《诗经》第176首第4诗节"汎汎杨舟"为典源,字形"扬"为"杨"之误。
259a (6b4)	伤子〔无知〕	荡子	"伤子":道教文献中指"堕胎"(abortion),如《要修科仪戒律钞》(《道藏》463,12.10a6)、《赤松子章历》(《道藏》615,2.30a3)中"破胎伤子"。 "荡子"即"游子",与"客子"相对。见《古诗十九首》其二(逯钦立《先秦汉魏晋南北朝诗》329.12):"游子不顾返"。《三国志》11.343.2(《三国志校笺》11.14a2,331页)中"伤"为"荡"之误。前半句"沉浮"(258b)呼应曹植《辩道论》的"游行沉浮"。 此行"荡子无知益人忧",见王粲《从军行》(逯钦立《先秦汉魏晋南北朝诗》363.2):"客子……消人忧";《易林》(《道藏》1475,A.4,3a3):"道塞于难,游子为患";24b4:"载船渡海,孙子俱在,不失其所"(见《无极经》255-257)。"无知"语见邓攸南逃时弃子一事(《世说新语笺疏》8.140、《真诰》16.9b、《晋书》90.2340)。

续表

276a (7a1)	迁故〔迎新〕	送故	"送故迎新"见《汉书》86.3490（86.3490）及《晋书》82.2144（82.2144），对照第276b行"给所请"。
283a (7a4)	壅过	壅遏	1598年重印本：此处校改（即将"壅过"改为"壅遏"）可能并非必要。《逸周书》6.23a原文作："壅遏不通曰幽"（阻塞不通称为"幽"）。高诱将"壅遏"读作"壅国"（见《史记》卷10，第30页引《史记正义》）。
283b (7a4)	塞人情	善人	1.283 行："不得望遏塞人情"，此处"情"无实义，仅为押韵填充。 1.34 行："不得期待贪淫情"，"贪淫"：参见《无极经》（12a）："慎勿贪淫"。 1.288 行："不得隔戾嫉妒情"，"隔戾嫉妒"：参见《道藏》786（5a6）。"情"在句尾仅作韵脚，实际禁止对象为前半句动词短语（如"贪淫""隔戾嫉妒"），同见"莫贪财利 色欲情"。 "壅遏善人"：见《玄都律文》（《道藏》188，10a3）："喜禁善人"；《三天内解经》（《道藏》1205，1.6a7）："不得禁钢天民"。"善人"见《太平经》（第4页,1.6）："善人为种民"及《无极经》（351b）："爱善人"。
284 (7a5)	〔主者〕明顺〔思书经〕	明慎	参见《道藏》第785号文献（寇谦之相关文本），其中"明慎奉行如律令"出现36次：其中一处"明慎"误作"明顺"，属抄本讹误。"明顺"无文献用例，《大汉和辞典》（13805.329）中也指出"明顺"词条无实际文本例证。
292a (7a8)	〔论说〕道元	道士	见《老君十六变词》（P.2004）182行："论说道士 毁圣人"（逯钦立《先秦汉魏晋南北朝诗》）。
292b	狂惑人	诳惑人	以《后汉书》24.838"诳惑百姓"为典据。

续表

293a	〔口含〕陋露	漏露	"陋"（意为"粗鄙、低劣"）与"漏"（意为"泄漏、泄露"）为同音字，属形误。
304a (7b3)	shen 卵	胎卵	《道藏》1598年重印本校正为"胎卵"。
306b (7b4)	色责黄	青黄	1598年重印本修正为"青黄"，指（如《孟子》"民有饥色"）。 参考1598年重印本，青黄，字面意为"青与黄"，喻指食物新鲜与腐败，亦用于形容饥馑之色。参《大汉和辞典》（20814.98,6）对"玄黄"的释义。《无极经》（305）："榖如金玉断之粮"；《孟子》（1.A.4.4; 3.B.9.9）："民有饥色"。（《汉书》4.124引）："容貌有饥色"；《列子》第8篇，《庄子》第28篇："饥色在颜"（《抱朴子》（外篇）（35/161/17）。
310a (7b5)	世欲〔变改〕	世俗	"与世俗变改"：即"无忠良"（310b行，）。 "世欲"（误写为"世俗的欲望"）无文献用例。《道藏》335，1.3a4："世欲末时"及《老君十六变》（逯钦立《先秦汉魏晋南北朝诗》2255.12）："世欲衰"）实为抄本讹误，上述两例均应作"世俗"。 "世俗"见《离骚》："固世俗之从流兮，又孰能无变化"；《天师教戒经》（789,17b2）："懦世俗非忠臣孝子之道"（"忠臣孝子"对应《无极经》311a行）。
314a (7b7)	义言	美言	参《道德经》第62章"美言可以市尊"，校正为"美言"。
315a (7b7)	执正〔立权〕	执政	见《晋书》27.816"执权政"与82.2148"执权"。
317a (7b8)	百上	百工	1598年重印本修正为"百工"，详见前文。
319b (7b9)	奔沼城	石城	详见前文。

续表

320a (7b9)	真来	夜来	详见前文。
324a (8a1)	羣羊〔为虎鼠为狼〕	群羊	异体写法中"君"置于"羊"上（字形差异）。任昉《述异记》（《汉魏丛书》卷73，2.1a）载："周幽王时牛化为虎，羊化为狼……"云幽王时群羊为狼食人，并引李白诗"权归臣兮鼠变虎"（《大汉和辞典》48390.98）。
326b (8a2)	历火行	太行，大桁	1598年重印本改为"太行"（指中国北方太行山）。或读作"大航"，指建康（今南京）的巨型浮桥？
327a (8a2)	〔深林〕还谷	邃谷	据1598年重印本及《易林》（卷下，1.9b）中"深堂遂宇"例，改"还谷"为"邃谷"。
334a (8a5)	〔饮食〕九药	丸药	《灵奇经》（《道藏》1041，3.19b4）载"服丸药"。
339a (8a7)	〔源流〕减减	减灭	"减减"无文献用例，疑为"减灭"之误。
351a (8b2)	道吾〔好生〕	吾＝？	"道吾"或为"吾道"倒置（参本诗第15、145、189行"吾道"），或为"道君"（但诗中未见他处用例）。另参《太平经》（308页）"道亦好生"及《道藏》789号"道之好生"。
352a (8b3)	和民〔抱朴〕	和柔	据尹愔《老君说五厨经》（《道藏》763，736年序，1a9）"抱朴柔和"及《云笈七签》（61，6a4），改"和民"为"和柔"。
352b (8b3)	守素贞	真	"守素真"中"素"为衍文。依据《云笈七签》（56，18b）同误；且第352-369行押"真"韵（而"贞"属"耕"韵）。另参《易林》（《道藏》1473，A.2.12b3）"抱朴守真"及陶潜《劝农》"抱朴含真"。
365a (8b8)	根生〔固久〕	根深	参见第154a行"应自然"与第154b行"物自然"。据《老子》第59章"深根固柢"之语，此处应改"根生"为"根深"。

续表

366b	出昆仑		
367a (8b9)	〔山北〕绝苦	绝谷	据《五符序》(《道藏》388，3.18a5)"山北绝岩"及《水经注》(24.786)"谷有清泉"，改"绝苦"为"绝谷"。
367b	有温泉		参《抱朴子》佚卷 11："丹芝生于名山之阴"("山北"见 367a)，昆仑之山，大谷源泉，金石之中"(王明《抱朴子内篇校释》，1980年版，329页)；"嶰谷"见《大汉和辞典》(8526.5)、《汉书》(21A.959，注释6)及《云笈七签》(100.10a8)。
词序调整（Inversion）：			
107b (3b2)	身形	形身	因第99—112行押"真"韵，故调整词序为"形身"，对比第170a行"形身"及第22b、29b行"身形"(押"耕"韵)。

表 D 《老君变化无极经》程序化语言示例表（同见表 C）

行数（页码）	原文	典据及注释
6a	道里长远	陶潜《拟古》诗等（见表 B）。
6b	乐无穷	成公绥（231—273）《正旦大会行礼》仪式颂歌（逯钦立《先秦汉魏晋南北朝诗》823.9）。
10	山上真人 授我经	参见《仙人唐公房碑》(《全上古三代秦汉三国六朝文》106.1b8，1041页)："真人……山上……与君神药"。
11	教我学道 身当清	参见曹植《飞龙篇》(逯钦立 422)："我仙药"；嵇康《游仙诗》(逯钦立 488)："授我自然道"；《玄品录》(《道藏》781)："学道当清净无为"(左慈对曹操言)。
13a	清身洁己	引自《老君音诵戒经》(《道藏》785) f.17b4；参见《天师教戒科经》(《道藏》789) f.15b("修"替代"清")。
20a	秋收冬藏	出自《千字文》第21—24字；《越绝书》第17页："春生夏长秋收冬藏"、《史记》100.3290，《道藏》615 (3.1b8—9)与693 (8.13a8)中亦有类似表述。

续表

20b	入黄庭	引自《黄庭经外景经》(3.80)。
21a	窈窈冥冥	见于《淮南子》《庄子》等(参《大汉和辞典》25463.5)。
50a	唯有龙胎	引自《五符序》(《道藏》388)3.18b10。
51	白发翩翩 游天庭	傅玄(217—278)《云歌》:"白云翩翩翔庭"(逯钦立《先秦汉魏晋南北朝诗》575);《无极经》51b 及成公绥《正旦大会行礼》(逯钦立《先秦汉魏晋南北朝诗》824.7)。
54a	璇玑玉衡	出自《尚书·洪范》(《史记》28.1355、《后汉书》5.210、《晋书》11.284)、《黄庭经内景经》19.6。)
54b	正其名	傅玄《晋鼓吹曲·明君篇》(逯钦立《先秦汉魏晋南北朝诗》844)。
58a	不逆细流	同 347a,引自河上公《道德经》第 78 章)。
59b	百谷王	《道德经》第 66 章。
60b	水汤汤	《诗经》105.3(汶水汤汤)
63	宜预防之 过灾殃	参见《周易》第六十三卦(既济卦)之"君子以思患"。
64a	得见太平	参见《女青鬼律》(《道藏》790)3,4b10 及 5,1b1;《赤松子章历》(《道藏》615)5,2a10;《天师教戒经》(《道藏》789,15a7):"可见太平"。
65a	乘云驾龙	见于《真诰》(5.6a5)14,9a10*(标注 * 表示后跟有"白日升/登天"语),14,9b8;19,3b3(后续提及"北朝上清"),参见 2,9a1*。《老子化胡经》(敦煌写本 S.1857,第 52 列)曹操《气出倡》(逯钦立《先秦汉魏晋南北朝诗》逯钦立《先秦汉魏晋南北朝诗》346);《抱朴子内篇》(4/14/13);《老君音诵戒经》(《道藏》785,5a5,同《魏书》卷 114,3050 页);《太平经》(95.403.1,后续提及"行天门"),《无上秘要》(84.10a10*)。

续表

65b	到南阳	"南阳"（64b）非指南阳城，而是仙境，指"仙房"（64b）；习凿齿致道安书（公元365年5月11日）："近闻得道者三千人（异文作三十人），皆现于南阳"（《弘明集》T52:］：77.1.2)。《易林》（《道藏》1475）A4.29b3："三羝上山，俱至弘安，遂到南阳。"《无上秘要》17.8a5："南阳"为"七地仙洞天"中的第二洞天。《云笈七签》22.2b5亦有类似表述。罗碧娜《道教启示录》（卷1，132页（3.1.4）、172页（b））亦论及南阳为仙界象征。柏夷《早期道经》（382页），第411注提及"南阳"与"通阳南宫"。
71a	大道坦坦	引自《淮南子》1.32、《道德指归》（《道藏》693）8.13b（释《道德经》45章）；《易经·履卦》象辞："履道坦坦"。
79a	入无间	引自《道德经》第43章、《黄庭经外景经》3:86。
90a	苦言利行	引自《越绝书》j.9（《大汉和辞典》30797.83）。
91	与己一别 会何时	参见乐府《独曲》（逯钦立《先秦汉魏晋南北朝诗》1344）："与欢别，合会在何时"；《薤露》（逯钦立《先秦汉魏晋南北朝诗》257）："人死一去何时归"；《老子化胡经》（P.2004）1.17（逯钦立《先秦汉魏晋南北朝诗》2248.10）："一去不能还"、1.111（逯钦立《先秦汉魏晋南北朝诗》2251.13）："一去不复还，道俗不同。"。
92a	道俗不同	引自《想尔注》（释《道德经》20章）："仙人与俗人异"（饶宗颐，28页）；《老子化胡经》（P.2004）1.79（逯钦立《先秦汉魏晋南北朝诗》2250.12）："大道与俗反；一往不复归"（见《无极经》91行）；《天师教戒科经》（《道藏》789）11a3："命没之后，身为粪土，魂身同朽，道人与俗相去远矣"。
95	恺悌君子 民所思	引自《诗经》第251首："恺悌君子，民之攸暨"（"攸暨"即"所爱"）。

续表

110a	真气来附	引自《天师教戒科经》(《道藏》789) 1b9: "真气来附,邪恶皆去";《正一平经》(《真诰》9.1312): "真气来入";《赤松子章历》(《道藏》615) 4.24a8: "真气降附"; P.2394, 1.114: "真气降身……白日升天"(见《无极经》111b行)。
111a	与天相保	(同332a行)。霍去病《琴歌》(《乐府诗集》60.882);《五符序》(《道藏》388, 1, f.25a4): "与天相保,上升玄府"(《无极经》111b行);《易林》(《道藏》1475, A.2, 2a3)。 参见85a行: "与世相守": 《老子化胡经》(敦煌写本 P.3404, 35行): "天地相保"; 《抱朴子内篇》(11/53/6): "与天地相保"; 参见266a行: "与道相守" 《登真隐诀》(《道藏》421): "得为种民,与天地相保"; 曹操《气出唱》(逯钦立《先秦汉魏晋南北朝诗》346): "与天相守"。
111b	升昆仑	引自《黄书》(《道藏》1294) 2a10: "上升昆仑"。
112a	骖驾九龙	(同7a行):引自《抱朴子内篇》(4/15/19),参《云笈七签》(73.16a5,102.4b2);《老君音诵戒经》(《道藏》785, 5b3): "乘驾九龙"(驾驭九条龙)。 参见(178b) 179a行: "(乘紫云)骖驾六龙"; 曹植《善哉行》(逯钦立《先秦汉魏晋南北朝诗》266): "骖驾六龙";曹操《气出唱》(逯钦立《先秦汉魏晋南北朝诗》345): "驾六龙……骖驾白鹿……上到天之门"(对照《无极经》179b: "会天门");嵇康《游仙诗》(逯钦立《先秦汉魏晋南北朝诗》488): "乘云驾六龙"(对照178b行 "乘紫云");《老子中经》(《云笈七签》18.18a8): "腾驾六飞龙"。

续表

117a	道路隔塞	引自《后汉书》23.799、《三国志》8.241。
120a	无偏无党	引自《尚书·洪范》（详见下文156行注）；《后汉书》65.2852及99A.4047、《墨子》（逯钦立《先秦汉魏晋南北朝诗》69.5）、S.2122，1.341中亦有类似表述。
121	灵禽辟邪 除群凶	参考铜镜铭文（高本汉《早期中国镜铭》1934年，第76页，编号171）："巨虚辟邪除群凶"；《急就篇》3.14："射魃辟邪除群凶"。
154b	物自然	引自《道德指归》（《道藏》693）8.13a8、23b4；《道德经》第64章："万物之自然"。
156a	鲁道荡荡	引自《诗经》101.1与105.1："鲁道有荡"；《尚书·洪范》："王道荡荡，无偏无党"（"无偏无党"见于120a）；《黄庭经外景经》3.97："大道荡荡"；《道藏》790 5.2b7，84行："天道荡荡"。
158a	解脱罗网	"解脱罗网"喻指"脱离胎胞"，见于《黄书过度仪》（《道藏》1294）6a8、《泥精古律》（《道藏》790）5.1b3；《真诰》（《道藏》1016）6.4b8提及王子乔（见161a/241a）；《无极经》提及王乔（见161行，1a/241a）。
161a	仙人王乔	同241a，引自《晋书》59.1603；《后汉书》82A.2712载"仙人王子乔"。
174	神男玉女 侍在边	引自《黄书过度仪》（《道藏》1294）15a9（"两"替代"在"）；《抱朴子内篇》4/21/15："神人玉女侍之"；《文始内传》（P.2353/2394）："仙童玉女……侍卫左右"；《云笈七签》45.11a2："仙童玉女侍卫"；《无极经》174a，同《登真隐诀》（《道藏》421）（"仙"替代"男"）。
176	万神皆生 为真人	引自《黄书》（《道藏》1294）15b4："万神生"；《想尔注》（释《道德经》13章）："积精成神，积神仙寿"（饶宗颐，17页）。
187a	道之绵绵	引自《妙真经》（《无上秘要》100.5a8）释《道德经》第6章："绵绵若存"。

续表

195	玉历之中 有生名	引自《黄书过度仪》(《道藏》1294) 4a7、4b7、6a9、6b7、7b1、7b7、8b4、22b8 等："除死籍，著名长生玉历"（参见本诗274a："除死箓生"）。
197	不行三五 七九生	引自《黄书》(《道藏》1294) f.15b2、18b1 等："三五七九"；《洞真黄书》(《道藏》1343) 21a9："种民之要，三五七九"；《泥精古律》(《道藏》790) 5.1b2，第27a行："不行三五，唯邪淫"）；科恩《道之笑谈》，第149页。
198	那得过度 见太平	引自《真诰》(9.2b7-9)："不存二十四神，不知三八景名字者，不得为太平民。"；105行："那得度灾为种人"；《黄书过度仪》(《道藏》1294) f.7b8："过度灾厄，为后世种民"。
204	三气五气 令身生	引自《黄书过度仪》(《道藏》1294) 2b5："天地水三宫生气当共来生我身"；156a："三气共生（臣妾）身"；《洞真黄书》(《道藏》1343) f.10b5："男三气，女五气"。
205	七九去害 除殃丁	参见《女青鬼律》(《道藏》790)，5.3a8 第111—113行。
222a	垂枝布叶	引自《易林》(《道藏》1475) B/3.42a10；《太平经》第47页末栏。
232a	铜人翁中	引自《三国志》3.110："作铜人二，号曰翁中"。
235a	贤人君子	见于《汉书》57B.2579、64B2823；《后汉书》83.2776；《三国志》52.1237、《晋书》35.1044、55.1517、65.1746、67.1788、94.2447、108.2808 等；《太平经》(《道藏》463,j.14) 与阮籍《通易论》。
236	思元阳	
237	身华光	
238	身生羽毛 飞云行	

续表

239a	上谒老君	引自《老子中经》(《云笈七签》18.8b4)第十二"思之'元阳'九年乘云去世生谒道君";第四十一:(《云笈七签》19.11b6)"面目生光身出毛羽上谒上皇"。
262a	不承权舆	引自《诗经》135.1。
263a	日南瘴气	引自《三国志》8.239:"日南瘴气";曹植《七哀诗》(逯钦立《先秦汉魏晋南北朝诗》463):"南方有瘴气,晨鸟不得飞"(参见264a)。
264a	飞鸟不过	引自《三国志》61.1410:"瘴气……飞鸟不经"。
311a	忠臣孝子	见于《后汉书》30B.1058、《晋书》95.2490、《世说新语笺疏》2.6及15.1、《易林》(《道藏》1475)B/1.20b9、《太平经》722页等。
312a	不预世事	见《晋书》43.1238;49.1630;94.2445、2436、2446。
313a	奸臣贼子	见《晋书》78.2054;"乱臣贼子"见《孟子》3B/9.11、《晋书》59.1626、《大汉和辞典》36759.33(《汉书》《后汉书》)。
335	名山可处 石室堂	引自《抱朴子内篇》11/52/21:"可居名山石室中"。
353	许由洗耳 于河滨	引自皇甫谧(215-282)《高士传·许由传》:"洗耳于颖水滨"(《史记正义》注引,见《史记》61.2122注释5)。
355a	枕石漱流	见曹操《秋胡行》(逯钦立《先秦汉魏晋南北朝诗》350)、《三国志》40.995、《晋书》56.1543、《世说新语笺疏》25.6,余嘉锡注:魏晋文献中常用此语(782页注释1);康僧会《法镜经序》(许理和,第283页)中亦有类似表述。
357a	服食三微	引自《洞真黄书》(《道藏》1343)2a8、14b1。

庄子与骷髅[1]

[荷兰]伊维德(Wilt L. Idema)著
左丹丹译，吴光正校

一、引言

  从前，有这样一个故事：庄子在前往楚国都城的途中，遇见了道旁的一具骷髅。他感慨了这具野骨为何沦落至此的多种可能性后，便枕着骷髅入眠了。骷髅随即出现在他的梦中，吹嘘着死后的自在欢乐。庄子对此并不以为然，他提出要帮助骷髅恢复肉身，却被断然拒绝了。这个故事最早出现于《庄子》第18篇，《庄子》是庄周（大约公元前300年）的一部作品集，涵盖了庄子及其他一些对后世文人影响极大的古代思想家的作品。虽然《庄子》中丰富奇异的寓言故事为2000多年的中国文学提供了无尽的典故素材，但是这些素材却很少被后世文人

---

[1] 本文为伊维德教授《复活的骷髅——从庄子到鲁迅》(*The Resurrected Skeleton: From Zhuangzi to Lu Xun*)一书的导论。该书对有关庄子叹骷髅的相关文本进行了翻译和注释。Wilt L. Idema, *The Resurrected Skeleton: From Zhuangzi to Lu Xun*, New York: Columbia University Press, 2014.

改编成完全的长篇诗歌、故事或戏曲作品。而17世纪早期以来最流行的庄子故事——"庄子试妻",在《庄子》中也找不到来源线索。真正出自《庄子》又持续影响着后世的诗人、戏曲家及民间艺人的故事就只有"庄子遇骷髅"了。它首先受到了2—3世纪著名诗人(张衡、曹植和吕安)的关注,并将这短小的故事改造而成完整的赋文。随后沉寂了约一千年,当它再次出现时,"骷髅"的形象已经由最初的头盖骨演变成一具完整的骨架了;同时,骷髅不再出现于庄子的梦中,而是恢复了血肉之躯(他的三根肋骨用柳枝来替代)。庄子复活骷髅的故事及其在中国明清文学、现代文学中的诸多呈现即是本书关注的重点。

庄子遇骷髅故事的突然出现,与王重阳——12世纪全真教创教者的传教活动密不可分。在王重阳用以传教的诗词作品中,骷髅的意象有两种:一种是引发路人悲叹人生短促、未能悟道的愚痴的道旁野骨,一种是用来比喻执迷不悟者的行尸走骨。然而只有第一种意象才与"庄子遇骷髅"的故事相关,并进一步发展成"庄子叹骷髅"。在后来的改编版本中,庄子复活了骷髅,却反遭其陷害以偷盗之罪!等到公堂对簿时,为了向县官证明自己的清白,他只得将骷髅打回原形。在17世纪的小说中,"庄子叹骷髅"的故事通常是由全真教徒来演绎,而庄子本人也相应被置换成一位全真教徒。随后的百年来,这个故事依旧吸引着从道德家、神秘主义者、愤世者到讽刺作家,从民间文学的无名氏到精英文学家,如王应遴(死于1644年)、丁耀亢（1599—1671）及鲁迅（1881—1936）的目光。

庄子遇骷髅的故事在16、17世纪也许还算盛行，但更为人所瞩目的却是庄子试妻的故事。这个故事首次刊印于1624年，收录于冯梦龙的《警世通言》，是该书40篇白话小说故事之一。故事是这样的：庄子在田野中漫步时遇见了一位年轻的寡妇正在扇坟，便问及缘由，妇人说她的亡夫死前曾许诺，待到他坟上的泥土变干后便可以准许她改嫁。庄子听后，用法术帮妇人将坟土变干了。当庄子回家将此事告诉他的妻子时，妻子谴责了寡妇的不忠，并表示了她的忠贞不渝。为了试探妻子所言，庄子假装死去，并化身成一位潇洒的贵族公子。庄妻立即爱上了这位公子并坚持要改嫁于他，为了挽救这位在新婚之夜昏迷的公子，甚至准备撬开前夫的棺椁以取脑救命。正当此时，庄子从昏迷中醒来，最后庄妻在羞愧难当中自杀身亡。虽然在《庄子》第18篇中有关于庄子亡妻后鼓盆而歌的记载，但并未提及庄妻之死。虽然惠子称赞了庄妻的本分，谴责了庄子的无情，但书中并未有任何庄妻不忠的记录。不论来源于何处，在接下来的300多年里，庄子试妻的故事在很多表演类文学中被大量改编，其中的一些版本还包含了庄子遇骷髅的情节，或出现于试妻之前，或出现于试妻之后；若遇骷髅的情节被囊括其中，骷髅的复活则可能被删去。同时庄子遇骷髅的改编本开始作为一个独立的文本不断出现。

本书细致地梳理了庄子遇骷髅故事2000余年的历史演变，提供了其主要改编本的译文，并附以详尽的注解。这些译文的核心部分是由 17 世纪的三个文本组成,分别由杜蕙、丁耀亢及王应遴撰写,每部作品都呈现出作者的独特创造。紧接着附上了 19 世纪或更晚的三首篇幅较短的唱词,这些唱词将庄子遇骷髅的情节与庄子试妻的故事以某种方式组合起来。这一改编系列最终以鲁迅的一部现代作品终结,在这部作品中,庄子无力将骷髅打回原形——于是庄子便成为他那个时代或是所有时代,那些装腔作势、渴求权力却又软弱无能的知识分子的象征。最后,本书的三个附录也提供了一些相关文本的译文。

二、关于庄子

如果真像《庄子》中记载的那样,确有那么一位庄周婉拒了楚威王许以为相的邀请,那么可以推断,庄子定然于公元前 4 世纪末还在世。伟大的史学家司马迁在其《史记》中写道:"庄子者,蒙人也,名周。周尝为蒙漆园吏,与梁惠王、齐宣王同时。"蒙县属梁国,但庄子通常活跃于楚国的南部;他那漆园吏的职位在后人看来或许低贱,但在当时却攸关国家经济,因为漆木是漆的来源,而漆则被用于生产需求渐增的漆器。司马迁关于庄子的简介似乎参考了《庄子》,因为他引用了庄子拒楚威王许以为相的故事。[1]

---

[1] 司马迁:《史记》,中华书局,1959 年,第 2143—2145 页。大部分学者认为蒙在梁境内,也有人认为蒙属于宋。若需了解庄子的简介,可参看梅维恒(Victor Mair):《庄子及其影响》(*The Zhuangzi and Its Impact*),孔丽维(Livia Kohn)编:《道教手册》,莱顿:博睿出版社,2000 年,第 30—52 页。

在公元前 3 世纪，庄子很少被外界提及，他的作品可能于公元前 2 世纪进行第一次汇编，但直到公元 3 世纪，这些作品才得以呈现今天的面貌——郭象（252—312）将早期的 52 篇改编为 33 篇。[1]郭象的版本将《庄子》分为三部分：内篇 7 篇，外篇 15 篇，杂篇 11 篇。只有内 7 篇才被公认为庄子亲笔[2]，其他的篇章则包含了庄子的轶事（如庄子与惠施的论辩）及表达其他诸子思想的作品。尽管组成《庄子》的文本并不统一，但其汪洋恣肆的风格、奇异诡谲的想象及对道的终极思索都使得这部作品在古代哲学家中别具特色。[3]对于历代读者而言，最能代表庄子相对论的要数第二篇中的蝴蝶梦了，它是用颇为幽默的方式来表达的："昔者庄周梦为胡蝶，栩栩然胡蝶也，自喻适志与！不知周也。俄然觉，则蘧蘧然周也。不知周之梦为胡蝶与，胡蝶之梦为周与？周与胡蝶，则必有分矣。此之谓

---

[1] 学界认为郭象所删去的许多内容后来列入了《列子》。
[2] 关于近期对这一问题的质疑，参见朴仙镜（Esther Klein）:《战国时期的"内篇"哪儿去了？——关于〈庄子〉的新发现》("Were there 'Inner Chapters' in the Warring States? A New Examination of Evidence about the Zhuangzi"),《通报》（*T'oung Pao*）2010 年第 96 期，第 299—369 页。
[3] 若要详细了解《庄子》文本的历史变迁，可参看 H. D. 罗斯（H. D. Roth）:《庄子》("Chuang Tzu"), 鲁惟一（Michael Loewe）编:《中国古代文本：目录导览》（*Early Chinese Texts: A Bibliographical Guide*）, 伯克利：早期中国研究学会及东亚研究中心，加利福尼亚大学，1993 年，第 56—59 页。《庄子》的英译本有很多种，广为阅读的是华兹生（Burton Watson）的《庄子全集》（*The Complete Works of Chuang Tzu*）（纽约：哥伦比亚大学出版社，1970 年）。葛瑞汉（Angus C. Graham）:《庄子——内七篇和外篇选》（*Chuang-tzu: The Seven Inner Chapters and Other Writings from the Book Chuang-tzu*），（伦敦：艾伦安文出版公司，1981 年）只翻译了一部分，但他将《庄子》中的韵文译成了英文版的韵文。

物化。"

在论及庄子作品的特点时，司马迁曾这样说道："其学无所不窥，然其要本归于老子之言。"然而尽管《道德经》颇有神秘主义的意味，但总体而言是一部统治术，而庄子则强调政治有为的危害，倡导无为、无用之乐，这就不免有些矛盾。但我们可以看到，在《庄子》中，孔子的形象或是一位圣人，或是一位无能的老夫子，而老子通常是被企慕的对象。早在公元前1世纪晚期起，《庄子》便同老子李聃的《道德经》一起被列入道家经典之中，虽然老子及其《道德经》自2世纪以来在道教信仰中占据着重要地位，但《庄子》却主要被视作一部哲学著作，尽管其亦被列入道教典籍之中。同时，当老子被逐渐神化，成为道教众神中的太上老君时，庄子并未成为众人崇信的对象，尽管他之后也被列入众神之中。在统治阶层宣称其家族渊源于李聃的唐朝，唐玄宗（712—756年在位），这位无上的护教者，在751年授予《庄子》"南华真经"的称号，这个称号可能与庄子活跃于楚国南部的传统认识有关。

《庄子》各篇多是以对某一话题的长篇议论或对话作为开端，进而列举一些与主题或多或少相关的故事与寓言。第18篇名为"至乐"篇，开头讨论了无法定义至乐的问题，推崇无为的真理，因为正是天地的无为生发了万物。至乐的话题与生命的永恒相关，但生命的永恒在物化中又是不可能实现的。作者继而列举了一些故事，告诉我们万物各有自性且处在无尽的变化之中。第一个故事便是庄子亡妻后鼓盆而歌。面对友人的谴责，庄子辩解道，他的亡妻一直都处于无尽的变化之中，因而为之哀悼哭泣是不通晓天命的表现：

> 庄子妻死，惠子吊之，庄子则方箕踞鼓盆而歌。惠子曰："与人居，长子、老、身死，不哭，亦足矣，又鼓盆而歌，不亦甚乎！"庄子曰："不然。是其始死也，我独何能无慨然！察其始而本无生，非徒无生也而本无形，非徒无形也而本无气。杂乎芒芴之间，变而有气，气变而有形，形变而有生，今又变而之死。是相与为春秋冬夏四时行也。人且偃然寝于巨室，而我噭噭然随而哭之，自以为不通乎命，故止也。"

在另一个关于万物转化的故事后，便是庄子遇骷髅了。庄子鼓盆而歌似乎在告诫我们对于生死应该泰然处之，而这个故事中的骷髅却在宣扬死后的至乐：

> 庄子之楚，见空髑髅，髐然有形，撽以马捶，因而问之，曰："夫子贪生失理，而为此乎？将子有亡国之事，斧钺之诛，而为此乎？将子有不善之行，愧遗父母妻子之丑，而为此乎？将子有冻馁之患，而为此乎？将子之春秋故及此乎？"于是语卒，援髑髅，枕而卧。夜半，髑髅见梦曰："子之谈者似辩士。视子所言，皆生人之累也，死则无此矣。子欲闻死之说乎？"庄子曰："然。"髑髅曰："死，无君于上，无臣于下；亦无四时之事，纵然以天地为春秋，虽南面王乐，不能过也。"

庄子不信，曰："吾使司命[1]复生子形，为子骨肉肌肤，反子父母、妻子、闾里、知识，子欲之乎？"髑髅深矉蹙頞曰："吾安能弃南面王乐而复为人间之劳乎！"

《庄子·至乐》中共有三个故事，除了上述两个外，还有一个讲述列子遇骷髅齐生死的故事。[2]

庄子遇骷髅是庄子用以阐述其独特思想的诸多故事之一，它可能形成于公元前3世纪至公元2世纪之间，而在公元2世纪，这个故事被张衡（78—139）所关注。这就使得它成为同类主题中（该主题也大量出现于欧亚及北非大陆）最先行之于文本的一个。西方文学中关于骷髅的冥想，最著名的要数莎士比亚《哈姆雷特》第五幕的开头[3]，即哈姆雷特发现前弄臣约里克（Yorick）的遗骸所引发的独白，主要是咏叹这个骷髅无法再言语了（"骷髅啊，你曾有舌头，你曾会歌唱"），但早于莎士比亚1000多年，罗伯特·亨利森（Robert Henryson）（约1425—1508）在他的《三个死人》（The Thre Deid Pollis）中就让三个骷髅张口说话。这些文学作品与15世纪以来西欧绘画

---

[1] 明清时期，司命仅是一个小灶神，但在以往的年代，司命是更强大威严的神。《楚辞》是先秦时期中国南方的赞美诗，在它的《九歌》中就有两首诗分别称颂大司命和少司命。20世纪的《庄子奇文演义》中有一个庄子遇骷髅的白话故事，文中的司命被黄泉的最高统领——阎王所取代。参见香梦词人：《庄子奇文演义》第3回，上海大东书局，1918年，第6—7页。

[2] 这个故事也记录在《列子》中，其英译本可参看葛瑞汉译：《列子》（The Book of Lieh-tzu），伦敦：约翰·默里公司，第20—22页。

[3] 玛乔丽·嘉伯（Marjorie Garber）：《毕竟是莎士比亚》（Shakespeare After All），纽约：锚图书出版社，2005年，第503—504页。

中大量出现的骷髅形象不谋而合,这或许是受到了16世纪大踏步发展的解剖学的推动。[1]但在中世纪,人们面对的死亡,通常是一具正在腐化的尸体,如三个活人与三个死人的故事。[2]然而在中东的伊斯兰世界里,至少早在公元9世纪,关于遇见会说话或复活的骷髅的故事已经广为流传。故事的主人公通常是耶稣(以撒),他在路途中遇见了一具骷髅。当耶稣问及死者的身份时,骷髅通常言及自己曾是一位国王,生前享有无尽的权力和欢乐,死后却遭遇地狱的折磨——故事详尽地描述了地狱的形态。[3]在许多版本中,这位国王最终由于信仰了伊斯兰的真理,从而获得拯救并得以重生。随着伊斯兰教的扩展,这个故事大量出现于从摩洛哥到爪哇岛的口头及书面作品中,它在中亚地区也同样流行。其中最为著名的是一首由12世纪大名鼎鼎的波斯诗人法里德丁·穆罕默德·阿塔尔(Farid ud-Din Attar)创作的短篇叙事诗。在一些早期版本中,

---

[1] 福尔克·汉申(Folke Henschen):《骷髅与文化史》(*The Human Skull: A Cultural History*),伦敦:泰晤士和哈德逊,1965年,第128—134页;帕特里齐娅·尼蒂(Patrizia Nitti)编:《这就是生活——从庞贝到达明·赫斯特的虚幻派艺术》(*C'est la vie! Vanités de Pompéi à Damien Hirst*),巴黎:斯基拉·弗拉马里翁出版社(Skira Flammarion),2010。1、2世纪用骷髅代表死亡的传统在中世纪并未延续。

[2] 伦纳德·P. 库尔茨(Léonard P. Kurtz):《死之舞及欧洲文学的死亡精神》(*The Dance of Death and the Macabre Spirit in European Literature*),斯特拉金出版社(Genève: Slatkine Reprints),1975年(1934年纽约重印本),第12—13页。詹姆士·M. 克拉克(James M. Clark):《中世纪及文艺复兴时期的死之舞》(*The Dance of Death in the Middle Ages and the Renaissance*),格拉斯哥:杰克逊出版社,1950年,第95—99页。

[3] 然而,在早期的一个版本中,骷髅是一位赶集的老人。

主人公变成了阿里；而东正教则赋予了某些圣徒，如圣马卡里乌（St. Macarius）相似的经历。[1]

近代研究《庄子》的学者很少讨论到第18篇[2]，论及庄子遇骷髅的更是凤毛麟角，宇文所安是其中之一，他于书中写道：

> 这个"深矉蹙頞"的髑髅其实既没有眉毛，也没有皱得起来的肌肤，它所表现的对人世生活的厌恶，也不是它所能体验得到的，它们是庄子（或者他的门徒）的幽默笔法，这种笔法提醒我们，他所要说的东西是语言难以表达得出的，即使是在寓言的世界里，也还是有距离的。庄子明明知道"南面王乐"并无欢乐可言，然而还是用它来比喻人世间的最大快乐，以劝说我们以及那个对阴曹冥府的自由一无所知的庄子。一旦我们

---

[1] R. 托托利（R. Tottoli）：《阿拉伯文学中耶稣与骷髅的故事：一种宗教传统的出现与发展》("The Story of Jesus and the Skull in Arabic Literature: The Emergence and Growth of a Religious Tradition")，《阿拉伯和伊斯兰的耶路撒冷研究》(*Jerusalem Studies in Arabic and Islam*) 2003 年 第 28 期， 第 225—259 页。还可以参考法布齐里奥·A. 本纳切蒂（Fabrizio A. Pennacchietti）：《两个〈圣经〉女人的三面镜子——耶稣、基督徒、穆斯林眼中的苏撒拿、示巴女王》(*Three Mirrors for Two Biblical Ladies: Susanna and the Queen of Sheba in the Eyes of Jews, Christians, and Muslims*)，皮斯卡塔韦：高尔吉亚出版社，2006 年，第 27—77 页；及克拉拉·布拉克尔-帕彭胡伊森（C. Brakel-Papenhuyzen）：《骷髅故事——爪哇语中对死亡的伊斯兰书写》("The Tale of the Skull: An Islamic Description of Hell in Javanese")，《语言、地理、民族学杂志》(*Bijdragen Totde Taal-, Land-en Volkenkunde*)，总 158 期，2002 年第 1 期，第 1—19 页。

[2] 关于《庄子》的死亡观，可参考葛瑞汉：《道的辩士——古代中国的哲学辩论》(*Disputers of the Tao: Philosophical Argument in Ancient China*)，拉萨尔：《公庭》杂志（*Open Court*），1989 年，第 202—204 页。

怀疑这种比喻，怀疑一具僵骨能否侃侃而谈时，我们就认识到，人死了就不会再想要通过运用这种自由来谋得快乐，不会再有心思为我们这些可能误解死亡的人来排惑解疑。于是，寓言在读者的理解中表达出了它想要表达的东西，我们甚至可以说，提供寓言的人也借此说清楚了要说的话。[1]

为了更好地理解庄子遇骷髅这一故事的反常性，我们也许应该先来看看中国传统的死亡观。在中国人的传统观念里，任何与死亡相关的事物都被称作"凶"，人们应当敬而远之，而极为烦琐的丧葬祭祀制度也可能源于对死者鬼魂的恐惧与对逝去亲人的眷恋。人们尽量避免与死者的遗骸直接接触，若不小心不期而遇则会让人充满恐惧。我们可以看到在《庄子奇文演义》——一部20世纪早期关于《庄子》的通俗口述演绎选本中，作者特意着笔强调了庄子超常的好奇心与对枕骨而眠的毫不惧怕。[2]

我们还应该注意到，在明清的几个世纪里，骷髅通常与黑巫术相关。人们认为那些以引诱男子来增强法力的千年狐妖，是靠将他人的头骨顶在头上而变身为美少妇的。在16世纪的小说里，辽契丹国在对抗杨家将所用的黑巫术中，最有力的武器便是一个赤身裸体、手持骷髅的部族公主，象征着太阴

---

[1] 宇文所安：《追忆——中国古典文学中的往事再现》(*Remembrances: The Experience of the Past in Classical Chinese Literature*)，剑桥：哈佛大学出版社，1986年，第33—34页。
[2]《庄子奇文演义》第3回第7页。

(女性、外地人及死亡都是"阴")的力量。[1]还有,通常是部族酋长才能将死去敌人的头骨变成饮具。在中国人眼中,西藏及蒙古密教徒手中用人骨做成的祭祀器物仅仅是野蛮的象征而已。[2]

三、髑髅赋

唐代(618—907)早期所汇编的类书中,保留了三篇较为完整的以遇髑髅为主题的赋[3],这三篇赋的作者都是2、3世纪享誉文坛的大家。其中最短的残篇是吕安(卒于263年)的《髑髅赋》。[4]吕安是嵇康(223—263)的好友之一,以高贵不羁的品行闻名当时。因为吕安的哥哥与自己的妻子有染,吕安被哥哥借以不孝之罪告上官府,最终与前来营救的好友嵇康一起被处以死刑。吕安的赋以一位孤独游子的视线开篇,游子遇见了道旁的一具髑髅,悲叹不已,想殓以棺椁,髑髅却现形告

---

[1]《杨家府演义》,上海古籍出版社,1980年,第134页;《杨家将演义》,宝文堂,1980年,第174页。

[2] 贝特霍尔德·劳费尔(Berthold Laufer):《西藏地区髑髅及骨骼的运用》(*Use of Human Skulls and Bones in Tibet*),芝加哥:自然历史博物馆,1923年。日本异教立川(Tachikawa)对抗敌人时用髑髅来增强法力,这在中国佛教中并没有对应的仪式,可参考詹姆斯·H.桑福德(James H. Sanford):《丑陋的异教立川髑髅仪式》("The Abominable Tachikawa Skull Ritual"),《日本文化志丛》(*Monumenta Nipponica*)第46卷,1991年第1期,第1—20页。

[3] 欧阳询编:《艺文类聚》,中华书局,1965年,第320—322页。也可参见钱锺书《管锥编》,中华书局,1979年,卷3,第1011—1013页。3世纪的作家李康的《髑髅赋》仅存有两句。张衡、曹植、吕安作品的英译本可参考附录一。

[4] 戴明扬:《嵇康集校注》,人民文学出版社,1962年,第431页。

诉他生死由天，何物不然。也许游子提出要恢复骷髅的血肉之躯[1]，骷髅进而宣扬死亡的至乐，但游子似乎并不赞同，这从该赋的最后几句话可以推断出：

> 余乃感其苦酸，哂其所说，念尔荼毒，形神断绝。今宅子后土，以为永列，相与异路，于是便别。

若将此赋当作吕安临刑前对死亡的思考，再加上因为这已故的骷髅也提及其"行违皇乾"，无疑是耐人寻味的。与更早期的两篇同样主题的赋相比，吕安的《髑髅赋》似乎更像一篇对现成故事的练习之作。

最接近《庄子》故事原文的是曹植(192—232)的《髑髅说》。[2]曹植是一代枭雄曹操——晚年称霸中国北方的大诸侯——的第四子。曹操死后，他的次子曹丕就接受了东汉最后一位皇帝的禅位，从而成为魏国(220—264)的开国之君。人们认为曹操本来更想曹植来继承王位，但他的哥哥曹丕得势后，便将其驱逐回封地，以远离中央政权。作为一位诗人，曹植既创作诗，也创作赋。他的髑髅赋，事实上名为《髑髅说》——"说"也许暗示了文中有部分敷衍开来的散文——保存得十分完整。[3]尽管曹植遵守了《庄子》故事的基本内容，

---

[1] 证据之一是原文中"余乃俯仰咤叹，告于昊苍"（戴明扬：《嵇康集校注》第431页），但这两句话在文中的位置并不确定，如果它们确实是原文的话。
[2] 赵幼文校注：《曹植集校注》，中国台北明文书局，第2版，第524—528页。
[3] 张震泽：《张衡诗文集校注》，上海古籍出版社，1986年，第247—252页。这首赋的英译本可参考韦利(Waley)：《庄子之骨》("The Bones（转下页）

但他在结尾借用孔子（宣尼）来反驳骷髅所说的"齐生死"：

> 夫存亡之异势，乃宣尼之所陈，何神凭之虚对，云死生之必均？

意外的是，最富创新的版本却是这几部作品中创作最早的，也是最有可能保存原貌的——张衡的《髑髅赋》，如果我们能确定作者是张衡（78—139）的话。张衡不仅位居高官，而且可能是当时最博学的学者，他备受称誉的发明之一就是地动仪。同时，他也是位杰出的作家，最为著名的作品是《两京赋》，这篇长赋将西汉（前206—8）都城长安的简朴与东汉（25—220）都城洛阳的繁华进行了比较。在他的《髑髅赋》——一篇更为端庄的作品中，诗人所遇见的，并在其梦中吹嘘死后之乐的遗骸不是别人，而是庄子自己。在听完庄子与道合一、逍遥自在的长篇议论后，诗人静默无言，埋葬了骷髅：

> 顾盼发轸，乃命仆夫，假之以缟巾，衾之以玄尘，为之伤涕，酹于路滨。[1]

（接上页）of Chuang-tzu"），《中国诗歌》（*Chinese Poems*），伦敦：安文出版社，1982年，第59—62页。

[1] 关于张衡赋的研究，可参见宇文所安：《追忆——中国古典文学中的往事再现》第35—38页。张莎莎的《"骷髅"意象中的政治寓言——"庄子叹骷髅"与张衡〈髑髅赋〉、曹植〈髑髅说〉的比较》（《乐山师范学院学报》2012年第4期，第38—39页）试图从政治寓言的角度解读曹植与张衡的作品，即骷髅成了作者的代言人。张莎莎将曹植的《髑髅说》定位于其生命晚期对政治的失意，而张衡137年秋的《髑髅赋》则是对官场小人的讽刺。

4世纪以后骷髅主题便从诗歌中消失了，这多少有些奇怪。[1]有人会说，随着佛教的引入及其在4世纪以来对中国士人的广泛影响，应该会引发对骷髅主题的关注。据说佛陀在漫长的悟道之路上经历了穷、病、死的考验，而骷髅观也成为日后引导僧侣观想生命短促的一项基本训练。"骷髅观"传到中国后[2]，其运用并不像在南亚那么普遍，可在唐朝，尸骨和骷髅的图像却被理所当然地用来装饰庙宇。[3]然而，在现存的唐代佛教艺术品——从敦煌或更遥远的中亚地区中，我们偶尔会遇见骷髅甚至尸骨，但概率很小。[4]

---

[1] 在与骷髅主题的探讨中，宇文所安《追忆——中国古典文学中的往事再现》第38—49页还翻译并分析了谢惠连（407—433）、王守仁（1472—1528）埋葬路旁野骨的文章。

[2] 目前关于这一话题研究最细致的是《骷髅与佛——从5世纪中国冥想手册中看骷髅观与追求清静的关系》("Of Bones and Buddhas: Contemplation of the Corpse and its Connection to Meditations on Purity as Evidenced by 5th Century Chinese Meditation Manuals"，伯克利：加利福尼亚大学硕士论文，2006年。对于尸体腐化的作呕描写是为了说明人们只是一副包裹着脓粪的臭皮囊。此论文作者为 Eric Matthew Greene。——编辑注

[3] 许理和（Erik Zürcher）：《基督教视野下的中古中国佛教艺术》("Buddhist Art in Medieval China: the Ecclesiastical View")，载 K. R. 范德科伊、H. 范德维尔（K. R. van der Kooij and H. van der Veere）编：《佛教艺术的功能与意蕴》(*Function and Meaning in Buddhist Art*)，格罗林根：艾伯特·福尔斯登出版社，1995年，第6—7页。

[4] 敦煌莫高窟第217窟的法华经变中有一副完整的平躺的骷髅形象，可参考汪悦进（Eugene Yuejin Wang）《塑绘〈法华经〉——中古中国的佛教视觉文化》(*Shaping the Lotus Sutra*: Buddhist Visual Culture in Medieval China)，西雅图：华盛顿大学出版社，2005年，第94页表2.11。也可参考雅克·吉耶斯（Jacques Giès）：《中亚的艺术——亚洲艺术国家博物馆之保罗·皮耶罗收藏品》(*Les arts de l' Asie centrale*: La collection Paul Pelliot du musée national des arts asiatiques)，吉美博物馆第1卷，巴黎：国家博物馆联合会（Réunion des Musées Nationaux, 1995），No. 5（MG 17655）。

东亚所实践的骷髅观,其重点不是观想骷髅本身,而是其变为骷髅的整个过程,即尸体从最初的肿胀、褪色、完全分解,甚至最后一根尸骨沦为尘土。[1]佛教的宣教诗,如王梵志的诗、敦煌发现的诗,都在穷形尽相地宣说尸体变骷髅。但唐宋时期的文人们却很少触碰这一主题——至少在他们现存的文集里是如此。可是保存于日本的两组(每组9首)诗则分阶段叙述了尸体分解为骷髅的整个过程,其中一组收录于著名僧人空海(774—835)的文集中,长期以来学界都认为这组诗是他于留学中国的时候所抄录的。[2]另一组诗被归于宋代著名诗人苏轼(1036—1101)名下,尽管它保存于日本,但日本读者认为这些诗作来源于中国。[3]这两组诗中的尸体都是女性,意在说明在佛教看来,再美貌的女性都不过是一具"粉骷髅"。[4]

---

[1] 密宗的《大佛顶广聚陀罗尼经》中有通过作法使骷髅复活的记载,参见康保成:《〈骷髅格〉的真伪与渊源新探》,《文学遗产》2003年第2期,第103页。

[2] 《心灵集——空海大师的启示》("Henjō hakki seireishū"),朱迪斯·N.拉宾诺维奇(Judith N. Rabinovitch)、蒂莫西·R.布拉兹洛克(Timothy R. Bradstock)编译:《蝴蝶舞——来自日本皇室传统的中国诗歌》(Dance of the Butterflies: Chinese Poetry from the Japanese Court Tradition),伊萨卡:康奈尔大学东亚项目,2005年,第99—105页。

[3] 詹姆斯·H.桑福德(James H. Sanford):《死亡九相——苏东坡的骷髅诗》("The Nine Faces of Death: 'Su Tung-po' s' Kuzō-shi"),《东方佛教》(The Eastern Buddhist)第22卷,1988年第2期,第54—77页。

[4] 利兹·威尔逊(Liz Wilson):《粉骷髅——印度佛教灵验文学中女性的可怖形象》(Charming Cadavers: Horrific Figurations of the Feminine in Indian Buddhist Hagiographic Literature),芝加哥:芝加哥大学出版社,1996年。这样我们就不难理解为何《西游记》中的白骨精是女性的形象,参见余国藩(Anthong C. Yu)译《西游记》(The Journey to the West)四册本,芝加哥:芝加哥大学出版社,1977—1983年,第2册,第16—32页。玄奘的徒弟之一沙和尚有一串骷髅项链,对此可参考康保成的《沙和尚的骷髅项链——从头颅崇(转下页)

佛教宣教文学喜欢描写骷髅腐化的过程，而在佛教灵验故事中佛菩萨等通常以其黄金锁骨相应化世人。[1]这一主题在许多作品中都出现过，它与观世音菩萨的关系尤为密切——有这样一个传说，为了挽救世间的罪恶，观音菩萨曾化身为扬州妓女，直到死后才显出黄金锁骨相。[2]

四、全真教的骷髅形象

路旁被遗弃的骷髅，后来演变为一副完整的骨架，依旧引发着路人的悲叹，并再次成为王重阳（1112—1170）及其迅速发展的弟子们的作品主题。王重阳出生于如今的陕西省咸阳市，受过良好的传统教育，但屡试不第。他在"活死人墓"中修炼数年后终于悟道，并开始了一生的传教。在王重阳看来，世人被酒色财气所束缚，因而要成道就必须放弃世俗的财产，抛妻弃子，靠行乞生活。只有通过不断的宗教实践及自我修持——也被称作炼"内丹"[3]，才能最终悟道。王重阳

（接上页）拜到密宗仪式》，《河南大学学报》2004年第1期，第75—78页。
[1] 伯兰特·佛尔（Bernard Faure）：《言语道断的艺术——佛教禅宗的文化批评》（*The Rhetoric of Immediacy: A Cultural Critique of Chan/ Zen Buddhism*），普林斯顿：普林斯顿大学出版社，1991年，第140页。
[2] 于君方：《观音——观音菩萨的中国化》（*Kuanyin: The Chinese Transformation of Avalokiteśvara*），纽约：哥伦比亚大学出版社，2001年，第421—427页。徐静波《观音菩萨全书》第251页（春风文艺出版社，1987年）中的《观世音菩萨考述》附有一幅元代观音锁骨相的画作及说明。
[3] 外丹是指修炼长生不老药，内丹用了外丹的概念，指在人体内用精气神炼成长生不死药。若要详细了解"内丹"，可参考法布里齐奥·普雷加迪奥（Fabrizio Pregadio）及史考（Lowell Skarr）：《内丹》("Inner Alchemy")，孔丽维编：《道教手册》，莱顿：博睿出版社，2000年，第464—497页。

悟道不久便前往山东，在那里度化了一批弟子，全真教也在这批弟子积极的传教活动中蓬勃发展起来。王重阳的弟子之一丘处机对成吉思汗影响甚大，使得全真教在蒙古征服中国北方后获得了元朝的庇护。现代学者通常将这一教派称作全真教，"全真"还可以被译作"Complete Truth""Completion of Authenticity""Complete Reality""Complete Perfection"。[1]

王重阳及其弟子广泛地运用诗歌传教[2]，其诗词中反复出现的意象之一便是骷髅。[3]骷髅的形象基本上有两种，最先出现的便是路旁的骷髅，它警示着人们生命短促，若要追求长

---

[1] 要了解全真教，可参考苏德朴（Stephen Eskildsen）：《早期全真宗师的教化与实践》（*The Teachings and Practices of the Early Quanzhen Taoist Masters*），奥尔巴尼：太阳出版社，2004年；康思奇（Louis Komjathy）：《全真——早期全真教的神秘主义与自我转化》（*Cultivating Perfection: Mysticism and Self-transformation in Early Quanzhen Daoism*），莱顿：博睿出版社，2007年；马颂仁（Pierre Marsone）：《王重阳（1113—1170）与全真教的建立——道教苦行者与炼内丹》[*Wang Chongyang（1113-1170）et la fondation du Quanzhen: Ascètes Taoïstes et alchimie intérieure*]巴黎：法兰西学院汉学研究所（Collège de France Institut des Hautes Études Chinoises），2010；以及姚特务（Ted Yao）：《全真》（*Quanzhen— Complete Perfection*），孔丽维编：《道教手册》第567—593页；高万桑（Vicant Goossaerl）：《全真》（"*Quanzhen*"），法布里齐奥·普雷加迪奥编：《道教百科全书》（*The Encyclopedia of Taoism*），伦敦：劳特利奇出版社，2008年，第2册第814—820页。

[2] 要了解早期全真宗师的传记概况及其文集的特点，可参考鲍菊隐（Judith Boltz）：《10—17世纪道教文献通论》（*A Survey of Taoist Literature, Tenth to Seventeenth Centuries*），伯克利：东亚研究中心及中国研究中心、伯克利加利福尼亚大学，1987年，第143—190页。

[3] 关于早期全真宗师使用骷髅意象的研究，可参考苏德朴：《早期全真宗师的教化与实践》，第167—168页；康思奇：《全真——早期全真教的神秘主义与自我转化》，第100—104页；及马颂仁：《王重阳（1113—1170）与全真教的建立——道教苦行者与炼内丹》，第204—205页。

生，必须马上开始学道。王重阳作品中一个典型的例子便是下面这首《摸鱼儿》的词：

叹骷髅、卧斯荒野。伶仃白骨潇洒。不知何处游荡子，难辨女男真假。抛弃也。是前世无修，只放猿儿傻。今生堕下。被风吹雨浥日□，更遭无绪牧童打。余终待搜问因由，还有悲伤，那得谈话。口衔泥土沙满眼，堪向此中凋谢。长晓夜。箅论秋冬年代，春和夏。四时孤寡。人家小大早悟，便休夸俏骋风雅。[1]

还有下面这首由马钰（1123—1183，又名马丹阳，王重阳在山东的首位弟子）以同一主题创作的词（用《满庭芳》调）：

携筇信步，郊外闲游，路傍忽见骷髅。眼里填泥，口内长出臭莸。潇洒不堪重说，更难为、再骋风流。想在日，劝他家学道，不肯回头。耻向街前求乞，到如今、显现白骨无羞。若悟生居火院，死堕阴囚。决烈灰心慷慨，舍家缘、物外真修。神光灿，得祥云衬步，直赴瀛洲。[2]

若早期全真宗师的作品中骷髅得以开口说话，那么它不会再吹嘘死后的欢乐，而是哀叹生前的愚痴：

---

[1] 王嚞：《重阳全真集》(《道藏》第793—796卷) 第3卷，第8页。
[2] 马钰：《丹阳神光灿》(《道藏》第791卷)，第27页。

梦里游郊野,骷髅告我来。哀声声切切声哀,自恨从前酒色气兼财。[1]

第二种骷髅的意象是不学道者的象征。王重阳及其弟子认为,没有开悟的世人与行尸走骨、傀儡木偶没什么两样。马钰另一首词(又是用《满庭芳》调)的上片便明确地表达了这一观点:

样子骷髅,偏能贩骨,业缘去去来来。骋驰伶俐,不肯暂心灰。

转换无休无歇,腾今古、更易形骸。空贪寿,饶经万劫,终久打轮回。[2]

还有一首佚名的全真词(也是用《满庭芳》调),甚至构想出一个满是骷髅的世界:

男作行尸,女为走骨,爷娘总是骷髅,子孙后代番作小骷髅。日久年深长大,办资财匹配骷髅。聚满堂活鬼,终日玩骷髅。 当家骷髅汉,忙忙劫劫长养骷髅。有朝身丧,谁替你骷髅。三寸主人气断,活骷髅相送死骷髅。休悲痛,劝君早悟,照管你骷髅。[3]

---

[1] 引文为马钰《渐悟集》(《道藏》第786卷)中《南柯子》的上片。
[2] 马钰:《洞玄金玉集》(《道藏》第789—790卷),第21页。
[3]《鸣鹤余音》(《道藏》第744—745卷)第3卷,第3页。有学者猜想这些骷髅诗传到了日本,启发了一休宗纯(1394—1481)画作中跳跃的骷髅形象,关于一休的画作可参见 R. H. 布莱思(R. H. Blyth)译《一休的骷髅》(转下页)

这些诗词多以劝导世人早日醒悟学道结尾，王重阳及其弟子还通过展示骷髅图来强化这种感染效果。当初王重阳度化马钰时，就曾用骷髅图及下面这首律诗感化了他：

堪叹人人忧里愁，我今须画一骷髅。生前只会贪冤业，不到如斯不肯休。[1]

马钰也在其《满庭芳》中做出了回应，其上阕大概如下：

风仙化我，无限词章，仍怀犹豫心肠。见画骷髅省悟，断制从长。欲待来年学道，恐今年，不测无常。欲来日，恐今宵身死，失却佳祥。[2]

早在13世纪以来，"王重阳示骷髅图度马丹阳"就已经成为芮城永乐宫的纯阳殿祖师行化的壁画之一，该画画的是端坐着的王重阳将一幅骷髅图展示给马钰夫妇。[3]

谭处端是王重阳另一位早期弟子，他最著名的作品是《骷髅歌》，这首歌的末句暗示他也向观众展示了骷髅图：

（接上页）("Ikkyu's Skeletons"），《东方佛教》1973年第1卷第6期，第111—125页；詹姆斯·H.桑福德（James H. Sanford）：《禅宗大师一休》（Zen-Man Ikkyū），奇科：学人出版社，1981年，第201—216页。这些画作多大程度上属于一休的真迹并不确定。

[1] 王嚞：《重阳全真集》第10卷，第14页。
[2] 马钰：《丹阳神光灿》，第31页。"风仙"指王重阳。
[3] 该壁画的黑白版可参见《永乐宫》第191图，人民美术出版社，1964年；彩色版可参见《永乐古墙》（Eirakukyū hekiga）第101图，中国外文出版社，1981年；以及朱希元：《永乐宫壁画题记录文》，《文物》1963年第8期，第61—78页。笔者曾于1991年参观过永乐宫，那时骷髅的形象已经被抹去了。

骷髅骷髅颜貌丑，只为生前恋花酒。巧笑轻肥取意欢，血肉肌肤渐衰朽。渐衰朽，尚贪求，贪财漏罐不成收。爱欲无涯身有限，至令今日作骷髅。作骷髅，尔听取，七宝人身非易做。须明性命似悬丝[1]，等闲莫逐人情去。故将模样画呈伊，看伊今日悟不悟。[2]

我们并不清楚这些全真教徒以骷髅图传教的过程有多久，但可以肯定的是其对中国文学的想象有着持续的影响——在18世纪著名小说《红楼梦》（又名《石头记》）的第12回中，因迷恋王熙凤而病入膏肓的贾瑞得到了一位道人的"风月宝鉴"，正面是一位美艳少妇，而反面则是一具直立的骷髅。[3]明清时期各民间教派也在继续这骷髅传道的传统，如罗清（15

---

[1] 指木偶的提线。
[2] 谭处端：《水云集》（《道藏》第798卷）第2卷，第18页。陈垣编：《道家金石略》（文物出版社，1988年，第432页）有一幅洛阳1183号石碑的拓本，画的是一位道家宗师及其道童在路上遇见了一具骷髅，画下还有首署名谭处端的叹骷髅诗《白骨》："我今伤感叹骷髅，艳女娇儿恋不休。留意勤勤贪贿赂，无心损损做持修。生前造下无边罪，死后交谁替孽囚。精血尽随情欲去，空遗骸骨卧荒丘。"
[3] 曹雪芹、高鹗：《红楼梦》，人民文学出版社，1982年，第171页。戴维·霍克斯的译本《石头记》（*The Story of the Stone*）第1卷《黄金时代》（*The Golden Days*）（哈默兹沃斯：企鹅出版社，1973年）第252页将站立的骷髅译作"露齿而笑的骷髅"。相关研究还有徐振辉：《〈红楼梦〉的性与爱》，《书屋》2002年第2期，第42—44页。钱锺书《管锥编》卷1第33—34页还将《红楼梦》的这一情节与17世纪法国背后饰有骷髅的镜子进行了联系比较，对此可参考莫芝宜佳（Monika Motsch）：《论〈管锥编〉——以钱锺书的〈管锥编〉来重新审视杜甫》（*Mit Bambusrohr und Ahle: Von Qian Zhongshu's Guanzhui bian zu einer Neubetrachtung Du Fus*），法兰克福：皮特朗出版社，1994年，第148—149页。

世纪后半期）的《叹世无为卷》在后期的某些印本（并不是最早保存的版本）中存有一组 21 首叹骷髅的诗歌[1]；在佚名的《梁皇宝卷》1899 年印本中，也有一组叹 10 种（实存 8 种）骷髅的诗歌。[2] 还有清代早期诗人金堡留下了一组用《沁园春》调的七首《题骷髅图》。[3] 在 19、20 世纪中国各地丧葬仪式中，也有《叹骷髅》，又名《骷髅歌》或《骷髅箴言》[4] 的记录。

[1] 笔者所用的版本来自张希舜所编的 40 册本《宝卷初集》第 1 册（山西人民出版社，1994 年，第 543—572 页）。本书的附录 2 完整地翻译了这组唱词。车锡伦编：《中国宝卷总目》（北京燕山出版社，2000 年）第 135 页有一组《骷髅宝卷》，但笔者尚未见到其印本，也许《骷髅宝卷》指的就是这组唱词？关于罗清及其作品研究，可参看欧大年（Daniel L. Overmyer）：《宝卷——16—17 世纪中国宗教经卷导论》(Precious Volumes: An Introduction to Chinese Sectarian Scriptures from the Sixteenth and Seventeenth Centuries)，剑桥：哈佛大学东亚中心，1999 年，第 92—135 页。这组唱词虽然归于罗清名下，但它也有可能是佚名的作品，从语言和主题上分析，这组唱词与《叹世无为卷》很一致。
[2] 重印于《中国宗教历史文献集成·民间宝卷》卷 1（黄山书社，2005 年）。附录三是这首诗的英译本。
[3]《全清词》，中华书局，1994 年，第 990—991 页。值得注意的是在晚明及清代早期，欧洲传教士将西方的骷髅图带到了中国，但受其影响的清代画家很少，其中有"扬州八怪"之一的罗聘，参见庄申：《罗聘与其〈鬼趣图〉——兼论中国鬼画之源流》，《"中央研究院"历史语言研究所集刊》第 44 卷，1972 年第 3 期，第 403—434 页。
[4] 参见鲍菊隐：《唱给死者的灵魂之歌——一种道教救赎仪式》(Singing to the Spirits of the Dead: A Daoist Ritual of Salvation)，罗友枝（Evelyn S. Rawski）及华如璧（Rubie S. Watson）编：《和谐与复调——中国文本中的宗教仪式音乐》(Harmony and Counterpoint: Ritual Music in Chinese Context)，斯坦福：斯坦福大学出版社，1996 年，第 209—210 页；及皮卡尔（François Picard）：《骷髅歌》["Le Chant du squelette（Kulou ge）"]，《亚洲杂志》(Journal Asiatique) 2004 年第 292 期，第 382—412 页。亦参见康保成：《"骷髅歌"的真伪与渊源新探》，《文学遗产》2003 年第 2 期，第 100—102 页。关于四川的骷髅叹的大量文本"巴渝民间法事——骷髅真言（叹骷髅）"，参见 http://blog.sina.com.cn/s/blog_60b676d80100ooms.html，其中有一首便是上文所译马钰的《满庭芳》。

早期全真教主在其诗画中对骷髅的频繁使用，应该放在宋元文化中骷髅形象大量出现这一背景下来理解。在 12 世纪初期开封的戏台上，捉鬼者钟馗常常伴有两到三个白粉敷面、瘦骨嶙峋、黄眼白面、貌似骷髅的角色[1]；医书中也开始有较为详细的人体骷髅图[2]，有人即在一部法医手册中发现了骷髅的图像[3]。苏轼（1036—1101）、黄庭坚（1045—1105）等人关于

---

[1] 孟元老等：《东京梦华录》（外四种），中华书局，1962 年，第 43 页；孟元老著，邓之诚注：《东京梦华录》，中国香港商务印书馆，1961 年第 2 版，第 202 页；伊维德及奚如谷（Stephen H. West）：《1100—1450 年间的中国戏曲——资料手册》（*Chinese Theater, 1100—1450: A Source Book*），威斯巴登：弗兰茨·石泰出版社，1982 年，第 41—42 页。在元朝统治下的 1281 年，戴骷髅头是被禁止的，参见《元典章》（"刑部"十九"杂经"），文海出版社，1964 年第 57 卷第 50 页；王利器：《元明清三代禁毁小说戏曲史料》（修订本），上海古籍出版社，1981 年，第 4—5 页。然而时至今日，头戴骷髅头饰的舞者仍出现于山西东部平定县的武迓鼓表演，毋小红等编：《山西锣鼓》（山西人民出版社，1991 年）第 39 页收有彩色图片。19 世纪末 20 世纪初，北京雍和宫的喇嘛教徒表演的舞蹈也有头戴骷髅面具、身穿骷髅服的舞者，参见贝特霍尔德·劳费尔：《死亡舞蹈的起源》("Origins of Our Dance of Death")，《公廷杂志》(*The Open Court*) 1908 年第 22 期，第 599 页。
[2] 宋代王惟一（死于 1027 年后）的《铜人腧穴针灸图经》(黄龙祥编《针灸名著集成》，华夏出版社，1997 年，第 171 页) 中有关于人体内部结构的细致图片，需要注意的是现代版的内容是基于明代的版本。若要简要了解北宋时期人体剖面图，可参见洪知希（Jeehee Hong）：《生死一场戏——李嵩〈骷髅幻戏图〉》("The atricalizing Death and Society in The Skeletons' Illusory Performance by Li Song")，《艺术通报》(*Art Bulletin*) 第 93 卷，2011 年第 1 期，第 76 页。
[3] 宋慈：《洗冤录》，英译参见马伯良（Brian E. McKnight）《洗冤录》（安娜堡：密歇根大学中国研究中心，1981 年）第 95—106 页。宋慈于《洗冤录》自序中说本书作于 1247 年，但该书的宋代版本并未保存下来，马伯良的译文是基于元代的重印本。虽然我们并不确定该书是否附有图示，但宋慈对于人体骨骼的描述十分细致，尽管它也许不能满足现代科学的需要。

骷髅图的赞、颂也表明 11、12 世纪骷髅画的流行。[1] 13 世纪著名词人吴文英的《思佳客·赋半面女骷髅》、14 世纪著名画家吴镇的《沁园春·题画骷髅》亦属此类。[2]

  以市民画闻名的南宋画家李嵩（活跃于 1190—1230 年）在骷髅画上似乎也颇有造诣，他有三幅骷髅画为人所知，但只有一幅流传下来（很可能是后代的仿本）——《骷髅幻戏图》，画的是木偶艺人在一位哺乳的妇人及一群幼童面前表现骷髅木偶戏[3]，画上还有著名道士及画家黄公望（1269—1354）的题

---

[1] 关于宋元骷髅图最详细的研究要数衣若芬：《骷髅幻戏——中国文学与图像中的生命意识》，《中国文哲研究集刊》2005 年第 26 期，第 90—94 页。相对而言，骷髅图的作者中僧侣占了大部分，在那一时期，他们一直延续着将佛理融入骷髅画的传统。

[2] 唐圭璋编：《全金元词》（两卷本），中华书局，1979 年，第 936 页；亦参见丁若木：《惺惺汉，皮囊扯破，便是骷髅》——从吴镇画髑髅说起》，《宗教学研究》1996 年第 1 期，第 41—47 页。英译可参见伊维德：《艺术与舞台中的骷髅》("Skulls and Skeletons in Art and on Stage")，载包乐史（Leonard Blussé）及宋汉理（Harriet T. Zurndorfer）编：《现代东亚早期的冲突与调适——许理和纪念文集》(Conflict and Accommodation in Early Modern East Asia: Essays in Honour of Erik Zürcher)，莱顿：博睿出版社，1993 年，第 209 页。衣若芬（第 94 页）曾提到四库馆臣对吴镇所画的骷髅表示很惊奇。

[3] 吴哲夫编：《中华五千年文物集刊·宋画编》（中国台北——中华五千年文物集刊编集委员会，1981 年）第 26 页有该画彩图。这幅画引发了大量的研究。参见埃伦·约翰逊莱恩（Ellen Johnston Laing）：《李嵩及南宋人物画的某些方面》("Li Sung and Some Aspects of Southern Sung Figure Painting")，《亚洲艺术》(Artibus Asiae) 第 1—2 卷，1975 年第 37 期，第 5—38 页；李福顺：《李嵩和他的〈骷髅幻戏图〉》，《朵云》1981 年第 3 期，第 165—168、150 页；伊维德：《艺术与舞台中的骷髅》；康保成：《补说"骷髅幻戏图"——兼说"骷髅""傀儡"及其与佛教关系》，《学术研究》2003 年第 11 期，第 127—129 页；申喜萍：《试析道教对中国绘画的影响》，《艺术探索》2004 年第 4 期，第 68—72 页；及衣若芬《骷髅幻戏——中国文学与图像中的生命意识》。关于该画的图像分析参见洪知希（Jeehee Hong）：《生死一场戏——李嵩（转下页）

词《醉中天》：

> 没半点皮和肉，有一担苦和愁。傀儡儿还将丝线抽，寻一个小样子把冤家逗。识破个羞那不羞？呆兀自五里已单堠。[1]

另外两幅骷髅图《骷髅拽车图》[2]《钱眼中坐骷髅》[3]都已佚失。除此之外，骷髅木偶也作为小贩的商品出现在其市民画中[4]。

在1250—1450年间的白话小说中，我们可以看到以骷髅为原型的角色，如《崔衙内白鹞招妖》[5]，明代早期作家陆进之的成名作《血骷髅大闹百花亭》[6]（已佚）。在此之后的白话小

（接上页）〈骷髅幻戏图〉》（*Theatricalizing Death and Society*）。

[1] 隋树森编：《全元散曲》，中华书局，1964年，第1028页。

[2] 顾复：《平生壮观》，人民美术出版社。该画的主题可能与另一组画"家累"有关，"家累"画的是一个拉车的男人，他的妻子一边驾车一边鞭打着他。

[3] 孙凤：《孙氏书画钞》（衣若芬于文中75页引用）。山西省稷山县青龙寺腰殿的壁画描绘了地狱诸鬼中有一个挂着钱串的骷髅，参见史宏蕾、伊宝：《山西稷山青龙寺腰殿壁画的民俗风格特征》，《美术大观》2009年第3期，第77页。

[4] 我们对全真教如何传入南宋知之甚少，因而李嵩对骷髅画的热衷是否受其影响也并不确定。但引人深思的是，其备受关注的《四迷图》反映的正是全真教的"酒色财气"。厉鹗《南宋院画录》第8卷第48页（载于安澜编《画史丛书》，人民美术出版社，1963年）中有14世纪诗人袁华的一首长诗，提到了《四迷图》组诗的存在。杨休《李嵩〈四迷图〉初考》（《四川文物》2008年第5期第69—71页）认为张大千于日本所购的一幅画着四个烂醉文人的画可能是李嵩所佚《四迷图·酗酒》之别稿。

[5] 载冯梦龙1624年编撰的《警世通言》，注解本参见冯梦龙《警世通言新注全本》（吴书荫注，十月文艺出版社，1994年）第269—281页。英译本参见冯梦龙编，杨曙辉、杨韵琴译：《警世通言》（*Stories to Caution the World: A Ming Dynasty Collection*）第2册，西雅图：华盛顿大学出版社，第290—303页。

[6] 傅惜华：《明代杂剧全目》，作家出版社，第38页。

说中，最著名的骷髅便是"白骨精"了——16世纪的小说《西游记》中阻碍唐僧师徒西天取经的众多妖魔之一。在书中，它一变为花容月貌的少女，再变为80岁的老妇，三变为老头，直到被孙悟空打死才现出骷髅的原形，它的真实身份才显现在其遗骸的刻文上。[1]

五、庄子与骷髅

早期的全真宗师通常在其诗歌中描写自己遇骷髅的场景，之后的全真教徒则又开始复述庄子遇骷髅、叹骷髅的故事了。[2]这一转变早在李寿卿（13世纪晚期）以杂剧《鼓盆歌庄子叹骷髅》闻名之时就已出现，遗憾的是这部杂剧只保存下来第一折的唱词。[3]这些唱词并没有提到骷髅，在内容上更像是庄子拒绝为官的故事[4]——他感叹着朝中的险恶环境及无官

---

[1] 余国藩译：《西游记》第16—32页。本回在新中国成立的头30年备受欢迎，参见瓦格纳（Rudolf G. Wagner）：《当代中国历史剧四种研究》(*The Contemporary Chinese Historical Drama: Four Studies*)，伯克利：加利福尼亚大学出版社，1990年，第139—235页。"文化大革命"时期，在国外也很风行，如荷兰作曲家彼得·夏特（Peter Schat）(1935—2003)创作了戏剧《孙悟空三打白骨精》(*Aap verslaat de Knekelgeest*)(1980年)。

[2] 张泽洪：《道教唱道情所见的老庄思想——以"庄子叹骷髅"道情为中心》，熊铁基、梁发编：《全真道与老庄学国际学术研讨会论文集》，华中师范大学出版社，2009年，第558—575页；张泽洪：《道教唱道情与中国民间文化研究》，人民出版社，2011年，第161—176页；姜克滨：《试论庄子叹骷髅故事之嬗变》，《北京华中大学学报》(社会科学版）2010年第2期，第29—33页。

[3] 赵景深：《元人杂剧钩沉》，上海古籍出版社，1965年，第35—39页。该剧被16世纪的三部戏曲选集所收录。李寿卿（13世纪后半叶），太原人，有《杂剧十种》，今存两种。

[4] 现存最早编目所记载的戏曲全名，表明李寿卿将这出戏带到了南宋。

一身轻的自在逍遥。结合书名及其后期的版本,可以推测该剧的第二折应该是关于庄子鼓盆而歌的故事,第三折才是庄子遇骷髅。按照传统写法,李寿卿在第三折应该作了一组《耍孩儿》的词,词中庄子问及骷髅的身份及死因,但具体情况如何,我们无从知晓。至于后文是否包括庄子复活骷髅的情节,也同样存疑。第四折,也是最后一折,可能以庄子前往蓬莱仙岛或赴昆仑山顶参加西王母的群仙宴结束。[1]

　　李寿卿并非元代唯一一位受庄子影响的戏曲家,不过从作品的名称上可以看出,其他的戏曲家多将关注的重点放在庄子的蝴蝶梦上,如现存的一部杂剧《庄周梦》[2]。该剧通常被认为是史九敬先所作,但它更像是一部在原作上大量改写过的作品。第一位整理这部杂剧的现代学者十分推崇其唱词[3],后来的学者也称其为"元曲中最有意思的作品之一"[4],但在我看来,这部僵硬费力的传道剧,其最新奇的地方也许是多了个真人大小的蝴蝶角色,这让人对李寿卿那部佚失的作品更感惋惜。脉望馆抄校本中也有一部名为《庄周半世蝴蝶梦》的佚名

---

[1] 张国宾《罗李郎大闹相国寺》第一折的曲子中也提到了"庄子叹骷髅"的故事。
[2] 从已知的金代院本目录上看,有一部《庄周梦》。
[3] 王季烈:"提要","庄周梦"第7—8页,王季烈编:《孤本元明杂剧》,中国戏剧出版社,1958年再版。
[4] 卫德明(Hellmut Wilhelm):《元杂剧中的庄子戏》("On Chuang-tzu Plays from the Yüan Store"),《东西方文学》(*Literature East and West*)第2—4卷,1973年第17期,第249页。

戏曲,但并未留存下来。[1]

刊印于1525年的《词林摘艳》,是一部16世纪早期由张禄汇编的曲集,收录了一组《般涉调·庄子叹骷髅》的曲子,作者题为吕敬儒,生平不详。[2]除去开场白及尾声,曲子的主体是11首《耍孩儿》,根据其内容可以推断,曲子的主人公是庄子,他一出场便开始歌唱自己的逍遥自在:

……战国[3]群雄搔扰,止不过趋名争利。争似俺,乐比鱼游,笑谈鹏化[4],梦逐蝶迷。青天为幙地为席,黄草为衣木为食。跳出凡笼,历遍名山,常观活水。

接着他在《耍孩儿》的第一首中唱道自己亡妻后漫游四海,遇见骷髅的经过。第二首词与全真宗师叹骷髅的风格很像,剩下的9首词对骷髅的质问,也是如出一辙,这里仅引用这九首中的一首:

骷髅呵,你莫不是巴钱财离故乡?你莫不是为功名到这里?你莫不是时乖运拙逢奸细?你莫不是蠹毒魔魅无人救?你莫不是暑湿风寒少药医?今日个自作下谁来替,只落得闹穰穰朝攒着蝼蚁,冷清清夜伴着狐狸。

---

[1] 傅惜华:《元代杂剧全目》,作家出版社,1957年,第363页。
[2] 谢伯阳编:《全明散曲》第5册,齐鲁书社,1993年,第847—849页。最初版本提到宁斋(信息不详)增补了散套。
[3] 战国大约指公元前4—前3世纪,秦始皇结束了战国的分裂局面。
[4]《庄子》第一篇中论及了"鹏化"。

这 9 首词中的质问与规劝，都没有获得对应的回答。最后尾声部分以庄子葬骷髅收束：

骷髅呵！南山竹书不穷你那愚共贤，北海波荡不尽你那是与非。

我如今掘深坑埋你在黄泉[1]内，教你做无灭无生自在鬼！

这 11 首《耍孩儿》奠定了后代关于庄子遇骷髅故事各种改编本——不论口头文学或戏曲文学的基础。后期版本扩展了最初的《耍孩儿》曲子的数量[2]，同时也增添了庄子复活骷髅的情节。

《摘锦奇音》，一部刊印于 1611 年的佚名曲词总集，选录了传奇《皮囊记》，其中的散出《周庄子叹骷髅》是现存最早的出现复活骷髅情节的剧作。[3]饰演庄子的"外"在前两首词

---

[1] "黄泉"指死后的世界。
[2] 在一些"耶稣与骷髅"故事的版本中，耶稣对骷髅生前身份的几个提问也被极大地扩展。"在阿拉伯马格里比版的《耶稣与骷髅》中，耶稣对骷髅身份的提问不少于全文 128 节的 24 节，全诗的五分之一。这些提问设想了骷髅生前所有可能的地位、职业、买卖。"参见法布齐里奥·A.本纳切《两个〈圣经〉女人的三面镜子》第 72 页。
[3]《摘锦奇音》第 3 卷第 17—21 页，王秋桂编：《善本戏曲丛刊》第 3 辑，中国台湾学生书局，1984 年，第 160—167 页。关于这出戏曲参见王夔：《明刊戏曲散出〈周庄子叹骷髅〉新探》，《安徽大学学报》2005 年第 1 期，第 121—125 页。佛教传道诗通常将人体描述成包裹着脓粪的臭皮囊。《乐府万象新》——另一部来自江西的晚明戏曲选集也收录了此文，但认为其来源为另一未知戏曲《西子记》，参见李福清、李平编：《海外孤本晚明戏曲选集三种》，上海古籍出版社，1993 年，第 90—104 页。西子是西施的别称，在公元前 5 世纪她以美人计使吴国灭亡。

中唱道他于洛阳郊外自在漫游之时，发现了路旁的一具枯骨，接着以18首《耍孩儿》问及骷髅的性别、年龄、家乡、职业、道德及死因等。最后的结局是这样的：

（庄子）我想起来，救人一命胜造七级浮屠。我要度你，怎奈少了四肢？不免将柳枝凑完，把仙丹放入他口中。叫你快醒来！

《浪淘沙》：

三月正清明[1]，祭扫坟茔。见堆白骨卧尘埃，一粒仙丹来度你复转人身。

只见这骷髅还魂了。我且问你：何方人士？姓甚名谁？

骷髅儿，便返魂。问你原因，叫何姓名？哪乡人？我念慈悲度你，切莫忘恩。

（内）我姓张名聪，襄阳人氏。被人打死，蒙师父救活我命。我有随身包裹雨伞，望师父还我，登程回去。如若不肯还，我去和合县里告你。

蒙师父厚恩情，救我残生。随身包伞与金银，若不相还，我在县里去投明！

梁县主接了状，便问庄子。庄子诉说度他活命之恩，反行诓骗之心。我将柳条做成骨节，如今再用灵丹喷水一口，将他原身依旧变作一个骷髅。

---

[1] "清明"是一种节日，从最长夜算起的第105天即是清明节，人们会在那一天祭拜祖先、修葺坟墓。

这汉子本欺心！不说我救命之恩，到说有包裹金银。反将仇报，骗及吾身。平生好度人难度，与你显个神通。

（又）一命送张聪，复去归阴。庄子白日便腾云。县主一见，便下拜。也待去弃职修行。

诗曰：人生如梦度春秋，似箭光阴[1]易白头。三寸气在千般用，一旦无常万事休。

从文中关于骷髅复活、诉讼、处决的叙述可以看出这个故事在当时那个戏曲纸本化的时代是广为接受的。[2]众多17世纪的小说也表明庄子复活骷髅的故事是道士唱道情[3]的经典

---

[1] 即像箭一样快。
[2] 庄子复活骷髅最后又消灭骷髅的故事很可能得益于老子忘恩负义的仆人徐甲的故事。在最初的版本中，徐甲受到未婚妻的怂恿向老子讨回工钱七百二十串钱，老子便将其聚形符收回，徐甲立即化为一堆白骨，最后在他人的恳求下才得以存活。10世纪时这个故事加入了这样的情节：老子他将一堆白骨复活成人，此人后来成为了老子的仆人徐甲。参见孔丽维：《徐甲》（*Xu Jia*），法布里齐奥·普雷加迪奥编：《道教百科全书》第2卷第1122—1123页。
[3] "道情"最初是指表达道教情感如无为之快乐、成仙之欲求的歌曲。它常出现于元代散曲的篇名中，最有名的要数郑燮（号板桥，1693—1765）的《道情十种》，是由10首《耍孩儿》曲子组成。《道情十种》的英译本可参见郑板桥著，张炳良（Anthony Cheung）及保罗·托洛茨基（Paul Gurofsky）译：《道情十种》(*Selected Poem, Calligraphy, Paintings and Seal Engravings*)，中国香港联合出版社，1987年，第1—18页。至少到明代，道情是一种以渔鼓（用一截竹子做成，也称为"愚鼓"）、简板伴奏演唱故事的艺术形式。再后来，唱道情的分支也可以称作"渔鼓""琴书"。由于道情的主题与音乐被戏曲及皮影戏所借用，因而有些戏曲类型也叫作"道情"。随着时间的推移，这些戏曲类型逐渐偏离了原先的道教主题。关于"道情"文学的系统研究，可参见武艺民：《中国道情艺术概论》，山西古籍出版社，1997年；及张泽洪：《道教唱道情与中国民间文化研究》、泽田瑞穗（Sawada Mizuho）：《关于道情》（"Dōjō ni tsuite"），《中国研究月报》（*Chūgoku bungaku geppō*）1938年第44期，第117—123页；小野四平（Ono Shihei），《关于道情》（Dōjō ni tsuite），（转下页）

内容，如在1627年冯梦龙所编第三部白话小说集《醒世恒言》的四十篇中，有一篇《李道人独步云门》提到了这一点。在文中，东岳庙前的"瞎老儿"手持渔鼓竹简唱道情：

> 那瞽者听信众人，遂敲动渔鼓简板，先念出四句诗来道：
> 暑往寒来春复秋，夕阳桥下水东流。
> 将军战马今何在？野草闲花满地愁。
>
> 念了这四句诗，次第敷演正传，乃是"庄子叹骷髅"一段话文……只见那瞽者说一回，唱一回，正叹到骷髅皮生肉长，复命回阳，在地下直跳将起来。那些人也有笑的，也有嗟叹的。却好是个半本，瞽者就住了鼓简，待掠钱足了，方才又说，此乃是说平话的常规。[1]

其后，丁耀亢（1599—1669）在《续金瓶梅》的第48回中

（接上页）《中国近代白话短篇小说研究》(*Chūgoku kinsei ni okeru tanpenhakuwa shōsetsu no kenkyū*)，东京：评论社（Hyoronsha），1979年，第288—309页；詹仁中：《试谈道情》，《曲艺艺术论丛》1988年第7期，第52—57页；孙福轩："道情"考释》，《中国道教》2005年第2期，第17—22页；车锡伦：《道情考》，《戏曲研究》2006年第70辑，第218—238页。

[1] 冯梦龙编注，张明高校注：《醒世通言新注全本》，十月文艺出版社，第893—894页。该故事的英译参见冯梦龙编，杨曙辉、杨韵琴译：《警世通言》，西雅图：华盛顿大学出版社，2009年，第3册，第886—914页。这一话本是由说唱文本改编而成，参见韩南（Patrick Hanan）：《〈云门传〉——从说唱故事到短篇小说》("The Yün-men chuan: From chantefable to short story")，《亚非学院院刊》(*Bulletin of the School of Oriental and African Studies*)第2卷，1973年第36期，第299—308页。尽管如冯梦龙所述，在《云门传》中描写了唱道情者的特点，但没有具体叙述其所唱"庄子遇骷髅"的故事。参见《云门传》，第56—59页，北京国家图书馆稀见珍本丛刊，胶卷，2699号。

借道人之口唱演了一段简略但曲折的《庄子叹骷髅》。[1]虽然《耍孩儿》的曲子源自上文提到的吕敬儒的《庄子叹骷髅》，但与之不同的是，丁耀亢给在公堂上诉讼的骷髅也加上了一组《耍孩儿》的曲子。

　　位于东京的京都大学东洋文化研究所图书馆藏有《新编增补评林庄子叹骷髅南北词曲》的稿本。该稿本最初由日本著名文献学家及藏书家长泽规矩也(1902—1980)所藏，并成为双红堂文库的一部分。[2]它似乎是一个晚明刊印本的复制本[3]，其编者"舜逸山人"杜蕙、印者陈奎生平均不详，仅知道他们

---

[1] 丁耀亢：《续金瓶梅》，最早的刻本收于《古本小说集成》第43辑第1—4册（上海古籍出版社），第3册，第1302—1315页。丁耀亢《庄子叹骷髅》的注解本可参考刘光民《古代说唱辨体析篇》，首都师范大学出版社，1996年，第136—141页。其文本保留在丁耀亢的两部删减过的小说《隔帘花影》《金屋梦》中。丁耀亢和17世纪山东地区其他一些文人一样十分热衷于说唱文学，他不仅于小说中描写说唱情节，还亲自创作了诸多话本。关于丁耀亢及其小说研究，参见胡晓真(Siao-chen Hu)：《以纠偏之名——丁耀亢〈续金瓶梅〉对〈金瓶梅〉的解读》("In the Name of Correctness: Ding Yaokang's Xu Jin Ping Mei as a Reading of Jin Ping Mei")，黄卫总(Martin W. Huang)编：《蛇足——中国小说传统中的续书和改编》(*Snakes' Legs: Sequels, Continuations, Rewritings and Chinese Fiction*)，檀香山：夏威夷大学出版社，2004年，第75—97页。丁耀亢是一位创造性的说唱文学作家，参见丁耀亢著，伊维德译：《南窗梦》("Southern Window Dream")，《译丛》(*Renditions*) 2008年第69期，第20—33页。

[2] 该稿本并未重印，但我们可以在京都大学东洋文化研究所网站找到相关内容（http://shanben.ioc.u-tokyo.ac.jp/index.html）。

[3] 京都大学东洋文化研究所图书馆还藏有一刻本的残本，但并未放在网站中。有多种线索指示一部同名的晚明刻本曾为现代学者杜颖陶所有。中国学者对此文的引用总是让人不知所以，也许因为他们并未见到原本。学者们经常重复叶德均在《宋元明讲唱文学》第68页（古典文学出版社，1957年）中的错误，即尽管文题是这样，其韵文部分主要由七字及十字曲子组成。如赵景深：《四川竹琴〈三国志〉序》，《曲艺丛谈》，中国曲艺出版社，1982年，第229页。

都是常熟人。王应遴于 1626 年在其《衍庄新调》自序中曾提到"得舜逸山人《骷髅叹》寓目焉"[1]，由此可以确定这一稿本于 17 世纪 20 年代就已经流行。该稿本有四幅插图，行文韵散结合，很可能是唯一一部现存完整的明代唱道情。故事的核心依旧是由庄子叹骷髅、问骷髅的一组《耍孩儿》组成[2]，但发展到后来骷髅因为忘恩负义被打回原形时，作者又花了大量的篇幅讲述庄子度县官离家入道。[3]

仅由这一个简单的例子很难概括出明代说唱文学的特点。[4]明代说唱文学中最为人所知的是词话和宝卷。词话是韵散结合的，其韵文部分由七言词组成，很少会出现十言赞（它的结构为三三四式）。词话通常不会下分章回，但如果内容太

---

[1] 王应遴：《衍庄新调·自序》，第 1 页。
[2] 杜蕙与王应遴的版本明显有着紧密关联，但它们并非改编关系，而是有着共同的来源。
[3] 唯一比较详细地描述这一文本的是小野四平，《中国近代白话短篇小说研究》的《关于道情》第 300—304 页。他概括了这一故事的内容，并强调了其中的社会讽刺意义。
[4] 关于明清时期韵文、散文说唱文学的概括，可参见伊维德：《韵散体说唱文学》("Prosimetric and Verse Narrative")，载孙康宜（Kang-i Sun Chang）、宇文所安编：《剑桥中国文学史》(*The Cambridge History of Chinese Literature*) 第 2 册《从 1357 年起》(*From 1375*)，剑桥：剑桥大学出版社，2010 年，第 350—361 页。姜昆、倪钟之：《中国曲艺通史》第 382—387 页（人民文学出版社，2010 年）提到明代道情主要以《韩湘子九度文公道情》为基础，但此道情只在 19 世纪及以后清代的绘画中得以保留。相较而言《韩湘子九度文公道情》比《庄子叹骷髅南北词曲》篇幅更长、结构更复杂，它的韵文部分主要由曲子组成，其曲调与《庄子叹骷髅南北词曲》是一致的。从两处明代文献中可知，八仙之一的韩湘子有许多故事在当时被演绎成道情。欲进一步了解韩湘子传说及其道情，参见张泽洪：《道教唱道情与中国民间文化研究》第 147—160 页。

多，则可能分为两卷。宝卷与词话的形式大致相同，例外的是其散文部分后面通常有一句对句和供信众念的"南无观世音菩萨"或"南无阿弥陀佛"。这种带有宗教色彩的宝卷也是韵散结合，它通常由若干品组成，每一品后面有一组总结性的唱词。在《庄子叹骷髅南北词曲》中，散文的部分很短，韵文部分多由词曲、诗歌组成，但很少用到七言词。就像书名所言，词曲占了大量篇幅，这便给人一种印象——这种说唱文学似乎是专门为词曲而设的。[1]与之类似的"诸宫调"，也是词曲占大多数，不同的是它的词曲遵从特定的曲调规范，故事情节显得更为重要，人物塑造也更为曲折。此外，诸宫调表演时需伴以弦乐器，而唱道情则简单得多，仅需渔鼓和竹简即可。清代早期由蒲松龄（1640—1715）创作的山东俚曲也是以词曲为主的说唱文学，但在俚曲中，同一曲调的唱词中反反复复地穿插一两句散文，重复敷衍。相较而言，道情中不断变化的曲调与偶尔使用的诗词使之听起来更为精彩。

我们上文谈到的众多庄子遇骷髅的版本都集中在《耍孩儿》曲调，这里有必要对此多说几句。《耍孩儿》通常为八句体，可分为三番，即：头番、中番、末番，八句为三三二结构，头番前两句为33的六字句，第三句为43的七字句；中番

---

[1] 尽管韩湘子传说被杨尔曾改编成白话小说，但文中还是有大量的曲子。这部小说的英译本可参见杨尔曾著：《韩湘子传》(*The Story of Han Xiangzi: The Alchemical Adventures of a Daoist Immortal*)，柯若朴（Philip Clart）译，西雅图：华盛顿大学出版社，2007年。在16世纪的《金瓶梅》第46回中就已经提到了韩湘子道情，说明这部小说很有可能是对早期道情的改写。

均为对仗的43七字句；末番为34的七字句［即：六（33）六（33）七（43）/七（43）七（43）七（43）/七（34）七（34）］。末番通常充满了遗憾或讽刺的意味。《耍孩儿》由于可有多曲煞，因而成为敷衍描写或说唱的完美体裁。[1]一些地方唱道情便开始在其韵文部分大量运用《耍孩儿》。

上文谈到的关于庄子遇骷髅的各种版本，都是将骷髅题材与民间元素结合的案例，这与几乎同时风靡欧洲的"死之舞"（danse macabre）不谋而合。[2]在"死之舞"的众多作品中，死者——通常最初是一具尸体，后来才变成骷髅，遇见了形

---

[1] 章道犁（Dale R. Johnson）：《元曲——韵律、章法研究及北曲全目》（*Yuarn Music Dramas: Studies in Prosody and Structure and a Complete Catalogue of Northern Arias in the Dramatic Style*），安娜堡：密歇根大学中国研究中心，1980年，第260—262页；郑骞：《北曲套式汇录详解》，中国台北艺文印书馆，1973年，第122—126页。任光伟：《〈耍孩儿〉纵横考》，《戏曲艺术二十年纪念文集戏曲文学·戏曲史研究卷》，中国戏剧出版社，2000年，第395—418页。

[2] 总体研究可参见伦纳德·P.库尔茨：《死之舞及欧洲文学的恐怖精神》；詹姆士·M.克拉克：《中世纪及文艺复兴时期的死之舞》，格拉斯哥：杰克逊出版社，1950年；艾琳娜·格尔茨曼（Elina Gertsman）：《中世纪的死之舞——图像、文本、表演》（*The Dance of Death in the Middle Ages: Image, Text, Performance*），蒂伦豪特：布雷坡出版社，2010年。个案研究可参见安·图基·哈里森（Ann Tukey Harrison）编：《妇女的死之舞——法国国立图书馆的法文抄本，节955》（*The Danse Macabre of Women: Ms. fr. 955 of the Bibliothèque Nationale*），该书有一章为桑德拉·L.辛德曼（Sandra L Hindman）所写（肯特：肯特州立大学，1994年）。吉盖·巴特鲁塞提斯（Jurgis Baltrušaitis）《奇幻的中世纪——哥特艺术中的古风与异国情调》（*Le Moyen âge fantastique: antiquités et exotismes dans l'art gothique*）［巴黎：弗拉马利翁（Flammarion），1981年］第226—239页，认为中世纪晚期欧洲对解剖与骷髅的狂热受到了亚洲的影响。早在1908年贝特尔德·劳费尔在他的《死亡舞蹈的起源》，《公廷杂志》，1908年第22期，第597—604页中提到死之舞来源于西藏，或来源于蒙古，但论证很不周密。

形色色的人,并带他们前往墓地,告诉他们就算再富有再美貌,也终究会成为枯骨。而在庄子遇骷髅的故事中,是庄子探问骷髅——这个死者早已化为了枯骨。另一个显著的区别是"死之舞"在欧洲文学的鼎盛时期正是解剖学大发展的时期,这就使得各种"死之舞"的诗歌中越来越多地出现了自然主义风格的骷髅插图,小汉斯·霍尔拜因(Hans Holbein)的插画就十分新奇。而在中国,精确骷髅图画大量出现的时期要晚于庄子故事的鼎盛期好几个世纪,骷髅主题在明代似乎已消失于中国艺术的视野中,直到17世纪才被欧洲传教士重新引入。在《庄子叹骷髅南北词曲》中有四幅插图,其中第二幅和第四幅画得很不妥当[1],即使与李嵩的骷髅木偶比起来也逊色得多。

由于庄子对骷髅的叹问已经被用得太过泛滥,所以17世

---

[1] 我们也能理解为什么在孟姜女哭长城插画里很少见到同时代的骷髅图画。《顾氏画谱》(1603年)是一部临摹历代名画家的绘画作品集,印刷十分精美,从其中所刻的李嵩骷髅木偶画可以明显看出中华帝国晚期的刻板印刷者印染骷髅经验的缺乏。参见郑振铎编:《中国古代版画丛刊》第3册第499页(上海古籍出版社,1988年)。这一点也反映在对欧洲骷髅图的复制上,比如一幅画着骷髅思索骷髅的名画,即安德雷亚斯·维萨里(Andreas Vesalius)的《人体结构》("De Humani Corporis Fabrica")(1543年),陆安德(Andrea- Giovanni Lubelli):《万民四末图》(*Pictures of the Four Last Things of All People*, ca. 1863)。参见杜鼎克:《陆安德的〈万民四末图(约1683)〉》[*Lubelli's Wanmin simo tu*(ca. 1683)],《中西文化关系杂志》(*Sino-Western Cultural Relations Journal*)2006年第28期,第1—17页。18、19世纪制作精良的日本骷髅版画,如葛饰北斋(1760—1849)、歌川国贞(1786—1864)、歌川国芳(1797—1861)的作品与中国拙劣的骷髅刻板印制形成了鲜明对比,髑髅和骷髅也成为当时日本根刻者常用的主题。

纪王应遴在创作庄子遇骷髅的戏剧时，便将其完全略去。[1]王应遴，浙江绍兴人，博学多才，但屡试不第，后来由人举荐而在县城获职。明天启年间（1621—1627），王应遴由于公开反对当时如日中天的阉党魏忠贤，而遭受廷杖之罚，但他一生中从未因此规避政治。王应遴后来还写了一部揭露阉党恐怖政治的戏曲，名为《清凉扇》，备受时人称誉，可惜已经亡佚。[2]明崇祯（1628—1644）初年，王应遴得以复职，1644年叛军攻陷北京时，他选择了自杀殉国。

王应遴的庄子戏最初收录于《王应遴杂记》，名为《衍庄新调》。[3]仅存的一部《衍庄新调》稿本现藏于东京的内阁文库，可惜的是最后几页已经佚失。后来沈泰的《盛明杂剧二集》也收录了这部戏，改名为《逍遥游》[4]，本书所提供的译本就是基于这个版本。尽管这部戏属于"杂剧"，但它并没有遵守早期杂剧由四折构成的结构规范。在明朝最后的一百多年中，杂剧

---

[1] 参见王燮：《明刊戏曲散出〈周庄子叹骷髅〉新探》第121—122页。王燮也在文中指出前贤认定的《庄子叹骷髅》"取自王作"之说不能成立。王应遴实际上对《庄子叹骷髅南北词曲》很熟悉。
[2] 傅惜华：《明代传奇全目》，人民文学出版社，1959年，第311页。
[3] 王应遴的《衍庄新调》最初指的是另一部较早的剧作《衍庄》，传为冶城老人所作。祁彪佳在《远山堂剧品》中评该剧："长叹数调，于生死关头，几于勘透矣，而脱离之道安在？当问之云来道人。"云来道人即王应遴。参见祁彪佳著、黄裳校：《远山堂明曲品剧品校录》，上海出版公司，1955年，第208页。由祁彪佳的评价可以看出冶城道人的版本与《皮囊记》中的那一出十分相近。
[4] 沈泰编：《盛明杂剧二集》，中国戏剧出版社，1958年再版。沈泰并未在此书中收入原剧的前言部分，该书眉批的注释在早期版本中也并未出现。从实际需要来看，这出原剧与沈泰本的主要内容还是一致的。

已经可以指代任何短篇的戏曲——而当时流行的传奇则可以长达40多出。杂剧形式也越趋规范,比如在音乐组织上,王应遴的剧作也不例外。尽管它看起来像是一部独幕剧,但它简短的开场却用了传奇的写法。这部剧的主要内容可以明确地分为三个部分:道童试图撬出骷髅嘴中的金币,庄子与道童由此展开了对话;骷髅复活后,庄子遇见了倾慕其大名的县官;最后一部分是庄子答复两位信徒的疑问。这部剧的几组唱词并没有按常规变换曲调,第一部分的唱词都采用了《浪淘沙》调,第二部分用的都是《黄莺儿》,第三部分的9首词用的都是《耍孩儿》。[1]

这一时期的杂剧开始着力社会批评,并积极探索新颖、大胆的话题。在以往的剧作中,复活的骷髅是作者用以讽刺人心的主要塑造对象,但在王应遴的这部戏中,角色的主次地位发生了很大的变化:骷髅的角色被大大弱化,仅作为度化道童与县官的中介;以往微不足道的道童因为其对钱财的贪婪而一跃成为一个更为重要的角色;县官,这个曾经没有个性的角色,则在此剧中表现了对名誉的欲望——如果没有一项重大案件作为政绩,他将无法升官,而其三年的仕途生涯也将走向终点。此剧受到了明代批评家祁彪佳(1602—1645)的称赞:"于尺幅中解脱生死,超离名利,此先生觉世热肠,竟可

---

[1] 曾永义:《明杂剧概论》第374—375页(中国台北学海出版社,1979年)概括了这些非正式的特点。

夺《南华》之席。"[1]王应遴还有些别出心裁的地方：当庄子与县官谈论名利的话题时，县官问及了骷髅的情形，庄子答道："骷髅生业男女，世本叹骷髅的都已说尽了。"[2]更特别的是该剧的结尾。杜蕙的剧作推崇了内丹学的大道，而王应遴笔下的庄子则最终被迫认同佛教的不生不灭远胜于道教的长生不老观，即在现世的劫面前再长生的仙人也会走向生命的终点。所有的劫在历经久远的年代后，会毁灭现实世界的所有，并基于往世的劫建构一个新世界。王应遴的结尾反映了晚明思想界强烈的三教合一（儒释道）的倾向："释道虽分二途，与儒门总归一理。但做心性工夫，三教岂分同异？"

六、扇坟

当王应遴颇有新意地省去老生常谈的"叹骷髅"时，冯梦龙（1574—1646）也创作了一部全新的庄子故事，并在晚明读者中迅速流行起来。这个故事名为"庄子休鼓盆成大道"，收录于白话小说集的第二部《警世通言》（40篇，出版于1624年）中。就像文题所暗示的，这个故事主要与庄妻之死有关。尽管庄子暗示他的妻子待他不薄，但这个故事将庄妻设计成一个善变的女人，她的不忠最终导致了庄子出家求道。[3]

---

[1] 祁彪佳著，黄裳校：《远山堂明曲品剧品校录》，第184—185页。
[2]《逍遥游》，第18节。
[3] 这个故事的现代注解本可参看冯梦龙编、吴书荫注：《警世通言新注全本》第14—24页（十月文艺出版社），新近的英译本可参见冯梦龙编、杨曙辉、杨韵琴译：《警世通言》第2册第21—32页（西雅图：华盛顿大学（转下页）

主要内容是这样的：庄子与其妻子居住在乡间，一天庄子出门时遇见了一位年轻的寡妇正在扇坟，便问及其缘由，寡妇说她所深爱的亡夫曾经许诺只要坟墓上的泥土变干就允许她改嫁。看到寡妇如此迫切地想要改嫁，庄子便用法术变干了坟土。寡妇感激地将扇子送给庄子作为纪念。后来庄子回家告诉了妻子，妻子撕毁了扇子，谴责寡妇的不忠，还信誓旦旦地表达对丈夫的真心。几天后，庄子便暴病而亡。刚刚入殓时，有位年轻的贵族公子前来拜师。庄妻一见到这位公子，便心生爱恋，迫不及待地要求公子娶她为妻。然而，公子在新婚之夜却突然病倒，当仆人告诉庄妻只有活人或刚死之人的大脑才能救回公子时，她便迫不及待地拿起斧头想要开棺取出前夫的大脑。[1]当棺盖刚打开时，庄子突然起死回生——原来为了检

（接上页）出版社，2009年）。韩南：《中国短篇小说——时间、著者、编撰研究》(The Chinese Short Story: Studies in Dating, Authorship, and Composition)第85页论及这个故事及其他故事的创作者时指出："尽管有一些理由指示这些故事来自冯梦龙，但并不确切。"还可以参照雷威安（André Lévy）：《中国方言故事的批评与分析盘点》(Inventaire analytique et critique du conté chinois en langue vulgaire, Première partie, deuxième volume)第359—363页，巴黎：法兰西学院汉学研究所，1979年。虽然冯梦龙的小说是该故事最早的文本形态，但可以肯定它早在之前就已经流行了，因为关汉卿（约1230—1310）的《窦娥冤》暗示了该故事出现在《古名家杂剧》中。臧懋循《元曲选》（1616年）也将其收入，这就证实了这一猜测。

[1] 人脑并非中医常用的药材，但一些巫术的传说认为使用婴儿的大脑（"精"的储藏地）可以实现长生不老。关于16世纪用人体器官（并未记载人脑）做药材的研究，可参见卡拉·纳皮（Carla Nappi）：《猴子与墨水瓶——自然历史及其在近现代中国的转化》(The Monkey and the Inkpot: Natural History and Its Transformations in Early Modern China)，哈佛大学出版社，2009年，第130—135页。

验妻子的忠贞，他伪造了自己的死亡。庄妻在羞愧难耐中自杀身亡，而庄子则开始鼓盆而歌，之后便遁入山林寻道去了。

17世纪晚期，《警世通言》已不再流行，这个白话故事却风光依旧——因为它被收录于《今古奇观》，一部佚名的冯梦龙、凌濛初（1580—1644）作品选集，共有40篇白话故事。《今古奇观》在清（1644—1911）的三百年间十分畅行，同时，它也受到了早期欧洲汉学家的瞩目，最早用西方语言（法语）翻译的"庄子休鼓盆成大道"在1735年就已出现[1]，之后又有许多译本相继问世。这个故事在欧洲一发行，其编者就发现它与"以弗所的寡妇"十分相似。"以弗所的寡妇"来源于古典作家彼得罗纽斯的大作，在近代的欧洲文学与民间故事中有很多同类的作品，主要内容是一位多情的寡妇爱上了一位普通的士兵，便要将前夫的尸体钉在十字架上。然而在东亚地区，民间艺人们仅仅从"庄子休鼓盆成大道"中见到这种故事形态。[2]

---

[1] 此译本收入《中华帝国全志》(*Déscription géographique, historique etc. de l'Empire de la Chine et de la Tartarie Chinoise*)，杜赫德（Jean-Baptiste du Halde）（1674—1743）编著，随后又多次被翻译成其他的欧洲多国语言。

[2] 康德克等（Ton Dekker e. a.），《从阿拉丁到企鹅——童话词典：起源、发展、变异》(*Van Aladdin tot Zwaan kleef aan. Lexicon van sprookjes: ontstaan, ontwikkeling, variaties*)，奈梅亨：太阳出版社，1997年，第165—168页。这种故事类型被归类在AT1510。实际上庄子试妻的故事也许和AT 823A* "母亲意识到将与子乱伦时恐惧而死"（"Mother Dies of Fright when She Learns that She Was About to Commit Incest with her Son"）更为接近。这种故事类型的基本情节为：为了检验女人都是不忠的或只有自己的伴侣是忠实的这一假设，男人决定测试他的妻子（母亲）。于是安排了一个同伙负责引诱她，当她屈服于引诱者时，丈夫（儿子）便出面谴责她的罪行，由此证实了女人都是不忠的或至少自己的妻子（母亲）也不例外。女人最终自杀或死于羞（转下页）

其起源于何处我们不得而知,但值得注意的是冯梦龙的作品所出现的时代,正是社会强烈推崇女德,文学作品中(至少在白话小说中)大量出现贪妇、妒妇形象的时期。

冯梦龙的这部谴责女性不忠的作品很快被搬上了舞台。最早的剧本是收录于《四大痴》[崇祯年间(1628—1644)编印]的佚名短剧,它是这四部杂剧中唯一一部佚名的剧作。剧本的内容大都遵从了冯梦龙的原貌,仅在最后一幕增加了寡妇与庄妻于阴间相遇的情节。[1]其他的版本则试图加入庄子遇骷髅的情节,如谢国讲述庄子一生的长篇传奇《蝴蝶梦》,它转而叙述《庄子》中庄子在梦中与骷髅的对话,即第11出的"梦异"。谢国的《蝴蝶梦》并没有引起多少轰动。需要区别的是,18世纪的戏剧选集《缀白裘》中还有另一部与之同名的传奇《蝴蝶梦》。[2]这部《蝴蝶梦》

(接上页)愧,男人(或其同伙)也受此影响深深地改变了。威廉·汉森(William Hansen):《阿里阿德涅的线团——古典文学中的世界性故事导读》(Ariadne's Thread: A Guide to International Tales Found in Classical Literature),伊萨卡:康奈尔大学出版社,2002年,第284页。卫德明:《元杂剧中的庄子戏》,《东西方文学》1973年,第2—4卷,第244页。认为由埃尔瑟·吕德斯(Else Lüders)在其《古代印度佛教故事》(Buddhistische Märchen aus dem alten Indien)[杜塞尔多夫(Düsseldorf):欧根·迪德里希斯出版社(Eugen Diederichs Verlag),1981年,第221—225页]中翻译的《本生经》故事"Die betrogene Ehebrecherin"与庄子和庄妻的故事十分相似。然而在《本生经》故事里,妻子突然爱上了丈夫的敌人,并让他在决斗中杀死了自己的丈夫,但她的情人由于害怕她薄情善变的本性,夺走了她的财富并抛弃了她。尽管这两个故事有着相同的主题即女人的薄情,但其叙事是不同的,如果把《本生经》当作冯梦龙故事的源头,无疑惹人深思。

[1] 李逢时(字九标):《四大痴》,晚明刻本,哈佛燕京图书馆。
[2] 可以确信这部传奇作于1625—1633年。《孤本戏曲丛刊选集》中有最初的崇祯刻本的图片。若要了解大概的内容及其他庄子戏的详细目录,可参见郭英德:《明清传奇综录》第376—379页,石家庄:河北教育出版(转下页)

是清代早期戏曲作家石庞的作品，讲的也是庄子试妻的故事，它结合了谢国的"梦异"和另一部传奇的内容，后来成为著名的昆曲版本。[1]后期的一些舞台剧开始放弃庄子遇骷髅的情节，转而强调庄子夫妇的业报，扩大观音菩萨的角色。[2]

除了戏剧作品以外，冯梦龙的庄子故事还被纳入许多说唱文学之中[3]，如有四部相互独立的子弟书改编本。大部分的子弟书都限制在复述冯梦龙的故事之内，但本书所提供的译本——春树斋的《蝴蝶梦》，仍然加上了庄子遇骷髅的情节。[4]在18、19世纪的北京和沈阳，这些子弟书因为满族业余演员

（接上页）社。另一部陈一球所作的《蝴蝶梦》传奇，仅存抄本，现藏于浙江图书馆。此外《曲海总目提要》还包括另一部佚名的《蝴蝶梦》的概括介绍。

[1] 钱德苍编：《缀白裘》第3卷，中华书局，2005年，第131—168页。亦参见徐扶明：《昆剧〈蝴蝶梦〉的来龙去脉》，《艺术百家》1993年第4期，第96—103页。这部戏近期于舞台再次搬演，参见雷竞璇：《〈蝴蝶梦〉——一部传统戏的再现》，中国香港牛津大学出版社，2005年。

[2] 如《蝴蝶梦》京剧有 A. C. 斯科特（A. C. Scott）的英译本《蝴蝶梦》(The Butterfly Dream)，收录于其《中国古典戏曲》(Traditional Chinese Plays)第1册，麦迪逊：威斯康星大学，1970年，第93—146页；西德尼·甘博（Sidney D. Gamble）在其《定县秧歌选》(Chinese Village Plays from the Ting Hsien Region)第683—702页（阿姆斯特丹：斐罗出版社，1970年）中有定县秧歌戏《扇坟》("Drying the Tomb with a Fan")的英译本。"庄子试妻"的故事一直激发着直到近现代的戏剧作品，包括高行健（生于1940年），他的《冥城》以大量篇幅续写庄妻自杀后在阴间的生活。

[3] 赵景深在其《四川竹琴〈三国志〉选》第228页提到一部道情《庄子道情劈棺传》，并罗列了其所用的曲调。

[4] 在《清蒙古车王府藏子弟书》第671—674页（国际文化出版公司，1994年）中，《蝴蝶梦》也作为鼓词表演，春树斋的作品应该与另外两部四折的子弟书《蝴蝶梦》区别开来。车王府所藏的抄本中共有三部《蝴蝶梦》剧，均以庄子遇见寡妇扇坟为始，以庄妻的自杀为终。另外还有一部幻化剧，讲述了庄子在梦中遇见骷髅向他吹嘘死后之乐的故事，参见郭精锐编《车王府曲本提要》，中山大学出版社，1989年，第177—179页。

的表演而风行一时。子弟书的作者们都广泛涉猎古典及通俗文学，具备很高的文学修养，这使得子弟书成为传统表演文学中最具文学性的形式。子弟书一般由一回或数回组成，之间由一首绝句过渡，每回的韵文可以长达 200 句，韵文基本上都是七言，但由于子弟书的配乐节奏较慢，所以常常会加上一些衬字。本书中的《蝴蝶梦》是由四回构成的，其作者春树斋是爱新觉罗氏的皇家贵族，他生活于 19 世纪中期，与许多子弟书的作者交好，但《蝴蝶梦》是其唯一一部保存下来的子弟书。

还有一些说唱文学作品遵照了《庄子》第 18 篇的情节顺序，即在"庄子遇骷髅"后便是"庄妻之死"，如佚名的《庄子蝶梦骷髅宝卷》。这是一部孤本手稿本，可能创作于 19 世纪晚期或 20 世纪早期，主要叙述模式是散文与七言韵文结合。在兴致盎然地复述了庄子试妻的故事后，作者在总结部分简短地讲述了庄子复活骷髅及骷髅回归尘土的情节，这一情节引出了后文庄子为度化县官夫妇所作的两首十言传道诗。需要特别注意的是，在杜蕙的《庄子叹骷髅南北词曲》中，县官的妻子曾十分强烈地劝阻丈夫跟随庄子入道，但在此文中，她变得与其丈夫一样渴求庄子的点化。个中原因当与庄子教化的内容有关，前者是要诱导县官离家入道，而后者则是对县官宣扬孝道，教导其妻子孝敬公婆——这两首讲道诗都表示家庭与社会道德会带来无尽的福报，这也是求道的一个首要前提。

这些传道诗从那时开始作为独立的文本流传开来，并持续至今。[1]它们通过仙人柳荣的鸾笔向我们这些凡俗之人揭示某些奥秘，这种写法正是明清时期世俗宗教信仰的反映。[2]道人柳荣在多地都有庙宇，据说是仙人吕洞宾的弟子。相传他曾为岳阳楼外的一株柳树，庄子给县官妻子的传道诗就以这个传说开端[3]，结尾部分则讲述了观世音菩萨曾为妙善公主时的传说，并以之作为女德的榜样——这反映了明清时期对观音菩萨广泛的世俗崇拜。[4]以上所谈及的子弟书都将扇坟的寡妇描述为观音菩萨的化身，以劝化庄子摆脱世俗的牵累，入道正果。

结语

尽管庄子试妻的故事十分风靡，专门讲述庄子叹骷髅的戏剧唱词在明清及民国早期也在中国各地广为流传。在明清至

---

[1] 沁县地方网站上即有两首"柳仙文化遗产——孝顺通俗歌"。网址为：http://www.qinxian.gov.cn/typenews.asp?id=3230。

[2] 关于鬼画符及鬼画符崇拜，参见焦大卫（David K. Jordan）、欧大年：《飞鸾——中国台湾民间教派面面观》（*The Flying Phoenix: Aspects of Chinese Sectarianism in Taiwan*），普林斯顿：普林斯顿大学出版社，1986年。

[3] 关于元及明代早期传道诗中关于树木的论述，参见伊维德：《朱有燉的杂剧》[*The Dramatic Oeuvre of Chu Yu-tun*（1379—1439）]，莱顿：博睿出版社，1985年，第66页。这些戏曲中的一部有英译本，参见马致远：《岳阳楼》（*The Yüeh-yang Tower*），杨富森（Richard F. S. Yang）：《元杂剧四种》（*Four Plays of the Yuan Drama*），1972年。

[4] 于君方（Chün-fang Yü）：《观音——菩萨中国化的演变》（*Kuan-yin: The Chinese Transformation of Avalokiteśvara*），纽约：哥伦比亚大学出版社，2001年；杜德桥：《妙善传说》（*The Legend of Miaoshan*），牛津：牛津大学出版社，2004年；伊维德：《自我救赎与孝道——两种关于观音及其侍者的宝卷》（*Personal Salvation and Filial Piety: Two Precious Scroll Narratives of Guanyin and her Acolytes*），檀香山：夏威夷大学出版社，2008年。

民国早期的京剧剧目中,有这样一部戏曲《敲骨求金》,讲的也是庄子遇骷髅,不过情节上有些改动[1]:骷髅这次成了一位名为张聪的行旅商人的遗骸,他遭劫遇害时,嘴里还含着两枚金币。后来有两个路人想要敲骨取金,庄子见到后,斥责了他们的贪婪,并许诺给他们两枚金币,可这两人又想索取十枚金币,庄子只得用神虎将他们赶走。接着,庄子用一条狗的内脏替代骷髅肉体,使之复活了。可谁知这个忘恩负义的张聪竟以偷盗之罪,将庄子告到南华县令白金面前,庄子只得用阴阳扇将骷髅再次打回原形,而县令白金也最终被度化入道。庄子在公堂上的唱词由著名的老生刘鸿声(1875—1921)[2]于1920年录下:

(庄周唱)

见白骨天地间三光照顶,

出家人、喜的是、慈悲为本、方便为门。

排下了流尸尸体摆定,

---

[1] 曾白融编:《京剧剧目辞典》,中国戏剧出版社,1989年,第71—72页。王森然:《中国剧目辞典》,河北教育出版社,1997年,第833页。在这些繁多的名目中,我们能在一些其他类型的地方戏中找到一部类似的戏曲。《敲骨求金》不仅被列为一部单独的戏曲,而且是讲述庄子遇见寡妇扇坟及庄妻迷恋公子的更为丰富的一部戏曲。在新中国的前几十年里,这些后期的庄子戏被禁演(官方在2007年撤销了禁令)。参见刘思远:《戏曲改革——20世纪50年代早期中国传统戏曲的审查》(*Theatre Reform as Censorship: Censoring Traditional Theatre in China in the Early 1950s*),《戏曲杂志》(*Theatre Journal*),总期第61期,2009年第3期,第400页。

[2] 原文为1875,有误,刘鸿声出生年份应该是公元1879。——编辑注

无端的怎不伤痛心。
阴阳宝扇将犬治定，
救活一命反害一畜生。
黄土做成了犬的心，
人心怎比你的心？
（庄）
小张聪生来命运低，
吃了饱饭又要穿衣；
穿上了绫罗和缎匹，
你一心要娶美貌妻；
二八佳人陪伴你，
你一心只想做官职；
七品郎官为知县，
你一心怕的是小官又被大官欺；
当朝一品为首相，
你一心要做皇帝去登基；
金銮宝殿让与你，
你一心只想上天梯；
上天梯儿高搭起，
你在那九霄云外、云外九霄只恨天低。
这也是小张聪命该如此，
气化清风肉化泥。
阴阳宝扇扇化了你，

（县官）

霎时白骨满堂堆。[1]

一些作品中出现的"庄子遇骷髅"可能根本就与庄子或道教没有任何关联，例如19世纪的《善才龙女宝卷》中，作者让庄子讲述复活骷髅的经过，只是为了告诉世人好人也会遭到恶报的道理。同样的，本来用以替代三根肋骨的柳枝被作者置换为狗的内脏，意在说明骷髅的狼心狗肺。[2]

到了20世纪，现代作家的领军人物鲁迅（1881—1936）在其最后一部作品集《故事新编》中重新改写了这个故事，名为《起死》。[3]鲁迅综合了"庄子遇骷髅"的最初版本和后续改

---

[1] 柴俊为：《京剧大戏考》，学林出版社，2004年，第15页。"老生"的特点是特定年龄的、正面的男性角色。
[2] 伊维德：《自我救赎与孝道——两种关于观音及其侍者的宝卷》第177—179页。
[3] 鲁迅：《鲁迅小说集》，人民出版社，1964年，第441—452页。该故事被李治华（Tche-houa Li）翻译成法语《起死》("Le mort ressucité"），参见鲁迅著、李治华译：《故事新编》（*Contes anciens à notre manière*），巴黎：伽利玛出版社，1959年，第162—174页；英译本有鲁迅著、杨宪益（Hsien-yi Yang）及戴乃迭（Gladys Yang）译：《起死》（*Resurrecting the Dead*），《故事新编》（*Old Tales Retold*），外文出版社，1961年，第124—137页。最近的英译本有蓝诗玲（Julia Lovell）译：《鲁迅小说全集》（*The Real Story of Ah-Q and Other Tales of China: The Complete Fiction of Lu Xun*），纽约：企鹅出版社，2009年，第393—402页。这些译本、中文本及中国现代文学学者对此的研究都没有让读者意识到这一主题的更早的改编本，而它们可能会得出鲁迅的故事直接地并扩展性地借鉴了《庄子》第18篇的内容这一假设。在鲁迅的《中国小说史略》中，他以大量篇幅讨论了丁耀亢的《续金瓶梅》，因而他一定至少读过其中的庄子故事的简要本。参见鲁迅著、杨宪益、戴乃迭译：《中国小说史略》，外文出版社，1959年，第240—244页。然而，姜克滨：《试论庄子叹骷髅故事之嬗变》[《北京化工大学学报》（社会科学版）2010年第2期，（转下页）

编本，他笔下的故事是这样的：高贵的大思想家庄子在觐见楚王的路上发现了一具骷髅，在与小鬼们的对话中，他认为小鬼们对死亡根本就不明白，便不顾司命大神的反对坚持要让骷髅复活。原来这具骷髅是当地的一位农民，他一醒来便一直嚷嚷着要庄子还他伞子和包裹以便去探亲，庄子实在受不了他的喋喋不休，又没法将他变回去，只好吹响了警笛叫来巡士。善变的巡士让庄子继续赶路，不过还是要求庄子归还包裹。鲁迅将这个传统的故事变成了一部现代讽刺剧[1]——讽刺当时的知识分子们谈起问题来头头是道，却不能给穷人带来半点好处，更糟的是，他们对穷人们自以为是的解救，更加重了其悲剧。[2]

就算在21世纪早期，庄子遇骷髅依然没有过时——当

（接上页）第29页］指出鲁迅的《起死》是"庄子叹骷髅"故事的改编之作，姜克滨：《荒诞与隐喻的重构——论〈故事新编·起死〉》(《沈阳师范大学学报》2010年第4期，第84—87页）更为详细地讨论了鲁迅的故事与《续金瓶梅》中的故事版本的关系，还有一篇是赵光亚的《鲁迅小说〈起死〉的文体选择与重构》(《南京师范大学文学院学报》2012年第1期，第62—67页），亦参见伊维德：《漫游——鲁迅〈起死〉及其前身》("Free and Easy Wanderings: Lu Xun's "Resurrecting the Dead " and Its Precursors"），《中国文学》（*Chinese Literature*: *Essays*, *Articles*, *Reviews*）2012年第34期，第15—29页。

[1] 鲁迅的散文诗集《野草》(1927年）还包括另外一部诗剧，这两篇短剧都延续了中国20世纪20年代以来的"话剧"传统。与早期的中国戏曲（如杂剧、传奇及京剧）形式相比，它们沿用了西方的模式，没有在剧中加入曲子。
[2] 中国国内的研究将这个故事的主题与鲁迅晚年卷入的政治论争联系起来，并认为这个故事是在攻击那些抱着相对主义立场拒绝选边站的人。

今最受欢迎的相声[1]演员之一郭德纲就有一出太平歌词[2]《骷髅叹》：

> 庄公打马下山来
> 遇见了骷髅倒在了尘埃
> 那庄子休一见发了恻隐
> 身背后摘下个葫芦来
> 葫芦里倒出来金丹一粒
> 那半边儿红来半边儿白
> 红丸儿治的是男儿汉
> 那白药粒儿治的是女裙钗
> 撬开了牙关灌下了药
> 那骷髅骨得救站起了身来
> 伸手拉住了高头马
> 叫了声先生听个明白
> 怎不见金鞍玉铠我那逍遥马
> 怎不见琴剑书箱我那小婴孩
> 这些个东西我是全都不要
> 那快快快还我的银子来

---

[1] "相声"指的是两个（或三个）演员喜剧性对话的一种形式，在新中国备受欢迎。对话的内容从闹剧到讽刺剧，多种多样。
[2] "太平歌词"是以鼓点式的节奏快速说唱的歌曲，它于20世纪的前几十年最为群众所喜爱。参见周纯一：《太平歌词研究（上）》，《民俗曲艺》1989年第60期，第102—127页；以及周纯一：《太平歌词研究（下）》，《民俗曲艺》1989年第61期，第116—127页。

庄子休闻听这长叹气

那小人得命他就要思财

我一言唱不尽这骷髅叹

我是愿诸位那阖家欢乐是无祸无灾[1]

　　这似乎表明，当今中国社会的世风变化使得讽刺拜金的传统话题再一次出现于人们的视野中。

---

[1] 中文文本在以下网址可以找到：http：// www. underone. com/2008/05/21/ kuloutan/ 及 http：// www. twinsphere. org/ papasbrain/ viewthread. phd ? tid=281。郭德纲的表演视频见于如下网址：http：// v. youku. com/ v_show/ id_XN29ONDcxMzY=. html. 我的学生孙晓苏提醒我郭德纲及其《骷髅叹》十分有名。

骷髅歌[1]

[法]皮卡尔（François Picard）著
杨铖译

摘要

道教教徒吟诵的《骷髅歌》同样也会出现在佛教法事中。它被用于所谓"普度"的科仪中，这让我们得以比较这些道教科仪与中国佛教中不同"超度"法事的关系。《骷髅歌》因其跨教别的属性而需要一种介于颂与唱之间的特殊声韵类型。由骷髅的冥想主题，我们将回溯至日本僧人一休宗纯乃至印度的佛教历史。如果说印度佛教冥想中骷髅所代表的一切凡俗寓意在中国佛教中得以借用，那其中必然体现了中国本土思想的影响，类似于印度雨季斋戒与中国祭祀仪式的关系。

---

[1] François Picard, "Le Chant du squelette（Kulou ge）", *Journal Asiatique* 292-1/2, 2004, pp.381-412. 皮卡尔（François Picard），巴黎索邦大学民族音乐研究教授。本文为法国亚洲学会（Société Asiatique）1991 年 11 月 8 日会议内容的重启和延伸。

昨日荒郊去远游，忽睹一个大骷髅。荆棘丛中草木丘，冷飕飕，风吹荷叶倒愁。/骷髅骷髅，你在滴水河边卧洒清风，翠草为毡月作灯。冷清清，又无一个来往弟兄。/骷髅骷髅，你在路旁凄凄凉凉。你是谁家，缘何丧亡？打风风歇似雪霜，痛肝肠。/骷髅骷髅，我看你只落得一对眼眶，堪叹浮生能几何。金乌玉兔来往如梭。百岁光阴一霎那，莫蹉跎，早求脱离苦海劫魔。/今宵醮主修设冥阳会，金炉内，炙焚灼宝香。/广超孤魂赴道场，消灾障，受沾福力，连往西方。（两次）——tathāgatā Bhūprarikatari（追魂度命天尊）。

一、引子

我们今天将更进一步理解中国宗教吟唱曲目的结构，探讨宗教法事音乐与跨教别法事音乐的区别、佛教与道教的融汇、音乐传播的机制、文学与音乐类型之间的关联，以及主题的起源与发展。

应施舟人（Kristofer Schipper）教授之邀，台南灵宝道长陈荣盛大师于1991年春访法。陈道长是现今最权威的道教音乐诠释者之一，我们也借此机会记录了一些鼓乐伴奏的曲目。1991年2月5日，陈大师亲自用袖鼓伴奏为我们演绎《骷髅歌》，演奏时右手持槌击鼓，左手鸣锣。陈道长曾于1964年录制过一个其本人吟唱版本的唱片[1]，由多种不同乐器伴奏（管、

---

[1]《普度——灵魂炼度与骷髅歌歌选》（*P'u tu: Mass for Souls in Purgatory, Extract from the Ballad of the Skelettons*），《中国道教音乐》（*Chinese Taoist Music*），（转下页）

弦、笛、琵琶及打击乐器）。

二、曲目简介

《骷髅歌》以第一人称叙事，讲述了在城墙外凄冷河边与一具骷髅的相遇的故事。歌词抒发了对人生无常的惆怅，继而恳请骷髅今夜赴冥阳会从而得以前往西方天堂。词文以梵语吟唱结束。

歌词用白话普通话演唱[1]，词句结构不对称。叠句"骷髅骷髅"重复三次，将词文分为三个两句段和一个五句段。节奏上为稳定的四分音符。其节拍如同多数中国传统音乐一样从头至尾有着强烈的加速。同一旋律根据句段的不同长度频繁发生变奏。不对称诗句的音乐化反而提供了更简单的处理方式，比如在重复同一旋律时变化附加音节的节奏：123，4，5，67；或者增补无意义的音节或装饰音。这些处理方式体现了更为高级的艺术手法。音质上与任何知名的传统戏曲唱腔风格均不雷同，装饰音尤其是滑音的处理也不恪守传统标准。唱腔的高度自由化主要归功于独唱的形式，同时又与各乐器伴奏和仪式活动相协调。这种简与繁的辩证恰好符合这一面向普通民众的特殊艺术形式。简，体现在内容、文本形式、语言程度、节奏以及锣的运用；繁，则意味着双手动作与吟唱的协调、装饰音与

（接上页）约翰·莱维（John Levy）录制，毕铿（Laurence Picken）写谱，唱片号 33t Lyricord LLST 7223 B5.

[1] 根据不同歌词版本，陈大师使用闽南话或国语吟唱，有别于现代普通话。

音节法的并置、节奏加速以及鼓击演奏。特别需要考虑到这种不存在乐谱的艺术形式完全依赖表演者的记忆来实现。

三、本曲在道教音乐中的地位

道家大师曲录由手抄本相传，包括法事所用科幡、文检、秘诀、简记、仪式进度记录以及杂念，每位大师记录方式各不相同，其在法事过程中的表现也具有随机性。[1]在最后一类（"杂念"）跨教别法事文本中出现了《骷髅歌》。然而同一支曲又以无题的形式被归在同属于台南教派的两本属于"普度"科仪[2]的手抄"简记"中。另有两部属同一教派同一科仪的"简记"和一部虽属同一科仪却仅供教徒使用的"简记"[3]不含《骷髅歌》。需要说明"普度"仪式众所周知起源于佛教密宗，因此道教法师在吟唱《骷髅歌》时会佩戴五方巾以示受密宗的影响。[4]

---

[1] 我们将会比较施舟人的曲录和吕锤宽（Lü Chui-kuan）所提供的版本。《中国台湾道教音乐和仪式资料》（*Materials for Taoist Music and Ritual in Taiwan*），《艺术学》，1993年9月，第19页。仪式与教义书目：《玉诀》，现场材料与音乐收录；《玉音》，历史与驱邪仪式。

[2] 《道家大普度科仪全集》，施舟人收集，第14页。《灵宝设醮普度科仪》，施舟人收集，第17页。

[3] 《普度左右班科仪》，施舟人收集。

[4] 关于五方巾的由来，据说与"五老"或"观音"有关，在中国通常相传源自佛教密宗，而其解释还有待考究，一般来说指涉的是"五方佛（金刚界五智如来）"，其梵文名为 pañcabuddharatna mukuta（见 *Arts Asiatiques*, t. XLVI, 1989年，第64页）。

四、道教与佛教的其他不同版本

我们已经可以找出有录音记录、曲谱和词文,或者无音乐纯文本形式记载的众多版本的《骷髅歌》。除了陈大师于1964年和1991年吟唱的两个版本,还有由潮州[1]佛乐女子乐团吟唱的十分相仿的佛家版本,该版本传承自禅宗曹洞宗密因和尚1736年开创的开元寺正统。另有两本佛教乐谱曾被发表:一本发表于1924年[2],另一本根据菲律宾和尚善扬1986年的版本[3]誊写。此外,我们还能在两部重要的佛教文集印本中找到《骷髅歌》:一本是禅宗曲集[4],还有一本记录佛教"焰口施食"法事[5]。

在较近期的道家典籍中,我们还能找到三种分别出自中国香港[6]、台北[7]和武当山[8]的乐谱。最后还要提及存于另一个

---

[1]《叹骷髅》,"慧原"版,潮州佛乐,中国佛乐宝典(*Collection de musiques bouddhiques de l'Encyclopédie audio-visuelle de la Chine*),1989年11月,卡带号 YAF 11 A4。

[2] 沈允升:《梵音指南》,群智书社,1924年,第102—109页。工尺乐谱,见附录。

[3] 善扬大师:《梵音遗响》,泉州历史文化中心,vol. 1b,约1986年,第1—4页。Chevé 乐谱,见附录。

[4]《禅林赞集》,泉州,1986年,第20—21页。

[5] 永盛斋,《瑜伽焰口施食》,北京再版,1986年,第63—64页。

[6] 曹本冶:《盂兰盆会的道教仪式音乐》(*Taoist ritual music of the Yu-lan Pen-hui*),中国香港海峰出版社,1989年,第74—76、192—193页,附乐谱。

[7] 中国台北1986年伊维德教授手抄集,其中一份副本存于CHIME(欧洲中国音乐研究基金,European Foundation For Chinese Music Research),荷兰莱顿,Chevé 乐谱。

[8]《中国武当山道教音乐》,中国文联出版有限公司,1987年,第205—206页。

重要道教教派——全真教北京祖庭白云观的《骷髅歌》版本，它在"十方韵"和"北京韵"中均有出现。[1]虽然各收录版本中南方所占比重较大，也不能忽视其在东北地区，尤其是沈阳的广泛传播。[2]

这些不同的版本与我们所用的版本最大的不同，不在于主题和意义上，而主要在于文学形式上。其中中国台北和香港的道教版本在本质上与台南版最为接近。其他我们所考据的版本则在文本上与陈大师所吟唱的版本一致。武当山道教版本和菲律宾佛教版本在音乐上与陈大师的版本不同。而菲律宾版和《禅林赞集》中收录的版本虽然主题一致，但音乐上还包含两个附加唱段。

陈大师的版本是唯一以对"天尊"[3]的祷词开始和结束的，其他版本都以一段曼特罗语或诗句开始。总之，陈大师用梵语或伪梵语吟唱的内容仅能在《梵音指南》《瑜伽焰口施食》和《禅林赞集》中找到。这段广为流传的咒语（namo bubulilijia liduoli danduoe duoye）是对游魂野鬼的召唤；我们在最古老的饿鬼施食仪式文字记录中找到一个悉昙文的版本，该版本

---

[1] 柯琳：《白云观道教法事科仪调查报告》，载中国香港元玄学院等编《1991年香港第二届道教科仪音乐研讨会论文集》，人民音乐出版社，1991年，第113页。
[2] 乔永军：《沈阳太清宫道教音乐》，引自张鸿懿：《北京白云观道教音乐中的十方韵和北京韵》，同上，第162页，第168页。
[3] 一般来说，"天尊"是老子的众多称谓之一。参见太史文（Stephen F. Teiser）：《中古中国的鬼节》（The Ghost Festival in Medieval China），普林斯顿：普林斯顿大学出版社，1988年，第38页。

的译法依据 Gérard Fussman 教授的记载（om Bhū praterikatari Tathā gatā ya/ Bhū prarikaritari Tathā gatā ya）[1]在前文已出现过。

这种经文既属于跨教别的曲目，又被用于本教的仪式中，因此道教的这种模糊性并不来自我们对佛教本源的考据。《骷髅歌》在我们考察的其他所有焰口施食仪式的版本中都不存在。然而不管在道教还是佛教仪式中，它出现的时机都是在对游魂野鬼的召唤之后。因此《骷髅歌》表达的是人对阴灵的悲悯以及助其解脱的愿望。它使用白话语言赋予仪式以意义，是对美和情感的表达。

1930 年出版的一本俗曲集中提到过一支类似的歌曲，被收录在为亡者死后三日举办的焰口施食仪式所用曲目中。[2]

我们暂且可以总结，不管是何种仪式所用的《骷髅歌》，都在文学和音乐上拥有它自己的衍化史，在宗教曲目中占有特殊的地位。

五、中国佛教仪式

中国佛教仪式有三类总称：佛事、经忏和法会。

我们更倾向于将中国佛教仪式按照频率分为常规性的、经常性的和特殊性的。第一类包括每日早晚功课（被称为"朝暮

---

[1] 不空（Amoghavajra）：《施诸饿鬼饮食及水法》，《大正藏》（Taishô），第 21 卷，第 467 页。
[2]《叹七七》，李家瑞：《北平俗曲略》，1933 年，第 171 页。

课诵"或"早课""晚课"），每日焚六炷香；其他常规性仪式还包括每月初一、十五敬香；每月念佛经；年度仪式（如一年23天诸佛菩萨圣诞）；各中国传统历法节日如新年、清明等；以及"盂兰盆会"。另外还有一些经常操演却非常规性的仪式，其中就包括焰口和各类不同的忏悔仪式（忏，忏摩的简称，其梵文为 ksamā）。另外还有一些特殊仪式，包括"水陆法会"或各种请职和祈愿仪式。

关于仪式的持续时间，最短的是焚香，不超过一小时；而水陆法会持续七日为最长的仪式，但事实上水陆法会集多种仪式功能于一体，施舟人称为一种"服务性仪式"（service）。

每日或每月的常规性功课对世俗开放，我们注意到其中还有身着黑衣皈依"三宝"的俗家弟子，他们未行剃度，不会与在家弟子和僧人相混淆。

通过对佛教仪式的构成分析，我们发现其一般形式大致包括赞—经—回向，又被称为"三起"。[1]

六、关于普度仪式

道教举办的普度仪式相传起源于佛教，通常与佛教各项超度法事相仿，尤其是盂兰盆会，但也包括水陆法会、焰口及蒙山等。它们一般都被俗称为"荐亡"或"超度亡魂"。

想要深入了解与亡者相关的仪式非常困难，因为佛家弟子

---

[1] 中国佛教协会：《中国佛教》第2卷，知识出版社，1982年，第354页。

为亡者超度存在某种忌讳，一般来说这是属于生活在寺宇之外的非在家弟子的特权。但是可以采取名义上的委婉改变，将焰口定义为"不为亡者，而为饿鬼"[1]的仪式。同样，北方道教教派也禁止教徒为亡者操办仪式。

在英语学界，对游魂仪式的统一称谓界定非常不明晰，有"Requiem Mass（安魂弥撒）"（Picken）、"Buddhist Masses for the Dead（佛教为死者举行的超度仪式）"（De Groot）、"Ghost Festival（鬼节）"（Teiser）等译法。因此很有必要对不同仪式按照其起源、场合和功能进行明确的区分。

我们这里所谈到的"焰口饿鬼"并不等同于逝者或亡灵。一切生物都被看作业报因果和循环转世的主体，根据业的积累而决定是下地狱还是成佛。死后灵魂成为"饿鬼"者，是因为在世时有不好的表现，比如拒绝向行僧布施就会下地狱。饿鬼的咽喉极窄，无法吞咽，任何被它们放入口中充饥解渴的东西都会化为火焰。唯一安抚它们的方法是向它们施以甘露。而只有佛祖本人能够让它们获得解脱。

根据不同的传说，不同的仪式会参照不同的文本，我们接下来会一一说明。

焰口。第一则传说是阿难（Anan 或 Ananda）与焰口饿鬼（梵文 preta）的相遇，后者向他预言，若不向饿鬼施食则死期将近。阿难于是向佛祖祷告并祈求他向所有饿鬼施食。这一仪

---

[1] 妙莲法师，泉州开元寺住持，私人信件，1994年。

式经历了复杂的变迁：首先由不空大师（Amoghavajra，705—774）[1]两度引入中国（事实上还能找到年代更久远的文本[2]），绝迹了一段时间后，又在元代再次被引入，并加上了源于密宗的限定语"瑜伽"（现代发音为yu qie）。其最近的版本在不同教派的仪式中各有所发展，一种由天机禅师[3]所作，一种由莲池祩宏法师[4]所作，两版最终于康熙时期合并为"华山焰口"（据地名[5]，又称宝华山）文本。焰口仪式由亡者家属支付昂贵费用定制。根据我们的观察，仪式实际操办的时间长度和人数因价格而变。

蒙山。"蒙山施食仪式"属于日课的内容，每两日一次。[6]

---

[1] 第一个完整版本见于《瑜伽集要救阿难陀罗尼焰口轨仪经》，T. 1318. 见 W. 德维瑟（M. W. De Wisser）：《佛教死亡节日，日本古代佛教》（*The Buddhist Festival for the Dead, Ancient Buddhism in Japan*），莱顿／巴黎，博睿出版社／热特纳出版社（Brill/ Geuthner），1935年，第1卷第4章，第58页。徐佩明（Bartholomew Pui Ming Tsui）：《佛教饿鬼施食仪式结构研究》（*A Study of the structure of the Buddhist ritual of the feeding of the hungry ghosts*），佛教音乐国际学术研讨会（International Symposium on Buddist Music），中国香港，1989年。镰田茂雄（Kamata Shigeo），《佛教仪式》（*Bukkyô girei*），大渊忍尔编，《中国宗教仪式》（*Chûgoku no shukyô girei*），东京，1983年，第11—19页。
[2] 误传出自法护大师（Dharmaraksa）的《盂兰盆经》，T. 685，见太史文《中国中古的鬼节》，第55页。
[3] 天机禅师：《修习瑜伽集要焰口施食坛仪》，法藏版，1683，《续藏经》卷104，第447—467页。
[4] 祩宏编纂：《修设瑜伽集要焰口施食坛仪》，《瑜伽集要焰口施食仪》，c.1600，祩宏再版，《云栖法汇》，南京，1897年，念生再版，载《莲池大师全集》卷3，中国台北，1972年，第2983—3092页。
[5] 《瑜伽焰口施食集要》，又名《华山焰口》，康熙癸酉年（1693）印本，再版《瑜伽焰口施食仪轨》，上海佛学书局，1991年。再版焰口施食，北京再版，1986年。
[6] 参见《梵呗晚课》，段四。

该仪式并不为某单一亡者举行。其参照文本由袾宏法师编著[1],有多种版本流传于世[2],易于查找。苏州近郊灵岩山寺印光法师(1861—1940)在其1938年所作的法仪后记中提到,他将已经失传的手印等[3]重新收入文本中。该仪式由来自印度,居于四川蒙山的不动上师于西夏时期(1038—1227)开创。属于众多饿鬼施食仪式的一种。兴慈法师(1881—1950)创造过一个持续五小时的较长版本。[4]

盂兰盆。关于目连(又作目犍连,梵文Maudgalyāyana)的传说最早可追溯到公元3世纪[5],后来又在《盂兰盆经》中出现。[6]目连四处寻母,发现她已成饿鬼。目连身具法力却无计可施,最终佛祖显灵解救其母。这则传说对中国民间戏曲有重要的影响,尤其是福建木偶戏嘉礼戏。这个故事同样也构成了每年七月十五举行的盂兰盆节的核心内容。这个日期意义重大,一方面它代表了印度佛教规定的一年开端,标志着雨季的结束以及斋戒的举行;另一方面它又是中国古老的年中节庆。在此民间节日期间,人们身着纸衣,请道士或和尚吟唱颂歌,

---

[1]袾宏法师:《诸经日诵》,1600年,再版。袾宏:《云栖法汇》,1897年,念生再版。《莲池大师全集》,中国台北,1972年,卷2,第1715—1868页。
[2]《佛教念诵集》,上海,1980年,《蒙山施食念诵法仪》,再版,福建莆田广化寺摹本,1990年。
[3]印光法师:《灵岩山寺念诵仪轨》,1938年,第138页。
[4]兴慈法师:《蒙山施食念诵法仪》,中国台北,1948年,再版,福建莆田广化寺摹本,1988年。
[5]《撰集百缘经》(梵文Avadânsataka),T.200,支谦译,c.220—252。
[6]最早出现于《大正藏》T.685, T.686中。

焚烧纸制衣物和钱财等。不过太史文（Teiser）指出："中古时期'鬼节'期间所用祷文如今没有任何文本留存于世。"[1]

水陆。最盛大的佛教仪式无疑是水陆法会（又称水陆斋）。这项由上百名僧人用七天的时间完成的仪式只能在大型佛教寺庙中操办。这项用于超度世间生灵的密宗庆典活动包括完整经典经文的持续念诵，放焰口仪式以及各类佛教艺术展示，诸如诵经、唱经、偈颂、书法、绘画、礼仪、服饰（尤其是密宗法帽）等。

水陆法会起源于梁武帝夜梦神僧向他建议做大斋普济"六道"中的群灵。[2]这则传说还与"水忏"仪式的开创相呼应。相传唐代某异僧身患恶疾，众人厌弃，只有知玄大师对他悉心照顾，知玄因此获得了皇上的嘉赏。后来知玄自己染疾，他来到异僧隐居之所由异僧照料。知玄身上长出人面疮，心中恐惧。异僧用水将其治愈。知玄想要感谢他，却已人去山空。知玄此时明白，异僧乃是菩萨显灵，于是作水忏以报。

在这项需要上百名法事参与者的大型庆典活动中，会根据

---

[1] 太史文《中国的鬼节》，前引，第103页，同见于 Bartholomew Pui Ming Tsui。
[2] 自本人着手此项研究以来，学界出版过两部重要著作：司马虚：《曼特罗与曼达林——中国的密宗佛教》（*Mantras et mandarins, Le bouddhisme tantrique en Chine*），巴黎：伽利玛（Gallimard, nrf），1996年，第369—411页；高亚丽（音译）Gao Yali:《音乐、仪式与象征主义：中国台湾正统佛教水路仪式中的音乐实践研究》("Musique, rituel et symbolisme: Étude de la pratique musicale dans le rituel Shuilu chez les bouddhistes orthodoxes à Taiwan"），米蕾伊·埃尔夫（Mireille Helffer）女士指导的民族音乐学博士学位论文，巴黎十大，1999年6月14日。

需求操办一项或数项焰口仪式，但须与佛教超度亡魂仪式相区分。[1]

和焰口仪式与日课一样，水陆法会的参照文本也要归功于佛教经典编著者袾宏法师。[2]他在一篇介绍性文字中提到水陆法会用于普度众生，并对佛教正典[3]中没有收录仪式经文感到惋惜。但与其他仪式不同，水陆法会中不要求立幡，也不作简记。根据本人的观察，内地僧人作法只需在简单牌子上标明用途和场地。

总的来说，焰口仪式是向饿鬼施食；水陆法会超度被囚禁在地狱六道中的众生；盂兰盆会超度饿鬼，同时也可应求法者之需超度其七代以内家属的亡魂，以上描述也得到法师的印证。[4]另外，焰口仪式多于日落时举行并延续至半夜，水陆法会持续七日，而盂兰盆会每年在固定的日期举办一日。

根据人类学家的观察所汇集，还应对以上描述做出补充：在中国，盂兰盆会是子女尽孝道的仪式；水陆法会是逢节庆为亲人祈福；而焰口属于一种丧葬仪式。

---

[1] 毕铿:《超度亡魂》(*Private Requiem Mass*)，中国佛教音乐(Chinese Buddhist Music)，Lyrichord LLST 7222，中国香港，1963，唱片号33r，B 面曲目6，高延，《厦门佛教丧葬仪式》(*Buddhist Masses for the Dead*)，东方文化学者第六次国际会议(Actes du sixième congrès international des orientalistes)，第四部分，第四节，莱顿，博睿出版社，1885 年.

[2] 袾宏编纂:《水陆仪轨》，c.1600，袾宏再版，《云栖法汇》，南京，1897 年，念生再版，《莲池大师全集》卷3，中国台北，1972 年，第 2701—2982 页。

[3] 袾宏:《水陆仪文》，念生再版，《莲池大师全集》卷3，台北，1972 年，第 3747 页。

[4] 宽忍法师，圆瑛法师，中国佛教协会。

(一)佛教仪式经文的发声

我们可以把所有仪式经文按照发声方式的不同分为以下类别：念经文、诵咒（梵语 dhāranī）、发愿、唱赞偈（梵语 gāthā）。[1]

念诵经文时有固定的音调和节奏，并会伴有均匀的加速。[2] 祷文和咒文也会被有音律地诵读。[3] 赞颂经文会依据既有固定参照，也可调整音符的乐谱。[4]

我们还可以按念诵语言的差异进行区分：佛教正统密宗汉语，梵语或伪梵语咒文以及汉语地方话赞颂。这种区分体系不如日本明确。

(二)骷髅歌与佛道之争

伊维德（Wilt Idema）考察了《骷髅歌》的道家起源。而在我们的考证中，它却能在印度或密宗佛教祭亡仪式中都找到来源。如何看待这种明显的相悖呢？让我们回头来看这支曲在仪式中所处的位置。

在道教中，它可以适用于各类念诵仪式，且其出现并没有强制性。但是它的词文以无标题的形式被归在普度仪式的简记中。在佛教中，它可能出现在各类赞歌或是焰口仪式中。更准确地说，它被安排在召请圣灵的最后一步：请法界六道，十类

---

[1] 见高亚丽, Tran Van Khê.
[2]《梵呗早课》段六；《梵呗晚课》段三。
[3]《梵呗早课》段三，0 分 54 秒；段十四。
[4]《梵呗早课》段二，段十一；《梵呗晚课》段二，段十五。

孤魂。[1]它是伴随着骷髅咒和阎罗文被插入仪式的。在中国大陆目前最为流行的一版焰口仪式中，我们会发现这一部分的缺失。[2]而在《禅林赞集》中更为明确地规范了《骷髅歌》的使用。这本赞歌集被分为三个部分：佛前赞语、灵前叹词和其他偈文。《骷髅歌》恰恰被收录在第二部分，属于规劝世人忘却悲苦的诗文。

于是我们可以总结，应把《骷髅歌》归为跨教别曲目的范畴，其功能也体现了同属佛道两教的特殊性质。

七、骷髅主题

（一）印度

我们希望能够找到印度文化中对骷髅冥想的起源，比如佛祖与亡灵相遇的著名传说。[3]这种冥想会以尸体的腐烂为对象，比如《南传大藏经》(Pāli Canon)所收觉音(Buddhaghosa)(5世纪初)所作的《清净道论》(Visuddhimagga)一篇关于"不净观"(asubha bhâvanâ)的论述。[4]这种冥想在藏传佛教中又以

---

[1] 永盛斋：《瑜伽焰口施食》，北京再版，1986年，第63—64页。
[2]《瑜伽焰口施食仪轨》，上海佛学书局，1991年，第48页。
[3]《普曜经》(*Lalitavistara*)卷14，第167页。
[4] 见爱德华·孔兹(Edward Conze)：《佛教徒的入定》(*Buddhist Meditation*)，伦敦，哈珀和罗出版公司，1956年，第86—107页。同见乔治·D·邦德(George D. Bond)：《小乘佛教关于死亡和初步死亡象征的冥思》("*Theravada Buddhism's Meditation on Death and the Symbolism of Initiatory Death*")，《宗教史》(*History of Religion*)第19卷第3期(1980年2月)，第237—258页。

灵前冥想的形式得到延续。[1]

死之舞同样可以找到印度起源，我们可以看到敦煌壁画上的骷髅之舞。在藏传佛教"法王舞"（羌姆 cham）中由"尸陀林主"（dur-khrod dbag-po）执行的骷髅舞（dourdak），同样也能在不丹、蒙古，甚至是北京见到。表演者头戴亡灵面具，身着骷髅图案的手绘服饰。密宗佛教中关于骷髅的冥想在印度的传播方式类似于同一主题在中国佛教道教仪式中的共同留存。对腐烂尸体的"九想"同时也是中日两国佛教中的重要元素。

（二）中国

骷髅的主题在中国古代文化中就有体现。在著名的《庄子·至乐》中就讲述了庄子与骷髅（髑髅）的相遇。在《列子·天瑞》中同样提到了骷髅。再往后还有三国时期诸葛亮与骷髅的相遇。同样"髑髅"的主题还出现在敦煌变文中，讲述孟姜女找到被长城掩埋的丈夫的遗骸的故事。[2]《庄子》中这一主题的篇章常被后世引述。[3]中国香港道教仪式将《骷髅歌》的起源归功于南华真人，也就是庄子。如今可考证到的最古老的《骷髅歌》版本，是17世纪初道家"道情"的《庄子叹骷髅》。[4]在这项课题的初始我们就发现了许多前人所做的翔

---

[1] 冉江仁波切（Rabjam Rinpoche），尼泊尔雪谦寺住持，私人信件，1994年9月。
[2] 项楚：《敦煌变文选注》，巴蜀书社，1989年，第3718、5029页。
[3] 见《太平御览》中所收录，卷548，第2482页。
[4]《庄子叹骷髅南北词曲》，丁耀亢（1599—1669）：《续金瓶梅》第45（转下页）

实的文学研究，但我尤其要强调一位汉学大师在这个领域所取得的成果。[1]在骷髅的主题的发展上，伊维德一直追溯到道教全真教派创始人王重阳（1112—1170）。他还找到张衡（78—139）所作的《髑髅赋》以及曹植、吕安等人的类似作品。

另一方面，据我们所了解，在中国为死者举行的仪典往往还会以木偶戏的形式呈现，作为祭典的替代。这也为我们提供了另一条线索。现代汉语中"骷髅"的"骷"字并不存在于（自《说文解字》至《中原音韵》的）古汉语中。据《广雅》记载，在意指殉葬人偶（俑）的词语"傀儡"的基础上，取与"髑髅"相仿之词形，才有了"骷髅"一词。如果再考证年代较近的福建南部对"傀儡"（普通话发音为 kui lei）的念法，更会发现其发音（kɑ le）与骷髅相近。[2]

对骷髅的冥想在中国历史上还为一位被称为"Toba Koji"的11世纪伟大诗人[3]带来创作灵感。这一称谓事实上就是苏轼（1037—1101）之号"东坡居士"在日文中的译法（Tôba Koji）。接下来我们就谈谈这一主题在日本后世的繁荣发展。

（接上页）回，引自班文干（Jacques Pimpaneau）,《通俗文学》(*Litérature populaire*)，巴黎，毕基埃出版社，1991年，第189页。

[1] 伊维德：《艺术与舞台中的骷髅》，包乐史及宋汉理编：《现代中亚早期的冲突与调适——许理和纪念文集》。
[2] 见甘为霖牧师（Rev. W. Campbell）：《厦门音新字典》(*A Dictionary of the Amoy Vernacular*)，中国台南，1933年。
[3] 根据埃米尔·德沙耶（Emile Deshayes）于1899年1月22日在法国吉美博物馆所做的名为"吉美博物馆日本卷轴展"（*Makimonos japonais illustrés du Musée Guimet*）的讲座。

(三) 日本

骷髅冥想的主题出现[1]在日本诗人空海（Kûkai 744—835）的汉诗十首（《性雷集》Sheirei-shû）中，随后还有仿造之前提到的中国诗人苏轼的作品：虽然在苏轼的汉语作品中确实有《髑髅赞》[2]，但是著名的《九相诗》（Kuzô-shi）却是日本人后来的仿造作品。[3]我们甚至还可以找到作于1810年的九相图（Kusô no shi shô）。[4]这个版本中包括九首署名为苏轼的中文诗，每首均为两段四行七言，并分别配有图绘：卷1，卧室中众人守灵为死者致哀；卷2，野外尸身赤裸躺在破碎的棺材旁；卷3，尸体开始腐烂；卷4，野狼开始吞食尸体；卷5，野狼与乌鸦聚集在尸体旁；卷6，野狼与乌鸦将尸体啃食殆尽；卷7，只剩白骨；卷8，零星骨骸散落地上；卷9，只剩墓冢石碑。其中卷4还包括四幅插图：野外一位僧人对着尸体冥想，僧人来到河滩上，骷髅起身行走，骷髅坐下冥想。

九相图表现了尸体腐烂的九个阶段。对亡灵冥想的主

---

[1] 我需要感谢伯兰特·佛尔在这条思路上对我所做的启发。
[2] 《苏轼文集》，第602页。
[3] 詹姆斯·H.桑福德（James H. Sanford）认为，苏东坡的《九相诗》是足利时代［或称室町时代（1392—1569）］日本作者的仿造。见《禅僧一休》（*Zen-man Ikkyû*），加利福利亚州（Chico, California），学术出版社（Scholar Press），1981年，第201—206页。
[4] 吉美博物馆所保存的版本是埃米尔·德沙耶讲座中参照的对象，前引；而威廉·安德森（William Anderson）所用的版本保存在大英博物馆中。《大英博物馆中日绘画叙录》（*Descriptive and Historical Catalogue of a Collection of Japanese and Chinese Paintings in the British Museum*），朗文出版社（London, Longman& Co.），1886, p.87, n. 77（9）。

题无论是在中国传统文化，还是在源远流长的印度佛教文化中都能找到共鸣。无论是檀林皇后版，还是9世纪女诗人小野小町版的九相图都表达了对尸体的敬畏，包含着不论性别或社会地位，人人死后均化白骨的寓意。无论是众多中国诗歌，还是日本大德寺一休宗纯法师所作的《骸骨》(*Gaikotsu*)[1]，其冥想的对象不仅仅在于尸体腐烂这件事本身，其重点更在于白骨的"白"字所表达的死后躯体脱离人世的纯净与超脱。《骸骨》作于1457年，全书分为三个部分：散文与诗，绘图诗以及散文。开篇讲述的正是出城郊游时与一具骷髅的相遇，这与中国《骷髅歌》的主题不谋而合。书的结尾是这样一段冥想："世上既无非凡也无现实，死亡本身即现实。双眼被幻觉蒙蔽的人认为：肉体逝去，灵魂将存。这是多么可怕的谬误。智慧的人会认识到，灵魂肉体都会消亡。佛祖本身也是空。"

八、引入与改编

从东亚经由中亚（克孜尔和敦煌），文学和绘画中的骷髅主题以及关于尸体腐烂的九相观也被引入西方，比如古代庆祝

---

[1] 见 R.H. 布莱斯（R. H. Blyth）译：一休《骨骼》("Ikkyû' s skeletons")，《东方佛教徒》(*The Eastern Budhhist*)，N. S., vol. VI n.1, 1973年5月，第111—125页。同见一休（Ikkyû）：《云塔》(*Nuages fous*)，玛丽斯（Maryse）及柴田真澄（Masumi Shibata）译，巴黎：阿尔宾·米歇尔出版社，1991年，第139—152页。

生育的骷髅之舞以及中世纪的死亡之舞。[1]不过简单的引入无法促成一个主题的兴盛，它还需要与本地文化背景，尤其是社会历史因素相结合，比如像欧洲中世纪或者日本镰仓时代这样的战乱年代。

尽管骷髅的冥想在印度和日本不再流传，但它依然在中国的仪式中保留有重要的地位，这让我们联想到圣依纳爵在摆放着骷髅头骨的案桌前冥思。上文所提到的那首伪托苏轼的诗中体现了中国佛家思想中的一些世俗观，比如正统的性别观，而这些观点我们又能从莆田僧人私人收藏的通俗化书籍中找到印证。而一休法师讲述的城外郊游与骷髅相遇的故事更与我们所关注的中国《骷髅歌》如此相似。

我们关注一个文学艺术主题在不同时代不同地域的传播，更关注它的发展境况和经久不衰的原因。需要再次重申，我们现在的研究是基于前辈东方文化学者的工作成果之上的："（认为亡灵如不接受超度仪式就会变为饿鬼的）观念并不是近代才产生的，它在佛教文化中的体现证明其具有深远的历史根源。同样，中国佛教文化中盂兰盆会等仪式的重要性也体现了中国宗教信仰中对重生观的重视。"[2]

---

[1] 见巴特鲁塞提斯（Baltrušaitis）：《奇幻的中世纪——哥特艺术中的古风与异国情调》（*Le Moyen âge fantastique, antiquités et exotismes dans l'art gothique*），巴黎：弗拉马利翁（Flammarion），1981年，第226—239页。
[2] 葛兰言（Marcel Granet）：《古代中国的传说与舞蹈》（*Danses et légendes de la Chine ancienne*），巴黎：法国大学出版社（Presses Universitaires de France），1959年，第334页。

九、各音乐版本的记录与分析

接下来我们会谈到三个不同版本的乐谱。它们在总旋律框架上大致相类似，均为中音—高音—中音—低音。

（一）陈荣盛版《骷髅歌》

首先来看根据陈荣盛 1991 年现场表演的《骷髅歌》所记录的乐谱。他在一段短旋律节奏动机上重复变奏，我们以此画出曲谱并注意到次五声音阶的相邻音级间隔频率。

（二）《梵音指南》版《骷髅歌》

《梵音指南》中的版本则属于完全不同的类型，因为一首歌曲会整段重复与变奏。不过音阶上依然并不严格遵守传统的五声音阶。我们推断出配词音符的次级旋律，其中存在三段动机，分别标注为 A、B 和 C，其大致形式是：ABC/ ACB/ ABC。如果说其表层旋律是全音阶的，那么其基础动机还是符合五声音阶的。我们注意到在三度音上有一个非常规的降调。

我们还建议采用一种范式分析，对每段可辨识的动机中的连续变奏进行平行比较，这样可以使得次级基本动机得以凸显出来。其中只有第一段被完整地转写。

（三）善扬法师版《骷髅歌》

最后再来看菲律宾佛教宗师善扬法师的版本，其转调非常明显。根据我们对中国传统音乐所掌握的知识，这些转调并不是功能性的，而是表演者在独唱过程中自由变调造成的。我们要强调这种技巧在前两个版本中也被用到，它使得这种声乐类型跟简单的歌曲相比具有其独特性。如我们的范式分析所示，这个版本的结构更加复杂。

在这个版本的范式分析中，我们可以看到其基本材料的变奏是为了适应词句的不同长度。整曲的大致结构分为三个包含20来个音符的大段，分别由不同的动机构成，以 A、B、C 和 D 标注，即 ABAB/ ABAB/ ABCDAB。

（四）音乐分析结语

所有这些版本都是根据每场实际演示记录和抄写的，它们的共同点在于相比各自原本的旋律节奏框架都有很高的自由度。另外，在装饰音方面，会将外来音引入五声音阶，音调变化甚至会带出不稳定或出人意料的元素，以凸显演唱者本人的特色，或适应词文的表义功能：这是一种有韵律的吟诵，介于念与唱之间。因此有必要在音乐体系中认识这支曲的文化地位：既不是完全教义内的，又非世俗的，这正属于跨教别的范畴。

附录：原文曲谱

Le chant du squelette — Chen Rongsheng
骷髅歌 — 陈荣盛

Le chant du squelette / Fanyin zhinan
叹骷髅 / 梵音指南

A 昨日荒郊去远游
　　zuo ri huang jiao qu yuan you

B 忽睹一个
　　hu du yi ge

C 大的骷髅
　　da de ku lou

A 荆棘丛中草木坵
　　jing ji cong zhong cao mu qiu

C 冷飕飕
　　leng sou sou

B 风吹
　　feng chui

C 荷叶倒愁
　　he ye dao chou

海外中国道教文学研究译文选

Le chant du squelette
叹骷髅

Fanyin zhinan analyse
梵音指南

骷髅歌

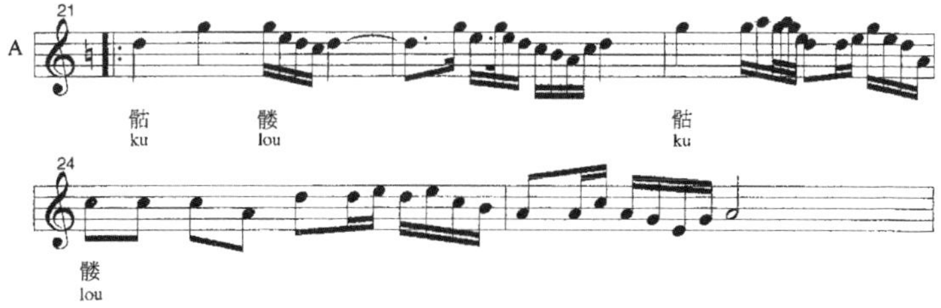

Le chant du squelette　　Fanyin yixiang 2　　Shanyang

骷髅歌　　梵音遗响　　善扬

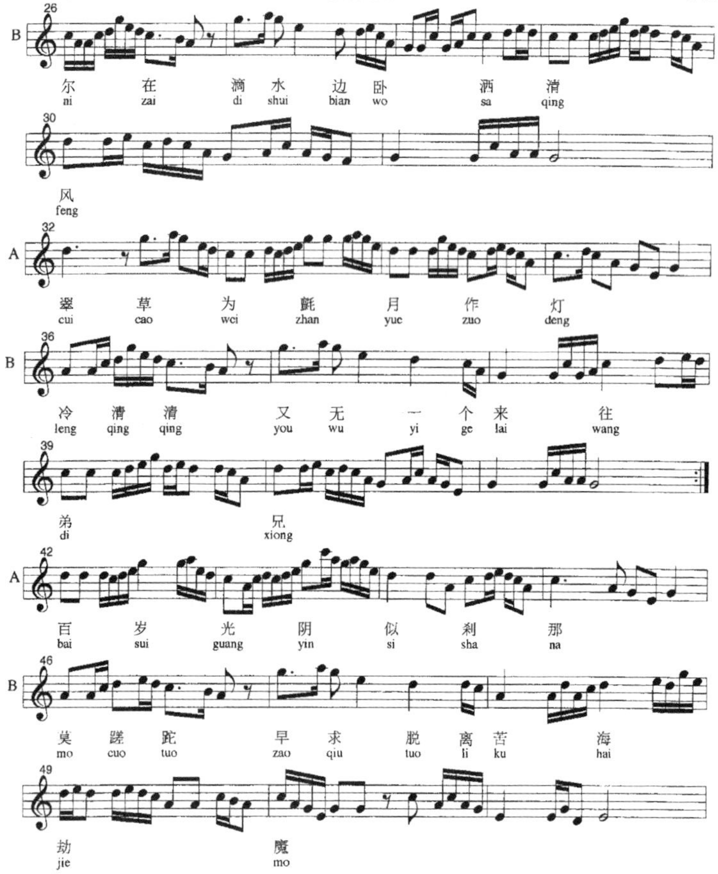

骷髅歌

Le chant du squelette　　　　Fanyin yixiang 3　　　　Shanyang
骷髅歌　　　　　　　　　　梵音遗响　　　　　　　　善扬

今 宵 醮 主 修 设 冥 阳 会
jin xiao jiao zhu xiu she ming yang hui

金 炉 内 炙 焚 灼 宝
jin lu nei zhi fen zhuo bao

香
xiang

广 超 孤 魂 孤魂
guang zhao gu hun gu hun

赴 道 场
fu dao chang

消 灾 障 受 沾 福 利 连 往
xiao zai zhang shou zhan fu li lian wang

西 方
xi fang

289

海外中国道教文学研究译文选

Le chant du squelette　　　Fanyin yixiang analyse　　　Shanyang
骷髅歌　　　　　　　　　梵音遗响　　　　　　　　善扬

身体·小风景·宇宙

——中国文学中的道教因素[1]

[日]赤井益久著

侯利萌译

一、引言

葛兆光先生在其著述《道教与中国文化》(上海人民出版社,1987年)一书中对中国文化进行了整体考察。该书从世界观、仪礼、方术以及对历史变迁和士大夫、庶民产生的影响等几个方面,分析了道教作为一种宗教对中国文化之形成所发挥的巨大作用。葛先生在《想象力的世界——道教与唐代文学》(现代出版社,1990年)中特别指出,就文学而言,道教的想象力这一特质突出反映在其创造性内容上。其后,孙昌武先生的《道教与唐代文学》(人民文学出版社,2001年)和杨建波先生的《道教文学史论稿》(武汉出版社,2001年)等著

---

[1] 赤井益久:身体·小風景·宇宙——中国文学に見える道教的なものについて,『筑波中国文化論叢』23(2003):1-25.

述分别探讨了道教与中国文学的关系。有人认为，近年来此类著作的陆续出版表明道教与文学成了中国学界的一个热门话题。这一风潮，可视为中国的改革开放政策和自由化波及学术领域，进而推动了以道教研究为代表的宗教研究的发展。与该研究动向相呼应，随着佛教研究尤其是禅学研究的进步与深化，逐渐引起了学界对文学研究的关注。

另一方面，我国的道教研究并未经历战前战后的巨大断层，故而积累了丰富的研究成果。可以说，迄今为止，在历史演变、教理教派研究、祭礼研究等领域，不论是数量还是质量，都处于世界领先水平。

然而，中国文学研究的发展并不同步吸收宗教研究和历史研究的研究成果。原因在于，所谓的"中国文学"这一研究领域，自中国文化受容期（受容即接受并发生影响）开始即被确立为汉学的核心规范和重点学科，其内部的自我完成意识强烈，认为只有文学的传承才属于学术范畴，而缺乏相互的、学际的视野。另外，部分研究者坚持认为，宗教不能作为文学形成的决定性因素，所以并不积极关注两者之间的联系。不过，最近学术界逐渐意识到，不应该忽视中国文学中的宗教因素，而应该整体地、全面地理解这一宗教性内容和文学所处的时代面貌。

探究中国文学中的道教因素时，要反复思考道教对文学本身具备的特定内容，即语言、修辞和表达、样式等的投射。同时，通过考察道教与文学的关系，还能够发现使中国文学成其为中国文学的特质。

儒教在封建社会属于宗族和宗法，追求有助于捍卫其存在的人格和社会责任以及世界观和宇宙观。与此相对，道教以自身救赎为目的，是面对大自然时人类的习俗性、宗教性表现。儒教倾向于理性把握、客观记述，道教则是感性的、主观的，除了直接取材于道教的作品，从文学表现上认可这一点并非易事。

因此，本文首先就文学中的道教因素，分别以统御感官的身体方面的"长啸""叩齿"与人体行为动作方面的"步虚""飞翔"为例，考察通过感官如何捕捉、如何感知周身的世界。另外，以处世观之隐逸观为主线，分析隐逸场所的空间意义，以了解其世界观和宇宙观。其中，结合风景观，探明山岳、园林以及作为宗教性空间的"静室""精庐"与"山斋""郡斋""读书斋"等的关系，这应该是一种行之有效的方法。老实说，作为宇宙观和世界观的反映，历史上尤其值得留意的"壶中天地"这一认识来源于"洞天福地"和缩地之法，而阐明这一情形对以意境——交融为大主题的中国文学而言，是一个有意义的启示。

二、身体——叩齿、长啸

古典诗歌对残酷现实的悲叹，通过强调生命的有限性，或者借助耽于瞬时享乐而得到慰藉。其中，与佛教和儒教的情形大不相同，道教主张强健肉体以追求现世的快乐，不仅以长生不老为目标，而且创造出了超越死亡的理想世界即仙界，希冀以此来克服严峻的现实。

据《抱朴子》记载，有人问坚齿之道，则答之曰："能养以华池（口），浸以醴液（唾液）。清晨建齿三百过者，永不摇动。"（《抱朴子》第15"杂应"篇）其所云叩齿，原本是上下牙齿相叩的服气、养生之法。六朝诗文中无有此例，随着唐诗题材的扩大以及与道士交流的深入，叩齿开始出现在诗歌中。首先来看王昌龄（690？—756？）的《题朱炼师山房》：

叩齿焚香出世尘，斋坛鸣磬步虚人。
百花仙醅能留客，一饭胡麻度几春。[1]

此乃歌咏朱炼师山房之作。所谓炼师，即"道士修行，德高思精者谓之炼师"（《白孔六帖》，此据《唐六典》卷4"祠部郎中"）山房指道观。诗中虽然加入了"叩齿""焚香""斋坛""步虚""仙醅""胡麻"等斋醮术语，然而，与参访佛寺时的咏唱僧侣之作并无本质差别。最后两句化用刘晨、阮肇与"天台二女"的典故，即在天台山迷路的刘、阮二人受到胡麻饭款待的故事，将朱炼师的道观比喻为仙境。虽说与佛教寺院访问诗没有本质差异，但是王昌龄还创作了如《谒焦炼师》《武陵开元观黄炼师院》等访问道士、道观，咏叹被世外仙境所吸引的

---

[1]《全唐诗》卷143。

作品。可见，这一时期诗人与道教之间的距离缩小了。

再来看中唐诗人白居易（772—846）的《味道》：

> 叩齿晨兴秋院静，焚香冥坐晚窗深。
> 七篇《真诰》论仙事，一卷《坛经》说佛心。
> 此日尽知前境妄，多生曾被外尘侵。
> 自嫌习性犹残处，爱咏闲诗好听琴。[1]

与王昌龄的诗作不同，此诗歌咏的对象不仅仅是道士、道观。诗题"味道"的大意是，通过对比咏唱道教和佛教来品味道、佛之"道"。"叩齿""坐禅"则是实现此道的养生之法。后四句描述修行感悟。本诗中"叩齿"不只作为道教的服气法，还着重描写了由此习得的直观境界，把"叩齿"作为连接诗人自身和"道"的途径。[2]

"叩齿"原本指坚固牙齿以养生，此外，也有观点认为可以在呼气的地方招来体内神灵，具有防止邪气入侵的功能。[3]上腭和唇齿被看作连接人体内外的门户。如此一来，我们可以对比考察同样是唇部动作的"长啸"（或啸）。

"啸"作为文人口技而散见于文献中，被看作巫师的方术

---

[1]《全唐诗》卷446。
[2] 西冈弘（西岡弘）：《叩齿考》（「叩齒考」），载《中国古典民俗与文学》（『中国古典の民俗と文学』），角川书店，1986年；三浦国雄：《白居易之养生》（「白居易における養生」），《中华文人的生活》（『中華文人の生活』），平凡社，1994年。
[3]《真诰》卷10载云："夜行常当琢齿，亦无正限数也。煞鬼邪。鬼常畏琢齿声，是故不得犯人也。若兼以漱液祝说，益善。"

和服气、行气之法；之后，与"孙登长啸"的故事和养生法之"吐纳"等相结合，开始出现在诗歌中，并具有了超尘脱俗的意味。比如，东晋郭璞（276—324）的《游仙诗》。其《游仙诗十二首》其一云：[1]

> 旸谷吐灵曜，扶桑森千丈。朱霞升东山，朝日何晃朗。
> 回风流曲棂，幽室发逸响。悠然心永怀，眇尔自遐想。
> 仰思举云翼，延首矫玉掌。啸傲遗世罗，纵情任独往。
> 明道虽若昧，其中有妙象。希贤宜励德，羡鱼当结网。

诗的前半部分描绘仙界景象：太阳从旸谷中缓缓升起，仙树高耸入云，朱霞弥漫整座山峰，晨光炫耀夺目，远处吹来的晨风拂窗而入，美妙的声音响彻四周。后文的"明道虽若昧"出自"明道若昧，进道若退，夷道若类"（《老子》第41章）。求仙之道正在茫然朦胧之中，而"啸傲""纵情"正是实现这一目标的路径。与陶渊明"日入群动息，归鸟趋林鸣。啸傲东轩下，聊复得此生"（《晋诗》卷17，《饮酒二十首》其七）一诗相同，"啸傲"一语象征自由自在、无所束缚、超越尘俗的境界，吕尚注即谓此词指"超逸之貌"。

另有其他代表作品，如陶渊明的"怀良辰以孤往，或植杖而耘耔。登东皋以舒啸，临清流而赋诗。聊乘化以归尽，乐夫天命复奚疑"（《归去来兮辞》）。盛唐王维（700—761）的"独

---

[1]《先秦汉魏晋南北朝诗·晋诗》卷11（中华书局，1983年）"郭璞"条载曰："游仙诗十九首"，此诗乃其第八首。——译者注

坐幽篁里，弹琴复长啸。深林人不知，明月来相照"（《辋川集·竹里馆》）。北宋苏轼（1037—1101）的《后赤壁赋》："划然长啸，草木震动，山鸣谷应，风起水涌。予亦悄然而悲，肃然而恐，凛乎其不可留也。反而登舟，放乎中流，听其所止而休焉。"等等，不胜枚举。

同样是与上腭、嘴唇有关的养生法，"叩齿"却并未发展成为诗歌用语。相反，"长啸"自《诗经》《楚辞》之后不断被继承，降至六朝开始被作为道家语言使用，进而逐渐在文学上占据极为重要的地位。[1]通过这一差异来察看中国文学对道教的吸收时，可以发现"叩齿"的使用十分有限。但是，随着唐代道教的兴盛，道教与文人之间的关系更为接近、深化。同时，啸作为养生技法的限制扩大，尽管联系着体内神灵，但是，其所谓的辟邪机能逐渐被认清，意识到上下牙齿相叩造成的闭塞性减弱了与体外的关联，造成以上腭为门户的身体内外的联络性和通气性缺乏。

另一方面，"长啸"本身与调息法和行气法有关，其作为方术的直接意义上的限定性较弱，而通过啸吸入体外的空气再

---

[1] 青木正儿（青木正児）云："以上考察了'啸'之本义的变革，魏晋前、后其引申义的用法截然不同。魏晋以前，象征着悲声，魏晋以后则蕴含了超世脱俗的意义。（中略）然而，降至魏晋，'啸'逐渐成为神仙家和道教者流之用语，正如上文《啸赋》中所表现出来的，浸染了神仙家道家习气。因此，'啸'这一词语也增加了此种意义。"载《"啸"的历史及其字义之变迁》（「「嘯」の歴史と字義の変遷」），《中华名物考》，东洋文库，平凡社，1988年；亦参考了泽田瑞穗（澤田瑞穗），《啸的源流》（「「嘯」の源流」），载《中国的咒术》（『中国の呪法』）修订版，平河出版社，1984年。

吐出的动作，使得体内的鼓动和节奏与宇宙的律动相协调，这一感觉备受推崇。[1]因此，一旦广泛拥有道教世界的想象和道家的处世理念，啸就成了一个固定用语，指代中国文学所思考的一种理想境界，即对自然的一体感和对永恒生命的感知。

三、动作——步虚、飞翔

"步虚"本来是道教仪式中的步行法，亦指行仪时演唱的歌曲。六朝时期有庾信、隋炀帝等人的《步虚词》，唐代有多首《步虚词》《步虚声》传世，皆以升天为题材。唐人吴兢所作《乐府解题》云："步虚词，道家曲也，备言众仙缥缈轻举之美。"亦即赞叹众仙人轻盈飞举的姿态之美。此语见于《乐府诗集》（卷78）之《步虚词》中。

东晋陆修静（406—477）在整顿道教仪礼和扩充组织等方面为道教的发展奠定了基础。其《太上洞玄灵宝授度仪》（《道藏》"洞玄部威仪类"）一书中记述了"步虚词"的相关仪式。此仪式过程繁杂：师父首先将《真文二箓》授予受度入道的弟子，然后高唱咒文，最后一边巡行咏唱着《步虚词》十首，一边礼拜十方尊神。这十首《步虚词》分别是：稽首礼太上老君

---

[1] 山本和义（山本和義）云："苏子于初冬凛冽的夜晚，登临位于长江左岸的赤壁之上，发出尖锐的'长啸'。于是，草木并摇，山谷共鸣，风起江水浪翻涌。此时，诗人真切感受到了天地与我共生。或许诗人感觉到了自我生命的脉动与宇宙律动节奏之间的和谐吧。'长啸'使天地万物产生共鸣也正是源于此种感受。"见《诗人的长啸》（「詩人の長嘯」），载《诗人与造物——苏轼》（『詩人と造物——蘇軾論考』），研文出版，2002年。

(其一),空中飞行(其二),到达"大罗天"(其三),道教修行(其四),再度空中飞行(其五),"大罗天"诸神迎接(其六),"玉京"的美丽景象(其七),三度空中飞行(其八),"帝一"宫的景象(其九),玄都的盛大法会(其十)。总的来说,就是咏唱受度入道的弟子飞升、巡游仙界的情形。我们再来看收于《先秦汉魏晋南北朝诗》(《北周诗》卷6)中的一首诗,出自《太上洞玄灵宝授度仪》的无名氏《步虚辞十首》,其二云:

> 旋行蹑云纲,乘虚步玄纪。吟咏帝一尊,百关自调理。
> 俯命八海童,仰携高仙子。诸天散香华,倏然灵风起。
> 宿愿定命根,故致高标拟。欢乐太上前,万劫犹未始。

足踏法云,飞行空虚步玄纪(大空)。咏罢"大洞帝一尊君"之号,则觉全身关节通顺、精神焕发。俯下号令治理八海的童神,仰上与高仙子为友。众天神播撒的香花,随着轻轻吹来的灵风飘散四方。夙愿决定使命,如此,则可到达理想之境界:在太上老君面前尽情享乐,所证道果无有穷尽,迄今尚未到达终点,且没有终点的未来永劫不断。

再举"其三"来看:

> 嵯峨玄都上,十方宗皇一。苕苕天宝台,光明焰流日。
> 炜烨玉林华,蒨粲曜珠实。常念餐元精,炼液固形质。
> 金光散紫微,窈窕大乘逸。

此诗描绘天之最高点"大罗天"的景观:皇一神治理十方

的"玄都"高高耸立，天宝台伟容毕现，炫耀光芒释放周匝。灵妙之花在玉林中竞相盛放，结出鲜艳的宝石之果。内心向往的是餐元气之精，炼唾液以强健身体，进而实现不老不死。念念之际，紫微星座的周围闪过一道金光，深奥的"道"瞬时溃散。

十首诗中值得注意的是，空中飞行被具体描述为"乘虚步玄纪"或"飞行凌太虚"（其四），"天尊眄云舆，飘飘乘虚翔"（其六）；"严我九龙驾，乘虚以逍遥"（其八）；等等。深泽一幸先生指出收录于《真诰》的《运题象》在称赞空中飞行和天界时，与《步虚词》具有相似性。在此基础上，他还就其创作和传承背景进一步指出："两者皆产生于道教行仪场合，源于共同的宗教幻想，表现出摆脱人间苦难、重生天上极乐，即成为不老不死之神仙的愿望。"[1]

不言而喻，这十首诗的主题是歌咏飞升天界或仙界，而其中具体的仙界描写值得探究。另外，正是飞翔这一行为使得到达仙界成为可能。正如大渊忍尔先生所指出的，有一点应该注意，即"仙"字的原形"僊"本身就包含了飞翔的意义。[2]"僊"字意味着"僊"本身就是神仙，然而必须说明的是，伴随着仪式所咏唱的《步虚词》中的飞翔，并不意味着神仙是拒绝世人到来的居高临下的绝对神，而是能够想到的一种可能到达仙界

---

[1] 深泽一幸（深澤一幸）：《步虚词考》（「步虚詞考」），吉川忠夫编：《中国古道教史研究》，同朋舍，1992年。
[2] 大渊忍尔（大淵忍爾）：《初期道教》（『初期の道教』）附篇第一章《初期仙说》（「初期の僊説」），创文社，1991年。

的方式。也就是说，陆修静《太上洞玄灵宝授度仪》中所记述的内容传递出这样一种信息：伴随着身体上的具体动作观想外在的宇宙，然后透过身体内在地"存思"，通过这种方式可以感知到仙界的存在。

把大罗天、玄都作为理想仙界的宇宙观并不仅是依靠幻想想象出来的，而是一个仿佛存在于人体内的令人倍感安心、惬意的空间。同时，意识到身体存在于这一世界时，就坚定了能够到达这一宇宙的信念。仙界从久远之前一直被期待存在的世界，变为能够接近的世界，这一空间意识赋予了往来其间的"飞翔"以新的意义，即从只有"飞仙"才会飞舞的仙界变为可以感知的通过仪式能够到达的世界。这一过程中，中国文学汲取了道教的理念。

提起具体的神仙形象，笔者想到了侍奉西王母的"羽人"们背负羽翼的姿态。在石头上雕刻日神、月神翱翔于同一天空的形态，反映了当时人们普遍心象的具象化呈现。作为游仙诗的源头，《楚辞·远游》中咏歌访问羽人的屈原魂魄一节，恰好证明了这一情形，诗云："闻至贵而遂徂兮，忽乎吾将行。仍羽人于丹丘兮，留不死之旧乡。"

"步虚词"主要描绘空中飞行、到达仙界及仙界的景象。比起"步虚词"，以访问仙界为主题的游仙诗更普遍成为文学创作的灵感来源。但是，由于"步虚词"原本用于仪式之中，其通过真实的动作、行为，感受翱翔天空、到达洞天灵山之过程的机能一直具备。因此，至今仍是道教仪式中的重要曲目，富有生命力。[1]

这里分别举出代表"步虚词"原本形式的隋炀帝和唐代韦渠牟的五言古诗两首。

隋炀帝杨广（569—618）《步虚词》二首其一云：

洞府凝玄液，灵山体自然。俯临沧海岛，回出大罗天。
八行分宝树，十丈散芳莲。悬居烛日月，天步役风烟。
躞记书金简，乘空诵玉篇。冠法二仪立，佩带五星连。
琼轩觯甘露，瑶井挹膏泉。南巢息云马，东海戏桑田。
回旗游八极，飞轮入九玄。高蹈虚无外，天地乃齐年。[2]

中唐韦渠牟（749—801）《步虚词》十九首其一云：

玉简真人降，金书道箓通。烟霞方蔽日，云雨已生风。
四极威仪异，三天使命同。那将人世恋，不去上清宫。[3]

四、壶中天

中国文学深受道教影响的重要因素之一是道教式感觉，即用人体内部去感知人体外部的宇宙。换言之，即感知居住的世界时，能够通过身体联系内外而毫无肉体上的违和感。

关于空间里的身体，市川浩先生认为："'身体'与圣木、

---

[1] 浅野春二：《飞翔天界》(『飛翔天界』)，春秋社，2003 年。
[2] 《先秦汉魏晋南北朝诗·隋诗》卷3。
[3] 《全唐诗》卷426。

家、神殿、宇宙相互适应，依次逐渐形成一种套装结构。当身体位于该结构内部时，我们感觉最为舒适，仿佛自己有了依靠，有了存在的理由。因此，传统社会或者所谓的原始社会，渐渐地明确接受了这种套装结构。身体—家—神殿—都市—宇宙这一结构互为象征。当我们在家中时，感觉就像自我在身体内一般舒适。与此相对，没有这种感觉的家是疏远而冷漠的。同样，也有冷漠的城市和温暖的城市。进一步展开来看，与在温暖的都市里生活一样，人们在宇宙中就像在自己的身体内一般感觉的话，人们在宇宙中就能感到舒适。"[1]这一论点，对于考察中国文学中的道教因素有很大启发。尤为重要的是，仙界从拒绝世人到来的世界变成接受世人来访的世界，这一转变的实现过程成了解人们如何认识宇宙，如何通过身体感知宇宙时的目标。

"隐逸"从东汉开始表面化，经历六朝之后成为大众风气，并在出仕和退隐之对跱性认识的基础上，形成了区别严格的结构。即，隔绝象征着人工经营的国家和社会，逃避到大自然的山岳沼泽之中，以此实现空间的脱离。小小的人类被封闭在都城中时，通过投入外面的大自然，能够逃离象征人为压迫和束缚的都城。换言之，离开安放小小"身体"的"都城"，进而被大大的"自然"所包裹。这样一来，就避免了矛盾和价值观的冲突。然而，缓解紧张始终贯彻其中，即使隐居在深山这

---

[1] 市川浩：《身体的构造——超越身体论》(『身の構造——身体論を超えて』)，讲谈社，1993年。

一广阔的世界中,代表出仕之地的"都城"依然被隔绝于"身体"之外,难以形成套装结构中的"温暖之家"。因此,意识到"身体""都城""世界(宇宙)"是互为一体的舒适空间的时代,可以看成是中国宇宙观和处世观的分水岭。

考察"隐逸"的基本结构,亦即考察中国士人的处世观何时发生变化时,笔者认为,道教思想产生了较大影响。《神仙传》(卷5)记载了壶公和费长房的故事,概述如下:

汝南费长房看到市中的卖药翁一到傍晚便飞入一只挂在房檐下的壶里。于是,他知道了该老翁非寻常之人。不久之后,请求老翁带他一起进入壶里,老翁答应了。事实上,壶里是仙界,而卖药翁是仙人。老翁给费长房出了诸多难题,但他没能经过升仙的考验,老翁授予他护符一卷,命他还归人世。费长房返回汝南后,利用护符四处讨伐妖怪,替人治病。还修成了"缩地"之法。

值得注意的是,从处世观、隐逸观的角度来看,这则故事与前文内容相关。

"壶中天地"一语,源于壶公和费长房的故事,原本是壶中别有洞天之意。中唐时期,转而形成了小中见大的处世观,成为隐逸观发展史上的分水岭。六朝诗歌中不见此类用法,降至中唐,开始受到关注。首先来看中唐诗人元稹的作品。中唐元稹(779—831)《幽栖》云:

野人自爱幽栖所,近对长松远是山。尽日望云心不系,有时看月夜方闲。

壶中天地乾坤外，梦里身名旦暮间。辽海若思千岁鹤，且留城市会飞还。[1]

"幽栖"即"幽居""闭居"之意。元稹、白居易的诗歌由于诗风相同而被称为"元和体"。但是，两人在处世观上可以说是对立的。元稹并不认可白居易所主张的"闲适"思想。此诗是为数不多的咏唱隐逸之作。"壶中天地"之语也许是受到了白居易等人的启发。诗的前半部分描写幽居的景观和心境，后半部分叙述幽居之地宛如仙境。最后，引用辽东丁令威的典故（丁令威在灵虚山修道一千年后化成鹤返回辽东却被射杀）表达了勿留恋人世、须回归仙界之意。

此诗的主题是"壶中天地"，不涉及处世观的内容，作者的旨趣在于引用《神仙传》和《搜神后记》中的典故来比喻隐居。与此相对，持相反生活态度的白居易亦使用了同一词语。中唐白居易（772—846）《酬吴七见寄》云：

曲江有病客，寻常多掩关。又闻马死来，不出身更闲。
闻有送书者，自起出门看。素缄署丹字，中有琼瑶篇。
口吟耳自听，当暑忽翛然。似漱寒玉水，如闻商风弦。
首章叹时节，末句思笑言。懒慢不相访，隔街如隔山。
尝闻陶潜语，心远地自偏。君住安邑里，左右车徒喧。

---

[1]《全唐诗》卷411。

竹药闭深院，琴尊开小轩。谁知市南地，转作壶中天。
君本上清人，名在石堂间。不知有何过，谪作人间仙。
常恐岁月满，飘然归紫烟。莫忘蜉蝣内，进士有同年。[1]

白居易的同年进士吴七居住在长安安邑里，自从爱马死后懒于外出，过起了与世隔绝的蛰居生活。吟咏他寄来的诗，暑气即刻退散，感觉像凉水漱口般清爽。这种生活方式绝似陶渊明所谓"心远地自偏"，此外市中又有谁人知晓把此地当作壶中天呢。你是从仙界被贬谪人间的，总担心期限一满，你又再次回归仙界。

若能保持内心自由、不受束缚，街市的住所即是"壶中天"。这一观念意味着，虽然"身体"处于"都城"之中，但住所作为"壶中天"连接着宇宙。按照过去的隐逸观来看，克服"身体""都城""大自然"之间的隔绝，使大自然呈现于小小的住宅之中有了可能，并进而引起大结构的改变。这正是王毅先生所言隐逸文化史上重要观念发生转换的分水岭。[2]

五、窗中风景——"小风景"的意义

六朝时希求隐逸于大自然，与此相比，到了白居易生活的中唐时代，"壶中天"的观念被裁减为建造于窗边的庭园风景，然后回转至空间更小的室内，依此延续下去。也就是说，窗前

---

[1]《全唐诗》卷429。
[2] 王毅：《园林与中国文化》第一编"中国古典园林发展要略"之第六章"中唐至两宋园林"之第一节"壶中天地——中国古典园林在中唐以后的基本空间原则"，上海人民出版社，1990年。

观赏到的"小风景",可以看成是原样复制后的大自然。反映这一情形的诗,如中唐诗人钱起(722?—780?)《蓝田溪杂咏二十二首》之《窗里山》(《全唐诗》卷239)所云:"远岫见如近,千里一窗里。坐来石上云,乍谓壶中起。"站立窗边看到的景色,宛若自壶中涌现般真实。这表明,首先,作者的视线在室内,外面的世界在壶中天之内。因此,室内的"身体"亦成了更为内在的"壶中天"。"身体""住宅""自然(宇宙)"之间通过"壶中天"这一套装结构而融为一体。因此,立足于严格区分都城和大自然这一价值观的早期隐逸观,通过把"小风景"比作壶中天,而大自然被"小风景"复制,坐在家中就能够在"小风景"甚至"身体"之内观赏大自然,进而包笼宇宙。要而言之,出仕之际依然可以找到沉醉于退隐之境,将"身体"和"宇宙"颇为和谐地联系在一起的方式。

值得注意的是,在钱起之前,南朝宋谢灵运(385—433)《田南树园激流植援》(《宋诗》卷3,《文选》卷30)诗云:"卜室倚北阜,启扉面南江。激涧代汲井,插槿当列墉。群木既罗户,众山亦对窗。"另外,钱诗直接引自南朝齐谢朓(464—499)的"窗中列远岫,庭际俯乔林"(《齐诗》卷3,《文选》卷26《郡内高斋闲望答吕法曹》)之句。后人中唐刘长卿(726?—790?)和白居易每逢想起谢朓,脑海中就会浮现出谢朓歌咏窗边所见风景的诗作。[1]

---

[1] 葛晓音:《走出理窟的山水诗——兼论大谢体在唐代山水诗中的示范意义》,《中华文史论丛》,1992年,第49辑。

"壶中天""窗边风景"指透过窗边的竹子和小池认识大自然,即于小风景之中观赏大自然,进而是室内的小空间,更深一步则涉及其中的人。其代表诗人是白居易。[1]其《竹窗》云:

尝爱辋川寺,竹窗东北廊。一别十余载,见竹未曾忘。
今春二月初,卜居在新昌。未暇作厩库,且先营一堂。
开窗不糊纸,种竹不依行。意取北檐下,窗与竹相当。
绕屋声浙浙,逼人色苍苍。烟通杳霭气,月透玲珑光。
是时三伏天,天气热如汤。独此竹窗下,朝回解衣裳。
轻纱一幅巾,小簟六尺床。无客尽日静,有风终夜凉。
乃知前古人,言事颇谙详。清风北窗卧,可以傲羲皇。[2]

此诗作于诗人在新昌里的住宅建成之时。新居的窗子是模拟十几年前在辋川寺见到的竹窗而建。虽然陈设简陋,但却有凉风拂面的、舒适又称心如意的房屋。窗是连接室内和室外的接口,对居室内部的关注,显示出复制"小风景"这一观念进一步向内纵深的意图。诗人的旨趣在于把"小风景""窗"比喻成壶中这一可变装置,以此成功实现"身体"和"宇宙"的一体化。诗人特别强调"小小的风景",亦是出于此意。白居易《小宅》云:

---

[1] 赤井益久:《白诗风景小考——以"竹窗"和"小池"为中心》(「白詩風景小考——「竹窓」と「小池」を中心として」),《国学院杂志》第97卷第1号,1995年。
[2]《全唐诗》卷434。

小宅里间接，疏篱鸡犬通。渠分南巷水，窗借北家风。
庚信园殊小，陶潜屋不丰。何劳问宽窄，宽窄在心中。[1]

安身的住宅内居室的大小随心境的广阔、狭小而变，这一观念把"身体"内部的"心中"看作"壶中天"，同时印证了前文提到的从小宅的窗边向内观照的观点。颈联指庾信的《小园赋》和陶渊明的陋室，是发展了的"心远地自偏"的境界。白居易《自题小园》亦体现了类似的思考：

不斗门馆华，不斗林园大。但斗为主人，一坐十余载。
回看甲乙第，列在都城内。素垣夹朱门，蔼蔼遥相对。
主人安在哉，富贵去不回。池乃为鱼凿，林乃为禽栽。
何如小园主，拄杖闲即来。亲宾有时会，琴酒连夜开。
以此聊自足，不羡大池台。[2]

六、山斋、郡斋

"壶中天"作为隐逸观、处世观发展史上的分水岭，对园林、别墅的构造产生了巨大的影响。"壶中天"是思想上的重大转变，这一变化具有空间上的佐证。"静室""精庐"原本是道教修行的宗教设施，是躲避朝廷征召出仕的场所。[3]"山斋"是其变型。也就是说，一方面，出任官职安身居住的郡斋是

---

[1]《全唐诗》卷455。
[2]《全唐诗》卷459。
[3]吉川忠夫：《静室考》，《东方学报》第59册，1987年。

官府的馆舍；另一方面，形成了包括"仕隐"在内的新的处世观。北周庾信（513—581）《山斋诗》云：

> 寂寥寻静室，蒙密就山斋。滴沥泉浇路，穹窿石卧阶。
> 浅槎全不动，盘根唯半埋。圆珠坠晚菊，细火落空槐。
> 直置风云惨，弥怜心事乖。[1]

开头两句描写人迹罕至的幽邃之境。"静室""山斋"是互文用法，两者意思相同。泉水潺潺，濡湿了道路，巨石横卧于石阶之上。漂浮在浅滩上的木筏子一动不动，盘曲的树根慢慢没入地下。露珠凝结在菊花上，细小的火焰滴落在槐树之上。可是，此情此景并不与我意相契合，反而深切地感受到了隔膜。最后两句中的"风云"与"年代殊氓俗，风云更盛衰"（庾信《入彭城馆》）之"风云"意义相同，都可以解释为"时势"。

山斋可以看作安放苦恼于内心和时势之矛盾纠葛的诗人之场所，也可以看成是激励自我内省的空间。南朝陈徐陵（513—581）的《山斋诗》更好地描述了山斋的功能：

> 桃源惊往客，鹤峤断来宾。复有风云处，萧条无俗人。
> 山寒微有雪，石路本无尘。竹径蒙笼巧，茅斋结构新。
> 烧香披道记，悬镜厌山神。砌水何年溜，檐桐几度春。
> 云霞一已绝，宁辨汉将秦。[2]

---

[1]《北周诗》卷3。
[2]《陈诗》卷5。

山斋是对"精庐""静室"的继承。这样说是因为，山斋不仅属于自然格局，根据"烧香披道记，悬镜厌山神"的记述，还可以把整体视为隔绝俗世的空间。"斋舍"位于山中，是斋戒的场所，而"郡斋"代表地方的官舍，两者大约从南朝宋谢灵运开始融为一体。谢在永嘉郡斋中作《斋中读书》(《宋诗》卷2，《文选》卷30) 诗云："既笑沮溺苦，又哂子云阁。执戟亦以疲，耕稼岂云乐。万事难并欢，达生幸可托。"既讥笑了汲汲于官场的扬雄，又嘲笑了顽固不化的隐士长沮和桀溺，希求以"达生"来调和出仕和归隐之间的矛盾。降至唐代，"郡斋诗"开始被大量创作，如中唐诗人韦应物（737？—791？）的"自惭居处崇，未睹斯民康。理会是非遣，性达形迹忘"(《郡斋雨中与诸文士燕集》，《全唐诗》卷186) 以及"似与尘境绝，萧条斋舍秋。寒花独经雨，山禽时到州。清觞养真气，玉书示道流。岂将符守恋，幸已栖心幽"(《郡中西斋》，《全唐诗》卷193) 等[1]，诗中皆有六朝以来"山斋"的印迹。

　　据上可知，"山斋"即隐逸之地，是对道教之宗教化修行场所"精庐"等的继承，渐渐地，原本作为官舍的"郡斋"被视为隐居地的观念也流行起来。即是说，形成了身在官场心超世俗的隐逸方式。这在处世观上是一个重要的转折点。[2]

---

[1] 吉川忠夫：《白居易的仕与隐》(「白居易における仕と隠」)，《白居易研究讲座》I，勉诚社，1993年；赤井益久：《关于郡斋诗》(「郡斋诗について」)，《国学院中国学会报》第41卷，1996年。
[2] 砂山稔：《韦应物与道教》(「韋応物と道教」)，《隋唐道教思想史研究》，平河出版社，1990年。

白居易提倡"中隐",其诗曰:"贱即苦冻馁,贵则多忧患。唯此中隐士,致身吉且安。穷通与丰约,正在四者间。"(《中隐》,《全唐诗》卷445)该诗与作于长庆二年杭州刺史任上的《郡亭》诗思想旨趣相同。由此可知,"郡斋""郡阁""郡亭"负载着"静室""精庐"的功用。白居易《郡亭》云:

平旦起视事,亭午卧掩关。除亲簿领外,多在琴书前。
况有虚白亭,坐见海门山。潮来一凭槛,宾至一开筵。
终朝对云水,有时听管弦。持此聊过日,非忙亦非闲。
山林太寂寞,朝阙空喧烦。唯兹郡阁内,嚣静得中间。[1]

七、方寸虚

通过身边的小风景感受大自然,通过小空间领略宇宙,这给居住于其间的世人之心中如壶中的观念提供了依据。怀抱"宇宙"(大自然)→"小风景"→"身体"→"心中"这一观念,"小风景""身体""心中"又成为"壶中",由此一来,"身体"和宇宙融为一体,形成一种"套装结构",然后便能置身于舒适的空间内。嘴唇发出的"长啸"连接身体内外,与此相类,居室的窗边(小风景)成为勾连宇宙和身体的门户。这一情形在诗歌中亦有所表现,如中唐刘禹锡(772—842)《送僧诗》,其序文曰:"梵言沙门,犹华言去欲也。能离欲则方寸

---

[1]《全唐诗》卷431。

地虚，虚而万象入，入必有所泄，乃形乎词。"[1]又如，白居易云："宅小人烦闷，泥深马钝顽。街东闲处住，日午热时还。院窄难栽竹，墙高不见山。唯应方寸内，此地觅宽闲。"（《题新昌所居》，《全唐诗》卷442）"仪容白皙上仙郎，方寸清虚内道场。两翼化生因服药，三尸卧死为休粮。醮坛北向宵占斗，寝室东开早纳阳。尽日窗间更无事，唯烧一炷降真香。"（《赠朱道士》，《全唐诗》卷449）；等等。

可以说，道教因素在树立精神的独立性和优越性方面具有前导之功。这与道教由外丹向"内丹"发展的演变趋势步调一致。唐传奇《杜子春》记叙道士炼制丹药时，要求杜子春"忘记"在其心中锤炼着的喜、怒、哀、惧、恶、欲、爱。总之，这则故事告诉我们，锤炼于心中的仙药正是指引我们通往仙界之法门，其思想基础是认为"方寸虚"中能够包孕仙界。

结语

中国文学由于与道教的遇合而变得丰富起来，其特色可以归纳为以下几点：一、开始设想"长生不死"的神仙世界，构想超越现实的世界。二、在领悟宇宙、自然之际，能够用身体去感性地把握。三、成为自然观、处世观之格局发生变化的契机。

---

[1] 检《全唐诗》卷357和《刘梦得文集》卷7可知，该序文出自《秋日过鸿举法师寺院便送归江陵》。——译者注

谢灵运文学世界中的道教背景[1]

[日]北岛大悟著
裴亮译

一、前言

谢灵运的山水描写具有一些前人作品中所难以见到且别具一格的表现方法,故而一直以来他多被后世冠以"山水诗人"之名。[2]然而,他的诗作却并不只是对山水进行单纯的描写。特别是他后半生所创作的诗歌中,在歌咏山水的同时以其思想性为背景来描写和表现内心心境的作品也为数众多。[3]正因如

---

[1] 北島大悟:謝霊運における道教の背景,『筑波中国文化論叢』23(2003):97-110.
[2] 谢灵运的作品被称为山水诗的典型用例是白居易的《读谢灵运诗》:"谢公才廓落,与世不相遇。壮志郁不用,须有所泄处。泄为山水诗,逸韵谐奇趣。大必笼天海,细不遗草树。岂惟玩景物,亦欲摅心素。往往即事中,未能忘兴谕。因知康乐作,不独在章句。"
[3] 从思想层面论述谢灵运的代表性论文有:福永光司:《谢灵运的思想》(「謝霊運の思想」),《东方宗教》,1985年第13、14号;平野显照(平野顯照):《谢灵运文学作品当中的佛教渗透》(「謝霊運の文学に対する仏教の浸透」),《大谷学报》,1964年第43卷第3号;大川富士夫:《谢灵运与佛教》(转下页)

此，他作品中的山水表现往往也并非单纯地写景叙景，亦可将其视为立足于某种思想根基之上的文学表达。那么，能成为谢灵运文学创作之根基的究竟是何种思想呢？迄今为止，前辈学者已从老庄思想、佛教影响等视点对这一问题进行了多种研究考察。事实上，如果翻阅一下《世说新语》等著作，我们很容易知晓在谢灵运所生活过的东晋至刘宋时期，上流阶层的人们大都不仅对"老子、庄子、易经"之所谓三玄兴致盎然，而且对佛教也抱有浓厚的兴趣。

谢灵运亦是如此，对三玄和佛教都表现出强烈的关注。这一点无论是从他的交友关系还是从其《辨宗论》等著作中都表露无遗。然而，在当时的上流阶层中所流行的并非只有三玄和佛教。事实上，相比于前两者而言，道教在当时有着更为深广的影响。很多上流阶层的人们大都醉心于道教，祈求长生不老，憧憬传说中的仙人，甚至还亲身尝试修身炼丹等道法修行。

在谢灵运的文学作品中，我们也能清晰地看到当时的道教

（接上页）（「謝霊運と仏教」），《东洋史学论集》第七集《中国的宗教与社会》，1965年；木全德雄：《谢灵运的〈辨宗论〉》（「謝霊運の「弁宗論」」），《东方宗教》第30号；中西久味：《谢灵运与顿悟》（「謝霊運と頓悟」），《森三树三郎博士颂寿纪念东洋学论集》（『森三樹三郎博士頌寿記念』），朋友书店，1979年；矢渊孝良（矢淵孝良）：《谢灵运山水诗的背景》（「謝霊運山水詩の背景」），《东方学报》第56号，1984年；衣川贤次（衣川賢次）：《谢灵运山水诗论——山水中的体验与诗》（「謝霊運山水詩論——山水のなかの体験と詩——」），《日本中国学会报》第36号，1984年；鹈饲光昌（鵜飼光昌）：《谢灵运的〈佛影铭〉——其佛教思想及山水表现的萌芽》（「謝霊運の「仏影銘」について——その仏教思想と山水表現の萌芽——」），《文艺论丛》第31号，1988年等。

思想对其创作的影响。或者更进一步来说，谢灵运自出生之日起就处于一个道教的环境中，在其氛围的熏陶下滋养成长。而且，能够显示他与道教有着密切渊源的文献资料也大都得以流传至今。有鉴于此，本文将梳理谢灵运文学作品中的道教式生活体验，并将其视作重要的文学背景之一而加以研究和考察。

二、谢灵运出生传说

谢灵运与道教的关联性甚至可以追溯到他出生之时。在《诗品·上品》与谢灵运有关的条目中有如下记载[1]：

> 初，钱塘杜明师，夜梦东南有人来入其馆。是夕，即灵运生于会稽。旬日而谢玄亡。其家以子孙难得，送灵运于杜治养之。十五方还都，故名客儿。

虽然这则传闻轶事中说谢灵运出生后不久谢玄便猝然离世，但事实上谢玄的去世是到谢灵运四岁之时才发生的事情。[2]因而，我们或许可以认为这一记载乃是混淆了谢安与谢玄的一种误记。因为曾经位及宰相的谢安恰好在谢灵运出生之

---

[1] 同样的内容在刘敬叔的《异苑》卷7当中也有记载，且多被视为《诗品》的出典。

[2] 从《晋书》卷79谢玄传等记载来看，太元十三年（388）46岁卒，与《诗品》的记载不一致。并与《宋书·谢灵运传》中"我乃生焕，焕那得生灵运！"谢玄为谢灵运的出生而喜悦的记载相矛盾。叶笑雪《谢灵运诗选》（古典文学出版社，1957年）中论及"司马光《资治通鉴》及《晋书·谢玄传》都说太元十三年正月，玄死于会稽，时灵运已四岁。据《通鉴》的记载，谢安卒于太元十年八月二十二日，恰好与钟嵘的说法相合，可证钟嵘记错了人"，而提出了谢安之说。此处依据此说。

年离世，所以谢灵运被视为他的再生转世也就顺理成章了。谢灵运四岁之时（谢玄死后）被交托于钱塘杜明师照料，15岁之前都在其道观[1]中接受教养。

关于谢灵运所受教的钱塘杜明师，《诗品集注》（上海古籍出版社，1994年）中转引了唐代陆龟蒙《小名录》（下卷）中"明师名昺，字子恭。性敏悟，宗事正一，少参天师治箓"的记载。也就是说，杜明师亦即杜昺，字乃子恭。而杜子恭之名，也见于《宋书》卷100自序中，据记载是位受到上至上流阶级下至普通民众广泛支持的宗教人物。[2]

张君房《云笈七签》第110卷中关于杜明师的记载则更为详细。[3]其中，《洞仙传》之后所收录的总计77部传记之中，就有一位名杜昺、字叔恭的人物传记。此外，王悬河《三洞珠囊》卷一中所引的南朝陈马枢《道学传》[4]中也收有

---

[1] 关于"治"，《诗品》钟嵘自注，"治，音稚，奉道之家之靖室也"。本来"治"指统辖信者与教团的教区，"靖室"为举行宗教仪式的建筑，并非教育儿童的场所。因此，可以认为杜明师是在后世被称为"道观"的教区中心部对谢灵运进行的教育。

[2]《宋书·自序》记载："初，钱唐人杜子恭通灵有道术，东土豪家及京邑贵望，并事之为弟子，执在三之敬。警累世事道，亦敬事子恭。"

[3] 关于杜明师的记述，参照：前田繁树（前田繁樹）《杜子恭及其后裔》（「杜子恭とその後裔」），《东方宗教》第102期，2003年；宫川尚志（宮川尚志）《中国宗教史研究 第一》第七章"孙恩、卢循之乱"，同朋舍，1983年。

[4]《道学传》是佚书。陈国符《道藏源流考》（中华书局，1949年）作为附录收录了《道学传辑佚》，文中援引了《云笈七签》中"杜昺，字子恭，及壮，识信精勤，宗事正一，少参天师治箓，以之化导，接济周普，行已精洁，虚心拯物，不求信施，遂立治静，广宣救护，莫不立验也"的记载。本文参考了此文关于杜明师的相关记载。

名为杜炅（字子恭）之人物的传记。其字与《宋书》之记载相一致。此外，《洞仙传》与《道学传》中所述内容有很多相通之处。由此可以推测，"杜昊""杜昺""杜炅"三名所指应为杜明师同一人。

杜明师又是何许人？关于杜明师与道教之关系，《洞仙传》中有如下传闻记载：

> 杜昺，字叔恭，吴国钱塘人也。年七八岁，与时辈北郭戏，有父老召昺曰：此童子有不凡之相，惜吾已老，不及见之。昺早孤，事后母至孝，有闻乡郡，三礼命士，不就。叹曰：方当人鬼淆乱，非正一之炁，无以镇之。于是师余杭陈文子，受治为正一弟子。救治有效，百姓咸附焉。后夜中有神人降云，我张镇南也。汝应传吾道法，故来相授诸秘要方、阳平治。昺每入静烧香，能见百姓三五世祸福，说之了然。章书符水，应手即验。远近道俗，归化如云，十年之内，操米户数万。

杜明师因感叹其世常使死者灵魂混乱，故心怀安魂镇灵之志而入道，且在这条道路上充分施展了他的才能。或许是为了凸显其才能，据传张鲁曾于夜中降临并将道法秘术与阳平治传授予他。此传说可谓是在这灵魂混乱之世，抑或是说在这个没人能够执掌祭祀之世，自己才是能够真正担纲正统祭祀之职的一种宣言。而且，由张鲁亲自传授秘术与阳平治之说，乃是为了强调其秘术及教养是以上古之天师道为其始祖的。[1]阳平治是张鲁传道的发源地与根据地，这也可以说是一种主张天师道之正统地位的表现。而杜明师作为天师道的正统传人，在当时不仅是一位因种种秘术而获得众多支持的有道高人，实际上也是东晋当时拥有最大影响力的宗教家。[2]

三、杜明师与谢氏

杜明师与谢氏一族有着很深的渊源。这段关系在《洞仙传》当中也有相关记载：

> 晋太傅谢安，时为吴兴太守，见黄白光，以问昺。昺曰：君先世有阴德于物，庆流后嗣，君当位极人臣。

谢安目睹了超自然现象而求教于杜明师之时，杜明师为其解读并对他的将来进行了预言。其后，谢安果然当上了太傅，预言也得以应验。此外，杜明师还给谢灵运的祖父谢玄在战前

---

[1] 其他关于杜明师祭祀的记载，比如《道学传·杜昺传》有"为人善治病，人间善恶皆能预睹。上虞龙稚，钱唐斯神，并为巫觋，嫉昺道王，常相诱毁。人以告昺，昺曰：非毁正法，寻招冥考。俄而稚妻暴卒，神抱隐疾，并思过归诚，昺为解谢，应时皆愈。神晚更病，昺语曰：汝藏鬼物，故气祟耳。神即首谢，曰：实藏好衣一箱。登取于治烧之，豁然都差"。显示出比民间信仰有着更高的地位，可以说是证明杜明师的道法是正统道法的有力论据。

[2] 东晋末掀起最大规模农民起义的领袖之一是孙恩。《晋书》卷100之《孙恩传》中记载："孙恩，字灵秀，琅玡人，孙秀之族也。世奉五斗米道。恩叔父泰，字敬远，师事钱唐杜子恭。"由此可知，孙恩的叔父孙泰是杜明师的信徒。孙泰、孙恩在杜明师死后继承了一部分教团，从其能引起大规模起义之信徒数量来看，杜明师教徒的总体数量则要更多。

预测了淝水之战的战果：

> 苻坚未至寿春，车骑将军谢玄领兵伐坚，问以胜负。昺云：我不可往，往必无功；彼不可来，来必覆败，是将军效命之秋也。坚果散败。

太元八年（383），时任京口北府军统帅的谢玄，在淝水之战中大败前秦苻坚之军。[1]据以上记载可知，杜明师也提前洞悉了这场战役的胜利。

《洞仙传》中除了以上两则问答以外，还有关于杜明师为陆纳、桓温等人进行预测的记载，而且无一例外得以应验。[2]这些事例虽然向我们展示了杜明师秘术之一的预言术之灵验，然而更为重要的是显示出他不仅与当时的上流人士交流往来，而且深得众人信赖。这些交流与信赖也从侧面显示出杜明师在当时所拥有的影响力。正是在其强大的社会影响之下，杜明师才有机会向谢安及谢玄传达自己的预言。基于这种关联与考量，谢氏一族在当时信奉杜明师之天师道的可能性则极大。

---

［1］《晋书》卷9《孝武帝纪》中孝武帝纪之太元七年的相关记述中载："八月，苻坚帅众渡淮，遣征讨都督谢石、冠军将军谢玄、辅国将军谢琰、西中郎将桓伊等距之"及"冬十月，苻坚弟融陷寿春。乙亥，诸将及苻坚战于淝水，大破之，俘斩数万计，获坚舆辇及云母车"。另外，《晋书·谢玄传》中也有淝水之战中谢玄战功赫赫的记载。

［2］关于陆纳的预言："尚书令陆纳，世世临终而并患浸淫疮，纳时年始出三十，忽得此疮。昺为奏章，云：令君大厄得过。授纳灵飞散方，纳服之，云：年可至七十。"关于桓温的预言："大司马桓温北伐，问以捷不？昺云：公明年三月专征，当挫其锋。温至坊头，石门不开，水涸粮尽，为鲜卑所摄。"

此外,《道学传》中关于王羲之的临终之景况有如下记载:

> 王羲之有病,请杜炅。炅谓弟子曰:王右军病不差,何用吾为。十余日而卒。

据此记载可知,杜明师擅长医术并与王羲之有过交流,还曾预言了王羲之之死期。而王羲之家族不仅世代都为天师道忠诚的信奉者,而且王羲之与道士许迈有着很深的交谊也是众所周知的。[1]而事实上,谢氏一门与王羲之一族之间又有着姻亲关系。关于谢灵运的母亲刘氏,在张彦远的《法书要录》卷二所引虞龢《论书表》中有"谢灵运母刘氏,子敬之甥。故灵运能书,而特多王法"的文字记载。因而谢灵运之母乃是王献之之外甥女,也就是王羲之的外孙女。此外,谢玄之姐谢道韫嫁给了王羲之的次子王凝之。[2]当时,杜明师得到了谢、王两家深厚的信赖。这也正是后来谢灵运被视为谢安转世并由杜明师亲自教养之说广为流传却不觉突兀的环境条件。

那么,谢灵运在杜明师门下究竟受到了何种影响呢?

---

[1] 关于王羲之与许迈关系,《晋书》卷80《王羲之传》云:"羲之既去官,与东土人士尽山水之游,弋钓为娱。又与道士许迈共修服食,采药石不远千里,遍游东中诸郡,穷诸名山,泛沧海。"此外,从"王氏世事张氏五斗米道,凝之弥笃。孙恩之攻会稽,僚佐请为之备。凝之不从,方入靖室请祷,出语诸将佐曰:'吾已请大道,许鬼兵相助,贼自破矣。'既不设备,遂为孙所害"的相关记载可判断王羲之家族都是杜明师信徒。
[2] 关于谢道韫,《晋书》卷96《烈女传》中载其为王凝之之妻,云"王凝之妻谢氏,字道韫,安西将军奕之女也"。谢奕为谢玄的父亲。王凝之是王氏家族中最热心的天师道信徒,可以推论,谢氏王氏与天师道有着密不可分的关系。

首先，在被交托于杜明师教养之前，谢灵运的家庭环境本身其实就已经具有浓厚的天师道氛围。正如前文所述，谢灵运出生之前其家庭已经受到了杜明师的影响。因谢灵运乃是"钱塘杜明师，夜梦东南有人来入其馆"之后所生，故而在杜明师看来，谢灵运或许也是一个有着深厚神道机缘的人物。

杜明师所创道教一直被认为是继承了天师道之正统的一派。[1]虽然不像东晋前期的葛氏道、上清派那样有着明确的教派特征，但是无论是祭祀、祈祷等基础性的道教活动还是东晋时期得以发展的神仙秘术等当时流行的道教仪式，他都无一遗漏地全部保持下来。[2]而这对于谢灵运来说，则是能广泛摄取最基本道教要素的绝好环境。进一步而言，我们或许可以由此推测谢灵运不仅精通纯粹的天师道教义，也对杜明师所吸收的其他教派的情况有所涉猎，对其思想也有所把握。

四、对谢灵运人生的影响

虽然，谢灵运15岁之时便离开了杜明师而移住至建康，但在杜明师执掌的道观中长大成人的经历不仅反映在谢灵运的

---

[1] 宫川尚志《中国宗教史研究》引用了前注中所述文章并指出"根据《道学传》可知，杜明师正是天师道正统的教头"。

[2] 关于杜明师秘术的其他记载，《晋书·孙恩传》中有"而子恭有秘术，尝就人借瓜刀，其主求之，子恭曰：'当即相还耳。'既而刀主行至嘉兴，有鱼跃入船中，破鱼得瓜刀。其为神效往往如此"。这里记载的秘术可以说是文中的预言能力一类的仙术。另外，《真诰》卷19记载，元嘉六年上清派的道士许黄民曾带着上清派的经典移到钱塘的杜治。这显示了与其他教派的交流，也就是说谢灵运在当时很有可能学习了除天师道的教义以外的其他宗教教义。

性格和行动上,而且对其之后的人生也产生了深远的影响。

其影响的表现之一就是在他移住建康后不久,便开始与当时著名的佛教僧侣慧远开始了频繁的交流。谢灵运为慧远的德高望重所吸引而对其心生敬佩之意的相关记载则可见于《高僧传》卷6。[1] 由于最终没能成为慧远的入门子弟,谢灵运在慧远仙逝后所写的《庐山慧远法师诔》中有过如下表白:

> 予志学之年,希门人之末。惜哉,诚愿弗遂,永违此世。

虽然,当时以东晋大族的有望青年之身去出家入道这件事自然不被允许。但在此之后,谢灵运仍然与慧远及其门人一直保持着持续的交流往来。

论及此,我们还不得不考虑的问题是,就在谢灵运移住建康的那年,他还对佛教产生了兴趣。这在某种程度上也可以说是由于他从4岁到15岁一直在杜明师的教区接受教育,其精神深处深深地烙印上了宗教式的思维与感性的影响。换句话说,正是因为在杜明师身边成长受教,谢灵运才形成了对宗教的浓厚兴趣。

关于青年时期的谢灵运,《宋书》卷67之谢灵运传中有如下记载:

> 性奢豪,车服鲜丽,衣裳器物,多改旧制,世共宗之,咸

---

[1]《高僧传》卷6《慧远传》载云:"陈郡谢灵运负才傲俗,少所推崇,及一相见,肃然心服。"

称谢康乐也。

或许因为谢灵运对最奇绝、最新式的事物有穷追不舍的性格，因而，无论是作为当时思想先端的道教与佛教还是这些宗教所特有的礼仪、建筑、装束等对幼年时期的谢灵运所产生的重大影响，我们绝不可视而不见。

在刘宋王朝更迭之后，谢灵运对宗教思想的关注与倾心也一以贯之。武帝（刘裕）薨逝之后，谢灵运在与其近臣徐羡之、傅亮等势力的政治斗争中落败，被贬为永嘉郡太守。在此之际，他与众多文化名流就佛教与儒教教义之差异所展开的相关思想论争，其后都记载于《辨宗论》而得以传世。[1]

一年之后，谢灵运便辞去了永嘉太守之职。归隐故乡始宁之后，为了招揽昙隆、法流法师而修建精舍，过起了与著名隐士王弘之、孔淳之等往来交谊的隐居生活。[2]也正是在这个时期，在以《山居赋》为代表的这一系列以谢灵运的田园生活为模型而创作的诗作中，山水描写与思想抒发并重的作品非常引人注目。[3]抽身政坛、远离政界的归隐，与隐士僧侣的往来交

---

[1]《辨宗论》收录于《广弘明集》。

[2] 昙隆、法流法师的名字也见于《山居赋》。另，谢灵运有作品《昙隆法师诔》传世。王弘之、孔淳之二人皆为会稽附近居住的隐士。《宋书》卷94《隐逸传》收录了二人的事迹，从王弘之叔父为王献之的记述来看，与谢灵运有血缘关系的可能性很大。

[3] 正如《山居赋》开头所述："谢子卧疾山顶，览古人遗书，与其意合，悠然而笑曰：夫道可重，故物为轻；理宜存，故事斯忘。古今不能革，质文咸其常。合宫非缙云之馆，衢室岂放勋之堂。迈深心于鼎湖，送高情于汾阳。嗟文成之却粒，愿追松以远游。嘉陶朱之鼓棹，乃语种以免忧。判身名之（转下页）

流，修行精舍的修建等，谢灵运俨然过起了思想家式的生活。此外，成为中断谢灵运隐居生活之导火索的与会稽太守孟𫖮的意见争执，也是缘于思想见解不同而导致的结果。[1]

综上所述，谢灵运的行为与性格之中都有非常明显的宗教思想之倾向。而这一切的源头，最终都可以追溯到他在杜明师身边的那段时期所受到的各种影响。

五、时人眼中的谢灵运形象

此外，还有一个重要的事实，谢灵运幼时的小名为客儿，因而后世也有人称其为谢客儿。[2]这也显示出当时谢灵运与杜明师及天师道的密切关系早已为世人所熟知。可见，谢氏名门之出身与杜明师门下寄养之经历，在当时都被同等地看重。而这两者都密切影响到了当时世人对谢灵运本人及其作品的印象。无论是谢灵运内在所受的思想影响本身，还是外在的同时

（接上页）有辨，权荣素其无留。孰如牵犬之路既寡，听鹤之途何由哉。"这里不仅仅描写了山居景观，也有表现自己思想主张和态度的倾向。这一时期，前半部分情景描写、后半部分表现思想的抒情部分的作品较多。

[1] 关于与孟𫖮的政治斗争，《宋书·谢灵运传》记载如下："太守孟𫖮事佛精恳，而为灵运所轻，尝谓𫖮曰：'得道应须慧业文人。生天当在灵运前，成佛必在灵运后。'𫖮深恨此言。会稽东郭有回踵湖，灵运求决以为田，太祖令州郡履行。此湖去郭近，水物所出，百姓惜之，𫖮坚守不与。灵运既不得回踵，又求始宁岯崲湖为田，𫖮又固执。灵运谓𫖮非存利民，正虑决湖多害生命，言论毁伤，与𫖮遂构仇隙。"谢灵运对于自己宗教优越地位的态度是与他受其出生之传说的影响相关联的。

[2] "谢客"最早记载于钟嵘《诗品》序或梁简文帝的《与湘东王书》。此外，这个名字在唐代诗文中也多有出现，可见谢灵运与道教的关系在六朝之后已然众所周知。

代读者心中所怀谢灵运之形象，对于谢灵运作品的接受问题而言，都是不容忽视的重要因素。

《诗品》中品的谢惠连条目中还记载了有关谢灵运诗作的轶事：[1]

《谢氏家录》云："康乐每对惠连，辄得佳语。后在永嘉西堂，思诗竟日不就。寤寐间忽见惠连，即成'池塘生春草'。故尝云：'此语有神助，非吾语也。'"

谢灵运在与从弟谢惠连共处时多有妙语佳句。曾有苦恼于创作时，因得神助而在梦中与谢惠连相遇，因此而偶得"池塘生春草"之佳句。这便是《登池上楼》中的诗句，与其对句"园柳变鸣禽"一同作为经典名句流传后世。[2]这一轶事也表明谢灵运意识到其诗作以及创作过程中无不交织着他的宗教经验。这段梦中得诗的轶事或许是谢灵运在自己出身之传说的潜意识影响下而神化地自我表达，但当时的读者并不单单把这段轶事看作谢灵运本人的一个经历，而是由此进一步感知到了谢灵运作品中深层的宗教色彩。

其时，贵族阶层对道教大都怀有浓厚的兴趣。尽管如此，

---

[1]《南史》卷19《谢惠连传》中也收录了与《谢氏家录》相同的内容。
[2]《登池上楼》全诗如下："潜虬媚幽姿，飞鸿响远音。薄霄愧云浮，栖川怍渊沉。进德智所拙，退耕力不任。徇禄反穷海，卧疴对空林。衾枕昧节候，褰开暂窥临。倾耳聆波澜，举目眺岖嵚。初景革绪风，新阳改故阴。池塘生春草，园柳变鸣禽。祁祁伤豳歌，萋萋感楚吟。索居易永久，离群难处心。持操岂独古，无闷征在今。"

谢灵运这段在获得了从贵族到平民阶层的广泛支持的道士门下度过了幼年时期的成长经历，在当时可以说仍然是罕见的。即使在六朝著名诗人当中，也很难见到其他人有在道观抑或是寺庙等宗教设施中成长的特异经历。正因为如此，与同时代的一般贵族相比，道教无疑给予了谢灵运更为深刻的影响。谢灵运与道教的关系可以说是根源性的，而进一步从道教的视角来解读谢灵运的作品也将是今后研究的重要课题。

唐代诗人与道教
——以李白为中心[1]

[日]土屋昌明著
裴亮译

  历来的唐代文学研究在注重对其文学传统进行考察的同时，也积极从文学创作活动与政治环境、文化背景（例如科举与行卷等）之关联等视角展开研究。与之相呼应，文学作品及其创作过程中宗教背景的重要性也随之获得研究者的广泛重视。虽然，海外学界已经陆续发表了对文学与佛教、道教之关系的整体性进行考察的研究论文。然而不得不承认的是，日本学界在此学术领域内仍然没有产生代表性的学术成果。尤其是在文学与道教之关系研究方面，这一问题表现得更为严重。即便偶有言及道教背景，也大多存在将其笼统地视为"神仙思想"或以"道教特色"为中心来展开一般性论述的倾向，却往

---

[1] 土屋昌明：唐代の詩人と道教——李白を中心に,『筑波中国文化論叢』23（2003）：27-53.

往忽视了唐代道教发展的多样化与个别性。[1]

---

[1] 近年来以道教与唐代文学为主题展开的研究，有如下代表性的著作。葛兆光的《想象力的世界》（现代出版社，1990年）在其前著《道教与中国文化》（上海人民出版社，1987年，坂出祥伸监译，东方书店，1993年）的基础上进一步论述了唐代文学与道教的密切关联。该著第三章例证了道观为文人们的精神性超越与心理性修养提供了良好的场所，并将文人与道教之关系分类为从厌世观而发展为对道教怀有兴趣以及对道教产生信仰两个类别。第四章则论述了道教的想象给予了唐诗天真烂漫的浪漫主义色彩，而以安禄山之乱为分界点，这种色彩则由幻想性转变为逃避式。第六章则指出步虚词为五代以后发展起来的文人之"词"给予了较大启发。总而言之，道教虽然给文学带来了浪漫主义的色彩，但中唐以后随着儒学的复兴与禅佛教的兴盛，道教式的想象力也不得不随之衰减。詹石窗的《道教文学史》（上海文艺出版社，1992年）在第二编中专门讨论了唐代的道教文学。其第一章主要介绍了孙思邈、张氲、司马退之、叶法善、张果、吴筠等道士的诗歌作品。第二章则论述了著名诗人与道士之交游关系以及与道教的关联性。第三章介绍了女冠、施肩吾的诗作。第四章介绍了白居易、李贺、李商隐创作的与道教有关联的诗作及其特色。第五章梳理了各种唐传奇中所见道教的神仙式人物及其氛围，指出这些神仙传记为传奇小说的创作提供了素材和元素。李丰楙在《忧与游》（中国台湾学生书局，1996年）中梳理了唐人游仙诗并对女冠进行了系统研究，而该作者的《误入与谪降》（中国台湾学生书局，1996年）则考察了孟郊的《列仙文》以及西王母与神仙传说在唐代的流传与接受情况，这都是将唐代文学放置在同时代的道教文脉之中进行具体论述的重要成果。此外，关于游仙诗的研究值得一提的还有颜进雄的《唐代游仙诗研究》（中国台湾文津出版社，1996年）。葛兆光的《中国宗教与文学论集》（清华大学出版社，1998年）综述了战后中国发表的关于宗教与文学关系的研究情况，提出了从诸如隐喻、语汇、句法等宗教言语的独特性以及道观所具有的"自由空间"意义等角度展开研究的必要性。第一章"体验与幻想"主要从宗教神秘体验获得感悟的方式以及从神秘幻想获得慰藉的方式入手对中国宗教的特征进行了归纳，指出了宗教经验对中国文学的渗透。第二章将佛教视为一种声音主义（"不立文字"），将道教视为一种书写主义（"神授天书"），论述了道教不断扩大信徒与文字之间距离的方式，也就是向远古回溯从而将道教神秘化的过程。而佛教则正好相反，所谓"不立文字"也就是否定文字而视声音至上，相比于过去更为重视此在。诸如李白、李商隐等对道家持有兴趣的文人大都经常使用既神秘又古旧的词汇，创作出晦涩难解具有复古色彩的文学作品。反之，像白居易这样的容易理解的诗人则往往多受佛教文字观念的影响。第三章则在第二章理论假设的前提之下，列举了"碧落""灵风""金蕤"等具体的用例考证了佛教与道教的语言传统及其对中国古典诗歌的（转下页）

与此同时，在近年的唐代道教研究领域，政治史与思想史方面的研究也极为兴盛。就前者而言，相关的研究成果主要涉及国家对道教的管理、道教对政治的影响、道教活动与重玄学之关系等问题。至于后者，在诸如重玄思想研究、吴筠以及司马承祯等重要道士的思想研究、佛道教的对立与融合问题等研究领域也都发表了众多学术成果。而在此研究脉络中，无法对一些不能进入思想史著作视野的普通道士的生存方式、道法与仪式进行实际而有效的研究，却也在所难免。故而，由此问题点出发而对道士的位阶以及具体的道法仪式展开研究，在最近的学界中显得异常活跃。

正因如此，在对唐代文学与宗教特别是与道教之关联进行研究时，亟待我们对思想史与政治史视角下所展开的道教研究成果进行充分吸收的同时，也将最新的仪式与位阶研究的相关

（接上页）影响。孙昌武的《道教与唐代文学》（人民文学出版社，2001年）其第一章首先介绍了唐代的炼丹术的盛况以及文人们以炼丹、服药为主题创作的诗作，并讨论了这些作品中炼丹成了一种生活方式与人生观念的隐喻这一特点。进而论述了佛教史上的"禅"与道教史上的"内丹"的产生都源自一种同质性的对于心性重视的思想。第二章从唐代道教神仙思想的特征、神仙观念的世俗化与仙境的艺术化等方面展开论述，并选取李白、李贺、白居易与李商隐等典型性的例子进行个案研究。第三章则总体概述了宫观数量和名称、道士和道观的规模、道观的功能、朝廷对道观的管理以及道教的研究状况。第四章则论述了"三教调和"的社会背景以及"三教调和"思潮对文学创作的影响。此外，还有黄世中的《道教与唐诗》（漓江出版社，1996年）。就英文方面的代表性研究而言，薛爱华（Edward H. Schafer）与柯睿（Paul W. Kroll）二人的一系列研究都十分重要。就日本国内而言，较早高举"茅山派（上清派）"的术语来解读诗作的论文代表性的有森濑寿三（森瀬寿三）《李贺诗道教的侧面》（「李賀詩の道教の側面」）（首刊《日本中国学会报》第28辑，其后收入《唐诗新考》（『唐詩新攷』），关西大学出版社，1998年）。

成果纳入我们的学术视野。也就是说，试图在厘清与道教相关文学作品之个体背景的同时，将其放置在唐代社会与道教界的整体发展状况之中进行读解。[1]这也将为我们带来对作品之含

---

[1] 如果我们不是从"神仙思想"与"道教特色"等相对笼统的角度，而是结合当时道教的实际发展状况来更加具体地考察诗人及其作品与道教的关系的话，那么无论如何都不能忽视道教的地域性以及由具体代表性人物所带来的不同流派的独特性等因素。因此，需要避免随意地使用"正一派"（天师道）与"上清派"等流派（教派）术语。关于道教的流派问题，小林正美所著《唐代道教与天师道》（『唐代の道教と天師道』，知泉书馆，2003年）一书调查了唐代道教团体与道士的位阶制度以及受法的修习过程，揭开唐代的道教团体主要由天师道的道士构成，唐代的道教亦即天师道之道教的真相。作者在前言部分指出："到目前为止的很长一段时期内，学界都流传着一种误解，认为唐代的道教中有上清派、灵宝派、太玄派以及正一派等流派并存，其中尤以上清派为主流。"而小林氏的观点则认为，既然三洞的位阶制度都基于陆修静之"天师道"而设立，那么从逻辑上而言基于三洞的位阶发展而来的唐代道教全部都应归属于"天师道"则属理所当然。另一方面，本文所要强调的问题点则是道士们的个人特色及其地域性性格。故而，从来被随意使用的术语不仅没有了适用性，而且对小林氏所提及的"天师道"之术语也不得不慎重对待。比如，单纯地将李白的道教视为"上清派"的观点，即便不说受到"神仙思想"的影响而只是说他沉迷其中也都是有问题的。与之相反，如果认为唐代的道教都是"天师道"的话，那么李白及其诗友们的道教又该如何去形容？专门创造一个"天师道上清派"这样的专业术语肯定也是行不通的。笔者认为无论是道士还是诗人们，我们必须考虑到他们每一个个体的道法都有其自身的倾向与个性。比如，小林氏在论著中也提及玄宗时期道士张万福"昔尝游江淮吴蜀，而……唯专醮祭，夜中施设。近来此风少行京洛，良由供奉道士，多此中人，持兹鄙俗，施于帝里"（见《洞玄灵宝道士受三洞经箓法箓择日历》，《道藏》第32册，第184页）。此处明显可窥见，与"江淮吴蜀"地区的道士们有着不同身份认同的长安道士张万福所怀有的一种正统意识。而他所批判的道士之中有"薄解符章禁祝小技，出入天庭"之辈。这里言及的是对符咒等诅咒术之倾向较强的道法特别擅长的道士。且云"靖忌上禁祭酒、奏章设醮，元不及三洞上法"，这明显是在宣扬"三洞上法"的优越性地位。而张万福此处所列举的道法正有着古老天师道的特征。然而，事实上三洞的位阶制度本身就包含了这些道法经箓的传授谱系，从总体而言，此类道法处于劣势地位则也是理所当然。既然如此，张万福还要特别主张和强调其优越性，（转下页）

义与趣味进行再理解与再发现的可能性。在此基础上，我们或许才能进一步认识到道教所关涉的知识、经验与世界观对诗歌创作产生的作用，甚至对文学史所带来的划时代影响。

进一步来说，通过此类问题的考察成果对道教史研究领域的回馈与反哺，也有助于我们对原本未能进入思想史著作考察视野的普通道士、地域以及个人的存在状态进行研究。与此同时，由于作为诗歌创作主体之诗人本身就是当时道教活动的敏锐捕捉与表现者，所以从他们的言辞表达之中我们也可以获得当时关于道法的真实性与临场感。

限于篇幅，本文虽然无法对这一课题展开综合性的论述，但笔者试图以李白为个案来展开对这一系列问题的考察。李白作为一名对道教十分热衷的诗人而闻名于世，虽然在本课题中与其他诗人相比较而言，他或许不能称得上具有典型性。但他与道教之

（接上页）很显然是由于在他的眼里，相比于三洞之道法，从古老天师道衍生而来的道法具有更为广泛的影响力和接受度。而张万福所批判的那些与自己不同的"出入天庭"之道士们，虽说很显然并非针对特定的个体对象，但是最具代表性的人物则有受到睿宗和玄宗深厚尊崇的叶法善。据《旧唐书》卷191之《方伎传》记载，叶法善十分擅长斋醮法事。所以，这里的问题点并不在于叶法善到底持有何种位阶，而在于叶法善十分擅长斋醮之术这一个性化的特长。本文虽无法提出能够概括此问题的概念术语，但试图从此视点出来进行考察。关于张万福与叶法善之研究，可参见笔者拙文《与玉真公主相关的道士及玄宗时期的道教》（「玉真公主をめぐる道士と玄宗期の道教」）（收入福井文雅编《东方学新视点》（『東方学の新視点』，五曜书房，2003年，第319—342页）。而关于张万福的《洞玄灵宝道士受三洞经箓法箓择日历》，丸山宏在其论文《张万福的道教科仪学与唐代前半期的道教界》（「張万福の道教儀礼学と唐代前半期の道教界」）中有详细的论述。该文未发表，在此感谢丸山宏将其初稿给予笔者参考学习。

关系的深刻性,对于李白这一个体而言确是十分重要的。

一、道士之身份甄别——李白之流与焦炼师

为了考察诗人与何种道教有所关联,我们必须首先考虑诗人与道士的交游情况。而与之相关的,我们也必须对与诗人有交友关系的道士之真实身份进行甄别鉴定。在此基础之上,还需要考察这些道士从属于何种流派的道教,其所善道法又与诗人有何种关联。通过这一系列的探讨,以期对相关问题诸如传记的书写抑或作品的解释等研究有所影响。具体就李白研究而言,其《赠嵩山焦炼师并序》[1]中登场的焦炼师即为一例:

嵩丘有神人焦炼师者,不知何许妇人也。又云生于齐梁时,其年貌可称五六十。常胎息绝谷,居少室庐,游行若飞,倏忽万里。世或传其入东海,登蓬莱,竟莫能测其往也。余访道少室,尽登三十六峰,闻风有寄,洒翰遥赠。

二室凌青天,三花含紫烟。中有蓬海客,宛疑麻姑仙。道在喧莫染,迹高想已绵。时餐金鹅蕊,屡读青苔篇。八极恣游憩,九垓长周旋。下瓢酌颍水,舞鹤来伊川。还归空山上,独

---

[1] 关于本诗的考论较少,代表性的有后文将要提及的柯睿教授的相关论文以及继承其研究的柯素芝:《出世与神情》(*Transcendence and Divine Passion*),斯坦福大学出版社,1993年,第224—225页。另有笔者所译柯素芝的文章《规范与变异——唐代女道士生活中的身体与实践》(「規範と変容——唐代女性道士の生活における身体と実践」),文章收录于山田利明、田中文雄所编《道教历史与文化》(『道教の歴史と文化』,雄山阁出版社,1998年,第240页)。

拂秋霞眠。萝月挂朝镜,松风鸣夜弦。潜光隐嵩岳,炼魄栖云幄。霓裳何飘飘,风吹转绵邈。愿同西王母,下顾东方朔。紫书倘可传,铭骨誓相学。[1]

李白在序中言及此诗乃是在嵩山上为一位焦姓女道士而写。此处虽未指明焦炼师的姓名,但因其序中有"世或传其入东海,登蓬莱,竟莫能测其往也"之说明,因而一般多认为这位女道士并非李白在山中偶遇之一介无名道姑,而是闻名于世之人。诗中以优美的笔触描绘了焦炼师在山中的修行生活。而在诗的结尾,还将焦炼师比作西王母,表达了愿意拜入其门下的心情。

关于这首诗的写作年代,从序中"余访道少室,尽登三十六峰"之记载来看,此诗乃是李白隐居嵩山时期所作。[2]关于焦炼师其人,历来的批注者仅仅是提及了两个方面,一是李白同时期的其他诗人也同样作有题赠她的诗作,二是《广异记》中可见与焦炼师相似的人物记载。

在被视为题赠给同一位焦炼师之诗歌作品中,我们可列举出如下代表性的例证:

1. 李颀《寄焦炼师》:

得道凡百岁,烧丹惟一身。悠悠孤峰顶,日见三花春。
白鹤翠微里,黄精幽涧滨。始知世上客,不及山中人。

---

[1] 王琦注:《李太白全集》卷9,中华书局,1977年活字版,第508页。
[2] 安旗将该诗编入开元十九年(731)。参见安旗主编:《李白全集编年注释》,巴蜀书社,2000年。

仙境若在梦，朝云如可亲。何由睹颜色，挥手谢风尘。[1]

"三花"二字亦见于李白的诗作中，王琦援引《述异记》注云其意指少室山上一种树一年开花三次。所以，有研究认为李颀诗中的"孤峰"乃是嵩山的少室峰，"焦炼师"乃指嵩山之焦炼师。[2]又因为李颀曾长期居于洛南之颍水附近[3]，故而离焦炼师之道观较近。

2. 王昌龄《谒焦炼师》：

中峰青苔壁，一点云生时。岂意石堂里，得逢焦炼师。
炉香净琴案，松影闲瑶墀。拜受长年药，翩翩西海期。[4]

胡问涛与罗琴等学者认为这首诗为开元十一年（723）之前王昌龄青年时期所作。[5]然而，诗中"岂意石堂里，得逢焦炼师"一句，明显表现出了王昌龄虽仰慕焦炼师高名已久但一直未能得见之下突然偶遇的喜出望外的口吻。而由此推测，此诗应该并非青年时代之作，而是开元二十八年（740）赴任江宁丞职之际于洛阳拜会李颀之时所作[6]，如此推论或许更加稳妥。

---

[1]《全唐诗》卷132，中华书局活字版，1960年，第1339页。
[2] 例如王友胜在《李颀诗中人物形象简论》一文中指出李颀歌咏道士的诗歌非常之多，而提及此诗时只是指出焦炼师是当时著名的道士。载《唐代文学研究》第九辑，广西师范大学出版社，2002年，第217页。
[3] 傅璇琮：《李颀考》，《唐代诗人丛考》，中华书局，1980年，第88—102页。
[4]《全唐诗》卷142，中华书局活字版，1960年，第1440页。
[5] 胡问涛、罗琴校注：《王昌龄集编年校注》，巴蜀书社，2000年。
[6] 王昌龄于开元二十八年（740）赴任江宁丞一职之际于洛阳拜会李颀之事参见傅璇琮论文《王昌龄事迹考略》，载《唐代诗人丛考》第103—141页。

3. 钱起《题嵩阳焦道士石壁》：

三峰花畔碧堂悬，锦里真人此得仙。玉体才飞西蜀雨，霓裳欲向大罗天。

彩云不散烧丹灶，白鹿时藏种玉田。幸入桃源因去世，方期丹诀一延年。[1]

从诗题中的"嵩阳"一词可以判断，这里"焦道士"应该就是指的"焦炼师"。而"锦里"一词乃是成都的地名，由此可以推知焦炼师的出生地为四川成都。

4. 钱起《省中春暮酬崇阳焦道士见招》：

朝花飞暝林，对酒伤春心。流年催素发，不觉映华簪。
垂老遇知己，酬恩看寸阴。如何紫芝客，相忆白云深。[2]

因诗人以"垂老"自称，如果假定钱起的年龄在40岁前后，而以他生于710年左右来计算的话，这首诗的成诗时间则大约在天宝七年。

5. 王维《赠东岳焦炼师》：

先生千岁余，五岳遍曾居。遥识齐侯鼎，新过王母庐。
不能师孔墨，何事问长沮。玉管时来凤，铜盘即钓鱼。
竦身空里语，明目夜中书。自有还丹术，时论太素初。

---

[1]《全唐诗》卷239，中华书局活字版，1960年，第2671页。
[2]《全唐诗》卷237，中华书局活字版，1960年，第2632页。

频蒙露版诏,时降软轮车。山静泉逾响,松高枝转疏。
支颐问樵客,世上复何如。[1]

因诗中有地点"东岳"一词,可知焦炼师其时身处泰山。然而,据《汉武帝内传》所载"王母庐"为嵩山之所,如果与"五岳遍曾居"结合起来考量的话,可以理解为焦炼师虽曾居于嵩山但如今已云游至泰山。而"频蒙露版诏,时降软轮车"一句则表明焦炼师乃是奉天子之诏而出山,所以她也受到了来自皇室的尊崇。下一首王维诗中的"焦道士"也可与"焦炼师"视为同一人。

6. 王维《赠焦道士》:

海上游三岛,淮南预八公。坐知千里外,跳向一壶中。
缩地朝珠阙,行天使玉童。饮人聊割酒,送客乍分风。
天老能行气,吾师不养空。谢君徒雀跃,无可问鸿濛。[2]

如果说此诗作于王维在济州之时,那么焦炼师云游泰山的时期则大约在开元九年到开元十四年间[3],王昌龄则于开元二十八年拜会了焦炼师。尽管据钱起之诗可知焦道士于天宝年间仍然居于嵩山,但以上编年也仅仅是一种推测而已。无论谁对谁错,诗人们大约在距开元年间不远的时期内曾经与焦炼师相会。不仅如此,这些诗人之间本身也是同道好友而且相对而言

---

[1] 陈铁民:《王维集校注》,中华书局,1997年,第57页。
[2] 陈铁民:《王维集校注》,中华书局,1997年,第60页。
[3] 陈铁民:《王维集校注》附录《王维年谱》,中华书局,1997年。

都是对道教怀有较高的向往之心的诗人群体。就凭这一点而言，他们无疑与焦炼师有着很多共同语言。

而关于焦炼师本人的记载，《广异记》中收录了以下以资佐证的内容[1]：

> 唐开元中，有焦炼师修道，聚徒甚众。有黄裙妇人自称阿胡，就焦学道术。经三年，尽焦之术，而固辞去。焦苦留之。阿胡云，已是野狐，本来学术，今无术可学，义不得留。焦因欲以术拘留之。胡随事酬答，焦不能及。乃于嵩顶设坛，启告老君，自言：己虽不才，然是道家弟子，妖狐所侮，恐大道将黩。言意恳切。坛四角忽有香烟出，俄成紫云，高数十丈，云中有老君见立。因礼拜陈云，正法已为妖狐所学，当更求法以降之。老君乃于云中作法，有神王于云中以刀断狐腰。焦大欢庆。老君忽从云中下，变作黄裙妇人而去。

综合以上记载中出现的"开元年间""嵩山焦姓道士""聚徒甚众"而远近闻名这些条件来看，此处所言之焦炼师与本文前述诗人们笔下的焦炼师应为同一个人。而从跟随她的弟子多为妖狐则可想而知她的女弟子为数众多。

二、与神仙传记之关联

从以上列举的前人研究中所参考的文献资料来看，都没有

---

[1]《太平广记》卷 449 所引，中华书局，1961 年，第 3672 页。

提到焦炼师的名字。在此，我们先将焦点集中在道教文献之神仙传记中的焦姓部分。通过梳理，我们从《历世真仙体道通鉴后集》与《云笈七签》两部文献中可见玄宗时期以焦静真为名之女道士的相关记载。科罗拉多大学的柯睿教授基于同一时代的同名同姓之女道士这一点而认为两部文献中的女道士为同一人物[1]。

在对这两处文献进行具体比对之前，还有另外一部文献记载不容忽视。在蔡玮为纪念与颂扬玄宗皇帝之妹玉真公主在王屋山举行道教仪式之举而撰写的《玉真公主受道灵坛祥应记》（简称《祥应记》）中亦可见焦道士之名。[2] 根据相关文献记载，天宝元年（742）陈王府参军田同秀声称自己在京城永昌街空中见玄元皇帝，为纪念此天下太平之吉兆，玄宗命令身为上清玄都大洞三景法师的玉真公主，于翌年的天宝二年亲赴老子之故乡谯郡的御真宫行投简之仪。其后，如文所述"回□言旋，息驾太室，扣日阙，步玄门，挹上清羽人焦真静于中峰绝顶，访以空同吹万之始，丹田守一之妙"。

这里所说的焦真静就是天宝二年住在嵩山（"太室""中

---

[1] 柯睿：《唐代三位道教人物札记》("Notes on Three Taoist Figures of the T'ang Dynasty")，《中国宗教研究专刊》(Bulletin of the Society for the Study of Chinese Religions)，1981年9月。

[2] 陈垣：《道家金石略》，文物出版社，1988年，第139页。对玉真公主进行专门研究的成果有薛爱华《玉真公主》("The Princess Realized in Jade")，《唐研究》(Tang Studies) 1985年第3期。此外，前文提及过的笔者拙文《与玉真公主有关的道士及玄宗时期的道教》(『玉真公主をめぐる道士と玄宗期の道教』)中也有部分论述。

峰")的"仙人"(道士)。可将之与前文所举诗文中出现的焦炼师视为同一人。如此一来,诗歌、传记和碑文三种资料可以互证了。而从王维诗中所述奉天子之召出山以及玄宗之妹等皇亲贵胄将拜访她作为国家祭典之一环等记载来看,焦道士与唐代皇室有着十分密切的关系。此外,还可以得知焦真静所擅长之道术乃是"丹田守一之妙"亦即将精神归于丹田的胎息之法。

在以上文献梳理基础之上,我们再结合神仙传记的相关资料开展进一步论证。在《历世真仙体道通鉴后集》卷四的《焦静真传》中有如下记载[1]:

> 唐女真焦静真,因精思间,有人导至方丈山,遇二仙女,谓曰:子欲真官,可谒东华青童道君,受《三皇法》。请名氏,则司马承祯也。归而诣承祯求度,未几升天。尝降谓薛季昌曰:先生得道,高于陶都水之任,当为东华上清真人。

此《后集》乃是元朝时期成书,从资料的时间性而言相对较后。然而,《历世真仙体道通鉴》的编纂者本身在编写各神仙传记的过程中却有意识地尽量使用值得信赖的相关材料。[2]因此,作为续编的《历世真仙体道通鉴后集》也应该延续了这一以古旧资料为基础的编纂思想。

虽然在此资料中焦真静的名字"真""静"被颠倒写作了

---

[1]《道藏》第5册,文物出版社影印本,第474页。
[2] 土屋昌明:《〈历世真仙体道通鉴〉与〈神仙传〉》(「『歴世真仙体道通鑑』と『神仙伝』」),《国学院杂志》1996年第97卷第11号。

"静真",但其中的"静思"之说也就是作为精神统一的冥想与《祥应记》中的记载一致,而且云游于方丈山(东海)之说与李白《赠嵩山焦炼师并序》所说的"世或传其入东海"也是一致的。

而焦真静乃是著名的道士司马承祯之高足这一点我们还能从其他文献资料中得到辅证。在《云笈七签》卷五所收录的李渤《真系》中有如下记载[1]:

> 先生门徒甚众,唯李含光、焦静真得其道焉。静真虽禀女质,灵识自然,因精思间,有人导至方丈山,遇二仙女,谓曰:子欲为真官,可谒东华青童道君,受《三皇法》。请名氏,则贞一也。乃归而诣先生,亦欣然授之。

李渤的《真系》是依据上清经法之传授谱系而撰写的传记,此处所提及的焦真静与玄宗时期茅山道士的代表性人物李含光并称,是当时著名道士司马承祯的两大高足之一,在当时的道教界位置显赫。文中所言她于冥想之时所遇东华青童道君乃是南北朝时期久远的上清经中登场的得道神仙。[2]

从以上《真系》的节选文字我们可知《历世真仙体道通鉴后集》乃是传承自中唐以前之文集。其中,我们还能看到玄宗

---

[1]《道藏》第22册,文物出版社影印本,第30页。
[2] 例如《洞真上清青要紫书金根众经》卷下(《道藏》第33册,第435页)中记载了青童君所居住的东华青宫的样子。关于青童君的研究可参见神塚淑子《论方诸青童君》(「方諸青童君をめぐって」,《六朝道教思考研究》(『六朝道教思想の研究』,创文社,1999年,第123—148页)一文。

时期的道士薛季昌的大名。刘处静（也有学者认为作者为杜光庭）的《洞玄灵宝三师记》中有关于此人的相关记载[1]：

> 度师，天台山道元院上清大洞道元先生，赐紫应君，讳夷节，字适中……以上清大法，自句曲陶真人传升玄王真人，王传体玄潘真人，潘传贞一司马真人，司马传南岳薛天师季昌，薛传衡山田先生良逸。

此记载显示了不同于李渤《真系》之上清经法的传承谱系。文中强调了薛季昌与司马承祯之间的继承关系。关于这一点，宋代贾善翔的《高道传》卷三《薛季昌传》之中也有司马承祯在南岳与薛季昌相遇并传授了三洞之经箓的记载。[2]纪念司马承祯的《贞一先生庙碣》一文也是出自薛季昌之笔。[3]而这一继承关系在《历世真仙体道通鉴后集》中由焦真静进一步得以确保。这恐怕正是源于焦真静本身乃是司马承祯之高徒。

不仅如此，就连《道藏》所录五代沈汾的《续仙传》之《司马承祯传》之中，也能看到与《真系》一脉相承的文字记

---

[1]《道藏》第6册，文物出版社影印本，第752页。关于本书的作者为杜光庭之说法参见任继愈主编《道藏提要》，中国社会科学出版社，1991年，第328页。

[2]《高道传》已失传，宋陈葆光《三洞群仙录》卷15中可见部分逸文，《历世真仙体道通鉴》卷40中《薛季昌传》与前书逸文相一致。故而严一萍认为此书可视为《高道传》的原文。相关论文收录于严一萍《道教研究资料》第一辑，中国台湾艺文印书馆，1991年。

[3] 陈垣：《道家金石略》，文物出版社，1988年，第120页。本碣现存于王屋山紫微宫址，笔者于2003年夏曾实地参访。

载。[1]然而，在《云笈七签》卷113下所见《续仙传》之《司马承祯传》[2]中，焦真静却被替换为一位名叫谢自然的女道士。这一变化或许喻示着在司马承祯仙逝之后由于李含光人气日增而焦真静的后继者又无甚作为，以致到了北宋时期已经完全被抛诸脑后了。另一方面，《道藏》本《续仙传》的谢自然传中则详细记载着谢自然求道的经历和过程：

> 谢自然，蜀华阳女真也。幼而入道……常鄙卓文君之为人，每焚修瞻祷王母麻姑，慕南岳魏夫人之节操。及年四十，出远游，往青城、大面、峨嵋、三十六靖庐、二十四治。寻离蜀，历京洛，抵江淮，凡有名山洞府灵迹之所，无不辛勤历览。后闻天台山道士司马承祯居玉霄峰，有道孤高，遂诣焉。

此文其后接着说道，无论谢自然如何地听命和服从于司马承祯，但因其女性之身，无缘得授上法，故而暗自嗟叹。于是选择出海远赴蓬莱寻师求法，历经海上的种种苦难，最终抵达海上仙山，得遇道士数人。可是道士们却告诉她蓬莱仙岛遥不可及，天台山上的司马承祯才是良师，与其求远不如折返。听从道士们的建议，谢自然回到天台山并将自己的经历告知其师，可喜的是司马承祯听闻之后终于向她传授了上清法。

值得注意的是，此《续仙传》的记载与焦真静的传说基

---

[1]《道藏》第5册，文物出版社影印本，第92页。下文所引《谢自然传》可见于该册第83页。

[2]《道藏》第22册，文物出版社影印本，第785页。

本如出一辙。事实上,谢自然是与韩愈同时期存在的真实的女道士,她的相关传记却与上文所列举的仙传大相径庭。[1]所以,我们不得不怀疑以上仙传中的谢自然传之内容的构成要素原本就是焦真静之传说的张冠李戴而已。[2]回想前文论及的李白之诗,他在《赠嵩山焦炼师并序》中提及焦真静曾远游蓬莱。在上文所列举的谢自然求道经历中,她所尊崇的王母与麻姑二人都是女仙的典型代表。而李白在自己的诗中,也将焦真静比喻为王母与麻姑般的存在。此外,前述第3首诗作指明了焦道士出身于四川,第5首诗作描写她曾遍游五岳,而这一记载与上文《续仙传》之谢自然传中的"凡有名山洞府灵迹之所,无不辛勤历览"之描写遥相呼应。对比分析之后,我们可以想见大概在焦真静还健在于世的时候,关于她的传说的雏形已经初步形成。因而,即便将《续仙传》之谢自然传完全视为神仙传说来看,其中的一些基本固有名词可以说在某种程度上也侧面传达出焦真静的求道经历。她出身于华阳,一方面尊崇茅山道教祖师之魏夫人,一方面遍访青城、大面、峨眉等四川之名山,游历天师道之圣地(三

---

[1] 关于谢自然的传记与韩愈此诗之研究,参见深泽一幸:《女仙谢自然故事的诞生》(「仙女謝自然の誕生」)一文,载《兴膳教授退官纪念中国文学论集》(『興膳教授退官記念中国文学論集』),日本汲古书院,2000年,第411—429页。

[2] 针对此问题,深泽一幸推测沈汾将焦真静的传说替换在了谢自然身上,而只有《司马承祯传》中的相关部分被其他道教信徒进行了还原。参见《女仙谢自然故事的诞生》(「仙女謝自然の展開」),载大阪大学《言语文化研究》2001年第27期。

十六精庐、二十四治）。从四川天师道入道教之门，后经中原而至"江淮"之天台山或茅山。

如此一来，这位让李白都想拜入师门、让众多诗人都愿诚心拜访的女道士焦真静的经历就能显出大致轮廓了。她从四川天师道入门，而后拜入司马承祯门下，后得传授上清经法，备受皇室尤其是玉真公主尊崇。故而，我们在解读李白诗作之时，必须充分考虑这一背景因素。特别是李白还曾在《大鹏赋》中自我宣扬司马承祯曾承认他有仙风道骨。因此，李白遇见焦真静后意欲拜入门下之说，并非单单源于他对道教的兴趣而已。虽然，历来都认为李白并未参加科举考试，但也有观点认为李白可能参加了天宝元年实施的道举[1]，而从玉真公主和焦真静有着密切的宗教关系来看，当时李白参加考试的举荐人很可能就是玉真公主。正因如此，我们对李白的诗作之理解，就不能仅仅停留在诗人因为求仙问道而游访仙山，而又刚好偶然对自己有所耳闻的女道士产生了拜师之意这种简单的字面层次了。

三、关于李白的入京问题

鉴于焦真静、玉真公主与李白三人之间存在以上这层关系，那么我们就需要对李白歌咏玉真公主之诗《玉真仙人词》进行再解读与再思考。玉真公主是推荐李白入翰林院的关键人

---

[1] 乾源俊：《李白"登科"考》，日本中唐文学研究会研究发表年会，2003年10月3日研究报告。

物[1]，而本诗乃是李白唯一一首直接歌咏她的作品。在论及李白的入京问题时，这首诗作时常被提及：

> 玉真之仙人，时往太华峰。清晨鸣天鼓，飚欻腾双龙。
> 弄电不辍手，行云本无踪。几时入少室，王母应相逢。[2]

前人一般认为，这首诗的最后一句以西王母来喻玉真公主表达了自己没能跟公主见面而希望早日获得谒见之机会的心情。其根据之一就在于，此诗乃是表现了李白第一次入长安之时，虽提请拜谒公主但最终未得召见时的情形[3]。

但细读此诗可以发现，玉真公主起先是"往太华峰"而接着就到了嵩山的少室峰。以往的研究大多认为嵩山上的王母乃是用来比喻玉真公主本人。但此说真的是正解吗？诗中写玉真仙人"鸣天鼓"，王琦注引《云笈七签》卷45所载《九真高上宝书神明经》指出，"中央上下相扣名曰鸣天鼓"，即"扣齿之法"。这里的扣齿就是举行道教斋醮进入道坛之时或在能激发

---

[1] 魏颢：《李翰林集序》（见《李太白全集》附录，第1447页）中云："白久居峨嵋，与丹丘因持盈法师达，白亦因之入翰林。"持盈法师就是玉真公主的法号。
[2]《李太白全集》，中华书局，1977年，第448页。
[3] 稗山：《李白两入长安辨》，《中华文史论丛》第2辑，收于《20世纪李白研究论文精选集》，太白文艺出版社，2000年，第126—136页。安旗先生继承此说，把这首诗的创作时间定为开元十八年。郁贤皓则推测认为：开元十九年李白入长安拜谒玉真公主未遂，其后假托以曾在嵩山与玉真公主有过交往的元丹丘之名将本诗进呈求见，由此而得玉真之赏识与推荐。参见郁贤皓《李白与玉真公主过从新探》，《天上谪仙人的秘密》，中国台北"商务"印书馆，1997年，第240页。

体内之神飞升的道炉前所作的道术之一。[1]《九真高上宝书神明经》在《道藏》中没有收入，而在《云笈七签》中也仅见于此处，但在被视为南北朝时期的上清经典的《上清紫精君皇初紫灵道君洞房上经》中可见更长的引用。[2]据此文献可知，"鸣天鼓"乃是"存思念道，致真招灵"之时所做。那么，李白所说的"清晨鸣天鼓"，应是指玉真公主做斋醮存思而招真灵时鸣天鼓施展道法之意。

关于玉真公主的鸣天鼓，也可见于其他史料，《祥应记》中记载她在王屋山行道教仪式时云："时闻步虚□□□徐转，公主乃鸣天鼓，贯斗精，延立久之，返乎居室矣。"其后，还记载了她曾举行祈雨仪式，"公主登仙台，临洞府……俾夫金龙驿传璧奠将礼，俄而云□□甘泽流盈尺"。"金龙"是投龙简礼仪中所使用之法器，这里显示出玉真公主也举行了投龙简之仪式。投龙简是唐代道教礼仪中十分常见的宗教仪式之一，泰山的《岱岳观碑》中也有所记录。[3]而这一礼仪的流程与来

---

[1] 关于此道术，笔者曾在拙文《李白的交游与道教——以元丹丘、胡紫阳、玉真公主为中心》(「李白の交遊と道教——元丹丘・胡紫陽・玉真公主を中心に——」)，《专修大学人文科学年报》2002年第32号，就宋吕太古《道门通教必用集》卷9(《道藏》第32册，第49页)中所引用的张万福对"鸣法鼓"的说明进行了考察。张万福乃是太清观之道士，曾参与过玉真公主的入道仪式。
[2]《道藏》第6册，文物出版社影印本，第547页。
[3] 神塚淑子：《道教仪礼与龙》(「道教儀礼と龍」)，《日中文化研究》三，勉诚社，1992年。

龙去脉从敦煌文书（第2354页）中可见一斑。[1]而从其内容来看，其流程乃是由朝廷制定并颁布的公式化的仪典。具体来说，仪式进行过半之时由道士念诵秘咒，及至发炉之时便开始"都讲唱、各鸣天鼓"。由此可确认，玉真公主在当时举行投龙简仪之时乃行"鸣天鼓"之术。

那么，"飚欻腾双龙"也应理解为是在表现玉真公主"存思念道"之时灵魂翱翔于天（抑或是斋醮仪式中开始发炉）的情状。王琦对"飚欻"一词没有进行注释，安旗氏引用《全唐文》卷624冯宿《大唐升元刘先生碑铭》中"乘飚驾欻"之用例，解释为疾风的意思。[2]但笔者认为，"飚欻"一语乃是指用上清经法来存思体内神时产生的双龙。前文所引《上清紫精君皇初紫灵道君洞房上经》记载云[3]：

> 存月中有两白气，径来入两足跖心中，良久，足底各化生两白龙，在我之左右也。左龙名曰飚精，右龙名曰亭。二龙并吐白烟，入我鼻两孔中，径达肺。

---

[1] 大渊忍尔判断此文书乃是开元年间之物。参见大渊忍尔《敦煌道经》目录篇，福武书店，1978年，第330页。周西波在《敦煌写卷P.2345与唐代道教投龙活动》（《敦煌学》1999年12月第22辑）一文中，将此文书与其他礼仪文书进行比较，并分析了此礼仪在唐代不断被增改的情况。在五岳四渎举行的投龙行道活动促进了道教仪式与国家礼制的融合。而司马承祯为三山五岳供奉上清经法之神仙也起到了重要的推动性的作用。相关研究还有雷闻《五岳真君祠与唐代国家祭祀》，荣新江主编：《唐代宗教信仰与社会》，上海辞书出版社，2003年，第35—83页。

[2] 安旗主编：《李太白全集编年注释》，巴蜀书社，2000年，第110页。

[3] 《道藏》第6册，文物出版社影印本，第546页。

这种道术叫作"上清乘飚欻之道"。安旗氏所引用的冯宿《大唐升元刘先生碑铭》就是此意之典型用例。由此可知，事实上李白的诗句是在赞美玉真公主道术高明。而且"行云"也是表现神仙飞升上天时所常用的词语。例如，《上清紫微帝君南极元君玉经宝诀》中就有"千乘万骑，风蹑云行，呼吸流霞，白日造天"[1]的表现。

玉真公主于是施上清经法而飞天遨游，所以诗句中出现的嵩山"王母"应该并非玉真公主本人的比喻，而是她在飞天途中所遇到的仙女。结合前文所述，"西王母"在此处应该就是指的焦真静。因为在李白所写《赠嵩山焦炼师并序》中就将焦真静喻为西王母。当我们大致梳理清楚了焦真静的简要经历与立场，可以推想她之所以被李白喻为比玉真公主这一皇亲贵胄更为伟大尊贵的西王母，正是缘于其司马承祯的直系弟子以及宗教的指导者这一重要身份吧。在当时广为流传的《汉武帝内传》中记载"鸣天鼓"并非西王母而是上元夫人传授之道法，亦可窥见焦真静与玉真公主之对应关系。

如前文分析所示，如果说认可这首诗歌的主题乃是赞颂玉真公主道法之高明，那么就无法将其解释为李白恳请拜谒玉真公主之时所作。而是作于李白已然与玉真公主相识之后，具体来说正如《祥应记》中所记玉真公主已经去过嵩山并拜会了焦真静的天宝二年三月前后。而如此一来，李白第一次入长安之

---

[1]《道藏》第 6 册，文物出版社影印本，第 552 页。

时曾请求拜见过玉真公主的根据则减少了一条（剩下的文字证据则只有《玉真公主别馆苦雨赠卫尉张卿二首》）。综合以上各种情况，对于有着道教共同点的李白与玉真公主二人来说，与其认为李白在第一次进京之时就唐突地提出要谒见玉真公主，不如推测李白是经由嵩山的焦真静抑或是友人元丹丘的举荐而得以拜会玉真公主才更为合乎情理吧？因为早在天宝元年元丹丘就已先于李白入了长安并为玉真公主撰写《祥应记》，就这些事实加以考量，可以说相比于李白而言，元丹丘理应更加得到玉真公主的信赖，而且他与玉真公主都会上清经法，也有着共同的道教背景。[1]

四、诗性形象之源泉

下面，我们将要讨论道教文献如何成为诗化形象之源泉的例证。而在进入问题之前，我们首先进一步厘清李白与玉真公主之关系的相关问题。与李白交往的道士之中，作为元丹丘之师的胡紫阳是一位重要人物。据李白《汉东紫阳先生碑铭》记载，胡紫阳在元丹丘入长安之前，在嵩山向其传授了上清经法。胡紫阳本人曾受诏入京但因久病不起而未能成行，故而元丹丘的长安之行乃是替尊师完成使命。相传李白隐居嵩山之时，曾与元丹丘和他的弟弟元演一起访问了湖北随州胡紫

---

[1] 关于元丹丘的情况，可参见前文注中所提及的拙稿《李白的交游与道教》。

阳[1]，并跟随他学习了道术[2]。

李白在《汉东紫阳先生碑铭》中描绘了胡紫阳的仙术道法。李白写到胡紫阳在道术修行的最后阶段遇真人降临，"受赤丹阳精石景水母"，故而"常吸飞根，吞日魂，密而修之"[3]。也就是吸收太阳光线中的"飞根"与"日魂"来修炼之道法。王琦注引用《真诰》与梁丘子《黄庭内景经注》所引《上清紫文灵书》中的记载作为例证予以说明。其具体内容皆可见于《道藏》中的《皇天上清金阙帝君灵书紫文上经》[4]与《洞真上清青要紫书金根众经》[5]等南北朝时期的上清经典。因而，李白向胡紫阳所求之道法以及在与元丹丘的交游中所学之道术也应该与此类上清经法有关。此外，玉真公主获得传授之道法《上清紫文灵书》在《祥应记》中也有记录。在此脉络之

---

[1] 李白：《忆旧游寄谯郡元参军》，《李太白全集》，中华书局，1977年，第663页。
[2] 李白：《冬夜于随州紫阳先生餐霞楼送烟子元演隐仙城山序》中有"入神农之故乡，得胡公之精术"之说，见《李太白全集》，中华书局，1977年，第1293页。
[3] 李白：《汉东紫阳先生碑铭》云："始八岁经仙城山，□□□□□□□有清都紫微之遐想。九岁出家，十二休粮，二十游衡山。云寻洞府，水涉冥壑。神王□□□□□□召为威仪，及天下采经使。因遇诸真人，受赤丹阳精石景水母。故常吸飞根，吞日魂，密而修之。□□□□所居苦竹院，置餐霞之楼，手植双桂，栖迟其下。闻金陵之墟，道始盛于三茅，波乎四许，华阳□□□□□□陶隐居传升元子，升元子传体元，体元传贞一先生，贞一先生传天师李含光，李含光合契乎紫阳。"由此可见他将紫阳先生归属于茅山道士的系谱之中。《李太白全集》卷30，第1428页。
[4]《道藏》第11册，文物出版社影印本，第380页。
[5]《道藏》第33册，文物出版社影印本，第424页。笔者在拙稿《李白的交游与道教》中有详细介绍。

中可见，玉真公主与李白都有修习上清经法之基础，在这一点上二人有其亲近感与共同点。

  基于以上梳理，下文笔者将列举《上清紫文灵书》中的道教知识在李白的作品中转化和反映为诗性形象的实例。李白的《游泰山六首》乃是他拜访了胡紫阳之后入长安之前的天宝元年所创作的诗作。[1]在这一系列组诗中李白使用了不少道教术语。[2]本文主要以第一首为例来进行说明。在这首诗的后半部分，登上泰山的李白想象神仙玉女降临的诗歌场面如下：

洞门闭石扇，地底兴云雷。登高望蓬瀛，想象金银台。
天门一长啸，万里清风来。玉女四五人，飘飖下九垓。
含笑引素手，遗我流霞杯。稽首再拜之，自愧非仙才。
旷然小宇宙，弃世何悠哉。[3]

  这首诗中所表现出的绝美悠然的幻想之境可谓栩栩如生地展现了李白的文学世界，而其想象的源泉则来自上清经典。李白想象玉女们从金银台降临的目的乃是给他送来"流霞之杯"。关于"流霞"，王琦引《抱朴子》注云："项曼都入山学仙，十年而归家，曰：仙人以流霞一杯与我饮之，辄不饥渴。"[4]其

---

[1]《李太白全集》第 921 页，一作《天宝元年四月从故御道上泰山》。
[2] 关于本诗道教用语的解释，可参见柯睿：《登临诗——登泰山》("Verses from on High: the Ascent of T'ai Shan")，《通报》(*T'oung Pao*) 第 69 期，1983 年，第 4—5 页。
[3]《李太白全集》，中华书局，1977 年，第 921 页。
[4] 大野实之助（大野実之助）在王琦注释的基础上解释为"铭酒之名称"，见《李太白诗歌全解》，早稻田大学出版部，1980 年，第 155 页。

实,"流霞"是个在《皇天上清金阙帝君灵书紫文上经》上常见的道教词汇[1],表示吸收太阳光线精华之道法。例如在"采饮飞根吞日气之法"之中,在唱念完"日魂之名"之阴咒后,则可"瞑目握固,存见日中五色流霞,皆来接一身,下至两足"。[2]

此外,诗句中李白还以"金银台"之形象来比喻自己遥望的蓬莱和瀛洲。正如李白在《登高丘而望远海》中也有"银台金阙如梦中,秦皇汉武空相待"的诗句。[3]诗中"银台"乃是指西王母的宫殿,而"金阙"是指金阙帝君的金阙宫。而据《洞真上清青要紫书金根众经》记载,金阙帝君所居上清金阙宫台外有四门,由神仙控制开关进出。门有两阙,左为金阙,右为玉阙,阙上有九层金台,门内有"清精玉芝流霞之泉"[4]。也就是说,李白所想象的意象是玉女将上清金阙宫门内的流霞泉水打来赠给他。以上诗中种种道教语汇所来源之诸经典,也是前文所列举的胡紫阳和玉真公主道法之根基。

只是无法解释的是诗中所写的玉女们的人数问题。据相关道教经典所载,金阙宫中玉女总计有300人之多,但为何李白

---

[1] 柯睿:《李白的仙人用语》("Li Po's Transcendent Diction"),《美国东方学会会刊》(*Journal of the American Oriental Society*),1986年,第106期。
[2] 关于此道法之详情可参见加藤千惠论文《〈真诰〉中的日月论及其相关内容》(「『真誥』における日月論とその周辺」),收录于吉川忠夫编《六朝道教研究》(『六朝道教の研究』),春秋社,1998年,第138页。
[3]《李太白全集》,中华书局,1977年,第222页。
[4]《洞真上清青要紫书金根众经》卷下,《道藏》第33册,文物出版社影印本,第435页。

此处却只写四五人呢？抑或她们是被意想为五色流霞之化身呢？在上清经典之中，何种场合之下配置多少名玉女这些细微之处都是有详细规定的。故而，此处或许是作为一种修辞性的表达而确切化了吧？又或许是指四乘以五乃有 20 人之意吧？比如道教经卷《上清琼宫灵飞六甲箓》之中按甲子之数来进行组合且每日念诵 60 名玉女的名符，其中每十人为一组穿着相同的服饰。[1]因而，无论人数是多还是少，诗中玉女们登场的场面无疑是化用上清经典而来。

  总而言之，李白此诗所本之上清经典的冥想道法可以比较具体地得以判明。而通过此例我们可以窥一斑而知全豹，因而从道教常识的角度对李白诗歌语汇进一步加以解释也显得十分有必要。比如"赤霞袍"一语就是用来指代上元夫人的事情。"玉京"不是单单指神仙世界，而是指即便在天地崩坏之时大罗天的玉京山上所保存的天书依然完好无损的事情，用来指代真正宁静的安息之所。此外，"锦囊""紫虚篇""天关""金阙"等词汇虽已经有相关的梳理[2]，但也需要进一步结合道教知识来加以考察。而如此这般在诗中大量运用道教语汇来进行诗歌创作的方式，不仅仅是李白一人，在道教隆盛的唐代事实上诗

---

[1]《道藏》第 34 册，第 160 页。《上清佩符文青券诀》收集了向东方神灵祈愿之时的各种符咒，其中的《玉清贝渭邪渠初默天合晖晨命隐书金玄内文》一文有"致玉女二十人给兆驱使，取自然灵药"之说（参见《道藏》第 6 册，第 572 页）。但是，以此为基础而成书的《上清高上金元羽章玉清隐书经》中，同样的部分则写作"二十四人"（参见《道藏》第 33 册，第 780 页）。

[2] 参见柯睿的论文。此外，关于上元夫人的研究可见薛爱华：《海市蜃楼》（*Mirages on the Sea of time*），加利福尼亚大学出版社，1985 年，第 77 页。

人们或多或少都受到了此倾向的影响。

结语

笔者在前文之中从与李白有密切关联的道士们的身份考察入手，考证了其传记方面的相关问题，进而分析了李白诗歌中的道教形象。通过梳理和举证，笔者认为开元天宝时期以李白为代表的著名诗人们所崇敬的焦炼师就是既为司马承祯之入室高徒，又与玉真公主有宗教之交流的上清女道士焦静真。而与李白有往来的道士们都十分擅长上清经法的存思之术，而且李白与玉真公主在上清经法的道术兴趣方面也有共同的倾向。李白自己也将上清经典中的场面与人物等形象作为原型运用到他的诗歌创作之中。本文限于篇幅的关系未能列举更多的例证，只是作为前人研究的一种补充来展开论证。虽略有遗憾，但在接下来的研究中将进行更加详细的考察。

与此同时，对李白同时代的唐朝诗人也有必要展开同类型的研究。从20世纪80年代到90年代之间，学界对于与诗人有交友关系的道士们所展开的身份研究或多或少已经取得了一定的进展。比如，王昌龄《武陵开元观黄炼师院三首》与韦应物《寄黄尊师》中所写对象为黄洞元道士，韦应物《寄刘师尊》与包佶《宿庐山赠白鹤观刘尊师》所寄赠的对象是刘玄和，李德裕《尊师是桃源黄先生传法弟子，常见尊师称先师灵迹今重赋此诗兼寄题黄先生旧馆》《寄茅山孙炼师》所写之人为孙智清[1],这些成果都十分重要。此外,与刘禹锡和白居易等诗人有过交往的王尊师也已判明其身份为长安著名道士王旻。[2]而在思想史研究领域,也有如下相关成果问世。诸如:卢照邻与所谓重玄派的李荣有交往并且为重玄派的黎元兴所撰碑文也留存于世,韦应物与道教的渊源,柳宗元与道士张因的关系[3],权德舆与著名茅山道士吴筠以及《道德经注》之作者吴善经道士都有交往[4],等等。在借鉴这些既有研究成果的基础之上,我们还有必要梳理和考察道士们的道法之特征与门派之立场,诗人们又从其交往关系中受到了何种影响等问题。由此,进一步思考我们该如何重新解读这些诗歌作品,甚而进一步思考这些因素是否有可能成为文学史划时代变革的诱因之一。

此外,在唐代佛教研究领域,有关寺院、僧侣以及佛教的流派和思想特征等方面的相关资料,无论是从时间序列还是从空间范畴而言都已经有所把握和整备。文学研究者们可以利用和借鉴。例如小野胜年出版有《中国隋唐长安寺院史料集成》

---

[1] 陶敏:《全唐诗人名考证》,陕西人民出版社,1990年,第129、195、196、233、701、703页。
[2] 卞孝萱:《刘禹锡交游新考》,《文史》第7辑,中华书局,1978年。
[3] 砂山稔:《关于〈海空经〉的思想及其作者》(「『海空経』の思想とその著者について」)、《韦应物与道教》(「韋応物と道教」),二文收录于《隋唐道教思想史研究》,平河出版社,1990年。此外,该作者相关研究还有《柳文初探——柳宗元与道教》(「柳文初探——柳宗元と道教」),大久保隆郎教授退官纪念论集《何谓"汉意"》(大久保隆郎教授退官纪念论集『漢意とは何か』),东方书店,2001年)。
[4] 西胁常记(西脇常記):《权德舆及其相关内容》(「權德舆とその周辺」),《唐代思想与文化》(『唐代の思想と文化』),创文社,2000年。

（法藏馆，1989年）。可是在道教研究领域，这方面的基础研究则明显不足，尤其是缺乏地域性的空间把握。对道教地域性特征的梳理，往往因资料收集的困难而难以展开。因而，也就无法对具体的道观以及道士的所在等信息进行综合性的研究。因而，针对道观的具体位置与宗教功能、教众的交际网络等问题进行基础性的调查工作则显得十分必要。这对于我们理解道观和道士们的生存状况、诗人们的宗教背景以及这二者之间的相互关系也可互为补充、大有裨益。[1]

---

[1] 关于这一观点，本文开头所列举的孙昌武之论文中关于长安道观的考察值得一提。在此，笔者仅就与李白相关的问题进行一些补充。孙氏认为，嘉猷观也被称为应圣观，曾是李林甫的旧宅，其女后来成为该观的观主。后来李白将自己的妻子所托付给的庐山道士李腾空也正是此人（李白《送内寻庐山女道士李腾空二首》，《李太白全集》，第1190页）。储光羲也作有《题应圣观》。关于景龙观，孙氏在文中指出其观主叶法善曾于韦后反乱时期被杀，事实上这是将他与叶净能混淆了。太清观则多与泰山的投龙简仪礼有密切关联。睿宗所作《赐岱岳观敕》中有道士杨太希的名字。而且，此道观乃是张万福居住过的道观，与皇族有密切往来。至于昭成观乃是元丹丘施展威仪之所，此道观中有张若讷（《唐故昭成观大德张尊师墓志铭》，开元二十七年，《唐代墓志汇编》，第1493页）；萧□裕（《玄元灵应颂》，天保元年，《道家金石略》，第132页）等有名道士。

李白与唐代道教
——复古和现代之间[1]

[日]砂山稔著
侯利萌译

一、序言

李白的思想中存在着复古式的道教即原道教思想，该思想与唐代流行的道教思想不断对抗，并在与现实的微妙的平衡中显现出来。或许这就是李白的特色吧。可以说，李白的诗歌创作建立在人事和自然的微妙平衡这一基础上。

唐天宝初年，唐玄宗和杨贵妃的浪漫爱情与长安兴庆宫沉香亭的牡丹花一起，共同迎来盛时。李白创作的《清平调词三首》(《李太白文集》卷5，以下简称《李集》卷 X) 即是咏叹二人爱情的绝唱。下面举出其中的第一首诗：

云想衣裳花想容，春风拂槛露华浓。

---

[1] 砂山稔：李白と唐代の道教——レトロとモダンの間，『赤壁と碧城——唐宋の文人と道教』，東京，汲古書院，2016.11.

若非群玉山头见，会向瑶台月下逢。

这里把道教传说中居住在群玉山的美丽的仙子西王母与杨贵妃进行比较，瑶台也就是神仙居住的地方。

对比宇宙自然的永恒，李白深深感到人间万事的变化无常。《春夜宴从弟桃花园序》(《李集》卷27)中的"夫天地者万物之逆旅，光阴者百代之过客"一句相当著名。《拟古十二首》其九(《李集》卷22)云："生者为过客，死者为归人。天地一逆旅，同悲万古尘。"更深深咏叹人世的无常。李白一般被认为是歌咏酒、月和道教的诗人，但其诗歌的思想基础则是无常观。首先来看咏酒诗。《客中作》(《李集》卷20)云："兰陵美酒郁金香，玉碗盛来琥珀光。"把酒作为旅愁的慰藉而咏唱。《将进酒》云："五花马，千金裘，呼儿将出换美酒，与尔同销万古愁。"把酒作为消解最终归于死亡的这一万古愁而歌咏。其次来看咏月诗。如《月下独酌》四首其四(《李集》卷21)云："花间一壶酒，独酌无相亲。举杯邀明月，对影成三人。"李白将月当作极为亲近之物来歌咏。但是，李白《把酒问月》(《李集》卷18)诗云："青天有月来几时，我今停杯一问之。人攀明月不可得，月行却与人相随。(中略)今人不见古时月，今月曾经照古人。古人今人若流水，共看明月皆如此。"对比人世的虚幻和月亮的永恒，尽管有对月亮的亲近感，却更为明确地表达出对月永恒性的向往之情。

对李白而言，月亮是永恒的象征，李白对永恒的生的希求，突出表现在对道教的青睐上。本文从复古和现代两个位相来考察李白与道教的关系。

二、李白、李含光与"清真"

李白在《汉东紫阳先生碑铭》（以下简称《紫阳碑铭》）中记述了与其交好的道士胡紫阳的道教谱系："闻金陵之墟，道始盛于三茅，波乎四许。华阳□□□□□□陶隐居传升元子，升元子传体元，体元传贞一先生，贞一先生传天师李含光，李含光合契乎紫阳。"陶隐居指梁代陶弘景，升元（玄）子指隋代王远知，体元（玄）指唐代潘师正，贞一先生是李白所说的具有"仙风道骨"的司马承祯。李白《紫阳碑铭》的道教史意义说明了李含光是继承司马承祯道统的道教人物。胡紫阳卒于天宝二年（743年，一说是元年）十月二十三日，故认为《紫阳碑铭》写于天宝中期之前。如此一来，相比现存的柳识关于李含光的碑文《唐茅山紫阳观玄静先生碑》[《茅山志》卷23，大历七年（772年）立石]和颜真卿的《茅山玄静先生广陵李君碑铭并序》[《颜鲁公文集》卷9，大历十二年（777年）立石]，《紫阳碑铭》是更早关于李含光的记载。据颜真卿所述，通常认为李含光是茅山宗第13代宗师，于开元十七年在司马承祯处继承大法。因为李含光兼承司马承祯之道，故玄宗令其居住在王屋山阳台观传承道术。此后，李含光在茅山修习经法。天宝四年冬，玄宗召其入京问询，并请他传授道法，李含光以有足疾不适合参加仪式为由，辞退任命，返回茅山。但是，天宝七年（748）春三月十八日，玄宗在大同殿听受三洞真经，遥拜李含光为度师，并赐其玄静先生称号。由此可见玄宗对李含光的尊崇程度。那么，李白推崇李含光的理由之一，大概就是由于天宝时期李含光的赫赫声名吧。

另外，考查李白和李含光的关系，更引人注意的是玄宗对李含光"清真"品格的赞扬。首先，《送李含光还广陵诗序》（《全唐文》卷41）中称"玄静先生（指李含光）禀和清真，乐道虚极"即是一个例子。[1]关于"清真"，值得注意的是，玄宗在《赐李含光养疾敕》（《全唐文》卷36）这一诏敕中特别重复提到李含光说："朕每重清真，亲乎有道。"

众所周知，李白也重视"清真"。《古风》五十九首其一（《李集》卷2）[2]云："大雅久不作，吾衰竟谁陈。（中略）自从建安来，绮丽不足珍。""圣代复元古，垂衣贵清真。群才属休明，乘运共跃鳞。文质相炳焕，众星罗秋旻。"

据上可知，玄宗时期信奉道教的天才诗人李白和道教茅山宗宗师李含光一样，都关注"清真"的文化价值。

《古风》"其一"描述了李白生活的时代实现复古、"清真"之道的存在方式、文化价值得到尊重和诗人辈出的情形。值得注意的是，与此相呼应，从李白的道友吴筠[3]到李白式复古主

---

[1] 正如后文所述，玄宗似乎对"虚极"情有独钟。
[2] 安旗主编《李白全集编年注释》（巴蜀书社）认为该诗创作于天宝九年。
[3] 神塚淑子：《吴筠的生涯和思想》（「呉筠の生涯と思想」），《东方宗教》第54期。

义的先驱陈子昂等,不止一两个文人在其诗文中使用"清真"一语。下面,我们来举例说明。

首先,吴筠《步虚词》(《宗玄先生文集》卷中)云:"寥寥升大漠,所遇皆清真。澄莹含元和,气同自相亲。"另外,关于著述《老子说五厨经注》的肃明观道士尹愔,孙逖称"道士尹愔(中略)虽浑齐万物,独谙清真"(《授尹愔谏议大夫制》,《全唐文》卷308)。此与上文李含光的例子相同,都把"清真"作为与道教相关的词语来表达。

其次,陈子昂《遇崔司议泰之冀侍御珪二使》(《陈伯玉文集》卷2)曰:"惠风吹宝瑟,微月怀清真。"李白初登文坛时结识的苏颋所作《授李元纮度支员外郎制》(《全唐文》卷251)一文,用"清真不杂,恬雅自居"来描述李元纮。此外,玄宗时期的文坛领袖张说《邠王府长史阴府君碑铭》(《全唐文》卷251)中评价阴氏云:"符彩外发,清真内镇。"更有李白友人孟浩然《还山赠湛禅师》(《孟浩然集》卷1)中的"朝来问疑义,夕话得清真"之语。这句诗表明"清真"这一概念与佛教有相通之处。"清真"就是这样在李白所生活时代的文人中产生了一定的影响。由此,我们可以推测,李白推崇李含光的原因之二,在某种意义上也可以说是最大的原因,是因为李含光备受称赞的"清真"品格。

三、胡紫阳的"精术"与元丹丘的"谈天"

关于胡紫阳和李含光的关系,《紫阳碑铭》记载云:"李含光合契乎紫阳。"这里的"合契"是一种含蓄的表达。冷明权《李白与随州》[1]一文认为，胡紫阳是李含光的弟子这一结论尚需探讨。詹锳主编的《李白全集校注汇释集评》（百花文艺出版社）将"合契"解释为"意气相投"。也许解释为同龄人之间的意气相投更为贴切。李白本意是想说明胡紫阳是一名和李含光有渊源的道士吧。

除《紫阳碑铭》外，李白在五篇诗文中言及胡紫阳。《忆旧游寄谯郡元参军》（《李集》卷12）描写胡紫阳的宴客行为："紫阳之真人，邀我吹玉笙，飡霞楼上动仙乐，嘈然宛似鸾凤鸣，袖长管催欲轻举。"《冬夜于随州紫阳先生飡霞楼送烟子元演隐仙城山序》（《李集》卷27）描述李白和好友元丹丘一行与胡紫阳交往的情形："（李白）历行天下，周求名山，入神农之故乡，得胡公之精术。胡公身揭日月，心飞蓬莱，起飡霞之孤楼，炼吸景之精气，延我数子，高谈混元，金书玉诀，尽在此矣。"关于胡紫阳的道术，据《紫阳碑铭》记载："（胡紫阳）召为威仪，及天下采经使。因遇诸真人，受赤丹阳精石景水母，故常吸飞根，吞日魂，密而修之。"[2]《真诰》卷九《协昌期第一》记述"赤丹阳精石景水母"云："日中五帝字曰：日魂珠景，照韬绿映，回霞赤童，玄炎飙象，凡十六字。此是金阙圣君采服飞根之道，昔受之于太微天帝君，一名赤丹阳精石景水母玉胞之经。"李白称："予与紫阳神交，饱飧素论，十得其

---

[1] 冷明权：《李白与随州》，《湖北大学学报》1986年第1期。
[2] 王琦：《李太白文集辑注》。

九。"(《紫阳碑铭》)据此可以推测,或许是胡紫阳把从李含光处学到的"真诰"知识教授给李白等人。据上可知,李白喜好胡紫阳式的实践性道术。

李白所说之道合乎"古仙",这一点上,与胡紫阳式道教之间存在共鸣。《题随州紫阳先生壁》(《李集》卷23)云:"神农好长生,风俗久已成。复闻紫阳客,早署丹台名。喘息餐妙气,步虚吟真声。道与古仙合,心将元化并。"可为佐证。另外,胡紫阳去世后,李白所作《紫阳碑铭》感叹道:"呜呼!紫阳竟夭其志以默化,不昭然白日而升九天乎?"

然后,我们来分析一下李白的好友元丹丘。关于元丹丘,郁贤皓先生在《李白与元丹丘交游考》(《李白丛考》,山西人民出版社)一文中,经详细考察后指出《江上寄元六林宗》(《李集》卷12)等两首诗中的元林宗不是别人正是元丹丘。

李白《将进酒》(《李集》卷3)诗中将元丹丘作为饮伴来歌咏,诗云:"岑夫子,丹丘生,将进酒,杯莫停,与君歌一曲,请君为我倾耳听。"值得注意的是,《颖阳别元丹丘之淮阳》曰:"吾将元夫子,异姓为天伦。本无轩裳契,素以烟霞亲。(中略)我有锦囊诀,可以持君身。当餐黄金药,去为紫阳宾。"李白把元丹丘看作兄弟般的亲友,劝其师从胡紫阳修行。《紫阳碑铭》记载了元丹丘从胡紫阳受法箓之事:"天宝初,威仪元丹丘,道门龙凤,厚礼致屈,传箓于嵩山。"

《元丹丘歌》(《李集》卷6)一诗生动地描写了元丹丘的风神,诗云:"元丹丘爱神仙,朝饮颍川之清流,暮还嵩岑之紫烟,三十六峰长周旋。长周旋,蹑星虹,身骑飞龙耳生风,横河跨海与天通,我知尔游心无穷。""嵩岑"指中岳嵩山,三十六峰指朝岳、望落等嵩山三十六峰。这首诗充满了古雅情趣,完全感受不到元丹丘任职于都城长安道观中的威仪。这大概是由于李白在写作时去掉了多余的部分吧。

《西岳云台歌送丹丘子》(《李集》卷6)描述了元丹丘"谈天"的一面,诗云:"西岳峥嵘何壮哉,黄河如丝天际来。(中略)中有不死丹丘生。明星玉女备洒扫,麻姑搔背指爪轻。我皇手把天地户,丹丘谈天与天语。九重出入生光辉,东来蓬莱复西归。玉浆倘惠故人饮,骑二茅龙上天飞。"麻姑是位长指甲的美貌仙女。这首诗作于元丹丘在西岳华山云台峰之时,开头两句主要咏唱华山壮丽的自然景色。关于"丹丘谈天与天语"中的"谈天",可参考以下记载:《史记·孟子荀卿列传》(卷74)称邹衍为"谈天衍",其《集解》之《刘向别录》注曰:"邹衍之所言,五德终始,天地广大,尽言天事,故曰谈天。"这表明元丹丘是一位经常谈论宇宙、自然的道士。不言而喻,这一倾向也是李白的一个显著特征。在这一点上两人志趣相投。顺便说一下,《古风》其十四中也提到了邹衍。《与元丹丘方城寺谈玄作》(《李集》卷21)亦描写了元丹丘"谈玄"的一面,诗云:"朗悟前后际,始知金仙妙。幸逢禅居人,酌玉坐相召。"这首诗表明李白和元丹丘所谈之"玄"不仅指道家、道教思想,也包含佛教思想,只是,以"金仙"喻佛陀还涉及禅的思想。

关于《闻丹丘子于城北山营石门幽居中有高凤遗迹仆离群远怀亦有栖遁之志因叙旧以寄之》(《李集》卷11),武部利男先生认为:"诗题过长,大意是说李白听闻元丹丘幽居石门山,因自己亦有隐居之志,加之思念旧友,故付诸书信以寄之。"[1]诗的末尾四句是,"闻君卧石门,宿昔契弥敦。方从桂树隐,不羡桃花源。"诗题中的高凤是后汉隐士。毋庸赘言,"桃花源"是东晋陶渊明笔下的桃源乡,《古风》其三十一亦云:"秦人相谓曰:'吾属可去矣。'一往桃花源,千春隔流水。""桃花源"象征世外桃源,在李白的诗中频频出现。最后,比较重要的是《题嵩山逸人元丹丘山居并序》(《李集》卷23)诗,诗云:"家本紫云山,道风未沦落。况怀丹丘志,冲赏归寂寞。"尤其值得注意的是,"道风未沦落"的想法与《古风》的理念正相吻合。

四、谪仙、黄鹤——道教的色彩学

关于道教、儒教的色彩观,概括地说:儒教一直尊青、赤、白、黑(玄)、黄五色为正色,道教从魏晋南北朝至隋唐在青、赤、白、黑(玄)、黄之上增加红、绿、紫、绀,尊此九色为正色。表面上,李白推崇五色,但实际上,较多使用紫、红、绿等颜色,接近九色尊崇。

与此类似,爱山的李白表面上尊崇五岳,同时也偏爱司马

---

[1] 武部利男:《李白》,《中国诗文选》,筑摩书房。

承祯《天地宫府图》(《云笈七签》卷27)中提到的以王屋山为代表的十大洞天和包含五岳在内的四明山、峨眉山、桃源山等组成的36小洞天。拙作《道教的色彩学》中谈道,把九色的范围缩小来看,道教更为尊崇玄、黄、紫三色。当然,这也符合道教诗人李白的情况。而且,李白似乎尤为偏好黄、紫。首先,关于紫,单就《古风》来看,就可以轻易举出"紫微""紫霞""紫云""紫烟""紫冥""紫宫""紫阊""紫河车""紫鸾笙""紫鸳鸯""紫金经""紫泥"等例子。可以说,对李白而言,紫色是构成道教世界的必要元素。关于这一情形,我们举"谪仙"和"紫极宫"来分析一下。

众所周知,贺知章最早把李白称为"谪仙人",即在天界获罪而被流放至人间的仙人。李白《对酒忆贺监二首并序》(《李集》卷21)的序文及诗其一有如下记载:"太子宾客贺公,于长安紫极宫一见余,呼余为谪仙人。因解金龟,换酒为乐。殁后对酒,怅然有怀,而作是诗。"(序)"四明有狂客,风流贺季真。长安一相见,呼我谪仙人。昔好杯中物,翻为松下尘。金龟换酒处,却忆泪沾巾。"(其一)贺知章,字季真。诗中李白描述贺知章是"四明有狂客,风流贺季真",这大概源于贺知章辞官归乡后在会稽出家为道士一事。另外,贺知章任礼部尚书时,与张说、徐坚共同编纂《初学记》,由此,或许能够推测出贺知章对《初学记·道部》的编写产生过一定的影响。

李白对贺知章所起的"谪仙"这一昵称相当满意。《玉壶吟》(《李集》卷6)诗云:"世人不识东方朔,大隐金门是谪仙。"《金陵与诸贤送权十一序》(《李集》卷27)再次指出:"吾希风广成,荡漾浮世,素受宝诀,为三十六帝之外臣。即四明逸老贺知章,呼余为谪仙人,盖实录耳。"《答湖州迦叶司马问白是何人》(《李集》卷16)也提到:"青莲居士谪仙人,酒肆藏名三十春。湖州司马何须问,金粟如来是后身。"不过,李白喜爱这一表达至少是因为"谪仙"蕴含了终将遇赦返回天界的意义吧。

　　松浦友久先生认为,李白和贺知章在长安紫极宫的会面发生于天宝初年(742年左右)李白二度上长安时。松浦先生还认为,天宝二年三月天下诸郡的"玄元庙"改名,这一紫极宫即是改名后的老子庙。此时,长安的玄元庙改名为"太清宫",洛阳的改为"太微宫",因此"于长安紫极宫一见余",正式的说法应该是"长安太清宫"。尽管如此,李白写作该诗时,包括在长安、洛阳,"紫极宫"是老子庙最通用的称呼,可以推想,正是由于此种情况李白才使用了这一称呼。[1]詹锳主编的《李白全集校注汇释集评》则持相反观点,认为"长安紫极宫应是京兆府紫极宫的别称或正名,可能坐落在长安城中长安县所辖区域内。或以为即西京太清宫,非也"。其所言长安除太清宫外尚有其他老子庙这一观点难以成立,今从松浦氏之说。李白尊崇紫色,同时喜爱"太清""紫极",但均使用别称"紫

---

[1]松浦友久:《李白传记论——客寓的诗想》(『李白伝記論——客寓の詩想』)。

极"是有可能的。

那么，李白是如何飞往天界的呢？其中一个典型的方式是乘鹤而往。《古风》其七云："客有鹤上仙，飞飞凌太清。扬言碧云里，自道安期名。"(《李集》卷2)李白歌咏的鹤有白鹤、玄鹤，不过李白尤其喜好黄鹤。《江上吟》(《李集》卷6)诗曰："仙人有待乘黄鹤，海客无心随白鸥。"《感兴八首》其五亦云："十五游神仙，仙游未曾歇。吹笙坐松风，泛瑟窥海月。西山玉童子，使我炼金骨。欲逐黄鹤飞，相呼向蓬阙。"(《李集》卷22)即是明证。

另外，李白有多首诗是关于黄鹤楼这一传统主题的。下面这首关于黄鹤楼的诗《黄鹤楼送孟浩然之广陵》就很有名，诗云："故人西辞黄鹤楼，烟花三月下扬州。孤帆远影碧空尽，唯见长江天际流。"再来看看其他几首关于黄鹤楼的诗。1.《峨眉山月歌送蜀僧晏入中京》(《李集》卷7)云："黄鹤楼前月华白，此中忽见峨眉客。"2.《江夏赠韦南陵冰》(《李集》卷10)云："我且为君捶碎黄鹤楼，君亦为吾倒却鹦鹉洲。"3.《庐山谣寄卢侍御虚舟》(《李集》卷12)云："我本楚狂人，凤歌笑孔丘。手持绿玉杖，朝别黄鹤楼。五岳寻仙不辞远，一生好入名山游。"等。此外，有的诗中还歌咏月、笛和黄鹤的姿态。4.《送储邕之武昌》(《李集》卷16)云："黄鹤西楼月，长江万里情。春风三十度，空忆武昌城。"5.《与史郎中钦听黄鹤楼上吹笛》(《李集》卷21)云："一为迁客去长沙，西望长安不见家。黄鹤楼中吹玉笛，江城五月落梅花。"6.《江夏送友人》(《李集》卷16)云:"雪点翠云裘,送君黄鹤楼。黄鹤振玉羽,西飞帝王州。"7.《醉后答丁十八以诗讥余捶碎黄鹤楼》(《李集》卷17)云:"黄鹤高楼已捶碎,黄鹤仙人无所依。黄鹤上天诉玉帝,却放黄鹤江南归。"

关于这位黄鹤仙人,历来有费祎和子安两种说法:1.《图经》载:"费祎登仙,尝驾黄鹤返憩于此,遂以名楼。"2.《南齐书》卷十五《州郡志下》曰:"夏口城据黄鹄矶,世传仙人子安乘黄鹄过此上也。"关于后者子安,《登敬亭山南望怀古赠窦主簿》(《李集》卷11)和《自梁园至敬亭山见会公谈陵阳山水兼期同游因有此赠》(《李集》卷11)两诗皆做了描述,前者云:"敬亭一回首,目尽天南端。仙者五六人,常闻此游盘。溪流琴高水,石耸麻姑坛。白龙降陵阳,黄鹤呼子安。"后者云:"黄鹤久不来,子安在苍茫。"值得注意的是,两首诗都提到了敬亭山。

吉冈义丰先生关于这一黄色有如下说明:可以说,道教具有中国的民族颜色。这一颜色在不同人眼中呈现出不同的色彩。但是中国人自己会毫不犹豫地选择黄色。黄色是道教徒(中国人)最尊崇的颜色。……黄庭指仙人居住的世界,黄帝被推戴为仙界的代表人物即仙界的王者。黄帝和老子并称黄老,被推为道教教主。黄帝还被当作中华民族的始祖,直至今日,仍受到尊崇和祭祀。……另一方面,黄色似乎具有一种不可思议的魔力,常常能把他们引入一个梦幻的世界。……正如把生命久远的伟大之河称作黄河,以"无为自然"的处世态度为理想的众人选择黄色作为民族生活的象征。[1]吉冈先生的解说基本涵盖了"黄"在道教中的所有意义。

李白的诗歌写到黄河的开头部分时，总能给人留下深刻的印象。例如，《将进酒》(《李集》卷3) 首句"君不见黄河之水天上来，奔流到海不复回"，《公无渡河》(《李集》卷3) 首句"黄河西来决昆仑，咆哮万里触龙门"等。另外，黄金还用来指作为建筑物的黄金台、仙药、金钱、颜色而频繁出现。比如，《宫中行乐词》其二云："柳色黄金嫩，梨花白雪香。"另外，《飞龙引》其一(《李集》卷5) 出现的黄帝炼丹砂，《庐山谣寄卢侍御虚舟》(《李集》卷12) 所引与"琴心"说有关的《黄帝内景经》、黄云、黄山、黄花等亦是如此。其中蕴含了诗人对黄鹤的好尚。可以说，在尊崇黄色这一点上，李白确实是位文如其人的道教徒。

五、"古风"与"虚极"

青木正儿先生在《李白的诗风》一文中指出："他喜欢歌咏神仙、山水、饮酒、妇女四种题材。前两种是他所享受的出世间的对象，后两种是他所享受的世间的对象。""然后，出于对出世间的向往，他皈依道教，醉心于神仙之说。因此，这一思想在他的诗中屡屡呈现。一个显著的例子是，咏叹自身遭遇感受的《古风》五十九首中有九首诗表现出了对神仙的欣羡之

---

[1] 笔者整理了吉冈义丰（吉岡義豊）《祈愿永世》(『永世への願い』，淡交社) 书中的观点。

情。"但是，笔者认为，《古风》中涉及道教的诗远不止九首。

小川环树先生深入分析了李白《古风》的创作意图，认为："《古风》是五十九首诗的总题目，单首诗并没有特定的题目。……他不满于初唐华丽修饰的南朝诗风，追求具有强韧骨气的诗歌。试图回归五言诗最初产生的时代，复兴建安（2世纪末到3世纪初）风骨。因此，自然而然地题名为《古风》。这不一定只是诗人自己的世界。他的目的在于扫除世上轻浮、沉滞的风气，结束积习已久的潮流，回归原点，开辟新的诗风。"另外，武部利男先生也指出："李白高唱复古，是为了对抗原有的诗风。不只诗歌，他反对所有的'当世风'。"[1]其实，小川先生和武部先生的观点，对思考李白道教思想的特质有极大启发。也就是说，对于道教，李白同样反对"当世风"，这从他批判现代化道教而主张复古上可以看出来。

那么，唐朝现代化道教的情形如何呢？这里以玄宗的妹妹玉真公主为例，选取与其道教信仰相关的金石资料予以考察。顺便说一下，近年来关于李白的研究成果表明：李白除了天宝初年去过长安之外，还去过一次，第一次去时居住在终南山；另外，向玄宗推荐李白的人不是吴筠而是玉真公主，这一结论更具有说服力。写于玄宗天宝二年（743）的《玉真公主受道灵坛祥应记》（简称《祥应记》，参照陈垣编纂《道家金石略》，文物出版社）记载云："弘道观道士臣蔡玮撰上，朝请大夫弘

---

[1] 青木正儿：《李白》，《青木正儿全集》第5卷；小川环树（小川環樹）编、武部利男注：《李白》（下）的跋，岩波书店，载《中国诗文选》，筑摩书房。

农郡别驾上柱国臣萧诚书，西京大昭成观威仪臣元丹丘奉敕修建。"李白的好友元丹丘也参与其中。《祥应记》记述了受封"上清玄都大洞三景法师"的玉真公主之道教信仰，并且明确地显现出天宝初年所谓现代化道教的影响痕迹。例如，开头提到的"故我玄元祖帝，龙服云驾，表玉容，临天门，示真册，锡宝符以灵命"等之"玄元"语与"公主承天恭受命（中略）亦所以履虚极而昭炯戒也"之"虚极"语首先值得注意。末尾记述了《祥应记》的创作由来，云："时东京法众玄元观主王虚贞等，鼓金磬，翊霞轩，陪拜绛宫前，徜徉碧宇外，稽首云会，□声而言，庆大君受大祚，玄元天妹庆同符于女偊，咏歌不足，愿纪斯文。"毋庸说，"玄元""虚极"两词与老子信仰相关。玄元观主王虚贞其实是参与制作玄宗《道德真经疏》的道士之一。

唐初形成的尊崇老子之风，到了玄宗时期更进一步。玄宗认为："我远祖玄元皇帝乃道家所号太上老君。"天宝二载、天宝八载两次给老子上尊号，并于天宝十三载（754）赐尊号称"大圣祖高上大道金阙玄元天皇大帝"。玄宗诏命在长安、洛阳两京以及各州建立老子庙，亦显示出对老子的尊崇程度，这在前文已有说明。

玄宗尊崇老子必然涉及《道德经》。玄宗很早就命令茅山宗道士司马承祯刊订《道德经》，创制5380言的真本，并亲自为其加注，这充分体现了对老子的尊崇。另外，玄宗还命令臣下和道士对自己的《道德经》注作疏。武内义雄先生指出：

"王应遴《玉海》卷53引《集贤注记》云:'开元二十年九月,左常侍崔沔入院修撰,与道士王虚正、赵仙甫并诸学士参议修老子疏。'似是说制作玄宗御疏一事。由此可知,疏非玄宗自作,当是出自王虚正等人之手。"(《武内义雄全集》第5卷"老子篇")为避宋仁宗讳,王应遴将"贞"改为"正"。前文《祥应记》提到的"东京法众玄元观主王虚贞"应该就是亲自参与制作疏的人。玄宗御制《道德经》注疏中把"道"解释为"虚极""妙本"或"虚极妙本",重视"虚极"这一概念。拙著《隋唐道教思想史研究》中详细论述了包括初唐成玄英及传承其思想的李荣等人在内的道教重玄派之活动,并指出玄宗御制之《道德经》注疏受到李荣所推崇的"虚极"思想之影响。王虚贞等人的《道德真经疏》指出:"法性清净,是曰重玄。"(卷4)此类话语表明疏文明显受到了重玄派思想的影响。另外,玄宗天宝初年诏命天下所有道观在一年之内阅读重玄派创作的《本际经》,这是唐代道教史上的重大事件之一。总而言之,玄宗时期的道教,重玄派思想色彩相当浓厚。正如《祥应记》所记述的,这就是李白所处时代的现代化道教的实际情形。但是,李白的作品,"虚极"一次也没有出现过,这显然表明他并不欣赏道教重玄派的思想。李白的诗歌《峨眉山月歌送蜀僧晏入中京》中唯一一次出现"重玄"(《李集》卷7),诗云:"黄金狮子乘高座,白玉麈尾谈重玄。"这是在佛教氛围中进行描述的。也就是说,李白高唱复古的时代,深受重玄派影响的现代化道教正风靡朝廷。由此可以想见当时重玄派道教的影响之大。

接着，我们来考察一下《祥应记》的整体结构。《祥应记》记述了传承茅山宗衣钵之元丹丘和焦炼师的相关事迹，元丹丘是李白的好友，甚至有关于玉真公主的记述。由于本文第二节已经介绍过元丹丘，这里就分析一下玉真公主和楼观派的关系。《祥应记》载曰："西京宜寿县楼观者，昔文始先生尹真人望气之所。（中略）公主以天宝之前岁，孟夏月，佩参灵之印，混疑始之心。"经过七日的实际修行后，"漱五晨之辉，采九芝之秀，踵息听气，遗行绝粒，动无违之事矣"。在楼观的短暂停留对公主的道教修行产生了实质性的效果，这是值得注意的。抑或可以分析一下这一事件背后与楼观派道士之间的联系。

似乎很早之前李白就与玉真公主有所交往，其诗《玉真公主别馆苦雨赠卫尉张卿二首》(《李集》卷8）可为证明。但是，"清秋何以慰，白酒盈吾杯"（其一）等歌咏雨中百无聊赖之情状的诗句，正是李白之风。也许正是因为此种因缘，天宝初年，公主向玄宗推荐了李白吧。其《玉真仙人词》(《李集》卷7）咏赞玉真公主云："玉真之仙人，时往太华峰。清晨鸣天鼓，飚欻腾双龙。弄电不辍手，行云本无踪。几时入少室，王母应相逢。"

然后，我们再来分析一下《古风》五十九首中的道教世界。笔者认为，《古风》中的复古式道教思想这一位相，构成了李白道教思想的核心。另外，值得注意的是，李白的《古风》组诗呈现出的道教思想是否可以代表唐代道教思想的核心。

现存于终南山楼观的欧阳询撰《大唐宗圣观记》，开头部分叙述了道教的深奥和楼观的由来，之后写道："昔周穆西巡，秦文东猎，并枉驾回辕，亲承教道。始皇建庙于楼南，汉武立宫于观北。崇台虚朗，招徕云水之仙；闲馆[1]错落，宾友松乔之侣。秦汉庙户，相继不绝；晋宋谒版，于今尚存。实神明之奥区，列真之会府。"[2]（《全唐文》卷146）这里提到了周穆王、秦始皇、汉武帝等信奉神仙的帝王，并举出"松乔"即赤松子、王乔（王子晋）等和安期生并列的远古神仙，如果再加上老子、西王母、李白尤其喜爱推重的庄周和黄帝的臣子广成子的话，《古风》中的道教人物、神仙的名字就大概全部列举出来了。

接下来，我们分析一下《古风》中歌咏这些道教人物和神仙的诗句。《古风》其四十三云："周穆八荒意，汉皇万乘尊。乐淫心无极，雄豪安足论。西海宴王母，北宫邀上元。"汉皇指汉武帝，王母指女仙的代表西王母，上元指《真诰》等书中出现的上元夫人，李白另有以《上元夫人》为题的诗。（《李集》卷20）《古风》其三云："秦皇扫六合，虎视何雄哉。（中略）尚采不死药，茫然使心哀。"其十八云："萧飒古仙人，了知是赤松。借予一白鹿，自挟两青龙。含笑凌倒景，欣然愿相

---

[1] 原文作"間"。检《全唐文》卷146可知，原诗作繁体"閒"，对应简体"闲"，则意义方通。"闲馆"指宽广的馆舍。——译者注
[2] 爱宕元（愛宕元）：《唐代楼观考》，吉川忠夫编：《中国古道教史研究》。

从。"其四十云:"幸遇王子晋,结交青云端。"这里的"古仙",列举了赤松子和王子晋,不过,还应该加上第三节中提到的鹤上仙安期生。

然后,再来看《古风》对老子、庄子、广成子等的描绘。其三十六云:"东海泛碧水,西关乘紫云。鲁连及柱史,可以蹑清芬。"柱史指老子。顺便说一下,《送于十八应四子举落第还嵩山》(《李集》卷15)诗云:"吾祖吹槖籥,天人信森罗。归根复太素,群动熙元和。"诗中称老子为"吾祖",说的是复古之事。此外,《古风》其八云:"庄周梦胡蝶,胡蝶为庄周。一体更变易,万事良悠悠。"其二十八云:"君子变猿鹤,小人为沙虫。不及广成子,乘云驾轻鸿。"

这里我们再次分析一下第一节中言及的"清真"。在《古风》其一中明言"圣代复元古,垂衣贵清真"的李白,在其他诗文中也曾多次提及"清真"。据《世说新语》卷5记载,"清真"一词首次出现在山涛称赞同为竹林七贤的阮咸的话中。李白被放逐之后,在《留别广陵诸公》(《李集》卷13)诗中写道:"还家守清真,孤洁励秋蝉。炼丹费火石,采药穷山川。"这里李白把坚守"清真"作为道教修行的一个环节予以歌咏。《避地司空原言怀》(《李集》卷22)诗称:"倾家事金鼎,年貌可长新。所愿得此道,终然保清真。"这首诗同样与道教修行相关。《王右军》(《李集》卷20)诗云:"右军本清真,潇洒出风尘。山阴遇羽客,爱此好鹅宾。扫素写道经,笔精妙入神。书罢笼鹅去,何曾别主人。"另有《鸣皋歌奉饯从翁清归五崖山居》曰："我家仙翁爱清真,才雄草圣凌古人。"(《分类补注李太白诗》)南宋杨齐贤称后汉张芝为草圣。《送韩准裴正孔巢父还山》(《李集》卷14)评价竹溪六逸中的三人曰:"韩生信英彦,裴子含清真。孔侯复秀出,俱与云霞亲。"并用"清真"来描述裴正的性情。显然,李白无时不在推崇"清真"。

说到"清",首先想到的是出现过多次的"太清"。《古风》其十七云:"西上莲花山,迢迢见明星。素手把芙蓉,虚步蹑太清。"(《李集》卷2)这里的"太清"指太清境,是道教中的三清境之一,三清境指上清境、玉清境、太清境。因为在天界能够看到"清都",所以多使用"太清"。《庐山谣寄卢侍御虚舟》(《李集》卷12)之"先期汗漫九垓上,愿接卢敖游太清"与《古风》其十七同例。九垓指九天。另外,"太清"还有其他用法。正如《留别金陵诸公》(《李集》卷13)之"香炉紫烟灭,瀑布落太清"所描述的,庐山瀑布貌似从"太清"坠落一般。这里的"太清"和广为人知的《望庐山瀑布》其二"日照香炉生紫烟,遥看瀑布挂前川。飞流直下三千尺,疑是银河落九天"(《李集》卷19)中的"九天"颇为相似。

作为一名道教研究者,一提到"九天",我首先想到的是《九天生神章》中的"郁单无量天、上上禅善无量寿天、梵监须延天、寂然兜术天、波罗尼密不骄乐天、洞元化应声天、灵化梵辅天、高虚清明天、无想无结无爱天"(《云笈七签》卷16)。但是,李白认为"九天"指的是《吕氏春秋·有始览》(卷13)中描绘的"九天",即"中央钧天、东方苍天、东北变天、北方玄天、西北幽天、西方颢天、西南朱天、南方炎天、东南阳天"。这在《流夜郎闻酺不预》诗中亦可窥见一斑，诗云："北阙圣人歌太康，南冠君子窜遐荒。汉酺闻奏钧天乐，愿得风吹到夜郎。"这首诗中也蕴含着复古思想。

《古风》中描述的与道教有关的人间仙境包括：蓬莱、瀛洲（加上方丈称为三神山）、昆仑山、桃源乡与五岳。歌咏的仙药有：不死药、丹液、炼药、丹砂。

另外，"清真"之"真"尚有"真人"的意思。具有代表性的是《古风》其五："太白何苍苍，星辰上森列。去天三百里，邈尔与世绝。中有绿发翁，披云卧松雪。不笑亦不语，冥栖在岩穴。我来逢真人，长跪问宝诀。粲然忽自哂，授以炼药说。铭骨传其语，竦身已电灭。仰望不可及，苍然五情热。吾将营丹砂，永与世人别。"（《李集》卷2）这就是李白《古风》诗勾勒出的道教世界。

结语

韩愈《荐士》（《韩昌黎诗系年集释》卷5）诗云："国朝盛文章，子昂始高蹈。勃兴得李杜，万类困陵暴。"此诗把陈子昂作为先驱者，同时肯定了李白对复古主义所做出的贡献。其实，李白的代表作《古风》五十九首是在复古主义思想的基础上，通过幻视的方法来对所谓的原道教进行理解的作品。笔者认为，韩愈《原道》一文论述的儒教所要达成的目标，不妨也可以看成是《古风》五十九首彰显出的道教追求。

笔者多年的疑问之一是，李白被称为道教徒诗人，但他的诗作并没有如期待的那般，存在更多关于盛唐时期现代化道教的信息。可是，标榜复古主义的李白通过与道教的主体性关联寻求道教的原型，其诗歌主要咏唱的是原道教、原型道教思想。了解了这一点，疑问也就消释了。原道教在早期历史上就已经出现，具体地说，魏晋以前处于中心地位，后来作为道教的基础显现在整个历史进程中。也可以说象征着汉民族的共同想象。因此，李白在中国受到广泛的喜爱。

李白深深地感到人生无常，他追求的并不是隋、初唐重玄派影响下形成的具有缜密理论性的道教，而是能够长生不死的具有神秘实践性的道教。所以，他亲近以李含光为代表的茅山宗道士。另外，还可以推测李白的复古式道教追求与楼观之间存在某种联系。关于楼观派道教的研究，这里暂时搁置，留待他日解决。

补注

本文较多受惠于久保天随、武部、松浦几位先生关于李白的著述，并参考了铃木修次先生的《唐代诗人论》等。另外，还津津有味地阅读了中国学者的相关研究著作，包括：郭沫若的《李白与杜甫》、李长之的《道教徒的诗人李白及其痛苦》和孙昌武的《道教与唐代文学》。诗集版本选择的是静嘉堂宋蜀本《李太白文集》和宋蜀刻本唐人集丛刊《李太白文集》，并参照了宋杨齐贤、元萧士赟的《分类补注李太白诗》和王琦的

《李太白文集辑注》等。由于篇幅限制,诗歌的题目依照原文,注释也减到最少。另外,关于黄鹤仙人的《图经》,参见阎伯里著《黄鹤楼记》(《文苑英华》卷810)一文。此外,笔者正在构思一篇关于王维的文章,将会详细论述焦炼师一事。

吴筠《览古诗》及其对隐逸的阐释[1]

[比利时]麦约翰(Jan A. M. De Meyer)著
白金杰译,吴光正校

一、引言

尽管道教徒和作家吴筠(728—778)曾一度被认为是能够兼具"李白(701—762)之放荡、杜甫(712—770)之壮丽"的作者[2],但是他的作品并未得到相应的重视。除了10首《步虚词》、24首《游仙》得到薛爱华(Edward H. Schafer)[3]的关注,其余作品几乎无人问津。然而综合而论,应对这一著名道

---

[1] Jan A. M. De Meyer: *A Daoist Master's Justification of Reclusion*: *Wu Yun's Poems on Investigating the Past, San Jiao Wen xian*, no.2, 1998, pp.11-40. 该研究得到"荷兰科学研究组织"(NWO)资助的"哲学与神学领域研究基金会"的部分支持。

[2] 原文"虽李白之放荡、杜甫之壮丽,能兼之者,其惟筠乎"见于《全唐文·吴尊师传》(中华书局,1983年,卷508,第1—2页)文末。郁贤皓在他的《李白丛考》(陕西人民出版社,1982年,第73页)中质疑了权德舆是《吴尊师传》作者的身份。

[3]《吴筠的〈步虚词〉》,《哈佛亚洲学报》1981年第41期,第377—415页;《吴筠〈游仙〉诗》,《华裔学志》第35期(1981—1983),第309—345页。

教徒的著作予以检视，如《神仙可学论》《形神可固论》《洗心赋》《登真赋》等文章有助于研究中国的神秘主义与长生不老理论；《玄纲论》[1] 33章的核心是道家哲学与宗教的概述，也是证明唐玄宗（712—756年在位）眷顾道教的重要文献。此外，吴筠的隐逸诗在中国文学遗产中也占有重要地位。

事实上，吴筠现存的近130首诗中，除了《游仙诗》《步虚词》以外，一个显著的特征就是几乎都与隐逸题材有关。50首《高士咏》组诗即是代表，这组诗按照时间顺序咏叹从老子到陶潜（365—427）的系列隐士。他的一些交游题赠之作（正如宇文所安所论，这类诗歌在其现存集子中所占比例异乎寻常的小[2]）揭示了吴筠生命中最后20年里在东南山水中的隐逸或半隐逸生活。隐逸也是他的赋作主题，这在《岩栖赋》和《逸人赋》中体现得尤其明显。本文旨在概述吴筠主要作品的基础上对吴筠的《览古》十四首进行研究。此组诗并没有对著名历史伟业和人物做出传统的评论，它可以看作对隐逸的长篇赞颂。

二、吴筠及其隐逸理想

在《旧唐书》或《新唐书》中并不罕见因隐逸而入传的

---

[1]《道藏》第1052号。《道藏》文章编号依据施舟人的《道藏通考》（巴黎：法国国立远东学院，1975年）。
[2] 宇文所安：《中国诗歌的伟大时代——盛唐诗》，耶鲁大学出版社，1981年，第144页。

人。[1]隐逸是贯穿吴筠生活与文学创作中的常见因素。现存最早的关于吴筠生平的记载,为士大夫权德舆(759—818)在9世纪初期所撰,提到吴筠15岁时就在南阳倚帝山(今河南南部)隐居。[2]尽管权德舆提到的隐居地是确切的,且有现存吴筠写于倚帝山的三首诗歌为证,但是权德舆所提到的年龄可能是错误的。[3]吴筠一首存于元代《洞霄诗集》的诗作提到:"弱冠涉儒墨,壮怀归道真。栖迟嵩颍间,得与巢由邻。"[4]可见,当作者决定归隐的时候,他至少已经20岁了。后来,大约在8世纪中期,吴筠现身于五岳之一的嵩山即是明证。正

---

[1]《旧唐书》卷192,中华书局,1975年,第5126—5130页;《新唐书》卷196,中华书局,1975年,第5604—5605页。

[2]对倚帝山的提及见于《全唐文》卷289,第19页《中岳宗玄先生吴尊师集序》。该序亦见于《道藏》第1051号《宗玄先生文集》之前。对倚帝山的提及一开始可能会显得让人困惑。参考文献确实解释了这一地名,但令人沮丧的是仅提到了吴筠的传记和出自《山海经》的一篇文章。薛爱华在他的《吴筠的〈步虚词〉》中就像《山海经》中一座宝石山的名字》一文一样解释倚帝山的名字。罗素·柯克兰仅在他1980年的博士论文《盛唐道教徒——对中古中国社会中著名道教徒意义的探究》中重复了这一点。这一谜团在清朝的《南阳县志》(潘守廉编译,1904年,第二部分第5页)中被部分解开,该书认为倚帝山就是骑立山。全唐诗(中华书局,1985年,第10038—10039页)收录了吴筠描绘倚帝山生活的三首诗歌。

[3]显然,在中唐时期,人们常常在十五岁这一具有象征意义的年龄做出选择某种生活方式的决定。例如比较李白《感兴八首》其五中的"十五游神仙",王琦注:《李太白全集》,中华书局,1985年,第1104页。

[4]《洞霄诗集》(知不足斋丛书版)卷1,第1页。孟宗宝编撰于1302年,该书和《洞霄图志》于三年后由邓牧(1247—1306)加以整理。该书收录了大涤山道教的颇具价值的信息。大涤山位于浙江,离杭州不远。该诗名为《酬刘侍御过草堂》,亦见于《全唐诗外编》(中华书局,1982年)第281页。嵩山与颍河在今河南境内。巢父与许由见皇甫谧的《高士传》(《四部备要》本)卷1,第2—3页。

是在那里他接受了冯齐整的正一之法。冯齐整是道士潘师正（584—682）的弟子。《道藏》存有潘师正与唐高宗（650—683年在位）的对话。[1] 公元754年，时在嵩山的吴筠将其《玄纲论》上呈给玄宗皇帝，在《进元纲论表》（避玄宗讳，改"玄"为"元"）中，吴筠自称为中岳嵩阳观道士，直到他去世都在使用这个名号。大涤山（浙江）天柱观上他的铭文也是如此。[2] 根据一些史料如《旧唐书》吴筠的传记，吴筠早在开元时期（713—741）就漫游到淮南地区，逗留在茅山和天台山。近期努力证明吴筠确实与李白有友好接触的李生龙，引用了吴筠的三首诗，应该也能证明这一点。[3]

然而，如果上引出自《洞霄诗集》的诗确实是吴筠作品的话，那么《旧唐书》的作者以及李生龙肯定是弄错了，因为这首诗也包含了下述内容："豺虎乱天纪，流荡江海滨。江海非吾土，所赖吾同人。"显示大约在公元755年安史之乱爆发前后，吴筠选择离开河南前往较为安全的东南之地。吴筠除了在一个名叫"石室洞"的山洞中进行修炼以外，似乎他还在庐山的东山居住过。他的几首诗以及《玄猿赋》和《庐山云液泉赋》

---

[1]《道藏》第1128号，《道门经法相承次序》与《唐书》吴筠传都声称他是潘师正的徒弟。如果我们假定吴筠在20余岁时就向年迈的潘师正求道，那么吴筠的出生年份就应该在公元660年左右，这意味着他的寿命接近120岁，这在他的传记中没有提到，应该是不可能的。之所以吴筠被称为是潘师正而不是冯齐整的弟子，大概与后者身份低微有关。
[2]《全唐文》卷925，第19页。
[3] 李生龙：《李白与吴筠究竟有无交往》，李白研究学会编：《李白研究论丛》第2辑，巴蜀书社，1990年，第256页。

都多次提到他曾在此山上隐居。另外,吴筠还观览了不大著名的北固山与缙云山。生活在山中并非等同于隐居,从吴筠的著作中我们能够看出,吴筠认为的山居生活是与隐逸和追求长生相关的。

吴筠大多数诗文体现了他作为一个隐士的日常生活,较少提供确切的世俗信息。吴筠当然没有在其盛年时完全与世隔绝,作于公元774年左右的两首《联句》,显示吴筠在淮南地区的文学聚会中是一个受人尊敬的客人,并且他与他那个年代的职位高的朝廷官员和著名作家都有接触,其中有军事指挥官、书法家和类书编纂者颜真卿(709—785),佛教诗人、画家皎然(730—799)以及《茶经》的作者陆羽。我们也可以从中发现,吴筠在肃宗(756—762年在位)时期担任过重要的官职。写于上元二年(761)秋天的《简寂先生陆君碑》中,他自称"中岳道士翰林供奉吴筠"。这意味着吴筠曾做过翰林供奉,负责起草和编辑皇帝的文书。[1]中国的隐士只是表明他不关注仕途,但不意味着与外界不接触。被视作隐士先驱的庄子,不是也选择了隐居,而不是完全回避人类社会吗?[2]我们感兴趣的是,吴筠理想中的隐士是怎样的,或者引用鲍吾刚

---

[1] 联句载《全唐诗》第788卷,第8880页;第789卷,第8888页;《简寂先生陆君碑》见《全唐文》第926卷,第21—23页。更多有关翰林供奉的内容参看毕少夫(Friedrich Alexander Bischoff)的《笔林》(*La forêt des pinceaux*)巴黎:法兰西大学联合出版社(PUF),1963年,第7—9页。

[2] 庄子归隐研究参见文青云(Aat Vervoorn):《岩穴之士》(*Men of the Cliffs and Caves*),中国香港中文大学出版社,1990年,第55—64页。

(Wolfgang Bauer)《隐士是如何形成的》(*What Makes A Hermit*)的说法,吴筠是如何成为一个隐士的。[1]他为何又是如何热烈地捍卫这个理想的?在唐朝以及其他王朝的文学作品中,隐居的主题是无所不在的。然而,大多数对中国隐士生活的研究仅参考了极小部分的可用资料。在概括中国隐士生活的状态与发展之前,不仅要参考历史、哲学的著作,还有必要参考纯文学著作。文学作品尽管对研究社会现象的作用有限,但对于表现作者内心的意图或情感的宣泄具有不可低估的重要性。

吴筠50首《高士咏》的序为我们了解吴筠的隐逸理想提供了有价值的线索:

《易》称君子之道,或出或处,或默或语。[2]盖出而语者,所以佐时致理;处而默者,所以居静镇躁。故虽无言,亦几于利物,岂独善其身而已哉!夫子曰:"隐居以求其志,行义以达其道。"[3]所谓百虑一致,殊途同归者也。[4]

---

[1] 原注:当然,我指的是鲍吾刚(Wolfgang Bauer)的文章《隐藏的英雄——隐逸理想的形成和解体》(*The Hidden Hero: Creation and Disintegration of the Ideal of Eremitism*),孟旦(Donald J. Munro)编:《个人主义与集体主义——儒家和道家价值研究》(*Individualism and Holism: Studies in Confucian and Taoist Values*),安娜堡:密歇根州大学出版社,1985年,第157—197页。
[2] 吴筠引《周易·系辞(上)》,参见《周易集解》(中国学术名著丛书)第13卷,第328页。该引用亦见于班固《汉书》(中华书局,1962年)第72卷,范晔《后汉书》(中华书局,1965年)第53卷。
[3] 吴筠引《论语·季氏》。吴筠引用时省略了孔子"吾闻其语矣,吾未见其人也"的说法。
[4] 两段表述都出自《易经系辞》第二部分的同一篇章,《周易集解》第15卷,第370页。

吴筠自述"予自弱年，窃尚真隐"，他将自己和《高士传》的作者皇甫谧（215—282）及《高士颂》的作者梁鸿（全盛时期公元80年）相提并论[1]："昔玄晏先生皇甫谧因其所美而著《高士传》，梁伯鸾有《高士颂》，愚今有《高士咏》，亦各一时之志耳。"他们用自己的方式表达了对隐士的赞扬。在吴筠的序中值得注意的是他探索了隐士的某种社会功能，以此排解世人对隐士避世的指责，引发他共鸣的不是基于道教的立场，而是基于儒家。[2]如是，让我们转向《览古》诗以探求其意蕴。

三、版本说明

我对比了吴筠《览古》诗五个完整的版本，即《唐文粹》（《四部丛刊》，1011年编辑）、《道藏》（1445年编辑）、《全唐诗》（1707年编辑，中华书局，1985年）及其原稿本《全唐诗

---

[1] 梁鸿，东汉隐士，传见《后汉书》卷83，第2765—2768页。亦见文青云：《岩穴之士》，中国香港中文大学出版社，1990年，第196—201页。
[2] 正如《玄纲论》中的文章所示，吴筠愿意看到道教和儒学之间存在一定的融合点。这是他肯定不会扩展到中国三大传统思想体系中的第三个——佛教的特权。例如，《玄纲论》中《化时嵩》的第八段和《明本末》的第九段对儒学并非完全没有同情之心。然而，儒家的价值观必须从属于道教的价值观。吴筠对佛教的态度远不如对儒学那样宽容。许多宋元时期的书目资料告诉我们，吴筠至少撰写了七篇激烈的反佛教文章：《道释优劣论》《明真辨伪论》《辅正除邪论》《小十论》《契真刊谬论》《辨方正惑论》《复淳化论》。令人遗憾的是这些文章都失传了。吴筠现存的八篇赋之一，《思还淳赋》表达了他对佛教强烈的反对态度。(可参考《全唐文》卷925，第9639—9640页的《宗玄先生文集》2.1a—3b)此外，在《神仙可学论》中，吴筠批评了七种引导人们远离长生不老的道路，其中第一种错误的观点就是佛教以生成为假幻。(可参考《宗玄先生文集》2.11a)

稿本》（中国台湾"中央图书馆"，1979年）以及《四库全书》（1772—1782年编辑）本。此外，还有《唐诗纪事》（《四部丛刊》，1160年编辑）这个不完整的版本，省略了《览古》第2、4、6、11、12、13首诗，且存在一些文字错误，读起来就像《唐文粹》潦草的抄本。比如，《唐诗纪事》在诗末用小字缀上"古意"二字，看起来并无意义。而在《唐文粹》中，14首《览古》诗之后跟着的是贺兰进明（活跃于728—759年）的两首诗，题目为《古意》。《唐诗纪事》的编纂者很显然是因为吴筠的诗意而将下首诗的题目误抄了。

《全唐诗》和其原稿《全唐诗稿本》的对比显示了几点有意思的地方。在《全唐诗》中吴筠编入第853卷，也就是说接近这个900卷著作的末尾，在佛教徒和神仙鬼怪诗人之间。《全唐诗稿本》则按年代列出了吴筠，和《唐诗纪事》的材料所安排的方式一样，列在李白和杜甫之后，高适（716—765）和孟浩然（689—740）之前。《全唐诗稿本》是《唐文粹》版可靠的抄本。另一方面，《全唐诗》与其原稿有所不同，给出了《道藏》版本里的文本的变体。在《道藏》和《四库全书》中，《览古》诗收入吴筠别集卷三，别集名为《宗玄先生文集》（《道藏》）或者《宗玄集》（《四库全书》）。《四库全书》采纳《道藏》本，但也确实更正了几处很明显的错误。

《道藏》和《四库全书》的版本与其他四种版本对比，第10首诗以后有明显不同。《道藏》和《四库全书》的第11首诗被分为了两首诗，与《唐文粹》《全唐诗稿本》《全唐诗》的第

11首和第12首诗相一致。相反,《唐文粹》《唐诗纪事》《全唐诗稿本》和《全唐诗》的第14首诗包含了《道藏》和《四库全书》的两首诗(第13首和第14首)。《道藏》和《四库全书》的第11首诗两次包含了"至人"这个词,一次在诗的开端,一次与"达者"相平行。而且,在《道藏》和《四库全书》的第13首的结尾和第14首的开始,出现了显然是对比的一对词语:"祸机"和"福柄",这两个词语很显然是出于一个整体。因为它们在《唐文粹》《唐诗纪事》《全唐诗稿本》《全唐诗》版本中是这样的。而且,在第14首诗中提到的历史人物从诗的开端就按同样的时序规律排列。因此我们可以得出结论:根据文章的数量和材料的安排,《唐文粹》和《全唐诗》,连同其手稿原本都是最值得信赖的版本。

四、《览古诗》

《览古诗》前三首和其余诗篇略有区别。吴筠并没有向读者展示历史信息,而是阐释了自己对进化和历史的总体看法,这类进化与历史和《道德经》《庄子》相违背。显然,吴筠把人类进化的本质视作自上而下的恶性循环,需要更有效的努力去克制它。例如孔子和墨子这样的圣人,尽管他们倾尽全力,他们也不能阻止秦朝的暴政。吴筠所中意的时代是人们在树上筑巢的时代,是文明瓦解而至今无法恢复的纯粹的原始时代。与无能子没有什么不同,吴筠的批判超过了常规的抱怨,如批评对奢侈品的过度渴望。他认为大兴土木无益于改善更原始的生活方式，反而有害：

1. 圣人重周济[1]，明道欲救时。孔席不暇暖，墨突何尝缁。[2]兴言振颓纲[3]，将以有所维。君臣恣[4]淫惑，风俗日凋衰。三代业遽陨，七雄遂交驰[5]。庶物坠涂炭，区中若梦丝。秦皇燎儒术，方册靡孑遗。大汉历[6]五叶，斯文复崇推。乃验经籍道，与世同屯夷[7]。弛张固天意[8]，设教安能持。

2. 兴亡道之运，否泰理所全。奈何淳古风，既往不复旋。三皇已散朴，五帝初尚贤。[9]王业与霸功，浮伪日以宣。忠诚及狙诈，淆混安可甄。余智入九霄[10]，守愚沦重泉[11]。永怀巢居时[12]，感涕徒泫然。

---

[1] "周济"，《纪事》作"开济"。
[2] 此诗改编自班固《答宾戏》(《文选》卷45，中华书局，1977年，第633页)，原文为"孔席不暖，墨突不黔"。
[3] 对陆云诗歌的引用见《大将军宴会被命作诗》"颓纲既振"，《文选》卷20，第285页。
[4] 《道藏》《四库全书》作"竟"，余者作"恣"。
[5] 七雄：齐、楚、秦、燕、赵、魏、韩。该句化用自班固《答宾戏》。
[6] 《道藏》《四库》作"立"。
[7] 除《纪事》作"屯同夷"，其他版本皆作"同屯夷"。
[8] "弛张"见卢谌 (284—350)《览古》"弛张使我叹"，见《文选》，卷20，第299—300页。
[9] 见《道德经》第三章，认为尚贤是造成人们不和纷争的原因。
[10] "九霄"是道教的天庭和仙圣所在。
[11] "重泉"出自江淹 (444—505)《杂体诗》三十首之十一《潘黄门岳述哀》，见《江文通集汇注》，中华书局，1984年，第146页。
[12] "巢居"出自《庄子·盗跖》，见《庄子引得》，哈佛燕京汉学索引系列，81/29/28。

3. 栋宇代巢穴，其来自三皇[1]。迹生固为累，经始增百王。瑶台既灭夏[2]，琼室复陨汤[3]。覆车世不悟[4]，秦氏兴阿房[5]。继踵迷反正，汉家崇建章[6]。力役弊万人，瑰奇殚八方。徇志仍未极，促龄已云亡。侈靡竟何在，荆榛生庙堂。

这些诗表现了吴筠曾经熟读经典，有传统的印记。然而《览古》第四首的上半部分充斥了对商和秦王朝暴政的批评，对箕子和叔孙通这两个跨越不止一个王朝的隐士的超然评价，揭示了吴筠消极、悲观的历史看法：

4. 闲居览前载，恻彼商与秦。所残必忠良，所宝皆凶器。

---

[1] 见《易经》："上古穴居而野处，后世圣人易之以宫室。"
[2] 夏桀和商纣据说劳民伤财，大兴土木。
[3] "汤"在《唐诗纪事》《四库全书》本中作"商"。《唐文粹》《道藏》《全唐诗稿本》《全唐诗》作"汤"而不作"商"。
[4] 古代认为翻车是不好的象征。吴筠在此可能受了潘岳《西征赋》的影响，《西征赋》中暗示晋武帝不能以殷纣侈靡亡国为鉴。见《文选》卷10，第156页。
[5] 阿房宫由公元前212年秦始皇使用了75000名劳役修建，但并未完成，秦二世继续修建，李斯认为这是导致秦二世统治混乱的原因之一。项羽烧毁了秦宫室，"项羽引兵西屠咸阳，杀秦降王子婴，烧秦宫室，火三月不灭"。见《史记》(中华书局，1972年)，卷87，第2560页。
[6] 建章宫由汉武帝在公元前104年所建，代替另一个已烧毁的宫殿。见《史记》卷12，第482页。王莽之后也用了它的材料再建。这两个宫殿都在曹植（192—232）的《毁鄄城故殿令》中提到。参见《曹植集校注》，人民文学出版社，1984年，第248页。

昵谀方自圣，不悟祸灭身。箕子作周辅[1]，孙通为汉臣[2]。洪范及礼仪，后王用经纶。

吴筠似在表明，一个人的品德是像箕子一样忠言逆耳还是像叔孙通一样谄媚变通并不重要，而是在于他们的著作是否被后人不分青红皂白地提升至经典的状态。

诽谤是第五首《览古》的关键词。吴筠引用了两首传统上被视为讽喻轻信毁谤者的诗歌，展示了他对《诗经》的了解。之后，他列举了五位死于诽谤的历史人物。江充和骊姬散播恶意谣言导致了国乱，而伍子胥、文种和屈原都是有能力的、直言不讳的历史官员，在遭到诽谤后，他们选择自杀（或者被迫自杀）。然而，值得注意的是吴筠并没有倾向于同情他们：

5. 吾观采苓什，复感青蝇诗。[3] 逸佞乱忠孝，古今同所悲。

---

[1] 箕子是商朝的名士，他因为批评声名狼藉的商纣王（他的侄子纣王）而被投入大牢，后来周武王释放了他，但他拒绝侍奉新的王朝。他对失败的商朝的忠诚获得了周武王的钦佩。《史记》卷3，第108页。传统认为《洪范》就是箕子所写，回答武王对国家准则的问询。

[2] 叔孙通因为文才为秦朝所用，秦二世时被封为博士。经过了秦亡到汉初的动乱，叔孙通以顺应时代的能力在汉高祖时期（前206—前194）做到太常。参见《史记》卷99，第2720—2726页。华兹生：《史记》英译本（*Reeords of the Grand Historian of China*）卷1，纽约：哥伦比亚大学出版社，1961年，第291—298页。

[3] 杰姆斯·理雅各（James Legge）：《诗经》英译本（*The She King*），中国香港大学出版社，1960年（重印），第187、394页。

奸邪起狡猾[1],骨肉相残夷。汉储殒江充[2],晋嗣灭骊姬[3]。天性犹可间,君臣固其宜[4]。子胥烹吴鼎[5],文种断越铍[6],屈原沉湘流,厥戚咸[7]自贻。何不若范蠡,扁舟无还期。

最终我们可以得知吴筠所认可的行为类型。范蠡与伍子胥和文种一样,参与了吴越之战,《史记》提到他是唯一善终的人。在帮助越王勾践消灭吴国以后,他认识到他的地位在和平时代很难维持,便离开了越国,再也没有回来。他和他的家人、追随者一起沿岸航行,定居在现今的山东。诗人逝去百年以后,《无能子》用两章的篇幅提到范蠡、文种、屈原,所持

---

[1] "狡猾",《唐文粹》《全唐诗稿本》作"潜滑",《唐诗纪事》作"潜害"。
[2] 公元前91年汉武帝患病,听信江充的谗言,导致巫蛊之祸,太子被陷害后自杀。等武帝意识到江充是个佞臣时,武帝的三个家庭成员已因此而死。《汉书》卷45,第2175—2179页。鲁惟一:《汉代的危机与冲突》(Crisis and Conflict in Han China),伦敦:艾伦与昂温出版社(Allen & Unwin),1974年,第37—43页。
[3] 公元前672年晋献公破骊戎得到了美女骊姬,骊姬为了立自己的儿子奚齐为太子,谗害齐姜所生的太子申生。公元前651年晋献公逝世,骊姬和奚齐都被杀。见理雅各:《春秋左传》英译本(The Ch'un Ts'ew, with the Tso Chuen),中国香港,1960年重印,第113、139页。
[4] 吴筠引自《左传》,见理雅各:《春秋左传》英译本"君臣多间",第860—861页。
[5] 直言不讳的典范人物伍员(子胥)在公元前484年被迫自杀。(参见《史记》,卷66,第2171—2183页)烹吴鼎并非字面意义,因为伍子胥并未在吴国的锅里被煮沸。伍员的传记描述了他是如何割喉自杀的,这让吴国国王非常生气,于是把他装进皮袋子里扔进了长江。(参见《史记》卷66,第2180页)所有版本都提及"子胥"这一名字,除了《道藏》将其称为"子骨"。
[6] 大夫种,或者文种,作为越王勾践在与吴国战争中杰出的军事顾问,被诽谤后被赐予一把剑(即命令自杀)。(参见《史记》,卷41,第1746—1747页)
[7] "厥戚咸",《文粹》《稿本》作"厥感戚",《道藏》作"厥感诚",《四库》作"厥戚诚"。

论调很显然与吴筠相似。[1]

应该注意的是，吴筠对被毁谤并不陌生，这也导致了他的归隐。《旧唐书·吴筠传》写道：当他是翰林院一员的时候，有权势的太监高力士（684—762）和群僧一起妒忌皇帝对吴筠的恩顾，于是向皇帝诋毁吴筠，吴筠"乃求还山"[2]。大多数人认同这一偶然事件使得吴筠成为强烈的反对佛教者。

隐士生活和对长生不死的追求可能是两个完全不同的事，但是在吴筠的观点中它们紧密相关。例如，在《洗心赋》中，吴筠将"免尘境栖云岑"作为净化心灵、追求长生的先决条件。[3]同样的，在《登真赋》中，"忘机而灭迹"被认为是"炼骨而清神"的首要条件。[4]尽管"不朽"观念一直存在于吴筠的想法中，但是很显然，他并不教化所有人都去修行。权德舆为吴筠写过传记，并为《旧唐书》所采用。传记中记录了这样一件轶事：皇帝曾咨询过吴筠神仙修炼之事，吴筠的回答是这样的："此野人之事，当以岁月功行求之，非人主之所宜适意。"[5]

---

[1] 王明：《无能子校注》，中华书局，1981年，第22—25页。
[2]《旧唐书》卷192，第5130页。
[3]《宗玄先生文集》卷2，第4页。
[4]《宗玄先生文集》卷2，第5页。
[5] 权德舆所作的传记摘要收在《全唐文》卷508第1页。这则轶事被多次引用，如《三洞群仙录》(《道藏》第1248号) 卷13第3页;《剡录》(《宋元方志丛刊》，中华书局，1990年，第7册) 卷3，第14页;《佛祖统纪》(太虚2035，49卷，第375页);《历世真仙体道通鉴》(《道藏》第296号) 卷37，第9页;《道门通教必用集》(《道藏》第1226号) 卷1，第11页;《唐才子传》(傅璇琮：《唐才子传校笺》，中华书局，1987年)，第150页;《洞霄图志》(转下页)

皇帝不适合追求长生不老是第六首《览古诗》的主题：

6. 尝稽真仙道，清寂祛众烦。[1]秦皇及汉武，焉得游其藩[2]。情扰万机屑，位骄四海尊。既欲先宇宙，仍规后乾坤。[3]崇[4]高与久远，物莫能两存[5]。矧乃恣所欲，荒淫伐灵根。金膏恃延期[6]，玉色复动魂[7]。征战穷外域，杀伤被中原。天鉴谅难诬，神理不可谖。安期返蓬莱，王母还昆仑。异术终莫告，

（接上页）（《丛书集成》本）卷5，第40页；《玄品录》（《道藏》第781号）卷4，第2页；《佛祖历代通载》（太书2036，第49册），第596页。应该注意的是吴筠在《玄纲论》中对"长生不老"这一主题多有阐释。

[1] 谢灵运（385—443）《山居赋》的一个典故。参见《宋书·谢灵运传》，中华书局，1974年，卷67，第1754—1771页。

[2] "游其藩"的表述似出于庄子，见《庄子》19/6/85。对于秦始皇和汉武帝尝试寻访仙居的内容可参看《史记》卷28；《史记》（华兹生英译本）卷11，第13—69页。

[3] 吴筠很可能认同《抱朴子》卷2"论仙"，参见王明校注：《抱朴子内篇校释》，中华书局，1985年，第17页。其中也提到了秦始皇、汉武帝他们尝试长生不老失败，"正以秦皇汉武求之不获"，在同一段中也提到了他们的万几和宇宙。

[4] 所有版本都作"崇"，只有《道藏》例外，作"策"。

[5] 逯钦立辑录：《先秦汉魏晋南北朝诗》参考成书于12世纪早期《韵语阳秋》卷12，见逯钦立辑录：《先秦魏晋南北朝诗》，中华书局，1984年，第1748页。写作"崇高与久远，万物莫能存"，作者是吴均469—520。

[6]《穆天子传》有一个词是黄金之膏。黑米·马修将"膏"译为"油脂容器"。（可参见其所译的《穆天子传》，法兰西学院，汉学研究所，1978年，第21页）金膏传统解释上是玉膏，一种具有某种特性的延长寿命的药。《山海经》（袁珂：《山海经校注》，上海古籍出版社，1980年，第41页）提到丹水，在丹水的附近可以找到这种流淌的翡翠，它可供皇帝服食，《唐文粹》《道藏》《全唐诗稿本》写作"特"而不是"恃"。

[7]《唐文粹》《全唐诗稿本》《全唐诗》作"玉色"，《道藏》和《四库全书》作"玉卮"，玉膏和金膏的想象在庾信（513—581）所写的关于长生不老的诗中也可以找到，如《蒙赐酒》（《先秦汉魏晋南北朝诗》，第2378页）。

悲哉竟何言。

吴筠在这首诗末尾所称赞的两个人物,只有一个传统上是与隐士相联系的——安期生,东海岸的一个卖药的人,为秦始皇所拜访,他们进行了持续三天三夜的讨论。在一封信中,他劝说皇帝出发到蓬莱去寻找他,蓬莱是一个神仙栖息的岛屿,求仙队伍并没有实现这个愿望。[1]西王母娘娘留下的较少的生平资料中有一点是吴筠感兴趣的:追求长生。这位古代的女神在吴筠的时代被描绘成寿逾千年的女神。[2]

《览古》第七首诗让我们返回更加世俗的事情上。吴筠用孔子、贾谊、韩非子和司马相如的例子阐述了士人怀才不遇的坎坷经历:

7. 鲁侯祈政[3]术,尼父从弃捐[4]。汉主思英才[5],贾生被

---

[1] 康德谟:《列仙传》(Le Lie-sien tcbouan)(巴黎大学东亚研究所,1953年,第115—118页)亦见文青云:《岩穴之士》,第96页。
[2] 柯素芝(Suzanne E. Cahill)的《出世与神情——中古时期的西王母》(Transcendence & Divine Passion: The Queen Mother of the West in Medieval China)梳理了唐朝之前的文学和艺术来源中西王母的形象(斯坦福:斯坦福大学出版社,1993年),这本书第171—172页对《览古》的解释与我们有所不同。
[3] 除了《道藏》作"所",其余的版本都作"祈"。《唐文粹》《唐诗纪事》《全唐诗稿本》作"正",《道藏》《全唐诗》《四库全书》皆作"政"。
[4] 在公元前500年到前496年,孔子曾经在鲁国为官,但终因定公的舍弃而离开。《论语》记录了孔子给鲁定公的施政建议。早期,齐景公也曾向孔子问政,但最终还是没有任用孔子。
[5] "英才",《纪事》作"英雄"。

排迁[1]。始皇重韩子,及睹乃不全[2]。武帝爱[3]相如,既征复忘贤。[4]贵远[5]世咸尔,贱今理共然。方知古来主[6],难以效当年。

这首诗阐释了统治者钦慕那些具备深刻思想、政治卓识与文学才能的人,但是一旦得到就不再珍惜。韩非子被迫自杀的例子表明,有文才可能招致祸患。有武略的人同样如此。郦食其(卒于公元前203年)——第八首《览古诗》的主角,他在秦朝末年曾是刘邦(汉高祖)狂热的支持者,并因襄助刘邦而被封为广野君,但是齐王怀疑他欺骗了自己而生生地烹死了他:

---

[1] 因为他的博学,贾谊(前200—前168)20余岁被召为当时最年轻的博士。贾谊建议的一些方法与较年长的朝廷的官员的意见相左,这迅速降低了皇帝最初的热情。随后贾谊被委派培养长沙王,相当于放逐。参见《史记》卷84,第2491—2503页;《史记》(华兹生英译本)卷1,第508—516页。"被"字《道藏》和《四库全书》作"亦"。

[2]《史记》卷63第2155页记录了最初为秦的统治者所钦佩的韩非子(死于公元前233年)如何在被李斯诽谤之后最终被迫自杀的,李斯与韩非子一样都是荀子的学生。

[3] 各版本皆作"武帝",唯《唐诗纪事》作"汉武"。"武帝爱",《纪事》作"武帝喜",《道藏》《四库》作"武帝钦"。

[4] 不同于吴筠此处的表述,汉武帝对司马相如(约前179—前118)的实际态度要更尊重些。据《汉书》卷57第2589页,相如曾被指控受贿后被解职,但是他一年后曾被召回。或者吴筠提及此是为了表明司马相如因《子虚赋》而获得皇帝的赏识,但是也因此仅被视作一个文人。见《汉书》卷57,第2575页。

[5] 所有版本均写作"贵远",除了《唐诗纪事》作"遗远"。吴筠引自江淹的杂题诗:贵远贱近,人之常情(《江文通集汇注》,第136页)。

[6] "主",《道藏》《四库》作"士"。

8. 食其昔未偶[1]，落魄为狂生。一朝君臣契，雄辩何纵横。运筹康汉业，凭轼下齐城[2]。既以智所达，还为智所烹。岂若终贱贫，酣歌[3]本无营。

与郦食其的命运相似的一个人是晁错[4]，一位直言不讳、严厉的法家学说的崇拜者，在汉文帝（前179—前157年在位）时期升至要职，在汉景帝（前156—前141年在位）时期升至更高。他因建议削藩引起诸王的憎恨，在七国之乱时被腰斩于市。景帝后来因为他的这个决定而后悔：

9. 晁错抱远策，为君纳良规。削彼诸侯权，永用得所宜。奸臣负旧隙，乘衅谋相危。世主竟不辨，身戮宗且夷。汉景称钦明，滥罚犹如斯。比干与龙逢[5]，残害何足悲。

---

[1] 郦食其传记见《史记》卷97，第2691—2696页；《史记》（华兹生英译本）卷1，第269—275页。"偶"，《道藏》《四库》作"遇"。
[2] 以上典故出自韩信的传记（《史记》卷92，第2620页）与郦食其的传记（《史记》卷97，第2696页；《史记》（华兹生汉译本）卷1，第220、274页）。
[3] 在古代，"酣歌"被看作是一个术士的生活风格。参见理雅各·杰姆斯《书经》（中国香港大学出版社，1960年再版，第196页）。《无营》参考了蔡邕的《释诲》，反映自然的隐居生活，其必然影响了吴筠的创作。就像吴筠的《逸人赋》一样，《释诲》的写作方式是采用一个年轻的愚者与一个年长的智者之间的对话形式，《释诲》中年轻的愚者被称为务世公子，《逸人赋》中则成为玩世公子，年长的智者则展现了世俗野心的虚妄。《览古》诗和《释诲》的共同点还包括"覆车"的意象和苏秦的"六印"。《释诲》是蔡邕传记中的一部分，可参见《后汉书》，卷60下，第1980—1989页。
[4] 晁错传记见《史记》卷101，第2745—2748页；《史记》（华兹生英译本）卷1，第527—532页。
[5] 《道藏》作"逢"，《四库》作"逢"。

此处值得关注的是,吴筠十分严厉地批判了汉景帝,通过将晁错与比干、关龙逢做对比,汉景帝被降低到纣和桀的水平。纣是商的最后一位统治者,他为了看看比干的心是否像传说中的圣人那样有七窍而杀了他。桀是夏的最后一位统治者,他因为关龙逢进谏忠言而处死了他。[1]

《览古》的第十首中,吴筠继续回顾了历史上那些悲剧人物。其中提到的五位受害者都有一个共性,即他们都曾只手遮天。周勃、主父偃、李斯和霍光都曾掌握过秦朝或汉室的人事权。然而,他们曾有的权势却不能保证他们善终。霍光的整个宗族在其逝去的两年后全部被灭,因为他们想密谋废黜汉宣帝(前73—前49年在位)。周勃生前得以平反。然而,战略家苏秦却被车裂。李斯曾谋害韩非子,但他却像晁错那样被腰斩:

10. 绛侯成大绩[2],赏厚位仍尊。[3]一朝对狱吏,荣辱安可

---

[1] 比干见《史记》卷3,107页。这两个儒家仁义和勇气的代表例子在《庄子》9/4/11-12和24/10/10中被一气呵成地提及,而又加以嘲讽。有证据表明,吴筠认为比干死后已成仙,可参见《宗玄先生文集·神仙可学论》卷2,第14页。这为人们不该为比干的惨死而悲伤提供了一个新的视角。

[2] 周勃是汉的开国将领,因战功累累而封为绛侯,与陈平一起,匡扶了曾被吕氏外戚压制的刘氏皇族,拥立文帝。他后来因传闻密谋造反而被捕,文帝后来被太后说服恢复了周勃的封号和封地。周勃的传记见《史记》卷57,第2065—2073页;《史记》(华兹生英译本)卷1,第427—433页。

[3] 这是一个典故,指有人预言周勃将大难临头,参见《史记》卷57,第2072页。《史记》(华兹生英译本)卷1,第431页。所有版本是"仍",除《唐诗纪事》读作"乃"。

论。苏生佩六印,弈弈为殃源[1]。主父食五鼎,昭昭成祸根。[2]李斯佐二辟,巨衅钟其门[3]。霍孟翼三后[4],伊戚及后昆[5]。天人忌盈满,兹理固永存。方知得意者,何必乘朱轮[6]。灭景栖远壑,弦歌对清樽。二疏返海滨,蒋诩归林园。萧洒去物累,此谋诚足敦。[7]

《览古》的第十首诗与《览古》的第五首诗在结构上非常相

---

[1] 苏秦,战国时说服齐、楚、燕、韩、赵、魏对抗曾经拒绝他的秦国,他曾同时在六国为相,后来齐王在公元前284年将他车裂,事见《史记》卷69,第2241—2277页。

[2] 大夫祭祀先祖,用五鼎。主父偃的传记见《史记》卷112,第2953—2963页。参见理雅各《孟子》,中国香港大学出版社,1960年,178页。主父偃的传记可参见《史记》卷112,第2953—2963页。《史记》(华兹生英译本)卷2,第225—238页。主父偃通过向汉武帝上奏,即刻被传唤觐见,从而摆脱了贫困。不到一年,他被提拔四次至大夫级别。吴筠几乎逐字引用了《史记》卷112第2961页的内容,其中主父偃解释了为什么他可以随心所欲地做任何事而不必担心后果:"且丈夫生不五鼎食,死即五鼎烹耳"。后来,主父偃全家因受贿和唆使皇子自杀而被处决。

[3] 李斯用法家思想帮助秦始皇建立了集权的帝国,秦始皇死后,李斯矫诏令始皇长子自杀,扶持次子胡亥。不满两年,公元前208年,李斯就被宦官赵高陷害而腰斩并灭族。事见《史记》卷87第2539—2563页。将李斯与苏秦并举显示吴筠对左思《咏史》最后一首与阮籍《咏怀》第8、第17首有同感。见《先秦汉魏晋南北朝诗》第499、第734页。

[4] 该处提及的霍光(卒于公元前68年),字子孟,他辅佐三朝皇帝:武帝、昭帝、宣帝。在他晚年,他和他的家族掌控了帝国的政权。昭帝驾崩无子,霍光立刘贺为帝,仅27天后,他又废了刘贺。事见《汉书》卷68第2931—2959页。

[5] 此处的"伊"是指伊尹,帝太甲当政三年,伊尹以他乱德而将他放逐,三年后伊尹将政权交还给他。霍光曾被他的下属比作伊尹,见《汉书》第2973页。

[6] "轮"在《唐诗纪事》中作"輨"。

[7] "物累"一词典出自《庄子·天道》。《唐诗纪事》和《全唐诗》作"海滨",其余版本作"滨海"。

似：在每首诗中都提到五个不应效仿的例子和一个可供参考的范例。疏广和他的侄子疏受在汉宣帝时期作为太傅和少傅服务于太子，他们因自己的智慧和对仪式的了解得到了这些职位。在公元前63年太子12岁，熟习了《论语》和《孝经》的时候，疏广决定引退。他引用《道德经》说服他的侄子要急流勇退，回到他们的故乡山东。[1]很多人泣送他们离开都城。蒋诩，汉哀帝（前6—前1年在位）时期的兖州刺史，拥有廉洁和坦率的美名。当篡位者王莽（9—23年在位）掌权的时候，他以病辞，并且再也没有离开他土生土长的山西。[2]及时地引退是二疏和蒋诩所呈现的品质。可惜的是，不是所有的隐士都能成功引退，这是吴筠在《览古》第十一首诗中的观点：

11. 至人顺通塞，委命固无疵。吾观太史公，可谓识道规。留滞焉足愤，感怀殄生涯。吾叹龚夫子，秉义确不移。晦迹一何晚，天年夭当时。薰膏自销铄，[3]楚老空余悲。

这首诗中提到伟大的历史学家不是司马迁，而是他的父亲司马谈。司马谈死于公元前110年。司马迁在他的《史记》

---

[1] 事见《汉书》卷71第3039—3040页。亦见张协《咏史》诗，《文选》卷21，第298页。
[2]《尚友录》卷16，第37页（本衙藏版本）。也可参见嵇康（223—262年）《高士传赞》[其残余部分已被戴明阳收录在其《嵇康集校注》（人民文学出版社，1962年，第415—416页之中）]，《汉书》卷72，第3096页和《后汉书》卷54，第1759页。
[3]《庄子》第四章结尾处的典故见《庄子》12/4/90，出现这种说法的章节并非巧合，《庄子·人间世》中充满了避世的故事。

中，记录了其父亲死前一年，因为留滞和不能跟随皇帝泰山封禅而感到遗憾。[1]这首诗中的"龚夫子"是指龚胜，他像他的朋友龚舍一样，进入了朝廷，在汉哀帝手下当谏大夫。当被王莽召见的时候，龚胜认为身仕两朝是很羞耻的，他选择了通过绝食而死的方式表达他的不满。[2]可见，吴筠传达了庄子和其他道教思想家的观念，就是明哲保身比不平则鸣更重要，无论这个不平可能是多么合乎情理。

《览古》诗的第十二和十三首是相似的。核心观点是：文采与学识不能成为一个人免于政治风波的护身符。京房（前77—前37）是研究《易经》和《春秋》的专家，喜欢将政治与灾异相联系。他惹怒了权臣石显后被贬并死于狱中。[3]张华（232—300），字茂先，因文才而声名大噪，在晋朝屡任高职。他撰写了《博物志》和一些游仙诗，反映道家的观念。他的《鹪鹩赋》传达了庄子的思想，认为无用于世才是幸福平安的关键。枪打出头鸟，只有善于藏拙，才能无忧无虑。[4]作为

---

[1]《史记》卷130，第3295页。司马谈不能够参与此次封禅的原因，见华兹生：《司马迁——史记》（*Ssu-ma Ch'ian, Grand Histrian of China*）纽约：哥伦比亚大学出版社，1958年，第208页。

[2] 两龚传记见《汉书》，卷72第3080—3085页。亦见文青云《岩穴之土》第126页。最后一句的"楚老"一词足以证明这首诗所指的是龚胜，而不是龚舍。《水经注》（《四库全书》版）记载："城西北旧有楚大夫龚胜宅，即楚老哭胜处也。"

[3] 传记见《汉书》卷75第3160—3167页。《幽赞》选自班固《汉书》卷75，第3194页。

[4]《文选》卷13，第201—203页。

政变的牺牲品，张华在69岁时被斩首示众，并被夷灭三族。[1]

12. 达者贵量力，至人尚知几。京房洞幽赞，神奥咸发挥。如何嫉元恶[2]，不悟祸所归。谋物暗谋己，谁言尔精微。

13. 玄元明知止[3]，大雅尚保躬[4]。茂先洽闻者，幽赜咸该通。弱年赋鹪鹩，可谓达养蒙[5]。晚节希鸾鹄，长飞戾曾穹[6]。知进不知退[7]，遂令其道穷。伊昔辨福初，胡为迷祸终。方验嘉遁客，永贞天壤同。

在最后一首《览古》诗中，吴筠挑战了传统的修身齐家治国的观念。诗人以11个例子来阐释良善之人通常受到惩罚而非奖赏，而那些并非君子的人却能在朝堂之上占据高位。

14. 圣人垂大训，奥义不苟设。天道殃顽凶，神明祐懿哲。

---

[1] 张华的博识洽闻在他的传记中也有提及，见《晋书》卷39，中华书局，1974年，第1074页。
[2] "元恶"一词在此无疑是指石显，京房曾向皇帝指谓石显为作乱者，见《汉书》卷75，第3162页。
[3] 太上玄元皇帝，是公元666年初唐时对老子所加的封号。"知止"见《道德经》第44条。
[4] "保躬"一词并不完整地出现在《大雅》中，但吴筠此处可能是化用其意"既明且哲，以保其身"（理雅各译：《诗经》，第431页）。
[5] "养蒙"这一表达可追溯到《易经》第四卦"蒙"，其中说："匪我求童蒙，童蒙求我"。见《周易集解》第44页。
[6] 鸾和鹄都是珍禽。鸾是凤的一种，象征着祥和。鹄在《庄子》中因"不日浴而白"被赞许。
[7] 在《易经》《淮南子》《盐铁论》中都有提及。

斯言犹影响，安得复迥穴[1]。鲧瞍诞英睿[2]，唐虞[3]育昏孽。盗跖何延期，颜生乃短折[4]。鲁隐全克让，祸机遂潜结[5]。楚穆肆巨逆[6]，福柄奚赫烈。田常弑其主[7]，祚国久屈缺。管仲存霸功[8]，世祖成诡说[9]。汉氏方版荡，群阉恣邪谲。謇謇陈蕃徒，

---

[1] 这些话依理而论是对的。"迥穴"一般用来解释世态炎凉与世事变迁，见班固的《幽通赋》，其中阐述了家族盛衰与世事无常，班昭《东征赋》化用了这个"迥"字，被解释为"邪僻"。这探讨了命运转折这一普遍存在于我们诗歌中的主题。吴筠使用"迥穴"，连同他对颜回、比干（《览古》其九）和骊姬（《览古》其五）提及，展示了我们的诗人是如何受到班固的赋的影响的。

[2] 鲧是禹（夏朝建立者）的父亲，他在尧时多次被推荐治理洪水，九年还没治退洪水而被放逐。见《史记》卷2第50页。瞽瞍是舜的父亲，再婚后曾想杀死舜。见《史记》卷1第32页。

[3] 尧和舜。

[4] 司马迁认为盗跖长寿，见《史记》卷61，第2125页。颜回29岁就死了。吴筠在《玄纲论》第26段"畏神道"中质疑了因果报应。

[5] 鲁隐公见《史记》卷33，第1528—1529。鲁惠公死于公元前723年，他的儿子隐为臣子推举为国君，公元前712年有人建议鲁隐公杀掉太子允，太子允是鲁惠公与宋国女子之子，这名女子本应嫁给鲁隐公，却被他的父亲鲁惠公娶走了，鲁隐公拒绝了这一提议。那个建言者为了自保欺骗太子允，称鲁隐公要杀掉允，因此导致了鲁隐公被弑。

[6] 公元前626年，楚成王想另立太子，他的儿子商臣便杀了他并继任为楚穆王。商臣掌管楚国12年，兼并了多个周边小国，直到公元前614年他驾崩。见《史记》卷40，第1698—1699页。

[7] 田常（卒于公元前456年）也称田恒（见《道藏》与《四库全书》），于公元前481年谋害了齐简公，从而保证了田氏家族的地位。吴筠的表述显示他读过《韩非子》第七篇《二柄》，其中评论了田常的行为："今君人者释其刑德而使臣用之，则君反制于臣矣。"

[8] 管仲（卒于公元前645年）和明智的齐桓公（前685—前643年在位）传记见《史记》卷32第1485页。

[9] 除《唐诗纪事》作"世祀"外，皆作"世祖"。世祖通常是国家或朝代的创始人，被赋予优点与美德。这个典故是指管仲与齐桓公最后一次会谈，齐桓公希望他能再给自己一些有益的建议。管仲批评了三个候选人，但是齐桓公并没有听从他的建议，给了他们过分的权力。见《史记》卷32第1492页。

孜孜抗忠节。誓期区宇静，爰使凶丑绝。谋协事靡从，俄而反诛灭。古来若兹类，纷扰难尽列。道邈理微茫，谁为我昭晰。吾将询上帝，寥廓[1]讵跻彻。已矣勿用言，忘怀[2]庶自悦。

吴筠用陈蕃与宦官之争来结束这一大段的咏史绝不是偶然。陈蕃是一位直言不讳的高级官员，在谏言君主应戒奢靡、偏私时被几次降级。灵帝（168—189年在位）时陈蕃和他的同伴一起想要翦除宦官。但这个计划事与愿违，他被太监侍卫投放到监狱中，并且被踩躏至死。[3]毋庸置疑，吴筠使用这个典故发泄他对太监的反感。

结语

从文学审视的角度来看，吴筠的《览古》诗体现了鲜明的传统特色。尽管不能确定，吴筠所处时代怀古是不是固定的主题。所有现存的唐代以前的诗，只有两首题为《览古》，一首为卢谌作，另一首被认为是吴均所为，但事实是吴筠的著作。同样的，中唐前仅仅产生一组览古诗，由与吴筠大致处同一时代的李白所写。[4]将览古诗当作所谓的咏史诗（文学上

---

[1]《唐诗纪事》作"廊"，其他版本为"廓"。
[2]"忘怀"见于陶潜《五柳先生传》,《陶渊明集》，中华书局，1979年，第175页。
[3] 陈蕃传记见《后汉书》卷66第2159—2171页。陈蕃的追随者也在《后汉书》第2171页提到。陈蕃垮台与汉时归隐的背景可参看文青云《岩穴之士》，第170页。
[4] 见《全唐诗》卷181，第1846页。

吴筠《览古诗》及其对隐逸的阐释

称为"歌唱历史事实"的诗）的子范畴也许更加明智。在吴筠时代之前，咏史就已经是诗的固定主题之一了。传统认为左思（约253—约307）创造了这个主题，但实际可以找到更久远的例子，尤其是班固（32—92）、王粲（177—217）和阮瑀（卒于212年）。其他都可为证。唐朝以前的咏史诗包括张协（全盛时期295年）、袁宏（4世纪）、宋孝武帝（454—464年在位）和鲍照（约414—466）所写的诗。初唐著名的咏史诗人有卢照邻（约634—约684）、张九龄（678—740）、李华（约715—约774）和高适等。[1]吴筠诗中所引用的典故表明，吴筠显然很熟悉大量唐前诗作。像班固、陆沉、江淹和张协这样的诗人喜欢历史的主题。而且，很有意思的是，我们关注的《览古》十四首体现了吴筠在品味方面与他们的一致性。例如，张协隐居而终，他曾做过华阴（现陕西）令，正是吴筠的出生地。钟嵘（活跃于483—513年）在他的《诗品》中，认为张协的诗不仅包含咏史诗也包括游仙诗。张协的风格影响了谢灵运、鲍照以及江淹，其中后者也模仿左思。而这些诗人都对吴筠的创作产生了明显的影响。[2]

---

[1] 有唐一代咏史诗的介绍看科林娜·奥林（Korinna Oehring）：《诗歌与历史——胡曾（约877年）的咏史诗》("Dichtung und Geschichte: Die Historischen Gedichte des Hu Zeng"），汉堡：克莱默出版社（Dr. R. Krämer），1989年，第6—22页

[2] 见《诗品注》，人民文学出版社，1980年，第27页。有关张协部分可参见倪豪士（William H. Nienhauser）《印第安纳中国古典文学手册》（*Indiana Companion to Traditional Chinese Literature*），布卢明顿（Bloomington）：印第安纳大学出版社（Indiana University Press），1986年，第212—213页。吴筠（转下页）

同样值得指出的是：吴筠所选用的两大文献主要来源于司马迁的《史记》和萧统（501—531）的《文选》。这个事实本身不令人震撼，但是为我们提供了一些关于吴筠教养和知识的背景。在《旧唐书》他的传记中，写明吴筠是"鲁中之儒士""举进士不第"。[1]郁贤皓在考证李白与吴筠关系时，声称吴筠不可能出生于鲁，也没有证据证实他曾经参加了科举考试。[2]如果吴筠的出生地确实是华阴，那么正如大多数材料所认可的那样，他相当于来自鲁。尽管这个明显的不协调可以暂时通过吴筠与李白假设的关系来解释。[3]至于吴筠参加进士考试，没有必要遵从郁贤皓的说法。《史记》和《文选》作为宝贵的文史资料，都是文学风格的典范，是吴筠那个时代学者和举子要率先学习的。因此，吴筠接受了儒学教育并参加了进士考试可能是事实。[4]

（接上页）与江淹关系密切。江淹在他的《知己赋》中说明了他自己作为筠心的想法（就像竹子）。吴筠也会通篇引用江淹的诗。例如江淹的诗《渡西塞望江上诸山诗》(《江文通集汇注》, 第 108 页) 和吴筠的《秋日望倚帝山》(《全唐诗》, 卷 888, 第 10039 页) 可以为例。吴筠，在为他的《神仙可学论》拟题时可能受到江淹的影响，也就是《丹砂可学赋》(《江文通集汇注》, 第 46 页)"海外果可学，岁暮诵仙经"这样的表述。

[1]《旧唐书》卷 192, 第 5129 页。
[2] 郁贤皓：《李白丛考》, 第 70—71 页。
[3]《旧唐书》卷 190 下, 第 5053 页的李白传记中, 记载了李白年轻时与鲁中诸生一起当饮酒隐士, 其中就有孔巢父。在《旧唐书》第 5129 页吴筠的传记中, 据说吴筠与李白和孔巢父关系密切。因此, 原材料的混淆或许可以解释吴筠被认定为是来自鲁的儒家学者这一情况。
[4] 请参看我的《罗隐政治思想中的儒家与道家》(载于《唐学报》10/11 期, 1992—1993 年, 第 67—80 页)。在宋代, 有些人认为《两同书》的作者是吴筠而不是罗隐（833—910）, 可能并非巧合。当代,《道藏》(转下页)

吴筠《览古诗》及其对隐逸的阐释

吴筠思想体系中的儒家元素有多重要，不是本文讨论的范畴。仅《玄纲论》与《神仙可学论》中儒家思想就占据了非常重要的地位。吴筠作品体现了唐朝时期儒家与道家思想融合的趋势，这种趋势在19世纪后期的《两同书》中达到了顶峰。[1]

吴筠的诗塑造了怎样的"理想隐士"的形象？本文首要关注的是吴筠消极的情绪，他选了20多个否定的例子做对比，而可以效仿的仅有五例：范蠡、安期生、西王母、二疏和蒋诩，数量很小。吴筠列举了一系列被否定、被逮捕、被解雇、被囚禁、被放逐、被腰斩、被撕成碎片、被烹、被斩首、被蹂躏致死、被割喉等令人印象深刻的事例。他们是罪有应得吗？大多数不过是因为参与了政治，那个被我们诗人描述为缺乏儒家道德的所在。《览古》诗中所提及的许多"受害人"兼备道德、文章，这使得他们不同于常人。他们参政的热情、济世救民的理想和直言进谏的品格，仅仅因为他们在特定的时间进入政治，不但伤及自身，还连累了家族的命运。他们仍然盲从

（接上页）（编号1135）中的《太平两同书》则被普遍认为是罗隐的作品。另一份重要资料《太上大道玉清经》（《道藏》编号1312）证明了唐朝将道教与儒教合并共同对抗佛教的趋势，见施舟人的研究《纯真与陌生人——中世纪道教的边界转移》（《大公报》1994年第61—81页）。

[1]见麦约翰《罗隐政治思想中的儒道学》，《唐研究》卷10—11，1992—1993年，第67—80页。在宋代，吴筠而不是罗隐被认为是《两同书》的作者可能不是巧合。今天，《两同书》出现在《道藏》（编号1135）标题为《太平两同书》之中，这一作品通常被认为是罗隐的作品。施舟人在《纯净与外人——中古道教中的移动的边界》（《通报》卷80，1994年，第61—81页）的研究中，认为《太上大道玉清经》是唐朝倾向于将道教和儒家思想结合起来共同对抗佛教的另一重要证明文献。

那些对于我们诗人所认为的天理，物极必反，善恶未必有报。在充斥着贪婪和谣言的环境中，拥有学识、公心是很危险的。

真正的智慧应如范蠡、疏广、疏受和蒋诩那样，在于自知、知人、有远见和自我修养。正如《道德经》所阐释的适可而止。范蠡、二疏和蒋诩并没有选择与世隔绝，而是回到他们的故乡，或与家人携隐。这表明吴筠的归隐理念与《庄子》接近。只有在强调追求长生不老的重要性这一点时，脱离了《庄子》的观念。在吴筠的观念中，明哲保身是第一步，才能追求到像安期生和西王母那样的长生不老。

另一个重要的问题是吴筠在努力论证自己为何选择隐居的生活方式。在这方面，将他的《览古》诗与《逸人赋》做对比是很有用的。这种诗赋，以蔡邕的《释诲》为模型，以一位隐士胡老和玩世公子之间的对论展现。由玩世公子问问题，称君子应该积极入世，隐士胡老先生为归隐辩护，指出了超过 40 个适合效仿的隐士的典型（参考第 399 页注释 3）。除了提供吴筠在其文学作品中所创造的有价值的形象以外，对游仙题材的意义也是非凡的。一个赤裸裸的事实是这个写于 8 世纪中期的行文风格叫"设论"，早在四百年前就广为知晓，现今并未过时。[1]《逸人赋》为《高士咏》（系列组诗）提供了大量的

---

[1]《设论》见戴麟《正统的挑战——西晋的"设论"》，《通报》卷 80，1994 年，第 27—60 页。德克莱尔博士在他的研究中收集了十二篇完整的设论文本，以及引用了另外七篇文本的片段。现可将吴筠的《一人赋》和《抱朴子外篇》的第一章《嘉遁》加入他的研究列表之中。在《嘉遁》中，葛洪通过虚构怀冰先生与赴势公子之间的对话，阐述了他的隐逸思想。

素材,《高士咏》中所赞美的至少有 25 位隐士也出现在《逸人赋》中。另一方面,《览古》诗中的几个理想的隐士却未在《高士咏》中出现,好像吴筠把他们储备起来加以特殊对待。

其次是吴筠在努力诠释他所选择的隐居形式。吴筠强调远离平庸(包括治国)是实现修身的前提条件。[1]尽管从吴筠的《览古》诗中可以看出他对 8 世纪中期恶劣的政治气氛感到失望,又因他自己与和尚、太监如高力士发生不快而加剧了他的挫折感。安史之乱爆发,吴筠离开首都,这加重了吴筠归隐的倾向。在《洞霄诗集》存录的一首诗中,描述了我们敏感的诗人被迫陷入喧哗和混乱中,使他患病卧床一个多月。[2]

第三点,吴筠为隐逸的辩护有点愤世嫉俗。施逢雨在一篇文章中从社会政治背景探究李白隐逸求仙的生活[3],探讨了因唐朝对道教的惠顾(使修道在唐朝合法化)、对隐士和隐居的肯定,引发唐代中前期隐居的热潮。在施逢雨的观点中,李白和许多其他文人一样,带着借隐逸求仕进的目的隐居。一个显而易见的先例就是卢藏用,他举进士不第,就隐居在终南山,

---

[1] 如仅举众多例子中的一个,可参见吴筠的《元日言怀因以自励诒诸同志》一诗。在这首诗中,声称"经世匪吾事"和"自古多真仙,当期升九天"。这首诗还有另外一个让它显得特别的地方,该诗是吴筠 50 岁时写的,没有十分确切的写作日期。然而如果李生龙在其著作第 253 页的解读是正确的,那么"安用感时变"这句诗意味着这首诗写于安史之乱爆发前夕,这也就暗示了吴筠出生于 705 年。这种解释是有点牵强,它似乎是将"时变"和"事变"等同起来。那我们可以合理推断吴筠去世时至少已年满五十岁。
[2]《洞霄诗集》(知不足斋丛书版)。
[3] 施逢雨:《唐代道教徒式隐士的崛起——论李白隐逸求仙活动的政治社会背景》,《清华学报》第 16 卷,1984 年第 1、2 期,第 27—48 页。

离都城距离适宜，以便修身辟谷。在 8 世纪初，他被征召为左拾遗和中书舍人，后迁为吏部侍郎和黄门侍郎。卢藏用的捷径使他有了"随驾隐士"[1]的称呼，他在终南山的"隐居"被称为是终南捷径，是为谋取更高的职位。

将施逢雨的发现和蒋寅的研究做对比是很有趣的。蒋寅搜寻了大量安禄山叛乱之后数十年间的诗歌，比大历时期（766—779）更加明确。据蒋寅所说，在中国历史上没有比大历时期产生更多与归隐诗有关的诗作。出现这种现象的主要原因应该包括：叛乱导致的持续不稳定、政府职业生涯缺乏吸引力（主要是经济上）、禅宗对文人阶层日益增长的影响。[2]也许在一定程度上，吴筠还是一个先行者。

在近期一篇有关道教对唐诗影响的文章中[3]，王定璋从另外一种角度观察，表达了比施逢雨更积极些的观点。王定璋并没有对入世或入仕的道士不屑一顾。《庄子》"德充符"和"田子方"等篇章，已经提供了道教能否进入朝廷为官这个问题的哲学背景。唐朝文人深受道教的影响，他们之后会在归隐和服务朝廷之间徘徊不定。[4]当时存在许多为了获得朝廷录用而树

---

[1] 卢藏用传记见《旧唐书》卷 94，第 3000—3004 页，《新唐书》卷 123，第 4374—4375 页。
[2] 参见蒋寅《大历诗风》，上海古籍出版社，1992 年，第 80—96 页。
[3] 参见王定璋《道教文化与唐代诗歌》，《文史哲》1997 年第 3 期，第 75—80 页。
[4] 再次值得一提的是在《无能子》一书中，作者和他的朋友华阳子探讨了是否应该担任官职的问题。无能子的建议是无论是否担任官职并不重要，只要做到无心无欲即可。见王明《无能子校注》，第 35—36 页。

立隐逸形象的知识分子。王定璋提到了李白、吴筠、杰出的道教大师司马承祯(647—735)、投机分子卢藏用、诗人官员例如严维(757年进士)和王建(约751—约830)以及一些不那么有名的人。

毋庸赘述,施逢雨、王定璋的概括是非常不妥当的。卢藏用也许是个投机主义者,一些唐朝文人当然也会用这种相对容易的方式由隐而仕。然而对于吴筠而言,从我们对他诗文著作及生活的了解,他并未有这样的意图。吴筠反映归隐的文章和这系列特殊的《览古》诗主要表达了他对两方面的关注:对于仕宦和本国政治文化的态度,以及在生理与精神上更高水准的追求。

原作

览古十四首[1]

圣人重周济[2],明道欲救时。孔席不暇暖,墨突何尝辎。
兴言振颓纲,将以有所维。君臣恣[3]淫惑,风俗日凋衰。
三代业遽陨,七雄遂交驰。庶物坠涂炭,区中若梦丝。

---

[1] 以《全唐诗》(中华书局1983年本)为底本,校以《唐文粹》卷14上(四部丛刊本,简称《文粹》)、《唐诗纪事》卷23(四部丛刊本,简称《纪事》)、《宗玄先生文集》(道藏1051,第726-727册,简称《道藏》)、《全唐诗稿本》(中国台北联经出版社1979年本,简称《稿本》)、《宗玄集》(《四库全书》第1071册,简称《四库》)。
[2] "周济"《纪事》作"开济"。
[3] "恣"《道藏》、《四库》作"竟"。

秦皇燎儒术，方册靡孑遗。大汉历[1]五叶，斯文复崇推。
乃验经籍道，与世同屯夷[2]。弛张固天意，设教安能持。

兴亡道之运，否泰理所全。奈何淳古风，既往不复旋。
三皇已散朴，五帝初尚贤。王业与霸功，浮伪日以宣。
忠诚及狙诈，淆混安可甄。余智入九霄，守愚沦重泉。
永怀巢居时，感滋徒泫然。

栋宇代巢穴，其来自三皇。迹生固为累，经始增百王。
瑶台既灭夏，琼室复陨汤[3]。覆车世不悟，秦氏兴阿房。
继踵迷反正，汉家崇建章。力役弊万人，瑰奇殚八方。
徇志仍未极，促龄已云亡。侈靡竟何在，荆榛生庙堂。

闲居览前载，恻彼商与秦。所残必忠良，所宝皆凶器。
昵谀方自圣，不悟祸灭身。箕子作周辅，孙通为汉臣。
洪范及礼仪，后王用经纶。

吾观采苓什，复感青蝇诗。逸佞乱忠孝，古今同所悲。
奸邪起狡猾[4]，骨肉相残夷。汉储殒江充，晋嗣灭骊姬。

---

[1]"历"《道藏》，《四库》作"立"。
[2]"同屯夷"《纪事》作"屯同夷"。
[3]"汤"《纪事》，《四库》作"商"。
[4]"狡猾"《文粹》，《稿本》作"潛滑"，《纪事》作"潛害"。

天性犹可间，君臣固其宜。子胥[1]烹吴鼎，文种断越铍，
屈原沈湘流，厥戚咸[2]自贻。何不若范蠡，扁舟无还期。

尝稽真仙道，清寂祛众烦。秦皇及汉武，焉得游其藩。
情扰万机屑，位骄四海尊。既欲先宇宙，仍规后乾坤。
崇[3]高与久远，物莫能两存。矧乃恣所欲，荒淫伐灵根。
金膏恃[4]延期，玉色[5]复动魂。征战穷外域，杀伤被中原。
天鉴谅难诬，神理不可谖。安期返蓬莱，王母还昆仑。
异术终莫告，悲哉竟何言。

鲁侯祈[6]政术[7]，尼父从弃捐。汉主思英才[8]，贾生被[9]排迁。
始皇重韩子，及睹乃不全[10]。武帝爱[11]相如，既征复忘贤。
贵[12]远世咸尔，贱今理共然。方知古来主[13]，难以效当年。

---

[1] "子胥"《道藏》作"子骨"。
[2] "厥感咸"《文粹》,《稿本》作"厥感戚",《道藏》作"厥慼诚",《四库》作"厥戚诚"。
[3] "崇"《道藏》作"策"。
[4] "恃"《文粹》,《道藏》,《稿本》作"特"。
[5] "玉色"《道藏》,《四库》作"玉卮"。
[6] "祈"《道藏》作"所"。
[7] "政术"《文粹》,《纪事》,《稿本》作"正术"。
[8] "英才"《纪事》作"英雄"。
[9] "被"《道藏》,《四库》作"亦"。
[10] "全"《纪事》作"然"。
[11] "武帝爱"《纪事》作"武帝喜",《道藏》,《四库》作"武帝钦"。
[12] "贵"《纪事》作"遗"。
[13] "主"《道藏》,《四库》作"士"。

食其昔未偶[1]，落魄为狂生。一朝君臣契，雄辩何纵横。
运筹康汉业，凭轼下齐城。既以智所达，还为智所烹。
岂若终贱贫，酣歌本无营。

晁错抱远策，为君纳良规。削彼诸侯权，永用得所宜。
奸臣负旧隙，乘衅谋相危。世主竟不辨，身戮宗且夷。
汉景称钦明，滥罚犹如斯。比干与龙逢[2]，残害何足悲。

绛侯成大绩，赏厚位仍[3]尊。一朝对狱吏，荣辱安可论。
苏生佩六印，弈弈为殃源。主父食五鼎，昭昭成祸根。
李斯佐二辟，巨衅钟其门。霍孟翼三后，伊戚及后昆。
天人忌盈满，兹理固永存。方知得意者，何必乘朱轮[4]。
灭景栖远壑，弦[5]歌对清樽[6]。二疏返海滨[7]，蒋诩归林园。
萧洒去物累，此谋诚足敦。

至人顺通塞，委命固无疵。吾观太史公，可谓识道规。
留滞焉足愤，感怀殄生涯。吾叹龚夫子，秉义确不移。

---

[1]"偶"《道藏》《四库》作"遇"。
[2]"逢"《道藏》《四库》作"逄"。
[3]"仍"《纪事》作"乃"。
[4]"轮"《纪事》作"轓"。
[5]"弦"《纪事》《四库》作"絃"。
[6]"樽"《文粹》《道藏》《稿本》《四库》作"罇"。
[7]"海滨"《文粹》《道藏》《稿本》《四库》作"滨海"。

晦迹一何晚,天年夭当时。薰膏自销铄,楚老空余悲。

达者贵量力,至人尚知几。京房洞幽赞,神奥咸发挥。
如何嫉元恶,不悟祸所归。谋物暗谋已,谁言尔精微。[1]

玄元明知止,大雅尚保躬。茂先洽闻者,幽赜咸该通。
弱年赋鹪鹩,可谓达养蒙。晚节希鸾鹄,长飞戾曾穹。
知进不知退,遂令其道穷。伊昔辨福初,胡为迷祸终。
方验嘉遁客,永贞天壤同。

圣人垂大训,奥义不苟设。天道殃顽凶,神明祐懿哲。
斯言犹影响,安得复回穴。鲧瞍诞英睿,唐虞育昏孽。
盗跖何延期,颜生乃短折。鲁隐全克让,祸机遂潜结。
楚穆肆巨逆,福柄奚赫烈。田常弑其主,祚国久罔缺。
管仲存霸功,世祖[2]成诡说。汉氏方版荡,群阉恣邪谲。
謇謇陈蕃徒,孜孜抗忠节。哲期区宇静,爰使凶丑绝。
谋协事靡从,俄而反诛灭。古来若兹类,纷扰难尽列。
道邈理微茫,谁为我昭晰。吾将询上帝,寥廓[3]讵跻彻。
已矣勿用言,忘怀庶自悦。[4]

---

[1] 以上二首《道藏》,《四库》作一首。
[2] "世祖"《纪事》作"世祀"。
[3] "廓"《纪事》作"廊"。
[4] 自楚穆以下《道藏》,《四库》分作二首。

止于虚空中的明月

——朝镜子中的道教与文人理想[1]

[美]柯素芝(Suzanne E. Cahill)著
卢澄译,李松校

唐朝(618—907)代表了中国文化的高点,这是中国人民满怀骄傲回顾的时期。唐帝国是诗歌、宗教、科学和艺术的黄金时期,由于几任皇帝在位时期均治国有方、经济发达、版图辽阔,当时的中国经历了繁荣昌盛并享有国际声望。在这一时代的大部分时期里,官府的权力大都依赖于农业和商贸的稳定税收,井然有序的官僚体系管理着全国,强大的军事确保了不

---

[1] Suzanne E. Cahill, *The Moon Stopping in the Void: Daoism and the Literati Ideal in Mirrors of the Tang Dynasty (618-907)*. 感谢克利夫兰艺术博物馆,尤其是周汝式(Ju-hsi Chou)给我欣赏卡特新近所收藏的精美铜镜的机会。此外,还要感谢克劳蒂亚·布朗(Claudia Brown)、周汝式(Ju-hsi Chou)、艾尔·迪恩(Al Dien)、罗泰(Lothar von Falkenhausen)、雷德侯(Lothar Ledderose)、司白乐(Audrey Spiro)、莉迪亚·汤普森(Lydia Thompson)、Ye Wa 及汪悦进(Eugene Wang)对拙作提出的评价和建议。最后,还要感谢卜爱玲(Anneliese Bulling)慷慨分享她所做的关于萨克雷(Sackler)收藏品的记录。译者注:柯素芝(Suzanne E. Cahill),加利福尼亚大学圣迭戈分校历史研究计划副主任。

断扩张的边疆的安定，皇帝的臣民过着相对高质量的生活。都城长安，李氏皇朝的发祥地，是中古时期最大的城市，人口超过100万，而且长安也是同时代最完善、最具世界性的城市中心区。

唐代的财富和艺术成就均与本国行业的进步以及丝绸之路沿途的民族交流紧密相关。丝绸之路由一系列疏落的道路连接而成，从黄河河谷平原上的城市穿过中亚的山脉和沙漠，直至波斯和印度等西方国家。这些道路活跃了1000多年，一直是中国与西方进行商贸、旅行、军事征服及思想交流的主要渠道。中国古代出口的货物包括丝绸、价值高昂的商品成品和香料，进口的则有马、玉和佛教。公元7—10世纪，商路沿途的商业活动和知识交流逐年增加，重要性也不断提升，其影响力从波斯贯穿中国直至日本，创造了国际文化甚至是地球村的雏形。

受文化交流的影响，金属制品处于工艺的前沿。唐朝的冶金专家将传统技艺和新兴技艺相结合，制作铜镜的技术突飞猛进，工艺和设计均达到了新的水平。

通过学习国外的技术，尤其是波斯的技术，古代中国的金属工艺得以丰富。中国的手工艺者把新兴技术融入以黏土模子铸造铜镜的本土艺术中：他们用脱蜡铸造、湿法制粒、连续锤打、模锻、透雕细工、镀金、压凸纹面、镶嵌及其他程序做实验，设计出新模型，并拓展了镜子外观的概念——镜子出乎意料地被做成了微型、正方形或花瓣状等不同形状（图1）。有的酷似唐朝宫殿和寺庙屋顶上的莲花圆形图案——这些花形在中原产生,又传至西方。别出心裁的艺匠还创造了新的设计,例如广为人知的狮子、葡萄藤等图案,带有明显的西方背景。[1]

图1 八瓣形双凤菱花镜,铸于唐朝(618—907),直径28.8厘米。克利夫兰艺术博物馆藏。为托马斯(Thomas)和玛莎·卡特(Martha Carter)博士向李雪曼(Sherman E. Lee)敬献的礼物,1995年

此外还有一些其他的变化。比之更早的时期,唐朝的镜子上很少有雕刻,刻印的文字通常是无日期的诗文。唐朝的手工艺者常常在整个镜子的表面上设计图案,浑似墙上或丝绸上的画,而不是将镜面当成分离的画框或范围,镜子较之以前更为厚重,轮廓也有改变。唐朝的金工工匠用一种新的铜合金铸镜,伴之以含量较高的锡和较少的铅,生产出漂亮、光滑的银面。新兴的制镜中心也出现了,从沿着黄河的都城洛阳和长安转到了南方的扬州。宫女用以梳妆打扮、官员用以端正官帽的

---

[1] 南希·汤普森(Nancy Thompson):《唐狮的进化和葡萄藤镜子》(The Evolution of the T'ang Lion and Grapevine Mirror),《亚洲艺术》(*Artibus Asien*)1967年第29期,第25—54页。

铜镜因新方法和新图饰的出现而发生了转型，以致看起来与以前的铜镜截然不同。

多数艺术史学家认为，唐朝的镜子不但外观有变，而且在社会角色和意义上也有所不同。他们表示，唐镜放弃了道教思想和宇宙哲学的图案，以及早期的镌刻，因而变得世俗，只具有装饰性，并且纯粹成了惹人瞩目的消费品或定情之物（图2）。笔者对此不敢苟同，尽管在冶金术、制造和外观上有重大变化，唐朝的铜镜仍是耐人寻味、光彩夺目和极其宝贵的东西。唐镜比之先前的例子，功能甚至更多，可满足不同之需。镜子除了是名贵的身份象征和婚姻幸福的标志，还保留了教化和精神象征的功能。宗教意义作为镜子的本体和价值核心，仍然勾勒和表现了社会和宇宙秩序的理想。

图2　王诜（1048—约1105）"绣栊晓镜图"扇画，摘自《故宫铜镜特藏图录》卷首插画（中国台北"故宫博物院"藏）

正如汉代（前206—220）和六朝（221—589）时期一样，唐镜可视为中国文化的图鉴。除了折射其主人的审美能力和财富之外，镜子还是自我修养的浓缩参照物，以及使人们简单领略圣贤轶事、道教坛场或宇宙景象、驱魔赶鬼的有效之物，或打坐冥想的焦点。在生活中，镜子被珍视和使用，物主死后又随之入墓，埋在墓穴中为逝者照亮去往来世的路。本文将展示唐朝铜镜背面的设计和镌刻是如何追踪反映中国中古时期文化的两个中心及其相关方面的变化：道教思想（中国本土的主要宗教），以及文人的社会理想。而纵观唐朝，道教思想既是李氏皇朝的主要信仰，又是文人精神世界的一部分。

在通过以宋朝（960—1279）的变形镜和后来的新儒家的诠释来回顾唐朝文化的当代学者看来，将道教思想与文人学士的理想联系起来似乎是颇为奇怪的。宋代的一些思想家将道教、佛教及早期的儒教信仰和活动结合在一起，创立了一套宏伟的综合体系，他们把它称为"理学"。结果，曾被普遍认为是中国尤其是道教的思想活动时期的唐朝，现在却被认为是儒式的。在唐朝的中国，道教信仰与官方社会地位之间并无矛盾，协调道教抱负与文人理想也毫无困难。

道教思想外延广泛，包括民间和社会精英的信仰和活动，不计其数的圣典被收录在《道藏》之中。道教在唐朝之前已有悠久历史，道教的理念可追溯至自然神秘主义的核心，它包含在公元前3或前4世纪的经典《道德经》和以作者名字命名的《庄子》之中。在接下来几个世纪的社会危机和变化当中，面对劝诱改宗的外来信仰——"佛教"的竞争，道教出现了体制化的形式，发展了神祇、天、道士、道观、圣典、仪式以及信徒。它培养了一种信仰：人们可以通过信念、善举、禁欲及打坐来完善自我，并最终达到永生。在公元4世纪和5世纪，出现了两个道教流派——"上清教"和"灵宝派"。上清教教名源自道教最高的天，它强调通过禁欲与获得皇帝和官员精英的欢心而自我救赎。另一教派称为灵宝派，其名源自经文，它注重集体的仪式和信徒的伙伴关系，吸引了大批追随者。唐朝时期，两派合二为一。正如早期的铜镜折射了汉代和六朝时期道教的信仰和活动，唐镜也反映了唐代道教的发展。[1]

作为典范的文人的理想出现在六朝时期的南方。文人才华横溢、身出名门，在诗歌、书画和辞令方面极具天赋，虽然他们的个性和成就符合条件，但不一定任过官职，南方的文人与浪漫但粗俗的北方将士理想形象形成对比。竹林七贤是一群出身良好的隐士，他们的文人雅兴、酣饮美酒和莫逆的友情，是略具传奇性的文人的早期范例。他们的形象常见于六朝的艺术和文学当中。[2] 唐朝统一中国后，将文人理想带回北方，又带

---

[1] 关于中古时期的中国道教，参阅贺碧来：《道教——宗教的发展》(Taoism: The Growth of a Religion)，菲莉丝·布鲁克斯(Phyllis Brooks)译，斯坦福：斯坦福大学出版社，1997年；柏夷：《早期道教经典》，伯克利：加利福尼亚大学出版社，1997年。关于中古时期之初中国镜子与道教的关系，参阅柯素芝：《制造青铜——中古时期中国镜子的铭文研究》("The Word Made Bronze: A Study of the Inscriptions on Medieval Chinese Mirrors")，《亚洲艺术档案》(Archives of Asian Art) 1986年第39期，第62—67页。

[2] 关于中古时期中国的文人精英理想，参阅马瑞志(Richard Mather)：（转下页）

进朝廷,唐朝的文人可凭其艺术和宗教情感在宫廷立业。

葛洪(282—343)是中古时期的中国文人官员,也是位道教人士。作为道教名士和文人,唐代的知识分子将其视为先祖。在其《抱朴子》(约320年完成)一书中,葛洪数次提到镜子。此书概括了4世纪的科学和道教典故,维护了神仙崇拜,坚称宗教活动的神效。书中的主角埋头丹房炼制金丹,寻求长生不老的仙丹妙药。例如,葛洪在《岷山丹法》中记录了仙丹的配方。道士"鼓冶黄铜,以作方诸,以承取月中水,以水银覆之,致日精火其中,长服之不死"。[1]打坐或冥想时使用镜子也见于《抱朴子》:

(接上页)《世说新语》——一个传奇世界的新记录》(*Shih-shuo Hsin-yu: A New Account of Tales of the World*),明尼阿波利斯市:明尼苏达大学,1976年。关于中国艺术的文人精英理想,参阅埃伦·约翰逊莱恩(Ellen Johnston Laing):《玄学和中国画里的"竹林七贤"》("Neo-Taoism and the 'Seven Sages of the Bamboo Grove' in Chinese Painting"),《亚洲艺术》(*Artibus Asiae*)1974年第36期,第5—54页;以及奥德利·斯宾罗(Audrey Spiro):《审视古人——中国早期肖像画中的审美和社会问题》(*Contemplating the Ancients: Aesthetic and Social Issues in Early Chinese Portraiture*),伯克利:加利福尼亚大学出版社,1990年。关于道教与汉末、三国和六朝时期的文人理想,参阅柯素芝:《伯牙抚琴——唐纳德·霍兹曼收藏中的两种类型中国铜镜》("Boya Plays the Zither: Two Types of Chinese Bronze Mirror in the Donald H. Graham Jr. Collection"),中野彻(Nakano Toru):《中国古代青铜镜——唐纳德·霍兹曼的收藏》(*Bronze Mirrors from Ancient China: the Donald H. Graham Jr. Collection*),中国香港东方杂志社(Orientations),1994年,第50—59页。以下简称为《中国古代青铜镜》。——编辑注

[1] 魏鲁男(James Ware):《公元320年中国的炼金术、医学和宗教》(*Alchemy, Medicine and Religion in the China of A. D. 320*),纽约:多佛出版社,1966年,第83—84页。中文版参阅葛洪:《抱朴子》,中华书局,1980年。

> 用明镜九寸以上自照，有所思存，七日七夕则见神仙。……或用四，谓之四规镜。四规者，照之时，前后左右各施一也。用四规所见来神甚多。或纵目，或乘龙驾虎，冠服彩色，不与世同，皆有经图。欲修其道，当先暗诵所当致见诸神姓名位号，识其衣冠。不尔，则卒至而忘其神，或能惊惧，则害人也。[1]

镜子是用以想象神祇的工具，但必须做足功课，牢记神仙的模样，这样才不至于把鬼怪邀至自己的脑海中。

葛洪确信，镜子能保护道士免受邪魔之害，因为镜子总能展现它们所照映的事物的真实面目：

> 又万物之老者，其精悉能假托人形，以眩惑人目而常试人，唯不能于镜中易其真形耳。是以古之入山道士，皆以明镜径九寸已上，悬于背后，则老魅不敢近人。或有来试人者，则当顾视镜中，其是仙人及山中好神者，顾镜中故如人形。若是鸟兽邪魅，则其形貌皆见镜中矣。又老魅若来，其去必却行，行可转镜对之，其后而视之，若是老魅者，必无踵也，其有踵者，则山神也。[2]

镜子反映了真相，并保护佩戴镜子之人。

通过模仿镜子的功能，道士会快速将其身形在几个地方同

---

[1] 魏鲁男：《公元320年中国的炼金术、医学和宗教》，纽约：多佛出版社，1966年，第255—256页。
[2] 同上，第281页。

时出现。葛洪说:"师言守一兼修明镜,其镜道成则能分形为数十人,衣服面貌,皆如一也。"[1]简而言之,镜子具有许多与道教信仰活动有关的神力。生活中,主人可以炫耀他的镜子,并在法术中和仪式上使用,死后还可以用它陪葬。唐朝人常引用葛洪的《抱朴子》,并进一步发展其关于道教、文人和镜子的观点。

仔细研究卡特及其他人收藏的唐朝铜镜实例,可揭示这些铜镜是如何体现和说明唐朝道教的信仰和活动,以及唐代文人的自我形象的。镜子上的图形、故事和标记揭示了当时道教和文人的情况,下文将是类型的概述,以开始探讨这一引人入胜的话题。我们将探讨镜子上的意象、叙述和象征,并斟酌一些随时间推移的铭文。

一、意象

唐镜背面常出现的最吸引人的意象是各具情态的神仙、神兽和群山,这些图案占了镜背中心的主要部分,给观赏者提供了一种视角,欲看完这幅图,就必须像转轮子一样转动镜子。神仙要么自己飞行,要么骑着神兽,《道藏》满是对这些仙人及其活动的描写。他们是道教次要的神祇,镜子的主人希望某天能填补这些神仙在天界的官位。自公元前4世纪以降,山峰便与有奇人异草的天界乐园联系在一起,那是隐士和神仙的住

---

[1] 魏鲁男:《公元320年中国的炼金术、医学和宗教》,第306页。

所，幸运的高人会在梦境中或冥想时去拜访，并立誓死后也去那儿。以这些吉祥的生物去处，以及代表幸运的植物、昆虫、水汽或气来装饰镜背，会给主人带来好运。

卡特收藏品中有个 7 世纪的样例：两个骑兽的神仙和两座高耸的山峰（图3）。八叶状的外缘含有成对的蜜蜂图（"蜂"与"封官"之"封"同音，构成双关），蝴蝶（"蝶"与象征长寿的"耋"同音，构成双关），还有象征"气"的祥云，以及绽放的幼枝。[1]

---

[1] 周汝式：《见日之光——卡特收藏的中国铜镜》（*Circles of Reflection*: *The Carter Collection of Chinese Bronze Mirrors*），克利夫兰：克利夫兰艺术博物馆，2000年。关于四仙骑纹菱花铜镜，参阅《故宫铜镜特藏图录》附图122—125，中国台北"故宫博物院"，1985年。关于骑兽仙人和群山，参见同上，附图126—127；中野彻：《中国古代青铜镜》，第96图，第252—253页；卜爱玲：《萨克雷藏中国青铜器札记》（*Notes on the Sackler Chinese Bronzes*）（未发表），图8-3-18，1970—1980年；以及周汝式：《见日之光——卡特收藏的中国铜镜》，图62（本文图4）。周汝式将此面镜子与阎婉（卒于690年，唐朝大臣、画家阎立本之侄女）之墓出土的镜子相比较。关于神仙和群山，见《故宫铜镜特藏图录》，附图120；以及《中国五千年文物集刊》"铜镜篇"，第307页，中国台北中华出版社，1993年。骑兽仙人和龙的形象见于《故宫铜镜特藏图录》，附图121。关于龙的描述，同上，附图117—118；周汝式：《见日之光——卡特收藏的中国铜镜》，图72；卜爱玲：《萨克雷中国青铜器札记》，图8-13-19。

图 3　仙骑纹菱花铜镜，刻有骑兽的神仙和高耸的山峰。铸于 7 世纪，直径 12.2 厘米。克利夫兰艺术博物馆藏。托马斯和玛莎·卡特博士向李雪曼敬献的礼物，1995 年

卡特收藏品的另一面镜子可追溯至约 8 世纪，一条龙蜷绕着镜背中心的球形突出物，这个球状物也是这条龙的宝石，龙的周围祥云环绕。龙是最"阳"的动物，与春、木、新生及东方有吉兆联系，龙也象征唐朝皇帝，尤其是信奉道教的统治者李隆基，即玄宗（713—756 年在位）。[1]

山在道教典故和传说中非常重要，既出现在文字镌刻中，也出现在图形设计中。卡特收藏品中（图 4）的隋朝（581—618）镜子四面附有瑞兽，铭文如下：

仙山立照智水齐，名花朝艳采月夜。流明龙监五瑞宝，舞双情传开仁寿。始验销兵。[2]

---

[1] 周汝式：《见日之光——卡特收藏的中国铜镜》，图 72。
[2] 同上，图 49。关于仁爱和延寿的镜铭，见亚历山大·C. 索珀（Alexander C. Soper），《仁寿镜》(The Jen Shou Mirrors)。

图4 仙山瑞兽铭带纹镜。铸于隋朝（581—618），直径19.8厘米。克利夫兰艺术博物馆藏。为托马斯和玛莎·卡特博士向李雪曼敬献的礼物，1995年

铭文涉指孔子的名言："仁者乐山，智者乐水。"道士也爱山，因为山是神仙的住处，是草本类长生不老药的来源地，是苦行和冥想的神圣地所在。除了反映圣洁的山水，卡特收藏的镜子还与更深层次的道教含义有关：明月、花供品、神仙驾驶的怪兽、以皇龙装饰的玉盘所代表的王权，以及休战。隋朝统治者的仁寿殿就悬挂着一面闻名遐迩的镜子，据说它只反映真相。卡特收藏的这面镜子也许是唐初为庆祝和平与希望和平而铸。

上海博物馆有面奇妙的方形镜（图5），它用图线表现五座山岳，使人忆及唐朝《道藏》中以许多形式存在的道教法宝，即"五岳真形山图"。[1]

---

[1]《中国五千年文物集刊》，第231页。

图5 五岳方形镜。铸于唐朝(618—907),高11.9厘米。摘自陈佩芬《上海博物馆藏青铜镜》(上海书画出版社,1987年)第77幅画

二、叙事

镜子图案简单讲述了一些道教传说,其中有的众所周知,有的则是我们鲜有闻知的。叙事镜子将整个表面作为帧面,犹如一幅卷轴或壁画,我们可从某个角度观赏。传达主要信息的关键场景展现唐朝观赏者所熟悉的故事,这是汉朝至唐朝图画艺术的一种典型叙事手法,被称为单景或缩影。[1]这些故事具有教诲寓意,教导人们从善或成仙。理想的道教高人遵行宗教戒律,并象征自然。镜铭讲述道教的自我修养,在卡特的收藏品中有一实例,镜子上刻着四只奔跑的瑞兽(图6):

---

[1] 关于描画艺术中的叙事技巧,参见司白乐:《混合活力——5世纪佛教艺术的记忆、模仿和匹配含义》("Hybrid Vigor: Memory, Mimesis, and the Matching of Meanings in Fifth Century Buddhist Art"),载裴士凯(Scott Pearce)、司白乐和伊沛霞(Patricia Ebrey)编:《中国领域内的文化和权力重建(200—600)》(*Culture and Power in the Reconstitution of the Chinese Realm*, 200—600),加利福尼亚:哈佛大学出版社,2001年,第125—148页。

赏得秦王镜，判不惜千金。非关欲照胆，特是自明心。[1]

图 6　四瑞兽追逐奔跑镜。铸于 7 世纪初，直径 9.6 厘米。克利夫兰艺术博物馆藏。为托马斯和玛莎·卡特博士向李雪曼敬献的礼物，1995 年

此诗提到秦王（前 256—前 211）的一面著名镜子，据说任何人在它面前都会露出真情实感，使不忠实的情人或怀有二心的臣子因害怕被揭穿而瑟瑟发抖。诗作者高度评价这面镜子，不是因为它能揭露别人，而是他可用镜子表明其心，并对自己的思想或行为进行调整。

心如明镜的意象也常见于唐朝禅宗偈语，在此情况下，镜子也与自我修养和智慧相关。道教和佛教彼此之间相互借用术语、意象和活动，所以我们可以推测镜子意象的共同理解。传说，禅宗在将衣钵从第五代传至第六代时，涉及关乎继承权的著名偈语竞赛。其中一个被看好的候选人神秀（606？—706）在寺院墙上写道：

---

[1] 周汝式：《见日之光——卡特收藏的中国铜镜》，图 50。

身是菩提树,心如明镜台。时时勤拂拭,勿使惹尘埃。[1]

他的对手(后来的六祖)慧能(638—713)出身卑微,之前几乎无人认得他,写了一首使他获胜的偈子:

菩提本无树,明镜亦非台。本来无一物,何处惹尘埃?[2]

镜子、心智、自我修养和般若之间的关系可谓一清二楚。

几个有教化意义的故事频繁出现在唐镜背后。其中有月神嫦娥的故事,孔子与荣启期的偶遇,王子乔和真子等仙人的传记,以及竹林七贤,现在来看看唐镜中所出现的这些叙事。

1. 嫦娥

美丽动人的月神嫦娥的悲剧可谓家喻户晓,父母们常把她的故事作为孩子们的床头故事,告诫他们不要贪婪和偷窃。嫦娥的丈夫后羿,是个颇具传奇色彩的英雄,是他将世界从十个太阳突然同时在天空中灼晒的灾难中拯救出来,他射下了其中的九个太阳,使世界免遭大火和饥荒。

作为奖赏,西王母打算赐给他长生不老之药,但他尚未拿到,就被他妻子盗走并吞服。怒不可遏的神仙意欲处死她,却无法杀死她,因为她已咽下长生不老药。所以他们将她赶至寒冷遥远的月宫,让她永远孤独寂寞。与她相伴的只有一株桂

---

[1] 改编自狄培理(William H. Theodore de Bary,旧译名为狄百瑞)和卜爱莲(Irene Bloom)编:《中国传统资料选编》(*Sources of Chinese Tradition*)(第2版),纽约:哥伦比亚出版社,1999年,第496页。
[2] 同上,第498页。

树，一只蛤蟆，以及捣长生不死药的兔子。嫦娥的故事在唐镜上非常流行。现存为数不多的例子记载着这个故事，但说法不一。[1] 华盛顿弗利尔美术馆一面银色镜子上的描绘引人入胜（图7）：月神徘徊在树下，身边是永不停止捣药的玉兔。这面圆镜本身就代表月亮。

图7 嫦娥奔月铜镜。铸于唐朝（618—907），直径14.8厘米。华盛顿弗利尔美术馆，史密森协会。查尔斯·L.弗利尔的礼物，1911年

卡特收藏品中无唐朝嫦娥铜镜，但即使没有嫦娥，中国的镜子也常与月亮联系在一起。（这与日本形成对比，日本的镜子与太阳崇拜和太阳女神有关，她被认为是日本皇室家族的祖先。）许多唐朝的镜铭提及月亮，卡特收藏品中有面7世纪的镜子（图8），中心区显示了三对辟邪的瑞兽，外圈刻有一首

---

[1] 关于嫦娥的故事，见《故宫铜镜特藏图录》，附图128—129；《中国五千年文物集刊》，第226—227页；卜爱玲：《萨克雷藏中国青铜器札记》，图11.115—11.116；以及中野彻：《中国古代青铜镜》，第248—249页，图94及第256—257页，图98。

四言骈体铭文：

练形神冶，莹质良工。如珠出匣，似月停空。当眉写翠，对脸傅红。绮窗绣幌，俱含影中。[1]

在这篇铭文中，镜子便是月亮。与月亮一样，它与"阴"有关：女性、冷漠、沉思、寒冷和静止。正如月神嫦娥一样，它与道教、黑暗艺术、不死药和长生有关。

图 8 "练形神冶"瑞兽团花镜：三对貔貅围绕莲花状的球形突出物。铸于 7 世纪中叶，直径 17.6 厘米。克利夫兰艺术博物馆藏。为托马斯和玛莎·卡特博士向李雪曼敬献的礼物

2. 孔夫子与荣启期

荣启期与孔子的经典故事见于"天瑞"——3 世纪道教经典《列子》中的一章。孔子曾经遇到过很多道教圣人，从他们那里学到了很多重要人生经验。有一次，孔子到荣启期隐居处

---

[1] 周汝式：《见日之光——卡特收藏的中国铜镜》，图 51。

拜访他，问他为何如此快乐：

> 孔子游于泰山，见荣启期行乎郕之野，鹿裘带索，鼓琴而歌。孔子问曰："先生所以乐何也？"对曰："吾乐甚多，而至者三。天生万物，唯人为贵，而吾得为人，是一乐也。男女之别，男尊女卑，故以男为贵，吾既得为男矣，是二乐也。人生有不见日月，不免襁褓者，吾既以行年九十五矣，是三乐也。贫者士之常也；死者人之终也；处常得终，当何忧哉？"孔子曰："善乎！能自宽者也。"[1]

这个故事也被称为启期"三乐"。这位年迈、智慧的隐士平静地对待生死，给孔子留下深刻印象。荣启期也许是个虚构的人物，他成了六朝时期中国南方文人（艺术家、作家）的重要典范。他与竹林七贤一道，出现在南京周围皇亲国戚、达官贵人的墓室石刻上。在唐镜上，荣启期仍代表了智慧、平静、自然的终极，以及对生死问题的洒脱。现存的唐镜中有几个很好的样例。卡特收藏品的其中一个显示：左为孔子，手执曲杖，着冠穿袍，指点发问身穿鹿皮或豹皮服、手中携琴的荣启期。[2] 人物身材修长，是初唐的风格，纽上方一长框，分三栏九字铭文，刻有人名及其活动："荣启奇（期）问曰答孔夫子。"

---

[1] 改编自葛瑞汉译《列子》(*The Book of Lieh-tzu: A classic of Tao*)，纽约：哥伦比亚大学出版社，1990年，第24页。
[2] 周汝式：《见日之光——卡特收藏的中国铜镜》，图71。其他例子见《故宫铜镜特藏图录》，图130；《中国五千年文物集刊》，第230页。

图9 "三乐"叶状镜。铸于8世纪,直径12.7厘米。克利夫兰艺术博物馆藏。为托马斯和玛莎·卡特博士向李雪曼敬献的礼物

3. 王子乔

王子乔,又名王子晋,是周灵王太子,道教上清派所尊畏的仙人,能以笙引凤。道教仙传惊羡于他的苦行生活和自我修养,声称他已得道成仙,飞至天界,并任官职。这个经典故事见于汉朝叙述神仙事迹的著作《列仙传》:

> 王子乔者,周灵王太子晋也。好吹笙,作凤凰鸣。游伊洛之间,道士浮丘公接以上嵩高山。三十余年后,求之于山上,见桓良曰:"告我家,七月七日待我于缑氏山巅。"至时果乘白鹤驻山头,望之不得到,举手谢时人,数日而去。亦立祠于缑氏山下,及嵩高首焉。[1]

这一传记内容显示在唐都洛阳之北出土的一面镜子上:王

---

[1] 引自狄百瑞和卜爱莲所编《中国传统资源》,第一卷,第393—395页。关于《神仙传》,见康儒博:《与天地同寿——葛洪〈神仙传〉研究与翻译》(*To Live as Long as Heaven and Earth: A Translation and Study of Ge Hong's Traditions of the Divine Transcendents*),伯克利:加利福尼亚大学出版社,2002年。

子乔头戴幞巾，着长衫，端坐吹笙，凤鸟闻之，俯冲向下。他们之上为竹枝，下为重叠山峦（图10）。[1]

图10 王子乔吹笙引凤纹镜，洛阳北出土。铸于唐朝（618—907），直径12.9厘米。摘自《中国青铜器全集》（北京文物出版社，1998年），第16卷，"铜镜"，第161页

4. 真子飞霜

现存有几面唐镜，背面都设计有一个席地而坐的乐师，有的还在方涡卷形花饰中间刻有四个字："真子飞霜"或者"飞霜真子"。此语的含义难以捉摸。也许是某个真人在琴上弹奏"飞霜"的曲子。因为"飞霜"也是一种长生不老药，因此这四个字也有可能是指某个制造"飞霜"的仙人。带有这一设计的某些镜子的铭文提到汉代的隐士何金子，而日本的学者则认为这是战国的琴师伯牙。镜子左侧是乐师端坐在水池边，水池旁

---

[1]《中国五千年文物集刊》，第299页。萨克雷的其他收藏品（卜爱玲：《萨克雷藏中国青铜器札记》，图8-3-17）还有王子乔、箫史（其生平也可参阅《列仙传》）、七贤之一等。

有四块奇石，奇石象征四方的圣山，池中升起一片荷叶，上面还托着一只乌龟，乌龟就是镜子背面的镜纽。这是道教挪用西方极乐世界阿弥陀佛面前的莲池的佛教意象。不过无论是哪种解释，这个设计展示给人们的都是一个自然和天赋的典范，一个智慧、平静的文人形象。[1]

这种图案设计的镜子现存有几面，卡特所收藏的一面铜镜显示（图12）：左侧一名乐师端坐于竹林抚琴，右有一凤栖于奇石。圈带铭文为：

凤凰双镜南金装，阴阳各为配，月日恒相会。白玉芙蓉匣，翠羽琼瑶带。同心人，心相亲，照心照胆保千春。

此诗表明原本有一对镜子，也许为情侣所共有。诗中将镜子和情侣比作阴阳、日月。这面镜子置于一个饰有花纹的盒子之中，外系宝石饰带，祈愿彼此"同心人，心相亲，照心照胆保千春"。此镜是多功能唐镜中的极佳典范，它在铭文中将爱的誓言与设计中的道教典型叙事结合在一起。[2]

5. 七贤

有几面镜子显示了宛如身临其境的人物坐在树下饮酒弹

---

[1] 这一图案的例子，参见卜爱玲：《萨克雷藏中国青铜器札记》，图 8-13-16；中野彻：《中国古代青铜镜》，第 258—259 页（认为是伯牙）；《中国五千年文物集刊》，第 297 页。关于伯牙，见高居翰（Cahill）：《伯牙抚琴》(*Boya Plays the Zither*)，第 50—59 页。

[2] 周汝式：《见日之光——卡特收藏的中国铜镜》，图 70。此镜貌似《中国五千年》中的铭镜，也许它们原是一对。

琴,使人推测他们也许代表了竹林七贤当中的几位。1955年洛阳某个墓中出土的一面铜镜令人惊叹,它内镶螺贝(图11),两人端坐于美景之中,一人抚琴,一人手持酒壶。[1]周围是鸟儿、酒器、侍童、灌木和一棵树。两个人物以及场景酷似南京壁画中的七贤(图12)[2],也与日本奈良正仓院收藏的内嵌琴、银月的镜子如出一辙(图13、14)[3]。其中一位是否就是七贤中的贵族诗人、饮酒狂欢者、琴师嵇康(223—262)呢?有趣的是,在南京壁画中与七贤在一起出现的是荣启期——唐镜热衷的人物。这些人物都代表了文人和道教理想。

图11 高士抚琴螺钿镜,内嵌螺贝,洛阳出土。铸于唐朝(618—907),
 直径23.9厘米。摘自《中国青铜器全集》

---

[1] 见正仓院办公室(shosoin office)所编:《正仓院收藏》(*Treasures of the Shoso-in*),附图9和56,东京:《朝日新闻》,1965年。
[2]《中国五千年文物集刊》,第235页。
[3] 竹林七贤,江苏南京西善桥墓南墙砖刻拓本,4世纪末至5世纪初,南京博物馆藏。

图 12 《竹林七贤和荣启期》砖印模画，江苏省南京市西善桥南朝墓葬出土，铸于 4 世纪末 5 世纪初。南京博物馆。姚迁，《六朝艺术》（北京文物出版社，1981 年）

唐朝叙事铜镜使人想起文人、圣人、仙人的著名传奇，以及强调自然、才华、训导、修养情操和智慧的传奇。

这些说教故事不仅融汇了来自不同地区、社会、知识的资源，而且继承了汉代至六朝铜镜所形塑的道教女神西王母、琴圣伯牙图像传统。

图 13 细节源自内嵌金银的漆木琴，长度 114.2 厘米。日本奈良正仓院收藏。摘自《日本美术全集》（东京学习研究社，1978 年）

三、象征物

唐镜也被用来描述宇宙之图,通过象征物代表微观世界的道教坛场。这些象征物包括:来自《易经》的八卦、中国传统历法计算系统的天干地支、十二生肖、圆天、方地、星辰、星宿、月宫及纵横图等。带有这些象征物的镜子与TLV图案(标志的编排,以西方字母T、L、V来命名)和汉代镜子上的四方瑞兽有关,这些是与宏观世界对应的微观世界。

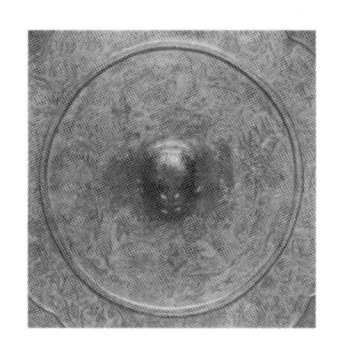

图14 山水八卦三字铭叶状镀银铜镜,铸于8世纪。直径40.7厘米。日本奈良正仓院收藏。摘自《日本美术全集》(东京学习研究社)

这些镜子都是圣物,用于打坐冥想、自我保护和占卜算卦。这些图案填满了镜背的中心位置,并且用以从上往下观赏,正如摊开在桌面上的图表或地图,如今尚存几个这类宇宙图。[1]

---

[1] 见《中国五千年文物集刊》,第254页(八卦方图,内嵌日、月、星、气、月宫图);卜爱玲:《萨克雷藏中国青铜器札记》,图8-3-15(八卦或符箓镜子,继承了汉代TLV、宇宙图,附圆天方地、仙境、日月、月宫);中野(转下页)

卡特收藏品中有一面完好的 8 世纪铜镜（图 15）。这面镜子只在边缘处刻有铭文，中心区域的上半部分刻有表示天的圆圈，内有八卦图案；下半部分的方形代表了地，内有河流和四个"山"字交织而成的方形，双凤分别在左右振翅翘尾。铭文描述了天地因道而生：

上圆下方，象于天地。中列八卦，备著阴阳。辰星镇定，日月贞明。周流为水，以名四渎。内置连山，以旌五岳。[1]

图 15　八卦双鸾叶状镜。双凤之间为天地。铸于 8 世纪中或末期，直径 22.5 厘米。克利夫兰艺术博物馆藏。为托马斯和玛莎·卡特博士向李雪曼敬献的礼物，1995 年

这些都是吉祥的护身物，它们本身神秘而神圣，例如模仿五岳形状的图表、民间历书中的护身符（也见于道教真经和敦

（接上页）彻：《中国古代青铜镜》，第 262—263 页，图 101（M45，附八卦纹，天干地支和符箓的圆镜）。

[1] 周汝式：《见日之光——卡特收藏的中国铜镜》，图 69。

煌写本），以及道教真经中的天神地祇清单。

　　仅存的清晰刻画道教坛场的镜子已严重受损，该镜于1973年在浙江上虞出土，1976年在《考古》上刊发（图16）。[1]镜子上刻有日、月、金、木、水、土、火星（即中国传统的七曜），青龙、白虎、朱雀、玄武四神，四仙人像，北斗七星和北极星。外有三周铭文围绕，最内一周是二十八宿名称，方位正确；第二周含地支，或称十二生肖，以及十个天干中的八个；最外一周为八卦图，以及八句四字铭文。这些铭文也见于《道藏》"上清长生宝鉴图"，其文可能是道教上清派宗师、唐朝大臣司马承祯（647—735）所撰：

　　百炼神金，九寸圆形。禽兽翼卫，七曜通灵。鉴包天地，威伏魔精。名山仙佩，奔轮上清。[2]

---

[1] 任世龙：《浙江上虞县发现唐代天象镜》，《考古》1976年第4期，第277页。关于相关的道教经文，见《正统道藏》，中国台北艺文印书馆，1976年；翁独健：《道藏子目引得》，第294、429、430、441号，北京，1935年。
[2] 翁独健：《道藏子目引得》，第294号。译文改自薛爱华：《唐朝道教的一面镜子》("A T'ang Taoist Mirror")，《古代中国》(*Early China*) 1978—1979年第4期，第56—59页。

图 16　天象纹镜。镜子以道坛装饰，铸于唐朝（618—907），直径 24.7 厘米。浙江省上虞县 1973 年出土。摘自《考古》1976 年第 4 期第 277 页

本文简要叙述了唐朝铜镜的道教意象与主题的多样性，并将理想的道教实践者与文人的精英理想联系起来。倘若我们不通过后来的新儒学（理学）诠释来审视唐朝文化，而是审视其真正的内涵，就会看到一幅连贯的画面。尽管在 7—10 世纪期间，社会和艺术发生了巨大的变化，但中国的镜子连续记载了道教和关于理想人物的观念的变革。随着技术上的可能性和社会需求的扩大，铜镜的功能也增加了。随着宗教和人类理想的发展，镜子的造型也在发展。道教和文人理想与冶金术和工艺一道，达到了永远不会被忽略的高度，并融进了的唐朝铜镜中。

道教思想与文学

——从"碧落"一词说开去[1]

[美]柏夷(Stephen R. Bokenkamp)著 /
舒萌之译,吴群涛校

"李白并不关心道教的宇宙观,也不醉心炼养服食的道家仙术。他只是利用仙人道术等概念来进行玄想和释放灵感。"[2]

"要充分解读李白的很多诗作……都需参考《道藏》中的典籍才行。李白曾正式加入茅山道宗,情况也不例外。"[3]

解读诗歌意象是个棘手的工作。我们对道教了解得越多,

---

[1] Stephen Bokenkamp, *Taoism and Literature: the "Pi-lo" Question, Taoist Resources*, 3.1(1991):57-72.
[2] 宇文所安:《中国诗歌的伟大时代——盛唐诗》(*The Great Age of Chinese Poetry: The High Tang*),纽黑文:耶鲁大学出版社,1981年,第140页。
[3] 柯睿(号慕白)的《评曼弗雷德·波克特所译〈紫阳真人内传〉》("Review of Biographie d'un taoiste léngdaire: Tcheou Tseu-yang, by Manfred Porkert"),《中国文学》(*Chinese Literature, Essays, Articles, and Reviews*)1981年1月第3卷第1期,第163页。柯睿发表了多篇长论文以阐明他的观点,其中相关诸例引自李白诗集,见其论文《李白的仙人用语》(《美国东方学会会刊》总101卷1986年第1期,第99—117页)以及《登高诗——登泰山》(《通报》第69卷1983年第4—5期,第223—260页)。

就越注意到道教术语和典故在中古时期的中国世俗文学中无处不在。但这又能说明什么呢？李白在作品中大量使用道教意象，并在诗中多处明确提及道教典籍。像他这样的诗人难道真的追求道教的超脱凡尘、羽化登仙吗？如上面引用的两位现代著名学者对李白的看法所示，相同的依据却得出截然相反的观点。

在我们讨论某位作者是否为真正的道教徒时，我们可以先探讨几个别的问题。当一个作者使用道教意象的时候，我们该如何理解他对这一意象的使用呢？诗人们引用道教经文时是否跟他们引用儒家经典的方法一样暗指某部经典？如果是的话，他们知道哪些经文，又是如何得知这些经文的？既然道教是一种有着秘法仪式的玄奥宗教，那么是不是每个使用道教术语的诗人都是道教徒呢？又可能他们不是从经文上学会这些道教术语，而是从口头传道和道教法事中得来——例如与度师交谈或者倾听科仪？之后，诗人们是否并未真正理解道教神秘意象，而是使用这些意象，以装点、颂扬宫廷和皇城，使其抹上仙界的色彩？是不是这些道教用语一开始由道教徒诗人使用，然后被跟风者群起效之？对某些诗人来说，道教典籍是否只是他们冥想或幻想的写作材料，为他们的诗歌增添文采？[1]

---

[1] 这句引自宇文所安，关于道教在李白诗中的作用，他重申自己的结论："李白对道教玄学相当关注，但这恐怕不是因为追求精神上的真正满足，而更多的是看重它能带来的诗歌灵感，是令人愉悦的精神源泉。"《李白》，《印第安纳中国古典文学指南》(*The Indiana Companion to Traditional Chinese Literature*)，布鲁明顿：印第安纳大学出版社，1986年，第550页。

这些问题的答案对于每个诗人，甚至每首诗都会不尽相同。如果一个一个诗人研究过去，我们可能会花上漫长的时间，才能确定道教思想对中国诗歌的影响究竟有多大。

在这篇文章里，我将探索另一种研究道教与中国文学的方法。我不打算研究某个诗人作品中的道教意象，而只想研究某一道教术语在唐代不同时期的诗作中的使用情况。

我选择从一个最为晦涩的道教用语开始。它仅出现在一小部分难解的道教经文和注解之中。而在诸如《老子》《庄子》之类的道家书籍以及各类佛经里都不曾出现这个词。这个词就是"碧落"（pyek-lak）[1]，意思是"蓝绿色/天蓝色"+"掉落/落下"，在文言汉语中没有任何含义[2]。《大汉和辞典》中这样解释："东方的天国，或延伸为天空；蓝色的天空。"这句释义是引自《唐诗解注》，而后者又来自常被引用的道家经典。但没有迹象表明这个词源自道家经典，也没有解释这个词如何获得"蓝天"这个意思。[3]

既然可以比诸桥辙次做得更好一些，那么接下来我将"碧

---

[1] 关于这个以及其他道教仙界语言中的术语，我重构了薛爱华的简化音译系统中的中古汉语，使其听上去更接近于唐朝诗人所用。见薛爱华：《朱雀——唐代的南方意象》（*The Vermilion Bird: T'ang Images of the South*），伯克利：加州大学出版社，1967年，第267—269页。"碧落"并非叠韵词，那么对于诗人来说，在选择用韵方面似乎并不比其他天界语言中的词汇更具吸引力。这个特点在现代汉语的拉丁化表达中是容易被人忽略的。

[2] "碧落"也不像一个佛经转音词。虽然在佛经中找到了"落"，对应有梵语和巴利语中的音节 lak- 和 rak-，"碧"这个音节在佛经文本中却并不常见。

[3] 诸桥辙次（Morohashi）编著：《大汉和辞典》第383卷，第7页。

落"一词在唐代文学中的使用情况做出详尽考证。我的资料来源于《大汉和辞典》《佩文韵府》和我自己阅读的一些文献。我既没有系统搜索过唐朝诗人的作品目录,也没有埋头通阅《全唐诗》。

那些收入道教典籍的诗作不在我的研究之列。我所研究的19位诗人,从初唐的骆宾王(约640—684)和宋之问(712年去世),到晚唐的杜牧(803—862),他们的作品中共出现21次"碧落"。虽然我此处调查的诗歌尚未穷尽,但它具有代表性;这个术语如此晦涩,但还是在这么多诗歌中出现,实在出乎我的意料。

我的研究方法如下:首先,我列出"碧落"的经文出处及其含义;然后,我会探讨各个诗人对该词语的道教原意的了解程度(由我遴选出代表性诗作);最后,我将提出一些初步的观察结论,以此揭示道教思想对唐朝诗歌和中国文学的影响。

一、道教经文中的"碧落"

道教最早的经典之一——《度人经》,一开始就用洪钟般的刻意的玄秘语调宣示:

道言:"昔于始青天中,碧落空歌,大浮黎土,受元始度人无量上品。"[1]

---

[1]《道藏子目引得》第1号第1页。此处引用《道藏》经文,其作者和标题的编号分别来自翁独健所编《道藏子目引得》(引得第25号,北京:哈佛燕京学社汉学出版社,1925年)中的两个分目录。

《度人经》是灵宝经中最有影响力的经文之一。这卷经文的重要之处，在于它完善了道教的斋醮仪式，亦以兼收佛教精华著称。殊为重要的是，灵宝经文试图复制一种特征：正是这种特征令当时的中国人对佛教另眼视之——佛经自佛域乐土（如果经文被信奉的话）的语言传译时中国人认为佛教源自西天佛域。灵宝经被认为是对天界语言的翻译和诠释。《度人经》中以其记载天国之言为特色，称为"大梵隐语"。[1]上文引用的经首开篇文字，即是从"大梵隐语"这神秘莫测的文字中获得力量。

"碧落"这个词便属于"大梵隐语"。它出现在《度人经》的首行，和其他句子成分共同描述了一个异国色彩的地方或别名，只有部分是可理解的汉语。第一眼看上去，这句话仿佛在说"大浮黎国土上飘荡着空灵的碧落歌"，或类似意思。

这整句经文稍加重组之后，又出现在了《度人经》中有"大梵隐语"的地方。"大梵隐语"据我们所知有256个字，形成于阴阳始分、混沌初开之际，每次纪元更始之时都会现于天庭，以元始大梵之气重新铸造天地。这256个字类似古篆体，分为四韵。每韵有八行，每行八个字，每一行字指向32重天中的一重。（比照：佛教中的妙高山由33个天国环绕）

---

[1] 许理和：《佛教对道教经文的影响》("Buddhist Influence on Taoist Scripture")，《通报》第66卷1980年第1—3期，第107—112页；柏夷：《灵宝经溯源》，司马虚编：《密宗和道教研究——纪念石泰安专号》，布鲁塞尔：比利时高等汉学院，1983年，第434—485页。

"碧落"这个词出现在北方第六天之玉隆腾胜天。这八个字的大梵隐语如下：

（碧　落　浮　黎　空　歌　保　珍）

[篆字] [篆字] [篆字] [篆字] [篆字] [篆字] [篆字] [篆字]
*pyek 碧　*lak 落　*byou 浮　*lei 黎　*k'ung 空　*ka 歌　*pau 保　*tyin 珍

开头六个字以稍有不同的顺序出现在"碧落空歌大浮黎土"中，而"碧落空歌大浮黎土"是道真获得道教真经的地方。但这些都不能说明"碧落"是如何获得"蓝天"这一含义的。

幸而，灵宝经中还有一卷经文，内容是一个名为天真皇人的神仙，向凡人解释《度人经》中的天书隐语。这卷经文是《诸天内音自然玉字》。天真皇人如此解释道：

天中常生碧霞之云炁，以荫腾胜之天。落者，云中飞天之神，常乘碧霞之辇，游于腾胜之天。一日三时，引天中之众圣，上朝七宝之宫。浮黎，天王之内名。……空者，天中之侍宸，啸而灵风聚烟，灵风既鼓，音成洞章。[1]

在这个解释里，"碧"和"落"互相联系，但却仿佛并不是同一个词的组成部分。这在灵宝经对"大梵隐语"的注释中很常见，含有"碧落"的句子有时候是一字一句，有时候是二到四个字一句。如此一来，我们可以粗略地解释一下《度人经》

---

[1]《道藏子目引得》第 97 号，卷 4，北京：哈佛燕京学社汉学出版社，1925 年，第 18 页。

开头的那段话了:

> 道言:昔于始青天中,碧落(云中飞天之神)空歌,大浮黎(天王)土,受元始度人无量上品。

天真皇人继续用这些神秘字眼,在八句五言诗的每一句都嵌入了"大梵隐语"中的一个字。"碧"和"落"字所在的两联为:

> 腾胜碧重云,落罗曜上玄。

至此,我们终于开始发现将"碧落"和天空联系起来的依据,尽管这天空不是我们俗世的天空。如果踏上天王浮黎的国土,从地面仰望天空,只见一片碧霞,"落"神在其中腾云驾雾。以上诗句亦暗示这个神祇之名别有意味,"落罗"看上去仿佛是"罗落"(意为网罗,使陷入)的颠倒。"浮黎"之蔚蓝蒸炁,"碧落"于青冥之荫。尽管如此,我们仍然对这个词在唐诗中出现的意义不甚了了。

古灵宝经的另一卷提供了更多关于大浮黎国的信息,将它描述为位于极乐世界之东:

> 昔龙汉之年,灵宝真文于此国土出法度人,高上大圣时撰出妙经,以紫笔书于空青之林,故风吹此树,其声成音。九色之鸟恒食树叶,身生文章,故人得其羽,即能飞行。[1]

---

[1]《太上洞玄灵宝诸天灵书度命妙经》,《道藏子目引得》第23号,北京:哈佛燕京学社汉学出版社,1925年。

这个传说显见是释道合一的产物。梵文经典被写在棕榈树叶上，在中古汉语中译为"贝多"（*pai-ta）的词，就来自梵文中 pattra（树叶）。[1]在此处，古圣哲们正是把字写在活的宝树叶子上。而早期中国称仙人为"羽人"，也可由此得到解释。

"大梵隐语"中将浮黎之国和北方第六重天相联系，而此段只提到了东方之地。很可能是因为，"三十二天，位在四方，方有八天"，并不是指四方各有垂直分布的八重天，而是32天连成一个环形。这样一来，真北方就在北方第四天和第五天之间，按顺时针方向，北方第六天正好是东北方的起始点。这个结构也许能解释，为何大浮黎土有很多五行宇宙观中的"东方"特点（青色、主木、九色鸟等）。32天中的这个位置极为重要，因为它象征着新循环的开始：北方阴气已极，东方阳气初生。

据我所知，在唐朝之前提到过"碧落"一词的文本，以上是仅有的三个。《道藏》里面收录的《度人经》的注释，对这一概念的形成也许起了更大的作用。最初的注释应归功于5世纪晚期的道士严东。[2]

741年，唐玄宗李隆基置玄元宫，专门研究道教典籍，同时设置以道教知识为内容的考试来选拔官员。在此之前，李唐王朝对道教的虔诚也是天下皆知的。早在李隆基统治的前半期，科举考试的某些试题就已显示熟谙道教知识对士子仕途的

---

[1]薛爱华：《朱雀》，第173页。
[2]见陈景元（1025—1094）对其所收集的《度人经》注解之简介。

重要性。[1] 822年,《度人经》也成为决定道士"仕途"的两部必考道教经文之一。

文人们对《度人经》越发感兴趣,更多的注释阐发也随之而来。[2] 今天,编辑成册的有成玄英(活跃于631—650年)、薛幽栖(活跃于740—754年)和李少微的注释,以及张万福(活跃于711年)的辑要。[3] "碧落"一词入诗,部分也缘于这个注释的传统。

在解读"大梵隐语"时,注释者们显出异乎寻常的保守。他们大多是重复以上引用的灵宝经中的句子,不过也不总是直接引用原句。通过仔细观察他们对语句的选用,我们可以管窥他们对"碧落"这个词的理解。

注释者们显然都读过天真皇人的注解,但他们似乎陷入了一个误区,即觉得有必要从俗世凡人角度来解读这个隐语。[4]

---

[1] 比如719年,进士科试须写一篇《北斗城赋》,723年的试赋则为《黄龙颂》(见徐松著《登科记考》卷6第9页和卷7第14页)。在李隆基统治后半期,科举考试中的道教主题变得越发明显。

[2] 更多证据显示,《度人经》和"大梵隐语"的广为人知程度,早在初唐就已超出了道教范畴。长孙无忌和他的编修班底对他们所称的《灵宝经》"天书"做了概要,并将其翻译为天真皇人的"人书",收录在656年完成的《隋书·经籍志》里。

[3] 翁独健《道藏子目引得》第87号里面收录了严东的注释,由陈景元编辑。参见鲍菊隐《10—17世纪道教文献通论》,《中国研究专刊》(*China Research Monograph*) 第32号,伯克利:加州大学出版社,1987年,第205页。张万福的著作,见翁独健《道藏子目引得》第97号。

[4] 这种奇特趋势一直持续了下去。尽管所有证据都表明,"大梵隐语"是一种人为创造的语言,现代注释家们仍然企图寻找它是人类语言的蛛丝马迹。最近,柳存仁发现在《灵宝经》里不但有波斯拜火教的印记,甚至有《圣经》的引文(《和风堂文集》,莱顿:博睿出版社,1976年),李复华和王家祐则(转下页)

其直接结果就是(如李少微阐释),"落"字断不能仅仅止步于解释为飞天之神,而非要跟它的世俗含义发生联系。薛幽栖在解释"碧落"时,说此词指代含义来自"碧霞廓落",李少微则说来自"碧霞罗络"。[1]"廓落"的意思是"广袤、伸展",而"罗络"则是我们上文讨论过的洞章中的逆转词。"络"的意思是"网罗、覆盖或包裹"。

总之,"碧落"这个词是来自天界的语言,含义是大浮黎国东北天空笼盖的青冥雾霭,同时也指在其上飞翔的神灵。虽然它属于天国范畴,同时又跟一座空青之林有关,风吹过宝石般的树叶,其声成音。最重要的是,它还代表了弥漫的阳气,天道循环之时阴极阳生,并形成碧青的云雾。它是虚空,却孕育着生命。如果一定要翻译这个术语,我们也许可以译成诸如"Azure Shroud"或"Cyan Net"。

二、唐诗中的"碧落"

那些明显是为颂扬道教神仙或仙境而作的诗歌,不在我下面的讨论范围内。第一首将"碧落"的非道教典籍原意赋予"碧落"一词的诗歌并非道教的赞美诗。看来,至少唐前和初唐的道教诗人对经文的神圣性还心存敬畏,也不会轻率地化用

(接上页)致力于发现它和纳西文字(《关于"巴蜀图语"的几点看法》,见徐中书《巴蜀考古论文集》,文物出版社,1987年)之间的联系。

[1] 翁独健:《道藏子目引得》第87号,卷1,北京:哈佛燕京学社汉学出版社,1925年,第2—3页。

里面的内容。

北周诗人庾信(513—581),在他的十首《道士步虚词》之第九首,描绘了貌似是玉龙腾胜天的景色。看到"空青之林"字样便能认出来:

碧玉成双树,空青为一林。[1]

相同的意象,唐代诗人吴筠(?—778)在他的《步虚词》里也描写过两次。[2]虽然这些诗充满了道教意味,却都没有提到过"碧落"。

最先让我找到的含有"碧落"一词的诗来自三位大诗人:宋之问、骆宾王和杨炯(650—约695)。我将讨论到的是后面两位。这两位诗人生活年代相似,他们的诗作日期也很难考订,因此不好说谁先谁后。重要之处是,此词均出现在他们和道教建筑有关的诗里。在骆宾王的《游紫霞观》一诗中,首联两句是:

碧落澄秋景,玄门启曙关。[3]

---

[1] 许逸民编:《庾子山集注》卷2,中华书局,1980年,第400页。
[2] 在十首《步虚词》中的第三首中,作者"上采空青蕤",并通过吸纳天地精华,得以飘然登仙。在第七首中,他飞升到可能是东方的天庭,那里"灼灼青华林,灵风振琼柯"。以上翻译引自薛爱华所著《吴筠的〈步虚词〉》(Wu Yun's "Cantos on Pacing the Void"),《哈佛亚洲学报》(Harvard Journal of Asiatic Studies)卷41,1981年12月第2期,第399—409页。
[3] 摘自《文苑英华》卷226第2页。《全唐诗》卷78第840页记录了这首诗,在个别字上有改动,命名为《于紫云观赠道士》。《全唐诗》中亦收录了一篇序,其中,骆宾王自述此诗是为阔别还乡所作。由于道观名常由经(转下页)

《大汉和辞典》中的条目不能有助于解释为什么诗人要在这里用"碧落",因为没法想象蓝天是如何使风景变澄净,而东方的天空也素来和秋季没什么关联。"落"和道观的名字"紫霞"有关,虽然不是灵宝经里说的碧霞,紫色却也位于蓝色光谱的末端。总之,他把这座道观视为神光湛湛碧霞笼罩的大浮黎土的再现,而这景观沐浴在天国的霞光中,此时正好是秋景。

杨炯的诗是他参观了洛阳的昊天观之后所作。这首诗更为难解,因为杨炯是一个优秀的天文学家,这座庙正好是武则天时期用来观测天象的官方机构。[1]此诗充满晦涩的道家天象内容,支持武曌的统治正当性,并庆贺新纪元的开端。为此,杨炯使用"碧落"这个词就合情合理了。这个词出现在以下的诗句中:

天门开奕奕,佳气郁葱葱。碧落三乾[2]外,黄图[3]四海中。

(接上页)文衍生而来,而"紫霞"不但出现在《黄庭经》的首句,而且还使得整卷经文为人所知。柯睿:《李白的仙人用语》第102页。我认为《文苑英华》的版本是对的。这座道观应该在骆宾王的家乡左近,即现在的浙江金华。见傅璇琮的《唐才子传校笺》。

[1] 欲知关于此道观和此诗的更多内容及依据,请参考将要发表的拙作《中国式社会秩序中男女平等之批评——武曌和三种宗教》。

[2] "三乾"可翻译为 "Three virile luminaries",虽然这个词目前还没能在其他语言中找到对等存在。一个更学术的翻译是 "three male-principles",但是在中国式宇宙观里,阳是与天和光联系在一起的,所以我认为这个和更常见的"三光",即日月星,是同源关系。

[3] "黄图"这个词在六朝早期常常特指都城长安及近郊,即"三辅黄图"。不过更普遍的情况是,这个词指的是地上任何一幅图案或地图,如同在此处一样。

这是值得铭记的一段诗句,因为在中国文学中很少出现这样的内容。在诗歌格律和个人宇宙观允许的范畴之内,杨炯勉力构建出了一种可称为"无性"的理论来解释国家的形成。中国人的宇宙观念中,既无性别,也无创世神——阳(阳性的)和阴(阴性的)从原始混沌中交替生成,轻盈而气状谓之阳,上升形成天;阴则下沉成为地。在这段诗里面,杨炯道出"碧落"是真正的天地之始,即东北方的蓝色雾霭。新纪元的开始只有少许的"阳",而主宰是"阴"。之所以得出这个结论,跟杨炯更大的文学使命有关,即编造各种瑞兆将武曌统治合法化,对此话题本文就不深入探讨了。

这两首诗都用了"碧落",来阐述开天之事。如果我的分析有价值的话,要想正确理解这两首诗,我们一定要联系灵宝经的具体词句章节。说这两者都是"文本引喻",也并无不对。

下一个例子是一首长赋,含义更丰富,是关于"碧落"本身的。虽然对作者一无所知,但基于格律[1],我认为此诗作于初唐至中唐这个历史时期。我在此翻译此赋节选。通过此赋,读者可以看到"宇宙起源"已成为"碧落"最重要的含义。

翟楚贤《碧落赋》

散幽情于曩昔,凝浩思于典坟。太初与其太始,高下混其未分。将视之而不见,欲听之而不闻。爰及寥廓,其犹橐籥。

---

[1] 由于进士考试的需要,新体赋或限题赋开始在李隆基统治时期(712—756)获得极为重要的地位。这首"新体赋",很可能就是在这个时候写成的。

轻清为天而氤氲，重浊为地而盘礴。尔其动也，风雨如晦，雷电共作；尔其静也，体象皎镜，星开碧落。其色清莹，其状冥寞，虽离娄明目兮，未能穷其形；其体浩瀚，其势渺漫，纵夸父逐日兮，不能穷其畔。

翟楚贤谈到了"碧落"在世界起源中的角色。他同时特地指出不可将这个词简单地理解为"蓝天"。他眼中的碧霭与其他人眼中的碧霭更接近人间。鉴于他认为不该将"碧落"理解为"蓝天"，这表明有些诗人已经开始认为"碧落"就是我们头顶的俗世天空：

星辰丽之而照耀，日月凭之而居诸。非吾人之所仰，实列仙之攸居。

对这一部分诗人来说，"碧落"就是"抬头看见的天"。在谈他们之前，我们还是简单地看一下引用过"碧落"的最有名的诗歌——白居易的《长恨歌》。毫无疑问，"碧落"在本诗中有十分浓厚的道教意味，且它在这里的意义和《道藏》中"碧落"的意义十分契合。在下面翻译的场景中，流徙中的皇帝李隆基，深深思念他死去的爱妃杨玉环，于是雇用了一个方士去冥界寻找她。我引用的英文本源自维特·宾纳的翻译[1]：

---

[1] 白之编：《中国文学选集——从早期到14世纪》(*Anthology of Chinese Literature: From Early Times to the Fourteenth Century*)，纽约：丛树出版社，1965年，第266—269页。

> 临邛道士鸿都客,能以精诚致魂魄。为感君王辗转思,遂教方士殷勤觅。排空驭气奔如电,升天入地求之遍。上穷碧落下黄泉,两处茫茫皆不见。忽闻海上有仙山……

为了让不知故事情节的读者放心,我先说明一下:这个方士后来真的在蓬莱仙岛上找到了杨贵妃。

白居易有意让这位方士在空间和时间上都竭尽全力地寻找,先是到了碧落,然后去了黄泉。但白居易笔下的"碧落"并非总有着清晰的含义。他在送给独孤郁(776—815)的四行诗里,对这个词的使用就要随意多了。814年,独孤郁因病从翰林院辞官[1]:

> 碧落留云住,青冥放鹤还。银台向南路,从此到人间。[2]

这首短短的送别诗,它的目的究竟是什么呢?这个问题很难回答。是否白居易已经知道了明年独孤郁就会病死?是否独孤郁打算修炼道术以强健身体?这些都无由得知了。

很显然,在第一句中,将要离开的独孤郁被比作仙人、云和鹤(后者有着特别强烈的道教意味)。在这传统的送别诗中,"碧落"由此代表了一种想要挽留离人(云)的愿望。推敲起来,这应是指诗人和他在天上的仙官同僚,当然在俗世是指翰林院。同时,他摆脱了冥暗神秘的环境(有可能),像鹤一样

---

[1] 关于独孤郁的辞官日期,参见《旧唐书》中他的传记卷168,第4381页。
[2]《全唐诗》卷437,第4842页。

回归自由。

无论这种隐喻暗示什么,"碧落"看上去都更接近于我们的天空,因为上面有了云朵,而不只是遥远天国的青色雾霭了。尽管知道这是对翰林院的溢美指代,我们却并不知当时是什么情形才产生了这首诗,也就无法做出确切的判断。[1]

另一些即景诗更是一目了然。在下例中,"碧落"出现在诗的序言里。该序语句严格对仗,和后面的韵诗并无区别。这篇文章的作者是柳宗元,名为《陪永州崔使君游宴南池序》,是他为当时的柳州刺史崔敏(仕至810年)所作。因题材都是山水游记,此文应可和他最有名的《永州八记》相提并论[2]:

……于暮之春,征贤合姻,登舟于兹水之津。连山倒垂,万象在下,浮空泛景,荡若无外。横碧落以中贯,陵太虚而径度。羽觞飞翔,匏竹激越,熙然而歌,婆然而舞……

幻想中,小船驶过雾霭和倒影,忽高忽低地漂流,直到他们漂过凡俗世界,进入遥远天国的神秘云雾中。对"碧落"这

---

[1] 在白居易的老友元稹(779—831)的诗里,也可以看到同样的用法。有一首诗中,白居易想劝他们俩的朋友钱徽(755—829)从病榻上振作起来,一起到山中去游玩。元稹这首诗就是白诗的和诗。白居易的绝句是这样结尾的:"可惜今朝山最好,强能骑马出来无?"(《白氏长庆集》卷14,第1页)。元稹的和诗用了同样的韵(无),和白诗不同的是它的道教意象:"碧落招邀闲旷望,黄金城外玉方壶。人间还有大江海,万里烟波天上无。"(《元氏长庆集》卷18,第3页)要更好地理解"碧落"不再代表道教仙境之意,我们还应该读一下钱徽的答诗。
[2]《文苑英华》卷711,第10页。

个词的已知认识显然能帮助我们理解这个诗歌意象。诗人想象小船驶过水中的天光云影,踏上从碧落至太虚的旅途。太虚是天地之外的虚空。流觞("羽觞"可能指一种饰以羽毛的酒杯)和欢歌也能让人追溯到"碧落"这个词的起源。

柳宗元的序为道教意象的诗文提供了一个好例子,相当巧妙地为世间权贵的碌碌镀上了一层仙界光彩。权贵多为皇室成员。为了取悦权贵,其他诗人应用诗句的准确程度甚至还不如柳宗元。

另一个例子是下面这首杜牧(803—852)的诗,名为《长安晴望》:

> 翠屏山对凤城开,碧落摇光霁后来。回识六龙巡幸处,飞烟闲绕望春台。[1]

翠屏山北望,可俯瞰长安,即"凤城"。"摇光"是象征皇室的北斗第七星。[2]作此诗时,天应该黑得能看见北斗星,但同时要足够亮,这样才能看见位于骊山的宫殿望春台。"六龙"指御驾的六匹马。总之,诗人暮霭中所看之景全部跟皇家有关。这也很自然,毕竟诗人正俯瞰皇城,落日余晖中他也只能看见城中宏伟的宫殿。诗人对景物的描述有点超脱凡尘的意味。他先看到明星,再看到宫殿。在他笔下,宫殿与星星联系

---

[1]《全唐诗》卷524,第6005页。
[2] 参见薛爱华:《步虚——唐代对星空的探索》(Pacing the Void: T'ang Approaches to the Stars),伯克利:加州大学出版社,1977年,第50—52页。

紧密，或许正与它们一起悬浮在空中呢。这正是薛爱华所说的"幻想或顿悟"。[1]在那一瞬间，神降临人间，这再次表明俗世天子与仙界神灵间的紧密联系，当然这种联系可不是随便什么俗人就可以洞察的。

杜牧诗中的"碧落"靠近北斗。在黄滔（895年进士）诗中，它则与月为邻，诗名为《明月照高楼》。[2]我摘选部分诗句如下：

月满长空朗，楼侵碧落横。波纹流藻井，桂魄拂雕楹。

"桂魄"喻指月亮[3]。诗人追随月光进入高楼清冷的内部。诗人所用意象如水、冰、霜和影都属阴，它们不仅与月相关，还与女性有联系。因此，诗人用"佳人当此夕，多少别离情"来结束本诗也就不足为怪了。诗人在月光中寻觅并不在场的恋人。黄滔在首联用的"碧落"一词霎时增强了弥漫在整首诗中的清幽脱俗的氛围。不过，道教典籍中的"碧落"并非横亘天空，也不是随便什么俗世的建筑就能触碰到的。即使有什么建筑能碰到它，那也该是如杜牧诗中的皇家宫殿吧。

最后一个例子更是背离了"碧落"在道教典籍中的原意。

---

[1] 薛爱华：《唐诗中的幻想和顿悟》（Hallucinations and Epiphanies in T'ang Poetry），《美国东方学会会刊》（Journal of the American Oriental Society）总期第104期，1984年，第759页。
[2]《全唐诗》卷706，第8125页。
[3] 古代中国人以为在月亮上看见了桂树，就如同我们看见"月亮老人的脸"一样。"魄"这个词指的是新月发光的边缘。欲知更多唐代跟月亮有关的典故，请参考薛爱华：《步虚——唐代对星空的探索》，第171—210页。

诗名很是冗长：《暇日适值澄霁江亭游宴》。作者羊士谔（785年进士）是位没多大文学名气的官员。

> 碧落风如洗，清光镜不分。弦歌方对酒，山谷尽无云。旅卧淮阳病，悲愁宋玉文。今来强携妓，醉舞石榴裙。[1]

此诗相当拙劣。这也许因为是当场所作，或许作者当时正跟跳舞的歌伎一样醉意朦胧。他画蛇添足地（只为凑字数）指出诗中的一个典故源自宋玉的《九辩》。另外，在场最迟钝的官员也知道"淮阳病"[2]。当年我当公务员的时候，大家会说某人的"高尔夫球肘又犯了"。

羊士谔对"碧落"的使用也同样拙劣。诗中的"碧落"也许指的是"碧落"仙境中引发乐音的风。《大汉和辞典》清楚解释了该词的意思：阵风吹来，天空变蓝。诗中没有一处地方显示"碧落"跟道教典籍中的"碧落"有任何关联。讨论进行到现在，唯有这首诗中的"碧落"可确凿无疑地译为"蓝天"。

结语

"碧落"在中国古代诗歌语言中是借用语，它源自灵宝经中的"隐语"，随后它的命运与任何语言中的借用语相似：意

---

[1]《全唐诗》卷332，第3704页。
[2] 羊士谔所用典故源自《汉书·汲黯传》。据说汉武帝命汲黯出任南方淮阳郡太守，汲黯告病推托。武帝答曰："顾淮阳吏民不相得，卧而治之。"《汉书》卷50第768页，清乾隆武英殿刻本。

义先是被曲解,然后被扩大,最后它被赋予跟原意隔了十万八千里的意义。目前存世的词典没有记录字词意义的历时变化。这些词典甚至连整个汉语的历时变化都没有做记录,就更别提借用语了。希望有朝一日词典编纂者们能有整理每个汉字词源的雄心壮志。不过目前我们还是得靠自己。

目前许理和的《佛教对道教经文的影响》一文对借用语做了较系统的研究。[1]我们可以借鉴他对道教典籍中源自佛教的借用语的分类分析形式借用、概念借用和复合借用,这样可以多少帮助我们研究"世俗文学"中的道教词汇。

许理和发现"形式借用词"是最常见的。"源自佛经的词语……完全或大体上只是为其他概念提供躯壳和增加文采。"宇文所安所说的李白用道教词语作为他的"诗意幻想的好材料"就属于这一种。在这种情况下,如在羊士谔和黄滔诗中,借用语被完全同化,失去了它们的原有内涵。如"碧落"成了"蓝天"甚至"天"的美称。

许理和所说的"概念借用词"指"意义明确并保留了一些佛教原意内涵的外来词"。他发现这类借用语有点难以界定。这个难点在对汉文学中的道教词汇的研究中也存在。哪些才是某个道教词汇的原始内涵要具体词汇具体分析。

"碧落"这一"概念借用词"的道教原始内涵最少应该有三个:仙境青霭、仙乐和鸿蒙。这样来说,前文提到的柳宗元和

---

[1]许理和:《佛教对道教经文的影响》,第84—147页。

杜牧的诗中的"碧落"应该属于"概念借用词"。

许理和所说的"复合借用词"继承了源词一组有内在关联的意义，保留了至少部分的原始内涵。不过，该借用词的某些内涵和功能可能与源词大相径庭，对这个词本身的理解也可能与源词大不相同。这样来说，该借用词的出现语境不必跟道教有关。这类借用词大概只具备上述三种内涵中的两个。可以预见，属于"复合借用词"的"碧落"不会包含俗人可见的天空这个含义，除非该词是用于明显的夸张。总之，应该能够在诗中找到一些跟道教宇宙观有关的表达来为该词的使用提供合适的语境。

很明显前文提到的杨炯、翟楚贤及白居易的诗中的"碧落"属于"复合借用词"。他们的诗中都有较多跟道教有关的词汇，这些词汇产生的道教意味表明"碧落"一词并非只用于增添文采。更好的一个例子是骆宾王那首诗。虽然该诗提到一座道观——"紫霞观"[1]，但在此语境中，"碧落"完全可解读为"蓝天"。在这种情况下，是否将"碧落"归为"复合借用词"完全取决于你是否同意诗名中的"紫霞"是一语双关。

之前的研究表明，最初阶段"借用词"还保留其原来的含义。所以杨炯和骆宾王诗中的"碧落"表现出较多的"复合借用词"特点，而晚唐诗人笔下的"碧落"则可能属于三者中的任何一种。这完全符合借用词的衍化。最先使用它的人还知道其原意和原始语境，但后来跟风使用的人则不甚了了。

---

[1]《全唐诗》中将该观的名字记作"紫云观"而非"紫霞观"，这多少不利于我此处的观点，见上注。

根据语言发展的规律，后代诗人在使用某一借用词时，既可能用其原意，也可用其引申义。如白居易《长恨歌》中"碧落"采用该词的道教原意，而在写给独孤郁的送别诗中"碧落"则似乎跟其道教原意无甚关系。这跟诗人对道教典籍的熟谙程度无关，而跟诗人对读者的预期和诗的主题有关。例如，在柳宗元赴宴时所作之诗中的"碧落"应无道教意味，因为那个场合跟道教无关。

借鉴许理和的观点来研究道教对汉文学的影响，可避开讨论作者意图这个难题。若作者诗中某道教词汇被认定为概念借用或复合借用，则可推断作者已通过某种渠道对道教有所了解，但我们不能据此认定作者是"道教徒"（姑且不论"道教徒"在中古时期的含义）。反言之，若作者诗中的道教借用词只属于形式借用或只为增添文采，就不能断定作者对道教一无所知。

事实上，本文所用研究方法不关乎诗人，只适当地聚焦于诗本身及其遣词造句。

联句及其联通的信仰
——唐代著名道士吴筠社会交往情况研究[1]

[比利时] 麦约翰（Jan A. M. De Meyer）著
李松译，王建平校

一、作为儒家资源的王朝历史

不论中古时期的中国道教思想家们在他们自己处身的时代如何有名，我们今天对他们的实际生活的了解总是非常有限的。然而，对这些道家生活的研究并非没有关联。将道教当成文献汇编、哲学陈述、宗教仪式以及个人或集体修炼来对待，对其与社会的联系不予以留意，这相当于硬生生掠夺了道教的一个关键维度。唐朝时期（618—907），道教得到了皇室前所未有的支持，因而渗透到了社会各阶层。吴筠（活跃于729—

---

[1] Jan A. M. De Meyer: *Linked Verse and Linked Faiths: An Inquiry into the Social Circle of an Eminent Tang Dynasty Taoist Master*, in *Linked Faiths: Essays on Chinese Religions and Traditional Culture in honour of Kristofer Schipper*. edited by Jan A. M. De Meyer and Peter M. Engelfriet. Leiden: Brill, 2000, pp.148-183.

778年)是唐代最受尊敬的道教学者和大师之一,本文试图重现他的社会交往状况。为了达到这个目标,笔者将运用所有可获得的文献资料:官方正史、诗歌、轶事、宫观志、山志、仙传等。毫无疑问,单个看来,这些资料的来源均固有其局限性,然而,以批评、钻研的方式加以利用,它们形成的复合图景则有可能是准确的。

官方正史中的传记性内容通常聚焦于官场仕途以及道德典型的树立,对于深入了解道士布道传教的生活、他们交往的社会圈子以及这些社会交往的实质等价值不大。此外,为那些"想在历史中找到升官发财之道的人"[这一生动的描述出自雅克·勒·高夫(Jacques Le Goff)的《历史人类学》(Vers une anthropologie historique)]所写的官方正史尽管看起来煞有介事,实际上也并不可靠。《旧唐书》和《新唐书》中关于"隐逸"[1]的章节对吴筠生活的描述恰恰证明了这一点。只需粗略浏览,就可发现这些官方正史甚至对我们道家诗人生活的基本事实之描述都是有缺陷的。

《旧唐书》称吴筠为"鲁中之儒士",《新唐书》记载吴筠为陕西华阴人士,《旧唐书》上的记载显然是错误的,现有的所有证据都表明吴筠确为华阴人士。从14世纪早期的《洞霄图志》,一部迄今都为西方学者所忽视的研究吴筠生活和创作的原始资料中,我们甚至可以了解到关于吴筠直系先辈的一些情

---

[1] 刘昫等撰:《旧唐书》,中华书局,1975年,第5129—5130页;欧阳修、宋祁撰:《新唐书》,中华书局,1975年,第5604—5605页。

况:他的祖父吴玄因为孝顺和清廉而受到举荐,他父亲吴元亨曾任峡州(今湖北境内的长江沿岸)刺史。[1]遗憾的是,除此之外没有关于他们的其他信息。

《旧唐书》和《新唐书》上都记载了吴筠曾师从著名道士潘师正(584—682),笔者曾另文论证这个说法令人难以置信。[2]根据《旧唐书》的记载,吴筠早在开元年间(713—741)就游历到了金陵(今南京)、茅山和天台山。然而,吴筠的一首诗以及《洗心赋》和纪念《灵宝经》编撰者陆修静的《简寂先生陆君碑》都表明,在安史之乱爆发后的755年和756年之交,

---

[1]《洞霄图志》由邓牧(1247—1306)1305年汇编,其中有不少篇幅描述了吴筠在浙江道教中心之一大涤山(在杭州以西不远,靠近杭州至临安的大道)的生活。洞霄宫在1966年"文化大革命"中被夷为平地,目前仍有导游书籍标志其存在。吴筠传记,见《丛书集成·洞霄图志》第540—541页。西方对吴筠的研究极少。薛爱华:《吴筠的〈步虚词〉》(《哈佛亚洲学报》,1981年第41期,第377—415页)和《吴筠的〈游仙诗〉》("Wu Yun's Stanzas on Saunter in Sylphdom")[(《华裔学志》(Monumenta Serica)第35期(1981—1983),第309—345页]引起了研究者对吴筠的注意。柯克兰(Russell Kirkland)的博士论文《盛唐道士——中古时期中国社会道家名士的价值》(Taoist of the High T'ang——An Inquiry into the Perceived Significance of Eminent Taoists in Medieval Chinese Society)(印第安纳大学,1986年,第96—111、324—342页)分析了有关吴筠生活的历史描述和言行传记。柯睿在《盛唐时期的词景文山》("Lexical Landscape and Textual Mountains in the High T'ang"),《通报》1998年,第85卷,第1—3期,第62—101页,翻译了吴筠的一首叙事诗。我在《吴筠之道——8世纪一位道士的生平与作品》(Wu Yun's Way: Life and Works of an Eighth-Century Daoist Master)(莱顿:博睿出版社,2006年)中翻译了吴筠现存的八首赋、论和相当数量的诗歌。

[2]参见笔者的《吴筠〈览古诗〉及其对隐逸的阐释》(A Daoist Master's Justification of Reclusion: Wu Yun's Poems on "Investigating the Past"),《三教文献》,1998年,第11—40页。

吴筠才开始游历中国东南部。[1]《旧唐书》中的李白生平介绍表明,正是由于吴筠的引荐,李白才被唐玄宗任命为翰林待诏。[2]不过,迄今为止仍然没有谁能提供确凿的证据可以证实吴筠和李白之间的友好关系。[3]

有关吴筠的修道、传道以及他的社会交往,官方正史中的吴筠传记能提供一些什么信息呢?《旧唐书》和《新唐书》都记载了吴筠对玄宗提出的有关成仙之道、精神永生和"修炼"之道等问题所做出的回答。如果这些官方正史的记载可以采信,那么吴筠的确将《道德经》之外的所有书籍都判定为浪费纸张,而且发现追求永生是极其耗时的"山野草民之事",因而不值得一位帝王予以关注。

吴筠是否真的如此说过并不重要,重要的是这些话语表明《唐书》编撰者认为吴筠性格桀骜不驯、言辞直率,并且不愿意在皇帝和大臣面前谈论仙家话题。这两本官方正史也都提到,吴筠任翰林待诏时曾被宦官高力士当众羞辱并因而对佛教徒产生反感。有关吴筠在京师之外的社会生活,官方正史的记

---

[1]《酬刘侍御过草堂》其二,保存于孟宗宝《洞霄诗集》中,也可见王重民等辑录《全唐诗外编》,中华书局,1982年,第281—282页;《洗心赋》相关引文见《宗玄先生文集》(卷2,第4—5页);《简寂先生陆君碑》,《全唐文》,中华书局,1983年,第9659—9650页。
[2]《旧唐书》,第5053页。
[3] 郁贤皓的《吴筠荐李白说辨疑》(郁贤皓:《李白丛考》,陕西人民出版社,1982年,第65—78页)反对吴筠引荐李白这一说法,尽管他的观点并非无懈可击,但是论证很清楚。在该文中,郁贤皓提出了一个重要观点:对吴筠生活的历史解释所存在的很多谬误是因为它们都是以《吴尊师传》为依据,即使该文被收入《权德舆诗文集》,仍然不能抹杀其内容系伪造这一事实。

载远远不够准确。《旧唐书》提到吴筠曾参加天台、会稽和剡等地的诗文集会,这些集会都发生在天宝年间(742—756),他在京师驻留之前和之后,与李白和孔巢父(784年被杀)的共同出游被他人频繁仿效。可能是努力避免《旧唐书》上所出现的诸多误差,《新唐书》虽然呈现了同样的图景,但是没那么详细。

我们会看到,尽管吴筠当时的同伴可能并不是官方正史暗示的那一位,但是在会稽举行的诗文集会却肯定不会是虚构的。

二、几首交游题赠诗

我们还能从哪些别的资料了解吴筠社会交往的范围和性质呢?考察吴筠现存的诗歌,只能得到较少令人感兴趣的结果,因为这些交游题赠诗的标题中所提到的人物的身份几乎全都无法得到肯定的确认。这些人物包括两个并不知名的山人"龚"和"华"、章叟、刘明府、郑录事、苟尊师、主簿刘承介,以及刘侍御。

其中一首诗描写了吴筠很欣赏尹炼师的琵琶弹奏。这位尹炼师显然是一位知名的道士,因为他在诗中被尊为"尹仙翁"。他很可能就是《春秋》研究专家尹思贞之子尹愔(明经,716年)[1]。尹愔是一位虔诚的道士,对《道德经》颇有研究。查尔

---

[1]《新唐书》中有一段关于尹愔的传记,见《新唐书》第5703页。

斯·本（Charles Benn）认为，尹愔很可能是尹文操（？—688）的后代，因为他们都来自天水（今甘肃境内）。[1]尹愔所著《太上说五厨经注》（其序言表明该注作于735年），已被收入道家经典之中。《唐玄宗御制道德真经疏》（678年）的附注《道德真经外传》中有一条注解进一步说明了解释《道德经》的《新义》15卷是由尹愔所作。由他人引荐，他被宣入朝觐见，玄宗待他以礼，并任命他为谏议大夫、集贤院学士和史馆史官，但是他当时拒绝接受这些职位。直到开元二十五年（737）初获准可以身穿道袍出现在朝廷之后，他才承担那些职务，他似乎将这些跟肃明观观主的职责相结合。这一事实显然激怒了《新唐书》的编撰者，他在《新唐书·五行志·服妖》中提及此事。除担任这些职务之外，他还兼任肃明观的观主。尹愔逝世后被追授为左散骑常侍。《新唐书》记载尹愔于开元末年（即740年或741年）逝世。然而，11世纪一部可靠的方志《长安志》确证尹愔在随后的天宝年间仍然在世[2]，这样吴筠与尹愔才有可能相识。

吴筠的诗歌作品中唯一能够确证身份的人物是柳并。柳并字伯存，大历年间（766—779），他先后担任河东府掌书记和

---

[1]《玄宗统治时期作为意识形态的道教》[Taoism as Ideology in the Reign of Emperor Hsuan-tsung（712—755）]，博士论文，密歇根大学，第117页。
[2]《太上说五厨经》也被称作《五厨经气法》。对"服妖"的诟病见《新唐书》第879页。天宝年间尹愔被任命为崇玄馆学士一事见宋敏求（1019—1079）的《长安志》（中华书局编辑部编：《宋元方志丛刊》第一册，中华书局，1990年，卷6，第9页）。肃明观见平冈武夫编：《唐两京城坊考》（『唐代の長安と洛陽』）第3册，京都：京都大学人文科学研究所，1956年，第22页。

殿中侍御史，之后双目失明并在出生地去世。年轻时，尽管自己对黄老道教表现出浓厚的兴趣，他却是当时的名士和古文先驱萧颖士（717—758）的门徒。柳并之弟柳淡（亦作柳谈，字中庸）同样是萧颖士的弟子，并且娶了萧颖士之女。[1]有趣的是，柳并似乎还是我们后面会返回来谈论的奇闻轶事集《因话录》的作者——赵璘（838年中进士）一个舅舅的祖父。

吴筠曾赠送柳并两首诗，这两首诗都是为纪念乘船旅行时与柳并的相遇而作[2]，具体创作时间很难确证，笔者推测应是公元760年前后，其时，吴筠已在庐山居住了几年，对当年被迫离京仍然记忆犹新。此外，吴筠称柳并"伯存"，却没提到任何官衔，这两首诗肯定写于大历年间柳并为期短暂但业绩卓著的官宦生涯之前。这两首诗谦恭有礼，明显是为表达乱世逢知己的感激之情：

舟中遇柳伯存归潜山，因有此赠

浇风久成俗，真隐不可求。何悟非所冀，得君在扁舟。目击道已存，一笑遂忘言。[3]况观绝交书，兼睹箴隐文。[4]

---

[1]《新唐书》，第5771页。
[2]《全唐诗》，第9650页。
[3] "目击道存"和"忘言"都引自《庄子》，前者见《庄子引得——哈佛燕京学社汉学引得丛刊》，55/21/13；后者同上，75/26/49。
[4] "绝交书"是指嵇康（223—262）的著名散文《与山巨源绝交书》（《昭明文选》卷43）。他的朋友山涛（205—283）举荐他代其原职，他感觉受到冒犯，因而写了这封信与之绝交。关于"箴隐文"，目前没有同题的诗文存世，但是此处吴筠很可能是用它指江逌（305—362）所作的《逸民箴》（或《逸士箴》），该文有一部分收入了《艺文类聚》"隐逸"篇（欧阳询编，中华书（转下页）

见君浩然心,视世如浮空。君归潜山曲,我复庐山中。形间心不隔,谁能嗟异同。他日或相访,无辞驭冷风。

《洞霄诗集》是一部有关道教中心大涤山的诗集,由孟宗宝于 1302 年编辑而成,其中包括献给韦应物(737—792/793)的一首诗《天柱隐所答韦应物》[1],该诗有人认为是吴筠所作。然而该诗的原创者受到《旧唐书》的编撰者质疑,他们认为是由畅当(772 年曾中进士)所写。的确,吴筠作为该诗作者的身份很成问题。从诗的标题可以知道这首诗写于天柱山(实为与大涤山对峙的三座相连的山峰),吴筠晚年曾在那里住过几年。然而,韦应物似乎在吴筠去世四年之后的 782 年才去过中国的东南部,当时他被任命为滁州刺史(滁州位于长江和淮河之间)。[2]至少还有另外五首诗能够证明韦应物和畅当之间的深厚友谊,因此,畅当最有可能是这首诗的作者。

我们同样可以从写给吴筠的诗歌中获得很多有关他的社会交往情况的信息。《唐五代人交往诗索引》上记载了一首李白所写的诗《下途归石门旧居》,据推测,这首诗很可能是写给

(接上页)局,1965 年,第 653—654 页)。《晋书》卷 83(房玄龄等:《晋书》,中华书局,1974 年,第 2171—2175 页)的江逌传记中记载,为了躲避 327—328 年的苏峻叛乱,他隐居到临海。当时他决定隐逸山中终其余生,但是后来因为家贫而不得不求仕为官。江逌生涯中的叛乱、隐逸和为官等事件肯定引起了吴筠的共鸣。

[1] 见《知不足斋丛书》(卷 1,第 1—2 页)及《全唐诗外编》(王重民等辑录,中华书局,1982 年,第 282 页)。

[2] 蒋寅:《大历诗人研究》,中华书局,1995 年,第 754—755 页。

吴筠的。[1]很显然，这个索引的编撰者依照传统的观点认为，这是李白写给吴筠的一首离别诗。然而，诗中并没有哪处能表明是写给吴筠的。《李白全集编年注释》的作者有力地论证了这首离别诗是写给隐居道士元丹丘的。[2]一些学者认为李白文集中还有一首诗能够证明他和吴筠之间的友谊，那就是《凤笙篇》。这首诗应该是写于开元二十九年（741）末。显然是写给一个被召入京的道士的离别诗，但是，目前学界认为，诗中的道士也是元丹丘而不是吴筠。我们知道，吴筠第一次被召至长安是在天宝四年（745），这就说明，李白在此四年之前就已经向他告别，这种情况绝对不可能发生。[3]

诗僧和画家皎然（730—799）写过一首诗，尽管没有收录到《唐五代人交往诗索引》中，但是值得注意。[4]这首诗作于773—777年之间[5]，当时颜真卿（709—785）任吴兴（即湖州，在太湖之南，靠近今江苏和浙江交界处）太守，它是为送别吴炼师返回林屋洞而作。林屋洞位于靠近吴兴的洞庭西山岛

---

[1] 吴汝煜等：《唐五代人交往诗索引》，上海古籍出版社，1993年，第604页。
[2] 安旗：《李白全集编年注释》，巴蜀书社，1990年，第1127页。
[3]《权德舆诗文集》中所收吴筠文集的序（《宗玄先生文集序》，《道藏子目引得》第1051号第1页；《全唐文》，第4999页）是唯一可靠的描述吴筠生活的文献，其中记载吴筠首次被召入京是在天宝初。在《佛祖统纪》（《大藏经》第2035号，卷49，第375页，1269年编纂）中，他的政敌给出了更确切的年份，天宝四年。
[4]《奉同颜使君真卿清风楼赋得洞庭歌送吴炼师归林屋洞》，《全唐诗》，第9259页。
[5] 贾晋华在《皎然年谱》（厦门大学出版社，1992年，第70页）中指出这首诗写于774年。

上，对于唐代道教来说相当重要，是"十大洞天"之九。[1]我们可以看到，吴筠把颜真卿和皎然都当作朋友，而且有证据表明在这段时间吴筠曾去过吴兴。13世纪初编纂的《嘉泰吴兴志》记载，吴筠和梁代著名学者吴均（469—520）都曾居住在位于吴兴以南43里的吴山。[2]此外，在皎然的诗中，该道教大师被称作"中山炼师"。中山，即嵩山，吴筠与这里结下了不解之缘。[3]因此可以比较肯定地认为，此诗标题中所提到的吴炼师事实上就是吴筠。对唐代文学研究最严谨的两位当代学者贾晋华和傅璇琮也持此观点。[4]

皎然这首出于礼貌而作的诗显然创作于"三十六小洞天"之第27的金庭山附近。与大量对长生的典型描述一样，这首诗明确指出颜真卿（颜太守）受到道家思想的深刻影响（"吴兴太守道家流"），但是《唐书》的"颜真卿传"并未提及这一点。[5]在中古时期的中国，很多高官对道教和佛教都有着特别

---

[1] 托马斯·哈恩（Thomas Hahn）这样描述林屋洞："标准的道教名山，具有道教所需的所有地理特征。"《远东亚洲丛刊》（*Cahiers d'Extrême-Asie*）第4卷，第145—156页。
[2]《嘉泰吴兴志》卷4，《宋元方志丛刊》第五册，中华书局，1990年，第10页。
[3] 吴筠在嵩山师承潘师正的弟子冯齐整而受正一之法。754年之后，吴筠一直自称"中山嵩阳观道士"。巧的是，宣城附近也有一座中山，据传吴筠就是在那里逝世。
[4] 贾晋华：《大历年浙西联唱——〈吴兴集〉考论》，《宁波大学学报》1991年第1期，第79—86页；《皎然年谱》，第70页；又见陶敏：《〈全唐诗〉人名考证》第1026页（西安人民教育出版社，1996年）。
[5] 对颜真卿政治生涯的详细分析见倪雅梅（Amy McNair）：《唐代人物传略·颜真卿》（*Draft Entry for a T'ang Biographical Dictionary: Yen Chen-ch'ing*），《唐研究》第10—11卷，1992—1993年，第123—151页。

浓厚的兴趣。极少有文献提到很多官员对道教是真正的忠诚奉献而不仅仅是附和观望,或提到颜真卿后来成为道家弟子并最终入教。然而,正是通过对颜真卿以及为吴筠作传的权德舆(759—818)——曾为著名道教大师吴善经(731—814)的弟子——等官员的生活和作品的研究,人们才得以全面理解道家思想对中古时期中国社会的深远影响。至于颜真卿,他为后世保存了当时很多道教活动的记录,其中最著名的就是为纪念江西临川的魏华存(?—334)仙坛遗迹增修观宇所刻写的《魏夫人仙坛碑铭》。[1]他撰写了《有唐抚州南城县麻姑山仙坛记》和《华姑仙坛碑铭》("华姑",640—721,即"黄令微"),还为华盖山真君王道想和郭道意、13代上清宗师李含光(683—769)以及《玄真子》作者张志和题写了纪念碑文。[2]毫无疑问,这些碑文正是颜真卿对晚唐之后道教发展的重要贡献。[3]

三、纪念李适之的联句

总之,现存吴筠所写,以及与吴筠有关的交游题赠诗中仅有极少关于吴筠的社会交往状况的信息,不过两首分别写于

---

[1] 见薛爱华:《8世纪临川魏华存仙坛的重建》("The Restoration of the Shrine of Wei Hua-ts'un at Lin-ch'uan in the Eighth Century"),《东方文化》(*Journal of Oriental Studies*)1977年第15期,第124—137页。
[2]《全唐文》,第3423—3424、3429—3430、3444—3448、3451—3454页。
[3]《仙吏传》,《唐代丛书》第8集;《太平广记》,中华书局,1981年,第205—208页;《历世真仙体道通鉴》卷32,第5—7页。

770年和774年的联句却包含了有价值的线索。这两首联句不仅涉及了吴筠的社会交往，还涉及他当道士时的一些活动。尽管唐朝之前联句被看作一种极不严肃的诗歌形式，尤其在南朝时期更是被列为不入流的文字游戏，但是现存的联句对重现唐朝的文学状况和社会状况具有不可估量的价值。[1]

与颜真卿和皎然有关的联句有50多首，此处所谈到的第一首联句写于774年早春拜访岘山李适之的"石樽"之际。[2]李适之是李氏皇族的一员，742年被任命为左丞相，但是在李林甫（死于752年）掌权时期成了权力之争的牺牲品，被以结党之罪贬到宜春，最后服毒自杀。[3]上面所提到的《嘉泰吴兴志》谈到了李适之的石樽，叙述了他担任湖州刺史别驾时，经常与朋友一起在岘山的樽状岩石上一边饮酒一边遥望京师。李适之被任命为左丞相后，当地百姓就将那块酒杯状岩石称作"李相石樽"。[4]很显然，美酒在李适之的人生中不可或缺。他

---

[1] 对这首吴筠作于中国东南部的联句的介绍，见宇文所安：《中国诗歌的伟大时代——盛唐诗》，纽黑文：耶鲁大学出版社，1981年，第295—298页。本书已引进，《盛唐诗》，生活·读书·新知三联书店，2014年出版。——编辑注。迄今为止，研究联句最全面的作品是戴维·波拉克（David Pollack）的《中国的联句——以韩愈及其友人的诗歌为重点研究联句中所显示的社会关系》("Linked-Verse Poetry in China: A Study of Associative Linking in lien-chu Poetry with Emphasis on the Poems of Han Yu and His Circle")，博士论文，伯克利：加利福尼亚大学，1976年。

[2] 岘山在吴兴的南面。该联句的创作时间见贾晋华《皎然年谱》第69页。联句本身载《全唐诗》第8880页。

[3] 细节详见崔瑞德（Denis Twitchett）：《剑桥中国史》第3册，第1章，剑桥：剑桥大学出版社，1979年，第420—424页。

[4]《嘉泰吴兴志》卷18，第21页。

与李白以及贺知章(约659—约744)等几个有名的文人一起被合称为具有传奇色彩的"酒中八仙"。他们的风采在杜甫的《饮中八仙歌》[1]中得以千古长存。杜甫在诗中如此描述李适之:"饮如长鲸吸百川。"

值得注意的是,这首联句中吴筠所作的部分似乎表明他和李适之之间有一定的交情。他在745年被首次宣诏进朝廷,那么他的确可能遇到李适之,因此吴筠所写的部分可以如此理解:把船停泊在岸边,众人都兴高采烈。遥想当年,我的感情更为真挚。

除了颜真卿和吴筠,还有其余27个人参与了这首纪念李适之的联句的写作,其中包括几个邻县的官员,颜真卿的五六个远亲,柳并的弟弟柳淡,注解《论语》的隐士强蒙,还有几个有名的文人雅士,比如皎然大师和《茶经》的作者陆羽。还有一个远不如皎然和陆羽那样有名,但是在此处仍然值得一提的是韦渠牟,这位诗人曾直接受到吴筠的影响,他因所作的《步虚词十九首》而闻名。韦渠牟原本信奉道教,后来改信佛教,在为李适之作联句时他已不再使用本名,而是用法名"尘外"。同样值得注意的是,后来仕途亨通的张荐也参与了这首联句的创作,颜真卿对他的渊博学识推崇备至。张荐创作了《灵怪集》,如今这部志怪故事集只残存了两卷。很多现存的诗

---

[1] 仇兆鳌:《杜诗详注》,中华书局,1995年,第81—85页。9世纪郑处诲(834年中进士)的轶事集《明皇杂录》也记载了李适之好酒,见《明皇杂录》之《东观奏记》(裴庭裕撰,中华书局,1997年,第16页)。

歌表明他与权德舆之间的关系也很密切。权德舆对吴筠诗集的印行发挥了重要的作用，他还在张荐离世后为其作了纪念碑文。[1]

特别值得注意的是，刘全白也参与了这首联句的写作。刘全白于794年出任池州和吴兴的地方官，他流传后世的作品只有纪念李白的散文式碑文，同时他让人认识了《广异记》的作者戴孚（757年中进士）。[2] 9世纪中期的一部名为《因话录》的轶事集中提到吴筠和刘全白一家有着特别的关系。《因话录》的作者赵璘是唐德宗（780—804年在位）年间大臣赵宗儒之孙。开成三年（838）赵璘中进士，大中七年（853）被任命为左补阙。玄宗皇帝的嫔妃柳婕好，玄宗皇帝的第20个儿子李玢的母亲，是赵璘舅舅的外曾祖母[3]，因此，赵璘能够得到家族成员之间传递的第一手信息。这也是《因话录》能成为唐朝最可信的轶事录的主要原因之一。《四库全书》的编者也认为"故其书虽体近小说，而往往足与史传相参"[4]。尽管作者可能对下面的轶事加了一些修饰，但是我们可以认为它是基本真实的：

刑部郎中元沛妻刘氏，全白之妹，贤而有文学。著《女

---

[1]《旧唐书·张荐传》，第4023—4025页；《新唐书·张荐传》，第4979—4982页。他与权德舆的诗文交流见吴汝煜《唐五代人交往诗索引》第265页。权德舆的纪念碑文见《全唐文》第5144—5145页。
[2]《唐故翰林学士李君碣记》，《全唐文》，第6247页。
[3] 赵璘：《因话录》卷1，第1页；及《旧唐书》第3257页和第3267页。
[4]《四库全书总目提要》卷140，第12页。

仪》一篇，亦曰《直训》。夫人既寡居，奉玄元之教，受道箓于吴筠先生，精苦寿考。长子固，早有名，官历省郎、刺史、国子司业。次子察，进士及第，累佐使府，后高卧庐山。察之长子潾，好道不仕；次子充，进士及第，亦尚灵玄矣。[1]

尽管这段文字很简短，它却包含了关于吴筠传道的有价值的信息：他的道家学说连续影响了一家三代人，并让其中的两位家庭成员选择了隐居生活，元察甚至选择了吴筠曾修道的庐山作为自己的隐居地。

四、天师及其道友

还有一首联句提供了关于吴筠的社会交往以及传道生活的有价值的信息。这首联句由严维起头，由其他13人共同完成，题为《中元日鲍端公宅遇吴天师联句》。[2] 吴筠不仅是这首联句的作者之一，这首联句还是为他而作。此外，这首联句的标题表明其写作时间是七月十五中元日（尽管没有清楚写明是哪一年）。中元日是三元之一，是一个传统节日，最初是一个重要的道教节日，后来也成了佛教的一个节日，这个节日是为了纪念地官而设的，地官是三官之一，借用约翰·劳格文（John Lagerwey）的话，三官就像信道者的"兄长"一样可

---

[1]《因话录》卷3，第14页。这个故事也收录在12世纪上半叶的《唐语林》(王谠著，上海古籍出版社，1985年，第150页）中，文字稍有出入。
[2]《全唐诗》，第8888页。

信赖。[1]在唐代,以诗歌的形式来纪念这一天的做法很普遍。《全唐诗》里就收录了德宗皇帝、卢拱(白居易同时代人)、令狐楚(766—837)、李商隐(813—858)、李群玉(约813—约860)、殷尧藩(814年中进士)、陆龟蒙(卒于约881年)、李郢(856年中进士)等所作的这类诗。现存罗隐(833—910)的诗作中也有不下六首是纪念中元日的。[2]对道家信徒来说具有重要意义的有殷尧藩的《中元日观诸道士步虚》以及令狐楚和陆龟蒙描写道士的三首诗。[3]值得注意的还有,研究《道德经》《庄子》和其他道家经典的重玄学的学者们曾给玄宗以及朝廷的全部高官讲解"三元日"。[4]

在这首联句的标题中,吴筠被称作"吴天师",当然这并不意味着就必定认为吴筠属于唐朝下半叶选择龙虎山作为圣地的世代天师之列。将有声望的道士尊称为天师始于《庄子》,到了唐朝已非常普遍。例如,记录吴筠晚年居住了几年的道观的《天柱观记》写于光化三年(900),其作者是以杭州为中心的吴越地区的首位统治者钱镠(852—932)(或者说这篇文章是为钱镠所写),这篇文章就把叶法善、吴筠、暨齐物、司马

---

[1] 约翰·劳格文:《中国社会和历史中的道教仪式》,纽约:麦克米伦出版社,1987年,第21页。
[2] 值得注意的是,罗隐也是《中元传》的作者,但是罗隐作品集中未收录,目前已经失传,不过南宋早期的《新编分门古今类事》(卷3第36页)中保存了其中大约480个字的内容。
[3]《全唐诗》,第3751、5566、7197页。
[4] 郑处诲《明皇杂录》第55页对此有所提及。

承祯和夏侯子云都称为天师。[1]

　　参与这首联句写作的除吴筠之外的其他13人是谁呢？其中的7个在唐朝的两本断代史中都没有记载。范淹、杜弈、郑概和樊珣也差不多，他们对子孙后代的贡献缩小到一两首诗，偶尔一篇散文或是几行联句。刘蕃是天宝六年（747）的一名进士。陈元初（或曰陈允初）是麻源人，他应该具有高超的文学才能，因为他曾经担任过校书郎。丘丹是苏州人士，担任过诸暨刺史以及尚书郎，并且在临平山隐居过一段时间，他比其他人幸运，因为他有11首诗歌流传后世，从这些诗歌的标题我们能够推断他和韦应物之间关系密切。李清是天宝十二年（753）的进士，但是不清楚他与《新唐书》上所提到的常侍李清是否为同一个人。[2]谢良辅，天宝十一年中进士，783年在商州任刺史时被叛军杀害。[3]谢良弼很可能是谢良辅的兄弟，他没有单独的诗歌流传下来。《新唐书》"李华传"中曾提到他和独孤及（725—777）等人是李华的门徒，他甚至因此而当上高官。[4]在后文中我们将看到谢良弼在吴筠的生活和行道活动中起着特殊的作用。

　　《旧唐书》和《新唐书》中都没有严维的传记，只有《新唐书》中提到了他的一卷诗歌[5]，这一卷诗歌使他在元朝编撰的

---

[1]《洞霄图志》卷6，第71—74页；《全唐文》，第1304页。
[2]《新唐书》，第2537页。
[3]《新唐书》，第190页。
[4]《新唐书》，第5776页。
[5]《新唐书》，第1610页。

《唐才子传》中获得了一席之地，少数的地方志也对他有所提及。严维来自越州。越州古名"会稽"，在唐代有时也用此名，宋朝时期更名为绍兴。严维天宝年间曾参加过一次科举考试，但是名落孙山，至德二年（757）中进士，因此当他任诸暨县尉时已经40多岁了。由于家境贫寒，双亲年迈，严维不能远离家乡，他与友人交流的诗歌都证实至少在776年之前，他一直都待在会稽及其周边地区，直至后来他被任命为秘书郎，并于779年至784年间离世。[1]

从吕渭和鲍防的传记中我们能够较准确地推算出这首联句的创作时间。大历七年，吕渭（735—800）出生于河中，曾任浙西观察使李涵（卒于784年）的支使，他父亲最后担任的官职是浙东节度使。从《旧唐书》李涵的传记中我们可以知道他在771年至776年间曾兼任苏州刺史、御史大夫以及观察使等职。[2]从广德元年（763）到大历五年（770），吕渭担任越州的兵曹参军，而这首联句正是写于越州。因此，我们可以推断这首联句最迟写作于770年。大历末年，吕渭再次被任命为殿中侍御史判官，此后，他在朝中担任了一系列重要的官职，其中包括吏部侍郎及湖南观察使。[3]

---

[1] 关于严维生平，见傅璇琮《唐才子传校笺》第1册，中华书局，1987年，第604—609页及第5册，第135—137页。
[2] 详细日期见吴廷燮：《唐方镇年表》，中华书局，1980年，第746页。
[3]《吕渭传》见《旧唐书》第3768页和《新唐书》第4966页。关于他795—797年间担任御史大夫一事详见徐松（1781—1848）：《登科记考》，中华书局，1984年，第501、505、515页。

鲍防（722—790）乃襄阳人士（另作洛阳人），753年中进士，后来成为薛兼训的从事。762年至770年间薛兼训任浙东观察使[1]，之后调任河东。770年鲍防也升任殿中侍御史，因此离开浙江到了京城。在这首联句的标题中，鲍防被称为"端公"，这是对殿中侍御史的一种非官方称呼。因此这首联句应该就是创作于770年鲍防任职后不久。后文将讨论到，联句的前几行就已经证实了这一点。随后鲍防调任职方员外郎，776年或777年又调任太原少尹，784年至786年任御史大夫。[2]有关这首联句的背景，《新唐书》"鲍防传"（第4950页）中提到他和中书舍人谢良弼之间有着深厚的友谊。根据穆员为鲍防所作的碑文记载，鲍防善于招纳文人雅士到他会稽的居所，而这首联句正是作于会稽。穆员如此写道："自中原多故，贤士大夫以三江五湖为家，登会稽者如鳞介之集渊薮，以公故也。"[3]

尽管写作这首联句的14人的名气不如以颜真卿为首的诗人和联句作者[4]，但是他们也留下了很多作品，表明他们中的多数人也同样为8世纪联句的复兴做出了贡献。由严维、鲍

---

[1] 吴廷燮：《唐方镇年表》，第771—773页。
[2] 《登科记考》，第422、431、441页。
[3] 穆员所写碑文载于《全唐文》第8190页。要了解会稽对道教的重要性，可以参看施宿（约1150—1213）1201年编纂的《嘉泰会稽志》，尤其是介绍道观的卷7以及收录地方神仙传的卷15。后者所记录的神仙包括梅福、魏伯阳、蓟子训、葛玄、葛洪、许谧和陶弘景等。
[4] 宇文所安：《中国诗歌的伟大时代——盛唐诗》，第295—298页。

防及他们的友人所写的联句中有四首被保存下来。[1]除了这首写给吴筠的联句外,还有一首是酒语联句。第三首的形式很有特色,它以对联的形式出现,长度逐渐由一个字增加到九个字。第四首是游览闻名的兰亭时所写,里面提到刘全白是该联句的创作者之一,他和吴筠一样也与颜真卿等人有密切关系。[2]除了这四首联句之外,还有两组(各12首)分别名为《忆长安》和《状江南》的诗可以证实鲍防等人的诗作活动。这两组诗的起首似乎都是谢良辅所作,只有他在两组诗中都作了两首。除了鲍防和谢良辅之外,丘丹、杜弈、郑概、陈元初、吕渭、樊珣以及刘蕃也为其中的一组或两组作了诗。其中的《状江南》组诗具有重要的意义,它描写了中国东南部的美丽景色,建立了一种写景模式。唐代的很多诗人,如著名的刘禹锡(772—842)、白居易(772—846)以及韦庄(836—910)等就曾模仿过这组诗。此外,它见证了中国从中古社会向前现代社会的过渡,即中国的文化中心和经济中心转移到了长江下游地区。这些诗人时常怀念长安,同时又眷恋江南的美景,这反映了安史之乱后离开旧都,并且像吴筠一样再也不能回到长安的文人的复杂情感。[3]

---

[1]《全唐诗》第8888—8889页及《全唐诗外编》第411页。
[2] 有迹象表明吴筠也参与了兰亭联句的写作。宋代姚宽(1105—1162)的《西溪丛语》介绍了苏轼(1037—1101)模仿陶渊明(365—427)诗韵的一首诗作,其中说到773年的兰亭之行作了联句纪念,37人参与了该联句的写作,其中包括吴筠和吕渭。
[3] 有关鲍防及其友人的诗作活动,参见贾晋华:《〈大历年浙东联唱集〉考述》,《文学遗产增刊》1989年第18辑,第99—107页;以及蒋寅的《大历诗人研究》,第146—164页。

迄今为止，几乎没有证据表明除吴筠之外的这13个联句的作者都信奉道教，仅有一篇晚唐轶事表明其中一人与道教关系密切。这篇轶事提到吕渭（据传他是吕洞宾的祖父）是田虚应的密友。田虚应字良逸，衡山（中国五大道教名山之一，在湖南中部）道士，孝顺父母，善于祈雨唤风，在元和（806—820）初就因道行高深而获得了盛誉。李冲昭编撰的《南岳小录》(《道藏子目引得》第453号）中有几处提到了田良逸，并记载他于元和六年（811）正月初七在衡山羽化。关于田良逸的生平，还有一个重要的信息来源是《洞玄灵宝三师记》(《道藏子目引得》第444号）。该书描述了由田良逸到杜光庭（850—933）等三名道教大师的传承过程。根据《三师记》的记载，薛季昌（卒于759年）向田良逸传授了"上清大法"，这个传授的谱系为陶弘景（456—536）、王远知（卒于635年）、潘师正、司马承祯。这个谱系与《云笈七签》所收李渤的文章《真系》里面所记载的一致，这与权德舆805年左右为吴筠文集所写的序言描写不同，后者认为这个传承谱系是陶弘景—王远知—潘师正—冯齐整—吴筠。[1]《三师记》对于田良逸生平的描述近于奇幻，书中记载田良逸在隋朝时期就已经在

---

[1] 见《云笈七签》(《道藏子目引得》第1032号)，第5卷，第8—16页，以及《宗玄先生文集序》(《道藏子目引得》第1051号)，第1页。《洞玄灵宝三师记》见傅飞岚：《杜光庭（850—933）——中古中国末叶的皇家道士》，巴黎：法兰西学院，1989年，第17—27页；以及巴瑞特（T. H. Barrett）：《唐代道教天师教权的出现》("The Emergence of the Taoist Papacy in the T'ang Dynasty")，《泰东》(*Asia Major*)，第三系列，1994年，7.1，第89—106页，特别是第99—100页。

世，那么到他和吕渭建立友谊时他已经活了至少200多年，而关于两人友谊的描述又来自可信的《因话录》。[1]《因话录》中写道，吕渭任湖南观察使期间，即797年直至800年去世，他对田良逸十分钦佩，甚至对他"北面师事"，而当任衡州刺史的吕渭之子吕温拜访田良逸时他也表达了对吕渭的欣赏。

从他们所写的这首联句中可以看出，不仅吕渭对道学的描述很精到，其他13个人也都如此。下文将逐句解释并以简短的评论对此予以论证。《中元日鲍端公宅遇吴天师联句》云：

严维：道流为柱史，教戒下真仙。

从联句的第一行可以看出，宗教和官场之间有着密切的联系，这种联系在玄宗皇帝时期达到了顶峰，这点在严维的认真措辞中表现得很明显。在短短十个字中，严维不仅仅奉承了联句的两位主角，即刚升职的鲍防和受人尊敬的大师吴筠，而且暗示了官场得意与否与宗教信仰有着密切的联系。

看到"柱史"（"柱下史"的简称），人们会不由自主地想到老子，因为他从汉代时期开始就被当作"柱史"了。不过，"柱史"还有另外一层含义，它是御史职位的古称，具体是指侍御史或者殿中御史，鲍防正是担任后一种职位。因此，第一

---

[1]《因话录》卷4，第1—2页。该轶事后来被收入《太平广记》和《唐语林》。另外，《太平广记》第1325页所引用的"传载故实"提供了有关鲍防的有价值信息，说明鲍防在御史大夫任期内（784—786）被任命为"祭酒"。不过这似乎只是"国子祭酒"的简称。参见《登科记考》第441页。

行中的"道流"很明显是指鲍防。[1]鲍防被比作老子，吴筠则充当道教思想传承者的角色而被称为"真仙"。

鲍防：共契中元会，初修内景篇。

这里的《内景篇》无疑是《黄庭内景经》的简称，这本书被人们不断传诵，可说是一部不朽之作。[2]吴筠非常重视这部经典著作，在写作时经常引用。《黄庭内经》和《黄庭外经》的观点更是吴筠的《形神可固论》中的"服气"和"守神"两部分的核心。[3]巴瑞特（T. H. Barrett）在对唐朝道教思想的研究中指出："许多证据表明，到公元9世纪时，即使只对道教思想略懂皮毛的人也在广泛阅读全本《黄庭内景经》。"[4]很显然，前面的几个世纪也是如此。

---

[1] 严维在一首诗中同样用"柱史"称呼另一个御史，见《剡中赠张卿侍御》，《全唐诗》，第2719页。
[2] 见《太平广记》第357页"魏华存"条。
[3] 几乎所有研究吴筠思想的人都忽略了吴筠曾介绍道家的黄赤之道，只有神塚淑子（Yoshiko Kamitsuka）附带地在《吴筠生平及其思想》（*Go Un no shôgai to shisô*）[东方宗教（*Tôhô shûkyô*, *The Journal of Eastern Religions*），1979年，54：33—51页，特别是第41页] 提到了这一点。但是吴筠的《形神可固论》的"守神"部分非常有价值，除开引用大量较早文献如《阴符经》和《抱朴子》之外，它还记录了一首与保存在《云笈七签》卷64中的"王屋真人口授阴丹秘诀"内容一致的诗。同样有价值的是关于吴筠的思想实际上源自上清派这一假设，它反复提到《上清黄书过度仪》（《道藏子目引得》第1294号）以及《洞真黄书》（《道藏子目引得》第1343号）证实了天师的黄赤之道的持久影响。笔者将另文研究吴筠作品的相关内容。
[4] 巴瑞特：《唐代道教——中国历史上黄金时代的宗教与帝国》（*Taoism under the T'ang: Religion and Empire during the Golden Age of Chinese History*），伦敦：韦尔斯威普出版社（Wellsweep），1996年，第82页。

谢良辅：游方依地僻，卜室喜墙连。

《抱朴子》反复强调了远离俗世对修道者的重要性。谢良辅用"地僻"表示《抱朴子内篇》之四"金丹"中所说的"幽僻之地"[1]。尽管没有明确文献记载谢良辅及谢良弼来自何处，但是他们很有可能出自中古时期会稽地区的谢姓大户，因此他们实际上可能住得离鲍防很近。

杜弈：宝筥开金箓，华池漱玉泉。

上句表明当天吴筠举行了一场"金箓斋"，以驱灾避难、保佑君王并祈求天下昌盛。在中元日举办金箓斋很常见，甚至有唐朝文献记载在这种场合中会有道士念诵经文。[2]

乍看之下，下句似乎是指《史记》提到过的昆仑山上两个传说中的池子。该句引用了《禹本纪》和《论衡》的"谈天"篇中的典故[3]，并且引用了孙绰（约314—约371）的《游天台山赋》[4]。不过这句不仅仅指涉了地理位置，也可能暗指每"斋"之前的荡秽仪式。"华池"对应着嘴，确切地讲是口腔中舌头

---

[1] 王明校释：《抱朴子内篇校释》，中华书局，1985年，第84页。
[2] 杜光庭：《中元众修金箓斋词》，《全唐文》，第9731—9732页。
[3] 司马迁：《史记》，中华书局，1972年，第3179页；王充：《论衡注释》，中华书局，1979年，第611页。
[4] 《文选》，中华书局，1981年，第166页。康达维译为 "Rinse my mouth in Floriate Pond springs"，见康达维译：《文选》（*Wen xuan or Selections of Refined Literature*）第2册，普林斯顿：普林斯顿大学出版社，1987年，第250—251页。

下面的部分,"玉泉"则是指舌头下面的唾液。[1]

李清:怪龙随羽翼,青节降云烟。

本句的"龙"和"节"可能引自《神仙传》中有关王远和蔡经的故事,故事中详细描述了王远乘着彩龙所驾的羽车,随行的侍从举着各色旗幡从天而降来到蔡经家。[2]

"青节"同样也出现在陈子昂 695 年所作的《别中岳二三真人序》中,文中提到了陈子昂和司马承祯(647—735)的一次会面,其时司马承祯已在嵩山向潘师正学完道。这无疑又提供了一些关于吴筠的信息,即他是冯齐整的传人,而冯又是潘师正的弟子。[3]

刘蕡:昔去遗丹灶,今来变海田。

"丹灶"(内丹术语,指肉体)出现在江淹的《别赋》中,该文描述了一位名叫修阳的华阴道士的炼丹术。[4]这本身就牵涉到了吴筠,因为他就是来自华阴。此外,康达维[5]也曾指出,江淹提到的修阳和神仙王子乔存在关联性,吴筠的诗《缑

---

[1] 例如:《三洞珠囊》和《孙真人备急千金要方》描述了用唾液漱口对健康的用处。
[2] 邱鹤亭注:《列仙传今译·神仙传今译》,中国社会科学出版社,1996 年,第 248 页。
[3]《全唐文》,第 2164 页。
[4] 江淹:《江文通集汇注》,中华书局,1984 年,第 39 页。
[5] 康达维译:《文选》第 3 册,普林斯顿:普林斯顿大学出版社,1996 年,第 208 页。

山庙》赞颂了王子乔在缑氏山羽化成仙。[1]因此此句的"丹灶"是对吴筠的双重指涉。此外,刘蕡还继续引用了李清所用的典故,"变海田"指麻姑到蔡经的府上拜访王远时所说的话。[2]

谢良弼:养形奔二景,炼骨度千年。

薛爱华认为此处的"二景"是指太阳和月亮。用肉眼观察太阳和月亮并引导"气"在身体里运行,最早在《黄庭经》中就有记载。[3]"奔二景"能够在《太上玉晨郁仪结璘奔日月图》(《道藏子目引得》第435号)中找到,贺碧来(Isabelle Robinet)将其译为"连接两颗明星"[4]。《太上玉晨郁仪结璘奔日月图》中介绍了一些关于吸收日月精华的早期上清修炼之法。陶弘景在《真诰》中提到了"奔二景",在别处则称为"仪璘"。陶弘景承认从未见过《大经》,他只有抄本。[5]"二景"也指《真诰》卷2《运题象》第二段中所描述的黄赤之道,配偶之间没有肉体上的接触只有精神上的交流。不过此处的"二

---

[1]《全唐诗》,第9661页。
[2] 邱鹤亭注:《列仙传今译·神仙传今译》,中国社会科学出版社,1996年,第249页。
[3] 例如《黄庭内经》第2卷,第4页:"出日入月呼吸存",柯睿译为"With the emergent sun and retreating moon, exhale, inhale, actualizing them"。见小唐纳德·S.洛佩兹(Donald S. Lopez Jr.)主编:《实践中的中国宗教》(*Religions of China in Practice*),普林斯顿:普林斯顿大学出版社,1996年,第152页。
[4] 贺碧来:《道苑漫步》("Randonnées extatiques des taoïstes dans les astres")《华裔学志》1976年第32期,第159—273页,特别是第206页。羽衣和结璘几次出现在吴筠的作品中,例如《登真赋》以及《步虚词》其三和其七。
[5]《真诰》(《道藏子目引得》第1016号)第18篇,第12页。

景"指涉黄赤之道的可能性不大。需要强调的一点是,"奔二景"也许是这首联句中最专业的道家用语,不修道的人不大可能运用这个术语。下文将讨论到谢良弼参与这首联句的写作绝非偶然。

郑概:骑竹投陂里,携壶挂牖边。

此句的"骑竹""投陂里""壶"无疑用的是费长房遇壶公这个典故,这个故事在《后汉书》和《神仙传》中都有记载。[1] 其中的"竹"起到了两个作用:既曾被用来代替费长房,让他的家人以为他已死,又用作交通工具。而且此竹扔进葛陂湖后就变成一条龙。毫无疑问,此处郑概所写的诗句非常谦恭,自比差点得道但功亏一篑的费长房,而把吴筠比作暂贬人间的真仙壶公。

陈元初:洞中尝入静,河上旧谈玄。

首句开头的"洞中"表明,14位诗人实际上是在洞中写下这首联句的。我们知道这首联句写于会稽,而作为"三十六洞天"之十的"极玄阳明洞天"就位于会稽境内。事实上,吴筠一生都在不断地探访各个道家圣地,而且他的家乡华阴更是拥有"十大洞天"之四和"三十六洞天"之四共两个仙洞。而且

---

[1] 范晔:《后汉书》,中华书局,1973年,第2743—2745页。以及邱鹤亭注:《列仙传今译·神仙传今译》,中国社会科学出版社,1996年,第334—336页。

吴筠在游历的过程中先后拜访过"十大洞天"之九的林屋洞，以及嵩山、庐山、四明山、仙都山和大涤山（三十六洞天中的第六、第八、第九、第二十九和第三十一洞天所在地）。[1]

"入静"是一种身心都非常放松的状态，道家大师在静室中调息冥思，精神高度集中，与外部世界完全隔离。有关入静的最早文字记载出现在《登真隐诀》的第3卷中，其中一部分是讲述"入静法"。[2]

不过正如陶弘景在该部分的开头所写的那样，其内容未能揭示这个术语的含义。"入静"在《真诰》中出现了六次，但其中所提供的信息仍然不足以说明其含义。到了唐朝，诗歌中经常出现"入静"这个词，例如王建（约751—830）[3]的《送宫人入道》。另一首王建的友人张籍（725？—776）所写的《寻徐道士》表明，"入静"应该需要相当长一段时间。他的诗是这样的：

寻师远到晖天观，竹院森森闭药房。闻入静来经七日，仙童檐下独焚香。[4]

---

[1] 关于洞天，参见傅飞岚：《超越的内在性——道教仪式与宇宙论中的洞天》("The Beyond Within: Grotto-heavens in Taoist Ritual and Cosmology"），《远东研究纪要》(École Française d'Extrême-Orient)第8辑，1995年，第265—290页。此文亦曾发表于《法国汉学》第2辑，清华大学出版社，第50—75页。——译者注
[2]《登真隐诀》(《道藏子目引得》第421号）卷3，第5—11页。
[3] 原文为751，有误，王建的出生年份应该是公元767年。——编辑注
[4] 王建与张籍的诗见《全唐诗》第3412、4353页。

"入静"有时可以与"入靖"互换,《云笈七签》卷45的第9和第10部分就是用的"入靖",这两部分描述了吴筠的朝仪。《真诰》里所出现的六个"入静"中有四个说明入静需要焚香,《云笈七签》卷45第11以及前面提到的两首诗中的用例也是如此。此外,《云笈七签》引用了《真诰》的说法:每次达到入静状态都需要漱口,这首联句中杜弈所写的部分已经提到了这种仪式。关于这个词,《资治通鉴》里阐述了达到入静状态后的一种潜在危险。书中描述了887年吕用之的死,传统认为吕用之在高骈生命的最后几年"误导"了他。在吕用之被庐州刺史杨行密腰斩之前几个时辰,他谋杀扬州节度使高骈的计划被揭穿。他原打算在中元日前夜请求高骈举办一场黄箓斋,乘高骈入静之时将其勒死,之后散布谣言说高骈升天了,继而取代高骈,自己来做扬州节度使。这段文字除了说明入静者在入静时比较虚弱之外,还证实了中元日、道斋以及入静之间的联系。[1]

"河上"当然指的是为《道德经》作注的河上公。同时,在唐朝时期,"谈玄"肯定与《庄子》有关,因为通常所说的"三玄"即是指《易经》《道德经》《庄子》,且它们分别被称为"真玄""虚玄""谈玄"。[2]

樊珣:伊洛笙歌远,蓬壶日月偏。

---

[1]《资治通鉴》,中华书局,1976年,第8370页。还可参见王建的百首《宫词》之二十七(《全唐诗》3441页),诗中提到了"中元斋"。
[2] 吕澂:《中国佛学源流略讲》,中华书局,1979年,第261页。

这是该联句中第二次提到王子乔,此处几乎照搬了《列仙传》"王子乔传"中所附的诗。[1]只是原诗中的"笙歌伊洛"换成了"伊洛笙歌远",表示吴筠因安史之乱而被迫南迁之前已经远离了原来的居住地。众所周知,王子乔喜欢用芦笙模仿凤凰的歌声[潘岳(247—300)曾在《笙赋》中盛赞芦笙]。王子乔在伊水和洛水之间经过时遇到了道家大师浮丘公,并且随他上了嵩山。后人为他在缑氏山立了碑。[2]

蓬壶即人们所熟知的蓬莱,中国东海的三大仙岛之一,据说其形状像一个葫芦。第二句中的"日月偏"可以理解为,在神仙所掌管的蓬莱,时间(日和月)怎样计算,凡人自然是无从知晓。[3]

丘丹:青骡蓟训引,白犬伯阳牵。

这两句讲的都是神仙让已死的动物起死回生的故事。《后汉书》"蓟子训传"最早记载了蓟子训让他的驴起死回生的故事。不过丘丹此处引用的典故似乎出自《神仙传》,因为《神仙传》中写明了他的驴是黑色的,而《后汉书》并未说明。[4]魏伯阳据传是《参同契》的作者。《神仙传》中记载魏伯阳上山

---

[1]《列仙传今译·神仙传今译》,第74页。
[2] 李白的《至陵阳山登天柱石酬韩侍御见招隐黄山》(《李太白全集》,中华书局,1985年,第907—909页)也记载了王子乔偶遇浮丘公。这首诗像李白的很多诗一样证实了他对道教的深刻认识。
[3] 白居易似乎也知道这首联句,因为36年之后他在著名的《长恨歌》中也写下了一句很相近的诗"蓬莱宫中日月长"。
[4]《后汉书》第2745—2746页,以及《列仙传今译·神仙传今译》第316页。

时带着一条白狗[1]，为了考验他的三个弟子，他先毒死了这条狗然后自己也服了毒。第一个弟子照着他做了，另外两个弟子决定放弃成仙。这两个弟子离开之后，魏伯阳苏醒过来，并且救醒了那个忠实的弟子和这条狗，之后他们都成仙了。

这两句不仅把吴筠比作能使人起死回生的神仙，也是借蓟子训和魏伯阳暗指这首联句创作的地方会稽，因为《后汉书》"蓟子训传"记载有个百岁老人年轻时曾见到蓟子训在会稽卖药，魏伯阳更被认为是会稽人。[2]

吕渭：法受相君后，心存象帝先。

吕渭所写的第一句令人疑惑，因为"相君"是对宰相的尊称，但此处指的是谁仍然是一个谜。还有一种可能的理解，那就是，"法"意指达摩祖师，那么"相君"的大意是指"皮相之君"，但是这并不是标准的佛教术语。

"象帝先"指的是《道德经》卷4中一个不确定的结论，书中这样描述"道"："吾不知谁之子，象帝之先。"其中的"象"有不同的理解，河上公把它解释为"似乎"，王安石解释为"关于表面现象的形成"。对"帝"的理解也不一致，河上公把它解释为"天帝"，王安石解释为"生物之祖"。不过，无论"象帝（之）先"的含义是什么，很明显吕渭清楚地说明了当时在场的所有人都潜心于"道"。

---

[1]《列仙传今译·神仙传今译》，第235—236页。
[2]《历世真仙体道通鉴》(《道藏子目引得》第296号）卷13，第14页。

范淹：道成能缩地，功满欲升天。

"缩地"是费长房的本领之一。[1]同时，在唐代诗歌中这个表达通常用以指相距甚远的两个密友的重逢。

吴筠：何意迷孤性，含情恋数贤。

不知是否偶然，"含情"这个词也曾出现在吴筠非常敬佩的江淹所写的《从冠军行建平王登庐山香炉峰》中。[2]江淹的这首诗的很多意象都表明了作者要抛弃世俗的琐事投身于求道成仙的事业中去。因此吴筠此处表达了矛盾的信息：首先表示想要忘记隐居的打算，后又间接提到江淹的诗，从而表达了相反的意思。

那么，这首联句是不是单纯的客气或奉承之作呢？绝对不是。从诗句中对《黄庭内经》《道德经》《抱朴子》、河上公以及《列仙传》的指涉，以及诗句中所使用的道教用语如"华池""丹灶""二景""入静"等，可以明显地看出，这些作者大多对道教并非只有肤浅的了解。当然，诗中反复提到《神仙传》可能会产生这样一种印象，那就是，吴筠的这些诗友可能仅仅熟悉道教中"妇孺皆知"的内容，因为人们一直都不恰当地认为《神仙传》大部分是虚构的，但是，我们不能忽略一个事实，那就是，在吴筠看来，《神仙传》像其他所有道教经典一样，

---

[1]见《抱朴子内篇》卷12第228页，以及《历世真仙体道通鉴》卷20第9页。
[2]参见《江文通集汇注》第103页。

是可信的。

在他的《形神可固论》中，吴筠引用《神仙传》《阴符经》《抱朴子》来说明他对黄赤之道的看法。此外，这些作者都很了解吴筠，因此在诗句中插入了与吴筠本身相关的一些内容。这首联句提供了宝贵的信息，让我们了解到中唐时期道家思想渗透到士人阶层的具体程度。

在写结语之前，我们先来进一步探讨吴筠与鲍防之友谢良弼之间的关系。前面已经提到，谢良弼似乎非常熟悉道术。《历世真仙体道通鉴后集》[1]记载了一些与谢良弼的妻子有关的事情，有些细节与《云笈七签》中的版本不同。[2]不过，由于《历世真仙体道通鉴后集》以忠于原典著称，而且尽管《云笈七签》的版本较早但不够详细，此处将参考前者而不是后者中的版本。两个版本的材料都来自杜光庭的《墉城集仙录》（《道藏子目引得》第783号），但该书经删减之后不再保留这个故事。

王氏者，中书舍人谢良弼之妻也。东晋右将军王逸少之后，会稽人也。良弼，进士擢第，为浙东从事而婚焉。岁余，良弼应诏入长安，历尚书郎、中书舍人。[3]王氏幼而好道，常诵《黄庭经》。时方卧疾，竟不果行。疾且弥甚，时天师吴筠

---

[1]《道藏子目引得》第298号，编纂于大约1400年。这个故事在卷5第11—13、90页。
[2]《云笈七签》卷115，第8—9页。
[3]为此梁肃曾写过一篇序，见《全唐文》第5264页。梁肃与吴筠也有联系。

游四明、天台、兰亭、禹穴,驻策山阴。[1]王氏之族诣入师,求救治,遂得禁水吞符,信宿即愈。[2]王氏感道力救护,乃诣天师受箓。精修焚香,寂念独处静室,志希升飞。[3]因绝粒咽气,神和体轻。时有奇香异云临映居第,仿佛真降,密接灵仙,而人不知也。一日,忽谓其侍女曰:吾昔之所疾,将近十年,赖天师救之,而续已尽之命。悟道既晚,修奉未精,宿考往过,忏之未尽。吾平生以俗态之疾,颇怀妒忌,今犹心闭藏黑,未通于道。当须阴景炼形,洗心易藏。二十年后,方得蝉蜕尔。吾死,勿用棺器,可作柏木帐,致尸于野中,时委人检校也。是夕而卒,家人如其言殡之,凡事俭约。置之园林间,偃然如寐,亦无变改。二十年,有盗发殡,弃形于地。隆冬之月,帐侧忽闻雷震之声,举家惊异,驰行看之。及举其尸,则身轻如空壳,肌肤爪发无不具备。右胁有坼痕,长尺余。即再收瘗焉。南岳夫人尝言:得道者上品,白日升天,形骨俱飞,上补真官。次者蜕如蛇蝉,亦形骨腾举,肉质登天,皆为仙人,而居灵山矣。良弼亦执弟子之礼,躬侍天师。仍与天师立传,详载其事。

---

[1] 这些地方都位于浙东杭州湾的南面。
[2] 很明显吴筠的治疗方法并非总有效。如果戴孚《广异记》中的轶事可以采信,那么吴筠的符和道术都未能阻止天女在梦中盗取朱敖的精液。见杜德桥:《唐代的宗教体验和世俗社会》(*Religious Experience and Lay Society in T'ang China*),剑桥:剑桥大学出版社,1995年,第157页。
[3] 关于静室及其精庐的关系,可以参见《北帝说豁落七元经》(《道藏子目引得》第1415号)第3页。

这个故事最大的问题是没有具体的年份记载，王氏何时生病、何时由吴筠治愈，并不清楚，不过可以推断发生在谢良弼在京师任职的时候。我们知道谢良弼在大历十一年和十二年（776—777）任中书舍人，亦即大历十三年吴筠死之前的一两年。[1]如果王氏在776年左右成为吴筠的弟子，那么吴筠不可能在30年后与谢良弼一起"详载其事"，除非"其事"是指吴筠本人的事，而不是指王氏生病、10年后去世以及30年后成仙等事。

尽管存在着上述问题，但这个故事证实了吴筠和谢良弼之间的密切关系，并且进一步描述了吴筠的救人行为，而且故事的最后一句有助于解决一个文献方面的小问题。《新唐书》《通志》《崇文总目》《宋史》中都证实晚唐至宋代时期存在一本《吴天师内传》。这些书都认为《吴天师内传》的作者是谢良嗣（只有《崇文总目》没有写明作者），但关于他并没有其他介绍。《宋史》的编者加了一个注，说明作者名原是谢良弼，但是为了与《新唐书》和《通志》保持一致而把"弼"改成了"嗣"。[2]《宋史》的编者如果读了上述吴筠和王氏的传说就会知道《吴天师内传》的作者是谢良弼而不是谢良嗣。

---

[1] 傅璇琮：《唐才子传校笺》第5册，第100页。
[2] 参见《新唐书》第1523页，《通志》（商务印书馆，1935年）卷67第788页，《四库全书》本《崇文总目》卷10第11页，以及《宋史》（中华书局，1977年）第5190页和第5216页。

结语

本文所讨论的诗歌（尤其是写于鲍防住所的那首联句）、轶事和地方志反映了中唐时期道教对士人阶层的影响。它们对于补充和纠正官方正史以及民间文献中的历史记录具有不可低估的价值。同时，尽管这些作品的性质各异，但是相互连贯相互印证，所以本文所讨论的联句的作者谢良弼和刘全白等人会出现在互不相干但都与道教相关的材料中（如《墉城集仙录》和《因话录》等）。

由于唐代后期的诸多文献遗失等原因，现有材料只能重构吴筠人生后10年的社会生活，这一时期与大历时期基本重合。不同于传统所认为的好隐居、好诗歌的道教诗人形象，本文所讨论的文学作品让我们看到了吴筠作为道士、医者以及地位尊崇的社会人物的一面。作为颜真卿、严维、鲍防等名人高官的座上宾和文友，他与江南的豪门望族例如谢家建立了友好的宗教关系，并让他们的家庭成员例如王氏终生信道。

大历期间很明显是吴筠声望最高的时期。事实上，可以说吴筠是这一时期江南地区道教的代表人物。这解释了为什么浙东观察使陈少游在770—773年之间举行道教和佛教论辩时，双方代表分别为吴筠和神邕大师。[1]

---

[1] 参见《宋高僧传》（《大藏经》第2061号）卷50，第816页。当然，在佛教记载中吴筠在这场论辩中肯定是不断被神邕大师驳倒的。陈少游传见《旧唐书》第3562—3566页以及《新唐书》第6379—6381页。

由于所写的诗歌以及理论著作如《神仙可学论》等，吴筠在他所处的时代很有名，但是在他778年去世之后就有人想摧毁他的名望。苏州虎丘山上一间佛寺的墙上神秘地出现了两首诗，据传为鬼魂所书，其中第二首诗以"神仙不可学"开头。[1] 不过这又是另外一个故事了，此处不再赘述。

---

[1] 范成大（1126—1193）的《吴郡志》记载了此事，载《宋元方志丛刊》第一册，卷45，第4页。《吴郡志》被广泛认为是整个宋代最好的方志之一，其中没有明确记载吴筠之死，但是这首诗的书写日期和用词清楚地表明此事绝非偶然。

《女冠子》

——关于女道士神性之爱的词作[1]

［美］薛爱华（Edward H. Schafer）著
王一帆译

8世纪中叶之前的中国是李隆基（唐玄宗）统治的鼎盛时期，这时的唐王朝有道观1687座，其中可考定为女道士居处的有550座，约占总数的三分之一。[2]这些出世超尘的女子成为道士中的亮点。如果一个美人出家当了道士，就在美貌之外又附加了明显的圣洁性和神秘的智慧。那么这个道观的命运都可能因她而改变。韩愈有一首诗描述了女冠与道观相互依存的关系。诗中讲述了一个虔诚的信教家庭如何将年幼的女儿送去出家入道。诗人以这样的诗句描绘了初入道观的单纯女童步入她的新生活："洗妆拭面著冠帔，白咽红颊

---

[1] Edward H. Schafer, *The Capeline Cantos Verses on the Divine Loves of Taoist Priestesses*, Asiatische Studien 32/1（1978）：5-65.
[2] 李林甫等编撰：《唐六典》第4卷，中华书局，1992年，第125页。

长眉青。"[1]她正式入教的日子终于来了。贾岛题为《元日女道士受箓》诗中描写有这个情节。[2]这是一种在夜间举行的仪式,特别要向北斗七星的灵王颂祷——就像斋星仪式中常做的那样:

> 元日[3]更新夜,斋身称净衣。数星连斗出,万里断云飞。霜下磬声在,月高坛影微。立听师语了,左肘系符归。

如韩愈所写,女道士从入道那一天起就穿着冠帔。这一事实也出现在后文翻译的薛昭蕴诗中(V.a.4—5)[4]。冠帔在道教人物肖像以及诗歌描绘的可爱的女道士那更为世俗的着装上都有明显表现,而这些诗歌正是本文关注的重点。不论她是一个道童抑或高道,人们都把她当作上界的悟道者而另眼相看,而她实质上是被虔诚的信众神化了。进一步阅读韩愈的诗篇,我们会目睹一个稚嫩的少女转变成现世的女神:她的成功是个奇迹,那个道观之前一直信徒寥寥,现在沾了她的光,突然间挤满了狂热的游客,所获布施如金山玉海般激聚。

其实,大型道观都被看作适合上层社会妇女——包括皇家女眷的栖身之所。即便如武则天这么一个一向被认为倾心

---

[1] 韩愈:《华山女》,《全唐诗》第341卷,中华书局,1960年,第3823页。
[2] 贾岛:《元日女道士受箓》,《全唐诗》第573卷,第6665页。
[3] 所谓"元日",即元旦。既然元旦当夜通常没有月光,那么夜晚发生的这一幕被皎洁的月光——还有可能是满月——照亮就是无稽之谈。但是,"元日"也被看作一种庄严、节庆、神圣的日子,标志着幸运的开始。
[4] 关于笔者的女冠词翻译,罗马数字代表词作编号;其后的字母(a或者b)分别代表词作的上片和下片;阿拉伯数字指示一片中的某一句。

佛教的女皇，也试图劝说她的女儿——果敢而野心勃勃的太平公主出家为女冠，献身神职。这样即便死后也能福荫她的家族。[1] 738 年一月一日，李隆基的皇后崩。这个皇后也是武氏家族的女子。李隆基自此郁郁寡欢，直到他发现唯一可以取代皇后的女人，但是这个女人已经嫁给了他的儿子——寿王李瑁。唐明皇觉得最好是这样：迫使寿王夫妇离婚，然后赐离异的杨玉环道号"太真"——"崇高的悟道者"，去道观中度过一段清修学道的生活。到 745 年九月十七日，杨玉环还俗，被封为贵妃。[2] 杨贵妃虽然著名，但并非皇族血脉。传说李豫（代宗）之女，谥号华阳公主，冰雪聪明，得其父宠爱。但事实并非如此：她因病致残，主动要求出家为女冠，获赐道号"琼华真人"。[3]

最引人注目的公主出家的例子，发生在李旦（睿宗）的两个女儿身上。711 年，在长安城中，西临太极宫的辅兴区内，为两位公主各兴建一座雄伟的道观——道教称为"琼楼玉宇"。[4] 这两座道观分别被命名为"玉真女冠观"和"金仙女冠观"。这是与两位公主的新封号相对应的：从前的"崇昌县主"[5] 如今是"玉真公主"，而从前的"西城县主"晋升为"金

---

[1] 欧阳修：《新唐书》第 83 卷，中华书局，1999 年，第 2968 页。
[2] 司马光：《资治通鉴》第 215 卷，中华书局，2007 年，第 2649 页。玄宗：《度寿王妃为女道士敕》，《全唐文》第 35 卷，中华书局，1982 年，第 389 页。
[3] 欧阳修：《新唐书》第 83 卷，第 2977 页。
[4] 欧阳修：《新唐书》第 83 卷，第 2973 页。记载具体日期为三月三十一日，这可能是御敕兴修的日子，也可能是竣工的日子。
[5] 断代史是如此记载的，但宋敏求：《长安志》第 10 卷第 2 页（中华（转下页）

仙公主"（英文"capeline"一词下文会做解释）。这项奢侈的行为遭遇了异常强烈的抵制。首先发难的是两个大臣，韦凑和辛替否。他们反对无谓的浪费，反对官方供养身居寺观不事农桑的释道僧尼。同时，他们也批评大量征用农夫去兴修道观，会拖累农业生产。唯一支持这项规划的政要是窦怀贞，他恰巧是国戚。这一庞大的道观建筑群终究还是在反对声中破土动工了，且一经落成，两位公主便入住其中。712年，这两个皇家女孩儿正式受戒成为女道士，高道史崇玄[1]被指派为她们的师父。[2]

关于玉真公主后来的事迹在历史文献中鲜有记载。弘道观道士蔡玮，撰写了《后仙录》一书，此书今已亡佚。书中描述了有关玉真公主受度的祭坛的奇事。[3]蔡玮在一通纪念张天师（张道陵后裔）的长篇谏文中也提及玉真公主。[4]她最

（接下页）书局，1991年）称其为"昌隆公主"。
[1] 史崇玄后来投靠太平公主一党，成为宫中高官。但在太平公主失势自裁后，他也被处死。
[2] 欧阳修：《新唐书》第83卷，第2973页；第118卷，第3382页；刘昫：《旧唐书》第101卷，中华书局，1999年，第2130、2138页。宋敏求：《长安志》第10卷，第2页；徐松：《唐两京城坊考》第4卷，三秦出版社，2006年，第172页；韦述：《两京新记》第3卷，三秦出版社，2006年，第182页。杜光庭在《历代崇道记》（《全唐文》卷933，第9页）中论述朝廷对道教信仰的崇敬时，提及李隆基执政的公元749年为两位公主营建道观之事。他称两个公主为"金仙"和"玉芝"。"玉芝"可能是"玉真"之讹，也可能是这位身为法师的作者掌握的信息有误。唐代的官方史料并无提及此事。
[3] 徐松：《唐两京城坊考》第4卷，第181页。《全唐文》中保存有此文的残章，卷927，第7—11页。
[4]《全唐文》卷927，第11—14页。

终获得一个煊赫的封号:"上清玄都大洞三景法师"。这明显是"茅山"上清派的封号。744年,玉真公主请求李隆基允许她舍去"公主"名号及一应宫宅、俸禄。明皇开始执意不从,但最后还是被她说服了。玉真公主自此更名"持盈",卒于762年。[1]

这些贵妇人有权既享受荣华富贵的尘世生活,又能够保有虔诚的宗教信仰,还有可能长生不老。但这绝不意味着她们总能跳脱宫廷的苑围。她们的声望有时是因为其他事情或品德而获得的。例如,9世纪初,一个叫卢眉娘的广东姑娘,被进贡入宫后,为李纯(宪宗)所爱,赐予她一只"金凤"镯。但她不惯于充当皇妃,遂获允出家入道。她被遣返广东,终在那里羽化登仙,仅留下一双鞋子在她的棺木中。后来,人们时常看到她"乘紫云游于海上"。[2]

有时一个女道士因为美德流芳后世,这与其神圣性毫不相干。以李玄真为例,她的先祖被流放岭南,她坚持不懈为他们恢复名誉,因此有官修史书为她立传。[3]与其截然不同的是鱼玄机。[4]她的动人诗篇可能至今传诵:经历了一段嫁作显宦小妾的不如意之后,这个冰雪聪明的女子当了女道

---

[1] 欧阳修:《新唐书》第83卷,第2973页;刘昫:《旧唐书》第9卷,第146页。
[2] 杜光庭:《墉城集仙录》,《云笈七签》,《道藏精华》第116卷,第1624页,中国台北自由出版社,1973年。
[3] 刘昫:《旧唐书》第193卷,第3502页。
[4] 见《全唐诗》第804卷,第9047—9056页。

士。后来又有过一段艺妓生活，最终因打杀女婢而在京城被处以极刑。[1]

毫无疑问，现有的案例足以全面展现唐代女冠的社会文化史。然而，需要指出的是，由于是女性，她们的命运很可能与她们居住的道观一样起伏不定。她们所享有的相对独立，很大程度上和其他贵族女性相似。她们中很多人过着反传统的生活，这招致苛刻的国民和道学家们的不满。遇上一个崇道抑佛的君主，比如武宗李炎，她们就顺风顺水。唐武宗迷恋上金仙观一个美貌的女冠，遂将道观修葺装潢一番，甚至把他自己的画像张挂在其中一个大殿内。[2] 一旦失去了这样高高在上的支持者——比如，天子对被认为有宗教过错、装束华丽和行径无耻（舍弃家人、居住奢华）的女道士表现出同样的不满，这些女道士的遭际可能比男道士更可悲。典型的例子是：继李炎后登基的李忱是个狂热的佛教信徒。他私访至德观，见到那些衣着华贵、浓妆艳抹的女冠，龙颜大怒，急返皇宫，下旨将她们立即驱逐出道观。又一次性调送 20 名男道士来"净化"女道观。[3] 此事让人觉得既是歧视女性的极端行为，也是虔信苦行甚或打压道教的体现。

"女冠"作为女道士的称谓，据说是 3 世纪初张鲁在自己

---

[1] 孙光宪：《北梦琐言》第 9 卷，中华书局，2002 年，第 194—195 页。
[2] 薛爱华：《长安的最后几年》("The last years of Ch'ang-an")，《远东》(*Oriens Extremus*) 1963 年第 10 期，第 151、165 页。
[3] 裴庭裕：《东观奏记》(《小石山房丛书》版)。

位于汉中的道教化割据地盘中开始采用的。之后用于层级仅高于新入道者的女性教徒，相应地以"男冠"来称呼同等级别的男道士，后者好像很快就退出了普遍用语。但是存在一个问题：当初这个称谓究竟是"官"还是"冠"。[1]大量的证据表明最早的"女官"是指"女性官员"——汉帝国境内的清净飞地中的圣职者，直至六朝时期仍存在于道教教团中。当时这一称谓的使用已不那么严格，有时也用来指称栖于云霄殿中的仙人。例如，据载有一位神奇的女子，在世300年，居于海岛上。她有四五百个女官道士做侍从，这些人都在世百年以上。[2]在现代辞书中"女官道士"这个词可以解释为"出任官职的女道士"，亦即道教的女官。但这个解释有些牵强。把这个词组倒装一下，变成道士、女官就更好了，一般指男道士和女道士。[3]然而晚唐的杜光庭在一篇具有代表性

---

[1] 马伯乐在《公元头几个世纪的道教研究》("Essai sur le Taoïsme aux premiers siècles de l'ère chrétienne")中提出此说。见《道教混合的宗教遗迹与中国历史Ⅱ》(Le Taoïsme: Mélanges posthumes sur les religions et l'histoire de la Chine)，巴黎，1950年，第155页。遗憾的是，马伯乐没有说明这一信息的出处。利维关于此问题引马伯乐之说为确论，并补充说这个称谓可能出自玄光《辨惑论》[《弘明集》东京：大正藏（daizōkyō, 52），8，49页]。但是《辨》文使用的是"官"而非"冠"。见 H. S. 利维（H. S. Levy）：《汉朝末年的黄巾信仰与黄巾起义》("Yellow Turban Religion and Rebellion at the End of Han")，《美国东方学会会刊》(Journal of the American Oriental Society) 1956年第76期，第223页。这些小吏的官称直至6世纪在道教信徒的教区内仍然存在。见马伯乐：《中国宗教》(Les Religions Chinoises)，《混合遗迹Ⅰ》(Mélanges posthumes) 巴黎，1950年，第58页。
[2] 李延寿：《南史》第6卷，中华书局，2000年，第122页。
[3] 司马光：《资治通鉴》第181卷，第2182页，提及隋炀帝的侍从。

的仙传中明确使用"女官"一词指称女道士:"一观之内,女官之家。"[1]

但是,唐代文献中的"女官"通常指宫廷中的佣者(皇家女眷一类的人,除皇后以外,上自贵妃下至采女,分为19个等级,均属宫廷女侍)。这个词既可以指女道士,也可以指女臣。随着道教徒在上层社会日益得到重视,将道观中的女性和宫廷中的女性区分开来就越发显得必要,原词用法上的复义性促使人们用替代词"女冠"来专指女道士。

在唐代,"女冠"一词意思等同于女道士,即笔者所谓"道教教团中的女性"。这里"冠"属于换喻,就像我们用"胶鞋"指"侦探",用"蓝色长筒袜"指"女学究","女性的帽子"是这个短语的宗教用法。其实,用某种帽子来指称某一类人,可以找出很多例子。比如,在英国,"坏帽儿"指淘气的孩子;在大洋洲,"黑帽"指新移民;在剑桥郡,单是"帽子"一词指享有绅士待遇的平民。我没有用"女性的帽子"这个说法,是因为它显得有点滑稽。"头戴冠冕的女子"就像"女引座员"和"军乐队女指挥"一样,听着也有些别扭。"黄冠"是可选的译法,既有帽子的含义,也有黄色的含义。道冠的代表色就是黄色。但我最后选择了"宽边女帽"[2],这个生僻词指的是一款女帽。[3]

---

[1] 杜光庭:《墉城集仙录》,《云笈七签》,《道藏精华》第116卷,第1619页。
[2] 读作 kă-pĕ-lin。
[3] 见《韦氏新国际词典(第二版)》(*Webster's New International Dictionary*)(转下页)

所谓"冠"指多种制式的或礼仪用的帽子。它的内涵既包括我们说的"冠冕",还可指"主教冠""三重冕""王冠"等。对唐代人而言,道冠可以是角质的、叶织的或者花编的。不难想象一顶黄莲花或者金睡莲造型的女冠。实际上,女冠确实被制造成这类样式。"黄冠"是道教徒的共有标志,并经常出现在唐诗中。一个典型的例子是生活于9世纪早期的殷尧藩的诗。他描写一个宫人结束一段嫔妃生活,出离宫廷进入道观,这种转变并不罕见:"卸却宫妆锦绣衣,黄冠素服制相宜。"[1] 甚至有例可证"黄冠"被作为道士的代称。这个案例是天文学家李淳风的父亲李播。他辞去隋朝的官职,出家入道,取名黄冠子。[2]然而,这并非常见的用法。但是,在韩愈的诗中有一个换喻的实例:"臣非黄冠师",意即"我不是道士"。[3]出现更早一点的例子应该是僧人护国的一首诗:"浮丘山上见黄冠,松柏森森登古坛。"[4]

笔者在唐代文献中没有见到"女性黄冠"这一展开的词

(接下页)"capeline"条:"一种带软边的女帽。"与"chapel""chaplain""chaplet"是同源词。

[1] 殷尧藩:《宫人入道》,《全唐诗》第492卷,第5573页。于鹄《送宫人入道归山》(《全唐诗》第310卷,第3503页)属同一主题,诗中也出现黄冠。其他描写"宫人"入道观的诗包括韦应物:《送宫人入道》,《全唐诗》第195卷,第2010页;李商隐:《和韩录事送宫人入道》,《全唐诗》第540卷,第6196页。前者提及女子的"角冠"。

[2] 欧阳修:《新唐书》第204卷,第4433—4434页。

[3] 韩愈:《送张道士》,《全唐诗》第345卷,第3867页。

[4] 护国:《逢灵道士》,《全唐诗》第811卷,第9138页。这种换喻的用法亦见于唐末唐求的诗中。如他的《题青城山范贤观》,《全唐诗》第724卷,第8309页。

组——可能是为了凸显"女冠"。而在宋代文献中出现了这种用法。[1]最有可能长词组是短词组的扩展,而非短词组为长词组的缩略。

"女冠"一词不仅常见于诗歌,也出现在一般的历史文献中。比如唐代正史的"本纪"中记载了691年女皇武则天"令释教在道法之上,僧尼处道士女冠之前"。[2]就在前一年,武氏废唐朝,创建大周政权。

在文学作品中,"女冠"可能用来把凡间的女道士和真正的女仙区分开来,女仙是完全摆脱了物质与生死束缚的女子。8世纪晚期,元结写诗描述了一位在湖南南端的九嶷山修行的女道士,此人已经活了"不知几百岁"。[3]元结很谨慎,没有称她为"女仙"。与元结同时代的许多人出于恭维、策略抑或真诚的信仰,轻易就盛赞年轻的女道士为仙人,就像我们可能称呼一个还在世的天主教修女为无比虔诚的圣徒。对道教徒而言,女性的神圣并不完全来自对宗教目标的虔敬。特别是当诗文赋予女冠异常之美时,她们的神圣性完全展现出来。这种神圣也体现为女冠所具有的奇异特性及法力。在接下来的10世纪,一类具有代表性的神异故事开始流行起来:

---

[1] 刘克庄:《紫泽观》,《后村先生大全集》第2卷,四川大学出版社,2008年,第51页。
[2] 刘昫:《旧唐书》第6卷,第81页。
[3] 元结:《登九嶷第二峰》,《全唐诗》第241卷,第2713页。

女冠耿先生鸟爪[1]玉貌，甚有道术，获宠于玄宗。将诞前三日，谓左右曰："我子非常，产之夕当有异。"及他夕，果震雷绕室，大雨河倾。半夜雷止，耿身不复孕，左右莫知所产，将子亦随失矣。[2]

幻想可能存在，但女冠已经超出了一般人的想象。

再看另一个女冠的故事。这是一篇借鉴小说文体的仙传，创作于9世纪，背景则是8世纪另一个玄宗的宫闱。这是一部道教版的《欢乐满人间》[3]：

唐开元二十四年春二月[4]，驾在东京[5]，以李适之[6]为河南尹。其日大风，有女冠乘风而至玉贞观[7]，集于钟楼，人观者如堵。以闻于尹。尹率略人也，怒其聚众，袒而笞之至十，而

---

[1] 另一版本作"长爪"。这个女子继承了典型的鸟人特征，尤其是诱惑人的鸟身女仙麻姑的特征。
[2] 郑文宝：《南唐近事》第2卷，《全宋笔记》第1编第2册，大象出版社，2003年，第221页。对于这位女仙的美化，首先是将其塑造成一个炼丹家。见李约瑟（Joseph Needham）、鲁桂珍（Lu Gwei-djen）：《中国的科学与文明》（*Science and Civilisation in China*）第5卷第3册，第169—171页。故事里的"玄宗"即9世纪的宣宗李忱。
[3] 出自牛肃：《纪闻》，《太平广记》第62卷，中华书局，1981年，第389页。
[4] 736年三四月。
[5] 734年二月十四日，自长安迁都至洛阳。736年十一月九日由洛阳迁出。见欧阳修：《新唐书》第5卷，第87页；刘昫：《旧唐书》第8卷，第136页；司马光：《资治通鉴》第214卷，第2633页。
[6] 李适之为皇族，欧阳修《新唐书》（第131卷，第3547—3548页）、刘昫《旧唐书》（第99卷，第2100—2101页）有传。
[7] 我们暂将"玉贞"认为是"玉真观"。宋敏求：《长安志》第10卷第2页提及长安的道观往往"贞""真"混用。笔者并没有发现洛阳有称为"玉贞"或者"玉真"的道观。

乘风者即不哀祈，亦无伤损，颜色不变。于是适之大骇，方礼请奏闻。教召入内殿，访其故，乃蒲州紫云观女道士也。[1]辟谷久，轻身，因风遂飞至此。玄宗大加敬畏，锡金帛，送还蒲州。数年后，又因大风，遂飞去不返。

在唐代，"女冠"好像是"道教教团中的女性"的一种准确、通俗的叫法。到了宋代，这个词显然已成为女道士的正式称谓。这个词出现在赵佶（徽宗）的诏书中。徽宗是中国历史上最狂热的奉道君王之一。1119年二月十九日，徽宗颁旨要求僧人必须采用道号。比如菩萨要称"大觉金仙"。一大批术语发生变化，包括一些奇怪的新词产生。"女冠"从此被称为"女道"——这显然是"女道士"的简称，但笔者还是拿不定主意如何翻译它——相应的，比丘尼要叫"女德"。这显然是从"道德"一词拆分而来。这个术语把佛道二教的女教徒统合到一个熟悉的道教语系中来。[2]尽管如此，"女冠"这个称谓直到当代仍然存在。比如，笔者曾发现19世纪末这个词还在使用。[3]此处不再赘述。

词牌《女冠子》被列入教坊习曲簿。教坊是8世纪李隆基创建的通俗音乐传习所。[4]一般推测最早的《女冠子》书面文

---

[1] 720年中一段时间里，此地也叫河中府，为河东道的"中都"。这个重镇所处的地域出产毡帽、扇子、龙骨、盐和铜。欧阳修：《新唐书》第39卷，第657页。
[2] 脱脱：《宋史》第22卷，中华书局，1999年，第269页。
[3] 徐珂：《清稗类钞》第4册，中华书局，2010年，第1955页。
[4] 崔令钦：《教坊记》，中华书局，2012年，第20页。

本是现存的温庭筠的词作，创作时间可追溯至9世纪中叶。温氏的词作起码是现存最早的。继其后我们还从《全唐诗》中钩稽到少量《女冠子》词，出于9、10世纪的其他10位诗人之手。[1]这些作品构成了今人研究的首要主题。这一词体在宋代得到了修改与发展，与柳永（活跃于1045年）、李邴（1085—1146）、康与之（活跃于1131年）和蒋捷（活跃于1279年）这些名字联系紧密。[2]但是，这些作者超出了本文的研究限域，正如南宋和元代的曲沿袭了唐词的词牌和某些特征。现在足以解释黄升（活跃于1240年）的论断。黄氏发现唐词内容与词牌所示主题的一致。因此，当时《临江仙》词牌的词其实是描写"仙事"的，而那些《女冠子》词则是有关"道情"的。[3]《五代诗话》记述了李珣词作《巫山一段云》，这是词牌与内容吻合的绝佳案例。[4]这一时期过后，创作明显疏离了词牌意义。

---

[1]《全唐诗》第891—898卷。笔者无意搜寻《全唐诗》编者失收的该词牌的其他作品。笔者发现《全唐诗》与1922年（《四部丛刊》）版的《花间集》比较，存在少量文本差异。其中重要的差异，将在下文中提示出来。
[2]《钦定词谱》第4卷，学苑出版社，2008年，第162—167页；巴克斯特（G. W. Baxter）：《〈钦定词谱〉索引》(*Index to the Imperial Register of Tz'u Prosody*)，哈佛燕京学社丛书（Harvard-Yenching Institute Series XV），剑桥：哈佛大学出版社，1956年，第11页。
[3]王士禛、郑方坤：《五代诗话》第4卷，人民文学出版社，1989年，第182页。
[4]黄升：《花庵词选》第1卷，中华书局上海编辑所，1958年，第32页。从存世作品数量判断，《临江仙》词是道教主题的词牌中最流行的。此外还有许多道教主题的词牌，包括《谪仙怨》《阮郎归》《天仙子》，以及略微生僻一些的《月宫春》和《步蟾宫》。实际上，在一些词牌并不直接指示其存在的作品中也能发现道教内容。

《女冠子》

迷人女子突然换上道服，就像要去参加化装舞会。这是唐代《女冠子》词中最浪漫的描述。与其他词的范型一样，这几乎成为定式。诚然，关于女性魅力的颇为隐晦的主题，很难以常见的方式与《女冠子》词牌的作品密切联系起来：除了阐明某种常见意象的运用之外，这个词牌下的作品很难作为一个群组进行研讨。的确，化了妆的美丽面庞，时髦的服装，因害羞而脸红，这些意象存在于许多甚至大多数《女冠子》词中，正如光荣、敬慕的意象常见于基督教赞美诗中一样。将《女冠子》词和另一种词牌《南乡子》——笔者对这一词牌有特殊的兴趣——比较，确实发现二者都会以粉纱、栖止的翠鸟、形象模糊、潜藏等待的乡村少年等意象做暗喻。但是，在欧阳炯和李珣[1]——此二人也都作有《女冠子》词——所作《南乡子》词中，纱是指占城王后们穿的那种经特殊染色的棉纱，而不是黎明女神神圣的面纱。词中栖止的是活生生的鸟儿，不是蓝色的容妆或者细心梳理过的头发的光泽。词中形象模糊的少年是热带海岛上的中国流浪者，不是来自极乐世界的神灵。《女冠子》词中的女子渴望着无法企及的神秘恋人，《南乡子》词中的姑娘有意于所有多情的陌生人。虽然某些时代特性是两种词牌共有的，但其他特点往往是适用这种词牌，而不合于另一种。比如，《女冠子》词中有祭坛、道冠和受箓坛，相对的，《南乡子》词中有香蕉、棕榈叶和大象。任何词牌的任何特性

---

[1] 本人的例子主要出于薛爱华：《朱雀》(*The Vermilion Bird*)（第84、85、176、188、220页，伯克利：加州大学出版社，1967年）中的译诗。

都不应轻视：对作者的创作意图而言，它们都是必不可少的。一种词牌的道教基色和另一种词牌的热带色彩被严肃对待后，假设的"色情的"或者情感的相似性就退居次要位置了。笔者被劝说对其他词牌的语言与内容进行细致研究，以揭示其独有特色。这些特点无论是细微的还是显著的，无论是细节的还是通篇的——在任一词牌中都和上述《女冠子》和《南乡子》的特色一样重要。莎士比亚和斯宾塞都使用程式化的情节与比喻来描写神灵世界，但它们不是同一个世界。本文专注于异端：《女冠子》词与描写热带少女词的不同。对诗歌而言，这些不同比相似更重要。

将《女冠子》词与其他词牌进行对比而非比较，这种研究方法的特殊优势，在审视其语言结构时得到了证明。[1]《女冠子》词最明显的特色是词或词组的不断重复——其他词牌也有这个特点——这必然会让读者感受到诗歌的"程式化"。这些老生常谈可能就是9、10世纪中国优雅的酒馆里常用的客套话。简言之，词作家们可能发掘出潜藏于精致的抒情诗背后的市井俚语，将其组织成通俗诗词。即便事实如此，我们仍要警惕，不要天真地以为词汇的运用总是细枝末节：荷马不可否认的美名在民间流传，是真正的诗人的技艺成就其无与伦比的辉煌。

《女冠子》词中，最明显的用词一致的案例出现在鹿虔扆

---

[1] 首先必须将音节数进行排列：4/6/3/5/5//5/5/5/3（有些翻译者好像没有注意到，六音节的诗句句法往往要划分成2/2/2，而不是3/3）。

和张泌的词中：

鹿虔扆
（3）正春深
（6）竹疏斋殿迥
（7）松密醮坛阴

张泌
（3）正春深
（6）竹疏虚槛静
（7）松密醮坛阴

仅有一点不同——第六句的后三个字——仅是部分的差异。因此，放下笔者的翻译不谈，二者语义接近且句法一致。（两首词其余的文句没有表现出明显的相似）可能会有不同意见认为此处所举的是誊抄或编辑中出现混串的案例——一部词集中的词无意中互相混淆了——抑或是作品归属问题。但是这类结论不是唯一可能的解释。更有可能的是，诸多词中同样的短词组频频复现。

这一现象的显著案例，是在温庭筠和韦庄的《女冠子》词中频繁出现雷同的词汇。由于作者意识到《女冠子》的词句一般必须成对编组，这一现象遂变得显著起来。巧合的是，每位词人仅有一对，也就是两首完整的词作传世——牛峤是个例外，我们搜集到他的两对这样的词作。另两个存世特例是尹鹗与张泌的残句。这些残章都有奇怪的语尾脱落现象，所以我们断定它们都仅是原作的半阕。这两首词的残章在主题、写法和寓意方面的关系，下文将予以揭示。在探研这些问题之前，我们先来看下面这个简明对列表中词语间对应关系的示范。这些词语均出自温庭筠的一对相呼应的辞章，句法结构一致：

词句 a	词句 b
含娇含笑	含羞
轻纱	轻扇
鸾镜	钿镜
凤楼	玉楼
寄语	遮语

读者很容易找出许多别的例证，比如韦庄的作品。

如果我们不再比较同一首词内的两句，转而比较不同作者的词作，无处不在的套语就更凸显出来。广泛地根据意义来分类语词，得到的结果令人惊奇。出人意料的是，道教词汇做出了重要贡献。最具特点的《女冠子》词习语是关于神圣的冠冕以及神奇的斗篷的。这些表述暗示了论题负载有如此浓重的仪式意蕴，因而被保留在现存本的附录中，以供形色各异的评注。

关于"坛"这个词的宗教意蕴，首先应该考虑其普适意义。"坛"一般翻译成"祭坛"。实际上，"坛"是一块仔细廓清的围地，奉献出来供祝圣舞蹈及其他仪式活动使用。"坛"通常是一座高台，有时也以一块草皮或其他宗教特点为标志。这个词往往以词组"醮坛"的形式出现。"醮坛"可能被简单地译为"举行庄严仪式的祭坛"。其实"醮坛"是指某一"为宗教仪式留出的神圣的空间、平台或者开阔地"。为了革新、巩固大传统与小传统之间的联系，在家信徒被允许和出家人一起参加某些此类的仪式。笔者自造新词"天体戏拟"（cosmodrama）来翻译"醮"这个词，或许，用"天体礼拜"（cosmoliturgy）更好一些。还有其他一些词也和"坛"组成词组，它们一般用来指称特定的仪式惯例或表演。比如，薛昭蕴词中的"天坛"和鹿虔扆组词中的"步虚坛"都涉及茅山道士特有的禳星仪式。现存的圣歌载舞仪式有一部分保存了"步虚"仪的形式，即踏罡步斗的舞步。他们认为斗转星移是人体系统运行在外部世界的对应。在道教中，"步"这个词是一项至关重要的描述，因为其将尘世信徒的仪式和主宰宇宙的神仙的例行活动联系了起来；也和代表神仙的星斗的运行联系起来——人们在仪式中就是模仿这些星斗的轨迹。《女冠子》词只是隐晦地暗示了可爱的女道士的入道活动。她们亦仙亦俗的降凡化身才是词作突出的主要对象。我们读到她们的"娇步""闲步""步徐徐"，她们踏着虔敬而从容的不凡舞步，巡行在通往情郎卧房的天路上，为求这不凡婚恋的最终圆满。

上述这些短语，在汉语中绝大多数是双音节，并且在词中被置于规定的位置。程式化的但可能是虚构的《女冠子》词中含有这些双音节词，且经常出现。还有另一种"套式"——很遗憾，"套式"在此是贬义——存在于这些词中。最好不要把这些短语看成"老生常谈"或者"套式"，而是作者必须使用的一类术语。这些术语挑战作者的才艺，考验他的技法，激发他的想象力。词汇规范以及音律和意境的双重限制对作者构成约束，迫使作者使出浑身解数构思精妙的辞章，且以此为己任。

这些语词中，初看可能显不出"道教"的意味，事实上，其最稳固的传统词汇中有一个重要语素，即"洞"。这个词意指通往山底的甬道。尤其是空间开阔的石灰岩山洞，洞中能找到强效的药草和化学试剂，还可能遇见神仙。我们见到的词作中有"花洞""溪涧冷""洞里"，特别是"洞天"。这些词都暗指通往道教地府的神秘坑道，即"洞天"。洞天是圣山下的独立世界，灵魂聚居于此。在道教信仰和通俗文学中，洞天都是至关重要的。关于这个专题研究颇多，不再赘述。[1]

另一个"道教"词是"香"。这个词在唐诗中俯拾皆是。鉴于唐文化中各种香水、燃香、香料司空见惯，当时男男女女都热衷于樟脑、麝香、沉香，甚至乳香和广藿香油之类的进口货，以及各种香料的混合剂，当时各种社交场合都会使用各种香。尽管如此，"香"在《女冠子》词中出现之频繁还是出人意料。词中"香"通常指缭绕天际的香烟，即便描写的是花香，仍是暗喻灵魂供奉的特质。这些特质借助茅山道士的露天祭坛，以一种简单自然的方式体现出来。

"玉"也属这类"道教"词汇。笔者统计《女冠子》词中

---

[1] 欧洲语系中最重要的作品是苏远鸣（Michel Soymié）：《罗浮山——宗教地理的研究》("Le Lo-feou chan: étude de géographie réligieuse")，《法国远东学院学报》(*Bulletin de l'Ecole Française d'Extrême-Orient*) 1954 年第 48 期，第 1—139 页。汉语文献，特别是《道藏》中有大量文献记载。最通俗的是杜光庭《洞天福地记》，收录于《唐代丛书》。

《女冠子》

"玉"出现11处。鉴于对唐代的上流社会来说，玉无论其物理价值还是象征意义都非常重要，所以可以推测这种频现是自然而然的。这11处含"玉"的词作中有很多指一件很重要的仪式礼器，即装扮成女仙的女道士的冠冕。即便在最底层，玉雕也是"玉女"的象征。玉女是上清神仙的信使兼典簿。其余几处含"玉"的词作大多数旨在说明尘世宗教建筑的陈设与天外水晶宫的密切联系。典型的短语如"玉楼""玉炉""玉堂"。还有其他例子便于证明前文提及的超自然的特性，比如"玉趾"（Ⅲ.a.8）就暗示出庄子关于"仙"的经典描述"肌肤若冰雪"。[1] 简言之，就是一个如最上乘的美玉般的冰清玉洁之人。

我们可以把岚、雾、霾、薄云、虹等词语归于一类。它们都是常见词语，都具有淡色透明的特点。虽然这些词不是绝对严格意义上的同类词，但它们都有确定的特征联系。比如"云"，常用来形容女道士的头发，但我们也找到一处"云纱"的用法。其他这类词往往指涉女道士轻薄衣裳的织物，这种衣服通常由布、纱、绸制成。这些服饰让人立刻联想到古代上清神女的图像。丝带飘举的神圣意象的确能回溯到围绕"神女"的淡色烟雾，这源自宋玉的华美辞章。[2] 这一主题在道教中很

---

[1] 庄子：《逍遥游》。此文只将仙称为"神人"，赋予其所有仙人异于凡俗的特性：辟谷、御龙，诸如此类。
[2] 见薛爱华：《神女》(*The Divine Woman*)，伯克利：加州大学出版社，1973年，第35页。

重要，值得特别关注。下文即将予以详论。

《女冠子》这首词色彩斑斓。属于光谱中由青到绿色阶的有"碧""绿""青""翠"。就像纱一样，"翠"是最常见的，所以后来会受到特别关注。接着就是"碧"，即深青绿。"碧"在《女冠子》词中不仅用来指织物，也可以指林岚或几乎不透明的软玉。"青"只出现了三次，没有特殊搭配。"绿"仅发现两处。有点意外的是，两个案例均指女性头发的光泽。另一个重要的色彩词汇是光谱中由黄到红的色阶。"黄"用来代表化妆品或者织物，另有一处指莲花冠；"红"或者"粉"用来指胭脂、织物或者鲜花。这一色阶中的另一个词在文学作品里一般远没有其他词常见。"绛"代表红黄色调，最初是由红颜料与藤黄调和而成。根据其中黄色素的含量，"猩红"可能更准确地对应这个词的意蕴，但笔者仍依惯例将之译为"橙"。这个词出现过两次，均指道教仪式活动中安置于祭坛上的圣结。事实上，这个词在道教文学中比在其他作品中出现得更加频繁、密集。举几个例子：掌管南半球的女神的天车是橙色的；[1]太阳中走出的玉女将日华传播给入教者；莲花冠和"绛地锦帔"是玉女的标志，她还吐绛气入教徒口中。[2]简言之，这火一样的颜色象征着日精的神秘力量。这是"阳色"。其他道教作品中——尤其是那些带有图解的作品——还能找到许多类似的案例。最重要的是，这是心脏的微观宫室——"绛宫"的颜色。

---

[1]《南极上真赤帝君》，见《上清八道秘言图》，《道藏》第6册，第681页。
[2]《上清明堂元真经诀》，《道藏》第6册，第639页。

"绛宫"是星座守护神最重要的焦点之一。[1]

在这块神圣调色板上有个令人惊讶的脱漏。"紫"是道教文学中非常重要的一个词,特别用于女神和她们寝宫的冠名。但"紫"在《女冠子》词里却莫名其妙地缺失了。中国玄学术语中的五种"主色":除了"月""玉"这类白色的明喻之外,"白"在《女冠子》词中仅出现一次,黑根本没出现过。没有明显的原因能够解释这种缺失,因为这些引起疑问的词在整个中国文学中很常见,尤其是在某些诗人的诗歌中大量存在。比如,李贺就钟爱白色。这种缺位可能包含笔者未觉察的深层重要性。考虑到我们所研究的文本体量较小,词语统计未必能给出完全可靠的指南。

《女冠子》词中出现的描述各种容妆、发式的词语是"紫"式的典型。词作描写了一些树木与花朵,包括出现过 12 次的词"花"。考虑到这类道教语境下莲花冠的重要性,这一复现频率可能也就不足为奇了。但是 3 处"蕊"的出现,可能有特别的意蕴,它们明确指示天宫的名称(IV. a.2;X. b.6;XI. a.3)。有关夜间仪式与星象信仰的词汇以"魂"这类词为代表。魂是潜在的空间探险者和梦境游历者,或者干脆就是"梦"本身。"镜"或许也可以归入此类词。这样说是鉴于其与月的联系,以及它在道教信仰、法术甚或宇宙论和仪式中的重要性。

---

[1] 特别参考霍曼(Rolf Homann):《〈黄庭经〉中的养生修炼之要理》(*Die wichtigsten Körpergottheiten im Huang t'ing ching*),巴符:巴符出版社,1971年,第58页。

论及镜子,就不得不联系上《女冠子》中其他"月"的象征,比如露珠、珍珠、泪珠甚至雪白的酥胸(I.a.6)。

指涉减轻、克制、禁止、淡化一类概念的词语构成了另一特殊类型。这类词都与克服或是部分隐藏特质、行为或情感有关。其中最常见的是"轻",出现过7次(其中一次是叠词形式),大都指称雾或者薄透的织物。再如"含"也出现了7次,均在"克制、控制、压制、保留"这类语境中,通常指敛住笑容,保持谦逊等;也用来指"含有"(一抹色泽)。我们也可以把"残"归进来,用来修饰色彩或气味。可能出人意料的是,"低"在《女冠子》中出现了5次,一处形容声音,其余的分别修饰头、头发或者眉毛。所有这些词都意在强化一种氛围:精致的象征,恰到好处的轻薄,一闪而过的感觉,情绪的细微变化;更特别的是指道教灵魂那轻巧、浮荡且瞬息万变的场域。

最后,我们必须关注一下《女冠子》中丰富的"语",共有8处。多数"语"是和前文讨论过的词组联系在一起的。在这些联系中,"语"被修饰以表达不同的含义:寡言、缄默、莺啼或者无语。词中相应的短语为"遮语"(I.b.4)、"莺语"(Ⅳ.b.2,Ⅷ.a.4)、"不语"(Ⅳ.b.8,Ⅷ.b.2)或"微语"(X.a.7)。这种用词,我们能有更多的语言学修辞来微妙地描述一种适合类神者的氛围。这些女冠说话要么神秘低语,要么甜美吟唱,就像她们所扮演的生翼的天使一样。"莺语"通常形容女子交谈时的莺声燕语。但在《女冠子》词的语境中，这个短语被附加上"羽人"之语的内涵。这些羽人甚至在凡夫眼前展现出鸟的外形，如贾岛诗中的神女就化身成戴胜鸟降凡。

从这些重复的词汇关联中，我们可以注意到复现的主题和特征，它们都是《女冠子》词的构成要素。我们可以根据其本义的共性将之分组，比如把"洞天"和"云路"归于一类。但这种归类同时又彰显出词汇的差异。

这类复现中最常见的是一个确指关键性时间、地点或情境的短语的出现，这个短语适用于整个真实语境的错觉中的富于想象的表述。这一语境是由读者定义的，包含世俗的、空间的和情感的方面。除了两首词中在第九节外，这一特定短语占据了其余每一首词的第三节的三个音节。典型的例子是"别君时"（Ⅱ.a.3）、"正春深"（Ⅵ.a.3；Ⅻ.3），还有最直白的道教意象"蕊珠宫"（Ⅺ.a.3）。

词中不常出现的形象是一个年轻的女伴，她的神秘使命就是陪伴道心坚定的女冠。在其他许多词牌中，她被描述成化身女仆的神女，守护着女主人公。在《女冠子》词中，她两次以品箫的形象示现。我们也称这种乐器为潘神箫，其吹奏的显然是神曲。这个年少的女伴很容易被认定是众多玉女之一，她们是上清宫诸神的信使，按星斗的方位布列。在古老的神话中，她们是西王母的侍从和信使。据孙光宪所言，这并非单独一个侍女，而是昆仑山华美宫殿当中的一群女子（Ⅺ.a.8）。这些奏乐的少女几乎每次都出现在第一阕的第八节中。

这类主题最常见的是用以下这些短语或句段来表现：某个消息、一次预期的旅行、盼望音讯或者杳无音讯、寻人未果。有12处此类暗示，分布于8首双阕《女冠子》中，这种双阕《女冠子》共有12首。这些词往往直言与长生的少女或者不知名的天人沟通失败。至于这仙人的名号我们一会儿再交代。尽管词作营造出神化氛围，有时来自仙界的讯息并没有被点明。这类讯息也有可能是作者期盼的，有可能是已经获得的。表现得最充分的，不仅是讯息的重要性，还有仙界恋人的身份。这种直陈最好的案例是薛昭蕴的创作。词中女冠渴求来自上清宫的开示，她的诉求即将实现。她未来注定生活在金碧辉煌的星宫中。此外，词中明言等待她的新郎授予她明威法箓，并迎接她步入仙班。

　　这个恋爱的男神的名字"刘郎"，于《女冠子》词中若隐若现。刘郎的原型是一对青年之一。据传，世纪之初，此二人进入天台山寻找灵芝仙果。他们的名字分别是刘晨和阮肇，他们一同出现在李珣的词中，即"刘阮"（Ⅸ.b.8）。在山中他们遇到两个女仙，并留在她们身边。当刘、阮返回故里时，发现时间已过去两个世纪，跨越七代人。不久他们就从尘世消失了。毫无疑问，他们被恋人接引进入了洞天福地。[1]在后代，这两个幸运者可能仅被视为阿拉丁或者巨人捕手杰克那样的仙话人物，既不是真人真事，也没有神学内涵。但是对于中古时期的

---

[1]《幽明录》，引自《太平御览》第41卷，中华书局，1960年，第194—195页。

《女冠子》

中国人而言,虽然记载简略,但刘、阮是有着丰富精神内涵的人物。他们可能像帕西瓦尔爵士一样,虽然特点与生平的记载贫乏,但对真正的信仰者来说却是永葆精神财富和超凡美貌的人物。

在《女冠子》词中,刘郎是公认的女冠恋人。女冠是这些词的首要人格面具。在其他唐代诗词中,刘、阮扮演着同样的角色。比如,秦系(大约活跃于720—810年)的一首诗——一作马戴(活跃于853年)诗——表达了对一位女道士的崇敬。据说这个女冠貌似天仙,且能辟谷。诗中有一句奉承的修辞性问句"莫是阮郎妻"[1]。我们还收集到《阮郎归》词牌的作品,作者是南唐大臣冯延巳;另有一首同题词作,出自冯延巳著名的君主李煜之手。[2]

现在我们有必要考察一下女冠的法衣室。在某些方面,法衣室在道观中具有优先权。诗化了的女道士的服装是十分重要的,这些服装预示女冠未来将升华到最完美的生命群体中去。唐前的一部经典明确描述了这种情况:"凡女子学上清之法,皆元君夫人之位。当冠元君之冠。无此冠,不得升于上清。"[3]

女冠们的穿戴规矩是怎样的呢?早期记载是花冠,特别是

---

[1] 秦系:《题女道士居》,《全唐诗》第260卷,第2895页。
[2]《全唐诗》第898卷,第10155页;《全唐诗》第889卷,第10045页。
[3]《洞真四极明科》,见《无上秘要》卷43第4页。该经在《道藏》中的全称为《太真玉帝四极明科经》,第77—78页。

莲花冠是她们最明显的标识。花冠一般是单朵花的造型，戴在头顶。花有可能是真花，也有可能是仿制品。尹鹗的《女冠子》曰"花冠玉叶危"（Ⅶ.5），毛熙震的《女冠子》词则作"冠玉叶"（Ⅷ.a.6），孙光宪的词中是"黄藕冠"（Ⅺ.b.7）。所有这些正是我们所期待的。通常仪式用的冠冕是以玉片缀成莲花造型，我们在唐代的史诗中见到的制式道冠也是如此。举几个例子：李白向我们描述了女冠"头戴莲花巾"，身穿霓衣。[1]在一首存疑的描述男道士的诗歌中，张籍写到"高冠如芙蓉，霞月披衣裳"。[2]施肩吾诗中描绘了女道士郑玉华所簪"碧藕花"。施肩吾是9世纪早期洪州的隐士[3]，这里的莲花一定是人造的，除非我们相信流传至今的传说：唐代人利用一种化学试剂培育出的种子能够长出蓝莲花。[4]当然蓝色的睡莲是可能存在的，蓝莲花和蓝睡莲之间的模糊性是世界性的。

有关神性物品的描述，在道教经典中大量存在。比如，"玉女"通过神圣婚姻引领初入道者了解仙界的奥秘。据文献记载，"玉女"着锦缎斗篷、朱色衬裙，头戴"首巾紫华，芙蓉灵冠"。[5]道教诸神中最高贵者也戴莲花冠。比如，陶弘景《真诰》仔细重建了茅山传统的发源，描写了一个头戴莲花冠

---

[1] 李白：《江上送女道士褚三清游南岳》，《全唐诗》第177卷，第1804页。
[2] 张籍：《学仙》，《全唐诗》第383卷，第4298页。
[3] 施肩吾：《赠女道士郑玉华》，《全唐诗》第494卷，第5599页。
[4] 薛爱华：《撒马尔罕的金桃》（*The Golden Peaches of Samarkand*），伯克利：加州大学出版社，1963年，第130页。
[5]《上清明堂元真经诀》，《道藏》第6册，第639页。

的老者：完全可以确定这是一位得道真人，"自非已成真，不得冠此"[1]。还有一个例子涉及魏华存的高级权威。她将《上清经》传授给杨羲，即"太上丈人"，居于常州上宫。魏华存"着紫花莲冠，飞锦衣裳，琼蕊宝带"。[2]实际上，4世纪时完美的女仙现身启示后学时都戴莲花冠。[3]如此穿戴的还有上清宫里的其他神祇：太元真人就戴芙蓉冠。[4]而其他高级别的神仙，如左仙公，就获赐"芙蓉晨冠"。[5]

现实中男道士和女道士是有区别的。他们都戴着与最高神祇相同样式的道冠。他们的道冠和他们的道袍一样，预示其未来的荣耀。在道教的符号体系正式构成之前，莲冠的雏形是深蓝色或者绯红色的，据说是汉宫中君王用以授予他宠爱的妃子"芙蓉冠子"。[6]其实道教的高士服饰中的很多元素可能是汉宫时尚的回应或美化。

虽然镶嵌宝石的礼冠在古中国就已出现，但我们并不很确定玉冠——不论是不是花朵的造型——是天子赏赐给他宠爱的妃子的。上清宫里的真人无论品阶，都戴着各式各样的玉冠。在宫廷生活中可能找到神学里同样多的玉冠原型，比如古

---

[1]《真诰》，《太平御览》第675卷，第1页。
[2] 杜光庭：《墉城集仙录》，《云笈七签》，《道藏精华》第116册，第1454页。
[3]《真诰》，《太平御览》第675卷，第7页。
[4]《上清变化经》，《太平御览》第675卷，第2页。
[5]《太极左仙公起居注》，《太平御览》第675卷，第5页。
[6] 高承：《事物纪原》，上海商务印书馆，1937年，第208页。这条宋代的文献没有征引任何经典，笔者在《史记》《汉书》中也没有发现相关记载。

老的《山海经》当中记载有头戴白冠的"玉女"。[1]茅山派道士虽然把玉女构拟成仙籍主簿和信使,但他们知道即便更高级的女神也戴玉冠,就像"上清真女"。[2]这些珍贵的道冠最常见的颜色是黄色。如我们所见,黄色也是莲花冠的一般特点。其实,莲花冠、玉冠、黄冠经常——甚至总是一模一样。嵩山上的神女是这座神山的主宰,"头戴黄玉太玄之冠"[3]。毫无疑问,这尊神祇只能是头戴"中元黄晨玉冠"的嵩高君。[4]此处黄色显然是一个特指意象:"中央"即"黄"。另一个戴"黄晨玉冠"的神祇的名字提供了相似的线索。他是"中央惚元三灵真人"[5]。但是色彩的宇宙象征是否足以解释"黄色"与玉冠联系的所有案例,现在还不能确定。总之,唐代这些可爱的女冠肯定按照神女的样子来装束;或者说神女看上去一定很像她们的崇拜者,甚至就是一模一样。

现存《女冠子》词中仅有一首牛峤的作品写到"星冠",这一特例并不能说明这种道冠在道教法衣中的重要性。和莲花冠一样,星冠在早期的神话和历史传统中都有先例。公元前109年,卫叔卿谒见汉武帝时,即身穿羽衣(这在汉代并不罕见)、头戴"星冠"。或许是因为时代隔膜,这则故事被淘汰了。[6]

---

[1]《山海经》,《太平御览》第 675 卷,第 3 页。
[2]《大有经》,《太平御览》第 675 卷,第 4 页。
[3]《五岳真形图》,《太平御览》第 675 卷,第 5 页。
[4]《玉佩金珰经》,《太平御览》第 675 卷,第 2 页。
[5]《洞神经》,《太平御览》第 675 卷,第 3 页。
[6] 葛洪:《神仙传》第 2 卷,中华书局,2010 年,第 58 页。此则文献及其他有关星冠的记载,参考笔者《步虚——唐代对星空的探索》。

《女冠子》

经过长期发展，至唐代道士服饰已经形成与神仙造像密切关联的正统类别，星冠是其中常见的服装。星冠往往也是黄色的莲花冠。有关花冠或者宝石冠的记载在经典文本中比比皆是。这些冠冕以金制花瓣构成花朵造型，并嵌以星斗的象征物。有一顶这样的星冠，饰以日月及五颗肉眼可见的行星的象征物。这顶星冠代表着主宰这个宇宙的高级神明。局限于凡间的男女道士也有类似的装束。如前所述，贾岛的戴胜诗展现了一只羽毛艳丽的鸟儿幻化成神采奕奕的女冠："星点花冠道士衣。"[1]虽然在唐代"玫瑰"粉或桃色披风往往与星冠或莲花冠搭配，成为道教法衣的主流，但是汉代就已出现的羽衣此时仍然存在，它象征飞越物质世界的能量。有位诗人描述了一个年老的唐代宫女放弃宫廷生活的荣华，到一所香火旺盛的女道观出家，"羽服星冠道意存"[2]。尽管道观的生活活泼不足，但对老宫人而言却更加荣耀。

与道冠一样，帔是识别高道身份或者证明其卓尔不群的视觉符号。笔者没有亲自追溯过中国文化中帔的历史，但是起码有一位宋代的权威说"帔"这种服饰的出现可以上溯至秦朝。汉代用优等的丝绸制帔。4世纪穿"绛晕"帔，绛色可能和赤黄色代表同样重要的等级。开元年间（8世纪前期）的宫

---

[1] 贾岛：《题戴胜》，《全唐诗》第574卷，第6688页。
[2] 戴叔伦：《汉宫人入道》，《全唐诗》第273卷，第3094页。诗人设置了一个古汉朝的背景，将女道士置于其中，这是一种常见的假设。汉代的道士穿着羽衣。比较韩偓：《朝退书怀》（《全唐诗》第682卷，第7824页）"鹤帔星冠羽客装"。

廷女子，自妃子而下都穿帔。[1]《女冠子》词中提及"霞帔"和"黄罗帔"。(此处笔者用"极光"来翻译"霞"，即"朝霞"。唐代，"霞"经常用来命名织物的颜色。笔者在另一部著作中曾以"亮粉色云""黎明的云彩"来翻译"霞"，并注解"……朦胧薄雾的暗示贴合黎明女神的衣装……在唐代实际上是用粉色的棉布。"[2])这种神圣的披风普遍被描述为染成粉色、暗橙色或者黄色。其中，黄色是主色。它们好像都具有日出、日落时分高空云层的轻薄半透明特质。虽然我们在牛峤的一首《女冠子》词当中，发现一处描写素纺的粉色纱(Ⅲ.b.7)，但在唐代，罗这种工艺复杂的纺纱被认为最适合缝制帔。[3]

女冠和神女都穿着这种有特点的服饰，有的男神也穿霞帔。[4]早期道教经典中对这些神仙有精彩的记述。这些记录是把神仙看成自然存在的：道教徒必须记住这些特征，包括这些神仙的服饰细节，以便在遇见神仙时能准确地认出他们。比如，"元始天帝"是一位凡尘遥不可及的太古神祇，辨认特征是他的"珠绣华帔"。[5]茅山诸神中的最高神女，"三素"元君，都以变色的薄纱遮面，这种薄纱在黎明的天空中闪闪发光。她们有代表性的颜色是白色、黄色(有时是绿色)和紫色。她们

---

[1] 高承：《事物纪原》，第218页。
[2] 薛爱华：《撒马尔罕的金桃》，第206—207页。
[3] 高承《事物纪原》记载作者生活的时代只有皇帝的宠妃才能穿"霞帔"，其他人可能穿着相对普通的披风。
[4] 《太平御览》第675卷，第5—6页。其中的案例描述了道教经典记载的女神的装束。
[5] 《太极金书》，《太平御览》第675卷，第5页。

的云车和衣服都是这些颜色的。她们每人掌握一种上清经典的上古神圣形式。[1]这光辉的三仙之一,明显代表黎明的纯净、轻淡色彩的是"中央黄素元君",她显出纯洁的入道者装扮:头戴莲花冠,身穿"黄锦云帔",下着"黄罗飞华裙"。[2](在玄宗的宫廷中,杨贵妃爱穿黄裙,至少是被视为怪诞;但考虑到其在道观中受过熏习,则这一点就不足为奇。[3])"天枢"中皇妃的服饰上用北斗七星中的首星象征元君。这一形象由"黄锦帔、丹青飞裙、颓云髻"构成。[4](女星官依例都梳颓云髻。)唐代的女冠也按照这些女神的样子装束。

"翠"是《女冠子》词中最常用来描述女道士形貌的词语之一。"翠"是"翡翠"或者"翠鸟"的简称。"翠"不仅出现在一类复合词中代表鸟本身,如"孔翠"指一种长着亮蓝或翠绿色羽毛的鸟;也在另一类词中代表装饰于珠宝上的小片幻彩羽毛,比如"翠钗"指"镶嵌有小片翠鸟羽毛的发卡"。"翠"也作为单色词出现,源于翠鸟羽毛的实际颜色,如"翠石"指"翠鸟般蓝色的石头"。[5]问题是要探研温庭筠、牛峤、薛昭蕴、毛熙震和李珣的词作中出现的"翠",哪些是使用恰当的。"翠"在其他语境中经常用来指装点了羽毛的发饰而非头发本

---

[1]《上清太上八素真经》(《道藏》第6册)是记述她们的最重要的经典之一。
[2]《洞真玉晨明镜雌一宝经》,《无上秘要》第17卷,第3页(《道藏子目引得》第769号)。
[3] 欧阳修:《新唐书》第34卷,第582页。
[4]《洞真九真中经》,《无上秘要》第18卷,第5页(《道藏子目引得》第769号)。
[5] 关于翠鸟与"翠"这个词的更全面的信息,见薛爱华:《朱雀》,第238页。

身，在《女冠子》词中也有一两处存在复义的可能；但是最常见的用法还是代表女冠精心梳理过的头发的色泽。毛熙震词里"翠鬟冠玉叶"一句无疑是指"翠色的发髻上簪着花瓣形状的玉钗"。高蟾（活跃于881年）的咏史诗中有一处与毛词正相对应，其描写的是玄宗宫廷里美人的"翠鬟丹脸"[1]。牛峤词作中的"明翠摇蝉翼"（Ⅳ.a.4）不禁让人联想到"步摇"，即一种簪在盘髻上的发饰，常因饰有小片的翠羽而闪闪发光。其实最好把这句词作为一个整体来看，只把黑发及其变幻的光泽联系起来。（叠韵词"翠微"是"翠"的一种常见的套式，指远山那淡然、模糊的蓝色，有可能形容对小山髻的凝视。）

温庭筠词中的"宿翠"指女子清晨起床时的头发的样子，其颜色和一夜云雨之后的胭脂残红（Ⅰ.a.2）形成对比。这一意象也出现在牛峤的一首词（Ⅲ.a.2）中，可能是指某种饰物。但是温词中则意义不同，尤其鉴于后文提及玉簪。这类词中另有两处值得商榷的案例，支持"翠"的用法更多指称颜色而非珠宝。一例是牛峤四阕词的第一阕，即开头描述头发堆成"绿云"。另一例见毛熙震双阕词的下阕，指染成绿色的耳环（"含绿"）。但是"翠"可以指具有变幻光泽的淡蓝色或绿松色羽毛，故在此语境下一定比老套的"绿"更具表现力。

---

[1] 高蟾:《华清宫》，《全唐诗》第668卷，第7647页。我们搜集到的诗词中没有"翠眉"的例子。幸运的是，齐皎瀚（Jonathan Chaves）的硕士论文中陈述了"翠"在表示这种自然色之外的意蕴：这个词还可以指羽毛上微微弯曲的、有光泽的、平行密排的、发丝般的倒刺，就像我们在眉毛上看到的一样。

《女冠子》

《女冠子》词中唯一确定是用"翠"代表翠鸟羽片的个案出现在薛昭蕴的词中,即"翠钿金篦"。这里只能是指带有羽饰的金银掐丝珠宝发卡,类似于金梳子。这种头饰在中国有几个世纪的制造史。

在牛峤四阕词的第一阕里,"翠"最有可能是纯粹的色彩词,与织物表面的多彩色泽无关。作家在这里描述了女冠的容妆:"点翠匀红"(Ⅲ.a.2)。点翠一定是一种直接画在皮肤上的蓝色斑点,就像现藏于正仓院的一幅著名的仕女画中所表现的那样。画中表现的图案是女子前额正中着四点蓝,两边嘴角各着一点。类似的还有李珣词第二阕中的"翠裾"和首阕中的"翠苔"。

有些《女冠子》词中,"翠"指蓝色的猫眼般的闪光,可以是一件光亮的丝绸织物,也可以是一件真正的羽衣。之所以用"翠"指代它们是缘于其结构而非颜色。这种指称的案例在《女冠子》词中并未出现。即便缺乏实际的案例,这些联系仍然与本文的主题相关。阅读这些词作,不禁让人联想到仙人或女道士穿的"翠帔",有时可以用更常见的"霞帔"来替换。[1]自汉武帝时起,羽衣就不仅仅是图像或文学作品中天使般的"羽人"形象,有的世俗修道者就真穿着这样的服装。[2]

虽然是临时指谓,"翠"的特殊魅力在于其含义:"淡蓝色,有时指淡松石绿,就像中国南方翠鸟背羽的幻彩。""翠"

---

[1]《海空经》,《太平御览》第675卷,第3009页。
[2] 更详细的信息,参见薛爱华:《撒马尔罕的金桃》,第110页,以及《朱雀》,第238页。

也可以比喻闪亮黑发的多变光泽，尤其是仔细地梳理成纹丝不乱的光洁发型。"翠"更重要的意蕴是暗喻古代传说中的鸟人。这些古老的人类拥有克服重力局限、凌空飞翔的能力。

要言之，我们归纳出道教女冠和神女形象的三种类型化要素。它们是花冠、霞帔和精致地装饰于发髻上的翠羽（天堂之翼）那金属般的光泽。

我们所研究的语言原子不是孤立存在的。词人遣词的匠心独运，通过词作语义团中语素的布列，准确实现词作的有机连贯及主旨统一。要探究所有《女冠子》词的主题共同性，必须仔细研究每篇词作语素的符号互换。将所有词作进行比较，进而推论"《女冠子》词的崇高主题"。下文将列举那些例证。虽然初看上去，《女冠子》词的一般主题好像仅是"弃妇"的传统母题[1]，但笔者想要论证这些词作的人格面具比牵强地扮成交际花、情人或者荡妇要丰富得多。

更准确地说，笔者希望通过翻译及与之配合的注释说服读者比照圣女大德兰的生平和著述、所罗门之歌、苏菲派以及英语玄言诗，从整体上理解9、10世纪《女冠子》词中华美的教

---

[1] 齐皎瀚的硕士论文《温庭筠词》(*The Tz'u Poetry of Wen T'ing-yün*)，第2页，哥伦比亚大学，1966年，即关注到中国文学中这一主题的悠久历史和多样的表现方式。齐氏指出温庭筠的词（不仅指《女冠子》）"是彻头彻尾的爱情诗。诗歌围绕女子展开，这些女子因为各种原因与丈夫或情人分离"。宏观看，齐氏所言是正确的；具体地说，还有很多其他主题需要补充说明。简言之，比方说，我们说瓦格纳（Wagner）的歌剧《帕西法尔》(*Parsifal*) 讲述的是中世纪的帕西瓦尔爵士寻找圣杯的传说，这是文本所描述的内容，但仅仅指这些内容。

派描述。笔者认为,《女冠子》词重要的主题不是世间恋人的分离——这些显然是道教徒假扮的,而是女道士对于嫁给仙人或与"上清"仙界的悟道者神秘媾合的渴望。[1]

下文将对每个作者的《女冠子》词进行逐个分析。分析会遵照一定的程式。首先是关于作者的简介;接着对其作品进行字面直译;继而是词中单词、短语和句子的注解;最后是对整首词作的解释性评论,有的是通篇解读,有的仅是部分地或有选择性地注解。尤其是在笔者之前的评论中对该作品其他部分做过充分的分析的情况下,此处可能仅做意境赏析或者对意象的运用做一些主观性的评价。

一、温庭筠

温庭筠几乎不用评述。凭借其早已确立的声望,温庭筠在《女冠子》词作者中最受重视。但我们考订为其所作的两首《女冠子》词对他的名声毫无影响。魏莎翻译过这两首词。威廉·R. 舒尔茨重译过第一首词。[2] 舒尔茨注意到这两首《女冠

---

[1] 笔者发现在叶嘉莹(Chia-ying Yeh Chao):《常州词派批评》("The Ch'ang-chou School of Tz'u Criticism"),《哈佛亚洲学报》(*Harvard Journal of Asiatic Studies*)(第35期,第131页,1975年)一文中有相似的论述:"以情爱诗的形式和主题作为神圣爱情的精致寓言,理查德·克莱肖(Richard Crashaw)的《圣女大德兰颂》(*Hymn to Sainte Teresa*)就是一例。这种寓言对中国传统来说并不陌生,而所有中国诗体中词是最易于适应这一需求的,也是最常与爱情主题相关的。"论文作者并没有特指《女冠子》词,而是讨论广义上的词。词在传统上被赋予情爱的特征,作为一种流行的歌曲由女伶表演以吸引青年男子,故词易于适应表达特殊情感的要求。
[2] 魏莎(G. Wimsatt):《致女冠》("To a Taoist Nun"),《卖残牡丹——鱼玄

子》词有时也被认为出自鱼玄机之手。鱼玄机是女道士,有时也被说成是交际花。魏莎也持同样观点。至少可以说,鱼玄机是诗人化的女冠的典范。齐皎瀚指出,出家入道的假设基于一则很晚出的文献,即辛文房的《唐才子传》。辛氏为元代人,故这则材料"可能是编造的"。[1]事实可能真的如此。尽管如此,这个引人注意的观点绝非全不可信:鉴于温庭筠熟识鱼玄机的庇护者李亿,所以他也很可能认识鱼玄机本人。与其用圣诗赞美一位有志者,倒不如将她神化为仙。

词句a	词句b
1.含娇含笑,	1.霞帔云发,
2.宿翠残红窈窕,	2.钿镜仙容似雪,
3.鬓如蝉。	3.画愁眉。
4.寒玉簪秋水,	4.遮语回轻扇,
5.轻纱卷碧烟。	5.含羞下绣帏。
6.雪胸鸾镜里,	6.玉楼相望久,
7.琪树凤楼前。	7.花洞恨来迟。
8.寄语青娥伴,	8.早晚乘鸾去,
9.早求仙!	9.莫相遗。

注释

a.1 "含娇"意谓谦虚甚至腼腆:如果假装是必须,冷漠则

机的生平与诗歌》(*Selling Wilted Peonies: Biography and Songs of Yü Hsüan-chi*),《唐代女诗人》(*T'ang Poetess*)第75页,纽约,1936年;舒尔茨(W. R. Schultz):《温庭筠及其词作》("Wen T'ing-yün and His Tz'u Poetry"),《亚洲文学学报》(*Journal of Oriental Literature*),1952年第5期,檀香山。舒尔茨借用了魏莎对第一句词的翻译(见其脚注36)。他承认自己无法改动一字:"含娇含笑"。

[1]齐皎瀚:《温庭筠词》,硕士论文,第37页。

不是。如"含绿"(Ⅷ.b.4),"绿"从不暗示任何明显的和强加于人的东西。

a.2 "宿翠"意谓"一夜云雨之后,凌乱的淡翠色头发"。"残红"指面颊上几乎褪尽的胭脂。

a.3 "鬓如蝉"指一缕头发绾成环状,像有网状纹路的蝉翼一样轻薄、半透明。据《古今注》[1]记载这一时尚是一个叫莫琼树的女子发起的,莫氏是魏文帝的宠妃。下文将讨论的牛峤与毛熙震的词中也提及这种发式。但此处的含义不仅是时尚。加州大学伯克利分校研究生苏·葛洛弗(Sue Glover)小姐也在从事《女冠子》词的研究。苏小姐关于这些发式的象征意义研究给了笔者启发:"鉴于蝉栖息于树木的顶端,餐风饮露,颇有仙人风范,所以这种昆虫主要体现肉体蜕变、净化的准则,故用以预示着女子变成神仙。"她援引《云笈七签》中的材料为例:"真人用宝剑以尸解者,蝉化之上品也。"[2]修道者两肩装饰这种半透明的翅膀,象征着灵魂之翼帮助她飞升入天界。

a.4 横叉在发髻中的玉饰如"秋水"一般纯洁而冰冷。

a.5 制成法衣的轻薄织物萦绕着蓝色的烟雾。

a.6 鸾,一种神奇的鸟,它陶醉于镜中自己的影像。"雪胸"通过加入双月意象来增加镜子的复现感。月亮就像镜中的

---

[1] 崔豹:《古今注》第3卷,商务印书馆,1956年,第21页。
[2] 《云笈七签》,《道藏精华》第116册,第5页。马伯乐在其《古代道教中的养生法》("Les procédes de 'nourrir le principe vital' dans la religion Taoïste ancienne")[《亚洲杂志》(*Journal Asiatique*)1937年第229期,第181页]中暗示了这个例子。

乳房白而圆，但又冰冷且泛着金属光泽。月宫也是女神的居所。

a.7 她是琪树的化身，琪树在汉语中通常被称为"南天烛"或"南天竹"。当然，"琪"是"南天"的拉丁译名。虽然它不是竹子，但英语通常称为"圣竹"或"天堂竹"。这是一种观赏性浆果植物，一般呈粉色或紫色。李绅（？—846）有一首诗专门描写这种树。[1]该诗序言："琪树垂条如弱柳，结子如碧珠，三年子可一熟。每岁生者相续，一年绿，二年碧，三年者红，缀于条上，璀错相间。"李绅诗多涉道教内容，比如"仙鹤"和"羽人"。还有一种盛产于浙江的浆果树叫作"白南天"或"玉珊瑚"[2]，这种树在诗歌里也被称为"琪"，这个词表示不寻常，有时也指白玉宝树。琪树与天台山神仙坡关系密切，在那里有一棵从天堂或昆仑山移植来的树。琪经常以这种双重外表出现在唐诗中。比如，许浑的《思天台》[3]在道教语境下描述这座神山："月明琪树阴。""凤楼"是一种两层的建筑，上层适宜神鸟栖止。凤楼经常象征女性居所或者雄伟的皇家建筑。笔者认为此处凤楼指神殿，可能是西王母的宫殿。

a.8 在其他文献中，"青色"用以描述侍女的制服。此处指的是受人尊敬的仙侍，故被称为"娥"。许多神女的名字中都有"娥"这个字。比如，月宫侍女叫素娥，湘水女神之一号称

---

[1] 李绅:《琪树》,《全唐诗》第481卷，第5479页。
[2] 参见陈嵘《中国树木分类学》(科学技术出版社，1957年，第277页)、王象之《舆地纪胜》(中华书局，1992年，第12卷)关于天台山上这种树极其珍贵的案例。
[3] 许浑:《思天台》,《全唐诗》第538卷，第135页。

"娥皇"。[1]青娥是西王母的特使,有时以青鸟的形象出现。

b.1 发型和仪式化的披风都以气象词来修饰。

b.2 在唐代文学中,"钿"通常是一种金制掐丝工艺。我们还发现了一个早期的案例,说明了"钿"的另一种所指:龟甲一类用作镶嵌的贵重物品。这种所指后来流行起来,镜子的背面经常如此装饰。月镜映出的不是雪白的胸脯而是雪白的面容——道教仙娥的面容。娥即是月宫女神。

b.3 这是一种修饰眉毛的方法,会让眉毛呈现一种不安的弧度。

b.5 《花间集》是10世纪经典词选,在这本集子里,此处作"翠帔"。[2]

b.7 "洞"往往引申为地下世界。

b.8 鸾作为一种交通工具,载人进入天界。但比较前首词的第六句,鸾也可以是同样的尤物。

点评

诗人遵循着有关女冠描述的标准程式。清晨出现一位美女,她巧施脂粉,肩负神奇使命。她由侍女陪伴,侍女和主人一样迷人。无论这是道教受职、祈祷仪式,抑或私人约会,其目的都是要实现与仙人的沟通。仙人常以男子形象示现。在第二首词作中,幻象被打破,渴盼的激情消退,孤独取代了迷狂,天上人间的暂时勾连被中断。

---

[1] 薛爱华:《神女》,第39页。
[2] 赵崇祚:《花间集》第1卷,人民文学出版社,1981年,第16页。

温庭筠词对道教因素采取弱化处理,词中几乎没有正式的科仪场景。我们能掌握的线索就是霞帔、仙洞、充当天车的鸾鸟。虽然没有写明,但月亮的清冷意象萦绕着诗化的风景。一系列白而圆的意象暗示着月亮。圆者:盘起的发髻。白者:玉、雪。既圆且白:胸、镜子、琪树、团扇。总体是一种痛苦的迷失感:梦醒时分,仙界不见。

二、韦庄

温庭筠之外,韦庄是《女冠子》词作者中最著名的一位。他的声望同样是缘于其他诗词创作。他也留下了两首《女冠子》词牌的作品。笔者没有见过 S.N. 许的法语译文[1],但翻检过 S.L. 冯的法语译文。[2]

词句 a	词句 b
1. 四月十七,	1. 昨夜夜半,
2. 正是去年今日,	2. 枕上分明梦见,
3. 别君时。	3. 语多时。
4. 忍泪佯低面,	4. 依旧桃花面,
5. 含羞半敛眉。	5. 频低柳叶眉。
6. 不知魂已断,	6. 半羞还半喜,
7. 空有梦相随。	7. 欲去又依依。
8. 除却天边月,	8. 觉来知是梦,
9. 没人知。	9. 不胜悲。

---

[1] 徐仲年(S. N. Hsü):《中国诗文选》(*Anthologie de la littérature chinoise des origines à nos jours*),巴黎,1933 年。
[2] 冯淑兰(S. L. Feng):《词史与技巧》("La technique et l'histoire du ts'eu"),博士论文,巴黎大学,1935 年,第 83 页。

《女冠子》

注释

a.6，a.7 在中国人的信仰中，"魂"可以在梦里离开肉体，与其他的魂、灵甚至未眠的生人相遇。有时婴儿可以在梦中诞生。[1]梦游作为《女冠子》词的特点，将变得极其寻常。

点评

这是一首有关周年纪念的词，但预期的欢乐重逢并没有实现，因为仙界的新郎只有在梦中才能相见。词中女子一开始并未意识到新郎已经抛弃尘世的一切，由"仙"升华为上清宫的"真人"。肉体的结合不再可能，女子最终明白了这一点。

词中的场面非常简朴，甚至没有温庭筠作品中描写的低级道士的服饰，也不像后期《女冠子》词那样，有丰富的图像和细节的描述。与后来更加感官化的描述不同，韦词中的意象是无色的。所有一切都发生在灵魂的黄昏世界。

三、牛峤（一）

10世纪，王建在四川建立前蜀政权，牛峤（活跃于890年）于其中居要职。据说牛峤曾坦言自己诗作有模仿李贺风格的弱点。[2]牛峤以词闻名，他创作的志怪小说也为人熟知。[3]

---

[1] 薛爱华：《唐文化笔记续编》("Notes on T'ang Culture, Ⅱ")，《华裔学志》（*Monumenta Serica*）1965年第24期，第135—139页。
[2] 王士禛：《五代诗话》第4卷，第183页。
[3] 牛峤：《灵怪录》，《唐代丛书》，中国台北新兴书局，1970年，第846—852页。

词句 a	词句 b
1. 绿云高髻，	1. 锦江烟水，
2. 点翠匀红时世，	2. 卓女烧春浓美，
3. 月如眉。	3. 小檀霞。
4. 浅笑含双靥，	4. 绣带芙蓉帐，
5. 低声唱小词。	5. 金钗芍药花。
6. 眼看惟恐化，	6. 额黄侵腻发，
7. 魂荡欲相随。	7. 臂钏透红纱。
8. 玉趾回娇步，	8. 柳暗莺啼处，
9. 约佳期。	9. 认郎家。

注释

a.2 笔者猜测所谓"点翠"应该是唐代仕女画上那样小簇的漂亮的青色圆点。"匀红"即把胭脂均匀地涂在两颊上。"时世"意谓"根据时尚"。比较一下白居易题为《时世妆》的新乐府诗。[1]亚瑟·威利翻译过这首议论女子时妆的诗歌。[2]

a.5 "小词"亦称"小令"，是宋代批评家对晚唐词的称谓，《女冠子》词即属小令一类。[3]有文献可证明晚唐已出现"小词"一词，但可能不作为术语来用。

a.6 女子担心她的恋人已然幻化成仙，消失在永不可及的天界。

b.1 锦江靠近成都，是岷水的支流，由于其波光澄澈而得名。

---

[1] 白居易：《时世妆》，《全唐诗》第 427 卷，第 4705 页。
[2] 《论坛》(Forum) 1927 年第 78 期，第 3 页。拙著《撒马尔罕的金桃》中援引了亚瑟的翻译，第 214 页。
[3] 见《方外》，高承：《事物纪原》，第 148 页。

《女冠子》

b.2 卓女指卓文君，以卖酒为生，爱上了司马相如。[1]谓其在汉代售卖"烧酒"（类似于白兰地）就弄错了时代。"烧酒"初见于9世纪的四川。[2]"烧春"意即"蒸馏的春酒"。这种酒晚唐时在四川就有了。[3]

b.3 "小檀"好像是一种染料。"檀"基本可以肯定是指中国"黄檀木"。这种木材呈淡黄色，笔者将其译为"檀香木"；但"檀"有时也用作"旃檀"的简称，旃檀一般是浅橙红色。韦氏词典（第二版）定义这种颜色与"浅黄褐色"相同。比较毛熙震词（Ⅷ.b.2）中"檀"的用法，词中"澹拂黄"可能指一种黄色的浑浊饮料，也可能指一种女子的化妆品，就像在印度风俗中那样。笔者将其类比为白兰地的颜色。

b.6 "额黄"是唐代女子流行的化妆品。绝大多数情况下，这是铅黄，即铅的氧化物。中国自古就生产这种铅黄。[4]这可能是一种硫化砷，有时也用作化妆品。词句描述这种金黄从女子的前额延展至光泽的鬓发。[5]

b.7 一种颜色透过另一种颜色复现：手镯（玉制的？）透过女子衣袖或披肩的红纱显现出来。

---

[1] 司马迁：《史记》第117卷，中华书局，1999年，第2288页。
[2] 薛爱华：《朱雀》，第190页。
[3] 李肇：《唐国史补》卷中，上海古籍出版社，1979年，第43页。
[4] 薛爱华：《中国术语与传说中的雌黄与雄黄》("Orpiment and Realgar in Chinese Technology and Tradition")，《美国东方学会会刊》(*Journal of the American Oriental Society*) 1955年第75期，第77页。
[5] 六朝至唐代诗词中关于"额黄"的讨论，见《五代诗话》第4卷，第183页。在牛峤词中这是"匀面"描写的一部分。另一部分为"匀红"（Ⅲ.a.2）。

点评

这首词中的道教气氛不浓。但牛峤的处理方式与韦庄不同，词中包含丰富的感官元素：色彩、光泽、质地、图案、音响甚至味道。该词一反常态，没有让追寻年轻神女以失败告终，而是继续向前发展，直至我们真的看到神女的身影。

第二首词以卓文君和著名的四川蒸馏酒开头，说明故事背景在四川（此处卓文君暂时被赋予女道士的人格面具）。词人好像要将其君主的国度描绘成一个神奇世界。

四、牛峤（二）

词句 a	词句 b
1. 星冠霞帔，	1. 双飞双舞，
2. 住在蕊珠宫里，	2. 春昼后园莺语，
3. 佩玎珰。	3. 卷罗帏。
4. 明翠摇蝉翼，	4. 锦字书封了，
5. 纤珪理宿妆。	5. 银河雁过迟。
6. 醮坛春草绿，	6. 鸳鸯排宝帐，
7. 药院杏花香。	7. 豆蔻绣连枝。
8. 青鸟传心事，	8. 不语匀珠泪，
9. 寄刘郎。	9. 落花时。

注释

a.2 蕊珠宫亦称蕊珠日阙观。蕊珠意即金丝茎上结着宝石。这是最高神道太上高圣玉晨道君的寝宫。[1]

---

[1] 见《无上秘要》（卷22，第1页）及《黄庭内景经》（《道藏》第6册，第516页）的述评。

a.4 "明翠"：头发闪着浅青色光泽。

a.5 "纤珪"，更通俗名称是"玉指"：纤细雪白的手指。

a.6 "醮坛"：为庄严的斋星仪式准备的高台；在《女冠子》词中，醮坛代表着天上人间两个世界的临界。这是一个转变点，既不属于人间，也不属于天界。[1]

a.7 "药院"是圈起来种植草药的园子。

a.8 青鸟于七夕这一天自西方飞来汉武帝处。根据传统星相，七夕是情人重聚的日子。东方朔为其君主解释说青鸟是西王母的信使，青鸟飞来，预示西王母即将驾临。《山海经》和其他一些早期文献亦有关于西山青鸟的记载。[2]《汉武帝内传》中西王母的信使变成一位惊艳的青衣美人。因此"青鸟"可用来指带来好消息的人。

a.9 "刘郎"不仅是"阮郎"的对应，也指汉武帝刘彻。这就造成女冠是西王母的化身。

b.4 "锦字书"是4世纪苏小姐织给丈夫窦滔的。窦滔陪同一位贵妃出使戈壁。苏氏在彩锦上创作这首两百句的回文诗，艺术地表达了自己的孤独。[3]

b.5 大雁冬季向南迁徙，缓缓穿过银河：女子寄出书信，回书却姗姗来迟。

---

[1] 笔者的翻译以《花间集》为底本，《全唐诗》中此句中的"草"作"昼"。
[2]《汉武故事》，引自《太平御览》第927卷，第4120页。但正文述及篇章没有出现在《汉武故事》的现存版本中。
[3] 房玄龄：《晋书》第96卷，中华书局，2000年，第1683页。

b.8 眼泪顺着涂了胭脂的两颊滚落（见Ⅲ.a.2）。这只是这些词作中诸多成对物之一。

点评

第二首词作的特点是讽刺性配对和打破对称，主人公被赋予一种似鸟的、有翼的、轻盈的气质。这首词与前一首不同。在前一首词作中，作者没有卸下宗教情景的世俗面纱，我们清楚地看到醮坛、药院、飞越银河的有翼的信使。

第一首词营造了希望的春天，第二首词则进入绝望之秋。

五、薛昭蕴

薛昭蕴（活跃于932年）在蜀国任高官。

词句a	词句b
1. 求仙去也，	1. 云罗雾縠，
2. 翠钿金篦尽舍，	2. 新授明威法箓，
3. 入岩峦。	3. 降真函篆。
4. 雾卷黄罗帔，	4. 髻绾青丝发，
5. 云雕白玉冠。	5. 冠抽碧玉篸。
6. 野烟溪涧冷，	6. 往来云过五，
7. 林月石桥寒。	7. 去住岛经三。
8. 静夜松风下，	8. 正遇刘郎使，
9. 礼天坛。	9. 启瑶缄。

注释

b.2 "明威"出自《书经》。神明启迪美好，震慑邪恶：来自天堂的权威惩恶扬善。传统的碑文记载了特别的秘密，女道士要能甄别出真人的身份，同时记住自己在神仙剧中扮演的角色。

 b.6 五种绚烂色彩的云，分布于空中五个方位，供神女支配。

 b.7 神女自由往来于东海中的三座仙岛：蓬莱、方丈、瀛洲。笔者推测这是一种圣坛上的仪式复制。整个仪式中主祭者必须舞蹈。

 b.9 "瑶"是咒文中的古字，指一种被遗忘的玉石，可能是松石，甚至是孔雀石。即便其矿物学特性被人遗忘，但"瑶"一直是青绿色的代表，并且与水的意象紧密联系，比如池、塘、川、湖、溪和潭。[1] "瑶"经常和"琼"成对出现。"琼"字的历史与"瑶"相似，但在色谱中更偏向于红色。在孙光宪的《女冠子》词（Ⅺ.b.3）中用到"琼"，笔者将其译为"玫瑰石"。

点评

 这是一个关于变化的成功案例。第一首描述的是一个交际花洗尽铅华，出家入道，在深山观宇内坚守誓言。第二首中的主人公以女冠形象登场。此时她已被上清宫的真人接纳为"飞仙"。消息来自遁世的刘郎，他是《女冠子》词中的奇人。

 这两首词用语清冷，充斥着雾、云、岚、湍、洞、冷石、林风。赋色也是各种暗青色：青、翠鸟、蓝绿、瑶和天空。

---

[1] 薛爱华：《贯休游仙诗中的矿石意象》（"Mineral Imagery in the Paradise Poems of Kuan-hsiu"），《泰东》（*Asia Major*）1963 年第 10 期，第 96 页。

六、鹿虔扆

鹿虔扆（活跃于913年）在孟昶的后蜀政权中为官。据17世纪文献记载，鹿虔扆与同时代的其他四个四川人并称"五鬼"。[1]其他四人是欧阳炯、韩琮、阎选和毛文锡。他们均以"小词"见长。

词句a	词句b
1.凤楼琪树，	1.步虚坛上，
2.惆怅刘郎一去，	2.绛节霓旌相向，
3.正春深。	3.引真仙。
4.洞里愁空结，	4.玉佩摇蟾影，
5.人间信莫寻。	5.金炉袅麝烟。
6.竹疏斋殿迥，	6.露浓霜简湿，
7.松密醮坛阴。	7.风紧羽衣偏。
8.倚云低首望，	8.欲留难得住，
9.可知心。	9.却归天。

注释

a.1 比较 I.a.7。

a.4 洞往往通往神秘世界，其对应面是"人间"。（a.5）

b.1 笔者即将出版的新书《步虚：唐代对星空的探讨》做了全面解释。古代的"步虚"有许多形式；最常见的步虚之一是在北斗七星间穿梭的奇技。《道藏》中有丰富的木刻插图表现这种步虚。此处的星阵是由主祭者在祭坛上踏罡步斗。自晚唐流传至今的许多古"乐府"以"步虚词"为题，其中最脍炙

---

[1] 王士禛:《五代诗话》第4卷，第181页，据吴任臣《十国春秋》。

人口的是吴筠那些作品。现代中国台湾的"分灯"仪式,开始由高道表演"步虚"的少数步法,继之与道徒一起吟唱"步虚"词。最后吟唱六朝流传下来的一首相同主题的赞词。[1]("虚"的翻译力求抓住该词及其同源词"墟"的真实含义。"虚"意谓:"人类生活区域的消失;人类及其成果的空无"——令人恐惧的虚空。)

b.2 绛节是真人的神圣标志。霓旌是彩色羽毛制成的旗子,模仿云蒸霞蔚。[2]这些与杨贵妃的道教舞蹈"霓裳羽衣"比较,都是凌空飞翔的象征。

点评

女性人格面具往往在整首词中都很鲜明。但是所有这些努力都是要在过度的误读和曲解之下保持最初的解读。每首词的最后一句都直接点明刘郎难觅,这就揭示了作品真意。Ⅵ.a.8 确定刘郎正从云端俯视人间,就像但丁·加百利·罗塞蒂的"女神":"It was the rampart of God's house// The which is Space begun;// So high, that looking downward thence// She scarce could see the sun."中国诗歌中可以找到类似的案例,如白居易的浪漫诗《长恨歌》中揭示了纯洁的杨贵妃自星际凝望长安:

---

[1] 施舟人:《分灯——道教科仪》(*Le Fen-teng: Rituel taoiste*)第103册[巴黎:法国远东学院(Ecole Française d'Extrême-Orient),1975年]解释了分灯科仪,以及步虚词的赞词和音乐。

[2] 参考《列仙传》,出自《太平御览》第675卷,第3011页:"裴真人,从者持青毛之节……周君,从者持黄毛之节。"司马相如《大人赋》亦有"绛幡之素霓",班固:《汉书》第57卷下,中华书局,2000年,第1969页。

"回头下望人寰处"。Ⅵ.b.9 再一次确认这个青年回归天堂，要近距离地望他一眼几乎不可能。持此观点，情节的要点就是仪式中召唤天上的刘郎，结束后他又返回天界。

七、尹鹗

尹鹗（活跃于 896 年）是四川本地人，曾任蜀翰林院校书。

1. 双成伴侣，
2. 去去不知何处，
3. 有佳期。
4. 霞帔金丝薄，
5. 花冠玉叶危。
6. 懒乘丹凤子，
7. 学跨小龙儿。
8. 叵耐天风紧，
9. 挫腰肢。

点评

尹鹗词作的一首已佚。现存的部分表现了一位新晋升的女真人去往仙界。她以玉女形象示现，就像西王母的侍从。"佳期"指神仙的婚礼。对抗天风是女道士成就其崇高目标的最大障碍。

八、毛熙震

毛熙震（活跃于947年），四川人，曾任后蜀秘书监。毛氏是10世纪负有盛名的作家。他在作品中提到了缠足的风俗。[1]

词句a	词句b
1. 碧桃红杏，	1. 修蛾慢脸，
2. 迟日媚笼光影，	2. 不语檀心一点，
3. 彩霞深。	3. 小山妆。
4. 香暖熏莺语，	4. 蝉鬓低含绿，
5. 风清引鹤音。	5. 罗衣澹拂黄。
6. 翠鬟冠玉叶，	6. 闷来深院里，
7. 霓袖捧瑶琴。	7. 闲步落花傍。
8. 应共吹箫侣，	8. 纤手轻轻整，
9. 暗相寻。	9. 玉炉香。

注释

a.1 "碧桃"开粉色花。[2]中国的杏开白花或粉色花。

a.4 "莺语"可能是两个女子的交谈。

a.5 她们听到传来丹顶鹤的叫声。鹤是神仙的坐骑。

b.1 "修蛾慢脸"一句显然借鉴了白居易写给苏州艺妓的一首诗。[3]

b.2 "檀心"（浅黄褐色；参考Ⅲ.b.3）是诗词中常见的词组。这个词代表了花朵中央黄色的雄蕊，周围有花瓣环绕。此

---

[1] 参见《五代诗话》第4卷，第182页。这部收录诗人轶事的集子引证了《史记》及许多六朝文献中记载的缠足风俗。
[2] 陈嵘：《中国树木分类学》，第469页。
[3] 白居易：《忆旧游》，《全唐诗》第444卷，第4981页。

处显然是描述女子脸上一种美丽的妆饰。

b.3 据说10世纪，起码是李隆基（玄宗）幸蜀时期，曾诏令图绘十种美丽的纹眉样式，称《十眉图》。关于这十种眉型中有几种流传至今。其中一种称为"小山"（其他的名称如"三峰""垂珠""拂云"等）[1]。

点评

这首词没有出现祭坛或者科仪。如果没有彩霞、鹤、玉叶冠、霞袖、箫侣、淡黄罗衣、香炉等细节逐渐强化道教影响，我们则完全进入一个世俗的语境。在其他语境下，这些短语可能仅仅暗示奢华的环境和高级的时尚，但此处则必然指向通往水晶星宫的道路。此一路上笙歌袅袅、香烟缭绕。

九、李珣

李珣（活跃于896年）是波斯人后裔。其兄弟李玹在四川贩售药材和香料。李珣本人可能就是《海药本草》的作者。[2] 李氏擅长创作《南乡子》词，其作品中充满南国的旖旎风光。[3]

---

[1] 宇文氏：《妆台记》，《说郛》第77册，第213页，上海商务印书馆，1927年。依据内证，这是一部宋代早期的书。张泌《妆楼记》（《唐代丛书》，嘉庆十一年刻本）中仅给出十眉中两种的名称，且与宇文氏列表中的略有出入。宇文氏版本言及这些画眉出自"五代宫中"，但所指并不明确。显然是文本的开头有点混淆。比如，近代的权威看法是认同十眉的第一种是"鸳鸯"。但《说郛》本删去了"鸳鸯"眉，代之以"开元御爱眉"（显然是呼应"开元"年号），这是李隆基最爱的一种眉型。

[2] 薛爱华：《朱雀》，第83页。

[3] 见《朱雀》中对李珣诗的翻译，第85、174、176、188、194、231页。

在这些词中,女主角总是充满诱惑力的土著少女。

词句 a	词句 b
1. 星高月午,	1. 春山夜静,
2. 丹桂青松深处,	2. 愁闻洞天疏磬,
3. 醮坛开。	3. 玉堂虚。
4. 金磬敲清露,	4. 细雾垂珠佩,
5. 珠幢立翠苔。	5. 轻烟曳翠裾。
6. 步虚声缥缈,	6. 对花情脉脉,
7. 想像思徘徊。	7. 望月步徐徐。
8. 晓天归去路,	8. 刘阮今何处,
9. 指蓬莱。	9. 绝来书。

注释

a.2 "丹桂"现在更常称作"木樨"。最初生长在中国西南地区。这种花香甜美的灌木如今在温暖地区广泛种植。虽然以树命名,这种花却是白色的。[1] 在岭南,"青松"特指马尾松,在云南则指果松(由于果松最初在华山发现,亦称华山松)。[2] 但此处"青"可能只为了和"丹"对仗形容。

a.4 仪式从早晨开始。露珠滴落在钟磬上,好像在演奏音乐。

a.6 比较 VI.b.1 的"步虚"。

a.7 要把星月神女植入或者说"存"入某人的身体,以更有效地汲取超自然的能量。要实现这一点,关键是要了解他们的特性。"象"是人间事物的星座对应。星群通常被称为

---

[1] 陈嵘:《中国树木分类学》,第 1020 页。
[2] 陈嵘:《中国树木分类学》,第 21、25 页。

"玄象"。

b.2 在神秘的洞天里可以听到仪式中的磬音。

b.3 西王母居住在昆仑山墉城宫的"玉堂"。[1]词中由女道士模仿的西王母离开宫殿去寻找她的伴侣,这位伴侣可能是刘郎的至交汉武帝。

b.4,b.5 神女朦胧的服饰。

点评

第一首词突出的是步虚科仪。就像大多数《女冠子》词描述的那样,步虚在深林中进行。所有一切为星君的召唤而准备。第二首词把读者引向仙域:一座圣山的巅峰或是内部。这里是神仙在世间的居所。

十、欧阳炯

欧阳炯(896—971)历仕后蜀、宋两朝。与李珣一样,欧阳氏也以作《南乡子》词见长。[2]欧阳炯还为赵崇祚10世纪的四川词选集《花间集》作序。[3]

词句a	词句b
1. 薄妆桃脸,	1. 秋宵秋月,
2. 满面纵横花靥,	2. 一朵荷花初发,
3. 艳情多。	3. 照前池。
4. 绶带盘金缕,	4. 摇曳熏香夜,

[1]《海内十洲记》,《说郛》第173册,第5页。
[2]薛爱华:《朱雀》,第83—86页。
[3]欧阳炯在《宋史》第479卷有传。

续表

词句 a	词句 b
5. 轻裙透碧罗。	5. 婵娟对镜时。
6. 含羞眉乍敛，	6. 蕊中千点泪，
7. 微语笑相和。	7. 心里万条丝。
8. 不会频偷眼，	8. 恰似轻盈女，
9. 意如何。	9. 好风姿。

注释

a.2 宋代高承解释说"花靥"是一种"妆靥"。他评价"近世妇人喜作粉靥，如月形，如钱样，又或以朱若燕脂点者"。[1]这种习俗可以追溯至唐前：段成式考证"花靥"的雏形出自三国吴。段氏举例称"黄星靥"是当时的时尚。在吴国，这种靥妆膏是混合獭髓、玉屑、琥珀制成。[2]笔者推测这些迷人的妆点是妆靥强化了真实的笑靥，有可能是相互强化。

b.5 此处的镜子可能回应了第三句里的池塘。作为一个意象，倒映出首句里的月亮。

b.6 荷花蕊上的露珠可能喻指女道士莲花冠上的宝石，这宝石又象征星斗。

点评

这些精致的装饰表面上看是最不具有宗教元素的，但是莲花和花蕊分别暗示了道冠和天宫。道观、天宫和缭绕的香烟向我们暗示了复杂的文字面纱掩盖下的超常的（看不见）美妙世界。这首词特别安排了金缕、薄纱、浮烟等意象。

[1] 高承：《事物纪原》，第 211 页。
[2] 段成式：《酉阳杂俎》第 8 卷，1981 年，第 78—79 页。

十一、孙光宪

孙光宪(？—968)曾任荆南(亦称南平，首府在江陵)副节度使，因其著作《北梦琐言》闻名。

词句a	词句b
1.蕙风芝露，	1.淡花瘦玉，
2.坛际残香轻度，	2.依约神仙妆束，
3.蕊珠宫。	3.佩琼文。
4.苔点分圆碧，	4.瑞露通宵贮，
5.桃花践破红。	5.幽香尽日焚。
6.品流巫峡外，	6.碧纱笼绛节，
7.名籍紫微中。	7.黄藕冠浓云。
8.真侣塮城会，	8.勿以吹箫伴，
9.梦魂通。	9.不同群。

注释

a.1 "蕙风芝露"。实际上"芝"是各种奇异的蘑菇的统称，而紫芝是灵芝的一种。

a.6，a.7 这个女子有资格成为掌星神女。

a.7 此句中的紫微是居于北极星及其拱星(例如天龙座等)上的神祇的崇高宅邸。

a.8 关于塮城宫，参见Ⅸ.b.3。西王母在塮城宫里统领手下的玉女。[1]杜光庭即以"塮城"命名其编撰的女道士圣传录。[2]

b.1 这显然是对仙界女子的描述。

---

[1]《海内十洲记》，《说郛》第173册，第5页。
[2]《〈塮城集仙录〉序》(《全唐文》卷932，第3—4页)有关于该命名的解释。

b.7 她的头发。

b.9 这个少女肯定也是位列仙班的。

点评

这首词比大多数《女冠子》词都显刻板，明显的制式化、宗教化，就像一件宗教绣像。笔者以为这首词倒叙阅读更好：这就和惯常的顺序一样。第一首描述女道士及其装束，还有跟随她出现在祭坛上的女童。第二首照例应表现仙域内的神迹，继而揭示女道士不久将获允位列昆仑仙班。这个女冠已然被视为神女。寻仙的主题在此处缺失了。

笔者斗胆断言这是《女冠子》词中最好的一首。因为其对传统与新兴意象的巧妙安排，让读者得以一窥这新鲜而奇异的世界。当然，笔者的翻译是无法还原这个图景的。

十二、张泌

张泌（活跃于924年）仕前蜀。传奇故事集《尸媚传》和关于女子容妆的笔记《妆楼记》都出自张泌笔下；[1]也有可能是南唐时与张泌同名者所作，尚未确证。[2]

1. 露花烟草，

2. 寂寞五云三岛，

3. 正春深。

---

[1] 分别见《唐代丛书》，第796—799、493—498页。
[2] 王士禛：《五代诗话》第3卷第140页中或有关于张泌职业、诗作的记载。

4. 貌减潜销玉,

5. 香残尚惹襟。

6. 竹疏虚槛静,

7. 松密醮坛阴。

8. 何事刘郎去,

9. 信沉沉。

注释

2 五云三岛,见 V.b.6-7。

4 "销玉"一定是通过皎洁的月亮隐喻镜子。李程(765—841)以奁镜喻月,极尽溢美之词:"不鉴容以销玉。"[1]

点评

这是两首词作中的第二首,第一首已经佚失。除了镜中女子面部展示出的依恋意象,其余意象都来自传统,很平常。

---

[1] 李程:《破镜飞上天赋》,《全唐文》第 632 卷,第 6380 页。